二〇二二年度國家出版基金資助項目

國家社會科學基金重大項目『五代十國歷史文獻的整理與研究』（14ZDB032）

五代十國文獻叢書　杜文玉　主編

國家出版基金項目
NATIONAL PUBLICATION FOUNDATION

五代十國研究論著目錄

杜文玉　胡耀飛　主編

鳳凰出版社

圖書在版編目（ＣＩＰ）數據

五代十國研究論著目録 / 杜文玉，胡耀飛主編. --
南京 : 鳳凰出版社，2023.6（2024.3重印）
（五代十國文獻叢書 / 杜文玉主編）
ISBN 978-7-5506-3802-0

Ⅰ. ①五… Ⅱ. ①杜… ②胡… Ⅲ. ①中國歷史—研
究—五代十國時期—專題目録 Ⅳ. ①Z88：K243.07

中國版本圖書館CIP數據核字(2022)第216821號

書　　　　名	五代十國研究論著目録
主　　　編	杜文玉　胡耀飛
責 任 編 輯	王淳航
裝 幀 設 計	徐　慧
責 任 監 製	程明嬌
出 版 發 行	鳳凰出版社(原江蘇古籍出版社)
	發行部電話025-83223462
出 版 社 地 址	江蘇省南京市中央路165號,郵編:210009
照　　　排	南京凱建文化發展有限公司
印　　　刷	徐州緒權印刷有限公司
	江蘇省徐州市高新技術産業開發區第三工業園經緯路16號
開　　　本	880毫米×1230毫米　1/32
印　　　張	18.75
字　　　數	522千字
版　　　次	2023年6月第1版
印　　　次	2024年3月第2次印刷
標 準 書 號	ISBN 978-7-5506-3802-0
定　　　價	198.00圓

(本書凡印裝錯誤可向承印廠調換,電話:0516-83897699)

編輯

主

杜文玉

編　委
（按姓氏拼音排

鮑丹瓊　程凱麗　杜文玉　高淑静

[日]堀井裕之　劉　喆　[英]麥大

石宏夫　[美]王宏傑　王　夢　謝宇

前　言

　　五代十國是中國歷史上短暫而又複雜的一個時代,銜接着包容開放的盛世唐朝和璀璨内斂的天水一朝,後人往往對其并不留意,相關史學研究也十分單薄。但是,經過近幾十年的發展,受益於"唐宋變革論"等前沿史學理論的輻射,五代十國史研究已有很明顯的改觀。爲了學界更好地深入研究五代十國史,我們編纂了這部《五代十國研究論著目録》,盡可能全面地整理一百多年來海内外學界對五代十國史的研究成果。

　　在本書之前,學界對於五代十國史研究的相關成果,陸陸續續也有梳理。比如中國社科院歷史研究所魏晋隋唐史研究室編《隋唐五代史論著目録》(江蘇古籍出版社,1985 年)收録了 1900 年至 1981 年的隋唐五代史論著,胡戟主編的《隋唐五代史論著目録(1982—1995)》(陝西師範大學出版社,1997 年)則踵繼其後。與此同時,張國剛主編的《隋唐五代史研究概要》(天津教育出版社,1996 年)和胡戟等人主編的《二十世紀唐研究》(中國社會科學出版社,2002 年)主要就截至二十世紀的隋唐五代史重要論著進行了概括性的介紹。

　　遺憾的是,二十一世紀以來二十年,未再見到整個隋唐五代史領域的相關目録或概要。這大概是因爲這些年來,學術論著一年比一年多,學者很難再全面掌握所有相關信息。幸運的是,1980 年成立的中國唐史學會,其秘書處每年都會組織人員整理上一年度的論著目録,在當年會刊上刊登,并持續至今;中國社會科學院歷史研究所編的《中國史研究動態》,每年也會請學者寫一篇上一年的隋唐五代史研究年度綜述。另外,隋唐五代史範圍内各個領域的學者,出於各自的研究興趣,也會梳理相關的目録和概要。

以上這些，都是我們這次編纂《五代十國研究論著目録》的基礎。在上述論著目録和研究概要的基礎上，我們一方面針對五代十國史這一範圍，擴大搜集資料的渠道，盡可能全面地整理前人的研究成果；另一方面，我們去粗取精，將一些學術價值不高的條目屏除在外。至於具體的編排體例，還請參閱本書中、日、英各大目録的凡例，此處不再贅述。

需要説明的是：1. 由於五代十國處於唐宋之間，且與歸義軍、西州回鶻、夏州党項、契丹、大理等許多邊疆和少數民族政權并存，學界關於唐史、宋史和這些政權的研究狀況，也有許多非常及時的論著目録。因此，本書對於宋史、遼史、西夏學、敦煌學、大理國史等相關方面的内容不再專門關注，讀者可以直接移步相關領域獲取信息，唯與五代十國諸政權有關聯的部分論著，根據凡例所述分類予以整理。2. 唐宋之際文學較爲興盛，本書限於篇幅，僅收録與五代十國政權及相關人物有關的文學研究，對於唐末五代初文人的晚唐經歷，五代末宋初文人的宋朝經歷，則擇要整理。3. 在海内外學界信息方面，限於編者的水平，本書不再單列俄文、韓文、越南文等學界的研究，法文、德文等附屬於英文部分，但若有部分中譯本，則予以整理。

2014 年，杜文玉教授主持了國家社科基金重大項目“五代十國歷史文獻的整理與研究”，爲了總結中外學術界對五代十國史的研究成果，遂將這個方面作爲子課題之一，組織人力進行了編寫。該項目已於 2020 年結項，當時所收的資料截至 2018 年底，隨後我們又補充了 1 年的資料，即本書的資料截至 2019 年底。特此説明。

具體的整理分工是，鮑丹瓊、程凱麗、高淑静、劉喆、石宏夫、王夢、謝宇榮、張明等人，主要負責資料收集工作。其中日文部分日本明治大學堀井裕之先生提供了不少資料，英文部分是在美國布朗大學王宏傑先生整理的英文論著目録未刊稿的基礎上，整合了英國劍橋大學麥大維（David McMullen）先生提供的部分内容。全書由胡耀飛整合、增補、編輯而成。

在本書即將出版之際，首先要對所有提供過幫助的學者深表感謝，還要對鳳凰出版社的編輯與領導表示感謝，没有他們的支持，本書是不可能順利出版的。由於本書出於衆人之手，難免存在這樣那樣的疏漏，歡迎學界的同行們提出批評與建議，以便以後進一步修訂。

杜文玉、胡耀飛

2021 年 6 月 30 日

目　録

五代十國文獻叢書

杜文玉 主編

五代十國研究論著目録

杜文玉　胡耀飛　主編

鳳凰出版社

圖書在版編目（ＣＩＰ）數據

五代十國研究論著目錄 / 杜文玉，胡耀飛主編. --
南京 : 鳳凰出版社，2023.6（2024.3重印）
（五代十國文獻叢書 / 杜文玉主編）
ISBN 978-7-5506-3802-0

Ⅰ. ①五… Ⅱ. ①杜… ②胡… Ⅲ. ①中國歷史－研
究－五代十國時期－專題目錄 Ⅳ. ①Z88：K243.07

中國版本圖書館CIP數據核字(2022)第216821號

書　　　名	五代十國研究論著目錄	
主　　　編	杜文玉　　胡耀飛	
責 任 編 輯	王淳航	
裝 幀 設 計	徐　慧	
責 任 監 製	程明嬌	
出 版 發 行	鳳凰出版社(原江蘇古籍出版社)	
	發行部電話025-83223462	
出版社地址	江蘇省南京市中央路165號，郵編：210009	
照　　　排	南京凱建文化發展有限公司	
印　　　刷	徐州緒權印刷有限公司	
	江蘇省徐州市高新技術產業開發區第三工業園經緯路16號	
開　　　本	880毫米×1230毫米　1/32	
印　　　張	18.75	
字　　　數	522千字	
版　　　次	2023年6月第1版	
印　　　次	2024年3月第2次印刷	
標 準 書 號	ISBN 978-7-5506-3802-0	
定　　　價	198.00圓	
	(本書凡印裝錯誤可向承印廠調換，電話:0516-83897699)	

前　言

　　五代十國是中國歷史上短暫而又複雜的一個時代，銜接着包容開放的盛世唐朝和璀璨内斂的天水一朝，後人往往對其并不留意，相關史學研究也十分單薄。但是，經過近幾十年的發展，受益於“唐宋變革論”等前沿史學理論的輻射，五代十國史研究已有很明顯的改觀。爲了學界更好地深入研究五代十國史，我們編纂了這部《五代十國研究論著目録》，盡可能全面地整理一百多年來海内外學界對五代十國史的研究成果。

　　在本書之前，學界對於五代十國史研究的相關成果，陸陸續續也有梳理。比如中國社科院歷史研究所魏晉隋唐史研究室編《隋唐五代史論著目録》（江蘇古籍出版社，1985 年）收録了 1900 年至 1981 年的隋唐五代史論著，胡戟主編的《隋唐五代史論著目録（1982—1995）》（陝西師範大學出版社，1997 年）則踵繼其後。與此同時，張國剛主編的《隋唐五代史研究概要》（天津教育出版社，1996 年）和胡戟等人主編的《二十世紀唐研究》（中國社會科學出版社，2002 年）主要就截至二十世紀的隋唐五代史重要論著進行了概括性的介紹。

　　遺憾的是，二十一世紀以來二十年，未再見到整個隋唐五代史領域的相關目録或概要。這大概是因爲這些年來，學術論著一年比一年多，學者很難再全面掌握所有相關信息。幸運的是，1980 年成立的中國唐史學會，其秘書處每年都會組織人員整理上一年度的論著目録，在當年會刊上刊登，并持續至今；中國社會科學院歷史研究所編的《中國史研究動態》，每年也會請學者寫一篇上一年的隋唐五代史研究年度綜述。另外，隋唐五代史範圍内各個領域的學者，出於各自的研究興趣，也會梳理相關的目録和概要。

以上這些,都是我們這次編纂《五代十國研究論著目録》的基礎。在上述論著目録和研究概要的基礎上,我們一方面針對五代十國史這一範圍,擴大搜集資料的渠道,盡可能全面地整理前人的研究成果;另一方面,我們去粗取精,將一些學術價值不高的條目屏除在外。至於具體的編排體例,還請參閱本書中、日、英各大目録的凡例,此處不再贅述。

需要説明的是:1. 由於五代十國處於唐宋之間,且與歸義軍、西州回鶻、夏州党項、契丹、大理等許多邊疆和少數民族政權并存,學界關於唐史、宋史和這些政權的研究狀況,也有許多非常及時的論著目録。因此,本書對於宋史、遼史、西夏學、敦煌學、大理國史等相關方面的内容不再專門關注,讀者可以直接移步相關領域獲取信息,唯與五代十國諸政權有關聯的部分論著,根據凡例所述分類予以整理。2. 唐宋之際文學較爲興盛,本書限於篇幅,僅收録與五代十國政權及相關人物有關的文學研究,對於唐末五代初文人的晚唐經歷,五代末宋初文人的宋朝經歷,則擇要整理。3. 在海内外學界信息方面,限於編者的水平,本書不再單列俄文、韓文、越南文等學界的研究,法文、德文等附屬於英文部分,但若有部分中譯本,則予以整理。

2014 年,杜文玉教授主持了國家社科基金重大項目"五代十國歷史文獻的整理與研究",爲了總結中外學術界對五代十國史的研究成果,遂將這個方面作爲子課題之一,組織人力進行了編寫。該項目已於 2020 年結項,當時所收的資料截至 2018 年底,隨後我們又補充了 1 年的資料,即本書的資料截至 2019 年底。特此説明。

具體的整理分工是,鮑丹瓊、程凱麗、高淑静、劉喆、石宏夫、王夢、謝宇榮、張明等人,主要負責資料收集工作。其中日文部分日本明治大學堀井裕之先生提供了不少資料,英文部分是在美國布朗大學王宏傑先生整理的英文論著目録未刊稿的基礎上,整合了英國劍橋大學麥大維(David McMullen)先生提供的部分内容。全書由胡耀飛整合、增補、編輯而成。

在本書即將出版之際,首先要對所有提供過幫助的學者深表感謝,還要對鳳凰出版社的編輯與領導表示感謝,没有他們的支持,本書是不可能順利出版的。由於本書出於眾人之手，難免存在這樣那樣的疏漏，歡迎學界的同行們提出批評與建議，以便以後進一步修訂。

杜文玉、胡耀飛

2021 年 6 月 30 日

目　錄

一、中文部分

凡　例

1. 本目分史料整理、研究專著、學位論文、五代總論、十國分論、書評六大部分，總括五代十國研究中文論著情況。

2. 單篇論文分五代、十國兩大部分，兩部分首先以論著出版時間，輔之以作者姓氏漢語拼音進行排序。史料整理（史料點校和史料校箋）、專著、學位論文（碩士論文和博士論文）、書評，不再細分五代、十國之時代和地域區別，并且兼而包括部分與五代十國密不可分的唐末、宋初相關論著。其中史料整理以出版時間爲序，其餘皆按作者姓氏漢語拼音爲序。

3. 五代總論分政治與軍事、制度與律典、文學與科舉、藝術與考古、思想・哲學・宗教、經濟與社會、文獻整理、史學與史學史、馮道研究共九欄，少數皆有涉及的論文，以所論重點爲準列入某欄。此部分論文以五代十國爲整體論述對象，故雖有論及十國者，亦不予歸入十國部分。

4. 十國分論收納總論十國或五代時期南方政權、南方地域的整體研究，然後按照地域和國別，分總論、吳・南唐、南唐文學、前蜀・後蜀、西蜀文學、吳越、吳越佛教、王閩、馬楚・荊南、南漢・安南、秦岐・晋・燕・北漢共十一欄，凡與該地域和政權有關之史學或文學論文皆予列入，不再如五代部分那樣作更細之區分。

5. 一些情況下,某篇文章論述内容一分爲二或一分爲三,且各分塊體量相當的情況下,兩邊皆予列入。即五代部分和十國部分或有重合的論文,分別列入各相關板塊;十國政權之間有重合的論文,亦分別列入各政權板塊。

6. 五代十國通常附著於唐史,故多數論文皆以"唐五代""隋唐五代"爲題,此種情況按内容比重斟酌選録;同理,宋史論文也經常前溯晚唐五代史事,亦斟酌選録。另外,以"唐宋之際""唐宋變革期"爲題之論文,以及從宏觀方面關注唐宋變革的論文也兼收并蓄,大多列入"史學與史學史"欄目;但單純以"唐宋"命名之論著,若有關五代部分比重甚少,則予以略去。

1. 史料整理

1–1　史料點校

1. 司馬光:《資治通鑒》,北京:中華書局,1956 年。

2. 歐陽修:《新五代史》,北京:中華書局,1974 年;新點校本,北京:中華書局,2015 年。

3. 薛居正:《舊五代史》,北京:中華書局,1976 年;新點校本,北京:中華書局,2015 年。

4. 王定保:《唐摭言》,上海:上海古籍出版社,1978 年。

5. 梁廷楠:《南漢書》,林梓宗校點,廣州:廣東人民出版社,1981 年。

6. 孫光憲:《北夢瑣言》,林艾園點校,上海:上海古籍出版社,1981 年。

7. 吳任臣:《十國春秋》,徐敏霞、周瑩點校,北京:中華書局,1983 年。

8. 李調元:《全五代詩》,何光清點校,成都:巴蜀書社,1992 年。

9. 吳蘭修:《南漢紀》,王甫校注,廣州:廣東高等教育出版社,1993 年。

10. 徐鉉:《稽神錄》,白化文點校,北京:中華書局,1996 年。

11. 王士禛:《五代詩話》,戴鴻森校點,北京:人民文學出版社,1998 年。

12. 王溥:《五代會要》,北京:中華書局,1998 年;上海:上海古籍出版社,1978 年。

13. 馮贄:《雲仙散錄》,張力偉點校,北京:中華書局,1998 年。

14. 路振:《九國志》,連人點校,濟南:齊魯書社,2000 年。

15. 陳鱣:《續唐書》,顧久點校,濟南:齊魯書社,2000 年。

16. 孫光憲：《北夢瑣言》，賈二强點校，北京：中華書局，2002 年。

17. 傅璇琮等主編：《五代史書彙編》，杭州：杭州出版社，2004 年。

18. 馬令、陸游：《南唐書（兩種）》，濮小南、胡阿祥點校，南京：南京出版社，2010 年。

19. 杜光庭：《廣成集》，董恩林點校，北京：中華書局，2011 年。

20. 王定保：《唐摭言》，黄壽成點校，西安：三秦出版社，2011 年。

21. 徐鉉：《稽神録》，傅成點校，上海：上海古籍出版社，2012 年。

22. 錢惟演：《錢惟演集》，胡耀飛點校，杭州：浙江古籍出版社，2014 年。

23. 杜光庭：《清静經集釋》，北京：中央編譯出版社，2015 年。

24. 杜光庭：《玉函經》，蔣力生、葉明花校注，北京：中國中醫藥出版社，2016 年。

25. 杜光庭：《道德真經廣聖義》，鞏曰國點校，南京：鳳凰出版社，2017 年。

26. 釋延壽：《宗鏡録》，西安：三秦出版社，2017 年。

27. 陳摶：《陳摶集》，太極生輯校，北京：華夏出版社，2018 年。

28. 鄭雲齡選注：《五代史》，劉興均校訂，北京：商務印書館，2019 年。

1-2　史料校箋（附：年譜、索引、彙編等）

1. 管效先：《南唐二主全集》，上海：商務印書館，1930 年；1935 年。

2. 林大椿：《唐五代詞》，上海：商務印書館，1933 年；北京：文學古籍刊行社，1956 年。

3. 章崇義：《李後主詩詞年譜》，上海：南京書店，1933 年；香港：龍門書店，1969 年。

4. 華鍾彦：《花間集注》，上海：商務印書館，1934 年；鄭州：中州書畫社，1983 年；鄭州：中州古籍出版社，1986 年；開封：河南大學出版社，2008 年。

5. 周雲青：《秦婦吟箋注》，上海：商務印書館，1934 年。

6. 李冰若：《花間集評注》，上海：開明書店，1935 年；北京：人民文學出版社，1993 年；石家莊：河北教育出版社，1999 年。

7. 王秀梅等：《太平廣記索引》，北京：中華書局，1982 年。

8. 唐圭璋：《南唐二主詞彙箋》，上海：正中書局，1936 年。

9. 吳廷燮：《五季方鎮年表》，瀋陽：遼海書社，1936 年。

10. 汪德振：《羅隱年譜》，上海：商務印書館，1937 年。

11. 陳垣：《舊五代史輯本發覆》，北平：輔仁大學，1937 年。

12. 錢文選：《錢氏家乘》，上海：商務印書館，1939 年；上海：上海書店出版社，1996 年。

13. 陳寅恪：《〈秦婦吟〉校箋》，昆明：自印，1940 年。

14. 徐嘉瑞：《〈秦婦吟〉本事》，武昌：華中大學、哈佛燕京學社，1948 年。

15. 王仲聞：《南唐二主詞校訂》，北京：人民文學出版社，1957 年；北京：中華書局，2007 年。

16. 李一氓：《〈花間集〉校》，北京：人民文學出版社，1958 年。

17. 詹安泰：《李璟李煜詞》，北京：人民文學出版社，1958 年。

18. 夏瞿禪：《南唐二主年譜》，臺北：文海出版社，1974 年。

19. 嚴一萍：《五代史記注校訂》，臺北：藝文印書館，1976 年。

20. 張澤咸：《唐五代農民戰爭史料彙編》，北京：中華書局，1979 年。

21. 夏瞿禪：《五代南唐馮延巳先生正中年譜》，臺北：臺灣商務印書館，1980 年。

22. 張萬起：《新舊五代史人名索引》，上海：上海古籍出版社，1980 年。

23. 傅璇琮、張忱石、許逸民：《唐五代人物傳記資料綜合索引》，北京：中華書局，1982 年。

24. 陳敦貞：《唐韓學士偓年譜》，臺北：臺灣商務印書館，1982 年。

25. 張璋、黃畬：《全唐五代詞》，上海：上海古籍出版社，1985 年。

26. 哈密頓:《五代回鶻史料》,烏魯木齊:新疆人民出版社,1986年;北京:中國藏學出版社,2014年。

27. 諸葛計:《南唐先主李昇年譜》,南京:江蘇古籍出版社,1987年。

28. 諸葛計、銀玉珍:《吳越史事編年》,杭州:浙江古籍出版社,1989年。

29. 藍立蓂:《劉知遠諸宮調校注》,成都:巴蜀書社,1989年。

30. 向燕生:《隋唐五代時期幽州資料》,北京:紫禁城出版社,1991年。

31. 福建五代閩國三王文物史迹修復委員會:《五代閩國三王史料選輯》,第1輯,1991年。

32. 方積六、吳冬秀:《唐五代五十二種筆記小説人名索引》,北京:中華書局,1992年。

33. 徐式文:《花蕊宮詞箋注》,成都:巴蜀書社,1992年。

34. 周祖譔:《中國文學家大辭典·唐五代卷》,北京:中華書局,1992年。

35. 吳汝煜:《唐五代人交往詩索引》,上海:上海古籍出版社,1993年。

36. 黃畬:《〈陽春集〉校注》,天津:天津古籍出版社,1993年。

37. 繆荃孫:《補五代史方鎮表》,《稿本叢書》第九冊,天津:天津古籍出版社,1996年。

38. 蕭繼宗:《花間集》,臺北:學生書局,1977年。

39. 劉孝嚴:《南唐二主詞詩文集譯注》,長春:吉林文史出版社,1997年。

40. 尚志鈞:《海藥本草(輯校本)》,北京:人民衛生出版社,1997年。

41. 鄭滋斌:《陸游〈南唐書本紀〉考釋及史事補遺》,臺北:文史哲出版社,1997年。

42. 朱玉龍:《五代十國方鎮年表》,北京:中華書局,1997年。

43. 諸葛計、銀玉珍:《閩國史事編年》,福州:福建人民出版社,

1997 年。

44. 宋衍申:《兩五代史辭典》,濟南:山東教育出版社,1998 年。

45. 賈晉華、傅璇琮:《唐五代文學編年史·五代卷》,瀋陽:遼海出版社,1998 年。

46. 朱恒夫:《新譯花間集》,臺北:三民書局,1998 年。

47. 王純五:《〈洞天福地岳瀆名山記〉全譯》,貴陽:貴州人民出版社,1999 年。

48. 王文才、王炎:《蜀檮杌校箋》,成都:巴蜀書社,1999 年。

49. 曾昭岷、曹濟平、王兆鵬、劉尊明:《全唐五代詞》,北京:中華書局,1999 年。

50. 郭聲波、王蓉貴:《新舊五代史地名族名索引》,成都:四川辭書出版社,2000 年。

51. 齊濤:《韓偓詩集箋注》,濟南:山東教育出版社,2000 年。

52. 梁天瑞:《吳越書》,臺北:宏文藝苑,2000 年;上海:上海辭書出版社,2012 年。

53. 王文泰:《閩國史匯》,廣州:暨南大學出版社,2000 年。

54. 郁賢皓:《唐刺史考全編》,合肥:安徽大學出版社,2000 年。

55. 余和祥:《〈舊五代史〉考實》,南寧:廣西民族出版社,2000 年。

56. 陳繼龍:《韓偓詩注》,上海:學林出版社,2001 年。

57. 張興武:《五代十國文學編年》,北京:人民文學出版社,2001 年。

58. 李之亮:《羅隱詩集箋注》,長沙:岳麓書社,2001 年。

59. 陶禮天:《司空圖年譜彙考》,北京:華文出版社,2002 年。

60. 吳穎、吳二持、李來濤:《輯校彙箋集傳李璟李煜全集》,汕頭:汕頭大學出版社,2002 年。

61. 聶安福:《韋莊集箋注》,上海:上海古籍出版社,2002 年。

62. 姜漢椿:《唐摭言校注》,上海:上海社會科學院出版社,2003 年。

63. 孟二冬:《登科記考補正》,北京:燕山出版社,2003 年。

64. 楊敏如：《南唐二主詞新釋輯評》，北京：中國書店出版社，2003 年。

65. 張興武：《五代藝文考》，成都：巴蜀書社，2003 年。

66. 張學舒：《五代貫休十六羅漢圖》，杭州：杭州出版社，2003 年。

67. 傅璇琮等主編：《五代史書彙編》，杭州：杭州出版社，2004 年。

68. 徐蜀編：《隋唐五代正史訂補文獻彙編》，北京：北京圖書館出版社，2004 年。

69. 張元濟：《〈新五代史〉〈金史〉校勘記》，北京：商務印書館，2004 年。

70. 陶福賢編著：《千古一族》，北京：京華出版社，2004 年。

71. 陳尚君：《舊五代史新輯會證》，上海：復旦大學出版社，2005 年。

72. 二十五史補編委員會：《隋唐五代五史補編》，北京：國家圖書館出版社，2005 年。

73. 朱新茂：《西魏隋唐五代十國貨幣圖說》，北京：文物出版社，2005 年。

74. 陸永峰：《禪月集校注》，成都：巴蜀書社，2006 年。

75. 党銀平：《桂苑筆耕集校注》，北京：中華書局，2007 年。

76. 蒲向明：《玉堂閑話評注》，北京：中國社會出版社，2007 年。

77. 周奇文校注：《花間詞》，長春：吉林文史出版社，2007 年。

78. 高峰：《花間集注評》，南京：鳳凰出版社，2008 年。

79. 劉澤亮整理：《永明延壽禪師全書》（全三冊），北京：宗教文化出版社，2008 年。

80. 蔣方：《李璟李煜集》，南京：鳳凰出版社，2009 年。

81. 張美蘭：《祖堂集校注》，北京：商務印書館，2009 年。

82. 周世偉：《韋莊詞彙釋別解》，成都：西南交通大學出版社，2009 年。

83. 金傳道：《徐鉉年譜》，呼和浩特：內蒙古教育出版社，

2010 年。

84. 陳鴻鈞、黃兆輝：《南漢金石志補徵・南漢叢録補徵》，廣州：廣東人民出版社，2010 年。

85. 劉慶雲：《新譯南唐詞》，臺北：三民書局，2010 年。

86. 鄧星亮、鄔宗玲、楊梅：《鑒誡録校注》，成都：巴蜀書社，2011 年。

87. 傅融：《梧桐深院：南唐二主長短句》，瀋陽：萬卷出版公司，2011 年。

88. 潘慧惠：《羅隱集校注》，杭州：浙江古籍出版社，1995 年。

89. 張仲裁：《唐五代文人入蜀編年史稿》，成都：巴蜀書社，2011 年。

90. 張國風：《太平廣記會校》，北京：北京燕山出版社，2011 年。

91. 周阿根：《五代墓誌彙考》，合肥：黃山書社，2012 年。

92. 李定廣：《羅隱年譜》，上海：上海古籍出版社，2012 年。

93. 陳錦春、許建立點校：《續唐書・經籍志　補五代史藝文志三種　補南唐藝文志》，北京：清華大學出版社，2013 年。

94. 范學輝：《宋太宗皇帝實録校注》，北京：中華書局，2012 年。

95. 李定廣：《羅隱集繫年校箋》，北京：人民文學出版社，2013 年。

96. 羅爭鳴：《杜光庭記傳十種輯校》，北京：中華書局，2013 年。

97. 董鄉哲：《皮日休詩集意譯》，西安：三秦出版社，2013 年。

98. 高如宏主編：《〈海藥本草〉梳理》，銀川：陽光出版社，2014 年。

99. 于德隆點校：《永明延壽大師文集》，北京：九州出版社，2014 年。

100. 戴瑩瑩：《隋唐五代正史佛教史料輯稿》，成都：巴蜀書社，2014 年。

101. 張玖青：《李煜全集》，武漢：崇文書局，2015 年。

102. 李振中：《徐鉉集校注》，北京：中華書局，2016 年。

103. 譚啓龍：《海藥本草集解》，武漢：湖北科學技術出版社，

2016 年。

104. 章紅梅：《五代石刻校注》，南京：鳳凰出版社，2017 年。

105. 解玉峰：《花間集箋注》，武漢：崇文書局，2017 年。

106. 任乃宏：《邯鄲地區隋唐五代碑刻校釋》，北京：中國文史出版社，2018 年。

107. 羅立剛、吴在慶：《唐五代文編年史・五代十國卷》，合肥：黄山書社，2018 年。

108. 寧欣等整理：《宋人筆記中的隋唐五代史料》，北京：商務印書館，2018 年。

109. 李時人、詹緒左編校：《崔致遠全集》，上海：上海古籍出版社，2018 年。

110. 朱關田：《隋唐五代署書人墓誌年表》，杭州：浙江工商大學出版社，2019 年。

2. 研究專著

1. 楊蔭深:《五代文學》,上海:商務印書館,1935 年。

2. 姚兆勝:《紛亂的五代十國》,上海:民眾書店,1939 年。

3. 季灝:《李後主著作考》,上海:民治出版社,1947 年。

4. 翁大草:《黃巢論》,上海:商務印書館,1950 年;再版修訂本,1951 年。

5. 顧友光(顧德輝):《黃巢起義》,上海:大中國圖書局,1952年;上海:四聯出版社,1954 年。

6. 趙儷生:《王仙芝和黃巢》,濟南:山東人民出版社,1956 年。

7. 韓國磐:《柴榮》,上海:上海人民出版社,1956 年。

8. 蔣勵材:《詞王李後主》,香港:光華書店,1957 年。

9. 南京博物館:《南唐二陵發掘報告》,北京:文物出版社,1957 年。

10. 寧可:《黃巢起義》,北京:中華書局,1959 年。

11. 林燁卿:《黃巢》,上海:上海人民出版社,1962 年。

12. 李唐:《五代十國》,香港:宏業書店,1963 年。

13. 林瑞翰:《五代史》,臺北:民智出版社,1963 年。

14. 相菊潭:《說文二徐異訓辨》,臺北:正中書局,1964 年。

15. 蘇慶彬:《兩漢迄五代入居中國之蕃人氏族研究:兩漢至五代蕃姓錄》,香港:新亞研究所,1967 年。

16. 李奕定:《五代王朝史話》,臺北:正中書局,1968 年。

17. 佘雪曼:《一代詞聖李後主》,臺南:大同書局,1968 年;臺北:泰華堂出版社,1975 年。

18. 姜尚賢:《溫韋詞研究》,臺南:著者自刊,1971 年。

19. 龍沐勛等:《李後主和他的詞》,臺北:學生書局,1971 年。

20. 程光裕:《宋太宗對遼戰爭考》,臺北:臺灣商務印書館,

1972 年。

21. 吳法：《黃巢傳》，香港：文教出版社，1974 年。

22. 唐文德：《李後主詞創作藝術的研究》，臺中：光啓出版社，1975 年。

23. 蔣君章：《宋初風雲人物》，臺北：三民書局，1975 年；桂林：廣西師範大學出版社，2007 年。

24. 郭武雄：《五代史輯本證補》，臺北：臺灣商務印書館，1976 年。

25. 王國維：《五代兩宋監本考》，臺北：臺灣商務印書館，1976 年。

26. 江國貞：《司空表聖研究》，臺北：文津出版社，1978 年。

27. 劉維崇：《李後主評傳》，臺北：黎明文化事業股份有限公司，1978 年。

28. 范純甫：《帝王詞人李後主》，臺北：莊嚴出版社，1979 年。

29. 胡如雷：《唐末農民戰爭》，北京：中華書局，1979 年。

30. 常徵：《楊家將史事考》，天津：天津人民出版社，1980 年。

31. 呂興昌：《司空圖詩論研究》，臺北：宏大出版社，1980 年。

32. 黃志高：《羅隱詩風究析》，臺北：學海出版社，1981 年。

33. 諶蹊：《兒皇帝石敬瑭》，鄭州：河南人民出版社，1982 年。

34. 譚其驤主編：《中國歷史地圖集》第五冊《隋唐五代十國時期》，北京：中國地圖出版社，1982 年。

35. 俞兆鵬：《黃巢起義史》，南昌：江西人民出版社，1982 年。

36. 趙國華：《黃巢》，哈爾濱：黑龍江人民出版社，1982 年。

37. 蔡涉：《錢鏐》，杭州：浙江人民出版社，1983 年。

38. 方積六：《黃巢起義考》，北京：中國社會科學出版社，1983 年。

39. 龔延明：《宋太祖》，北京：中華書局，1983 年。

40. 孔維勤：《永明延壽宗教論》，臺北：新文豐出版公司，1983 年。

41. 臺灣三軍大學編：《中國歷代戰爭史》第十冊《第十三卷　五

代》,北京:軍事譯文出版社,1983 年。

42. 高文顯:《韓偓》,臺北:新文豐出版公司,1984 年。

43. 郝樹侯:《楊業傳》,太原:山西人民出版社,1984 年。

44. 高蘭、孟祥魯:《李後主評傳》,濟南:齊魯書社,1985 年。

45. 靳極蒼:《李煜·李清照詞詳解》,成都:四川文藝出版社,1985 年。

46. 陶懋炳:《五代史略》,北京:人民出版社,1985 年。

47. 溫廷寬:《王建墓石刻藝術》,成都:四川人民出版社,1985 年。

48. 諸葛計:《唐末農民戰爭戰略初探》,天津:天津人民出版社,1985 年。

49. 沈起煒:《五代史話》,北京:中國青年出版社,1983 年、1985 年;北京:中國國際廣播出版社,2009 年。

50. 劉謹勝:《南唐二陵》,南京:江蘇人民出版社,1986 年。

51. 楊偉立:《前蜀後蜀史》,成都:四川省社會科學院出版社,1986 年。

52. 張澤咸:《唐五代賦役史草》,北京:中華書局,1986 年。

53. 鄭滋斌:《五代史記之古文》,香港:粵雅出版社,1986 年。

54. 郭武雄:《五代史料探源》,臺北:臺灣商務印書館,1987 年。

55. 李小樹、黃崇岳:《周世宗柴榮》,上海:上海人民出版社,1987 年。

56. 葉嘉瑩:《唐宋名家詞賞析·1·溫庭筠·韋莊·馮延巳·李煜》,臺北:大安出版社,1988 年。

57. 戴應新:《折氏家族史略》,西安:三秦出版社,1989 年。

58. 林立平:《封閉結構的終結》,南寧:廣西人民出版社,1989 年。

59. 呂武志:《唐末五代散文研究》,臺北:學生書局,1989 年。

60. 彭武一:《湘西溪州銅柱與土家族歷史源流》,北京:中央民族學院出版社,1989 年。

61. 王潤華:《司空圖新論》,臺北:東大圖書股份有限公司,

1989 年。

62. 程湘清：《隋唐五代漢語研究》，濟南：山東教育出版社，1990 年。

63. 馮巧英：《永明延壽大師傳》，高雄：佛光出版社，1990 年。

64. 謝重光：《李後主傳》，臺北：國際文化事業公司，1990 年。

65. 陳源、姚世鐸、蔣其祥：《隋唐五代十國貨幣》，上海：上海古籍出版社，1991 年。

66. 田居儉：《李後主新傳》，長春：吉林文史出版社，1991 年。

67. 楊遠：《西漢至北宋中國經濟文化之向南發展》，臺北：臺灣商務印書館，1991 年。

68. 張其凡：《趙普評傳》，北京：北京出版社，1991 年。

69. 鄭學檬：《五代十國史研究》，上海：上海人民出版社，1991 年。

70. 田居儉：《亂世風雲——五代十國卷》，香港：中華書局，1992 年。

71. 楊抱樸：《南唐後主李煜》，瀋陽：春風文藝出版社，1992 年。

72. 詹幼馨：《南唐二主詞研究》，武漢：武漢出版社，1992 年。

73. 錢濟鄂：《吳越國武肅王紀事》，新加坡：新加坡木屋學社，洛杉磯：洛杉磯中華詩會，1993 年。

74. 張其凡：《五代禁軍初探》，廣州：暨南大學出版社，1993 年。

75. 趙雨樂：《唐宋變革期軍政制度史研究（一）——三班官制之演變》，臺北：文史哲出版社，1993 年。

76. 鍾大全：《王建與王建墓》，北京：文物出版社，1993 年。

77. 曹仕邦：《中國沙門外學的研究：漢末至五代》，臺北：東初出版社，1994 年。

78. 陳信雄：《越窯在澎湖：五代十國時期大量越窯精品的發現》，雲林：文山書局，1994 年。

79. 李永瑜：《沙陀李晋王及其後裔》，北京：民族出版社，1994 年。

80. 潘慶平等：《武肅錢王傳》，杭州：臨安政協文史委、錢鏐研究會,1994 年。

81. 彭武文:《溪州銅柱及其銘文考辨》,長沙:岳麓書社,1994 年。

82. 孫康宜:《晚唐迄北宋詞體演進與詞人風格》,臺北:聯經出版事業公司,1994 年。

83. 謝世涯:《南唐李後主詞研究》,北京:學林出版社,1994 年。

84. 趙雨樂:《唐宋變革期之軍政制度——官僚機構與等級之編成》,臺北:文史哲出版社,1994 年。

85. 陳明光:《唐懿宗·唐僖宗》,長春:吉林文史出版社,1995 年。

86. 黃笑山:《〈切韻〉和中唐五代音位系統》,臺北:文津出版社,1995 年。

87. 姜維公:《唐昭宗·唐哀帝》,長春:吉林文史出版社,1995 年。

88. 秦方瑜:《王建墓之謎》,成都:四川大學出版社,1995 年。

89. 任爽:《南唐史》,長春:東北師範大學出版社,1995 年。

90. 沈起煒:《五代》,北京:中國青年出版社,1995 年。

91. 田居儉:《李煜傳》,北京:當代中國出版社,1995 年。

92. 張其凡:《宋初政治探研》,廣州:暨南大學出版社,1995 年。

93. 謝保成:《隋唐五代史學》,廈門:廈門大學出版社,1995 年;北京:商務印書館,2006 年。

94. 藍勇:《塵烟悲歌——唐僖宗》,成都:四川人民出版社,1996 年。

95. 羅根澤:《晚唐五代文學批評史》,臺北:臺灣商務印書館,1996 年。

96. 毛元佑、雷家宏:《宋太祖》,長春:吉林文史出版社,1996 年。

97. 王雅軒:《宋太祖本傳》,瀋陽:遼寧古籍出版社,1996 年。

98. 張全明:《宋太祖的人生哲學》,臺北:漢揚出版股份有限公司,1996 年。

99. 周一良、趙和平:《唐五代書儀研究》,北京:中國社會科學出版社,1996年。

100. 黃玫茵:《唐代江西地區開發研究》,臺北:臺灣大學出版委員會,1996年。

101. 曹書傑:《後梁太祖朱溫傳》,長春:吉林人民出版社,1997年。

102. 李炳泉:《朱溫傳》,臺北:文津出版社,1997年。

103. 李玉、熊秋良:《羅衾哀怨——李後主》,成都:四川人民出版社,1997年。

104. 潘運告:《中晚唐五代書論》,長沙:湖南美術出版社,1997年。

105. 陝西省考古研究所:《五代黃堡窰址》,北京:文物出版社,1997年。

106. 楊軍:《南唐後主李煜傳》,長春:吉林人民出版社,1997年。

107. 徐曉望:《閩國史》,臺北:五南圖書出版公司,1997年。

108. 楊軍、方正己:《後唐莊宗李存勖傳》,長春:吉林人民出版社,1997年。

109. 張其凡:《宋太宗》,長春:吉林文史出版社,1997年。

110. 張研:《宋太祖趙匡胤》,北京:學苑出版社,1997年。

111. 鄧嘉德:《五代南唐山水畫家:巨然》,成都:四川美術出版社,1998年。

112. 鄧嘉德:《五代南唐山水畫家:荊浩、關仝、董源》,成都:四川美術出版社,1998年。

113. 方積六:《五代十國軍事史》,北京:軍事科學出版社,1998年。

114. 河北省文物研究所、保定市文物管理處:《五代王處直墓》,北京:文物出版社,1998年。

115. 洪華穗:《花間集的主題與感覺》,臺北:文津出版社,1998年。

116. 蔣武雄:《遼與五代政權轉移關係始末》,臺北:新化圖書有限公司,1998年。

117. 馬良雲、徐學書主編:《永陵與前蜀軼聞》,成都:成都永陵博物館,1998 年。

118. 蕭慶偉:《飄風急雨——新舊五代史隨筆》,杭州:浙江文藝出版社,1998 年。

119. 趙劍敏:《五代史》,香港:中華書局,1998 年。

120. 蔡厚示、黃拔荆:《南唐二主暨馮延巳詞傳》,長春:吉林人民出版社,1999 年。

121. 顧農、徐俠:《花間派詞傳》,長春:吉林人民出版社,1999 年。

122. 李文瀾:《湖北通史·隋唐五代卷》,武漢:華中師範大學出版社,1999 年。

123. 閔定慶:《〈花間集〉論稿》,海口:南方出版社,1999 年。

124. 邱添生:《唐宋變革期的政經與社會》,臺北:文津出版社有限公司,1999 年。

125. 冉雲華:《永明延壽》,臺北:東大出版公司,1999 年。

126. 楊海明:《李璟、李煜》,瀋陽:春風文藝出版社,1999 年。

127. 張自文:《馮延巳詞研究》,北京:京華出版社,1999 年。

128. 朱關田:《中國書法史·隋唐五代卷》,南京:江蘇教育出版社,1999 年。

129. 樊文禮:《唐末五代的代北集團》,北京:中國文聯出版社,2000 年。

130. 姜維公、高福順、姜維東:《權閹門生——唐昭宗傳》,長春:吉林文史出版社,2000 年。

131. 焦傑:《十三太保》,西安:三秦出版社,2000 年。

132. 南懷瑾:《宗鏡錄略講》,北京:民族知識出版社,2000 年。

133. 寧可主編:《中國經濟通史·隋唐五代經濟卷》,北京:經濟日報出版社,2000 年。

134. 王茂福:《皮陸詩傳》,長春:吉林人民出版社,2000 年。

135. 薛庚環、馮平印:《周太祖郭威》,北京:中國文學出版社,2000 年。

136. 張興武：《五代作家的人格與詩格》，北京：人民文學出版社，2000年。

137. 鄒勁風：《南唐國史》，南京：南京大學出版社，2000年。

138. 鄒勁風：《南唐歷史與文化》，成都：四川大學出版社，2000年。

139. 戴顯群：《唐五代政治中樞研究》，廈門：廈門大學出版社，2001年。

140. 杜文玉：《南唐史略》，西安：陝西人民教育出版社，2001年。

141. 馮曉庭：《宋初經學發展述論》，臺北：萬卷樓圖書有限公司，2001年。

142. 傅飛嵐：《道教視野中的社會史：杜光庭（850—933）論晚唐和五代社會》，香港：香港中文大學、崇基學院宗教與中國社會研究中心，2001年。

143. 高峰：《花間詞研究》，南京：江蘇古籍出版社，2001年。

144. 何燦浩：《唐末政治變化研究》，北京：中國文聯出版社，2001年。

145. 王曉楓：《李煜秦觀詞研究》，太原：山西人民出版社，2001年。

146. 吳玉貴：《中國風俗通史·隋唐五代卷》，上海：上海文藝出版社，2001年。

147. 咸陽市文物考古研究所：《五代馮暉墓》，重慶：重慶出版社，2001年。

148. 許祖良：《張彥遠評傳》，南京：南京大學出版社，2001年。

149. 陳香：《晚唐詩人韓偓》，臺北：國家出版社，2002年。

150. 馮漢驥：《前蜀王建墓發掘報告》，北京：文物出版社，2002年。

151. 何勇強：《錢氏吳越國史論稿》，杭州：浙江大學出版社，2002年。

152. 劉寧：《唐宋之際詩歌演變研究：以元白之元和體的創作影響爲中心》，北京：北京師範大學出版社，2002年。

153. 王定璋:《宿命錯位——隋煬帝、李後主與宋徽宗放談》,濟南:濟南出版社,2002 年。

154. 武建國:《五代十國土地所有制研究》,北京:中國社會科學出版社,2002 年。

155. 張其凡:《經世謀臣:宋朝名相趙普》,蘭州:蘭州大學出版社,2002 年。

156. 孔六慶:《徐熙畫派》,長春:吉林美術出版社,2003 年。

157. 王柏鐺:《閩國的太陽:王審知》,雲林:神農廣播雜志社,2003 年。

158. 張劍光:《唐五代江南工商業布局研究》,南京:江蘇古籍出版社,2003 年。

159. 張美蘭:《〈祖堂集〉語法研究》,北京:商務印書館,2003 年。

160. 鄭學檬:《中國古代經濟重心南移和唐宋江南經濟研究》,長沙:岳麓書社,2003 年。

161. 周西波:《杜光庭道教儀範之研究》,臺北:新文豐出版公司,2003 年。

162. 陳繼龍:《韓偓事迹考略》,上海:上海古籍出版社,2004 年。

163. 葛金芳:《唐宋變革期研究》,武漢:湖北人民出版社,2004 年。

164. 顧立誠:《走向南方——唐宋之際自北向南的移民與其影響》,臺北:臺灣大學出版委員會,2004 年。

165. 胡順萍:《永明延壽"一心"思想之內涵要義與理論建構》,臺北:萬卷樓,2004 年。

166. 羅慶康:《馬楚史研究》,長沙:湖南人民出版社,2004 年。

167. 任海天:《韋莊研究》,北京:人民文學出版社,2004 年。

168. 孫亦平:《杜光庭思想與唐宋道教的轉型》,南京:南京大學出版社,2004 年。

169. 王兆鵬:《唐宋詞彙評·唐五代卷》,杭州:浙江教育出版社,2004 年。

170. 魏明孔:《中國手工業經濟通史・魏晋南北朝隋唐五代卷》,福州:福建人民出版社,2004 年。

171. 張國風:《〈太平廣記〉版本考述》,北京:中華書局,2004 年。

172. 周臘生:《五代狀元奇談・五代狀元譜》,北京:紫禁城出版社,2004 年。

173. 周偉洲:《早期党項史研究》,北京:中國社會科學出版社,2004 年。

174. 杜瑜:《中國經濟重心南移:唐宋間經濟發展的地區差异》,臺北:五南圖書公司,2005 年。

175. 樊文禮:《李克用評傳》,濟南:山東大學出版社,2005 年。

176. 顧宏義:《細説宋太祖》,上海:上海人民出版社,2005 年。

177. 何逵鋒:《永隆通寶錢範》,北京:中華書局,2005 年。

178. 胡嗣坤、羅琴:《杜荀鶴及其〈唐風集〉研究》,成都:巴蜀書社,2005 年。

179. 金兑勇:《杜光庭〈道德真經廣聖義〉的道教哲學研究》,成都:巴蜀書社,2005 年。

180. 羅争鳴:《杜光庭道教小説研究》,成都:巴蜀書社,2005 年。

181. 孫亦平:《杜光庭評傳》,南京:南京大學出版社,2005 年。

182. 譚偉:《〈祖堂集〉文獻語言研究》,成都:巴蜀書社,2005 年。

183. 王建華:《錢鏐與西湖》,杭州:杭州出版社,2005 年。

184. 張少康:《司空圖及其詩論研究》,北京:學苑出版社,2005 年。

185. 鄒勁風:《南唐文化》,南京:南京出版社,2005 年。

186. 賴玉樹:《晚唐五代咏史詩之美學意識》,臺北:秀威資訊科技股份有限公司,2005 年;臺北:花木蘭文化出版社,2013 年。

187. 白玉林、曾志華、張新科:《五代史解讀》,北京:華齡出版社,2006 年。

188. 蔡榮婷:《〈祖堂集〉禪宗詩偈研究》,臺北:文津出版社,

2006 年。

189. 蔡堂根：《道門領袖——杜光庭傳》，杭州：浙江人民出版社，2006 年。

190. 池澤滋子：《吳越錢氏文人群體研究》，上海：上海人民出版社，2006 年。

191. 鄧小南：《祖宗之法：北宋前期政治述略》，北京：生活·讀書·新知三聯書店，2006 年。

192. 董希平：《唐五代北宋前期詞之研究——以詩詞互動爲中心》，北京：崑崙出版社，2006 年。

193. 杜文玉：《五代十國制度研究》，北京：人民出版社，2006 年。

194. 房銳：《孫光憲與〈北夢瑣言〉研究》，北京：中華書局，2006 年。

195. 李定廣：《唐末五代亂世文學研究》，北京：中國社會科學出版社，2006 年。

196. 李冬紅：《〈花間集〉接受史論稿》，濟南：齊魯書社，2006 年。

197. 林新年：《〈祖堂集〉的動態助詞研究》，上海：上海三聯書店，2006 年。

198. 劉軍社：《李茂貞與秦王陵》，西安：三秦出版社，2006 年。

199. 乜小紅：《唐五代畜牧經濟研究》，北京：中華書局，2006 年。

200. 王步高：《司空圖評傳》，南京：南京大學出版社，2006 年。

201. 王定璋：《詞苑奇葩——〈花間集〉》，成都：巴蜀書社，2006 年。

202. 王瑛：《仙樂飄起的殿堂：圖說前蜀永陵》，重慶：重慶出版社，2006 年。

203. 文曉璋：《亂世明君周世宗》，成都：巴蜀書社，2006 年。

204. 徐曉望：《福建通史》第二卷《隋唐五代》，福州：福建人民出版社，2006 年。

205. 薛庚環：《周太祖郭威評傳》，北京：中國言實出版社，2006 年。

206. 周祝偉:《7—10世紀杭州的崛起與錢塘江地區結構變遷》,北京:社會科學文獻出版社,2006年。

207. 鄒小芃、鄒身城、劉偉文:《兩浙第一世家吳越錢氏》,北京:中國文史出版社,2006年。

208. 杜文玉:《夜宴:浮華背後的五代十國》,北京:中華書局,2006年;臺北:聯經出版事業有限公司,2007年。

209. 安秀玲、陳方方:《洗盡鉛華看南唐》,鄭州:中州古籍出版社,2007年。

210. 蔡静波:《唐五代筆記小説研究》,西安:陝西人民出版社,2007年。

211. 陳葆真:《李後主和他的時代:南唐藝術與歷史論文集》,臺北:石頭出版社,2007年。

212. 方曉偉:《崔致遠思想和作品研究》,揚州:廣陵書社,2007年。

213. 何劍明:《沉浮:一江春水——李氏南唐國史論稿》,南京:南京大學出版社,2007年。

214. 黃東陽:《唐五代記异小説的文化闡釋》,臺北:秀威資訊科技股份有限公司,2007年。

215. 李最欣:《錢氏吳越國文獻和文學考論》,北京:中國社會科學出版社,2007年。

216. 任崇岳:《李後主:帝業興衰話南唐》,鄭州:河南人民出版社,2007年。

217. 王翠玲:《永明延壽與中國佛教》,臺南:妙心出版社,2007年。

218. 王鳳珠:《永明禪師禪净融合思想研究》,臺北:學生書局,2007年。

219. 謝學欽:《南唐二主新傳》,北京:中國文史出版社,2007年。

220. 姚江波:《晚唐五代古玩鑒定》,杭州:浙江大學出版社,2007年。

221. 張翠雲:《〈説文繫傳〉版本源流考辨》,臺北:花木蘭文化出版社,2007 年。

222. 張明華:《〈新五代史〉研究》,北京:中國社會科學出版社,2007 年。

223. 張意霞:《〈説文繫傳〉研究》,臺北:花木蘭文化出版社,2007 年。

224. 趙雨樂:《從宮廷到戰場:中國中古至近世諸考察》,香港:中華書局,2007 年。

225. 鄭宣景:《神仙的時空——〈太平廣記〉神仙故事研究》,北京:中央民族大學出版社,2007 年。

226. 鍾祥:《南唐詩論》,北京:大衆文藝出版社,2007 年。

227. 寶鷄市考古研究所:《五代李茂貞夫婦墓》,北京:科學出版社,2008 年。

228. 陳金鳳:《江西通史》第四册《隋唐五代卷》,南昌:江西人民出版社,2008 年。

229. 白玉林、杜文玉、曾志華:《五代史解讀》,北京:華齡出版社,2008 年。

230. 馮學成:《雲門宗史話》,廣州:南方日報出版社,2008 年。

231. 傅曉静:《唐五代民間私社研究》,北京:經濟科學出版社,2008 年。

232. 賀大龍:《長治五代建築新考》,北京:文物出版社,2008 年。

233. 赫廣霖:《宋初詩派研究》,濟南:齊魯書社,2008 年。

234. 黃敬家:《贊寧〈宋高僧傳〉叙事研究》,臺北:學生書局,2008 年。

235. 李潤强:《中國傳統家庭形態及家庭教育——以隋唐五代家庭爲中心》,北京:人民出版社,2008 年。

236. 劉瀏:《〈才調集〉研究》,北京:對外經濟貿易大學出版社,2008 年。

237. 馬良:《李克用》,太原:三晋出版社,2008 年。

238. 閔祥鵬:《中國灾害通史·隋唐五代卷》,鄭州:鄭州大學出版社,2008 年。

239. 牛景麗：《〈太平廣記〉的傳播與影響》，天津：南開大學出版社，2008 年。

240. 潘相陳：《馮道傳》，北京：當代世界出版社，2008 年。

241. 王秀林：《晚唐五代詩僧群體研究》，北京：中華書局，2008 年。

242. 吳樹國：《唐宋之際田稅制度變遷研究》，哈爾濱：黑龍江大學出版社，2008 年。

243. 謝輝：《永陵》，成都：成都時代出版社，2008 年。

244. 楊新：《五代貫休羅漢圖》，北京：文物出版社，2008 年。

245. 查明昊：《轉型中的唐五代詩僧群體》，上海：華東師範大學出版社，2008 年。

246. 陳葆真：《李後主和他的時代：南唐藝術與歷史》，北京：北京大學出版社，2009 年。

247. 戴仁柱：《伶人‧武士‧獵手：後唐莊宗李存勖傳》，北京：中華書局，2009 年。

248. 范學輝：《宋朝開國六十年》，濟南：齊魯書社，2009 年。

249. 高海：《從朔州興起的沙陀三王朝》，太原：三晉出版社，2009 年。

250. 黃公元：《一代巨匠，兩宗祖師：永明延壽大師及其影響研究》，北京：宗教文化出版社，2009 年。

251. 霍明琨：《唐人的神仙世界——〈太平廣記〉唐五代神仙小說的文化研究》，哈爾濱：黑龍江大學出版社，2009 年。

252. 江政寬：《皮日休的生平與思想——兼論其在唐宋之際思想變遷中的角色》，臺北：花木蘭文化出版社，2009 年。

253. 金瀅坤：《中晚唐五代科舉與社會變遷》，北京：人民出版社，2009 年。

254. 賴建成：《晚唐暨五代禪宗的發展——以與會昌法難有關的僧侶和禪門五宗爲重心》（上、下），臺北：花木蘭文化出版社，2009 年。

255. 李全德：《唐宋變革期樞密院研究》，北京：國家圖書館出版社,2009 年。

256. 林永欽:《四朝宰相馮道》,臺北:印刻出版公司,2009 年。

257. 劉方:《唐宋變革與宋代審美文化轉型》,上海:學林出版社,2009 年。

258. 羅婉薇:《逍遥一卷輕:五代詩人與詩風》,廣州:暨南大學出版社,2009 年。

259. 王鳳翔:《晚唐五代秦岐政權研究》,西安:三秦出版社,2009 年。

260. 王小蘭:《晚唐五代江浙隱逸詩人研究》,北京:人民文學出版社,2009 年。

261. 徐紅:《北宋初期進士研究》,北京:人民出版社,2009 年。

262. 尹偉先:《中國西北少數民族通史‧隋、唐、五代卷》,北京:民族出版社,2009 年。

263. 曾嚴奭:《南唐先主李昇研究》,臺北:花木蘭文化出版社,2009 年。

264. 陶懋炳、張其凡、曾育榮:《中國歷史‧五代史》,北京:人民出版社,2009 年。

265. 張興武:《宋初百年文學復興的歷程》,北京:中華書局,2009 年。

266. 趙曉嵐:《趙曉嵐說李煜:林花謝了春紅》,北京:人民文學出版社,2009 年。

267. 周維林、夏仁琴:《南唐二陵史話》,南京:南京出版社,2009 年。

268. 祝治平、柴本林:《周世宗柴榮暨後裔考》,北京:大衆文藝出版社,2009 年。

269. 陳長征:《唐宋地方政治體制轉型研究》,濟南:山東大學出版社,2010 年。

270. 陳欣:《南漢國史》,廣州:廣東人民出版社,2010 年。

271. 戴建國:《唐宋變革時期的法律與社會》,上海:上海古籍出版社,2010 年。

272. 段雙喜：《唐末五代江南西道詩歌研究》，上海：上海古籍出版社，2010 年。

273. 高世瑜：《中國婦女通史・隋唐五代卷》，杭州：杭州出版社，2010 年。

274. 顧宏義：《宋初政治研究——以皇位授受爲中心》，上海：華東師範大學出版社，2010 年。

275. 黄致遠：《唐末五代諷刺詩研究》（上、下），臺北：花木蘭文化出版社，2010 年。

276. 賈晉華：《古典禪研究：中唐至五代禪宗發展新探》，牛津：牛津大學出版社，2010 年。

277. 姜生、湯偉俠主編：《中國道教科學技術史・南北朝隋唐五代卷》，北京：科學出版社，2010 年。

278. 蔣建平：《亂世中的人性》，上海：文匯出版社，2010 年。

279. 賴建成：《吳越佛教之發展》，臺北：花木蘭文化出版社，2010 年。

280. 李華瑞：《“唐宋變革”論的由來與發展》，天津：天津古籍出版社，2010 年。

281. 李裕民：《北漢簡史》，太原：三晋出版社，2010 年。

282. 林秋明：《開閩宰輔翁承贊》，香港：華文作家出版社，2010 年。

283. 馬艷：《沙陀三王朝》，太原：三晋出版社，2010 年。

284. 盛莉：《〈太平廣記〉仙類小說類目及其編纂研究》，北京：中國社會科學出版社，2010 年。

285. 田青青：《永明延壽心學研究》，成都：巴蜀書社，2010 年。

286. 王德忠：《中國歷史統一趨勢研究——從唐末五代分裂到元朝大一統》，北京：商務印書館，2010 年。

287. 王連昇：《講述五代十國》，太原：山西教育出版社，2010 年。

288. 徐琳、魏艷伶、袁莉容：《〈祖堂集〉佛教稱謂詞語研究》，成都：四川大學出版社，2010 年。

289. 許竟成：《陳元光與王審知》，鄭州：河南人民出版社，

2010 年。

290. 楊永龍、江藍生:《〈劉知遠諸宮調〉語法研究》,開封:河南大學出版社,2010 年。

291. 葉建軍:《〈祖堂集〉疑問句研究》,北京:中華書局,2010 年。

292. 張劍光、鄒國慰:《唐五代農業思想與農業經濟研究》,上海:上海三聯書店,2010 年。

293. 張美麗:《韋莊詩研究》,北京:中國社會科學出版社,2010 年。

294. 張蓉:《先秦至五代成都古城形態變遷研究》,北京:中國建築工業出版社,2010 年。

295. 張雲江:《法眼文益禪師》,廈門:廈門大學出版社,2010 年。

296. 陳德弟:《先秦至隋唐五代藏書家考略》,天津:天津古籍出版社,2011 年。

297. 陳戍國:《中國禮制史·隋唐五代卷》,長沙:湖南教育出版社,2011 年。

298. 杜文玉:《五代十國經濟史》,北京:學苑出版社,2011 年。

399. 方聞:《超越再現:8 世紀至 14 世紀中國書畫》,杭州:浙江大學出版社,2011 年。

300. 馮培紅:《歸義軍官吏的選任與遷轉:唐五代藩鎮選官制度之個案》,香港:香港大學饒宗頤學術館,2011 年。

301. 葛煥禮:《尊經重義:唐代中葉至北宋末年的新〈春秋〉學》,濟南:山東大學出版社,2011 年。

302. 管寶超:《兒皇帝——石敬瑭》,長春:吉林文史出版社,2011 年。

303. 黃大宏:《唐五代逸句詩人叢考》,北京:中華書局,2011 年。

304. 黃仁瑄:《唐五代佛典音義研究》,北京:中華書局,2011 年。

305. 賈玉英:《唐宋時期中央政治制度變遷史》,北京:人民出版社,2011 年。

306. 江曉美:《亂世鑄幣:五代十國貨幣戰爭》,北京:中國科學技術出版社,2011 年。

307. 鞠彩萍:《〈祖堂集〉動詞研究》,北京:中國社會科學出版社,2011 年。

308. 雷紹鋒:《臆説〈韓熙載夜宴圖〉》,長沙:湖南師範大學出版社,2011 年。

309. 黎毓馨主編:《吳越勝覽:唐宋之間的東南樂國》,北京:中國書店,2011 年。

310. 林文勛:《唐宋社會變革論綱》,北京:人民出版社,2011 年。

311. 田春來:《〈祖堂集〉介詞研究》,北京:中華書局,2011 年。

312. 薛政超:《五代金陵史研究》,北京:中央編譯出版社,2011 年。

313. 顔文郁:《韋莊接受史》,臺北:花木蘭文化出版社,2011 年。

314. 楊文斌:《一心與圓教——永明延壽思想研究》,成都:巴蜀書社,2011 年。

315. 趙望曉、楊玲:《閑聊南唐三主》,南京:南京出版社,2011 年。

316. 周晉:《吳越釋氏考》,臺北:花木蘭文化出版社,2011 年。

317. 陳德弟:《秦漢至五代官私藏書研究》,天津:天津古籍出版社,2012 年。

318. 陳全新:《永明延壽圓融觀研究》,北京:宗教文化出版社,2012 年。

319. 高于婷:《貫休及其〈禪月集〉之研究》(上、下),臺北:花木蘭文化出版社,2012 年。

320. 顧宏義:《天衡:十世紀後期宋遼和戰實録》,上海:上海書店出版社,2012 年。

321. 耿元驪:《唐宋土地制度與政策演變研究》,北京:商務印書館,2012 年。

322. 郭延成:《永明延壽"一心"與中觀思想的交涉》,北京:宗教文化出版社,2012 年。

323. 黃誠:《法眼宗研究》,成都:巴蜀書社,2012 年。

324. 黃懷寧：《五代西蜀詞人群體研究》（上、下），臺北：花木蘭文化出版社，2012 年。

325. 李貴：《中唐至北宋的典範選擇與詩歌因革》，上海：復旦大學出版社，2012 年。

326. 李心銘：《李後主詞的通感意象》，臺北：秀威資訊科技股份有限公司，2012 年。

327. 林文寶：《馮延巳研究》，臺北：花木蘭文化出版社，2012 年。

328. 羅常培：《唐五代西北方音》，上海：中國科學公司，1933 年；北京：科學出版社，1961 年；北京：商務印書館，2012 年，2017 年。

329. 馬新廣：《唐五代佛寺壁畫的文獻考察》，北京：中國社會科學出版社，2012 年。

330. 蒲向明：《追尋"詩窖"遺珍：王仁裕文學創作研究》，北京：光明日報出版社，2012 年。

331. 孫欽禮：《滿城盡帶黃金甲：黃巢傳》，天津：天津古籍出版社，2012 年。

332. 王閏吉：《〈祖堂集〉語言問題研究》，北京：中國社會科學出版社，2012 年。

333. 謝奇懿：《五代詞中的"山"意象研究》，臺北：花木蘭文化出版社，2012 年。

334. 徐文明：《唐五代曹洞宗研究》，北京：中國社會科學出版社，2012 年。

335. 薛乃文：《馮延巳詞接受史》（上、下），臺北：花木蘭文化出版社，2012 年。

336. 苑汝傑：《唐代藩鎮與唐五代小説》，天津：天津教育出版社，2012 年。

337. 張澤咸：《五代十國史》，北京：中國大百科全書出版社，2012 年。

338. 浙江省文物考古研究所等：《晚唐錢寬夫婦墓》，北京：文物出版社，2012 年。

339. 杜榮泉、馮金忠：《燕趙文化史稿・隋唐五代卷》，石家莊：

河北教育出版社,2013 年。

340. 高峰:《亂世中的優雅:南唐文學研究》,北京:人民出版社, 2013 年。

341. 何亮:《"文備衆體"與唐五代小説的生成》(上、下),臺北: 花木蘭文化出版社,2013 年。

342. 黄思萍:《李煜詞接受史》(上、下),臺北:花木蘭文化出版 社,2013 年。

343. 賈晋華:《古典禪研究:中唐至五代禪宗發展新探》(修訂 版),上海:上海人民出版社,2013 年。

344. 蔣武雄:《遼與五代外交研究》,臺北:花木蘭文化出版社, 2013 年。

345. 孫勁松:《心史:永明延壽佛學思想研究》,北京:商務印書 館,2013 年。

346. 屠樹勛:《錢鏐傳》,杭州:浙江工商大學出版社,2013 年。

347. 曾禮軍:《宗教文化視閾下的〈太平廣記〉研究》,北京:中國 社會科學出版社,2013 年。

348. 曾國富:《五代史研究》(上、中、下),臺北:花木蘭文化出版 社,2013 年。

349. 朱祖德:《唐五代時期淮南地區經濟發展之研究》,臺北:花 木蘭文化出版社,2013 年。

350. 鄒福清:《唐五代筆記研究》,北京:中國社會科學出版社, 2013 年。

351. 富華:《中國五代・後周柴窑瓷器》,上海:上海三聯書店, 2014 年。

352. 杭州市文物考古研究所、臨安市文物館:《五代吴越國康 陵》,北京:文物出版社,2014 年。

353. 洪修平等:《中華佛教史・隋唐五代佛教史卷》,太原:山西 教育出版社,2014 年。

354. 金建鋒:《弘道與垂範:釋贊寧〈宋高僧傳〉研究》,北京:中 國社會科學出版社,2014 年。

355. 黎毓馨主編:《遠塵離垢:唐宋時期的〈寶篋印經〉》,北京:中國書店,2014 年。

356. 金瀅坤:《唐五代科舉的世界》,上海:復旦大學出版社,2014 年。

357. 李平:《宮觀之外的長生與成仙:晚唐五代道教修道變遷研究》,北京:中央編譯出版社,2014 年。

358. 李婍:《五代十國的那些后妃》,北京:中國言實出版社,2014 年。

359. 李婍:《五代十國的那些皇帝》,北京:中國言實出版社,2014 年。

360. 李溪:《內外之間——屏風意義的唐宋轉型》,北京:北京大學出版社,2014 年。

361. 李曉傑:《中國行政區劃通史·五代十國卷》,上海:復旦大學出版社,2014 年。

362. 彭文峰:《五代馬楚政權研究》,北京:中國社會科學出版社,2014 年。

363. 孫振濤:《唐末五代西蜀文人群體及文學思想研究》,呼和浩特:內蒙古大學出版社,2014 年。

364. 田清旺:《從溪州銅柱到德政碑——永順土司歷史地位研究》,北京:民族出版社,2014 年。

365. 王賡武:《五代時期北方中國的權力結構》,上海:中西書局,2014 年。

366. 徐曉望:《閩國史略》,北京:中國文史出版社,2014 年。

367. 胥孝平:《大唐秦王陵出土文物擷珍》,西安:三秦出版社,2014 年。

368. 閆一飛:《〈花間集〉釋義與研究》,長春:吉林文史出版社,2014 年。

369. 張朋川:《〈韓熙載夜宴圖〉圖像志考》,北京:北京大學出版社,2014 年。

370. 張生全:《不倒翁馮道》,北京:清華大學出版社,2014 年。

371. 張衛平:《三垂岡:一代偉人矚目的古戰場》,太原:北岳文藝出版社,2014 年。

372. 鄭以墨:《五代墓葬美術研究》(上、下),臺北:花木蘭文化出版社,2014 年。

373. 周睿:《隋唐五代識文學的文化闡釋》,臺北:花木蘭文化出版社,2014 年。

374. 朱溢:《事邦國之神祇:唐至北宋吉禮變遷研究》,上海:上海古籍出版社,2014 年。

375. 曹麗芳:《唐末別集版本源流考述》,大連:遼寧師範大學出版社,2015 年。

376. 傅飛嵐:《"高王"鎮守安南及唐末藩鎮割據之興起》,香港:香港大學饒宗頤學術館,2015 年。

377. 賀大龍:《長治唐五代建築新考》,北京:文物出版社,2015 年。

378. 李輝:《吳越國佛教史》,北京:中國社會科學出版社,2015 年。

379. 李玉虎:《南唐二陵瀕危彩畫搶救修復報告》,北京:科學出版社,2015 年。

380. 劉艷紅:《唐五代方位詞研究》,北京:中國社會科學出版社,2015 年。

381. 祁開龍:《五代十國時期南方士人群體研究》,北京:人民日報出版社,2015 年。

382. 邵耀成:《李後主詞的解讀與分析》,北京:中國青年出版社,2015 年。

383. 孫華娟:《南唐詩史》(上、下),臺北:花木蘭文化出版社,2015 年。

384. 孫亦平:《東瀛高士——杜光庭大傳》,北京:宗教文化出版社,2015 年。

385. 曾育榮:《高氏荆南史稿》,臺北:花木蘭文化出版社,2015 年。

386. 張麗:《江南文化與南唐詞》,北京:中國文史出版社,2015 年。

387. 張同利:《長安與唐五代小説研究》,北京:人民出版社,2015 年。

388. 趙榮織、王旭送:《沙陀簡史》,烏魯木齊:新疆人民出版社,2015 年。

389. 仲紅衛:《雲門宗源流述略》,廣州:暨南大學出版社,2015 年。

390. 周阿根:《五代墓誌詞彙研究》,北京:中國社會科學出版社,2015 年。

391. 曹瑞峰:《雲門匡真禪師廣録研究》,上海:上海古籍出版社,2016 年。

392. 郝祥滿:《中日關係史(894—1170)》,武漢:湖北人民出版社,2016 年。

393. 賀清龍:《中國監察通鑒·五代十國卷》,北京:人民出版社,2016 年。

394. 侯振兵:《洛陽都城史話·五代卷》,鄭州:河南人民出版社,2016 年。

395. 紀千惠:《南唐詩研究》,臺北:花木蘭文化出版社,2016 年。

396. 簡彥姈:《陸游史傳散文探論:以〈南唐書〉爲例》,臺北:萬卷樓出版公司,2016 年。

397. 李建平:《隋唐五代量詞研究》,濟南:山東人民出版社,2016 年。

398. 李振中:《徐鉉及其文學考論》,鄭州:鄭州大學出版社,2016 年。

399. 吕思勉:《隋唐五代史·五代卷》,武漢:華中科技大學出版社,2016 年。

400. 馬海:《李克用傳》,太原:北岳文藝出版社,2016 年。

401. 田安:《締造選本:〈花間集〉的文化語境與詩學實踐》,南京:江蘇人民出版社,2016 年。

402. 楊渭生：《一劍霜寒十四州：吳越英主錢鏐》，杭州：杭州出版社，2016 年。

403. 楊志飛：《贊寧〈宋高僧傳〉研究》，成都：巴蜀書社，2016 年。

404. 鄭同文、劉偉雲：《皮日休〈鹿門隱書〉解讀》，武漢：湖北科學技術出版社，2016 年。

405. 白玉冬：《九姓達靼游牧王國史研究：8—11 世紀》，北京：中國社會科學出版社，2017 年。

406. 曹麗芳：《唐末詩歌在宋代的傳存與接受》，大連：遼寧師範大學出版社，2017 年。

407. 曹書傑：《後梁太祖朱溫大傳》，武漢：華中科技大學出版社，2017 年。

408. 胡耀飛：《楊吳政權家族政治研究》，臺北：花木蘭文化事業有限公司，2017 年。

409. 金瀅坤：《中國科舉制度通史·隋唐五代卷》，上海：上海人民出版社，2017 年。

410. 李江峰：《晚唐五代詩格研究》，北京：人民出版社，2017 年。

411. 羅慶康：《馬楚國研究》，長沙：湖南人民出版社，2017 年。

412. 孫瑜：《大同軍與雁北社會》，北京：光明日報出版社，2017 年。

413. 么振華主編：《中國災害志·斷代卷·隋唐五代卷》，北京：中國社會出版社，2017 年。

414. 張劍光：《江南城鎮通史·六朝隋唐五代卷》，上海：上海人民出版社，2017 年。

415. 朱玉龍：《吳王楊行密》，合肥：安徽人民出版社，2017 年。

416. 陳曉瑩：《晚近的歷史記憶：兩宋的五代十國史研究》，北京：中國社會科學出版社，2018 年。

417. 黃英士：《五代時期的政權更迭與地理形勢》，臺北：花木蘭文化事業有限公司，2018 年。

418. 林鵠：《南望：遼前期政治史》，北京：生活·讀書·新知三聯書店,2018 年。

419. 蘇泓月:《宣華錄:花蕊夫人宮詞中的晚唐五代》,北京:北京聯合出版公司,2018 年。

420. 孫亦平:《唐宋道教的轉型》,北京:中華書局,2018 年。

421. 屠樹勛:《五代·吳越國史》,北京:中國文史出版社,2018 年。

422. 王三慶:《中國佛教古佚書〈五杉練若新學備用〉研究》,臺北:新文豐出版公司,2018 年。

423. 吳玉貴:《隋唐五代風俗》,上海:上海文藝出版社,2018 年。

424. 徐洪興:《唐宋之際儒學轉型研究》,上海:上海人民出版社,2018 年。

425. 葉平:《唐末五代十國儒學研究:以儒學範式的轉變爲中心》,北京:中國社會科學出版社,2018 年。

426. 趙麗:《〈花間集〉研究》,哈爾濱:黑龍江人民出版社,2018 年。

427. 卞孝萱、鄭學檬:《五代史話》,北京:北京出版社,1985 年;北京:北京人民出版社,2019 年。

428. 方震華:《權力結構與文化認同——唐宋之際的文武關係(875—1063)》,北京:社會科學文獻出版社,2019 年。

429. 高紅清:《燕雲十六州》,北京:北京燕山出版社,2019 年。

430. 郭紹林:《洛陽隋唐五代史》,北京:社會科學文獻出版社,2019 年。

431. 胡耀飛:《貢賜之間:茶與唐代的政治》,成都:四川人民出版社,2019 年。

432. 胡耀飛:《晚期中古史存稿》,北京:中國社會科學出版社,2019 年。

433. 黃庭碩:《南國多秀士:唐宋之際的東南士人與中國文化重心南移》,臺北:稻鄉出版社,2019 年。

434. 呂博:《頭飾背後的政治史:從"武家諸王樣"到"五代僭越樣"》,成都:四川人民出版社,2019 年。

435. 毛建波:《吳越國藝術史》,北京:中國社會科學出版社,2019 年。

436. 木齋:《伶工之詞:唐五代宋初詞史》,北京:中國書籍出版社,2019 年。

437. 潘子正:《意外的臨界點:皇權傳承與僖宗朝前期(873—880)的政治角力》,臺北:五南圖書出版股份有限公司,2019 年。

438. 施建平、曹然:《五代出版與新聞傳播研究》,蘇州:蘇州大學出版社,2019 年。

439. 孫華娟:《南唐詩史》,北京:中國社會科學出版社,2019 年。

440. 薛愛華:《閩國:10 世紀的中國南方王國》,上海:上海文化出版社,2019 年。

441. 楊俊峰:《唐宋之間的國家與祠祀——以國家和南方祀神之風互動爲焦點》,北京:社會科學文獻出版社,2019 年。

442. 周峰:《五代遼宋西夏金邊政史》,臺北:花木蘭文化事業有限公司,2019 年。

3. 學位論文

3-1 碩士論文 (附:部分學士論文)

1. 馮家昇:《〈遼史〉與〈金史〉〈新舊五代史〉互證舉例》,燕京大學碩士論文,1934 年。

2. 王伊同:《前蜀考略》,燕京大學學士論文,1937 年。

3. 吕瑩:《唐五代詞研究》,成華大學學士論文,1949 年。

4. 石磊:《五代兵制之研究》,新亞研究所碩士論文,1958 年。

5. 祁懷美:《〈花間集〉研究》,臺灣師範大學碩士論文,1959 年。

6. 闕文華:《〈宗鏡錄〉法相唯識之研究》,中國文化大學碩士論文,1965 年。

7. 賴坤維:《五代主政人物出身之分析》,新亞研究所碩士論文,1966 年。

8. 石萬壽:《馮道年譜》,臺灣大學學士論文,1966 年。

9. 黎啓中:《南唐經濟初探》,新亞研究所碩士論文,1967 年。

10. 田博元:《唐五代朔閏考》,臺灣師範大學碩士論文,1969 年。

11. 曾勤良:《二徐〈説文〉會意形聲字考异》,輔仁大學碩士論文,1969 年。

12. 林文寶:《馮延巳研究》,輔仁大學碩士論文,1970 年。

13. 鄭郁卿:《〈陽春集〉箋》,臺灣師範大學碩士論文,1970 年。

14. 謝昭南:《五代時期各國關涉契丹史事研究》,中國文化大學碩士論文,1971 年。

15. 陳芊梅:《李後主研究》,臺灣大學碩士論文,1972 年。

16. 黎啓中:《五代經濟狀况之研究》,香港中文大學碩士論文,1972 年。

17. 黎樹添:《五代社會生活與茶》,香港大學碩士論文,1972 年。

18. 謝世涯:《南唐後主李煜詞研究》,臺灣大學碩士論文, 1972 年。

19. 李達賢:《五代詞韵考》,臺灣政治大學碩士論文,1975 年。

20. 黄啓江:《五代時期南方諸國之經營》,臺灣大學碩士論文, 1976 年。

21. 廖雪堂:《評述〈花間集〉及其十八作家》,中國文化大學碩士論文,1978 年。

22. 胡儉爲:《北宋初期中國與西夏之關係》,香港大學碩士論文,1979 年。

23. 姚垚:《皮日休、陸龜蒙唱和詩研究》,臺灣大學碩士論文, 1979 年。

24. 張行健:《論五代樞密使的權力》,香港中文大學碩士論文, 1979 年。

25. 趙熾陵:《中國史家對馮道之批評》,香港大學碩士論文, 1979 年。

26. 張繼沛:《馮延巳及其詞研究》,香港大學碩士論文,1980 年。

27. 龐朗華:《從軍權看五代北方政權之遞嬗》,香港大學碩士論文,1981 年。

28. 張其凡:《論趙普》,中國社會科學院碩士論文,1981 年。

29. 樓勁:《募兵制與五代十國》,蘭州大學學士論文,1983 年。

30. 鄭滋斌:《論歐陽修〈五代史記〉之古文》,香港中文大學碩士論文,1983 年。

31. 施仲謀:《永明延壽思想之研究》,香港能仁書院碩士論文, 1984 年。

32. 張慧梅:《羅隱諷刺文學研究》,東海大學碩士論文,1984 年。

33. 賴建成:《吳越佛教之發展》,中國文化大學碩士論文, 1986 年。

34. 梁麗祝:《南唐趙幹〈江行初雪圖〉之研究》,中國文化大學碩士論文,1986 年。

35. 伍伯常:《中唐迄五代之軍事傳統與北宋統一戰略》,香港中文大學碩士論文,1986 年。

36. 楊小燕:《論韓偓之生平大節及其詩風》,香港珠海文史研究所碩士論文,1986 年。

37. 黃彩勤:《韋莊研究》,東海大學碩士論文,1987 年。

38. 黃緯中:《楊凝式研究》,中國文化大學碩士論文,1987 年。

39. 凌友詩:《馮延巳詞論析》,香港中文大學碩士論文,1987 年。

40. 李相馥:《唐五代韵書寫本俗字研究》,中國文化大學碩士論文,1988 年。

41. 李相機:《二徐説文學研究》,輔仁大學碩士論文,1988 年。

42. 呂武志:《唐末五代散文研究》,臺灣師範大學碩士論文,1988 年。

43. 趙雨樂:《唐末五代迄宋初三班官制之嬗變》,香港中文大學碩士論文,1988 年。

44. 康萍:《論唐末詩歌的主要傾向》,復旦大學碩士論文,1989 年。

45. 李寶玲:《五代詩詞比較研究》,臺灣政治大學碩士論文,1989 年。

46. 李宗保:《唐末藩鎮與昭宗朝政局》,陝西師範大學碩士論文,1989 年。

47. 徐士賢:《〈説文〉亦聲字二徐异辭考》,臺灣大學碩士論文,1989 年。

48. 陳本源:《李煜詞研究》,香港能仁書院碩士論文,1990 年。

49. 林曉真:《唐五代川蜀地區的佛教文化——以高僧、寺院、造像爲考察中心》,臺灣清華大學碩士論文,1990 年。

50. 張金銑:《南漢史研究》,臺灣中山大學碩士論文,1991 年。

51. 王盈芬:《皮日休詩歌研究》,臺灣中正大學碩士論文,1992 年。

52. 許紅霞:《宋初九僧叢考》,北京大學碩士論文,1992 年。

53. 楊妙燕:《皮日休與陸龜蒙的散文研究》,高雄師範大學碩士論文,1992 年。

54. 李明哲：《宋初三朝政局之演進與學術變遷之關係》，臺灣大學碩士論文，1993年。

55. 易圖强：《五代藩鎮動亂與軍事上、行政上削藩制置》，南開大學碩士論文，1993年。

56. 黃繹勛：《觀心與成佛——永明延壽〈觀心玄樞〉第二問的研究》，法光佛教文化研究所碩士論文，1994年。

57. 江宜華：《唐五代時期福建地區與中央之互動關係》，臺灣中正大學碩士論文，1994年。

58. 江政寬：《皮日休的生平與思想——兼論其在唐宋之際思想變遷中的角色》，臺灣中正大學碩士論文，1994年。

59. 金秀美：《鄭谷交往詩研究》，臺灣政治大學碩士論文，1994年。

60. 王怡心：《皮日休在晚唐文學中的地位》，臺灣政治大學碩士論文，1994年。

61. 周義雄：《五代時期的吳越》，中國文化大學碩士論文，1994年。

62. 洪藝芳：《唐五代西北方音研究》，中國文化大學碩士論文，1995年。

63. 黃淑雯：《李克用研究》，中國文化大學碩士論文，1995年。

64. 王迺貴：《唐五代詞“夢”運用現象研究》，輔仁大學碩士論文，1995年。

65. 王義康：《有關後唐、後晉、後漢王朝民族問題的研究》，陝西師範大學碩士論文，1995年。

66. 楊秋珊：《南唐後主李煜之研究》，香港能仁書院碩士論文，1995年。

67. 賴佩如：《〈花間集〉的女性形象研究》，東海大學碩士論文，1996年。

68. 李錦青：《南唐詞人馮延巳及其詞初探》，北京大學碩士論文，1996年。

69. 李小芳：《北宋前四朝吏治研究》，臺灣中山大學碩士論文，

1996 年。

70. 李鍾美:《〈紺珠集〉引唐五代典籍考》,東吳大學碩士論文,1996 年。

71. 姚禮群:《宋代吳越錢氏家族的人才研究》,杭州大學碩士論文,1996 年。

72. 張興武:《五代作家的人格與詩格》,杭州大學碩士論文,1996 年。

73. 蔡蓉:《唐五代量詞之研究》,臺灣師範大學碩士論文,1997 年。

74. 陳建中:《南唐科舉制度考論》,東北師範大學碩士論文,1997 年。

75. 陳鏘澤:《南唐基本國策研究》,中國文化大學碩士論文,1997 年。

76. 陳妍妙:《〈稽神錄〉研究》,中國文化大學碩士論文,1997 年。

77. 陳志堅:《唐後期五代使職差遣制度在州長官中的拓展》,杭州大學碩士論文,1997 年。

78. 洪華穗:《〈花間集〉主體內容與感覺意象之研究》,政治大學碩士論文,1997 年。

79. 蔣金星:《試論宋太祖》,湖南師範大學碩士論文,1997 年。

80. 羅月華:《杜光庭〈道德真經廣聖義〉》,淡江大學碩士論文,1997 年。

81. 閔定慶:《〈花間集〉研究》,蘇州大學碩士論文,1997 年。

82. 潘正松:《五代至宋初外戚與軍事關係研究》,香港大學碩士論文,1997 年。

83. 施東穎:《〈宗鏡錄〉的法相唯識思想》,四川聯合大學碩士論文,1997 年。

84. 謝奇懿:《五代詞山的意象研究》,臺灣師範大學碩士論文,1997 年。

85. 徐元南:《〈說文解字〉段注改大徐篆體之研究》,臺灣政治大學碩士論文,1997 年。

86. 陳海波:《五代詩韵部分析》,華中理工大學碩士論文,1998 年。

87. 胡傑:《五代詩詞韵部研究的計算機處理方法》,華中理工大學碩士論文,1998 年。

88. 沈克:《"度物象而取其真"——五代荆浩"圖真"論淺析》,南京師範大學碩士論文,1998 年。

89. 王怡芬:《〈花間集〉女性叙寫研究》,臺灣成功大學碩士論文,1998 年。

90. 蔡旻真:《鄭谷及其詩研究》,中興大學碩士論文,1999 年。

91. 陳星光:《皮日休散文研究》,中正大學碩士論文,1999 年。

92. 陳奕亨:《國家政策與地域社會變動——唐五代忠武軍個案研究》,中正大學碩士論文,1999 年。

93. 李宜學:《李商隱詩與〈花間集〉詞關係之研究》,臺灣中山大學碩士論文,1999 年。

94. 劉秀芬:《鄭谷詩歌的悲劇情感論》,河南大學碩士論文,1999 年。

95. 阮思華:《唐宋時期江西交通路綫考》,暨南大學碩士論文,1999 年。

96. 王禄雄:《五代後周世宗的戰略構想與戰略作爲》,淡江大學碩士論文,1999 年。

97. 王溪漣:《論羅隱的小品文》,華中師範大學碩士論文,1999 年。

98. 王曉麗:《唐五代擬制血親研究》,南開大學碩士論文,1999 年。

99. 王燕:《五代宋銅鏡研究》,南開大學碩士論文,1999 年。

100. 翁敏修:《唐五代韵書引説文考》,東吳大學碩士論文,1999 年。

101. 許周會:《杜荀鶴及其詩研究》,臺灣政治大學碩士論文,1999 年。

102. 楊世利：《從唐宋之際社會轉型看王安石變法思想》，湖北大學碩士論文，1999 年。

103. 鄭銘德：《忠孝世家：宋代吳越錢氏研究》，臺灣清華大學碩士論文，1999 年。

104. 周建軍：《泥塘裏的光輝和鋒芒——試論唐末五代散文》，湘潭大學碩士論文，1999 年。

105. 陳明：《〈花間集〉與巴蜀文化》，西北大學碩士論文，2000 年。

106. 陳念先：《從〈新五代史〉看歐陽修的學術思想》，輔仁大學碩士論文，2000 年。

107. 李全德：《十國學校制度考》，東北師範大學碩士論文，2000 年。

108. 劉磊：《北宋洛陽錢幕文人集團與詩文革新》，陝西師範大學碩士論文，2000 年。

109. 王春青：《韋莊詩歌綜論》，武漢大學碩士論文，2000 年。

110. 王美華：《十國禮儀制度考》，東北師範大學碩士論文，2000 年。

111. 王秀林：《李煜詞研究二題》，湖北大學碩士論文，2000 年。

112. 溫運娟：《十國宰相制度考》，東北師範大學碩士論文，2000 年。

113. 張天莉：《司空圖研究》，西北大學碩士論文，2000 年。

114. 鄭琳：《〈説文解字〉大徐注研究》，河北大學碩士論文，2000 年。

115. 蔡淑卿：《譚峭〈化書〉研究》，中正大學碩士論文，2001 年。

116. 曹剛華：《〈太平廣記〉與唐五代民間信仰觀念》，陝西師範大學碩士論文，2001 年。

117. 陳秀宏：《十國科舉制度考》，東北師範大學碩士論文，2001 年。

118. 崔霞：《鄭谷與晚唐詩風試論》，江西師範大學碩士論文，2001 年。

119. 丁曉雷：《五代十國的墓葬》，北京大學碩士論文，2001 年。

120. 顧立誠：《唐宋之際自北向南的移民與其影響》，臺灣大學碩士論文，2001 年。

121. 何昆益：《五代詩用韵研究》，臺灣中山大學碩士論文，2001 年。

122. 黃寶儀：《陳橋兵變之研究》，香港大學碩士論文，2001 年。

123. 李軍：《五代使職官考述》，陝西師範大學碩士論文，2001 年。

124. 李新添：《歐陽修五代人物論研究——以〈五代史記〉列傳爲中心》，中興大學碩士論文，2001 年。

125. 劉琴麗：《五代司法制度研究》，陝西師範大學碩士論文，2001 年。

126. 劉文波：《八世紀中葉—十世紀中葉政局變動與泉州對外貿易》，北京師範大學碩士論文，2001 年。

127. 牟永良：《試論唐昭宗朝的南衙北司之爭》，陝西師範大學碩士論文，2001 年。

128. 彭向前：《唐末五代宋初中央財權集中的歷史軌迹》，河北大學碩士論文，2001 年。

129. 徐瑛：《宋初“晚唐體”論略》，江西師範大學碩士論文，2001 年。

130. 楊適菁：《五代禁軍與政權更迭之關係》，中國文化大學碩士論文，2001 年。

131. 姚友惠：《馮延巳與晏殊詞比較研究》，彰化師範大學碩士論文，2001 年。

132. 張海：《貫休研究》，四川師範大學碩士論文，2001 年。

133. 趙貞：《晚唐五代宋初的靈州道研究》，西北師範大學碩士論文，2001 年。

134. 鄭美惠：《創業英雄趙匡胤的故事研究》，静宜大學碩士論文，2001 年。

135. 白愛平：《韓偓和他的詩歌》，西北大學碩士論文，2002 年。

136. 高新生:《十國法律制度考》,東北師範大學碩士論文, 2002 年。

137. 關龍艷:《司空圖的詩世界》,黑龍江大學碩士論文, 2002 年。

138. 黃琛傑:《永明延壽思想中的禪與净》,政治大學碩士論文, 2002 年。

139. 黃潔瓊:《論唐宋樞密使》,廈門大學碩士論文,2002 年。

140. 賴靖宜:《〈花間集〉風土詞研究》,政治大學碩士論文, 2002 年。

141. 林淑華:《主體意識的情志抒寫——韋莊詩詞關係研究》, 彰化師範大學碩士論文,2002 年。

142. 劉潔:《唐五代重叠的"調量"研究》,四川大學碩士論文, 2002 年。

143. 劉萬川:《唐末艷詩平議》,廈門大學碩士論文,2002 年。

144. 劉蔚:《杜光庭〈道德真經廣聖義〉道德培養思想研究》,中南大學碩士論文,2002 年。

145. 石光韜:《十國貨幣制度考論》,東北師範大學碩士論文, 2002 年。

146. 蘇欣郁:《雲門文偃禪學研究》,臺灣師範大學碩士論文, 2002 年。

147. 田雁:《五代時期縣級軍研究》,湖北省社會科學院碩士論文,2002 年。

148. 王安春:《宋齊丘評傳》,江西師範大學碩士論文,2002 年。

149. 王銘:《唐宋之際"四書"的升格運動》,陝西師範大學碩士論文,2002 年。

150. 吳樹國:《賦役制度與十國經濟》,東北師範大學碩士論文, 2002 年。

151. 楊恒平:《〈説文解字繫傳〉徵引文獻考》,河南師範大學碩士論文,2002 年。

152. 楊莉:《杜荀鶴研究》,四川師範大學碩士論文,2002 年。

153. 游佳容:《晚唐五代叙事詩研究》,中正大學碩士論文,2002 年。

154. 游黎:《唐五代量詞研究》,四川大學碩士論文,2002 年。

155. 曾現江:《唐後期、五代之淮蔡軍人集團研究》,四川大學碩士論文,2002 年。

156. 曾育榮:《五季宋初政治變革及其演進趨勢論析》,湖北大學碩士論文,2002 年。

157. 曾志忠:《五代時期十國政權的建立——以閩爲例》,中國文化大學碩士論文,2002 年。

158. 張巍:《花間詞的社會文化闡釋》,西北師範大學碩士論文,2002 年。

159. 鄭立君:《南唐孤塔——南京栖霞寺舍利塔的圖像學研究》,東南大學碩士論文,2002 年。

160. 朱永傑:《五代至元時期西安城市地理的初步研究》,陝西師範大學碩士論文,2002 年。

161. 白静:《〈花間集〉傳播接受研究》,湖北大學碩士論文,2003 年。

162. 陳凌:《吴越錢氏政治史片論》,北京大學碩士論文,2003 年。

163. 杜桂英:《北宋前期的都部署》,四川師範大學碩士論文,2003 年。

164. 范松義:《〈花間集〉接受論》,河南大學碩士論文,2003 年。

165. 耿元驪:《五代禮制考》,東北師範大學碩士論文,2003 年。

166. 郭楊波:《五代西蜀詞論稿》,四川大學碩士論文,2003 年。

167. 賀湘麗:《唐五代奴婢小説研究》,暨南大學碩士論文,2003 年。

168. 胡浩:《李煜及其詞的解讀》,華中師範大學碩士論文,2003 年。

169. 胡小麗:《試析〈十國春秋〉南唐部分的史料價值》,首都師範大學碩士論文,2003 年。

170. 黄静:《"五鬼"辨證》,廣西師範大學碩士論文,2003 年。

171. 黄全彦:《〈花間集〉研究》,四川大學碩士論文,2003 年。

172. 黄艷紅:《喧囂中的静謐——五代隱逸詩述評》,福建師範大學碩士論文,2003 年。

173. 惠聯芳:《論羅隱及其詩》,西北大學碩士論文,2003 年。

174. 李丹婕:《後唐政權建立的歷史背景——兼釋唐末五代沙陀部族的民族特性》,北京大學學士論文,2003 年。

175. 李連秀:《隋唐五代時期下層婦女的社會生活研究》,福建師範大學碩士論文,2003 年。

176. 李妮庭:《閑樂:宋初白居易接受研究》,花蓮教育大學碩士論文,2003 年。

177. 劉曉穎:《〈説文解字繫傳·部叙〉研究》,河北大學碩士論文,2003 年。

178. 宋靖:《十國地方行政考》,東北師範大學碩士論文,2003 年。

179. 王承:《五代杭州佛寺》,同濟大學碩士論文,2003 年。

180. 王良永:《羅隱〈讒書〉檢論》,安徽大學碩士論文,2003 年。

181. 王韵:《論唐、五代的昭義鎮》,四川師範大學碩士論文,2003 年。

182. 韋秀芳:《韋莊詩歌研究》,安徽師範大學碩士論文,2003 年。

183. 温翠芳:《五代十國時期草市鎮發展研究》,山西大學碩士論文,2003 年。

184. 謝南燕:《五代宰相使相群體及宰相制度研究》,陝西師範大學碩士論文,2003 年。

185. 楊學娟:《波斯裔花間詞人李珣研究》,寧夏大學碩士論文,2003 年。

186. 楊玉飛:《徐鍇〈説文解字繫傳〉古文研究》,天津師範大學碩士論文,2003 年。

187. 喻芳:《論五代詩風的流變》,四川師範大學碩士論文,

2003 年。

188. 張保見:《樂史的文獻學貢獻》,四川大學碩士論文,2003 年。

189. 張崇禮:《〈説文解字〉大徐本按語研究》,山東師範大學碩士論文,2003 年。

190. 張社列:《徐鍇〈繫傳〉對字義的再闡釋》,河北大學碩士論文,2003 年。

191. 張葳:《通俗化的歷史及其觀念——以〈五代史平話〉爲例》,武漢大學碩士論文,2003 年。

192. 祝露:《唐末五代越窑對黃堡窑制瓷業影響之研究》,南開大學碩士論文,2003 年。

193. 莊淑如:《李煜詞的鑒賞與研究》,彰化師範大學碩士論文,2003 年。

194. 莊偉華:《花間詞研究三題》,福建師範大學碩士論文,2003 年。

195. 陳長征:《唐宋之際地方政治體制轉型研究》,山東大學碩士論文,2004 年。

196. 陳璐:《唐五代民間命運觀初探》,陝西師範大學碩士論文,2004 年。

197. 陳鵬:《唐末文學研究——以羅隱、韋莊、韓偓爲中心》,武漢大學碩士論文,2004 年。

198. 陳偉强:《中國近世政治正當性思想的形成初探——以唐中葉至北宋士人的政治思維爲中心》,臺灣大學碩士論文,2004 年。

199. 丁貞權:《五代時期的楊吳政權》,安徽大學碩士論文,2004 年。

200. 高學欽:《五代時期十國與中原王朝的政治關係研究》,福建師範大學碩士論文,2004 年。

201. 顧玉文:《韋縠〈才調集〉研究》,南京師範大學碩士論文,2004 年。

202. 韓怡星:《韓偓其人其詩》,華東師範大學碩士論文,

2004 年。

203. 何嬋娟：《南唐文學及其文化思考》，湖南師範大學碩士論文，2004 年。

204. 赫希娜：《一塌糊涂的泥塘裏的光彩和鋒芒——皮日休、陸龜蒙、羅隱與晚唐小品文》，内蒙古大學碩士論文，2004 年。

205. 黄艷：《五代貨幣制度考》，東北師範大學碩士論文，2004 年。

206. 黄致遠：《羅隱及其詩研究》，中國文化大學碩士論文，2004 年。

207. 姜海軍：《新舊〈五代史〉比較研究》，南開大學碩士論文，2004 年。

208. 姜楊德：《晚唐五代"毗沙門天王"研究——以敦煌與四川地區爲例》，臺灣師範大學碩士論文，2004 年。

209. 李蜀蕾：《十國墓葬初步研究》，吉林大學碩士論文，2004 年。

210. 李曉霞：《五代奠都開封述論》，東北師範大學碩士論文，2004 年。

211. 李曉雲：《唐五代慢詞研究》，首都師範大學碩士論文，2004 年。

212. 李艷婷：《南唐詩歌研究》，天津師範大學碩士論文，2004 年。

213. 梁征：《唐末五代的太原》，北京師範大學碩士論文，2004 年。

214. 林輝瑩：《韋莊及其詩歌研究》，四川大學碩士論文，2004 年。

215. 劉桂芳：《羅隱咏史詩時空審美研究》，屏東師範學院碩士論文，2004 年。

216. 劉萍萍：《韋莊詩文論稿》，吉林大學碩士論文，2004 年。

217. 劉偉：《〈桂苑筆耕集〉考述》，陝西師範大學碩士論文，2004 年。

218. 劉曉暉:《〈説文解字繫傳〉對段玉裁、桂馥〈説文〉研究的影響舉例》,陝西師範大學碩士論文,2004 年。

219. 魯茜:《唐五代"紅葉題詩"小説及其流變研究》,暨南大學碩士論文,2004 年。

220. 羅虹:《杜光庭及其著作研究》,華中師範大學碩士論文,2004 年。

221. 邱柏瑜:《李珣詞研究》,高雄師範大學碩士論文,2004 年。

222. 宋軍朋:《〈物類相感志〉和〈格物粗談〉内容之比較研究》,華東師範大學碩士論文,2004 年。

223. 孫先文:《吳越錢氏政權研究》,安徽大學碩士論文,2004 年。

224. 童穗雯:《南唐二主詞研究》,中國文化大學碩士論文,2004 年。

225. 王鳳翔:《五代士人群體及士風研究》,陝西師範大學碩士論文,2004 年。

226. 王廣傑:《〈説文繫傳〉聲訓體例與價值研究》,北京師範大學碩士論文,2004 年。

227. 吳修安:《三至十世紀福建開發之研究》,中正大學碩士論文,2004 年。

228. 姚志紅:《〈説文解字〉大徐反切音系考》,首都師範大學碩士論文,2004 年。

229. 于飛:《韓偓詩歌論稿》,吉林大學碩士論文,2004 年。

230. 余霞:《晚唐五代賈島接受史研究》,陝西師範大學碩士論文,2004 年。

231. 曾祥波:《晚唐五代之交的江南詩人群及其詩風》,北京大學碩士論文,2004 年。

232. 張秋霞:《徐鍇論〈説文〉形聲字亦聲字爲會意字及形聲字爲亦聲字考辨》,陝西師範大學碩士論文,2004 年。

233. 張小紅:《鄭谷詩歌研究》,西北大學碩士論文,2004 年。

234. 張咏梅:《五代科舉制度考》,東北師範大學碩士論文,

2004 年。

235. 鄭穎:《〈十國春秋〉校讀札記》,南京師範大學碩士論文, 2004 年。

236. 周家鳳:《五代中央官學考》,東北師範大學碩士論文, 2004 年。

237. 周睿:《一塌糊涂的泥塘裏的光彩和鋒芒——李唐王朝最 後四十七年文學中的理想主義精神研究》,西南師範大學碩士論文, 2004 年。

238. 鄒春秀:《羅隱論稿》,安徽師範大學碩士論文,2004 年。

239. 陳大爲:《唐五代湖北文人用韵研究》,安徽師範大學碩士 論文,2005 年。

240. 陳玟旭:《五代北宋時期河東地區研究——以軍政爲考察 中心》,臺灣師範大學碩士論文,2005 年。

241. 陳英群:《唐五代文言小説中夢的研究》,中山大學碩士論 文,2005 年。

242. 董利江:《宋黎戰争與中越宗藩關係》,鄭州大學碩士論文, 2005 年。

243. 杜念峰:《〈段注〉改訂大徐本〈説文〉形聲字之研究》,首都 師範大學碩士論文,2005 年。

244. 郭常艷:《朱駿聲〈説文通訓定聲〉對大徐本〈説文〉中之形 聲字的改訂研究》,首都師範大學碩士論文,2005 年。

245. 何湘:《晚唐寒俊詩人羅隱略論》,湖南科技大學碩士論文, 2005 年。

246. 胡啓文:《唐五代僧詩初探》,廣西師範大學碩士論文, 2005 年。

247. 胡蔚:《唐五代説部道教女仙考》,四川大學碩士論文, 2005 年。

248. 霍明宇:《李煜詞生命意識研究》,山東大學碩士論文, 2005 年。

249. 客洪剛:《五代宰相制度考》,東北師範大學碩士論文,

2005 年。

250. 李金芳：《李後主文學研究》，高雄師範大學碩士論文，2005 年。

251. 林林：《9—10 世紀燕雲地區少數民族遷徙及其影響研究》，吉林大學碩士論文，2005 年。

252. 林冕：《崔致遠與〈桂苑筆耕集〉研究》，中山大學碩士論文，2005 年。

253. 林聖峰：《大徐本〈説文〉獨體與偏旁變形研究》，臺灣師範大學碩士論文，2005 年。

254. 陸寧：《論 7—10 世紀党項崛起的地緣條件》，河北大學碩士論文，2005 年。

255. 孟慶琰：《晚唐五代詩人李咸用初論》，陝西師範大學碩士論文，2005 年。

256. 潘玲：《羅隱思想、心態及創作研究》，北京大學碩士論文，2005 年。

257. 蒲曾亮：《李珣生平及其詞研究》，湘潭大學碩士論文，2005 年。

258. 邱立玲：《〈唐摭言〉史料價值探微》，吉林大學碩士論文，2005 年。

259. 舒越：《晚唐詩人鄭谷及其蜀中詩研究》，四川師範大學碩士論文，2005 年。

260. 宋麗娟：《五代人論唐代文學研究》，鄭州大學碩士論文，2005 年。

261. 孫華：《田錫事迹著作編年》，陝西師範大學碩士論文，2005 年。

262. 全建平：《唐宋宣徽使考述》，陝西師範大學碩士論文，2005 年。

263. 王麗梅：《南唐與前後蜀文化的比較研究》，陝西師範大學碩士論文，2005 年。

264. 王彤江：《隋唐五代諸家氣法考略》，山東大學碩士論文，

2005 年。

265. 吳器:《羅隱研究》,華東師範大學碩士論文,2005 年。

266. 嚴雷:《尋聲律以定墨,窺意象而運斤——馮延巳詞意象特質及組合方式》,東北師範大學碩士論文,2005 年。

267. 張麗梅:《五代地方行政考》,東北師範大學碩士論文,2005 年。

268. 張曉東:《五代十國時期的漕運與軍事》,上海師範大學碩士論文,2005 年。

269. 張艷:《〈說文解字繫傳〉徐鍇注研究》,華中科技大學碩士論文,2005 年。

270. 張子清:《羅隱咏史詩研究》,湘潭大學碩士論文,2005 年。

271. 章正忠:《〈祖堂集〉詞彙研究》,臺灣師範大學碩士論文,2005 年。

272. 周彩虹:《唐五代人妖婚配小說研究》,暨南大學碩士論文,2005 年。

273. 朱德軍:《唐代中後期地方獨立化問題研究》,天津師範大學碩士論文,2005 年。

274. 朱逸寧:《晚唐五代江南詩性文化研究》,南京師範大學碩士論文,2005 年。

275. 蔡子林:《李煜的詞論》,華中師範大學碩士論文,2006 年。

276. 陳菁菁:《略論宋初“晚唐體”》,揚州大學碩士論文,2006 年。

277. 陳麗:《五代時期北方少數民族與中原王朝的關係研究》,陝西師範大學碩士論文,2006 年。

278. 陳學英:《五代鹽政研究》,陝西師範大學碩士論文,2006 年。

279. 程濤:《宋初的懲貪與倡廉》,東北師範大學碩士論文,2006 年。

280. 程艷:《唐宋之際農業稅收貨幣化對江南農村經濟的影響》,陝西師範大學碩士論文,2006 年。

281. 楚利英:《宋太祖的治國思想》,暨南大學碩士論文,2006 年。

282. 崔北京:《南漢史研究》,陝西師範大學碩士論文,2006 年。

283. 范詩屏:《馮晏歐咏秋詞研究》,高雄師範大學碩士論文,2006 年。

284. 郭倩:《南唐詩歌研究》,福建師範大學碩士論文,2006 年。

285. 郭薇:《中國五代時期四川地區美術繁榮現象的研究》,東北師範大學碩士論文,2006 年。

286. 何文鳳:《法眼宗延壽佛教心性論及其實踐觀研究》,上海社會科學院碩士論文,2006 年。

287. 胡本宇:《宋初詩風演進再檢討》,北京大學碩士論文,2006 年。

288. 黃圓:《花間詞人李珣作品研究》,貴州大學碩士論文,2006 年。

289. 紀昌和:《〈唐摭言〉研究》,上海師範大學碩士論文,2006 年。

290. 紀楠楠:《論遼代幽雲十六州的漢人問題》,東北師範大學碩士論文,2006 年。

291. 江瑋平:《唐末五代初長江流域下游的在地政治——淮、浙、江西區域的比較研究》,臺灣大學碩士論文,2006 年。

292. 姜力:《李煜詞英譯研究》,河北師範大學碩士論文,2006 年。

293. 金強:《吳融研究》,上海大學碩士論文,2006 年。

294. 孔超:《韋莊詩歌研究》,東北師範大學碩士論文,2006 年。

295. 李輝祥:《論杜光庭對重玄學思想的總結》,華東師範大學碩士論文,2006 年。

296. 李曼曼:《唐五代瘟疫與社會研究》,安徽師範大學碩士論文,2006 年。

297. 李明瑤:《五代賦役制度考》,東北師範大學碩士論文,2006 年。

298. 李馨:《〈説文解字繫傳〉同源詞研究》,南京師範大學碩士論文,2006年。

299. 李姚霜:《〈花間集〉修辭美學研究》,雲林科技大學碩士論文,2006年。

300. 李政儒:《唐末五代的銀刀都與銀槍軍》,中山大學碩士論文,2006年。

301. 李志傑:《〈南部新書〉考述》,陝西師範大學碩士論文,2006年。

302. 連宏:《五代法律制度考》,東北師範大學碩士論文,2006年。

303. 林潔:《晚唐五代仙道艷情詞研究》,貴州大學碩士論文,2006年。

304. 劉彩雲:《五代時期的自然灾害與社會》,首都師範大學碩士論文,2006年。

305. 劉辰:《宋初晚唐詩派研究》,湖南科技大學碩士論文,2006年。

306. 劉娟:《五代福建山區經濟研究》,福建師範大學碩士論文,2006年。

307. 劉曉剛:《〈説文解字繫傳〉的部首研究》,陝西師範大學碩士論文,2006年。

308. 劉興奇:《〈説文解字〉徐鉉所注俗字研究》,華中科技大學碩士論文,2006年。

309. 劉雲霞:《"江東三羅"考論》,廈門大學碩士論文,2006年。

310. 劉占鳳:《唐中葉到北宋初期都城邊緣人群初探——以雇傭勞動者爲中心》,北京師範大學碩士論文,2006年。

311. 陸平:《赤子之心昭昭——從王國維"有我之境"説看李煜詞作》,浙江大學碩士論文,2006年。

312. 孟慶鑫:《宋初兩朝禁軍將領群體研究》,河北大學碩士論文,2006年。

313. 閔祥鵬:《隋唐五代時期海洋灾害初步研究》,鄭州大學碩士論文,2006 年。

314. 倪文波:《崔致遠文學創作研究》,中央民族大學碩士論文,2006 年。

315. 歐陽俊傑:《論馮延巳詞的士大夫化》,西南大學碩士論文,2006 年。

316. 潘秀英:《唐·五代書院興起的原因》,香港新亞研究所碩士論文,2006 年。

317. 彭艷芬:《五代時期契丹遼朝與吴越、南唐的交聘研究》,河北大學碩士論文,2006 年。

318. 邵敏:《〈説文解字繫傳〉研究》,山東大學碩士論文,2006 年。

319. 沈鯤:《李煜及其詞創作的心理分析》,東北師範大學碩士論文,2006 年。

320. 孫振濤:《韋莊的思想、詩歌研究》,内蒙古師範大學碩士論文,2006 年。

321. 譚慧:《〈花間集〉用韵研究》,北京師範大學碩士論文,2006 年。

322. 田玉英:《五代十國翰林學士初探》,山東大學碩士論文,2006 年。

323. 汪紅艷:《〈花間集〉語言研究》,安徽師範大學碩士論文,2006 年。

324. 王利軍:《鄭谷奔亡詩研究》,安徽大學碩士論文,2006 年。

325. 王寧:《關於鄭谷研究的幾個問題》,廈門大學碩士論文,2006 年。

326. 王思麗:《羅隱詩歌研究》,陝西師範大學碩士論文,2006 年。

327. 王雲玲:《鄭谷詩集版本研究》,河南大學碩士論文,2006 年。

328. 王竹波:《譚峭〈化書〉初探》,中山大學碩士論文,2006 年。

329. 魏成宇:《宫體傳統與花間傳統》,山東師範大學碩士論文,

2006 年。

330. 魏郭輝:《唐五代宋初中印僧侶交往研究》,蘭州大學碩士論文,2006 年。

331. 吳怡潔:《唐宋之際蜀地醫療社會史研究》,復旦大學碩士論文,2006 年。

332. 吳怡婷:《從〈說文解字繫傳〉看徐鍇對詞義引申的認識》,北京師範大學碩士論文,2006 年。

333. 熊艷敏:《唐五代〈菩薩蠻〉研究》,湖北大學碩士論文,2006 年。

334. 閆雪瑩:《鄭谷詩歌論稿》,吉林大學碩士論文,2006 年。

335. 閻立明:《崔致遠與九世紀後半期的唐羅關係》,延邊大學碩士論文,2006 年。

336. 楊柳:《禪淨合一,萬善同歸——永明延壽與宋代以後漢傳佛教的轉型》,浙江大學碩士論文,2006 年。

337. 楊蕊菁:《南唐詞的審美觀照》,臺灣師範大學碩士論文,2006 年。

338. 葉千綺:《〈祖堂集〉助動詞研究》,中正大學碩士論文,2006 年。

339. 張紅:《晚唐詩人羅隱研究》,四川師範大學碩士論文,2006 年。

340. 張玲:《唐宋之際防禦使職能探微》,上海師範大學碩士論文,2006 年。

341. 張敏:《皮日休、陸龜蒙詩文用韵比較研究》,山東師範大學碩士論文,2006 年。

342. 趙文潔:《徐鉉生平詩文編年》,浙江大學碩士論文,2006 年。

343. 鄭佳惠:《晚唐五代咏史組詩研究》,嘉義大學碩士論文,2006 年。

344. 鄭以墨:《五代王處直墓壁畫研究》,首都師範大學碩士論文,2006 年。

345. 周秀娟:《唐末之詩史,晚唐之正音——韓偓"詩史"詩歌研究》,福建師範大學碩士論文,2006 年。

346. 朱立挺:《從〈文苑英華〉中唐詩的選録看宋初文人的選學觀》,陝西師範大學碩士論文,2006 年。

347. 宗瑞冰:《韓偓詩歌藝術研究》,南京師範大學碩士論文,2006 年。

348. 艾炬:《唐末文人心態與創作研究》,山東大學碩士論文,2007 年。

349. 安瑛:《文化的衝突與融合:崔致遠的人生軌迹及文學創作特徵》,延邊大學碩士論文,2007 年。

350. 陳建廷:《唐代浙東變亂研究》,淡江大學碩士論文,2007 年。

351. 陳傑:《明州與 8—10 世紀中日交流》,浙江大學碩士論文,2007 年。

352. 陳清雲:《鄭谷的人生觀、詩學觀及其詩歌意象》,廣西師範學院碩士論文,2007 年。

353. 戴文婧:《馮延巳研究》,揚州大學碩士論文,2007 年。

354. 鄧惠紅:《羅隱詩文研究》,四川大學碩士論文,2007 年。

355. 房忠偉:《沙陀突厥對唐態度的變化及其原因與影響》,内蒙古師範大學碩士論文,2007 年。

356. 樊昕:《杜光庭〈墉城集仙録〉研究》,南京師範大學碩士論文,2007 年。

357. 高宏濤:《羅隱詩歌研究》,河北大學碩士論文,2007 年。

358. 高寧:《南漢時期興王府城形態結構初步研究》,暨南大學碩士論文,2007 年。

359. 高穎:《論晚唐小品文作家創作心態》,瀋陽師範大學碩士論文,2007 年。

360. 韓鳳冉:《五代河北道河南道政區地理研究》,復旦大學碩士論文,2007 年。

361. 胡琳:《唐五代筆記小説中的商賈形象》,陝西師範大學碩士論文,2007 年。

362. 黄淑恩:《〈唐摭言〉研究——科舉制度下的士人風貌與心境》,政治大學碩士論文,2007 年。

363. 霍小敏:《五代十國手工業研究》,廈門大學碩士論文,2007 年。

364. 紀宇謙:《前後蜀創業集團暨中央權力結構之研究》,臺灣中興大學碩士論文,2007 年。

365. 江勝兵:《南唐詩歌研究》,南京師範大學碩士論文,2007 年。

366. 曠娟:《李昪及其時代》,山東大學碩士論文,2007 年。

367. 雷官斌:《試析中晚唐時期的人口變遷——以商品經濟的誘因爲視角》,湖北大學碩士論文,2007 年。

368. 李國棟:《黃滔詩文繫年》,華中科技大學碩士論文,2007 年。

369. 李偉紅:《〈劉兼詩集〉研究》,西北大學碩士論文,2007 年。

370. 李曉飛:《論馮延巳詞"悲喜綜錯、盤旋鬱結"的藝術風格及成因》,東北師範大學碩士論文,2007 年。

371. 劉春玉:《李後主詞研究》,玄奘大學碩士論文,2007 年。

372. 劉玒燕:《晚唐五代中原地區天台宗與禪宗的合流及對後世臨濟宗的影響》,北京師範大學碩士論文,2007 年。

373. 劉佳:《〈兩同書〉校注譯論》,河北師範大學碩士論文,2007 年。

374. 劉强:《杜荀鶴詩歌研究》,中山大學碩士論文,2007 年。

375. 柳浚炯:《唐五代内職諸使研究》,北京大學碩士論文,2007 年。

376. 羅小美:《五代、北宋詞中的女性》,華東師範大學碩士論文,2007 年。

377. 吕紅光:《鄭谷詩歌及其詩歌思想研究》,黑龍江大學碩士論文,2007 年。

378. 苗霞:《〈又玄集〉研究》,西北大學碩士論文,2007 年。

379. 喬建業:《五代兩宋山水畫的空間構架研究》,西安美術學院碩士論文,2007年。

380. 仇春霞:《羅隱的理想與詩文創作》,西南大學碩士論文,2007年。

381. 宋秋敏:《晚唐五代"醉夢詞"探析》,蘇州大學碩士論文,2007年。

382. 蘇雷:《花蕊夫人宮詞研究》,廣州大學碩士論文,2007年。

383. 孫鈺紅:《五代政區地理研究——燕晉地區部分》,復旦大學碩士論文,2007年。

384. 田璐:《唐宋市場管理政策探析》,陝西師範大學碩士論文,2007年。

385. 王靖宇:《論幽雲地區在遼朝的重要地位和作用》,吉林大學碩士論文,2007年。

386. 王魁星:《韋莊詩歌研究》,蘭州大學碩士論文,2007年。

387. 王琳:《五代時期北方山水畫派研究》,河北大學碩士論文,2007年。

388. 王陸健:《從王維到范寬——終南山水與唐宋山水畫的演變》,西安美術學院碩士論文,2007年。

389. 王艷:《徐鍇〈説文解字繫傳〉新義研究》,山東大學碩士論文,2007年。

390. 吳春艷:《五代山水畫家——荆浩研究》,東北師範大學碩士論文,2007年。

391. 吳丹:《唐五代夢類小説研究》,湘潭大學碩士論文,2007年。

392. 吳玲玲:《唐末農民起義期間的幕府文人與詩歌創作》,陝西師範大學碩士論文,2007年。

393. 吳淑媚:《永明禪師修行之探討——以〈自行録〉一〇八佛事爲中心》,玄奘大學碩士論文,2007年。

394. 吳雙雙:《貫休思想及其文學創作初探》,厦門大學碩士論文,2007年。

395. 謝海林:《韋莊詩歌風格論》,廣西師範大學碩士論文,2007年。

396. 徐曼曼:《〈北夢瑣言〉雙音新詞新義研究》,華南師範大學碩士論文,2007年。

397. 徐美珍:《〈新五代史〉〈舊五代史〉研究史論》,山東大學碩士論文,2007年。

398. 許曙宏:《宋初上四軍編制與指揮體制淵源試探》,山東大學碩士論文,2007年。

399. 楊超:《五代著述研究述評》,吉林大學碩士論文,2007年。

400. 楊亮:《淺論南唐伐閩之役》,中央民族大學學士論文,2007年。

401. 楊文娟:《〈香奩集〉研究》,廣州大學碩士論文,2007年。

402. 楊希玲:《從徐鉉到王禹偁——宋初詩歌第一階段的發展軌迹》,杭州師範大學碩士論文,2007年。

403. 喻霏芸:《韋莊詩詞比較研究》,福建師範大學碩士論文,2007年。

404. 袁愈雄:《江山一統:試論宋初前代君臣的命運》,四川大學碩士論文,2007年。

405. 岳幹:《韋莊詩歌研究》,南京大學碩士論文,2007年。

406. 樂志芳:《樂史研究》,南昌大學碩士論文,2007年。

407. 張迪:《韓偓詩歌創作研究》,黑龍江大學碩士論文,2007年。

408. 張卉:《從〈桂苑筆耕集〉看唐末高駢鎮淮史事》,中央民族大學碩士論文,2007年。

409. 張麗:《皮日休散文研究》,華中科技大學碩士論文,2007年。

410. 張素紅:《〈稽神録〉〈江淮异人録〉與五代十國江南民衆信仰觀念》,陝西師範大學碩士論文,2007年。

411. 趙建建:《唐五代使相的權力流變》,首都師範大學碩士論文,2007年。

412. 趙玉敏:《論韓熙載》,南京大學碩士論文,2007年。

413. 鄭俊蕊:《李煜詞與南唐文化關係研究》,首都師範大學碩士論文,2007年。

414. 周曉燕:《唐五代至宋代的祈使句研究》,華中科技大學碩士論文,2007年。

415. 才崢:《唐五代定數類小説研究》,遼寧大學碩士論文,2008年。

416. 常盼盼:《韋莊詩研究》,新疆師範大學碩士論文,2008年。

417. 陳漢鄂:《黃滔律賦研究》,臺灣逢甲大學碩士論文,2008年。

418. 陳俊志:《中晚唐五代洛陽開封地位消長對比研究——以漕運爲中心》,山東大學碩士論文,2008年。

419. 陳立:《赤子心,純情夢——李煜夢詞淺析》,中南民族大學碩士論文,2008年。

420. 陳霓貞:《羅隱文章研究》,東海大學碩士論文,2008年。

421. 陳婷婷:《孫光憲研究》,黑龍江大學碩士論文,2008年。

422. 陳瑶:《王禹偁貶謫商州時期詩風研究》,廈門大學碩士論文,2008年。

423. 鄧恩娟:《宋初節度使初探》,西北大學碩士論文,2008年。

424. 鄧郁生:《唐五代妖故事研究》,臺南大學碩士論文,2008年。

425. 杜滋曼:《五代南唐詞人群體研究》,東吳大學碩士論文,2008年。

426. 范建民:《北宋前期流内銓制度研究》,河南大學碩士論文,2008年。

427. 付冉:《〈新五代史〉中典型文本的文化意義和史學價值——以馮道爲中心》,首都師範大學碩士論文,2008年。

428. 高静:《徐鉉年譜》,上海大學碩士論文,2008年。

429. 葛巧芝:《北宋前五朝農政若干問題初探》,河北大學碩士論文,2008年。

430. 宮爲菊:《杜荀鶴詩歌研究》,安徽大學碩士論文,2008年。

431. 侯麗麗:《杜牧詩歌在晚唐五代及兩宋時期的傳播接受史研究》,福建師範大學碩士論文,2008 年。

432. 胡雅雯:《李煜詞篇章意象探析》,臺灣師範大學碩士論文,2008 年。

433. 胡耀飛:《從揚州到金陵——三十年間吳唐禪代歷程》,中央民族大學學士論文,2008 年。

434. 黃懷寧:《五代西蜀詞人群體研究》,東吳大學碩士論文,2008 年。

435. 黃佩蕓:《〈三水小牘〉研究》,臺灣銘傳大學碩士論文,2008 年。

436. 黃瀟瀟:《〈說文繫傳·通釋〉的形義說解闡論》,蘇州大學碩士論文,2008 年。

437. 賈明傑:《宋初名將李繼隆研究》,河北大學碩士論文,2008 年。

438. 賈先奎:《宋初應制詩研究》,廣西師範大學碩士論文,2008 年。

439. 李碧妍:《唐鎮海軍研究》,上海大學碩士論文,2008 年。

440. 李芬芬:《南唐詩歌研究》,揚州大學碩士論文,2008 年。

441. 李錦昌:《國變的陰影——唐末詩人面對世亂國亡之作品試探》,臺灣東華大學碩士論文,2008 年。

442. 李敏:《司空圖詩歌研究》,貴州大學碩士論文,2008 年。

443. 李寧:《五代宋元墨筆工筆花鳥畫探源與研究》,中央美術學院碩士論文,2008 年。

444. 李文:《五代名將周德威研究》,河北大學碩士論文,2008 年。

445. 李文珠:《唐五代民間神祇的空間分布研究》,西南大學碩士論文,2008 年。

446. 李曄坤:《李煜、晏幾道、納蘭性德夢詞對比研究》,北京語言大學碩士論文,2008 年。

447. 梁換林:《論〈百末詞〉對〈花間〉〈草堂〉的繼承與超越》,西南大學碩士論文,2008 年。

448. 林毓莎:《徐寅研究》,福建師範大學碩士論文,2008 年。

449. 劉伏玲:《佛教對全唐五代詩格影響之研究》,江西師範大學碩士論文,2008 年。

450. 劉吉美:《李煜及其詞作再探》,山東師範大學碩士論文,2008 年。

451. 劉勇明:《唐宋之際馬政變革研究》,南京師範大學碩士論文,2008 年。

452. 柳東華:《唐末儒學思想研究》,陝西師範大學碩士論文,2008 年。

453. 盧瑞彬:《杜荀鶴詩歌研究》,瀋陽師範大學碩士論文,2008 年。

454. 羅倩儀:《馮延巳詞研究》,中國文化大學碩士論文,2008 年。

455. 馬旭輝:《唐末五代幽州劉仁恭政權及其與契丹關係研究》,河北大學碩士論文,2008 年。

456. 邱國榮:《李後主前期詞作中的修辭格及其藝術作用之研究》,臺中教育大學碩士論文,2008 年。

457. 史立群:《試論李煜詞所體現的情感特徵》,東北師範大學碩士論文,2008 年。

458. 蘇健倫:《晚唐至北宋陳州符氏將門研究》,臺灣清華大學碩士論文,2008 年。

459. 蘇小華:《帕爾莫文化語言學視角下李煜詩詞譯本的意象翻譯研究》,遼寧師範大學碩士論文,2008 年。

460. 孫旭:《從大徐注看徐鉉對文字學的貢獻》,北京師範大學碩士論文,2008 年。

461. 譚釩:《南唐詩歌隱逸情懷研究》,湘潭大學碩士論文,2008 年。

462. 譚潔:《〈南部新書〉人名稱謂詞彙研究》,四川師範大學碩士論文,2008 年。

463. 王碧昱:《韓偓詩歌藝術特點及影響》,河北大學碩士論文,

2008 年。

464. 王廣琪:《動亂中的詞人——李煜李清照詞比較研究》,彰化師範大學碩士論文,2008 年。

465. 王静:《略論宋初"白體"》,揚州大學碩士論文,2008 年。

466. 王淑芬:《唐五代詩格的意境論研究》,臺灣清華大學碩士論文,2008 年。

467. 吳斌:《羅隱悲劇性研究》,江西師範大學碩士論文,2008 年。

468. 吳立仁:《中唐至北宋前期韓愈形象的歷史演變》,臺灣大學碩士論文,2008 年。

469. 吳玲:《徐鍇〈説文解字繫傳·通釋〉訓釋内容及方法闡釋》,福建師範大學碩士論文,2008 年。

470. 吳曉艷:《黄滔詩文研究》,安徽大學碩士論文,2008 年。

471. 吳燕玲:《"杜荀鶴體"研究》,福建師範大學碩士論文,2008 年。

472. 夏自金:《隋唐五代時期西南地區造船業研究》,西南大學碩士論文,2008 年。

473. 徐建芳:《韓偓艷情詩與晚唐詞化現象》,東北師範大學碩士論文,2008 年。

474. 徐媛媛:《從早期三種詞選看女性形象描寫上的三度變化——以〈雲謠集〉、〈花間集〉與〈陽春白雪〉爲例》,上海社會科學院碩士論文,2008 年。

475. 薛乃文:《馮延巳詞接受史》,臺灣成功大學碩士論文,2008 年。

476. 顏文郁:《韋莊詞之接受史》,臺灣成功大學碩士論文,2008 年。

477. 楊連高:《韓偓詩歌比興研究》,湖南師範大學碩士論文,2008 年。

478. 楊翔:《韋莊詞研究》,華中師範大學碩士論文,2008 年。

479. 楊燁琨:《五代時期實録纂修問題研究》,南開大學碩士論文,2008 年。

480. 葉春弟:《論軍巡院的司法與執法職能》,華東政法大學碩士論文,2008 年。

481. 葉英俊:《〈松陵集〉研究》,西南大學碩士論文,2008 年。

482. 元志立:《南唐士人與政治》,南京大學碩士論文,2008 年。

483. 曾成:《論五代沙陀漢化問題》,武漢大學學年論文,2008 年。

484. 張福洲:《"花間"對宋詞的影響研究》,南京師範大學碩士論文,2008 年。

485. 張經亮:《〈新五代史〉的編纂及其學術成就》,安徽大學碩士論文,2008 年。

486. 張偉利:《〈香奩集〉的文化闡釋》,華僑大學碩士論文,2008 年。

487. 張曉霞:《李商隱與韓偓詩歌比較研究》,西北師範大學碩士論文,2008 年。

488. 張卓婭:《隋唐五代痹症問題研究》,暨南大學碩士論文,2008 年。

489. 趙美傑:《贊寧〈物類相感志〉研究》,華東師範大學碩士論文,2008 年。

490. 趙旭東:《五代與十國政治、軍事關係研究》,廈門大學碩士論文,2008 年。

491. 鍾佳蓁:《〈北夢瑣言〉研究》,逢甲大學碩士論文,2008 年。

492. 周聿丹:《唐五代時期的通貢貿易研究》,廈門大學碩士論文,2008 年。

493. 曹仲芯寧:《韋莊入蜀及其蜀中詩歌研究》,四川師範大學碩士論文,2009 年。

494. 陳忱:《論唐末朱全忠勢力的興起》,首都師範大學碩士論文,2009 年。

495. 陳文佳:《杜光庭〈道德真經廣聖義〉的莊子觀研究》,華東師範大學碩士論文,2009 年。

496. 陳逸蘭:《唐與五代十國仕女髮式造型研究》,屏東教育大學碩士論文,2009 年。

497. 陳勇:《〈鑒誡録〉研究》,四川師範大學碩士論文,2009 年。

498. 陳昱明:《五代關隴河洛地區政區地理》,復旦大學碩士論文,2009 年。

499. 陳志光:《宋人對〈新五代史〉之評價述略——以史學義例觀爲中心的考察》,中山大學碩士論文,2009 年。

500. 鄂姵如:《李煜詞對兩宋詞人之影響》,高雄師範大學碩士論文,2009 年。

501. 范艷芬:《從〈韓熙載夜宴圖〉談傳統繪畫中色彩的意象性》,河北師範大學碩士論文,2009 年。

502. 方正和:《五代、兩宋花鳥畫中的“竹木法”》,南京藝術學院碩士論文,2009 年。

503. 高于婷:《貫休及其〈禪月集〉之研究》,中興大學碩士論文,2009 年。

504. 郭格婷:《徐鉉詩歌研究》,西南交通大學碩士論文,2009 年。

505. 郭麗娜:《杜詩的唐末接受》,河北大學碩士論文,2009 年。

506. 郭曉燕:《五代灾荒文獻研究》,安徽大學碩士論文,2009 年。

507. 洪燕妮:《一心萬法,萬法一心:永明延壽的心性論研究——以〈心賦注〉爲例進行探討》,廈門大學碩士論文,2009 年。

508. 胡海燕:《杜荀鶴詩歌創作研究》,西北師範大學碩士論文,2009 年。

509. 黃麗軍:《杜光庭美學思想研究》,廈門大學碩士論文,2009 年。

510. 黃文堅:《五代、宋文言小説中“鬼”的世界》,華東師範大學碩士論文,2009 年。

511. 焦寶:《論安史之亂和黃巢起義對詞樂傳播的影響》,吉林大學碩士論文,2009 年。

512. 金淑喜:《崔致遠詩歌創作淺探》,中國海洋大學碩士論文,2009 年。

513. 李芳:《〈殘唐五代演義傳〉研究》,中山大學碩士論文,2009 年。

514. 李見:《〈説文解字篆韵譜〉研究》,華南師範大學碩士論文,2009 年。

515. 李良:《〈五代名畫補遺〉箋注與研究》,中國美術學院碩士論文,2009 年。

516. 李泠波:《羅隱落第後詩歌思想研究》,内蒙古大學碩士論文,2009 年。

517. 李湘萍:《馮延巳與歐陽修詞之比較研究》,臺北市立教育大學碩士論文,2009 年。

518. 李小麗:《遼代燕雲地區民間邑社組織研究》,山西師範大學碩士論文,2009 年。

519. 李雲根:《五代十國端明殿學士考述》,福建師範大學碩士論文,2009 年。

520. 梁麗:《唐僖宗昭宗朝政局研究》,陝西師範大學碩士論文,2009 年。

521. 林淡丹:《和凝研究》,廈門大學碩士論文,2009 年。

522. 林静慧:《〈花間集〉顏色詞之語言風格與文化意涵》,政治大學碩士論文,2009 年。

523. 林麗雅:《南唐、西蜀文士生活心態與詩詞創作比較研究》,廈門大學碩士論文,2009 年。

524. 林美宏:《〈香奩集〉凄麗的語言風格——從感官書寫入手》,高雄師範大學碩士論文,2009 年。

525. 林正鋒:《五代閩國佛教研究》,福建師範大學碩士論文,2009 年。

526. 劉泰江:《宋初律賦初探》,淡江大學碩士論文,2009 年。

527. 劉妍:《隋—宋揚州城防若干復原問題探討》,東南大學碩士論文,2009 年。

528. 劉怡宏:《從詩賦到策論——宋初進士科側重點之轉移》,北京大學碩士論文,2009 年。

529. 呂若珈:《〈宗鏡録〉對唯識哲學中"識"的概念所進行之詮釋與轉化》,臺灣師範大學碩士論文,2009 年。

530. 馬松翠:《五代宋初北派山水畫與元四家山水畫的比較研究》,山東師範大學碩士論文,2009 年。

531. 莫意達:《宋初三朝的翰林學士》,中國社會科學院碩士論文,2009 年。

532. 潘林:《唐五代西南地區飲食業研究》,西南大學碩士論文,2009 年。

533. 彭飛:《南唐文學研究》,山東大學碩士論文,2009 年。

534. 祁開龍:《五代南方士風的變化》,福建師範大學碩士論文,2009 年。

535. 沈如春:《長江下游地區五代兩宋墓葬研究》,北京大學碩士論文,2009 年。

536. 沈郁文:《論孫光憲對詞體的開拓》,北京師範大學碩士論文,2009 年。

537. 史亞静:《〈皮子文藪〉與〈松陵集〉中皮日休詩歌創作比較研究》,黑龍江大學碩士論文,2009 年。

538. 宋良和:《贊寧及其〈宋高僧傳〉研究》,浙江大學碩士論文,2009 年。

539. 王珂:《從文藝看司空圖的精神追求》,首都師範大學碩士論文,2009 年。

540. 王文越:《論地域文化對五代、宋初時期南北山水畫派的影響》,曲阜師範大學碩士論文,2009 年。

541. 王志英:《文人流動與唐五代南方文學地理初步研究》,上海財經大學碩士論文,2009 年。

542. 吴晨:《〈鑒誡録〉研究》,復旦大學碩士論文,2009 年。

543. 吴鵬:《馮延巳接受史研究》,湘潭大學碩士論文,2009 年。

544. 項波:《唐五代筆記小説中的佛教故事研究》,陝西師範大學碩士論文,2009 年。

545. 肖剛:《〈江南野史〉研究》,廣州大學碩士論文,2009 年。

546. 謝華平:《細語閑話皆寂寞,都是千古傷心人——納蘭性德與李煜詞作之比較》,湖南師範大學碩士論文,2009 年。

547. 許浩然:《吴融新考》,南京師範大學碩士論文,2009 年。

548. 許三春:《唐宋運河開發與開封發展研究》,山東大學碩士論文,2009 年。

549. 楊秀洪:《五代鄉情詩研究》,福建師範大學碩士論文,2009 年。

550. 姚萍:《陳彭年及其〈江南別録〉》,南昌大學碩士論文,2009 年。

551. 昝玉龍:《崔胤與唐昭宗朝政局》,北京師範大學碩士論文,2009 年。

552. 張淑惠:《唐五代宣歙及鄂岳地區經濟活動之比較》,中國文化大學碩士論文,2009 年。

553. 張麗娜:《大徐本〈説文〉篆文訛形舉例》,吉林大學碩士論文,2009 年。

554. 張揚:《徐鉉詩論》,哈爾濱師範大學碩士論文,2009 年。

555. 張玉蘭:《牛嶠及其作品考論》,西北師範大學碩士論文,2009 年。

556. 趙鳳艷:《五代馬及其相關問題的研究》,安徽大學碩士論文,2009 年。

557. 趙耀:《從〈韓熙載夜宴圖〉到中國屏風畫》,西安美術學院碩士論文,2009 年。

558. 趙元雪:《杜荀鶴及其詩歌研究》,廣西大學碩士論文,2009 年。

559. 鄭偉佳:《唐末五代入遼漢人群體研究》,河北大學碩士論文,2009 年。

560. 鄭侑仙:《宮詞研究——以唐、五代作品爲例》,東海大學碩士論文,2009 年。

561. 周桃紅:《杜荀鶴詩歌研究》,四川師範大學碩士論文, 2009 年。

562. 朱海濱:《唐宋鄉村治理的動態變化研究——基於精英人物的考察》,雲南大學碩士論文,2009 年。

563. 左利强:《宋齊丘研究》,南京大學碩士論文,2009 年。

564. 包勇:《大山堂堂——淺識五代至宋初水墨山水畫》,南京師範大學碩士論文,2010 年。

565. 陳斌:《"因"與"禮":五代北宋山水畫建築點景研究》,西南大學碩士論文,2010 年。

566. 陳晶鑫:《栖霞山唐五代石窟的分期》,北京大學碩士論文, 2010 年。

567. 陳婷:《孫光憲詞研究》,汕頭大學碩士論文,2010 年。

568. 程蘇超:《五代新詞研究》,山東大學碩士論文,2010 年。

569. 董健:《論崔致遠的哲學思想與歷史觀》,延邊大學碩士論文,2010 年。

570. 范艷:《杭州烟霞洞五代羅漢造像研究》,中國藝術研究院碩士論文,2010 年。

571. 宮月:《唐五代宮廷女性文學研究》,西南大學碩士論文, 2010 年。

572. 洪玉琪:《孫光憲詞研究》,高雄師範大學碩士論文, 2010 年。

573. 胡濱:《五代時期南方九國"善和鄰好"政策與史家評論》, 上海師範大學碩士論文,2010 年。

574. 胡輝芳:《燕雲十六州入遼後的社會發展》,內蒙古大學碩士論文,2010 年。

575. 黃賢忠:《論唐五代詞與南方音樂的關係》,西南大學碩士論文,2010 年。

576. 惠冬:《勢在中原:五代時期中原王朝之地位與宋初統一戰略》,暨南大學碩士論文,2010 年。

577. 江禮娟:《〈唐摭言〉雙音合成詞語法構成類型研究》,揚州大學碩士論文,2010 年。

578. 李艾國:《黄滔及其詩歌研究》,南京師範大學碩士論文,2010 年。

579. 李静:《韓偓詩歌意象研究——以李商隱詩歌意象爲參照進行比較研究》,遼寧師範大學碩士論文,2010 年。

580. 李倩:《韓偓研究》,四川師範大學碩士論文,2010 年。

581. 李占鋒:《唐五代商賈小説研究》,西南大學碩士論文,2010 年。

582. 劉小燕:《清末三大詞學家論花間詞》,福建師範大學碩士論文,2010 年。

583. 劉葉敏:《杜荀鶴及其詩歌研究》,河北大學碩士論文,2010 年。

584. 潘學軍:《論唐五代筆記小説中的落第舉子形象》,湖南科技大學碩士論文,2010 年。

585. 龐國雄:《黄滔律賦研究》,廣西師範大學碩士論文,2010 年。

586. 彭朋:《李煜的悖論——政治的悲劇與文學的輝煌》,山東大學碩士論文,2010 年。

587. 亓艷敏:《唐五代改姓研究》,陝西師範大學碩士論文,2010 年。

588. 屈玫均:《關於〈韓熙載夜宴圖〉繪畫寫實性的研究運用》,湖北美術學院碩士論文,2010 年。

589. 任鑫星:《唐五代閬中文化與文學研究》,陝西師範大學碩士論文,2010 年。

590. 單梅森:《西蜀與南唐詞比較研究》,雲南大學碩士論文,2010 年。

591. 孫興國:《羅隱詩文研究》,山東師範大學碩士論文,2010 年。

592. 孫艷楠:《〈録异記〉的文化闡釋》,四川師範大學碩士論文,2010 年。

593. 唐晨:《花間詞意象研究》,湖南大學碩士論文,2010 年。

594. 王斌:《南唐貢舉制度研究》,南京大學碩士論文,2010 年。

595. 王國忠:《杜光庭道氣論思想研究》,中國文化大學碩士論文,2010 年。

596. 王倩:《清麗、感傷、空靈——韋莊詩詞的獨特韵致探討》,中國石油大學碩士論文,2010 年。

597. 王艷芳:《皮日休吳地創作與吳文化關係研究》,江南大學碩士論文,2010 年。

598. 王悦穎:《試論〈新五代史〉紀傳體現的古文藝術成就》,北京大學碩士論文,2010 年。

599. 王志勇:《五代科舉制度研究》,福建師範大學碩士論文,2010 年。

600. 翁艾:《羅隱咏物詩研究》,汕頭大學碩士論文,2010 年。

601. 翁志丹:《南唐江南畫的形成及其筆墨特徵》,中國美術學院碩士論文,2010 年。

602. 吳松:《〈南部新書〉整理與詞語研究》,南京師範大學碩士論文,2010 年。

603. 徐春琴:《贊寧〈笋譜〉研究》,華東師範大學碩士論文,2010 年。

604. 許蓓蓓:《論〈說文解字繫傳〉對字際關係的溝通》,北京師範大學碩士論文,2010 年。

605. 楊興涓:《歐陽炯研究》,四川師範大學碩士論文,2010 年。

606. 楊澤霞:《李中及其詩歌研究》,安徽大學碩士論文,2010 年。

607. 姚亮:《平遥鎮國寺萬佛殿五代彩塑探微》,山西大學碩士論文,2010 年。

608. 尹承:《亂世的邏輯:五代皇位傳襲研究》,山東大學碩士論文,2010 年。

609. 于亮:《五代兩宋羅漢圖像研究》,南京藝術學院碩士論文,2010 年。

610. 曾婉茹：《〈花間集〉意象研究》，彰化師範大學碩士論文，2010 年。

611. 張彩攏：《唐末五代道教思想的社會歷史觀研究》，四川省社會科學院碩士論文，2010 年。

612. 張春梅：《北宋大名府及其知府研究》，河南大學碩士論文，2010 年。

613. 張剛：《宋人南唐史研究》，上海師範大學碩士論文，2010 年。

614. 張海艷：《〈唐代墓誌彙編〉（武宗至哀帝年間）校補及譜系整理》，西南大學碩士論文，2010 年。

615. 張慧：《湯顯祖評〈花間集〉研究》，淮北師範大學碩士論文，2010 年。

616. 張少利：《五代司法體制研究》，西南政法大學碩士論文，2010 年。

617. 張曉蕾：《馮延巳與南唐詞壇》，東北師範大學碩士論文，2010 年。

618. 張媛：《黃滔詩歌研究》，河北大學碩士論文，2010 年。

619. 張芷菱：《從〈人間詞話〉論韋莊〈浣花詞〉》，佛光大學碩士論文，2010 年。

620. 趙軍倉：《王仁裕及其作品研究》，四川師範大學碩士論文，2010 年。

621. 周大效：《〈新五代史〉詞彙研究》，廣州大學碩士論文，2010 年。

622. 周玉雯：《馮延巳詞之境界探析》，臺南大學碩士論文，2010 年。

623. 莊燕琳：《南唐内府書畫鑒藏綜論》，中國美術學院碩士論文，2010 年。

624. 白笑天：《韓偓詩歌研究》，蘭州大學碩士論文，2011 年。

625. 巢晶晶：《孫光憲詞作研究》，長沙理工大學碩士論文，2011 年。

626. 杜廣學：《兩位“詩史”——杜甫韓偓比較研究》，黑龍江大學碩士論文,2011 年。

627. 段振文:《王閩滅亡原因探究》,鄭州大學碩士論文,2011 年。

628. 范燦:《韓偓詩歌研究》,四川師範大學碩士論文,2011 年。

629. 韓曉嬋:《〈劇談錄〉箋證》,南京大學碩士論文,2011 年。

630. 侯海洋:《唐五代醫療社會史若干問題研究》,首都師範大學碩士論文,2011 年。

631. 胡耀飛:《南唐兩都制研究》,陝西師範大學碩士論文,2011 年。

632. 黃冠華:《楊凝式書法藝術研究》,高雄師範大學碩士論文,2011 年。

633. 黃利娜:《唐末五代江西經濟開發》,遼寧大學碩士論文,2011 年。

634. 黃思萍:《李煜詞接受史》,成功大學碩士論文,2011 年。

635. 黃英士:《沙陀與晚唐政局》,中國文化大學碩士論文,2011 年。

636. 焦甜甜:《四川、兩湖、江西地區唐五代詩歌用韵研究》,南京師範大學碩士論文,2011 年。

637. 賴昭淳:《晚唐僧詩研究——以貫休、齊己爲中心》,臺灣東華大學碩士論文,2011 年。

638. 李林青:《福建兩廣唐五代文人詩詞用韵比較研究》,南京師範大學碩士論文,2011 年。

639. 李影輝:《花間詞與易安詞比較研究》,黑龍江大學碩士論文,2011 年。

640. 李永章:《王建花蕊夫人〈宮詞〉比較研究》,西北師範大學碩士論文,2011 年。

641. 練家偉:《歐陽修〈新五代史〉與宋代士人政治文化論析》,拉曼大學學士論文,2011 年。

642. 劉本棟:《五代至北宋初期刑部制度研究》,河南大學碩士論文,2011 年。

643. 劉海雲:《孫光憲詞作研究》,南京師範大學碩士論文, 2011 年。

644. 劉琳:《唐末幕府文人心態及其詩歌創作》,曲阜師範大學碩士論文,2011 年。

645. 劉萍:《南唐文化政策探析》,南京師範大學碩士論文, 2011 年。

646. 劉慶佳:《唐宋都城規制轉型探究——以唐長安、洛陽與北宋東京爲例》,鄭州大學碩士論文,2011 年。

647. 劉巍:《漢魏六朝至唐五代悟道求仙小説研究》,西南大學碩士論文,2011 年。

648. 劉曉燕:《唐末五代宮廷音樂與遼承唐樂研究》,溫州大學碩士論文,2011 年。

649. 劉豫貞:《唐五代雕版印刷文獻研究》,淡江大學碩士論文, 2011 年。

650. 劉躍輝:《南唐後主李煜若干問題研究》,安徽大學碩士論文,2011 年。

651. 龍明盛:《論五代宋初北派山水畫之精神》,湖南師範大學碩士論文,2011 年。

652. 陸貝林:《徐鉉散(駢)文研究——以學者研究爲切入點》, 江南大學碩士論文,2011 年。

653. 馬天寶:《北宋吳越錢氏後裔——錢惟演研究》,河北大學碩士論文,2011 年。

654. 毛勝恒:《陳摶道教思想研究》,中央民族大學碩士論文, 2011 年。

655. 龐志宇:《南漢康陵保護性建築設計初探》,華南理工大學碩士論文,2011 年。

656. 秦琰:《男性視角下的〈花間集〉與〈醇酒・婦人・詩歌〉情愛主題比較研究》,上海師範大學碩士論文,2011 年。

657. 邵明凡:《高駢年譜》,遼寧大學碩士論文,2011 年。

658. 宋文田:《〈説文〉二徐本頁部字研究》,福建師範大學碩士論文,2011 年。

659. 蘇姍姍:《唐五代人論開天興衰》,上海師範大學碩士論文, 2011 年。

660. 唐忠敏:《宋初奏議中的套語現象研究》,四川師範大學碩士論文,2011 年。

661. 王聯臺:《南唐的外交關係》,中興大學碩士論文,2011 年。

662. 魏琳:《試析澶淵結盟之前的遼宋關係》,遼寧師範大學碩士論文,2011 年。

663. 吳寶明:《五代十國時期馬楚詩人與詩歌研究》,瀋陽師範大學碩士論文,2011 年。

664. 吳德明:《吳、南唐文職幕府研究》,安徽大學碩士論文, 2011 年。

665. 吳嘉亮:《南漢康陵遺址保護研究初探》,華南理工大學碩士論文,2011 年。

666. 吳金庭:《守護民族的心靈——心態史學視野下對溪州銅柱的解讀》,中南民族大學碩士論文,2011 年。

667. 吳宙容:《五代十國貨幣的發行》,中國文化大學碩士論文, 2011 年。

668. 伍麗秀:《唐五代宋初詞中“外望”意象分析》,雲南大學碩士論文,2011 年。

669. 熊培棟:《譚峭哲學思想研究》,河南大學碩士論文, 2011 年。

670. 徐凌:《中原地區五代墓葬的分期研究》,西北大學碩士論文,2011 年。

671. 徐仕達:《馬楚政權之研究》,中國文化大學碩士論文, 2011 年。

672. 言麗花:《唐五代夢游小説研究》,揚州大學碩士論文,2011 年。

673. 楊丁宇:《中晚唐五代江西地區流寓文人對地域文化的影響——以江州爲例》,首都師範大學碩士論文,2011 年。

674. 楊焕化:《“飛山蠻”少數民族法制文化芻探》,西南政法大學碩士論文,2011 年。

675. 楊蕎憶:《韋莊詞自然意象研究》,臺南大學碩士論文,2011 年。

676. 尹冬梅:《吳蘭修與〈南漢紀〉研究》,陝西師範大學碩士論文,2011 年。

677. 翟玉珍:《唐五代文人詞中單音節動詞的研究》,四川師範大學碩士論文,2011 年。

678. 張超:《中晚唐同、華兩州節度使研究》,南京師範大學碩士論文,2011 年。

679. 張國清:《後唐幕府研究》,安徽大學碩士論文,2011 年。

680. 張宏:《五代北方山水畫論與實踐研究》,蘇州大學碩士論文,2011 年。

681. 張建:《五代民事法律制度的發展及影響》,西南政法大學碩士論文,2011 年。

682. 張麗娜:《韓偓詩風略論》,北京師範大學碩士論文,2011 年。

683. 張瀟瀟:《〈花間集〉研究》,山東大學碩士論文,2011 年。

684. 張穎:《〈世說新語〉與〈祖堂集〉中讓步連詞的比較研究》,湖北大學碩士論文,2011 年。

685. 章健:《五代刑事法律制度變化及其影響》,西南政法大學碩士論文,2011 年。

686. 趙丹:《唐、五代藩鎮孔目官研究》,黑龍江大學碩士論文,2011 年。

687. 趙士弘:《唐末到北宋中葉兵變性質演變的研究》,臺灣師範大學碩士論文,2011 年。

688. 鄭淑萍:《羅隱〈讒書〉研究》,南華大學碩士論文,2011 年。

689. 鄭詔宇:《唐末五代時期四川義軍之研究》,中國文化大學碩士論文,2011 年。

690. 周麗琴:《哲學闡釋學視角下的譯者主體性與中國古典詩詞英譯——以李煜詞英譯爲例》,蘭州大學碩士論文,2011 年。

691. 周鷺：《唐五代科舉習俗研究》，首都師範大學碩士論文，2011 年。

692. 周苗：《唐宋之際的鎮墓石研究》，首都師範大學碩士論文，2011 年。

693. 周南希：《皮日休散文研究》，東南大學碩士論文，2011 年。

694. 周軼倫：《宋初"晚唐體"與中晚唐詩風關係》，華東師範大學碩士論文，2011 年。

695. 朱淼芳：《北宋前期的翰林學士研究》，安徽大學碩士論文，2011 年。

696. 畢琳琳：《鄭文寶及所著南唐二史研究》，復旦大學碩士論文，2012 年。

697. 陳柯：《五代十國時期科技文獻彙編研究》，遼寧大學碩士論文，2012 年。

698. 陳婷：《〈北夢瑣言〉雙音即同義詞研究》，湖南師範大學碩士論文，2012 年。

699. 程彩虹：《景德鎮五代白瓷研究》，景德鎮陶瓷學院碩士論文，2012 年。

700. 段瑞芬：《唐五代讖應類小說的通俗化研究》，西南大學碩士論文，2012 年。

701. 范泠萱：《南京栖霞寺舍利塔南唐佛傳浮雕研究》，南京藝術學院碩士論文，2012 年。

702. 高静：《論唐末至後梁由北入蜀文人心態及其創作——以詩歌爲中心》，首都師範大學碩士論文，2012 年。

703. 管明捷：《〈花間集〉閨怨作品研究》，遼寧大學碩士論文，2012 年。

704. 郭静：《五代人物畫研究》，山西師範大學碩士論文，2012 年。

705. 何旭冉：《晚唐五代蓮荷詩的基本內蘊研究》，湖南大學碩士論文，2012 年。

706. 洪培珊：《唐五代筆記小說"動物懲報"故事研究》，臺南大學碩士論文，2012 年。

707. 胡慧:《映射理論與李煜詞意境的現實化》,武漢理工大學碩士論文,2012 年。

708. 雷雅蕾:《李煜詞中隱喻的認知解讀》,江西師範大學碩士論文,2012 年。

709. 李兵:《從黃巢起義看晚唐政局》,山西大學碩士論文,2012 年。

710. 李黎:《五代孝道有關問題研究》,安徽大學碩士論文,2012 年。

711. 李濤:《〈花間集〉副詞研究》,揚州大學碩士論文,2012 年。

712. 李曉龍:《五代十國時期音樂及其文學研究》,四川師範大學碩士論文,2012 年。

713. 李亞男:《贊寧〈大宋僧史略〉研究》,華東師範大學碩士論文,2012 年。

714. 梁琦:《養真衡廬,人淡如菊——陶淵明與司空圖比較研究》,西北大學碩士論文,2012 年。

715. 林佩儀:《唐五代醜女文學研究》,臺灣嘉義大學碩士論文,2012 年。

716. 劉浩東:《馮暉墓出土磚雕樂人研究》,陝西師範大學碩士論文,2012 年。

717. 劉姝麟:《李煜與李清照詞作中的藝術世界》,雲南大學碩士論文,2012 年。

718. 劉曉艷:《從唐中後期使相的變遷看唐末地方獨立化的進程》,天津師範大學碩士論文,2012 年。

719. 劉鑫:《馮道與五代的政治局勢》,山西大學碩士論文,2012 年。

720. 盧婧萍:《錢惟演詩歌研究》,西南交通大學碩士論文,2012 年。

721. 馬奔奔:《南唐文化與馮延巳詞之新變研究》,安徽大學碩士論文,2012 年。

722. 邱美玲:《中晚唐五代白居易詩歌接受研究》,新疆師範大學碩士論文,2012 年。

723. 冉勛：《北宋前期地方統兵體制研究——立足於對兵馬都監的考察》，河南大學碩士論文，2012 年。

724. 史寶龍：《唐末五代湖南地區經濟開發研究》，遼寧大學碩士論文，2012 年。

725. 孫海亮：《中晚唐至五代時期鹽價問題研究》，黑龍江大學碩士論文，2012 年。

726. 王書榮：《地域文化與洛陽錢幕文人集團唱和詩研究》，廣西大學碩士論文，2012 年。

727. 王璇：《馮延巳詞的悲劇風格及其成因》，曲阜師範大學碩士論文，2012 年。

728. 王育科：《五代進士研究》，中央民族大學碩士論文，2012 年。

729. 王雲芳：《〈重屏會棋圖〉藝術探析》，山西大學碩士論文，2012 年。

730. 王照華：《〈北夢瑣言〉補史意識研究》，臺灣大學碩士論文，2012 年。

731. 王珍：《晚唐五代詩格與中國詩學的再度自覺》，山西大學碩士論文，2012 年。

732. 王振華：《〈三水小牘〉研究》，遼寧大學碩士論文，2012 年。

733. 吳新星：《〈花間集〉湯顯祖評點之研究》，寧波大學碩士論文，2012 年。

734. 許楓：《唐五代小說中商人形象研究》，遼寧大學碩士論文，2012 年。

735. 顏修：《徐鉉唱和詩及其思想研究》，重慶師範大學碩士論文，2012 年。

736. 楊春雷：《唐末五代宋初的"河東現象"》，福建師範大學碩士論文，2012 年。

737. 楊億力：《宋初進士行卷與文學（960—1040）》，華中師範大學碩士論文，2012 年。

738. 楊自強：《五代時期佛寺建築藝術研究》，太原理工大學碩士論文，2012 年。

739. 余靈芳:《五代西蜀詞人藝術追求的同與异》,長沙理工大學碩士論文,2012 年。

740. 岳聰:《從唐五代筆記小説看唐人服飾文化特色》,上海師範大學碩士論文,2012 年。

741. 張麗霞:《〈玉堂閑話〉雙音合成詞研究》,蘭州大學碩士論文,2012 年。

742. 張淑玉:《吳融及其詩歌研究》,四川師範大學碩士論文,2012 年。

743. 張雯:《馬楚文學研究》,四川師範大學碩士論文,2012 年。

744. 張曉笛:《高氏荆南軍事地理研究》,華中師範大學碩士論文,2012 年。

745. 張學輝:《花間詞在晚唐五代的傳播》,寧波大學碩士論文,2012 年。

746. 趙芳:《唐五代初義武軍研究》,首都師範大學碩士論文,2012 年。

747. 趙軍光:《南唐中主李璟的治國之路》,山東大學碩士論文,2012 年。

748. 趙淼:《我國五代十國時期圖書收藏活動的研究》,河北大學碩士論文,2012 年。

749. 鄭舒誠:《温庭筠與韋莊詞中女性形象比較》,長沙理工大學碩士論文,2012 年。

750. 周思華:《永明延壽如來藏思想研究》,西南大學碩士論文,2012 年。

751. 周雪芹:《黄滔詩歌校注》,西北大學碩士論文,2012 年。

752. 朱存芳:《十至十二世紀建州茶研究》,曲阜師範大學碩士論文,2012 年。

753. 白雲:《党項府州折氏發展考述》,中央民族大學碩士論文,2013 年。

754. 柴淼:《〈祖堂集〉動詞研究——以配價理論爲説明方法》,黑龍江大學碩士論文,2013 年。

755. 陳爽:《南唐詞綜論》,陝西理工學院碩士論文,2013 年。

756. 陳雅凡:《明清時期的雷峰塔圖像研究》,中央美術學院碩士論文,2013 年。

757. 戴環宇:《朱文藻及〈説文繫傳考异〉研究》,寧夏大學碩士論文,2013 年。

758. 范婧:《五代、北宋山水畫南北地域性風格比較研究》,西安美術學院碩士論文,2013 年。

759. 付燕:《西夏文獻之〈劉知遠諸宮調〉研究》,四川師範大學碩士論文,2013 年。

760. 郭静:《神鬼之間:唐五代淫祀問題研究》,陝西師範大學碩士論文,2013 年。

761. 龔向玲:《齊己及其佛禪詩研究》,湖南大學碩士論文,2013 年。

762. 賀佳:《〈墉城集仙録〉的教育思想》,山西師範大學碩士論文,2013 年。

763. 黄庭碩:《唐宋之際的東南士人與政治——以楊吴、南唐爲中心》,臺灣大學碩士論文,2013 年。

764. 金思思:《巴蜀文化視域中的〈花間集〉研究》,浙江工業大學碩士論文,2013 年。

765. 李佳寧:《唐五代小説胡人形象研究》,遼寧大學碩士論文,2013 年。

766. 李以良:《論董源山水畫造型手法及影響》,中央美術學院碩士論文,2013 年。

767. 李穎:《福建五代兩宋隨葬俑研究》,福建師範大學碩士論文,2013 年。

768. 李原野:《景德鎮南河流域五代青瓷的材料學分析》,景德鎮陶瓷學院碩士論文,2013 年。

769. 梁濱:《〈祖堂集〉連動結構研究》,浙江師範大學碩士論文,2013 年。

770. 林思任:《契丹與五代中原政權的和戰關係——以北亞游

牧民族征服觀的消長爲中心》,臺灣師範大學碩士論文,2013 年。

771. 林至軒:《從能臣到叛臣——高駢與唐末政局研究》,臺灣清華大學碩士論文,2013 年。

772. 劉波:《唐末五代華北地區州級軍政之變化研究——基於軍政長官的探討》,華東師範大學碩士論文,2013 年。

773. 劉冲:《五代藩鎮問題研究——以節度使爲中心》,首都師範大學碩士論文,2013 年。

774. 劉堯:《徐鉉詩歌研究》,廣西師範大學碩士論文,2013 年。

775. 禄果:《李煜詞中"香意象"的美學探究》,西南大學碩士論文,2013 年。

776. 羅姵安:《〈花間集〉非情詞研究》,臺北市立大學碩士論文,2013 年。

777. 毛冰霜:《南方山水——試論五代江西繪畫的崛起與影響》,江西科技師範大學碩士論文,2013 年。

778. 梅圓春:《唐五代史料筆記訓詁研究》,山東師範大學碩士論文,2013 年。

779. 孟芬芬:《五代宋初北方山水畫派藝術風格特徵研究》,魯東大學碩士論文,2013 年。

780. 苗瑋:《〈祖堂集〉與〈五代史平話〉詞綴比較研究》,浙江財經學院碩士論文,2013 年。

781. 潘治創:《唐五代及宋女冠詞研究》,遼寧大學碩士論文,2013 年。

782. 潘子正:《唐僖宗朝前期(873—880)的政治角力分析》,臺灣師範大學碩士論文,2013 年。

783. 任聰:《論徐熙藝術風格及對中國花鳥畫的影響》,西安美術學院碩士論文,2013 年。

784. 佘芳艷:《唐五代聯章詞研究》,蘭州大學碩士論文,2013 年。

785. 孫夢馳:《北宋前期班序制度初探》,山東大學碩士論文,2013 年。

786. 孫岩:《〈花間集〉女性形象及"雙性之美"》,中南民族大學碩士論文,2013 年。

787. 湯偉:《〈五代史平話〉字形研究》,河北大學碩士論文,2013 年。

788. 唐俊:《永明延壽圓融思想研究》,中南大學碩士論文,2013 年。

789. 王斌:《司空圖"韵味"説的審美内涵——從山水田園詩的發展流變來看》,河北大學碩士論文,2013 年。

790. 王晶晶:《南唐茶文化研究》,青海民族大學碩士論文,2013 年。

791. 王立群:《從"全景大美"到"邊角小趣"——論五代兩宋山水畫審美趨向的變遷》,山東理工大學碩士論文,2013 年。

792. 王敏:《〈説文〉二徐反切研究》,廣西師範大學碩士論文,2013 年。

793. 王慶昱:《梁晉争衡下的河北藩鎮研究》,陝西師範大學碩士論文,2013 年。

794. 王欣:《遼墓與五代十國墓的布局、裝飾、葬具的共性研究》,吉林大學碩士論文,2013 年。

795. 武夏:《江蘇省出土的隋唐五代瓷器研究》,吉林大學碩士論文,2013 年。

796. 邢啓振:《唐後期武寧鎮戰略地位研究》,山東師範大學碩士論文,2013 年。

797. 徐江山:《楊凝式及其書法藝術研究》,渤海大學碩士論文,2013 年。

798. 徐麗麗:《韋莊對杜甫的接受研究》,西南大學碩士論文,2014 年。

799. 徐雙:《河東集團建國道路的探討》,天津師範大學碩士論文,2013 年。

800. 楊鵬程:《〈續修四庫全書總目提要·集部〉唐五代部分整理研究》,魯東大學碩士論文,2013 年。

801. 于賽:《李煜與倉央嘉措比較研究》,南京師範大學碩士論文,2013 年。

802. 于越:《契丹遼朝與後唐戰和關係研究》,渤海大學碩士論文,2013 年。

803. 余珩:《李煜詞作中的隱喻及其組合》,湖北師範學院碩士論文,2013 年。

804. 余紅平:《杜光庭道教文學研究——以道教詩詞爲考察對象》,贛南師範學院碩士論文,2013 年。

805. 袁曉聰:《南唐詞的傳播與接受研究——以李煜和馮延巳爲中心》,蘭州大學碩士論文,2013 年。

806. 曾漁漁:《清麗其外,哀傷其内——韋莊詞美學意藴研究》,重慶師範大學碩士論文,2013 年。

807. 張玲:《五代入蜀貳臣詩人詩歌創作與文化心態研究》,曲阜師範大學碩士論文,2013 年。

808. 張萌:《五代十國監軍考論》,陝西師範大學碩士論文,2013 年。

809. 張馨芳:《唐五代陶瓷器中的外來文化因素》,吉林大學碩士論文,2013 年。

810. 鄭克祥:《廣州出土南漢青瓷的産地研究》,中山大學碩士論文,2013 年。

811. 鄭喬雲:《唐五代筆記小説之唐代佛教研究》,臺南大學碩士論文,2013 年。

812. 鄭章劍:《徐寅、黄滔交游及其詩歌創作考論》,雲南師範大學碩士論文,2013 年。

813. 朱敏楠:《晚唐五代僧俗交游與士風考論》,天津師範大學碩士論文,2013 年。

814. 白雪:《從〈韓熙載夜宴圖〉看傳統繪畫空間的意象性》,山東大學碩士論文,2014 年。

815. 蔡力娜:《花蕊夫人宫詞與王珪宫詞比較研究》,陝西師範大學碩士論文,2014 年。

816. 陳慈君:《華麗與幻滅——李煜詞中的生命反差》,臺灣中興大學碩士論文,2014 年。

817. 陳鳳誼:《唐五代嶺南詩歌研究》,廣西大學碩士論文,2014 年。

818. 陳南貴:《唐五代小説序跋研究》,遼寧大學碩士論文,2014 年。

819. 陳求知:《唐五代西域胡裔詩人詩作考論》,西北民族大學碩士論文,2014 年。

820. 陳玉凱:《五代末至北宋蘇杭磚身木檐塔的特徵研究》,中國美術學院碩士論文,2014 年。

821. 程佳佳:《〈容齋隨筆〉所録隋唐五代史料之研究》,上海師範大學碩士論文,2014 年。

822. 崔寶峰:《貫休詩學理論研究》,牡丹江師範學院碩士論文,2014 年。

823. 傅芳周:《唐五代公案題材小説的類型及其叙事特徵分析》,北京外國語大學碩士論文,2014 年。

824. 高士捷:《後周遺臣與宋初政治》,華中科技大學碩士論文,2014 年。

825. 高燕:《〈全唐五代詞·唐詞·五代詞〉音樂史料研究》,山西大學碩士論文,2014 年。

826. 高一竑:《李茂貞夫婦墓、馮暉墓以及白沙宋墓中的"婦人啓門"圖研究》,西北師範大學碩士論文,2014 年。

827. 郭麗平:《論遼初經略燕雲十六州及其歷史意義》,内蒙古師範大學碩士論文,2014 年。

828. 何旗航:《唐、五代景德鎮藍田窑青瓷初探》,景德鎮陶瓷學院碩士論文,2014 年。

829. 黄潔瓊:《形象與現實——〈唐五代筆記小説大觀〉中的女鬼形象解析》,安徽大學碩士論文,2014 年。

830. 黄鈺琪:《顧夐詞及其接受》,臺灣嘉義大學碩士論文,2014 年。

831. 蔣元紅:《晚唐五代詩格中的物象理論研究》,濟南大學碩士論文,2014 年。

832. 李高:《〈北夢瑣言〉詞語與〈漢語大詞典〉修訂》,湘潭大學碩士論文,2014 年。

833. 李曉林:《〈清异録〉文獻研究》,南京大學碩士論文,2014 年。

834. 李晏如:《董源及其〈溪岸圖〉》,高雄師範大學碩士論文,2014 年。

835. 黎文雯:《李煜與南唐佛教研究》,江西師範大學碩士論文,2014 年。

836. 林佩均:《唐五代小説之鏡文化研究》,東吳大學碩士論文,2014 年。

837. 劉闖:《五代時期汴州城市環境初探》,陝西師範大學碩士論文,2014 年。

838. 劉佳麗:《韋莊詩歌研究》,南京師範大學碩士論文,2014 年。

839. 劉金月:《〈花間集〉與洛可可式油畫的比較研究》,遼寧師範大學碩士論文,2014 年。

840. 劉曉惠:《開元時期唐玄宗的形象——以史傳及唐五代筆記小説爲例》,拉曼大學學士論文,2014 年。

841. 羅俊卓:《羅隱及其詩歌研究》,四川師範大學碩士論文,2014 年。

842. 羅絲:《唐五代涉海小説研究》,湖南師範大學碩士論文,2014 年。

843. 羅翔:《譚峭及〈化書〉研究》,重慶大學碩士論文,2014 年。

844. 馬再傑:《唐末五代浙江地區經濟開發研究》,遼寧大學碩士論文,2014 年。

845. 歐陽瑞豐:《景德鎮五代白瓷至宋代青白瓷的演變對比分析》,景德鎮陶瓷學院碩士論文,2014 年。

846. 邱天偉:《唐五代文言佛教小説研究》,臺灣元智大學碩士論文,2014年。

847. 任芳琴:《高麗青瓷的起源與中國越窑的關係研究》,浙江大學碩士論文,2014年。

848. 史文靚:《唐五代公務文書彙編研究》,南京師範大學碩士論文,2014年。

849. 孫妍:《孫光憲詞研究》,內蒙古師範大學碩士論文,2014年。

850. 王存梟:《五代宋初宰相選任標準及其事權變遷考述》,河南大學碩士論文,2014年。

851. 王菲:《〈説文解字〉土部字及大小徐本比較研究》,遼寧師範大學碩士論文,2014年。

852. 王慧:《從"逆將"到"義將"——李存孝傳説的形成演變研究》,山西大學碩士論文,2014年。

853. 王晶:《晚唐五代詩格探究》,上海師範大學碩士論文,2014年。

854. 王霞:《〈花間集〉女性服飾描寫研究》,廈門大學碩士論文,2014年。

855. 王征宇:《禮制與葬俗——吳越國墓葬相關問題研究》,浙江大學碩士論文,2014年。

856. 吳勤麗:《南唐公文生態研究》,南京師範大學碩士論文,2014年。

857. 吳銀紅:《〈花間集〉屏風和屏風畫意象研究》,中南大學碩士論文,2014年。

858. 謝宇榮:《唐末五代環洞庭湖三區歷史軍事地理研究》,陝西師範大學碩士論文,2014年。

859. 許津璇:《孫光憲〈北夢瑣言〉的士人關懷》,臺灣世新大學碩士論文,2014年。

860. 張娟:《〈續唐書經籍志〉著録小説資料集解》,華中師範大學碩士論文,2014年。

861. 張夢珂:《唐代至五代時期瓷執壺器形分析》,江西師範大學碩士論文,2014 年。

862. 張鵬:《後唐伶宦、后妃干政研究》,西北大學碩士論文,2014 年。

863. 張邱奎:《唐末杜甫詩歌接受研究——以羅隱、韋莊、韓偓三人爲探討》,臺灣成功大學碩士論文,2014 年。

864. 張曉婷:《鄭谷詩風的轉變及成因研究》,西北師範大學碩士論文,2014 年。

865. 趙大旺:《唐五代時期的色役》,南京師範大學碩士論文,2014 年。

866. 趙新宇:《試論李煜詞的悲情審美》,黑龍江大學碩士論文,2014 年。

867. 鍾波:《身份與秩序:對"南唐入宋"的一種考察》,南京大學碩士論文,2014 年。

868. 周莎:《五代十國時期湖南地區政治勢力研究》,南京大學碩士論文,2014 年。

869. 周玉琳:《祈雨習俗與唐五代文學》,上海師範大學碩士論文,2014 年。

870. 莊居福:《正一派古今齋法中的拔度科儀研究——以唐末杜光庭與當代臺灣高雄蔡家爲例》,南華大學碩士論文,2014 年。

871. 卞成林:《五代〈丹楓呦鹿圖〉與敦煌壁畫樹法色彩比較研究》,西安美術學院碩士論文,2015 年。

872. 曹興華:《唐末五代沙陀騎兵述論》,四川師範大學碩士論文,2015 年。

873. 陳茜:《唐五代稅草問題述論》,青海師範大學碩士論文,2015 年。

874. 陳帥:《五代時期割據混戰與社會經濟關係研究》,鄭州大學碩士論文,2015 年。

875. 陳天琦:《晚唐五代令詞格律之定型與演變研究》,華東師範大學碩士論文,2015 年。

876. 程艷艷:《唐五代筆記小説中的詩歌精神》,四川師範大學碩士論文,2015 年。

877. 董茂玉:《唐末五代時期中原移民對四川地區的影響》,遼寧大學碩士論文,2015 年。

878. 龔依冰:《五代十國時期南方十國墓葬隨葬俑研究》,南京大學碩士論文,2015 年。

879. 關連連:《〈教坊記〉曲名與〈全唐五代詞〉詞牌名關係初探》,長沙理工大學碩士論文,2015 年。

880. 何文婷:《隋唐五代時期山西武術發展狀況的研究》,中北大學碩士論文,2015 年。

881. 黃夢珊:《貫休及其詩歌研究》,南京師範大學碩士論文,2015 年。

882. 江舟:《貫休政治生涯考述》,福建師範大學碩士論文,2015 年。

883. 江騰波:《唐五代小説中的劍俠形象研究》,遼寧大學碩士論文,2015 年。

884. 李婷婷:《唐末五代的成都記憶》,上海師範大學碩士論文,2015 年。

885. 李洋:《晚唐五代詞中的色彩研究》,福建師範大學碩士論文,2015 年。

886. 劉均:《唐五代文人入幕及其小説研究》,西南大學碩士論文,2015 年。

887. 劉啓寰:《五代十國陶瓷文化價值與傳承應用研究》,上海大學碩士論文,2015 年。

888. 劉亦雄:《南唐方鎮制度研究》,南京大學碩士論文,2015 年。

889. 莫璧嘉:《〈祖堂集〉形容詞的結構、功能與演變研究》,廣西大學碩士論文,2015 年。

890. 龐穎:《〈韓熙載夜宴圖〉中女性形象的藝術表現研究》,廣西師範大學碩士論文,2015 年。

891. 秦丹瑞:《崔白對五代宋初黃派花鳥畫的變革》,山西師範大學碩士論文,2015 年。

892. 任薈嬋:《永明延壽禪净雙修的思想》,西南政法大學碩士論文,2015 年。

893. 任占鵬:《唐五代生活生産常識啓蒙研究》,首都師範大學碩士論文,2015 年。

894. 茹静文:《論隋唐五代時期的杭州城》,浙江大學碩士論文,2015 年。

895. 舒静嘉:《馮延巳詞作的多重人格書寫》,長沙理工大學碩士論文,2015 年。

896. 孫海丹:《〈北夢瑣言〉副詞研究》,東北師範大學碩士論文,2015 年。

897. 湯梅花:《羅隱詩歌用典研究》,湖南大學碩士論文,2015 年。

898. 唐柳:《耳目所習,得於心,應於手——論黃筌徐熙的人生經歷和藝術風格》,湖南師範大學碩士論文,2015 年。

899. 拓天梅:《唐五代養子問題研究——以上層社會爲例》,西北師範大學碩士論文,2015 年。

900. 王詩瑶:《唐五代小説中的"江湖"觀念研究》,遼寧師範大學碩士論文,2015 年。

901. 王鑫:《唐五代筆記小説佛道内容研究》,蘭州大學碩士論文,2015 年。

902. 王璇:《萬頃波中得自由——趙幹〈江行初雪圖〉研究》,中國美術學院碩士論文,2015 年。

903. 王一楠:《五代書法轉型問題研究——以楊凝式爲例》,渤海大學碩士論文,2015 年。

904. 吳樹航:《唐末五代河北三鎮割據的衰亡——以三鎮合縱連横關係爲視角的研究》,河北大學碩士論文,2015 年。

905. 武潔:《山西平順大雲院彌陀殿五代壁畫藝術研究》,山西大學碩士論文,2015 年。

906. 肖澍:《李煜詞中的概念隱喻和轉喻研究》,湖南師範大學碩士論文,2015 年。

907. 辛毅:《陶穀研究》,遼寧大學碩士論文,2015 年。

908. 徐小雅:《北美視野下花間詞研究——以 Crafting a Collection 爲中心》,西南大學碩士論文,2015 年。

909. 楊超:《遼初軍事戰略研究》,吉林大學碩士論文,2015 年。

910. 楊思雨:《晚唐文化關照下的鄭谷詩歌研究》,長春師範大學碩士論文,2015 年。

911. 于小曼:《〈舊五代史〉史論研究》,山東大學碩士論文,2015 年。

912. 于玥:《前蜀方外作家研究——以杜光庭和貫休爲中心》,遼寧大學碩士論文,2015 年。

913. 曾家維:《〈稽神録〉异境研究》,玄奘大學碩士論文,2015 年。

914. 張冰:《李煜詞演唱初探》,上海音樂學院碩士論文,2015 年。

915. 張冠凱:《隋唐五代賜姓名史料輯録、整理與研究》,江西師範大學碩士論文,2015 年。

916. 張慧:《歐陽修與司馬光史學思想比較研究——以〈新五代史〉與〈資治通鑒〉五代紀部分爲例》,陝西師範大學碩士論文,2015 年。

917. 張晋忠:《遼太宗南下拓疆及其影響》,内蒙古大學碩士論文,2015 年。

918. 張駿如:《羅隱咏史詩研究》,上海師範大學碩士論文,2015 年。

919. 張婷:《唐末文學風氣與徐寅詩賦》,湖北大學碩士論文,2015 年。

920. 張午晴:《隋唐五代諺語研究》,南京師範大學碩士論文,2015 年。

921. 鄭曉蕾:《唐五代僧詩文學批評研究》,新疆大學碩士論文,2015 年。

922. 朱力力:《齊己及其詩歌研究》,南京師範大學碩士論文,

2015 年。

923. 朱一帆：《唐末五代河東地區軍事地理研究》，雲南大學碩士論文，2015 年。

924. 柴棟：《唐五代兒童讀物與兒童教育》，首都師範大學碩士論文，2016 年。

925. 陳威方：《"以悲爲美"的情感建構：後主詞與易安詞的愁情意象體現》，拉曼大學碩士論文，2016 年。

926. 耿麗珍：《論劉知遠形象的演變》，天津師範大學碩士論文，2016 年。

927. 郭美琦：《唐五代畫論中的園林觀研究》，天津大學碩士論文，2016 年。

928. 何艷霞：《五代十國時期閩國詩歌研究》，蘭州大學碩士論文，2016 年。

929. 黄加玉：《李中詩歌校注》，廣西民族大學碩士論文，2016 年。

930. 姬興寬：《沈汾〈續仙傳〉研究》，遼寧大學碩士論文，2016 年。

931. 金佳敏：《晚唐五代詩僧普遍苦吟現象研究》，江西師範大學碩士論文，2016 年。

932. 李東岳：《五代中原王朝繪畫後世評價變遷研究》，河南大學碩士論文，2016 年。

933. 李芳：《晚唐五代詩僧群體的詩禪觀研究——以齊己爲中心的考察》，華中師範大學碩士論文，2016 年。

934. 李輝：《錢惟演詩歌創作心態研究》，陝西師範大學碩士論文，2016 年。

935. 廖娟：《隋唐五代時期經濟作物的地理分布研究》，陝西師範大學碩士論文，2016 年。

936. 劉田華：《楊凝式書風研究》，曲阜師範大學碩士論文，2016 年。

937. 劉喆：《五代成德鎮研究——兼論五代十國時期藩鎮的變

化及特點》,陝西師範大學碩士論文,2016 年。

938. 龍婷:《龍榆生論唐五代詞》,福建師範大學碩士論文,2016 年。

939. 羅添聯:《王仁裕〈開元天寶遺事〉研究》,臺灣嘉義大學碩士論文,2016 年。

940. 馬愛萍:《〈錦里耆舊傳〉研究》,河北大學碩士論文,2016 年。

941. 牛貴元:《五代記體文研究》,南京師範大學碩士論文,2016 年。

942. 牛曉勃:《論〈韓熙載夜宴圖〉的色彩特徵》,河北師範大學碩士論文,2016 年。

943. 牛雨:《唐末五代北方政治局勢研究——以沙陀族爲中心》,陝西師範大學碩士論文,2016 年。

944. 潘冰:《隋唐五代命婦相關問題研究》,西北大學碩士論文,2016 年。

945. 錢斌:《歷史與非遺視域下的"錢王傳説"研究》,華東師範大學碩士論文,2016 年。

946. 邱洪章:《楊凝式對顏真卿書風的繼承——以〈盧鴻草堂十志圖跋〉爲例》,中國藝術研究院碩士論文,2015 年。

947. 任禾:《唐五代時期江西與日本、朝鮮半島的禪宗交流》,江西師範大學碩士論文,2016 年。

948. 宋冠華:《〈唐摭言〉詞彙研究》,遼寧師範大學碩士論文,2016 年。

949. 孫健:《文瑩筆記研究》,山西大學碩士論文,2016 年。

950. 譚磊:《〈新五代史〉文史研究》,南京師範大學碩士論文,2016 年。

951. 田枝:《沈彬研究》,湖南師範大學碩士論文,2016 年。

952. 王博:《自然勁爽——讀五代〈雪竹圖〉之悟》,南京藝術學院碩士論文,2016 年。

953. 王慧:《陸游〈南唐書〉文學價值研究》,黑龍江大學碩士論文,2016 年。

954. 王汐蒙:《五代十國記體文研究》,瀋陽師範大學碩士論文,2016 年。

955. 王玉娟:《楊凝式書法風格研究》,曲阜師範大學碩士論文,2016 年。

956. 魏美强:《論唐宋都城坊市制的崩潰——以街巡使爲綫索》,南京大學碩士論文,2016 年。

957. 魏祝挺:《吳越國佛塔經幢通考以及形制分布的初步研究》,浙江大學碩士論文,2016 年。

958. 徐攀:《南漢政權與對外關係研究》,廣東技術師範學院碩士論文,2016 年。

959. 徐艷:《論韋莊詩》,華中師範大學碩士論文,2016 年。

960. 徐瑩:《唐五代越窑青瓷的國内分布與傳播路綫研究》,浙江大學碩士論文,2016 年。

961. 胥平:《〈李丞相詩集〉研究》,廣西民族大學碩士論文,2016 年。

962. 薛曉瑋:《李煜詩歌研究》,上海師範大學碩士論文,2016 年。

963. 姚茜:《五代兩宋畫鵓鴒的工筆表現研究》,南京藝術學院碩士論文,2016 年。

964. 姚然:《〈花間集〉動詞核心義研究》,河北師範大學碩士論文,2016 年。

965. 葉炘樺:《〈花間集〉器物書寫研究》,臺灣師範大學碩士論文,2016 年。

966. 余昕嬪:《唐五代女冠詩詞中的陰性書寫》,中央大學碩士論文,2016 年。

967. 張貫之:《蘇皖兩省唐、五代墓葬初步研究》,安徽大學碩士論文,2016 年。

968. 張惠敏:《五代吳越國衣錦城初步研究》,浙江大學碩士論文,2016 年。

969. 張靜怡:《洛陽新出土唐末五代壁畫墓的藝術特色研究》,鄭州大學碩士論文,2016 年。

970. 張素娟:《〈花間集〉形容詞核心義研究》,河北師範大學碩士論文,2016 年。

971. 張曉燕:《張昭史學研究》,湖北大學碩士論文,2016 年。

972. 趙寧:《徐熙畫派的野逸風格》,山東大學碩士論文,2016 年。

973. 周代林:《南唐澄心堂考》,南京大學碩士論文,2016 年。

974. 周琴:《地域分布與中心建構:五代十國文學版圖研究》,浙江師範大學碩士論文,2016 年。

975. 周瑩瑩:《五代時期巴蜀地區本草著作研究》,成都中醫藥大學碩士論文,2016 年。

976. 卞萃平:《李建勳詩歌研究》,廣西師範學院碩士論文,2017 年。

977. 陳姣姣:《黃筌畫派的富貴畫風探究》,山東大學碩士論文,2017 年。

978. 陳琴:《唐後期至北宋團練使初探》,浙江師範大學碩士論文,2017 年。

979. 陳曉瑞:《八至十世紀吐蕃與河隴地區漢民族之關係》,陝西師範大學碩士論文,2017 年。

980. 陳一蘭:《倉央嘉措與李煜詩歌抒情風格比較研究》,西藏大學碩士論文,2017 年。

981. 崔李仙:《唐五代壽州軍事地位研究》,上海師範大學碩士論文,2017 年。

982. 鄧長宇:《移鎮與更替:五代宋初藩鎮空間布局的研究(883—977)》,華東師範大學碩士論文,2017 年。

983. 郭浩:《五代贈官制度研究》,四川師範大學碩士論文,2017 年。

984. 郭明樂:《唐五代小説中的商婦形象研究》,西北大學碩士論文,2017 年。

985. 韓穎:《李昉研究》,河北大學碩士論文,2017 年。

986. 侯艷如:《楊凝式書法風格流變與審美取向研究》,陝西師範大學碩士論文,2017 年。

987. 侯澤宇:《楊凝式對二王"古法"的傳承研究》,曲阜師範大學碩士論文,2017 年。

988. 靳夢妮:《歷史真實與文本書寫——以宋人著述所見南唐國名演變爲例》,華中科技大學碩士論文,2017 年。

989. 李昂:《五代十國時期東南沿海宗教教化空間研究——以吳越國、閩國、南漢國爲例》,暨南大學碩士論文,2017 年。

990. 李晨露:《唐五代小説中的老人形象研究》,上海外國語大學碩士論文,2017 年。

991. 李春曉:《5 至 13 世紀四川盆地摩崖造像分布初探》,南京師範大學碩士論文,2017 年。

992. 李京:《清初〈花間集〉接受論》,南京師範大學碩士論文,2017 年。

993. 李雅娜:《唐宋之際的寒門崛起與士族衰落——以科舉制爲切入點》,烟臺大學碩士論文,2017 年。

994. 梁晨:《〈全唐五代詞〉四十一至四十四字小令詞律研究》,山東師範大學碩士論文,2017 年。

995. 梁青:《西蜀詞成因探微》,温州大學碩士論文,2017 年。

996. 劉傑:《〈花間集〉中"花"意象的概念整合研究》,廣西民族大學碩士論文,2017 年。

997. 劉敏:《唐五代詞女性喻體研究》,廣西師範大學碩士論文,2017 年。

998. 劉書喬:《〈宗鏡録〉唯識思想中的"根本識"》,武漢大學碩士論文,2017 年。

999. 路程:《李煜音樂思想研究》,陝西師範大學碩士論文,2017 年。

1000. 潘瑩:《"便是屏風樣,何勞畫古賢"——五代周文矩〈重屏會棋圖〉探考》,中國美術學院碩士論文,2017 年。

1001. 彭時海：《五代至宋繪畫作品中的屏風研究》，湖南科技大學碩士論文，2017 年。

1002. 秦君妍：《馮延巳及其〈陽春集〉考論》，山東師範大學碩士論文，2017 年。

1003. 石岩：《唐五代士大夫詞源流探微》，四川師範大學碩士論文，2017 年。

1004. 雙麗蓉：《唐末五代時期嶺南地區的經濟開發研究》，遼寧大學碩士論文，2017 年。

1005. 蘇瑋豪：《花間詞風格研究——以李珣爲探討對象》，拉曼大學學士論文，2017 年。

1006. 孫國洋：《杜光庭〈道德真經廣聖義〉中的生命哲學研究》，湘潭大學碩士論文，2017 年。

1007. 孫夢城：《〈全唐五代詞〉四十五至五十字小令詞律研究》，山東師範大學碩士論文，2017 年。

1008. 田菁：《淺析〈韓熙載夜宴圖〉——從繪畫技法出發》，雲南藝術學院碩士論文，2017 年。

1009. 王泓力：《貫休詩歌禪意研究》，廣西大學碩士論文，2017 年。

1010. 王健：《〈新五代史〉助動詞研究》，遼寧師範大學碩士論文，2017 年。

1011. 王婷：《宋初"晚唐體"的生命意識探究》，雲南大學碩士論文，2017 年。

1012. 王奕紅：《"六一風神"對"史遷風神"的繼承研究——以〈新五代史〉爲考察藍本》，長沙理工大學碩士論文，2017 年。

1013. 肖蕾：《作爲地方性道德知識的錢氏家訓研究》，浙江財經大學碩士論文，2017 年。

1014. 徐放：《韋莊詩淺議》，青島大學碩士論文，2017 年。

1015. 徐國凱：《定難軍節度使考略》，北方民族大學碩士論文，2017 年。

1016. 閆慶剛：《南唐詞空間意象研究》，北京外國語大學碩士論文,2017 年。

1017. 楊陽:《跨文化視野下的唐五代時期長沙窯陶瓷對外貿易研究》,中國藝術研究院碩士論文,2017 年。

1018. 楊瞻:《諸龍天象——杭州烟霞洞石窟殘迹考》,中國美術學院碩士論文,2017 年。

1019. 葉曉芬:《〈舊五代史〉詞彙研究》,華中師範大學碩士論文,2017 年。

1020. 張傲麗:《江西地區隋唐五代墓葬出土瓷器研究》,南開大學碩士論文,2017 年。

1021. 張誠:《〈全唐五代詞〉二十八字以下小令詞律研究》,山東師範大學碩士論文,2017 年。

1022. 張凱悦:《代北與中原晚唐五代沙陀史的再研究》,北京大學碩士論文,2017 年。

1023. 張麗莉:《永明延壽〈永明山居詩〉研究》,雲南大學碩士論文,2017 年。

1024. 張明:《晚唐五代的軍亂研究》,陝西師範大學碩士論文,2017 年。

1025. 張思桐:《晚唐至北宋時期越窯與耀州窯青瓷工藝比較研究》,浙江大學碩士論文,2017 年。

1026. 張素:《杜光庭書法藝術研究》,四川師範大學碩士論文,2017 年。

1027. 張霄霄:《吳越王室佛教信仰研究》,中國美術學院碩士論文,2017 年。

1028. 張元軍:《五代入宋的家族變遷與發展——以范雍及其家族爲個案的研究》,西北大學碩士論文,2017 年。

1029. 張雲:《從"徐黃體异"看没骨花鳥畫初期的藝術特色》,浙江大學碩士論文,2017 年。

1030. 趙滿:《唐五代河北地方社會的變遷與新興文士階層的興起》,華東師範大學碩士論文,2017 年。

1031. 趙俏:《〈全唐五代詞〉二十九至四十字小令詞律研究》,山東師範大學碩士論文,2017 年。

　　1032. 趙世鈞:《宋太祖政治戰略之研究》,淡江大學碩士論文,2017 年。

　　1033. 趙悦:《唐五代宮詞中的女性形象研究》,延邊大學碩士論文,2017 年。

　　1034. 鄒武霖:《士何事——唐末五代的"士人轉型"研究》,成功大學碩士論文,2017 年。

　　1035. 陳若男:《張齊賢及其〈洛陽搢紳舊聞記〉研究》,暨南大學碩士論文,2018 年。

　　1036. 陳陽:《昭義鎮演變研究(756—960 年)》,雲南大學碩士論文,2018 年。

　　1037. 陳瑶:《唐僖宗朝文人入蜀考論》,陝西師範大學碩士論文,2018 年。

　　1038. 陳宇超:《中晚唐五代軍人主獄論析》,蘇州大學碩士論文,2018 年。

　　1039. 諶大笑:《吳縝及其〈五代史纂誤〉研究》,陝西師範大學碩士論文,2018 年。

　　1040. 范惠珍:《五代後梁及後唐正統性探討》,嘉義大學碩士論文,2018 年。

　　1041. 范麗真:《〈花間集〉視覺符號學研究與文化創意設計研究》,四川師範大學碩士論文,2018 年。

　　1042. 高筱倩:《李後主和宋徽宗的詞畫比較研究》,山西師範大學碩士論文,2018 年。

　　1043. 何文倩:《河南與唐五代小説中的人物》,上海外國語大學碩士論文,2018 年。

　　1044. 胡玉潔:《〈全唐五代詞〉五十九至六十四字中調詞律研究》,山東師範大學碩士論文,2018 年。

　　1045. 黃鈺棠:《唐末五代女性的政治活動(875—960)》,臺灣大學碩士論文,2018 年。

　　1046. 康雪賓:《宋初"晚唐體"研究》,寧夏大學碩士論文,

2018 年。

1047. 李兵：《顧懷三及其史志目錄研究》，山東大學碩士論文，2018 年。

1048. 李霏：《刑清獄平——和氏父子與〈疑獄集〉研究》，南京大學碩士論文，2018 年。

1049. 李健：《10—12 世紀楚州研究》，青海師範大學碩士論文，2018 年。

1050. 李紹喜：《對周文矩〈重屏會棋圖〉中描綫的研究》，廣州大學碩士論文，2018 年。

1051. 李松蔚：《中國五代入宋寒林山水精神内涵——荆浩、關仝、董源、巨然、李成、范寬》，中國藝術研究院碩士論文，2018 年。

1052. 李小虎：《五代時期中央與藩鎮關係研究》，上海師範大學碩士論文，2018 年。

1053. 李雪静：《〈花間集〉藝術手法研究——以常用修辭格爲例》，山東大學碩士論文，2018 年。

1054. 梁琳晰：《王顯與宋初樞密使研究》，黑龍江大學碩士論文，2018 年。

1055. 廖榮：《陶懋炳史學研究》，四川師範大學碩士論文，2018 年。

1056. 劉京京：《五代中央收地方財權問題研究》，中山大學碩士論文，2018 年。

1057. 劉康瑞：《唐宋時期府制專題研究》，陝西師範大學碩士論文，2018 年。

1058. 劉蒣：《論唐五代小説中的佛道之争》，貴州師範大學碩士論文，2018 年。

1059. 劉素香：《〈五杉集〉佛教喪葬儀式研究》，上海師範大學碩士論文，2018 年。

1060. 孟銀鴿：《論五代十國時期的縣令》，陝西師範大學碩士論文，2018 年。

1061. 覃旭：《燕雲十六州問題的由來及其歸宿》，内蒙古大學碩士論文,2018 年。

1062. 邱維楷:《唐代科舉文化之風尚與意涵——以五代王定保〈唐摭言〉考察爲主》,中興大學碩士論文,2018 年。

1063. 瞿慧:《王國維揚五代抑南宋的詞學觀及其原因》,陝西師範大學碩士論文,2018 年。

1064. 邵雨:《論田安〈締造選本〉對〈花間集〉的解讀》,華東師範大學碩士論文,2018 年。

1065. 史行洋:《10 至 13 世紀中國漁業地理》,陝西師範大學碩士論文,2018 年。

1066. 宋新樂:《齊己僧詩的佛禪美學研究》,山東理工大學碩士論文,2018 年。

1067. 譚驍:《唐宋之際人物故事鏡演變研究》,陝西師範大學碩士論文,2018 年。

1068. 陶一怡:《唐五代筆記小説中的下層婦女研究》,上海師範大學碩士論文,2018 年。

1069. 田璵琛:《沙陀對唐朝政權的積極影響》,山西大學碩士論文,2018 年。

1070. 仝龍偉:《〈五代史纂誤〉及其續補之作研究》,陝西師範大學碩士論文,2018 年。

1071. 王俊橋:《變怪故事與唐五代社會》,蘭州大學碩士論文,2018 年。

1072. 王琦:《陸游〈南唐書〉研究》,曲阜師範大學碩士論文,2018 年。

1073. 王婷婷:《"花間別調"研究》,上海師範大學碩士論文,2018 年。

1074. 王志鵬:《杜光庭體道方式發微》,遼寧大學碩士論文,2018 年。

1075. 魏凱園:《晚唐五代至北宋前期詞體演進過程研究》,北方民族大學碩士論文,2018 年。

1076. 魏睿林:《楊吳、南唐墓葬形制結構及其相關問題研究》,

南京師範大學碩士論文,2018年。

  1077. 魏帥朋:《遼與北漢關係研究》,渤海大學碩士論文,2018年。

  1078. 魏臻:《翰林學士與晚唐五代中樞政治》,蘭州大學碩士論文,2018年。

  1079. 吳廬春:《杭州閘口白塔圖像研究》,浙江大學碩士論文,2018年。

  1080. 吳攸:《中唐至北宋(755—1127)揚州"國計"考》,湖北大學碩士論文,2018年。

  1081. 熊潤竹:《〈清异録〉詞彙研究》,温州大學碩士論文,2018年。

  1082. 徐彩虹:《宋初僞命官研究》,黑龍江大學碩士論文,2018年。

  1083. 楊帆:《〈南部新書〉研究》,浙江師範大學碩士論文,2018年。

  1084. 楊嬌:《宋太祖開國故事研究》,四川外國語大學碩士論文,2018年。

  1085. 楊琳琳:《李煜夢詞論》,喀什大學碩士論文,2018年。

  1086. 俞華:《五代墓誌研究》,南京師範大學碩士論文,2018年。

  1087. 詹欣:《李賀詩歌在中唐至五代的傳播與接受研究》,廣西大學碩士論文,2018年。

  1088. 張彩虹:《〈新編五代史平話〉軍事動詞研究》,華中師範大學碩士論文,2018年。

  1089. 張弛:《亂世潛流:五代宋初武人讀書現象探析》,南開大學碩士論文,2018年。

  1090. 張隽:《唐宋閩地文學地理意象研究》,厦門大學碩士論文,2018年。

  1091. 張璐:《〈陽春集〉意象研究》,臺灣輔仁大學碩士論文,2018年。

  1092. 張鵬飛:《10—14世紀絲綢之路考古發現與中外文化交

流——以瓷器運銷與伊斯蘭文化傳播爲中心》,陝西師範大學碩士論文,2018 年。

1093. 張學瑾:《〈道教靈驗記〉詞彙研究》,山東大學碩士論文,2018 年。

1094. 趙珍珍:《〈全唐五代詞〉六十七至一百三十六字中調詞律研究》,山東師範大學碩士論文,2018 年。

1095. 周燊:《晚唐五代韓愈接受研究三題》,湖南大學碩士論文,2018 年。

1096. 陳白:《五代兩宋時期敘事性繪畫研究》,山東理工大學碩士論文,2019 年。

1097. 陳弘毅:《唐宋之際道教齋法論爭研究——以〈玄壇刊誤論〉爲中心》,浙江大學碩士論文,2019 年。

1098. 陳琦:《〈新五代史〉複音詞研究》,武漢大學碩士論文,2019 年。

1099. 程占斌:《唐末至宋初易定鎮若干問題研究》,安徽大學碩士論文,2019 年。

1100. 戴振宇:《唐五代浙東科舉士人及其家族研究》,浙江大學碩士論文,2019 年。

1101. 鄧舒婷:《魏應麒與福建地方文化研究》,華東師範大學碩士論文,2019 年。

1102. 杜青:《唐五代筆記小說中的僧人形象研究》,西華師範大學碩士論文,2019 年。

1103. 段楊帆:《意境化的風格——司空圖詩論文論研究》,上海師範大學碩士論文,2019 年。

1104. 方炳星:《十世紀中期的東亞佛教交流——以吳越國爲中心》,山東大學碩士論文,2019 年。

1105. 方芮:《地域文化視域下的南唐詞研究》,江西師範大學碩士論文,2019 年。

1106. 富東奇:《皇位傳承與宋初政局研究(960—997)》,遼寧大學碩士論文,2019 年。

1107. 甘希:《〈錢氏家訓〉的思想精華及其對當代家風建設的啓示》,海南大學碩士論文,2019年。

1108. 高鵬浩:《隋唐五代河東地區自然災害與防治措施研究》,山西大學碩士論文,2019年。

1109. 何鍵楊:《想象與記憶:北宋有關燕雲的認識與建構》,華中師範大學碩士論文,2019年。

1110. 季姣:《清人論宋初帝位授受研究》,山東大學碩士論文,2019年。

1111. 賈垚:《五代北面行營研究》,西北師範大學碩士論文,2019年。

1112. 蔣雯晶:《承唐啓宋的五代十國宮廷樂舞研究》,西安音樂學院碩士論文,2019年。

1113. 李婧斐:《花間詞女性形象書寫研究》,陝西理工大學碩士論文,2019年。

1114. 梁瀟:《李建勛詩歌論稿》,吉林大學碩士論文,2019年。

1115. 劉橙橙:《唐—元代出土匍匐俑研究》,蘭州大學碩士論文,2019年。

1116. 劉雨師:《〈新五代史〉中軍事術語英譯分析》,大連理工大學碩士論文,2019年。

1117. 劉雨婷:《日本學者青山宏的唐宋詞研究》,南昌大學碩士論文,2019年。

1118. 龍慧文:《羅隱七絕研究》,上海師範大學碩士論文,2019年。

1119. 孫暢:《〈新五代史〉中評價性話語英譯文化協調策略研究》,大連理工大學碩士論文,2019年。

1120. 孫茹:《楊凝式行草技法借鑒與應用研究》,瀋陽航空航天大學碩士論文,2019年。

1121. 孫占:《北漢史研究》,天津師範大學碩士論文,2019年。

1122. 湯佑築:《〈太平廣記〉所收唐五代之定名論述研究》,臺灣中興大學碩士論文,2019年。

1123. 田蕾：《五代王處直墓樂器圖像研究》，山東大學碩士論文，2019 年。

1124. 王丹：《韓令坤研究》，河北大學碩士論文，2019 年。

1125. 王典典：《晚唐五代承制研究》，首都師範大學碩士論文，2019 年。

1126. 王孟雲：《〈郡齋讀書志〉著録唐五代別集研究》，河南大學碩士論文，2019 年。

1127. 王艷：《唐五代宦官制度研究》，陝西師範大學碩士論文，2019 年。

1128. 謝宇威：《陳摶的無極思想與内丹學説研究》，玄奘大學碩士論文，2019 年。

1129. 徐光華：《王仁裕〈玉堂閑話〉研究》，安徽大學碩士論文，2019 年。

1130. 楊慶洪：《楊凝式與宋代"尚意"書風》，中國美術學院碩士論文，2019 年。

1131. 閆夢珂：《〈廣成集〉詞彙研究》，浙江財經大學碩士論文，2019 年。

1132. 張蓓：《唐代酒詩與唐五代酒詞比較研究》，長沙理工大學碩士論文，2019 年。

1133. 張柯娜：《唐五代官宦眷屬文學作品研究》，東北師範大學碩士論文，2019 年。

1134. 張夢：《中晚唐五代開封崛起及宋初定都原因探析》，鄭州大學碩士論文，2019 年。

1135. 張瑞：《〈説文解字〉徐鉉音注研究》，安徽大學碩士論文，2019 年。

1136. 張瑞雪：《李煜和納蘭性德詞的相關性研究》，陝西師範大學碩士論文，2019 年。

1137. 張宇：《宋初兩朝武將研究》，山西大學碩士論文，2019 年。

1138. 周芷嫻：《九至十世紀"才調歌詩"與士人文化——以韋縠〈才調集〉爲中心》，華中師範大學碩士論文，2019 年。

1139. 周仲翔:《從鄴城到大名:唐末五代魏博"城市體系"變遷》,政治大學碩士論文,2019 年。

3-2　博士論文(附:部分出站報告)

1. 何金蘭:《五代詩人及其詩》,臺灣大學博士論文,1977 年。

2. 水原渭江:《南唐後主詞研究》,香港大學博士論文,1977 年。

3. 孔維勤:《宋永明延壽宗教論與根識境之探討》,中國文化大學博士論文,1981 年。

4. 李東華:《泉州與我國中古的海上交通(九世紀末—十五世紀初)》,臺灣大學博士論文,1981 年。

5. 齊勇鋒:《中晚唐五代兵制探索》,山東大學博士論文,1987 年。

6. 林立平:《唐宋之際中國城市結構的演變》,北京師範大學博士論文,1988 年。

7. 何永成:《十國創業君主個案研究——楊行密》,中國文化大學博士論文,1992 年。

8. 鄭憲哲:《唐五代詞研究》,臺灣大學博士論文,1992 年。

9. 賴建成:《晚唐暨五代禪宗的發展——以與會昌有關的僧侶和禪門五宗爲重心》,中國文化大學博士論文,1993 年。

10. 劉明宗:《宋初詩風體派發展之研究》,高雄師範大學博士論文,1993 年。

11. 王德權:《唐五代(712—960A. D.)地方官人事遞嬗之研究》,臺灣師範大學博士論文,1993 年。

12. 宋寅聖:《〈祖堂集〉虛詞研究》,中國文化大學博士論文,1996 年。

13. 段莉芬:《唐五代仙道傳奇研究》,東海大學博士論文,1997 年。

14. 劉寧:《唐末五代詩歌研究》,北京大學博士論文,1997 年。

15. 盧胡彬:《海壖地緣與割據王朝政權之維繫》,臺灣師範大學博士論文,1997 年。

16. 王錦慧：《敦煌變文〈祖堂集〉疑問句比較研究》，臺灣師範大學博士論文，1997 年。

17. 尹楚彬：《唐末詩人群體研究》，南京師範大學博士論文，1997 年。

18. 武建國：《五代十國土地所有制研究》，雲南大學博士論文，1998 年。

19. 鄒勁風：《南唐國史》，南京大學博士論文，1998 年。

20. 樊文禮：《唐末五代的代北集團》，浙江大學博士論文，1999 年。

21. 周碧香：《〈祖堂集〉句法研究——以六項句式爲主》，臺灣中正大學博士論文，1999 年。

22. 吉廣興：《宋初九僧詩研究》，高雄師範大學博士論文，2000 年。

23. 釋智學：《永明延壽研究》，東京大學博士論文，2000 年。

24. 田啓文：《晚唐諷刺小品文探析——以羅隱、皮日休、陸龜蒙三家爲論》，臺灣師範大學博士論文，2000 年。

25. 周西波：《杜光庭道教儀範之研究》，臺灣中正大學博士論文，2000 年。

26. 董恩林：《唐代老學研究——以成玄英、李榮、唐玄宗、杜光庭〈道德經〉注疏爲個案》，華中師範大學博士論文，2001 年。

27. 洪若蘭：《溫庭筠與晚唐五代文人詞之定型》，臺灣清華大學博士論文，2001 年。

28. 房銳：《孫光憲與〈北夢瑣言〉研究》，四川大學博士論文，2002 年。

29. 李福標：《皮陸研究》，臺灣中山大學博士論文，2002 年。

30. 羅婉薇：《五代詩研究》，香港大學博士論文，2002 年。

31. 吳憶蘭：《徐鍇六書説研究》，中國文化大學博士論文，2002 年。

32. 張志芳：《"一心"統萬法——永明延壽佛學思想研究》，南京大學博士論文，2002 年。

33. 曹麗芳:《韋莊研究》,南京師範大學博士論文,2003 年。

34. 高良荃:《宋初四朝官員貶謫研究》,山東大學博士論文,2003 年。

35. 金宗燮:《五代文官研究》,南開大學博士論文,2003 年。

36. 李定廣:《國家不幸詩家幸——唐末五代亂世文學研究》,復旦大學博士論文,2003 年。

37. 李裴:《隋、唐、五代道教美學思想研究》,四川大學博士論文,2003 年。

38. 李全德:《晚唐五代至北宋前期的中樞體制》,北京大學博士論文,2003 年。

39. 羅寧:《唐五代軼事小説研究》,四川大學博士論文,2003 年。

40. 羅爭鳴:《唐五代道教小説研究》,復旦大學博士論文,2003 年。

41. 盛險峰:《五代典章制度研究》,東北師範大學博士論文,2003 年。

42. 王鳳珠:《永明禪師禪凈融合思想研究》,臺灣師範大學博士論文,2003 年。

43. 王秀林:《晚唐五代詩僧群體研究》,復旦大學博士論文,2003 年。

44. 張華娟:《〈太平廣記〉研究》,山東大學博士論文,2003 年。

45. 周祝偉:《7—10 世紀錢塘江下游地區開發研究》,浙江大學博士論文,2003 年。

46. 陳磊:《唐後期到五代(755—978)江淮地區的商業和商人研究》,復旦大學博士後出站報告,2004 年。

47. 郭海文:《唐五代女性詩歌研究》,陝西師範大學博士論文,2004 年。

48. 金兌勇:《杜光庭〈道德真經廣聖義〉的道教哲學研究》,北京大學博士論文,2004 年。

49. 賴玉樹:《晚唐五代咏史詩之美學意識》,中國文化大學博士論文,2004 年。

50. 李冬紅：《〈花間集〉接受史論稿》，華東師範大學博士論文，2004 年。

51. 乜小紅：《唐五代畜牧經濟研究》，廈門大學博士論文，2004 年。

52. 宋馥香：《五代、北宋時期歷史編纂學研究》，北京師範大學博士論文，2004 年。

53. 譚敏：《唐宋之際道教神話研究》，山東大學博士論文，2004 年。

54. 俞曉紅：《佛教與唐五代白話小説》，上海師範大學博士論文，2004 年。

55. 趙貞：《唐五代星占與帝王政治》，首都師範大學博士論文，2004 年。

56. 朱祖德：《唐五代兩浙地區經濟發展之研究》，中國文化大學博士論文，2004 年。

57. 陳奕亨：《唐五代河南道藩鎮與中央關係之研究》，臺灣師範大學博士論文，2005 年。

58. 黃淑雯：《唐五代太湖地區社會經濟研究》，中國文化大學博士論文，2005 年。

59. 李最欣：《錢氏吳越國文獻文學考論》，復旦大學博士論文，2005 年。

60. 劉瀏：《〈才調集〉研究》，北京師範大學博士論文，2005 年。

61. 劉正平：《宗教文化與唐五代筆記小説》，復旦大學博士論文，2005 年。

62. 盛會蓮：《唐五代社會救助研究》，浙江大學博士論文，2005 年。

63. 徐安琪：《唐五代北宋詞學思想史論》，福建師範大學博士論文，2005 年。

64. 張海：《前後蜀文學研究》，四川大學博士論文，2005 年。

65. 張明華：《〈新五代史〉研究》，浙江大學博士論文，2005 年。

66. 蔡靜波：《唐五代筆記小説研究》，陝西師範大學博士論文，

2006 年。

67. 高翀驊:《詩學背景下詞體特徵的確立——中晚唐五代詩歌和同時期文人詞關係研究》,華東師範大學博士論文,2006 年。

68. 侯怡利:《唐五代"節文"研究》,中國文化大學博士論文,2006 年。

69. 黃敬家:《贊寧〈宋高僧傳〉叙事研究》,臺灣師範大學博士論文,2006 年。

70. 黃玫茵:《唐宋間長江中下游新興官僚研究(755—960A. D.)》,臺灣大學博士論文,2006 年。

71. 藍日昌:《隋唐至兩宋佛教宗派觀念發展之研究》,東海大學博士論文,2006 年。

72. 彭文峰:《五代馬楚政權研究》,北京師範大學博士論文,2006 年。

73. 施建中:《南唐畫家地籍分异及其畫風流變》,南京師範大學博士論文,2006 年。

74. 田曉膺:《隋唐五代道教詩歌的審美管窺》,四川大學博士論文,2006 年。

75. 王永波:《晚唐皮陸詩人群體研究》,四川大學博士論文,2006 年。

76. 曾嚴奭:《南唐先主李昇研究》,中國文化大學博士論文,2006 年。

77. 查明昊:《轉型中的唐五代詩僧群體》,浙江大學博士論文,2006 年。

78. 趙春蘭:《詩僧齊己及其〈白蓮集〉之研究》,香港新亞研究所博士論文,2006 年。

79. 鍾祥:《論南唐詩》,西北師範大學博士論文,2006 年。

80. 陳雙印:《敦煌寫本〈諸山聖迹志〉校釋與研究》,蘭州大學博士論文,2007 年。

81. 成瑋:《宋初詩壇研究》,華東師範大學博士論文,2007 年。

82. 段雙喜:《唐末五代江皋兩湖湘贛詩歌研究》,復旦大學博論文,2007 年。

　　83.　黄致遠:《唐末五代諷刺詩研究》,香港新亞研究所博士論文,2007 年。

　　84.　羅立剛:《五代十國文編年》,廈門大學博士後出站報告,2007 年。

　　85.　孫勁松:《心史——永明延壽佛學思想研究》,武漢大學博士論文,2007 年。

　　86.　王鳳翔:《晚唐五代秦岐割據政權研究》,陝西師範大學博士論文,2007 年。

　　87.　吳樹國:《唐宋之際田税制度研究》,東北師範大學博士論文,2007 年。

　　88.　崔世平:《唐宋變革視野下的五代十國墓葬》,南京大學博士論文,2008 年。

　　89.　孔又專:《陳搏道教思想研究》,四川大學博士論文,2008 年。

　　90.　馬新廣:《唐五代佛寺壁畫的文獻考察》,西北大學博士論文,2008 年。

　　91.　田青青:《永明延壽心學研究》,廈門大學博士論文,2008 年。

　　92.　王虎:《唐五代小説詞語研究》,蘇州大學博士論文,2008 年。

　　93.　楊文斌:《一心與圓教——永明延壽思想研究》,蘇州大學博士論文,2008 年。

　　94.　曾育榮:《高氏荆南史稿》,暨南大學博士論文,2008 年。

　　95.　周阿根:《五代墓誌整理及詞彙研究》,南京師範大學博士論文,2008 年。

　　96.　周加勝:《南漢國研究》,陝西師範大學博士論文,2008 年。

　　97.　陳欣:《南漢國史》,暨南大學博士論文,2009 年。

　　98.　陳毓文:《世俗化潮流中的五代文學》,福建師範大學博士論文,2009 年。

　　99.　郭延成:《永明延壽"一心"與中觀思想的交涉》,南開大學博士論文,2009 年。

　　100.　金建鋒:《釋贊寧〈宋高僧傳〉研究》,上海師範大學博士論文,2009 年。

101. 歐燕:《隋唐五代樂户研究》,北京師範大學博士論文, 2009 年。

102. 彭文峰:《唐末五代南方割據政權統治集團本土化與南人當國研究》,華東師範大學博士後出站報告,2009 年。

103. 亓娟莉:《〈樂府雜録〉研究》,西北大學博士論文, 2009 年。

104. 王淑華:《晚唐五代連詞研究》,山東大學博士論文, 2009 年。

105. 徐濤:《唐宋之際"吴家樣"傳承研究》,中央美術學院博士論文,2009 年。

106. 楊俊峰:《唐宋之間的國家與祠祀——兼論祠祀走向政教中心的變化》,臺灣大學博士論文,2009 年。

107. 鄭以墨:《五代墓葬美術研究》,中央美術學院博士論文, 2009 年。

108. 曹芳宇:《唐五代量詞研究》,南開大學博士論文,2010 年。

109. 曹流:《契丹與五代十國政治關係諸問題》,北京大學博士論文,2010 年。

110. 陳曉瑩:《兩宋時期關於五代十國史的研究》,山東大學博士論文,2010 年。

111. 宮洪濤:《論唐五代北宋的"詩人之詞"》,暨南大學博士論文,2010 年。

112. 黄俊傑:《唐五代文人傳播意識研究》,武漢大學博士論文,2010 年。

113. 康莊:《唐五代禪宗非言語行爲研究》,西北大學博士論文, 2010 年。

114. 李平:《晚唐五代道教修道變遷研究》,清華大學博士論文, 2010 年。

115. 梁祥鳳:《王溥與〈五代會要〉研究》,安徽大學博士論文, 2010 年。

116. 劉艷紅:《唐五代方位詞研究》,南開大學博士論文,2010年。

117. 穆靜:《五代兵制考論》,東北師範大學博士論文,2010年。

118. 袁本海:《沙陀的形成及其與北方民族關係研究》,中央民族大學博士論文,2010年。

119. 張躍飛:《五代荊南政權研究》,北京師範大學博士論文,2010年。

120. 趙一霖:《唐五代人的精怪想象》,哈爾濱師範大學博士論文,2010年。

121. 周慶彰:《五代時期南方諸政權政區地理》,復旦大學博士論文,2010年。

122. 曹瑞鋒:《〈雲門匡真禪師廣錄〉研究》,上海大學博士論文,2011年。

123. 陳文龍:《北宋本官形成述論——唐後期至北宋前期官僚品位結構研究》,北京大學博士論文,2011年。

124. 李振中:《徐鉉及其文學考論》,華東師範大學博士論文,2011年。

125. 孫瑜:《唐代代北軍人群體研究》,首都師範大學博士論文,2011年。

126. 尹勇:《隋唐五代內遷蕃胡族源考異》,首都師範大學博士論文,2011年。

127. 晁成林:《宋前文人入閩研究》,福建師範大學博士論文,2012年。

128. 陳俊吉:《唐五代善財童子造像研究》,臺灣藝術大學博士論文,2012年。

129. 李柯:《隋唐五代巴蜀仙道文學研究》,四川師範大學博士論文,2012年。

130. 孫振濤:《唐末五代西蜀文人群體及文學思想研究》,南開大學博士論文,2012年。

131. 王翠:《北宋前期中央官僚的地域構成——以兩府兩制三

司臺諫長官爲中心》,上海師範大學博士論文,2012 年。

132. 肖硯凌:《隋唐五代詩話研究》,四川師範大學博士論文,2012 年。

133. 章紅梅:《五代石刻官制詞語研究》,四川大學博士論文,2012 年。

134. 李偉:《譚峭道教思想研究》,中央民族大學博士論文,2013 年。

135. 廖淇晴:《唐五代文學香事書寫研究》,中正大學博士論文,2013 年。

136. 樓培:《宋初南北兩大文學群體研究》,浙江大學博士論文,2013 年。

137. 楊超:《五代著述考略》,華中師範大學博士論文,2013 年。

138. 楊星麗:《唐五代詩格理論研究》,南京大學博士論文,2013 年。

139. 姚玉成:《唐宋時期中原少數族裔行迹考述》,東北師範大學博士論文,2013 年。

140. 鄭慶寰:《體制內外:宋代幕職官形成述論》,中國人民大學博士論文,2013 年。

141. 胡雲薇:《延續與斷裂:唐宋之間北方的士人研究》,臺灣大學博士論文,2014 年。

142. 紀千惠:《南唐詩研究》,東海大學博士論文,2014 年。

143. 郎潔:《8—10 世紀"軍"政區演化進程研究》,北京大學博士論文,2014 年。

144. 李長遠:《融道入儒:唐宋思想轉型期間的士人與到家傳統》,臺灣大學博士論文,2014 年。

145. 李翔:《中晚唐五代藩鎮文職幕僚研究》,南開大學博士論文,2014 年。

146. 劉本才:《隋唐五代碑誌銘文用韵研究》,華東師範大學博士論文,2014 年。

147. 孫先文:《〈舊五代史〉研究》,安徽大學博士論文,2014 年。

148. 張榮波:《五代十國政權交際述論》,山東大學博士論文,2014 年。

149. 董明:《唐代中葉至北宋末年皖江地區經濟發展研究》,上海師範大學博士論文,2015 年。

150. 胡耀飛:《黃巢之變與藩鎮格局的轉變(875—884)》,復旦大學博士論文,2015 年。

151. 黃劍波:《五代十國壁畫研究——以墓室壁畫爲觀察中心》,上海大學博士論文,2015 年。

152. 王繼俠:《永明延壽萬善思想研究——以〈萬善同歸集〉爲中心》,廈門大學博士論文,2015 年。

153. 吳修安:《唐宋時期鄱陽湖流域的環境變遷與地域社會》,臺灣大學博士論文,2015 年。

154. 程佳琳:《禪尊達摩:永明延壽禪學思想研究》,廈門大學博士論文,2016 年。

155. 馮茜:《唐宋變革時期的禮學思想研究》,北京大學博士論文,2016 年。

156. 葛洲子:《五代北宋時期江南地區禪宗法脉的空間流動》,復旦大學博士論文,2016 年。

157. 何卉:《韋莊文學思想及其創作研究》,河北大學博士論文,2016 年。

158. 黃英士:《五代時期的政權更迭與地理形勢》,中國文化大學博士論文,2016 年。

159. 林佳慧:《〈新五代史〉之"〈春秋〉義法"研究》,高雄師範大學博士論文,2016 年。

160. 劉冲:《五代宋初軍政職官制度與人事變遷研究》,西北大學博士論文,2016 年。

161. 劉廣豐:《融合與衝突:五代北中國文化與政治研究——以沙陀三王朝爲中心》,華中師範大學博士後出站報告,2016 年。

162. 王華:《晚唐五代至明初漢語助詞演變研究》,蘇州大學博士論文,2016 年。

163. 王麗梅:《論五代十國的歷史地位——以唐宋變革論爲中心》,陝西師範大學博士論文,2016 年。

164. 王溪:《唐五代翰林待詔考論》,北京師範大學博士論文,2016 年。

165. 吳鵬:《唐五代漢語體貌系統研究》,北京師範大學博士論文,2016 年。

166. 武曉紅:《唐五代詩詞名物專題研究》,浙江大學博士論文,2016 年。

167. 許凱翔:《唐宋時期蜀地的廟市》,臺灣清華大學博士論文,2016 年。

168. 丁君濤:《唐朝暨五代十國時期馬匹貿易研究》,武漢大學博士論文,2017 年。

169. 黃朝和:《唐五代禪宗悟道偈研究——從祖師禪到分燈禪之語境交涉及宗典詮釋》,中興大學博士論文,2017 年。

170. 李墾華:《隋唐五代醫書與佛經音義醫學詞彙比較研究》,北京中醫藥大學博士論文,2017 年。

171. 李凱:《五代北宋史學批評研究》,北京師範大學博士論文,2017 年。

172. 劉婭萍:《"蜀國"與"江南":唐宋花鳥畫的圖像樣式生成——以芙蓉花爲考察中心》,中國藝術研究院博士論文,2017 年。

173. 王平:《五代兩宋山水畫"畫題"之研究》,中國美術學院博士論文,2017 年。

174. 魏超:《10—16 世紀越南北部政治地理研究》,暨南大學博士論文,2017 年。

175. 吳天躍:《材質、形制、圖像與信仰:五代吳越國阿育王塔的綜合研究》,中央美術學院博士論文,2017 年。

176. 伍純初:《朱梁集團研究》,上海師範大學博士論文,2017 年。

177. 閆建飛:《唐末五代宋初北方藩鎮州郡化研究(874—

997)》,北京大學博士論文,2017 年。

178. 于笛:《史實與地緣:唐五代東南八道諸州之控扼地位及區域歷史進程》,北京師範大學博士論文,2017 年。

179. 于佳彬:《中晚唐五代禪思想與社會變革》,西北大學博士論文,2017 年。

180. 陳瑋:《新出唐五代宋党項碑誌研究》,陝西師範大學博士後出站報告,2018 年。

181. 關棨勻:《中晚唐五代十國時期城市攻防戰研究(755—979)》,北京大學博士論文,2018 年。

182. 胡倩:《五代墓誌文研究》,廈門大學博士論文,2018 年。

183. 胡秋妍:《唐五代詞本事研究》,浙江大學博士論文,2018 年。

184. 胡耀飛:《唐宋之際南方中國政治區三題》,陝西師範大學博士後出站報告,2018 年。

185. 劉闖:《唐末五代增廢州縣與修築城池之地理分布研究》,陝西師範大學博士論文,2018 年。

186. 屈玉麗:《龜茲文化與唐五代文學研究》,浙江大學博士論文,2018 年。

187. 辛睿龍:《可洪〈《廣弘明集》音義〉研究》,河北大學博士論文,2018 年。

188. 周永傑:《族群身份與王朝秩序:五代宋初党項政治演進研究》,中央民族大學博士論文,2018 年。

189. 代慧婷:《唐五代僧侶行旅詩研究》,江西師範大學博士論文,2019 年。

190. 韓紅:《佛教信仰與隋唐五代入冥故事研究》,蘭州大學博士論文,2019 年。

191. 梁評貴:《五代至宋初邊塞詩研究》,政治大學博士論文,2019 年。

192. 王小路:《明中晚期江南文人城市文化鏡像——以"傳唐寅本"〈韓熙載夜宴圖〉爲中心的研究》,上海大學博士論文,2019 年。

193. 張旭:《編目與造藏——唐宋之際的經録與藏經》,浙江大學博士論文,2019 年。

194. 趙水静:《五代十國文化研究》,陝西師範大學博士論文,2019 年。

4. 五代總論

4－1　政治與軍事

1. 劉石農:《五代州縣表》(上),《師大月刊》,第 11 期,1934 年 4 月。

2. 劉石農:《五代州縣表》(下),《師大月刊》,第 15 期,1934 年 11 月。

3. 王育伊:《石晋割賂契丹地與宋燕雲兩路範圍不同辨》,《禹貢》,第 3 卷第 9 期,1935 年。

4. 王伊同:《五季兵禍輯録》,《史學年報》,第 2 卷第 3 期,1936 年。

5. 于鶴年:《讀"五代的幕府"》,《食貨》半月刊,第 5 卷第 6 期,1937 年。

6. 侯仁之:《燕雲十六州考》,《禹貢》,第 6 卷第 3—4 期,1946 年。

7. 郭人民:《周世宗柴榮政績的分析》,《新史學通訊》,1953 年第 7 期。

8. 姚從吾:《阿保機與後唐使臣姚坤會見談話集録》,《臺灣大學文史哲學報》,第 5 期,1953 年 12 月。

9. 盧逮曾:《五代十國與遼的外交》,(臺灣)《學術季刊》,第 3 卷第 1 期,1954 年 9 月。

10. 袁英光:《"五代十國"歷史中幾個問題的探索》,《歷史教學問題》,1957 年第 5 期。

11. 韓國磐:《唐末五代的藩鎮割據》,《歷史教學》,1958 年第 8 期。

12. 趙鐵寒:《燕雲十六州的地理分析》(上),《大陸雜誌》,第 17 卷第 11 期,1958 年。

13. 趙鐵寒:《燕雲十六州的地理分析》(下),《大陸雜誌》,第 17 卷第 12 期,1958 年。

14. 黃賴恩:《讀五代史》,《華國》,第 2 期,1958 年。

15. 石磊:《論五代變亂的直接因素及其與兵制的關係》,《民主評論》,第 11 卷第 21 期,1960 年。

16. 嘉滄:《農民政治家——張全義》,《河南日報》,1961 年 8 月 3 日。

17. 石磊:《五代的兵制》(一),《幼獅學志》,第 1 卷第 2 期,1962 年。

18. 石磊:《五代的兵制》(二),《幼獅學志》,第 1 卷第 3 期,1962 年。

19. 胡如雷:《唐五代時期的"驕兵"與藩鎮》,《光明日報》,1963 年 7 月 3 日。

20. 李榮村:《略述燕雲十六州》,《史繹》,第 1 期,1964 年 6 月。

21. 林瑞翰:《五代君臣之義淡而政風多貪瀆》,《大陸雜誌》,第 29 卷第 10 期,1964 年。

22. 郭武雄:《讀五代史劄記》,《史繹》,第 2 期,1965 年 5 月。

23. 許弘義:《讀郭崇韜傳》,《史繹》,第 2 期,1965 年 5 月。

24. 邢義田:《契丹與五代政權更迭之關係》,《食貨月刊》,第 1 卷第 6 期,1971 年。

25. 徐春源:《石敬瑭割地事遼求援之研究》,(臺灣)《史苑》,第 16 期,1971 年 6 月。

26. 王吉林:《遼太宗之中原經略與石晉興亡》,《中國歷史學會史學集刊》,第 6 輯,1974 年。

27. 邱添生:《論唐宋間的歷史演變》,《幼獅月刊》,第 47 卷第 5 期,1978 年。

28. 陳伯岩:《評朱溫》,吉林師大學報編輯部編《中國古代史論文集》,1979 年。

29. 毛漢光:《唐末五代政治社會之研究——魏博二百年史論》,《"中央研究院"歷史語言研究所集刊》,第 50 本第 2 分,1979 年。

30. 毛漢光：《五代之政治延續與政權轉移》，《"中央研究院"歷史語言研究所集刊》，第 51 本第 2 分，1980 年 6 月。

31. 汪槐齡：《柴榮與宋初政治》，《學術月刊》，1980 年第 7 期。

32. 張其凡：《趙普早年事迹考辨》，《安徽師範大學學報》，1981 年第 3 期。

33. 史蘇苑：《略論周世宗北征——偶然性歷史作用一例》，《鄭州大學學報》，1982 年第 1 期。

34. 樊文禮：《從宋初的改革措施看唐末五代藩鎮的割據統治》，《内蒙古大學學報》（哲學社會科學版），1982 年第 2 期。

35. 張其凡：《趙普的家世》，《華南師範學院學報》，1982 年第 2 期。

36. 李昌憲：《五代削藩制置初探》，《中國史研究》，1982 年第 3 期。

37. 徐明德：《論周世宗的改革及其歷史意義》，《杭州大學學報》，1983 年第 1 期。

38. 臧嶸：《五代時期的統一趨勢》，《歷史知識》，1983 年第 2 期。

39. 郭繼汾：《歷史上一次成功的改革——談五代時期柴榮的改革》，《河北日報》，1983 年 4 月 22 日。

40. 諸葛計：《張全義略論》，《史學月刊》，1983 年第 4 期。

41. 獻依：《後周太祖的施政措施》，《文化復興月刊》，第 16 卷第 6 期，1983 年 6 月。

42. 臧嶸：《五代時期是怎樣逐步强化中央集權的》，《文史知識》，1983 年第 11 期。

43. 張焕宗：《周世宗改革的具體情況如何？》，《歷史教學》，1983 年第 11 期。

44. 蘇天鈞：《後唐北平王趙德鈞》，《北京史苑》，第 1 輯，北京出版社，1983 年。

45. 張正明：《五代十國和宋遼金時期的北方民族關係》，《史學文稿》，第 1 輯，湖北省社會科學院歷史研究所，1983 年。

46. 顧吉辰:《清流關兵數考證》,《安徽史學》,1984 年第 1 期。

47. 黄樸民、烏丁:《論朱温》,《温州師專學報》,1984 年第 1 期。

48. 谷霽光:《泛論唐末五代的私兵和親軍、義兒》,《歷史研究》, 1984 年第 2 期。

49. 田學東:《傑出的改革家——柴榮》,《歷史知識》,1984 年第 2 期。

50. 史石:《五代時期將士擁立節帥稱帝的原因》,《史學月刊》, 1984 年第 3 期。

51. 唐兆梅:《簡論周世宗》,《文史哲》,1984 年第 3 期。

52. 任崇岳:《略論遼朝與五代的關係》,《社會科學輯刊》,1984 年第 4 期。

53. 趙文潤:《略説周世宗及其改革》,《中學歷史教學參考》, 1984 年第 6 期。

54. 張其凡:《五代政權遞嬗之考察——兼評周世宗的整軍》, 《華南師範大學學報》,1985 年第 1 期。

55. 張其凡:《五代都城的變遷》,《暨南學報》(哲學社會科學版),1985 年第 4 期。

56. 馬净:《鋭意改革的周世宗柴榮》,《文史知識》,1986 年第 7 期。

57. 楊偉立:《朱温其人》,《歷史教學》,1986 年第 10 期。

58. 唐啓淮:《郭威建周刍議》,《湘潭大學社會科學學報》,1987 年第 2 期。

59. 王育民:《論唐末五代的牙兵》,《北京師範學院學報》,1987 年第 2 期。

60. 曾國富:《試評朱温》,《雷州師專學報》,1987 年第 2 期。

61. 周世範:《朱梁何以能代唐》,《山西大學學報》,1987 年第 2 期。

62. 成岳冲:《論郭崇韜》,《寧波師範學院學報》(社會科學版), 1987 年第 4 期。

63. 曾國富:《後梁開國之君——朱温》,《文史知識》,1987 年第

4 期。

64. 曹月堂：《甘當兒皇帝的後晋高祖石敬瑭》，《中國歷代名君》，河南人民出版社，1987 年。

65. 曹月堂：《五代時著名的改革家周世宗》，同上書。

66. 齊勇鋒：《五代禁軍初探》，《唐史論叢》，第 3 輯，陝西人民出版社，1987 年。

67. 素心：《政治上的變色龍——後梁太祖朱溫》，《中國歷代名君》（下），河南人民出版社，1987 年。

68. 杜文玉：《五代馬政及其與軍事、政治的關係》，《渭南師專學報》，1988 年第 1 期。

69. 徐庭雲：《一位有貢獻的沙陀政治家：論後唐明宗》，《中央民族學院學報》（哲學社會科學版），1988 年第 1 期。

70. 許學義：《淺析後晋割燕雲十六州與契丹對雙方的影響》，《昭烏達蒙族師專學報》，1988 年第 1 期。

71. 雨廣：《隋唐五代時期的徐州戰事》，《淮海論壇》，1988 年第 1 期。

72. 杜文玉：《論後唐莊宗李存勖》，《電大學報》，1988 年第 2 期。

73. 孔令彬：《朱溫歷史作用新議》，《齊魯學刊》，1988 年第 3 期。

74. 唐啓淮：《郭威改革簡論》，《湘潭大學學報》（哲學社會科學版），1988 年第 3 期。

75. 齊勇鋒：《中晚唐五代兵制探索》，《文獻》，1988 年第 3 輯。

76. 沈元加：《劉知遠的起兵與耶律德光的北歸——與劉鳳翥同志商榷》，《昭烏達蒙族師專學報》（哲學社會科學版），1988 年第 3 期。

77. 張其凡：《五代後梁禁軍探微》，《安徽師範大學學報》，1988 年第 3 期。

78. 馬培中：《從後周的興亡看周世宗決策的得失》，《決策探索》，1988 年第 4 期。

79. 單子敏：《論周世宗改革》，《遼寧大學學報》，1988 年第 4 期。

80. 王綿厚：《後晉末帝北遷路經地名考》，《社會科學輯刊》，1988 年第 6 期。

81. 雷家驥：《從一個戰略角度觀察唐宋之間的國家解體、分裂與再統一》，《歷史月刊》，第 5 期，1988 年 7 月。

82. 張士尊：《唐莊宗亡國論》，《鞍山師專學報》，1989 年第 1 期。

83. 曾國富：《五代時期契丹與中原王朝的戰和關係》，《雷州師專學報》，1989 年第 2 期。

84. 張其凡：《五代晋漢禁軍考略》，《廣州師範學院學報》，1989 年第 3 期。

85. 張其凡：《五代後周禁軍考述》，《安徽師範大學學報》，1989 年第 3 期。

86. 安淑珍：《後周皇帝郭威的一生》，《史學月刊》，1989 年第 5 期。

87. 齊勇鋒：《後周的軍制改革》，《文史哲》，1989 年第 5 期。

88. 于學義：《黥面天子——郭威》，《文史知識》，1989 年第 5 期。

89. 李世琦：《周世宗用人淺議》，《文史哲》，1989 年第 6 期。

90. 李則芬：《周世宗論》，氏著《隋唐五代歷史論文集》，臺灣商務印書館，1989 年。

91. 李則芬：《唐代好宦官：楊復光傳、張承業傳》，同上。

92. 李則芬：《後唐好優伶敬新磨》，同上。

93. 李則芬：《景延廣之冤》，同上。

94. 杜文玉：《論後周與南唐的淮南戰爭》，《渭南師專學報》，1990 年第 1 期。

95. 鄭顯文：《略論朱溫的早期用人和晚期恐怖政治》，《松遼學刊》，1990 年第 1 期。

96. 張其凡：《張齊賢與張全義關係辨正》，《暨南學報》（哲學社會科學版），1990 年第 2 期。

97. 黄仁宇：《五代十國》，《中原文獻》，第 22 卷第 2 期，1990 年
4 月。

98. 滿志敏：《義勝節度使所置年代考》，《歷史地理》，第 8 輯，上
海人民出版社，1990 年 7 月。

99. 方積六：《勇而多智，屢建戰功——五代著名軍事家周德
威》，《文史知識》，1990 年第 10 期。

100. 方積六：《周世宗南征北戰的軍事謀略》，《湖北大學學報》
（哲學社會科學版），1991 年第 1 期。

101. 魏良弢：《義兒·兒皇帝》，《歷史研究》，1991 年第 1 期。

102. 萬點：《五代後周的軍隊改革》，《軍事歷史》，1991 年第
2 期。

103. 張其凡：《五代後唐禁軍考實——五代禁軍再探》，《暨南學
報》（哲學社會科學版），1991 年第 2 期。

104. 方積六：《晋王李存勖滅梁之戰及其軍事謀略》，《南都學
壇》，1991 年第 4 期。

105. 方積六：《唐及五代的魏博鎮》，《魏晋南北朝隋唐史資料》，
第 11 輯，1991 年 4 月。

106. 張玉勤、張智佳：《論周世宗改革成功的原因》，《山西師大
學報》（社會科學版），1991 年第 4 期。

107. 李曉：《王朴、周世宗、宋太祖統一戰略比較》，《烟臺大學學
報》（哲學社會科學版），1992 年第 1 期。

108. 劉永平：《郭威改革述論》，《徐州師範學院學報》，1992 年
第 1 期。

109. 趙永春：《周世宗改革的歷史經驗》，《松遼學刊》，1992 年
第 3 期。

110. 張國慶：《遼代契丹皇帝與五代北宋諸帝的結義》，《史學月
刊》，1992 年第 6 期。

111. 李東華、柳立言、王民信、梁庚堯：《中國歷史上的金錢外
交：五代兩宋》，《歷史月刊》，第 56 期，1992 年 9 月。

112. 佐竹靖彦:《朱温集團的特性和後梁王朝的形成》,《中國近世社會文化史論文集》,"中央研究院",1992 年。

113. 柴達、劉曉光:《淺談周世宗改革的特點》,《晋中師專學報》,1993 年第 1 期。

114. 雷紫翰:《東丹王出走後唐淺論》,《張掖師範高等專科學校學報》,1993 年第 1 期。

115. 齊勇鋒:《五代藩鎮兵制和五代宋初的削藩措施》,《河北學刊》,1993 年第 4 期。

116. 王永平:《略論後唐明宗李嗣源》,《歷史教學問題》,1993 年第 4 期。

117. 李俊清:《王全斌評傳》,《三晋歷史人物》,第 2 册,書目文獻出版社,1993 年。

118. 日野開三郎:《五代鎮將考》,《日本學者研究中國史論著選譯》,第五卷《五代宋元》,中華書局,1993 年。

119. 王永平:《後周政治改革述論》,《揚州師範學院學報》,1994 年第 1 期。

120. 趙榮織:《後周王朴略論》,《新疆師範大學學報》(哲社版),1994 年第 1 期。

121. 李鴻賓:《郭崇韜其人其事》,《滄桑》,1994 年第 2 期。

122. 楊通方:《五代至蒙元時期中國與高麗的關係》,《韓國學論文集》,1994 年第 2 期。

123. 易圖强:《五代藩鎮動亂特徵分析》,《歷史教學》,1994 年第 2 期。

124. 曾國富:《後周高平之戰述論》,《湛江師範學院學報》(哲學社會科學版),1994 年第 2 期。

125. 舒敏:《二周皇帝,相似何多——周武帝與周世宗的比較》,《麗水師專學報》,1994 年第 3 期。

126. 易圖强:《五代朝廷軍事上削藩設置》,《中國史研究》,1994 年第 3 期。

127. 曾國富:《五代典型軍閥劉知遠》,《文史知識》,1994 年第

5 期。

128. 曾國富:《論劉知遠》,《民族研究》,1994 年第 5 期。

129. 李小樹:《柴榮選拔、善用人才的措施》,《貴州社會科學》,1994 年第 6 期。

130. 蔣武雄:《遼太祖與五代前期政權轉移的關係》,《東吳歷史學報》,第 1 期,1995 年 4 月。

131. 黃曉華:《周世宗柴榮改革瑣議》,《蘇州大學學報》(哲社版),1995 年第 3 期。

132. 曾國富:《生子當如李亞子——五代名將李存勗》,《文史知識》,1995 年第 9 期。

133. 來可泓:《五代十國牙兵制度初探》,《學術月刊》,1995 年第 11 期。

134. 梁太濟:《朱全忠勢力發展的四個階段》,《春史:卞麟錫教授還曆紀念唐史論叢》,漢城,1995 年。

135. 劉國賓:《任圜生平編年考》,《烟臺大學學報》(哲學社會科學版),1996 年第 1 期。

136. 何俊哲:《關於耶律倍秘密向契丹主請兵攻擊後唐的再商榷》,《北方文物》,1996 年第 2 期。

137. 易圖强:《五代朝廷行政上削藩制置》,《益陽師專學報》,1996 年第 2 期。

138. 蔣武雄:《遼與後漢建國的關係》,《東吳歷史學報》,第 2 期,1996 年 3 月。

139. 趙榮織:《忠節中官張承業略論》,《新疆教育學院學報》(漢文綜合版),1996 年第 4 期。

140. 蔣武雄:《遼太宗入主中國失敗的探討》,《人文學報》,第 5 期,1996 年 5 月。

141. 陳恩虎:《五代時期的文盲皇帝——後唐明宗》,《山東師範大學學報》,1996 年增刊。

142. 王育濟:《論"陳橋兵變"》,《文史哲》,1997 年第 1 期。

143. 易圖强:《動亂與反動亂:五代歷史發展的綫索——兼談五

代的歷史地位》,《湖南教育學院學報》,1997 年第 1 期。

144. 蔣武雄:《遼與北漢興亡的關係——兼論遼與後漢、後周政權轉移的間接關係》,《東吳歷史學報》,第 3 期,1997 年 3 月。

145. 王振芳:《論太原在五代的戰略地位》,《山西大學學報》(哲學社會科學版),1997 年第 3 期。

146. 楊洪權、丁鼎:《漫議後周"都點檢"之職與"點檢作天子"之讖:兼與顧吉辰先生商榷》,《烟臺大學學報》(哲學社會科學版),1997 年第 4 期。

147. 王傑瑜、侯八五:《五代遼未能稱霸中原初探》,《學術論叢》,1997 年第 6 期。

148. 劉國賓:《豆盧革生平蠡測》,《烟臺師範學院學報》(哲學社會科學版),1998 年第 2 期。

149. 蔣武雄:《遼與後晋興亡關係始末》,《東吳歷史學報》,第 4 期,1998 年 3 月。

150. 李國偉、秦竹:《〈通鑑〉胡注糾誤一例》,《中國歷史地理論叢》,1998 年第 4 期。

151. 劉安志:《唐五代押牙(衙)考略》,《魏晋南北朝隋唐史資料》,第 16 輯,武漢大學出版社,1998 年 7 月。

152. 何偉康:《皇帝從哪裏變起——猜想李存勖和他那些伙計》,《歷史月刊》,第 130 期,1998 年 11 月。

153. 堀敏一:《五代宋初禁軍之發展》,《宋元文史研究》,廣東人民出版社,1998 年。

154. 錢穆:《五代之兵裝及兵數》,氏著《錢賓四先生全集》乙編《讀史隨札》,聯經出版事業股份有限公司,1998 年。

155. 宋石青:《梁晋争奪潞州的夾寨之戰》,《晋東南師專學報》,1999 年第 1 期。

156. 曾國富:《後唐對蜀戰争淺析》,《湛江師範學院學報》(哲學社會科學版),1999 年第 1 期。

157. 張輝:《五代十國時期黑暗政治述論》,《中國人民大學學報》,1999 年第 2 期。

158. 蔣武雄:《遼與後梁外交幾個問題的探討》,《東吳歷史學報》,第 5 期,1999 年 3 月。

159. 林德春:《後唐、後漢亡國確切公元紀年考》,《西南師範大學學報》,1999 年第 4 期。

160. 林榮貴:《五代十國轄區設置及其軍事戍防》,《中國邊疆史地研究》,1999 年第 4 期。

161. 王光照:《後梁興亡與南北統一》,《江漢論壇》,1999 年第 4 期。

162. 王振芳、王濤:《五代時期後唐軍征晉陽之戰地名糾誤》,《山西大學學報》(哲學社會科學版),1999 年第 4 期。

163. 何耀華:《西北吐蕃諸部與五代、宋朝的歷史關係》,《雲南社會科學》,1999 年第 6 期。

164. 尹崇儒:《從〈冊府元龜・内臣部〉看漢至五代宦官活動的特色兼論其史料價值》,(淡江大學)《史化》,第 30 期,1999 年 6 月。

165. 李昱姣:《一代明君周太祖》,《河南教育學院學報》(哲學社會科學版),2000 年第 2 期。

166. 曾國富:《後唐莊宗失政及其歷史教訓》,《湛江師範學院學報》(哲學社會科學版),2000 年第 2 期。

167. 劉國賓:《郭崇韜生平事迹考辨》,《烟臺大學學報》(哲學社會科學版),2000 年第 3 期。

168. 蔣武雄:《遼與後唐外交幾個問題的探討》,《東吳歷史學報》,第 6 期,2000 年 3 月。

169. 廖德松:《論鳳翔鎮在唐末五代初期所扮演的角色及其影響》,《史苑》,第 60 期,2000 年 5 月。

170. 王義康:《後唐建國過程中抵禦契丹南進政策探微》,《錦州師範學院學報》,2000 年第 4 期。

171. 蔣武雄:《遼與後晉外交幾個問題的探討》,《人文學報》,第 9 期,2000 年 10 月。

172. 程俊長:《朱溫與李存勖的興替》,《山西老年》,2000 年第 8 期。

173. 趙雨樂:《從武德使到皇城使——唐宋政治變革的個案研究》,《唐研究》,第 6 卷,北京大學出版社,2000 年。

174. 何燦浩:《唐末五代的水軍和水戰》,《寧波大學學報》(人文科學版),2001 年第 1 期。

175. 程遂營:《士人與五代中樞政治》,《東方論壇》,2001 年第 3 期。

176. 蔣武雄:《遼與北漢外交幾個問題的探討》,《東吳歷史學報》,第 7 期,2001 年 3 月。

177. 李明:《後周與南唐淮南之戰述評》,《江西社會科學》,2001 年第 4 期。

178. 曾國富:《略論後周的南征北伐》,《湛江師範學院學報》(哲學社會科學版),2001 年第 4 期。

179. 劉正民:《西域籍沙陀人在中原稱帝及其歷史作用》,《新疆師範大學學報》(哲學社會科學版),2001 年第 4 期。

180. 蔣武雄:《遼與後漢、後周外交幾個問題的探討》,《人文學報》,第 10 期,2001 年 12 月。

181. 崔明霞:《五代時期遼未能稱霸中原之原因初探》,《唐都學刊》,2002 年第 1 期。

182. 李國鋒:《士人與五代中樞政治》,《河南師範大學學報》(哲學社會科學版),2002 年第 1 期。

183. 趙榮織:《紛亂時期中原封建王朝對西域的管轄》,《西域研究》,2002 年第 2 期。

184. 朱培新、韓隆福:《略論五代末年的兩次"黃袍加身"》,《邵陽學院學報》(社會科學版),2002 年第 4 期。

185. 鄧小南:《走向再造:試談十世紀前中期的文臣群體》,《漆俠先生紀念文集》,河北大學出版社,2002 年。

186. 金宗燮:《五代中央對地方政策研究——以對州縣政策爲主》,《中國社會歷史評論》,第 4 卷,商務印書館,2002 年。

187. 孟廣耀:《五代時期鄂爾多斯三個節度使——兼政治格局及民族構成》,氏著《北部邊疆民族史研究》,黑龍江教育出版社,

2002 年。

188. 葛焕禮、王育濟：《魏博牙兵與唐末五代政局的變動》，《河北學刊》，2003 年第 1 期。

189. 劉國賓：《郭崇韜族滅之禍及對中國歷史的影響》，《烟臺大學學報》（哲學社會科學版），2003 年第 3 期。

190. 曾育榮：《後周太祖郭威內政改革瑣論》，《湖北大學學報》（哲學社會科學版），2003 年第 3 期。

191. 陳習剛：《後晉重臣桑維翰論析》，《中州學刊》，2003 年第 4 期。

192. 范恩實：《石敬瑭割讓燕雲（幽薊）的歷史背景》，《盛唐時代與東北亞政局》，上海辭書出版社，2003 年。

193. 馮爾康：《關於五代時期幾次戰爭的讀書札記》，《中國中古史論集》，天津古籍出版社，2003 年。

194. 趙雨樂：《從藩婦到后妃：唐宋變革期宮廷權力的考察》，《中國中古史研究》，第 2 卷，2003 年 4 月。

195. 黃寬重：《唐宋基層武力與基層社會的轉變：以弓手爲中心的觀察》，《歷史研究》，2004 年第 1 期。

196. 張興武：《五代政治文化的蛻變與轉型》，《甘肅社會科學》，2004 年第 2 期。

197. 趙榮織：《五代義兒與社會政治》，《新疆師範大學學報》（哲學社會科學版），2004 年第 2 期。

198. 夏凌：《唐宋間之廂兵制及其評價》，《軍事歷史》，2004 年第 5 期。

199. 曾國富：《五代後漢速亡探因》，《湛江師範學院學報》（哲學社會科學版），2004 年第 5 期。

200. 蔣武雄：《宋滅北漢之前與遼的交聘活動》，《東吳歷史學報》，第 11 期，2004 年 6 月。

201. 曾國富：《試析五代晉王李存勖滅後梁的條件》，《廣西社會科學》，2004 年第 10 期。

202. 房銳：《從〈北夢瑣言〉所載朱溫事迹看該書的史料價值》，

《中國古典文獻學叢刊》,第 3 卷,國際炎黄文化出版社,2004 年。

203. 謝大偉:《略論郭崇韜》,《浙江史學論叢》,第 1 輯,杭州出版社,2004 年。

204. 顔鑒之:《"昭德"應爲"彰德"》,《文獻》,2005 年第 1 期,

205. 戴顯群:《剖析後唐伶官現象》,《長沙理工大學學報》(社會科學版),2005 年第 2 期。

206. 李丹婕:《沙陀部族特性與後唐的建立》,《文史》,2005 年第 4 輯。

207. 趙榮織:《試論沙陀政權後唐的興起》,《西域研究》,2005 年第 4 期。

208. 文曉璋:《漢武帝的"御人"和周世宗的"善用"之比較》,《學海》,2005 年第 6 期。

209. 趙雨樂:《唐末五代陣前騎鬥之風——唐宋變革期戰爭文化考析》,《西北大學學報》(哲學社會科學版),2005 年第 6 期。

210. 趙雨樂:《論唐五代戰將的單挑與騎鬥》,《九州學林》,第 9 期,2005 年。

211. 戴顯群、高學欽:《五代十國割據形態的特徵及其對統一進程的影響》,《長沙理工大學學報》(社會科學版),2006 年第 3 期。

212. 何劍明:《論南唐國與中原政權之間的戰爭》,《江蘇教育學院學報》(社會科學版),2006 年第 6 期。

213. 汪聖鐸、胡坤:《五代後周時期圍繞周世宗皇位繼承的鬥爭》,(韓)《宋遼金元史研究》,第 11 號,2006 年 12 月。

214. 盛險峰:《五代皇帝札記三則》,《安大史學》,第 3 輯,安徽大學出版社,2006 年。

215. 楊寶玉、吳麗娛:《P. 2992v 書狀與清泰元年及長興元年歸義軍政權的朝貢活動》,《敦煌學輯刊》,2007 年第 1 期。

216. 張曉東:《周世宗的統一活動與漕運政策》,《歷史教學問題》,2007 年第 2 期。

217. 任愛君:《論五代時期的"銀鞍契丹直"》,《内蒙古社會科學》,2007 年第 3 期。

218. 陳習剛:《唐五代時期的許州與忠武軍》,《唐都學刊》,2007年第4期。

219. 王春强:《隋唐五代時期幽州地區戰爭與軍事研究》,《首都師範大學學報》(社會科學版),2007年第4期。

220. 張曉東:《五代時期的漕運與北方邊防》,《内蒙古社會科學》,2007年第4期。

221. 顧宏義、鄭明:《試析五代宋初中原諸政權角立中的契丹因素》,《遼金史論集》,第10輯,中國社會科學出版社,2007年。

222. 馮金忠:《唐後期地方武官制度與唐宋歷史變革》,《河北師範大學學報》(哲學社會科學版),2008年第1期。

223. 任愛君:《唐末五代的"山後八州"與"銀鞍契丹直"》,《北方文物》,2008年第2期。

224. 高學欽:《唐末五代分裂割據下的統一趨勢》,《長江師範學院學報》,2008年第4期。

225. 孟慶鑫、范喜茹:《略論周世宗安排的輔政格局》,《大連大學學報》,2008年第4期。

226. 朱寅:《後周南唐壽州之戰及其歷史地位》,《皖西學院學報》,2008年第4期。

227. 穆静:《五代控鶴軍考》,《史學集刊》,2008年第6期。

228. 曾國富、鄧上清:《五代後妃與政治》,《蘭州學刊》,2008年第7期。

229. 高學欽:《五代時期十國與中原王朝的關係特徵分析》,《重慶科技學院學報》(社會科學版),2008年第8期。

230. 張奇峰:《淺評周世宗經濟改革政策》,《傳承》,2008年第16期。

231. 王春南:《後唐明宗爲何飲恨而終》,《人民論壇》,2008年第17期。

232. 李志文:《論朱温的性格及行爲方式與他的崛起》,《山西師大學報》(社會科學版),2008年增刊。

233. 陳習剛:《論唐五代時期的固始》,《信陽師範學院學報》

（哲學社會科學版），2009 年第 1 期。

234. 丁貞權：《楊吴與中原王朝及周邊割據政權關係述略》，《合肥學院學報》（社會科學版），2009 年第 1 期。

235. 王韵：《論唐、五代昭義鎮的地理環境和種族文化》，《唐都學刊》，2009 年第 1 期。

236. 沈琛玎：《從高平之戰到復地關南——後周世宗北邊經略史實考略》，《中山大學研究生學刊》（社會科學版），2009 年第 2 期。

237. 曾國富：《前車之覆，後車之鑒——五代後唐莊宗、明宗政治得失之比較》，《黑龍江民族叢刊》，2009 年第 2 期。

238. 解洪旺：《五代十國時期離間考論》，《船山學刊》，2009 年第 3 期。

239. 洪銘聰：《後晋的外交關係網絡初探》，《中華人文社會學報》，第 10 期，2009 年 3 月。

240. 曾國富、鍾偉亮：《略論五代軍事叛亂》，《唐都學刊》，2009 年第 4 期。

241. 劉蒙林：《五代時期沙陀族政權産生的背景與組織結構剖析》，《内蒙古史志》，2009 年第 5 期。

242. 廖熙：《試論朱温的成功之道》，《湖南大衆傳媒職業技術學院學報》，2009 年第 6 期。

243. 解洪旺：《管窺後唐樞密使的外朝化趨勢——由郭崇韜、安重誨兩案探討》，《西安文理學院學報》（社會科學版），2009 年第 6 期。

244. 徐瑩秋、曾育榮：《五代宋初侍衛親軍制度相關問題探討》，《信陽師範學院學報》（哲學社會科學版），2009 年第 6 期。

245. 解洪旺、趙丹：《由安重誨看五代樞密使的權重》，《黑龍江教育學院學報》，2009 年第 11 期。

246. 仝相卿：《宋初周恭帝遷居考》，《宋史研究論叢》，第 10 輯，河北大學出版社，2009 年。

247. 王鳳翔：《後梁驍將牛存節》，《這方水土這方人》，中央文獻出版社，2009 年。

248. 曾育榮:《五代宋初侍衛親軍制度三題》,《徐規教授九十華誕紀念文集》,浙江大學出版社,2009 年。

249. 楊寶玉、吳麗娛:《梁唐之際敦煌地方政權與中央關係研究——以歸義軍入貢活動爲中心》,《敦煌學輯刊》,2010 年第 2 期。

250. 趙榮織:《沙陀三王朝與古代昌吉》,《文史知識》,2010 年第 2 期。

251. 彭文峰:《五代末期遼與後周清風驛之變考論》,《船山學刊》,2010 年第 3 期。

252. 吳麗娛、楊寶玉:《五代梁、唐治國方略比較——以梁唐之際沙州歸義軍朝貢活動爲例》,《國學學刊》,2010 年第 3 期。

253. 李曉光、李亞:《五代時期的魏州大名府淺析》,《邯鄲職業技術學院學報》,2010 年第 4 期。

254. 岳東:《後梁的黃淮軍人》,《内蒙古民族大學學報》,2010 年第 4 期。

255. 曹昇生:《桑維翰與後晉的興亡》,《東北史地》,2010 年第 5 期。

256. 李谷城:《政治外交手段,還是賣國?——石敬瑭割燕雲十六州的再反思》,(臺灣)《亞洲研究》,第 61 期,2010 年 9 月。

257. 胡長明:《毛澤東評點"後唐滅梁"》,《黨史博覽》,2010 年第 11 期。

258. 解洪旺:《試析五代十國時期的間諜戰》,《黑龍江史志》,2010 年第 12 期。

259. 原同申:《順天應時,興利除弊——淺談後周世宗的改革》,《蘭臺世界》,2010 年第 15 期。

260. 王小甫:《唐五代北邊的内外之際與國家認同》,《唐研究》,第 16 卷,北京大學出版社,2010 年。

261. 張躍飛:《唐末五代梁、晋争霸時期的冀州》,《冀州歷史文化論叢》,河北人民出版社,2010 年。

262. 陳明光:《論五代時期的軍費》,《廈門大學學報》(哲學社會科學版),2011 年第 1 期。

263. 張金銑:《後晉"歲輸"淺議》,《史學月刊》,2011 年第 1 期。

264. 杜文玉:《唐末五代時期西北地緣政治的變化及特點》,《人文雜誌》,2011 年第 2 期。

265. 龐家齊、龐振月:《朱温與碭山》,《江淮文史》,2011 年第 5 期。

266. 鄭毅、張儒婷:《五代變局與契丹肇興——以遼初統治者進取幽州爲中心》,《社會科學戰綫》,2011 年第 5 期。

267. 杜曉:《"先南後北"還是"先北後南"——試論周世宗的統一戰略方針》,《淮陰師範學院教育科學論壇》,2011 年增刊。

268. 劉鑫:《淺論五代時期中央與地方的關係》,《山西大學學報》(哲學社會科學版),2011 年增刊。

269. 吳麗娛、楊寶玉:《後唐明宗時代的國家政局與歸義軍及甘州回鶻的入貢中原》,《敦煌吐魯番研究》,第 12 卷,上海古籍出版社,2011 年。

270. 孟慶鑫:《略論宋太祖、太宗時期禁軍將領出身及家族婚姻特點》,《遼寧師專學報》(社會科學版),2012 年第 1 期。

271. 于越:《遼與後唐定州之戰及其影響》,《廊坊師範學院學報》,2012 年第 2 期。

272. 岳東:《五代、南宋的河朔農民武裝》,《黃河科技大學學報》,2012 年第 3 期。

273. 伍伯常:《論五代後梁末年的大梁之役》,《九州學林》2011 年春季號,上海人民出版社,2012 年 4 月。

274. 劉浦江:《在歷史的夾縫中:五代北宋時期的"契丹直"》,《中華文史論叢》,2012 年第 4 期。

275. 孟慶鑫、陳玉峰:《論北宋初期殿前司、侍衛司高級將帥與後周政權的滅亡》,《遼寧師專學報》(社會科學版),2012 年第 4 期。

276. 唐建堯、李萬暉:《周世宗改革的歷史意義》,《劍南文學》(經典教苑),2012 年第 4 期。

277. 汪榮、榮霞:《唐末五代時期楊師厚與朱梁王朝之興衰窺探》,《北方論叢》,2012 年第 4 期。

278. 尤煒祥:《説"都將"》,《嘉興學院學報》,2012年第5期。

279. 孟慶鑫:《後周外部形勢及宋初趙匡胤的對策分析》,《遼寧師專學報》(社會科學版),2012年第6期。

280. 曹流:《遼朝與五代十國政治關係史述評》,《遼金歷史與考古國際學術研討會論文集》,遼寧教育出版社,2012年。

281. 李曉傑:《五代時期魏州天雄軍節度使轄區沿革考述》,《譚其驤先生百年誕辰紀念文集》,上海人民出版社,2012年。

282. 李曉傑:《五代政區地理考述——以鳳翔、隴州、秦州、乾州、鳳州諸節度使轄區演變爲中心》,《輿地、考古與史學新説:李孝聰教授榮休紀念論文集》,中華書局,2012年。

283. 錢濟鄂:《爲後梁後周二太祖身世考——兼考宋太祖身世》,《吳越書》,上海辭書出版社,2012年。

284. 俞垣浚:《契丹與"五代"華北政權間的關係研究》,《宋史研究論叢》,第13輯,河北大學出版社,2012年。

285. 張儒婷:《遼初對中原政策淺議(907—959)》,《遼金歷史與考古國際學術研討會論文集》,遼寧教育出版社,2012年。

286. 申艷婷、汪榮:《楊師厚與唐末五代時期朱梁王朝政局演變窺探》,《甘肅社會科學》,2013年第1期。

287. 常强:《歷史上的"子君父臣"現象(四):周世宗柴榮與太傅柴守禮》,《紫禁城》,2013年第2期。

288. 岳東:《唐末宋初的黃淮農民武裝》,《黃河科技大學學報》,2013年第2期。

289. 范永旭:《簡析後晋重臣桑維翰》,《金田》,2013年第3期。

290. 李裕民:《周世宗皇子失踪之謎——趙匡胤政治權謀揭秘》,《浙江學刊》,2013年第4期。

291. 馮金忠:《虛實之間:〈劉知遠諸宮調〉中劉知遠形象嬗變的歷史考察》,《黃河科技大學學報》,2013年第5期。

292. 岳英:《論〈通鑑紀事本末·契丹滅晋〉中後晋滅亡原因》,《齊齊哈爾師範高等專科學校學報》,2013年第6期。

293. 沈淦:《張全義:三改其名的亂世名臣》,《文史天地》,2013

年第 7 期。

294. 孟慶鑫:《論五代宋初禁軍高級將領的地域構成》,《蘭臺世界》,2013 年第 27 期。

295. 張彩玲:《周世宗柴榮故里新考》,《經濟研究導刊》,2013 年第 27 期。

296. 吳麗娛:《從敦煌〈新集雜別紙〉看後唐明宗時代河北州鎮的地緣關係與領地拓展——〈新集雜別紙〉研究之一》,《唐研究》,第 19 卷,北京大學出版社,2013 年。

297. 吳曉豐:《王朴〈平邊策〉與周世宗的統一活動》,《忻州師範學院學報》,2014 年第 3 期。

298. 孟慶鑫:《宋太祖平澤潞李筠之叛原因新論》,《蘭臺世界》,2014 年第 15 期。

299. 孔琳琳、楊明:《五代猛將李存孝精武演繹考究》,《蘭臺世界》,2014 年第 33 期。

300. 林鵠:《遼太宗與石氏父子:遼晉關係新説》,《北大史學》,第 18 輯,北京大學出版社,2014 年。

301. 孫鐵林、屈軍衛:《五代後梁後唐沿黃河對峙戰略據點楊劉城考論》,《濮陽職業技術學院學報》,2015 年第 5 期。

302. 藍賢明:《唐五代六軍制度考略》,《中國史全國博士生論壇論文集》,重慶出版社,2015 年。

303. 肖愛民:《唐末五代定州王處直的後裔在契丹考》,《保定宋遼歷史文化遺産及其開發研究》,河北大學出版社,2015 年。

304. 劉冲(誤作李冲)、陳峰:《論後唐莊宗明宗嬗代事》,《人文雜誌》,2016 年第 1 期。

305. 潘其光:《周世宗禁佛與北宋初期佛教政策的轉變》,《開封大學學報》,2016 年第 2 期。

306. 王瑩、程嘉静:《後晉重臣桑維翰》,《赤峰學院學報》(漢文哲學社會科學版),2016 年第 3 期。

307. 劉冲、陳峰:《五代禁軍問題再探討——以節度使爲中心》,《西北大學學報》,2016 年第 4 期。

308. 孫先文:《論後唐李存勖政權其興非勃焉》,《安徽工業大學學報》(社會科學版),2016 年第 4 期。

309. 孫先文:《後唐莊宗政權腐敗述論》,《蘭臺世界》,2016 年第 16 期。

310. 孟慶鑫:《後周張永德與李重進禁軍任職考釋》,《蘭臺世界》,2016 年第 17 期。

311. 張啓雄:《中國規範傳統國際關係的"五倫國際關係論"理論論述——五代宋遼五倫國際關係的倫理解析》,《唐宋時期的名分秩序》,政大出版社,2016 年。

312. 關棨匀:《晚唐五代時期城防戰探索——兼論五代後唐滅梁戰爭的致勝因素》,《中華文史論叢》2017 年第 1 期。

313. 賈億寶:《李嗣源反叛稱帝原因管窺》,《文史月刊》,2017 年第 2 期。

314. 李進欣、吳鳳霞:《921—953 年遼朝與中原諸政權的定州之戰析議》,《河北北方學院學報》(社會科學版),2017 年第 5 期。

315. 孟慶鑫:《後周太祖郭威安排的輔政格局及其影響》,《蘭臺世界》,2017 年第 14 期。

316. 李偉剛:《五代上源驛事件發微》,《河北北方學院學報》(社會科學版),2018 年第 1 期。

317. 夏慶宇:《應對石敬瑭予以再認識》,《重慶工貿職業技術學院學報》,2018 年第 3 期。

318. 曾國富:《五代時期後晉與契丹戰爭論》,《武陵學刊》,2018 年第 5 期。

319. 霍斌、付婷:《論唐五代時期"關"的軍事職能》,《唐史論叢》,第 27 輯,三秦出版社,2018 年。

320. 李小霞:《利益權衡下的政治取舍:從燕雲諸州的實際控制權看石晉割地的政治考量》,《宋史研究論叢》,第 22 輯,科學出版社,2018 年。

321. 楊寶玉、吳麗娛:《後唐明宗初期沙州與中原的往還——法藏敦煌文書 P. 4997 考釋》,《絲路文明》,第 3 輯,上海古籍出版社,

2018 年。

322. 曹興華:《隋唐五代禦北戰術的演變初探》,《周秦漢唐文化研究》,第 11 輯,三秦出版社,2019 年。

323. 陳俊達、楊軍:《遼代節鎮體制的唐五代淵源》,《唐史論叢》,第 29 輯,三秦出版社,2019 年。

324. 陳樂保、楊倩麗:《幽州之戰與五代初期的北方軍政格局》,《唐史論叢》,第 29 輯,三秦出版社,2019 年。

325. 蔣金玲:《從"頗有窺中國之志"到"胡人也可爲漢主":太祖太宗朝遼對五代十國的外交思想》,氏著《遼朝對中原王朝外交思想研究》,吉林大學出版社,2019 年。

326. 蔣金玲:《"竭國之力以助河東"與"强弱勢异,无妄侵伐":世宗穆宗景宗朝遼對五代、北宋的外交思想》,氏著《遼朝對中原王朝外交思想研究》,吉林大學出版社,2019 年。

327. 夏慶宇:《"兒皇帝"石敬瑭歷史形象的再認識》,《湖南工程學院學報》(社會科學版),2019 年第 2 期。

328. 閆建飛:《方鎮爲國:後梁建國史研究》,《中山大學學報》(社會科學版),2019 年第 6 期。

329. 閆建飛:《五代後期的政權嬗代:從"天子,兵强馬壯者當爲之,寧有種耶"談起》,《唐史論叢》,第 29 輯,三秦出版社,2019 年。

4-2　制度與律典

1. 劉樊:《五代的幕府》,《食貨》半月刊,第 5 卷第 1 期,1937 年。

2. 蘇基朗:《五代的樞密院》,《食貨月刊》復刊第 10 卷第 1、2 期,1980 年 5 月。

3. 王素:《唐五代的禁衛軍獄》,《中華文史論叢》,1986 年第 2 輯。

4. 杜文玉、李洪濤:《五代立法與司法制度初探》,《思想戰綫》,1986 年第 4 期。

5. 杜文玉:《論五代樞密使》,《中國史研究》,1988 年第 1 期。

6. 董恩林:《五代樞密院考述》,《中國歷史文獻研究》2,華中師範大學出版社,1988 年。

7. 李鴻賓:《五代樞密使(院)研究》,《文獻》,1989 年第 2 期。

8. 董恩林:《五代政治體制考略》,《中南民族學院學報》(哲學社會科學版),1989 年第 4 期。

9. 李郁:《唐末士人樞密使和後梁崇政使的設置及其影響》,《中國唐史學會論文集》,三秦出版社,1989 年。

10. 李郁:《五代樞密使和樞密院初探》,《晋陽學刊》,1990 年第 1 期。

11. 靳潤成:《五代十國國號與地域的關係》,《歷史教學》,1990 年第 5 期。

12. 姜芊:《"所由"試補:兼釋五代的節級》,《蘭州學刊》,1991 年第 2 期。

13. 齊濤:《巡院與唐宋地方政體的轉化》,《文史哲》,1991 年第 5 期。

14. 郭逸民:《隋唐五代政府》,《中國工商學報》,第 13 期,1992 年 6 月。

15. 陳振:《關於晚唐、五代的宰相制度》,《紀念李埏教授從事學術活動五十周年史學論文集》,雲南大學出版社,1992 年。

16. 駱芬美:《概説先秦至五代的"丁憂"守制》,《簡牘學報》,第 15 期,1993 年 12 月。

17. 張國剛:《唐代的光署錢與五代的光臺錢和光省錢》,氏著《唐代政治制度研究論集》,文津出版社,1994 年。

18. 趙雨樂:《唐宋變革期内諸司使之等級問題初探》,《宋史論文集——羅球慶老師榮休紀念專刊》,香港中國史研究會,1994 年。

19. 杜文玉:《晚唐五代都指揮使考》,《學術界》,1995 年第 1 期。

20. 趙雨樂:《五代使職與軍職權力關係初探——三班集團的發展側例》,《九州學刊》,第 7 卷第 1 期,1996 年 1 月。

21. 曾小華:《五代十國時期的任官資格制度》,《杭州師範學院學報》,1997 年第 5 期。

22. 羅永生:《晚唐五代的樞密院和樞密使》,《唐代的歷史與社會》,武漢大學出版社,1997 年。

23. 周寶珠:《朱梁建都開封及其歷史意義》,《開封大學學報》,1998 年第 3 期。

24. 田銀生:《唐宋之際市坊制度的鬆懈與解體》,《城市規劃匯刊》,1998 年第 6 期。

25. 張先貴:《五代十國秘書論》,《北京市總工會職業大學學報》,1999 年第 4 期。

26. 戴顯群:《五代的樞密使》,《中國典籍與文化》,2000 年第 3 期。

27. 曾維君:《唐後期至五代樞密院之演變略考》,《山東社會科學》,2000 年第 6 期。

28. 蔡秉衡:《隋唐五代時期的音樂機構與功能》,(臺灣)《美育》,第 118 期,2000 年 11 月。

29. 戴顯群:《關於五代宰相制度的若干問題》,《長沙電力學院學報》(社會科學版),2001 年第 3 期。

30. 侯雯:《五代時期的法典編訂》,《首都師範大學學報》(社會科學版),2001 年第 3 期。

31. 黃潔瓊:《論五代樞密使之權最重》,《鷺江職業大學學報》,2001 年第 3 期。

32. 程遂營:《五代幕府文職僚佐》,《南都學壇》(哲學社會科學版),2001 年第 5 期。

33. 杜文玉:《五代選官制度研究》,《中國史研究》,2002 年第 3 期。

34. 理明:《五代後梁擢授胡進思吳越兵部尚書誥命辨疑》,《浙江檔案》,2002 年第 3 期。

35. 李軍:《論五代內諸司使的變化》,《陝西師範大學繼續教育學報》,2002 年第 4 期。

36. 吳麗娱:《試論晚唐五代的客將、客司與客省》,《中國史研究》,2002 年第 4 期。

37. 張其凡:《關於宋太祖早年任職的三點考證》,《史學月刊》,2002 年第 12 期。

38. 杜文玉:《五代官告院與綾紙錢》,《唐都學刊》,2003 年第 1 期。

39. 李軍、張軍剛:《論五代使職官的軍事化》,《陝西師範大學繼續教育學報》,2003 年第 2 期。

40. 陳德弟:《五代時期後唐官府藏書事業考述》,《中國典籍與文化》,2003 年第 3 期。

41. 杜文玉:《五代考課制度研究》,《陝西師範大學學報》(哲學社會科學版),2003 年第 3 期。

42. 李軍:《略論五代使職官的幾個特徵》,《北京理工大學學報》(社會科學版),2003 年第 3 期。

43. 杜文玉、王麗梅:《五代十國封爵制度初探》,《陝西師範大學繼續教育學報》,2003 年第 4 期。

44. 樊文禮:《五代的樞密直學士》,《烟臺師範學院學報》(哲學社會科學版),2003 年第 4 期。

45. 盛險峰:《郊廟地點與五代兩都分立》,《社會科學戰綫》,2003 年第 4 期。

46. 李軍:《五代三司使考述》,《人文雜誌》,2003 年第 5 期。

47. 杜文玉:《五代俸禄制度初探》,《人文雜誌》,2003 年第 6 期。

48. 劉琴麗:《五代巡檢研究》,《史學月刊》,2003 年第 6 期。

49. 杜文玉:《五代叙封制度初探》,《史學月刊》,2003 年第 10 期。

50. 杜文玉:《五代殿閣制度研究》,《唐研究》,第 9 卷,北京大學出版社,2003 年。

51. 杜文玉:《五代起居制度初探》,《中國社會歷史評論》,第 5 卷,商務印書館,2003 年 11 月。

52. 高明士:《從律令制的演變看唐宋間的變革》,《臺大歷史學報》,第 32 期,2003 年 12 月。

53. 王鳳翔:《五代十國時期的中門使》,《史學月刊》,2003 年第 12 期。

54. 杜文玉:《唐五代的助禮錢與諸司禮錢》,《陝西師範大學學報》(哲學社會科學版),2004 年第 2 期。

55. 田雁:《五代行政區劃單位"軍"的形成》,《江漢大學學報》(人文科學版),2004 年第 2 期。

56. 吳麗娛:《略論表狀箋啓書儀文集與晚唐五代政治》,《中國社會科學院歷史研究所學刊》,第 2 輯,商務印書館,2004 年。

57. 杜文玉:《五代御史臺職能的發展與變化》,《文史哲》,2005 年第 1 期。

58. 杜文玉:《五代起居制度的變化及其特點》,《陝西師範大學學報》(哲學社會科學版),2005 年第 3 期。

59. 張其凡、張勝海:《五代翰林學士略考》,《社會科學輯刊》,2005 年第 4 期。

60. 李全德:《晚唐五代時期中樞體制變化的特點及其淵源》,《中國人民大學學報》,2005 年第 6 期。

61. 程民生:《五代時期開封府長官表》,《史學新論:祝賀朱紹侯先生八十華誕》,河南大學出版社,2005 年。

62. 李全德:《從宦官到文臣:唐宋時期樞密院的職能演變與長官人選》,《唐研究》,第 11 卷,北京大學出版社,2005 年。

63. 吳麗娛:《唐宋之際的禮儀新秩序》,《唐研究》,第 11 卷,北京大學出版社,2005 年。

64. 杜文玉、王鳳翔:《唐宋時期牢城使考述》,《陝西師範大學學報》(哲學社會科學版),2006 年第 2 期。

65. 耿元驪:《五代祀天祭祖禮考述》,《古籍整理研究學刊》,2006 年第 3 期。

66. 耿元驪:《五代嘉禮考述》,《長春師範學院學報》(人文社會科學版),2006 年第 4 期。

67. 賈玉英:《唐宋時期"道"、"路"制度區劃理念變遷論略》,

《中州學刊》,2006 年第 6 期。

68. 胡滄澤:《唐宋之際我國監察制度的變革》,《唐宋變革論》,黃山書社,2006 年。

69. 吳麗娛:《晚唐五代中央地方的禮儀交接——以節度刺史的拜官中謝、上事爲中心》,《唐宋變革論》,黃山書社,2006 年。

70. 盛險峰、李曉霞:《五代奠都開封述論》,《安大史學》,第 2 輯,安徽大學出版社,2006 年。

71. 于海平:《内廷化與外朝化:唐宋樞密使制度述略》,《濟寧師範專科學校學報》,2007 年第 1 期。

72. 杜文玉:《論唐宋監獄中的醫療系統——兼論病囚院的設置》,《江漢論壇》,2007 年第 5 期。

73. 田玉英:《五代翰林學士制度述論》,《南方論刊》,2007 年第 7 期。

74. 侯怡利:《唐、五代時期"節文"的意義與内涵》,《中國中古史研究》,第 7 期,2007 年 12 月。

75. 杜文玉:《五代十國封爵制度初探》,《隋唐史論——牛致功教授八十華誕祝壽文集》,三秦出版社,2007 年。

76. 杜文玉、王蕾:《五代十國時期茶法考述》,《唐史論叢》,第 9 輯,三秦出版社,2007 年。

77. 耿元驪:《五代禮儀制度考》,《五代典制考》,中華書局,2007 年。

78. 客宏剛:《五代宰相制度考》,《五代典制考》,中華書局,2007 年。

79. 李明瑶:《五代賦役制度考》,《五代典制考》,中華書局,2007 年。

80. 連宏:《五代法律制度考》,《五代典制考》,中華書局,2007 年。

81. 穆静:《五代兵制考》,《五代典制考》,中華書局,2007 年。

82. 周家鳳:《五代中央官學制度考》,《五代典制考》,中華書局,2007 年。

83. 朱溢:《論晚唐五代的試官》,《國學研究》,第 19 卷,北京大學出版社,2007 年。

84. 馬小紅:《簡析五代的立法狀況》,《上海師範大學學報》(哲學社會科學版),2008 年第 2 期。

85. 彭文峰:《後晉真定府行唐縣改爲永昌縣的具體時間》,《中國歷史地理論叢》,2008 年第 2 期。

86. 譚景玉:《五代十國時期的諫議制度初探》,《英才高職論壇》,2008 年第 4 期。

87. 翁建道:《五代行營初探》,《高應科大人文社會科學學報》,第 5 期,2008 年 7 月。

88. 黃寬重:《創置與轉型——以五代巡檢爲中心的考察》,《鄧廣銘教授百年誕辰紀念論文集》,中華書局,2008 年。

89. 康瑞軍、張禕:《唐宋之際的宮廷音樂機構考述》,《樂府新聲》,2009 年第 1 期。

90. 盛險峰:《論五代中央職官的“失職”與“君主專制”》,《安徽大學學報》(哲學社會科學版),2009 年第 2 期。

91. 戴建國:《唐宋大赦功能的傳承演變》,《雲南社會科學》,2009 年第 4 期。

92. 王顏、杜文玉:《論唐宋時期的文思院與文思院使》,《江漢論壇》,2009 年第 4 期。

93. 趙旭:《論唐宋之際登聞鼓職能的強化及影響》,《唐史論叢》,第 11 輯,三秦出版社,2009 年。

94. 陳明光:《五代財政中樞管理體制演變考論》,《中華文史論叢》,2010 年第 3 期。

95. 史愛君:《周世宗對開封城的貢獻》,《開封教育學院學報》,2010 年第 3 期。

96. 侯怡利:《〈大周刑統〉考》,《史學彙刊》,第 25 期,2010 年 6 月。

97. 王銘:《五代文書〈安審琦請射田莊宣頭〉探微》,《浙江大學學報》(人文社會科學版),2010 年第 10 期。

98. 張文昌:《〈大周通禮〉與〈開寶通禮〉內容與體例試探——以"通禮"爲切入點》,《早期中國史研究》,第 2 卷第 2 期,2010 年 12 月。

99. 曾育榮:《五代吏部選人文書初探》,(韓)《亞洲研究》,第 13 輯,2011 年 5 月。

100. 王鳳翔:《晚唐五代墨制:皇權與臣權的政治博弈》,《江西社會科學》,2011 年第 10 期。

101. 胡耀飛:《五代十國功臣號研究》,《魏晉南北朝隋唐史資料》,第 27 輯,武漢大學人文社會科學學報編輯部,2011 年 12 月。

102. 陳懷宇:《禮法、禮制與禮儀:唐宋之際聖節成立史論》,《唐史論叢》,第 13 輯,三秦出版社,2011 年。

103. 王使臻:《唐五代"墨敕"與"斜封"辨》,《青海社會科學》,2012 年第 4 期。

104. 張東光:《唐、五代銓選考試的資格審查機構——南曹》,《晋陽學刊》,2012 年第 6 期。

105. 彭麗華:《請射與五代都城制度的演變》,《史學月刊》,2012 年第 9 期。

106. 岳純之:《論唐五代法律中的十惡與五逆》,《史學月刊》,2012 年第 10 期。

107. 陳文龍:《論中晚唐五代時期的"常參官—刺史"等級分界綫》,《魏晉南北朝隋唐史資料》,第 28 輯,武漢大學人文社會科學學報編輯部,2012 年 12 月。

108. 曾成:《唐末五代王爵考》,《魏晉南北朝隋唐史資料》,第 28 輯,武漢大學人文社會科學學報編輯部,2012 年 12 月。

109. 丁海斌:《五代十國時期的陪都》,氏著《中國古代陪都史》,中國社會科學出版社,2012 年。

110. 賈玉英:《唐宋時期使相制度變遷初探》,《漆俠與歷史學:紀念漆俠先生逝世十周年文集》,河北大學出版社,2012 年。

111. 譚偉:《唐五代筆記小説職官別稱雜記》,《項楚先生欣開八秩頌壽文集》,中華書局,2012 年。

112. 周慶彰：《後梁遥改汶州考》，《歷史地理》，第 26 輯，上海人民出版社，2012 年。

113. 韓嘯：《唐末五代典權法律制度之探討》，《河南財經政法大學學報》，2013 年第 1 期。

114. 杜文玉：《唐五代州縣内部監察機制研究》，《江西社會科學》，2013 年第 2 期。

115. 孟澤衆：《五代進奏院考》，《滄桑》，2013 年第 2 期。

116. 謝波：《論五代後唐刑事法制之變化——兼駁五代"無法"、"刑重"説》，《甘肅政法學院學報》，2013 年第 2 期。

117. 田雁：《論五代特殊地方行政單位"軍"的設置》，《保定學院學報》，2013 年第 3 期。

118. 張東光：《唐、五代選人文書研究》，《檔案管理》，2013 年第 3 期。

119. 盛會蓮：《唐五代時期政府對死亡將士的撫恤》，《浙江師範大學學報》（社會科學版），2013 年第 4 期。

120. 陳曄：《從面對到上章：中唐至五代次對、轉對制變遷研究》，《歷史教學》，2013 年第 6 期。

121. 黎國韜：《五代十國樂官述略——兼論戲劇樂舞問題》，《中原文化研究》，2014 年第 1 期。

122. 邵利明：《唐五代時期官府對茶葉市場的法律管理》，《農業考古》，2014 年第 5 期。

123. 吴麗娱、趙晶：《唐五代格、敕編纂之演變再探》，《中華文史論叢》，2015 年第 2 期。

124. 陳書奇：《五代地方官員日常考績文書歷子初探》，《檔案學通訊》，2015 年第 5 期。

125. 王溪：《唐五代翰林待詔與翰林學士職任關係探討》，《南都學壇》，2015 年第 5 期。

126. 王剛：《唐五代時期南郊大禮五使考述》，《社會科學論壇》，2015 年第 7 期。

127. 劉喆：《五代十國時期藩鎮制的變化及特點》，《唐史論叢》，第 21 輯,三秦出版社,2015 年。

128. 張元:《略談五代宋初君臣關於讀書的記載》,《中國歷史的再思考:許倬雲院士八十五歲祝壽論文集》,聯經出版社,2015 年。

129. 王溪:《從〈太平廣記・王中散〉看唐五代翰林待詔的文士色彩》,《中國典籍與文化》,2016 年第 1 期。

130. 杜文玉:《論唐五代時期的延資庫與延資庫使》,《唐史論叢》,第 23 輯,三秦出版社,2016 年。

131. 趙水靜:《唐五代"斷屠釣"新論》,《唐史論叢》,第 23 輯,三秦出版社,2016 年。

132. 王曾瑜:《五代遼宋金元的"指斥乘輿"罪》,《隋唐遼宋金元史論叢》,第 6 輯,上海古籍出版社,2016 年。

133. 張澤倫:《唐五代宋初環衛官的演變》,《保定學院學報》,2017 年第 2 期。

134. 胡耀飛:《五代的"通判"與"判"——從福州出土〈趙偓墓誌〉談起》,《唐史論叢》,第 25 輯,三秦出版社,2017 年。

135. 薛政超:《論唐宋國家土地產權管理職能之轉變》,《宋史研究論叢》,第 21 輯,科學出版社,2017 年。

136. 吳麗娛:《關於唐五代書儀傳播的一些思考——以中原書儀的西行及傳播爲中心》,《敦煌學輯刊》,2018 年第 2 期。

137. 葉曉芬:《心理認知視角下的五代職官名解讀》,《中學語文教學參考》,2018 年第 3 期。

138. 杜文玉:《唐至五代時期閤門使的性質及其職能變化》,《陝西師範大學學報》(哲學社會科學版),2018 年第 4 期。

139. 王美華:《皇帝祭天禮與五代十國的正統意識》,《陝西師範大學學報》(哲學社會科學版),2018 年第 4 期。

140. 羅亮:《五代時期沙陀三王朝國號問題研究》,《學術研究》,2018 年第 12 期。

141. 張東光:《五代選人文書的證明文書——公憑》,《檔案》,2018 年第 12 期。

142. 石宏夫:《五代後期藩鎮進獻的變化及特點》,《唐史論叢》,

第 26 輯,三秦出版社,2018 年。

143. 杜文玉:《論唐宋時期閣門與閣門司的變化及特點》,《唐史論叢》,第 27 輯,三秦出版社,2018 年。

144. 劉喆:《"四平王"之封與唐五代的節度使政治》,《唐史論叢》,第 27 輯,三秦出版社,2018 年。

145. 方震華:《正統王朝的代價——後梁與後唐的政權合理化問題》,《宋史研究論叢》,第 23 輯,科學出版社,2018 年。

146. 顧春軍:《〈五代會要·喪葬篇〉訛誤辨正》,《古籍研究》,第 67 卷,鳳凰出版社,2018 年。

147. 齊子通:《五代都城設置與府縣等級升降考》,《魏晋南北朝隋唐史資料》,第 38 輯,上海古籍出版社,2018 年。

148. 盛會蓮:《試析唐五代時期政府對貧困官員的救恤政策》,《浙江師範大學學報》(社會科學版),2019 年第 1 期。

149. 閆建飛:《唐後期五代宋初知州制的實施過程》,《文史》,2019 年第 1 輯。

150. 謝波:《亂世與法制:五代後晋的刑事立法、司法及其承啓性》(上),《交大法學》,2019 年第 1 期。

151. 謝波:《亂世與法制:五代後晋的刑事立法、司法及其承啓性》(下),《交大法學》,2019 年第 2 期。

152. 張玉興:《關於五代馬步獄的起源及演變》,《齊魯學刊》,2019 年第 3 期。

153. 任歡歡:《五代團練使考述》,《佳木斯大學社會科學學報》,2019 年第 5 期。

154. 任歡歡:《五代防禦使考述》,《佳木斯大學社會科學學報》,2019 年第 6 期。

155. 蘇研:《隋唐五代孝子順孫旌表研究》,《蘭州教育學院學報》,2019 年第 12 期。

156. 吳羽:《從奏告之禮看唐宋國家禮儀空間的變遷》,《紀念岑仲勉先生誕辰 130 周年國際學術研討會論文集》,中山大學出版社,2019 年。

157. 張亦冰:《唐宋之際財政三司職掌範圍及分工演進考述》,《唐史論叢》,第 28 輯,三秦出版社,2019 年。

4‑3 文學與科舉

1. 王國維:《五代監本考》,《"國立"北京大學國學季刊》,第 1 卷第 1 期,1923 年。

2. 鄭振鐸:《五代文學》,《小説月報》,第 20 卷第 1—6 期,1929 年。

3. 盧逮曾:《五代君主文學》,《中法大學月刊》,第 1 卷第 5 期,1932 年。

4. 盧逮曾:《五代君主文學(續)》,《中法大學月刊》,第 2 卷第 1 期,1932 年。

5. 梁之盤:《五代的詞人》,《紅豆》,第 1 卷第 6 號,1934 年 5 月。

6. 錢穆:《五代時之書院》,《貴善半月刊》,第 2 卷第 17 期,1941 年 11 月。

7. 葉勝益:《唐末至北宋雜考書内容之轉變與其意義》,《東吳大學中國文學系系刊》,第 2 期,1976 年 6 月。

8. 程溯洛:《五代的詞》,《歷史知識》,1980 年第 3 期。

9. 于北山:《隋唐五代科舉制度簡述》,《淮陰師專學報》,1983 年第 2 期。

10. 楊海明:《論唐五代詞》《唐代文學論叢》,總第 4 輯,陝西人民出版社,1983 年。

11. 羅宗强:《牛希濟的〈文章論〉與唐末五代倡教化的文學主張》,《天津社會科學》,1984 年第 5 期。

12. 葉嘉瑩:《晚唐五代四大家詞簡評》,日本九州大學《中國文學論集》,第 13 號,1984 年 12 月。

13. 梁超然:《唐末五代廣西籍詩人考論》,《廣西社會科學》,1986 年第 3 期。

14. 楊海明:《"詞境":向着抒情的深度開掘——論晚唐五代的"詞代詩興"》,氏著《唐宋詞論稿》,浙江古籍出版社,1988 年。

15. 吳在慶:《晚唐五代若干詩人名、字考辨》,《廈門大學學報》(哲學社會版),1989 年第 4 期。

16. 趙麗艷:《五代文人詞繁榮原因斷想》,《齊齊哈爾師範學院學報》,1989 年第 5 期。

17. 郭天沅:《晚唐至清詞之興衰概述》,《中國文化月刊》,第 119 期,1989 年 9 月。

18. 陳如江:《一洗五代舊習——談王安石詞》,《國文天地》,第 5 卷第 9 期,1990 年 2 月。

19. 王永平:《朱溫與文士》,《歷史大觀園》,1990 年第 4 期。

20. 張璋:《速寫詞壇先驅的面貌——談唐五代詞及〈全唐五代詞〉的編纂》,《國文天地》,第 6 卷第 2 期,1990 年 7 月。

21. 饒宗頤:《後周整理樂章與宋初詞學有關諸問題——由敦煌舞譜談後周之整理樂章兼論柳永〈樂章集〉之來歷》,《中國文哲研究集刊》,第 1 期,1991 年 3 月。

22. 耿志堅:《晚唐及唐末、五代近體詩用韻考》,《彰化師範大學學報》,第 2 期,1991 年 6 月。

23. 耿志堅:《晚唐及唐末、五代僧侶詩用韻考》,《聲韻論叢》,第 4 期,1992 年 5 月。

24. 淺見洋二:《晚唐五代詩詞中的風景與繪畫》,《唐代文學研究》,第 3 輯,廣西師範大學出版社,1992 年。

25. 王國良:《唐五代的仙境傳說》,《唐代文學研究》,第 3 輯,廣西師範大學出版社,1992 年。

26. 張伯偉:《略論佛學對晚唐五代詩格的影響》,《唐代文學研究》,第 3 輯,廣西師範大學出版社,1992 年。

27. 蔡曉初:《五代十國刻書述考》,《江西教育學院學報》,1993 年第 1 期。

28. 彭萬隆:《引商刻羽,風流未泯——五代詩歌的思想意義》,《安徽師範大學學報》(哲學社會科學版),1993 年第 2 期。

29. 王偉勇:《以唐、五代小令爲例試述詞律之形成》,《東吳文史學報》,第 11 期,1993 年 3 月。

30. 陳尚君:《唐詩人李昂、綦毋潛、王仁裕生平補考》,《鐵道師院學報》(社會科學版),1993 年第 4 期。

31. 賀中復:《五代詩歌及詩人六家》,《山西大學師範學院學報》(綜合版),1993 年第 4 期。

32. 賀中復:《文學史補白——談五代的小說》,《吉林師範學院學報》(哲學社會科學版),1994 年第 1 期。

33. 賀中復:《五代詞說——五代詞的興盛和發展》,《河北學刊》,1994 年第 2 期。

34. 許總:《論五代詩》,《學術論壇》,1994 年第 6 期。

35. 張興武:《論五代詩在中國詩歌發展史上的位置》,《西北師大學報》(社會科學版),1995 年第 3 期。

36. 陳美朱:《晚唐五代詩格之比刺說探微》,《雲漢學刊》,第 2 期,1995 年 6 月。

37. 賀中復:《五代十國的溫李、姚賈詩風》,《陰山學刊》(社會科學版),1996 年第 1 期。

38. 廖雲仙:《從杜牧〈阿房宮賦〉看晚唐到宋初賦的發展》,《勤益學報》,第 13 期,1996 年 2 月。

39. 宋寅聖:《〈祖堂集〉所見唐五代口語助詞研究》,《華岡研究學報》,第 1 期,1996 年 3 月。

40. 陳向春:《五代"風流"與文化的奢侈》,《齊魯學刊》,1996 年第 4 期。

41. 賀中復:《五代十國詩壇概說》,《北京社會科學》,1996 年第 4 期。

42. 賀中復:《論五代十國的宗白詩風》,《中國社會科學》,1996 年第 5 期。

43. 張興武:《唐末五代甘隴籍作家考述》,《社科縱橫》,1997 年第 6 期。

44. 趙昌平:《從鄭谷及其周圍詩人看唐末至宋初詩風動向》,氏著《趙昌平自選集》,廣西師範大學出版社,1997 年。

45. 陳海波、尉遲治平:《五代詩韵系略說》,《語言研究》,1998

年第 2 期。

46. 吳在慶:《唐五代登科者考補》,《鐵道師院學報》,1998 年第 2 期。

47. 李順民:《從唐末至清初"詩史"之名的出現、意義的流轉看文學與史學之間的關係》,《私立慈濟護專學報》,第 7 期,1998 年 7 月。

48. 朱兆林:《五代十國的文學藝術》,《歷史教學》,1998 年第 7 期。

49. 關寧:《五代世風與花間詞》,《桂林教育學院學報》,1999 年第 4 期。

50. 張興武:《唐末五代文學思潮主流及過渡特色》,《西北師大學報》(社會科學版),1999 年第 5 期。

51. 任元彬:《唐末五代的咏史詩》,《中國人民大學學報》,2000 年第 1 期。

52. 黃坤堯:《唐五代詞律的構成與聲韵探賾》,《聲韵論叢》,第 9 期,2000 年 11 月。

53. 郭紹林:《唐五代洛陽的科舉活動與河洛文化的地位》,《洛陽大學學報》,2001 年第 1 期。

54. 吳在慶:《晚唐五代詩歌及其研究述略》,《周口師範高等專科學校學報》,2001 年第 3 期。

55. 周臘生:《五代科舉概述》,《孝感職業技術學院學報》,2001 年第 3 期。

56. 周臘生:《五代三大狀元》,《莆田高等專科學校學報》,2001 年第 3 期。

57. 李明傑:《五代國子監刻書》,《圖書館理論與實踐》,2001 年第 5 期。

58. 李貴:《唐末五代宋初白體詩人考論》,《首屆宋代文學國際研討會論文集》,復旦大學出版社,2001 年。

59. 李淑芬:《唐五代王溥考辨與述評》,《康定民族師範高等專科學校學報》,2002 年第 1 期。

60. 周臘生:《〈登科記考〉所載五代狀元正補》,《孝感職業技術學院學報》,2002 年第 1 期。

61. 朱學東:《晚唐五代詩僧齊己的詩學理論探微》,《荆州師範學院學報》,2002 年第 1 期。

62. 鄧洪波:《五代十國時期書院述略》,《湖南大學學報》,2002 年第 2 期。

63. 薛亞軍:《拯弊與集權:唐五代覆試及其與宋初殿試的關係》,《長安大學學報》(社會科學版),2002 年第 2 期。

64. 金瀅坤:《唐五代童子科與兒童教育》,《西北師大學報》,2002 年第 4 期。

65. 張育誠:《唐玄宗在唐五代小説中的形象》,《輔大中研所學刊》,第 12 期,2002 年 10 月。

66. 官雲維:《有關宋人筆記中唐五代科舉史料的幾個問題》,《古籍整理研究學刊》,2003 年第 1 期。

67. 金瀅坤:《中晚唐五代科舉與清望官的關係》,《中國史研究》,2003 年第 1 期。

68. 黎冬梅:《晚唐五代詞和士人心態》,《三峽大學學報》,2003 年第 1 期。

69. 淺水:《五代狀元陳逖資料點滴》,《孝感職業技術學院學報》,2003 年第 1 期。

70. 淺水:《五代狀元黃仁穎小傳》,《孝感職業技術學院學報》,2003 年第 1 期。

71. 張春媚、劉尊明:《溫庭筠詞在晚唐五代的傳播與接受》,《齊魯學刊》,2003 年第 1 期。

72. 蒲向明:《論王仁裕的文學成就》,《天水行政學院學報》,2003 年第 3 期。

73. 周建軍、曾芝梅:《論唐末五代散文的儒學内藴和藝術特質》,《懷化學院學報》,2003 年第 3 期。

74. 劉莉:《五代名士王仁裕小考》,《敦煌研究》,2003 年第 6 期。

75. 張興武:《唐末五代詞人心態與詞風的嬗變》,《杭州師範學院學報》(社會科學版),2003年第6期。

76. 楊明璋:《敦煌本〈長興四年中興殿應聖節講經文〉末尾九首詩性質考辨》,《漢學研究》,第21卷第2期,2003年12月。

77. 李艷婷:《五代對李白的接受》,《中國李白研究》(2003—2004年集),2003年。

78. 盛險峰:《五代官學考論》,《東北師大學報》(哲學社會科學版),2004年第1期。

79. 周臘生:《五代時期狀元不受重視情況考證》,《寧波職業技術學院學報》,2004年第1期。

80. 胡予琪:《五代十國在編輯出版事業上的突出貢獻》,《開封教育學院學報》,2004年第3期。

81. 楊經華:《百年歌自苦,未見有知音——杜詩在唐、五代接受情況的統計分析》,《杜甫研究學刊》,2004年第3期。

82. 房鋭:《〈北夢瑣言〉與晚唐五代歷史文化》,《求索》,2004年第4期。

83. 李定廣:《論唐末五代的"普遍苦吟現象"》,《文學遺産》,2004年第4期。

84. 武旭、馬慧:《動亂、兵燹和文獻傳承——從南北朝、五代十國兩次大動蕩談起》,《圖書與情報》,2004年第5期。

85. 金瀅坤:《試論唐五代科舉考試的鎖院制度》,《西北師大學報》(社會科學版),2005年第1期。

86. 盛險峰:《虛文政策與五代時弊的扭轉》,《北方論叢》,2005年第2期。

87. 黄桂鳳:《"詩史"精神的確立——杜甫在唐末五代的接受探析》,《玉林師範學院學報》,2005年第4期。

88. 蒲向明:《王仁裕年譜稿》,《甘肅高師學報》,2005年第4期。

89. 趙榮蔚:《唐末五代十家詩文別集提要》,《圖書館論壇》,2005年第6期。

90. 周睿:《與五代史料相關的讖言詩的文本類型與文化闡釋》,《社會科學家》,2005 年第 6 期。

91. 王欣慧:《唐五代學者對韓愈"以文爲戲"批評之評議》,《親民學報》,第 11 期,2005 年 7 月。

92. 荒見泰史、桂弘:《從舜子變文類寫本的改寫情況來探討五代講唱文學的演化》,《敦煌學》,第 26 期,2005 年 12 月。

93. 羅寧:《論五代宋初的"僞典小說"》,《中國中古文學研究》,學苑出版社,2005 年。

94. 房銳:《杜甫對晚唐五代文人的影響》,《杜甫研究學刊》,2006 年第 1 期。

95. 王鳳翔:《論五代士風》,《中華文化論壇》,2006 年第 1 期。

96. 陶紹清:《五代駢文景觀》,《柳州師專學報》,2006 年第 2 期。

97. 王鳳翔:《從士人命運看五代的重武輕文風氣》,《陝西師範大學繼續教育學報》,2006 年第 2 期。

98. 蒲向明:《王仁裕生平著作考》,《甘肅高師學報》,2006 年第 3 期。

99. 蘇勇强:《五代科舉與書籍印刷之關係》,《社會科學家》,2006 年第 3 期。

100. 陳素貞:《一位晚唐五代筆記史家對科舉的觀察與省思——孫光憲〈北夢瑣言〉中的科舉記述》,《中臺學報》,第 17 卷第 4 期,2006 年 6 月。

101. 温雪芳:《五代十國時期書籍刊刻及其影響》,《圖書與情報》,2006 年第 6 期。

102. 郭海文:《試論"七絕"是唐五代女性詩人最喜用的詩歌體裁》,《古代文獻的考證與詮釋——海峽兩岸古典文獻學國際學術會議論文集》,上海古籍出版社,2006 年。

103. 金瀅坤:《中晚唐五代科舉省試考官與社會變遷刍議》,《唐宋變革論》,黃山書社,2006 年。

104. 彭萬隆:《五代詩歌研究》,氏著《唐五代詩考論》,浙江大學出版社,2006 年。

105. 趙俊波:《五代賦輯補》,《唐五代文化論稿》,巴蜀書社,2006 年。

106. 周建軍:《齊己詩歌——晚唐僧詩主題的變奏》,氏著《唐代荊楚本土詩歌與流寓詩歌研究》,中國社會科學出版社,2006 年。

107. 金瀅坤:《論唐五代科舉考試與文字的關係》,《首都師範大學學報》(社會科學版),2007 年第 3 期。

108. 徐樂軍:《唐五代更替之際詩人之優者——從〈五代詩話〉評語談起》,《忻州師範學院學報》,2007 年第 4 期。

109. 陳元鋒:《唐宋之際:一個歷久彌新的學術史話題——唐宋轉型理論與唐宋詩歌研究》,《江西師範大學學報》(哲學社會科學版),2007 年第 5 期。

110. 涂美雲:《五代至宋初四朝之士行與學風試論》,《東吳中文學報》,第 13 期,2007 年 5 月。

111. 馮志弘:《"五代體"析論——兼論北宋對五代文弊的革新》,(高雄師範大學)《國文學報》,第 7 期,2007 年 12 月。

112. 楊柏芳:《簡論唐五代小説中的士人功名觀》,《教書育人》,2007 年第 S5 期。

113. 張咏梅:《五代科舉制度考》,《五代典制考》,中華書局,2007 年。

114. 金瀅坤:《論唐五代科舉對婚姻觀念的影響》,《廈門大學學報》(哲學社會科學版),2008 年第 1 期。

115. 金瀅坤:《也談中晚唐五代別頭試與子弟之爭》,《浙江師範大學學報》(社會科學版),2008 年第 1 期。

116. 蒲向明:《論〈玉堂閑話〉的思想内容和藝術特色》,《社會科學論壇》,2008 年第 1 期。

117. 蒲向明:《論王仁裕〈玉堂閑話〉的文化張力》,《船山學刊》,2008 年第 2 期。

118. 盛險峰:《科舉與五代士大夫精神的缺失》,《史學集刊》,2008 年第 3 期。

119. 王志國:《五代國子監刻書及對後世的深遠影響》,《新世紀圖書館》,2008 年第 3 期。

120. 李定廣:《唐末五代文人的"悲劇意識"及其文藝轉化》,《貴州社會科學》,2008 年第 4 期。

121. 王鳳翔:《五代士人群體特徵初探》,《江漢論壇》,2008 年第 4 期。

122. 楊再喜:《唐五代時柳宗元的寂寞境地和接受語境》,《社會科學家》,2008 年第 4 期。

123. 金瀅坤:《論中晚唐五代科舉考試的復核、復試及監察制度》,《首都師範大學學報》(社會科學版),2008 年第 5 期。

124. 蒲向明:《論王仁裕筆記小說的文學史地位》,《牡丹江大學學報》,2008 年第 5 期。

125. 金瀅坤:《中晚唐五代座主門生與科場風氣》,《教育與考試》,2008 年第 6 期。

126. 詹宗祐:《"詩窖子"王仁裕———一個被忽略的歷史地理學家的旅行觀察》,《白沙歷史地理學報》,第 6 期,2009 年 4 月。

127. 梁祥鳳、張金銑:《王溥生平履歷考》,《淮南師範學院學報》,2009 年第 5 期。

128. 祁開龍:《淺談五代十國私學的發展》,《合肥學院學報》(社會科學版),2009 年第 5 期。

129. 陳秀宏:《唐宋之際士階層對專制政治的疏離與背叛——以科舉制度的局限性爲考察綫索》,《遼寧大學學報》(哲學社會科學版),2009 年第 6 期。

130. 楊秀洪:《五代詩歌情感卑弱的成因分析》,《福建商業高等專科學校學報》,2009 年第 6 期。

131. 祝良文:《唐末五代諧謔詩與諧趣潮流探賾——從"鄭五歇後體"談起》,《許昌學院學報》,2009 年第 6 期。

132. 周祖謨:《五代刻本〈切韻〉之韵目》,《敦煌學研究》,國家圖書館出版社,2009 年。

133. 王志勇:《五代科場舞弊現象探究》,《黑龍江史誌》,2010

年第 1 期。

134. 蒲向明:《王仁裕筆記小説集〈王氏見聞録〉諸問題探討》,《甘肅高師學報》,2010 年第 3 期。

135. 劉瀏:《唐末五代温李詩風的唯美内涵——以〈才調集〉選詩爲例》,《北方文學》(下半月),2010 年第 4 期。

136. 羅賢淑:《論唐五代宫怨詞的創作因由與藝術風貌》,《中國文化大學中文學報》,第 20 期,2010 年 4 月。

137. 蒲向明:《史傳、雜史和筆記小説的共生互動——以王仁裕〈王氏見聞録〉爲中心》,《社科縱横》,2010 年第 7 期。

138. 方佳茹:《淺析〈新編五代史平話〉謙稱與尊稱》,《語文學刊》,2010 年第 12 期。

139. 蕭麗華:《全唐五代僧人詩格的詩學意義》,《臺大佛學研究》,第 20 期,2010 年 12 月。

140. 陳翀:《三善爲康撰〈經史歷〉之文獻價值叙略——兼論唐末五代大規模刻書之可能性》,《域外漢籍研究集刊》,第 6 輯,中華書局,2010 年。

141. 李珺平:《如何看待晚唐方鎮坐大及與中央博弈問題——晚唐文學思想背景研究之一》,《湛江師範學院學報》,2011 年第 2 期。

142. 李建忠:《從視野融合看李賀詩歌在晚唐五代的接受》,《邊疆經濟與文化》,2011 年第 3 期。

143. 林家驪、楊健:《唐五代茶詩的發展演變及其文化風貌》,《浙江樹人大學學報》(人文社會科學版),2011 年第 4 期。

144. 張彩琴:《論戴望舒對晚唐五代詩詞的現代傳承》,《山西煤炭管理干部學院學報》,2011 年第 4 期。

145. 王珍:《晚唐五代詩格興盛背景之研究》,《晋中學院學報》,2011 年第 5 期。

146. 曾令香:《唐五代時期的"X＋兒"用法考》,《語文學刊》,2011 年第 5 期。

147. 李珺平:《關於黄巢起義諸問題的冷思考——晚唐五代文

學思想背景研究之一》,《社會科學論壇》,2011 年第 8 期。

148. 陳振華:《論唐五代謠諺的基本形態及用韻特點》,《現代語文》(語言研究版),2011 年第 9 期。

149. 吳瓊:《唐末五代刻書規模及東漸再考——也論〈經史歷〉中"書史卷數"之書目性質》,《域外漢籍研究集刊》,第 7 輯,中華書局,2011 年 11 月。

150. 李珺平:《唐佛教四概念向唐文論的強力滲透——晚唐五代文學思想背景研究之一》,《美與時代》(下),2011 年第 12 期。

151. 左碩豐:《論晚唐五代詩僧的俗世情懷》,《長春教育學院學報》,2011 年第 12 期。

152. 袁健惠:《六朝至晚唐五代口語文獻中的受事話題句研究》,《國學研究》,第 28 卷,北京大學出版社,2011 年。

153. 金瀅坤:《唐五代科舉制度對童蒙教育的影響》,《浙江師範大學學報》(社會科學版),2012 年第 1 期。

154. 李珺平:《武夫跋扈與儒士投機分析——五代十國文學思想背景研究之一》,《湛江師範學院學報》,2012 年第 1 期。

155. 李珺平:《晚唐宦官專權的表徵、由來及儒生之敵意——晚唐五代文學思想背景研究之一》,《社會科學論壇》,2012 年第 1 期。

156. 尹莔:《楊柳意象被晚唐五代詞人廣泛運用的情況及原因》,《成都航空職業技術學院學報》,2012 年第 1 期。

157. 肖硯凌:《唐五代詩話目錄中詩話作品選錄標準析論》,《天府新論》,2012 年第 2 期。

158. 徐婷育:《唐五代小説中的鬼怪趣詩》,《蒲松齡研究》,2012 年第 3 期。

159. 陳毓文:《唐末至宋初的宗白詩風》,《湖南農業大學學報》(社會科學版),2012 年第 4 期。

160. 陳毓文:《唐宋之際的文學功能觀》,《雲南農業大學學報》(社會科學版),2012 年第 5 期。

161. 佘芳艷:《唐五代聯章詞的叙事結構》,《寶鷄文理學院學報》(社會科學版),2012 年第 5 期。

162. 左碩豐：《略論晚唐五代僧詩的審美特質》，《長春師範學院學報》，2012 年第 5 期。

163. 郭鵬、尹變英：《晚唐五代"苦吟"詩風的"比物諷刺"內涵及其意義》，《山西大學學報》（哲學社會科學版），2012 年第 6 期。

164. 李博：《唐五代詞發展綜述》，《長江師範學院學報》，2012 年第 7 期。

165. 木齋、孫艷紅：《論晚唐五代詩客曲子詞的演變歷程——以皇甫松、和凝、韓偓、孫光憲爲中心》，《社會科學戰綫》，2012 年第 7 期。

166. 余霞：《再論晚唐五代賈島接受的必然性》，《湖北文理學院學報》，2012 年第 10 期。

167. 陳翀：《再論唐末五代大規模刻書之可能性——以〈二中歷〉所存之〈文選篇目〉爲例》，《域外漢籍研究集刊》，第 8 輯，中華書局，2012 年。

168. 羅根澤：《晚唐五代文學批評史·詩格》（上、下），氏著《羅根澤文存》，江蘇人民出版社，2012 年。

169. 羅根澤：《晚唐五代文學批評史·詩句圖》，氏著《羅根澤文存》，江蘇人民出版社，2012 年。

170. 宋秋敏：《唐五代時期的詞體演進與詞體定型》，《古典文學知識》，2013 年第 1 期。

171. 李晶：《晚唐五代愁苦詞中的審美距離》，《文藝評論》，2013 年第 2 期。

172. 李裕民：《尋找唐宋科舉制度變革的轉折點》，《北京大學學報》（哲學社會科學版），2013 年第 2 期。

173. 許伯卿：《論唐五代詞對傳統詩學的容受與反饋》，《東南大學學報》（哲學社會科學版），2013 年第 2 期。

174. 張興武、李海潔：《唐宋之際"學人之詩"的傳承與嬗變》，《西北師大學報》（社會科學版），2013 年第 2 期。

175. 蒲向明：《唐五代"詩窖"王仁裕詩集及詩作考評》，《甘肅高師學報》，2013 年第 3 期。

176. 陸揚:《論唐五代社會與政治中的詞臣與詞臣家族——以新出石刻資料爲例》,《北京大學學報》(哲學社會科學版),2013 年第 4 期。

177. 王皓:《唐末五代詞的現代文體分析》,《綏化學院學報》,2013 年第 6 期。

178. 王愛紅:《五代十國時期圖書收藏活動探究》,《蘭臺世界》,2013 年第 8 期。

179. 宋娟、王洪:《晚唐五代詩詞關係研究略論》,《大衆文藝》,2013 年第 9 期。

180. 封立:《五代著名文學家王仁裕》,《甘肅教育》,2013 年第 13 期。

181. 周臘生:《五代狀元初始職任考》,《鹽城師範學院學報》(人文社會科學版),2014 年第 2 期。

182. 程柱生:《我國唐代及唐末五代時期詩僧茶詩詞擷拾取覽》,《貴州茶葉》,2014 年第 4 期。

183. 黎新第:《對幾組聲母在五代西北方音中表現的再探討》,《語言研究》,2015 年第 1 期。

184. 楊秀洪:《五代詩歌的藝術特色》,《福建教育學院學報》,2015 年第 1 期。

185. 楊秀洪:《五代詩人的鄉愁》,《寧德師範學院學報》(哲學社會科學版),2015 年第 1 期。

186. 鄭偉:《"物象"説與晚唐五代諷喻詩的新理念》,《社會科學戰綫》,2015 年第 1 期。

187. 李偉:《從"韓、李"并稱看晚唐五代至北宋中期古文發展的趨勢——兼論王通在儒學道統中地位提升的原因》,《中華文史論叢》,2015 年第 2 期。

188. 文爽:《晚唐五代詩格中的"作用"説》,《寧夏大學學報》(人文社會科學版),2015 年第 2 期。

189. 李博昊:《詩法入詞與詞體文學的演進——以五代宋初爲考察重點》,《湖北社會科學》,2015 年第 3 期。

190. 盛險峰:《五代文臣與諸科取額》,《人文雜誌》,2015 年第 3 期。

191. 黃靜:《唐末五代文人詞興盛原因考》,《語文學刊》,2015 年第 5 期。

192. 楊立瓊:《〈三水小牘〉:晚唐五代小説佳品》,《寧夏師範學院學報》,2015 年第 5 期。

193. 胡雲薇:《變革中的延續——唐宋之間的河朔士人》,《中國史學》,第 25 卷,2015 年 10 月。

194. 梁彦:《曲藝戲曲中的五代史故事》,《曲藝》,2015 年第 10 期。

195. 王溪:《從〈太平廣記·王中散〉看唐五代翰林待詔的文士色彩》,《中國典籍與文化》,2016 年第 1 期。

196. 賈利芳、李舜臣:《苦吟詩風與晚唐五代的僧詩創作》,《語文教學通訊》(學術刊),2016 年第 3 期。

197. 劉耀:《試論五代十國時期刻書的啓創性意義》,《文教資料》,2016 年第 4 期。

198. 馮先思:《〈可洪音義〉所見五代〈玉篇〉傳本考》,《古籍研究》,第 63 卷,鳳凰出版社,2016 年。

199. 吳天墀:《中國學術文化繫年·五代時期(907—910 年)》,氏著《吳天墀文史存稿》(增補本),北京師範大學出版社,2016 年。

200. 王麗娟:《顧檉三〈補五代史藝文志〉小説著録失誤考》,《陝西師範大學學報》(哲學社會科學版),2017 年第 2 期。

201. 李珺平:《淺論司空圖的卒年——從〈五代史闕文〉談起,兼及徐寅之贈詩等》,《美與時代》,2017 年第 3 期。

202. 李偉:《辭不尚奇,切於理也——唐末五代小品雜著的內容特徵與文學特色》,《中南民族大學學報》(人文社會科學版),2017 年第 3 期。

203. 劉偉生:《五代賦家賦作的時代性與地域性》,《長江大學學報》(社會科學版),2017 年第 3 期。

204. 程貝貝:《隔簾觀物:論晚唐五代詞的空間意識》,《甘肅廣播電視大學學報》,2017 年第 5 期。

205. 李宛蔚:《五代十國書院的發展及意義》,《文教資料》,2017
年第 9 期。

206. 曹鵬鵬、張玉來:《中唐五代漢語音韵研究》,《語言文字應
用》,2018 年第 3 期。

207. 羅賢淑:《論晚唐五代"男戀女"愛情詞的書寫》,《社會科
學研究》,2018 年第 3 期。

208. 孟若愚:《論中晚唐文學功能觀的轉變對晚唐五代詞體成
熟的推進》,《中國文化研究》,2018 年第 3 期。

209. 張艦戈:《五代至宋初科舉制度探析》,《信陽師範學院學
報》(社會科學版),2018 年第 3 期。

210. 向鐵生、吴宇軒:《唐五代筆記小說中韓愈故事的主題、文
化成因及價值》,《福建師範大學學報》(哲學社會科學版),2018 年第
5 期。

211. 蕭紅、徐晨迪、戴紅賢:《從〈伍子胥變文〉淺析晚唐五代西
北方言的若干現象》,《南京師範大學文學院學報》,2019 年第 1 期。

212. 陳尚君:《唐五代諺語補遺》,《中華文史論叢》,2019 年第
2 期。

213. 黎新第:《對五代宋初時幾項語音特徵地域分布的再探
討——兼議〈爾雅音圖〉音係基礎》,《重慶師範大學學報》(社會科學
版),2019 年第 3 期。

214. 張弛:《亂世潛流:五代時期的武人讀書現象》,《軍事歷史
研究》,2019 年第 5 期。

215. 張麗:《唐末五代士人社會流動機制及意義探討》,《三峽大
學學報》(人文社會科學版),2019 年第 6 期。

216. 黄修志:《雙冀創立高麗科舉與朝鮮"小中華"思想的根
基》,《史學月刊》,2019 年第 11 期。

217. 李俠:《唐五代時期閨怨詞的主題情感流變規律探析》,《名
作欣賞》,2019 年第 23 期。

218. 李韞卓:《唐帝國的餘燼——王仁裕著作中的五代十國》,

《國學茶座》,第 23 期,山東人民出版社,2019 年。

219. 張劍光:《不一樣的人生:唐五代科舉考試後的悲喜——以宋代筆記爲核心的考察》,《文化典籍》,第 1 輯,中西書局,2019 年。

4-4 藝術與考古

1. 黃賓虹(顧厂):《論五代荆浩、關仝之畫》,《真相》,第 1 卷第 11 期,1912 年。

2. 長慶:《唐末到宋初的幾位山水畫家》,《美術》,1956 年第 4 期。

3. 阮鴻儀:《介紹五代李昇〈青緑山水長卷〉》,《吉林日報》,1956 年 10 月 18 日。

4. 涵閣:《五代王齊翰〈勘書圖〉》,《文物》,1962 年第 10 期。

5. 傅申:《巨然存世畫迹之比較研究》,《故宮季刊》,第 2 卷第 2 期,1967 年。

6. 沈以正:《壁畫藝術與唐末五代之山水及花鳥》,《中華文化復興月刊》,第 5 卷第 8 期,1972 年 8 月。

7. 莊申:《五代十國的繪畫》,《東吳大學中國藝術史集刊》,第 3 期,1975 年。

8. 新鄭縣文化館:《新鄭縣後周皇陵》,《河南文博通訊》,1979 年第 4 期。

9. 程溯洛:《五代的繪畫》,《歷史知識》,1980 年第 5 期。

10. 宿白:《唐五代時期雕版印刷手工業的發展》,《文物》,1981 年第 5 期。

11. 孫會元:《談柴窯》,《黑龍江文物叢刊》,1983 年第 1 期。

12. 陳協琴:《李穆》,《中州今古》,1983 年第 6 期。

13. 王仲犖:《隋唐五代的繪畫藝術》,《魏晋隋唐史論集》,第 2 輯,1983 年 12 月。

14. 蘇理文:《五代、宋代的繪畫》,《美術譯叢》,1984 年第 1 期。

15. 王仲犖:《隋唐五代的書法》,《歷史研究》,1984 年第 1 期。

16. 陶思炎:《五代從葬品神話考》,《學術月刊》,1985 年第

7 期。

17. 梁濟海:《唐、五代水墨山水畫的興起》,《美術史論》,1986 年第 2 期。

18. 楊美莉:《五代至宋的羅漢畫發展》,《歷史月刊》,第 8 期,1988 年 9 月。

19. 王方:《五代、宋、明、清古畫》,《中國文物世界》,第 38 期,1988 年 11 月。

20. 耀州窰博物館:《陝西銅川黃堡耀州窰遺址發現五代"官"款青瓷》,《考古》,1989 年第 1 期。

21. 劉良佑:《五代與遼國的陶瓷鑒定》,(臺北)《故宮文物月刊》,第 7 卷第 2 期,1989 年 5 月。

22. 黃廷海:《范寬》,《十大畫家》,上海古籍出版社,1989 年。

23. 辛德勇:《有關唐末至明初西安城的幾個基本問題》,《陝西師範大學學報》,1990 年第 1 期。

24. 朱玄:《五代山水畫宗師》,《興大中文學報》,第 4 期,1991 年 1 月。

25. 李正中、朱裕平:《片瓦千金話"柴窰"》,《文史雜誌》,1991 年第 3 期。

26. 蘇雅汾:《早期雕版插畫設計——兼論唐五代佛教雕刻畫作品》,《臺南家專學報》,第 10 期,1991 年 6 月。

27. 劉廣定:《中國用鋅史研究——五代已知"倭鉛"説重考》,《漢學研究》,第 9 卷第 2 期,1991 年 12 月。

28. 陳夏生:《古代婦女的巾冠——五代、宋篇》,(臺北)《故宮文物月刊》,第 10 卷第 3 期,1992 年 6 月。

29. 劉濤:《柴窰芻議》,《景德鎮陶瓷》,1994 年第 2 期。

30. 周世榮:《罕見的五代定窰釉下褐彩白瓷碟》,《南方文物》,1994 年第 3 期。

31. 鍾月華:《五代變古書法家楊凝式及〈韭花帖〉》,《國語文教育通訊》,第 7 期,1994 年 5 月。

32. 程存潔:《新發現的後梁吳存鄂墓誌考釋》,《文物》,1994 年第 8 期。

33. 楊忠敏、閻可行:《陝西彬縣五代馮暉墓彩繪磚雕》,《文物》,1994 年第 11 期。

34. 李獻奇:《五代後唐張文寶墓誌考釋》,《畫像磚石刻墓誌研究》,中州古籍出版社,1994 年。

35. 李獻奇、楊海欽:《五代後唐戴思遠墓誌考釋》,《畫像磚石刻墓誌研究》,中州古籍出版社,1994 年。

36. 嚴守智:《范寬(五代北宋年間)》,《中國巨匠美術周刊》,1995 年 1 月 28 日。

37. 何鑫:《談地理區域分异與中國畫流派的生成——以五代宋初時期山水畫爲例》,《西北美術》,1995 年第 4 期。

38. 李慧:《五代朔方節度使馮暉墓誌初探》,《中國文物報》,1995 年 4 月 30 日,第 3 版。

39. 韓世兌:《牽引宋代輝煌的雕版技術——五代的雕版印刷》,《印刷雜誌》,第 40 期,1995 年 5 月。

40. 張福康、張浦生:《五代越窯的燒制工藝及其對南方地區某些青瓷窯廠的影響》,《文博》,1995 年第 6 期。

41. 佐佐木秀憲:《關於晚唐五代越窯青瓷的若干考察》,《文博》,1995 年第 6 期。

42. 武昌:《縱橫激蕩,題材、技法更加豐富——五代十國的繪畫風格》,《典藏藝術》,第 34 期,1995 年 7 月。

43. 馬志祥:《西安西郊出土的後唐〈張居翰墓誌〉》,《碑林集刊》,第 3 輯,陝西人民美術出版社,1995 年。

44. 何翔、于祖培:《甘肅寧縣五代十國錢幣窖藏發現咸通玄寶》,《中國錢幣》,1996 年第 1 期。

45. 周曉陸:《由“瓷秘色”論及柴、汝窯》,《西北大學學報》(哲學社會科學版),1996 年第 1 期。

46. 康才媛:《上林湖越窯青瓷特徵與燒造工藝演進——以唐、五代、北宋的碗爲例》,《“國立”歷史博物館館刊》,第 6 卷第 1 期,1996 年 2 月。

47. 姬乃軍:《關於耀州窑五代時期"官"字款青瓷的認識》,《文博》,1996 年第 3 期。

48. 趙清、趙新平、韓召會、王保仁:《鞏義市北窑灣漢晋唐五代墓葬》,《考古學報》,1996 年第 3 期。

49. 陳信雄:《五代十國的越窑精品大量發現於澎湖》,《西瀛風物》,第 1 期,1996 年 6 月。

50. 曹發展:《陝西彬縣五代馮暉墓出土綵繪磚雕"拍板"圖考》,《中國文物報》,1996 年 7 月 7 日。

51. 江東:《五代壁畫及雕刻藝術的又一重要發現——記河北曲陽縣五代王處直墓》,《藝術家》,第 43 卷第 2 期,1996 年 8 月。

52. 郝建文:《淺談曲陽五代墓壁畫》,《文物》,1996 年第 9 期。

53. 羅世平:《略論曲陽五代墓山水壁畫的美術價值》,《文物》,1996 年第 9 期。

54. 鄭紹宗:《河北曲陽五代壁畫墓發掘簡報》,《文物》,1996 年第 9 期。

55. 趙險峰:《五代兩宋時期的畫院官》,《河北學刊》,1997 年第 4 期。

56. 傅申:《辨董源〈溪岸圖〉絕非張大千偽作》,《藝術家》,第 45 卷第 2 期,1997 年。

57. 馮幼衡:《〈溪岸圖〉的再思考》,《"國立"歷史博物館館刊》,第 7 卷第 8 期,1997 年。

58. 楊寶順、王玉慧:《豫北兩處五代石經幢調查》,《中原文物》,1998 年第 2 期。

59. 王建榮:《後晋兵部尚書任景述墓誌考釋》,《文博》,1998 年第 3 期。

60. 羅豐:《五代後周馮暉墓出土綵繪樂舞磚雕考》,《考古與文物》,1998 年第 6 期。

61. 謝明良:《耀州窑遺址五代青瓷的年代問題——從所謂"柴窑"談起》,(臺北)《故宮學術季刊》,第 16 卷第 2 期,1998 年冬。

62. 杜葆仁:《耀州窑出土的五代"官"字款瓷器》,《遠望集——

陝西省考古研究所華誕四十周年紀念文集》,陝西人民美術出版社,1998 年。

63. 葉恭綽:《五代石恪〈春宵透漏圖〉》,氏著《遐庵小品》,北京出版社,1998 年。

64. 戚煥麗:《神童山後梁石刻考》,《泰安教育學院學報・岱宗學刊》,1999 年第 1 期。

65. 楊新:《五代繪畫概述》,《故宮博物院院刊》,1999 年第 1 期。

66. 吳宏岐:《唐末五代長安城的形制和布局特點》,《中國歷史地理論叢》,1999 年第 2 期。

67. 袁禾:《五代十國舞蹈的承唐啓宋》,《舞蹈》,1999 年第 3 期。

68. 陸明華:《五代耀窑剔花青瓷和東窑産地》,《文博》,1999 年第 4 期。

69. 王軍、喻戰勇:《許昌市五代十國錢幣窖藏出土報告》,《中國錢幣》,1999 年第 4 期。

70. 仵録林、袁西成:《五代黄堡窑陶瓷貼塑藝術》,《文博》,1999 年第 4 期。

71. 周麗麗:《耀州窑在五代、北宋、金三朝的歷史地位》,《文博》,1999 年第 4 期。

72. 陳階晋:《五代人〈秋林群鹿〉》,(臺北)《故宮文物月刊》,第 17 卷第 8 期,1999 年 11 月。

73. 蔣譜成:《唐末五代洛陽畫家張圖》,《河洛春秋》,2000 年第 4 期。

74. 吳美鳳:《十世紀初期以前的人昇乘具略考》,(臺北)《"國立"歷史博物館館刊》,第 10 卷第 5 期,2000 年 5 月。

75. 蔡秉衡:《隋唐五代時期的民間音樂發展》,《美育》,第 116 期,2000 年 7 月。

76. 胡永炎:《五代王處直墓漢白玉浮雕——异軍突起的藝術瑰寶》,《典藏古美術》,第 95 期,2000 年 8 月。

77. 王子舟:《隋唐五代酷嗜書畫的私家藏書風氣》,《資訊傳播與圖書館學》,第 7 卷第 2 期,2000 年 12 月。

78. 陳尚君:《貞石證五代史》,《海上論叢》,第 2 輯,復旦大學出版社,2000 年。

79. 杜金娥:《天津市歷史博物館館藏唐、五代十國珍錢》,《中國錢幣》,2001 年第 1 期。

80. 王恪松:《山水畫在五代時期的興盛與荆、關、董、巨》,《河南教育學院學報》(哲學社會科學版),2001 年第 4 期。

81. 陳階晉:《傳五代人〈雪漁圖〉》,(臺北)《故宮文物月刊》,第 19 卷第 2 期,2001 年 5 月。

82. 丁山:《探尋青瓷王冠上的寶石──柴窑》,《收藏家》,2001 年第 5 期。

83. 聶晶磊:《柴窑──最美的青瓷》,《收藏家》,2001 年第 5 期。

84. 薛東星、楊瑞余:《五代耀州青瓷與柴窑》,《收藏家》,2001 年第 6 期。

85. 王小蒙:《五代黃堡窑青瓷與柴窑》,《收藏家》,2001 年第 7 期。

86. 禚振西:《柴窑探微》,《收藏家》,2001 年第 8 期。

87. 丁山:《關於汝窑與柴窑問題的討論》,《收藏家》,2001 年第 12 期。

88. 李永林:《五代兩宋以畫院、畫學爲主的官方美術教育》,《藝術探索》,2002 年第 2 期。

89. 朱和平:《從馮暉墓綵繪伎樂磚雕看五代的人物雕刻藝術》,《株洲工學院學報》,2002 年第 2 期。

90. 陳建平:《柴窑不在耀州》,《收藏家》,2002 年第 5 期。

91. 邢心田:《河南孟縣出土後周太原夫人王氏墓誌》,《文物世界》,2002 年第 5 期。

92. 李静傑:《五代前後降魔圖像的新發展──以巴黎集美美術館所藏敦煌出土絹畫降魔圖爲例》,《故宮博物院院刊》,2002 年第 6 期。

93. 吴建華：《五代蘇逢吉墓誌考證及相關史實鈎沉》，《洛陽出土墓誌研究文集》，朝華出版社，2002 年。

94. 趙振華：《五代宋廷浩墓誌考》，《華夏考古》，2003 年第 4 期。

95. 閻可行：《五代後周綵繪磚雕賞析》，《絲綢之路》，2003 年第 5 期。

96. 郭玲娣、樊瑞平：《正定出土五代巨型石龜碑座及殘碑》，《文物》，2003 年第 8 期。

97. 都興智、田立坤：《後晋石重貴石延煦墓誌銘考》，《文物》，2004 年第 1 期。

98. 劉連香：《後晋張繼昇墓誌考》，《河南科技大學學報》（社會科學版），2004 年第 2 期。

99. 孫新民：《五代十國帝王陵墓制度述略》，《桃李成蹊集——慶祝安志敏先生八十壽辰》，香港中文大學、中國考古藝術研究中心，2004 年。

100. 趙振華：《五代宋廷浩墓誌與張從賓叛晋》（摘要），《中國古都研究》，第 19 輯，四川大學出版社，2004 年。

101. 陳玉其：《柴窑、柴器、鈞窑及其他》，《景德鎮陶瓷》，2005 年第 2 期。

102. 朱永傑、韓光輝：《五代至元西安城垣範圍及建制特點》，《中國歷史地理論叢》，2005 年第 3 期。

103. 劉静貞：《正史與墓誌資料所映現的五代女性意象》，《唐研究》，第 11 卷，北京大學出版社，2005 年。

104. 安毅：《五代敦煌與中原間的畫稿交往：讀敦煌地理文書札記》，《敦煌學輯刊》，2006 年第 1 期。

105. 陳雲飛：《由五代宋初山水畫論看風水學對山水畫成熟的影響》，《東南文化》，2006 年第 1 期。

106. 施建中：《論“徐黄體異”與五代畫家地籍、身份分异之間的關係》，《南京藝術學院學報》（美術與設計版），2006 年第 1 期。

107. 劉進寶：《唐五代“音聲人”論略》，《南京師大學報》（社會科學版),2006 年第 2 期。

108. 黄艷:《五代錢幣考》,《長春師範學院學報》(人文社會科學版),2006 年第 3 期。

109. 鄭以墨:《王處直墓十二生肖浮雕初探》,《文物春秋》,2006 年第 3 期。

110. 趙群:《五代後唐〈李重吉墓誌〉拓本跋》,《書法叢刊》,2006 年第 5 期。

111. 李星明:《唐代和五代墓室壁畫的花鳥畫》,《南京藝術學院學報》(美術與設計版),2007 年第 1 期。

112. 周阿根:《五代墓誌校點舉誤》,《古籍整理研究學刊》,2007 年第 2 期。

113. 靳生禾、謝鴻喜:《晋陽古戰場考察報告》,《山西大學學報》(哲學社會科學版),2007 年第 3 期。

114. 賀玉萍:《後周索萬進墓誌考釋》,《洛陽師範學院學報》,2007 年第 6 期。

115. 李星明:《唐代和五代墓室壁畫中的山水畫》,《國學研究》,第 19 卷,北京大學出版社,2007 年 6 月。

116. 李森、梁淑春:《新見五代蘇氏墓誌考析》,《中國文物報》,2007 年 7 月 13 日,第 007 版。

117. 周阿根:《從五代墓誌看大型辭書之不足》,《現代語文》,2007 年第 12 期。

118. 劉思怡:《五代宋廷浩其人其事——讀〈宋廷浩墓誌〉》,《新西部》(理論版),2007 年第 18 期。

119. 袁泉:《唐宋之際陶瓷工藝對金屬器的借鑒》,《華夏考古》,2008 年第 4 期。

120. 陳晶:《唐五代宋元出土漆器朱書文字解讀》,(臺北)《故宮學術季刊》,第 25 卷第 4 期,2008 年 6 月。

121. 吕琪昌:《探古尋根説古陶(4)——五代兩宋篇》,《陶藝》,第 59 期,2008 年 6 月。

122. 趙興勤:《論魏晋至五代歌舞、百戲的基本形態(上)——中國古代戲曲傳播史論之九》,《徐州工程學院學報》(社會科學版),2008 年第 6 期。

123. 張錯:《五代乎? 宋遼乎?〈秋林群鹿〉及〈丹楓呦鹿圖〉的商榷》,(臺北)《故宮文物月刊》,第 306 期,2008 年 9 月。

124. 彭國忠:《唐五代北宋繪畫與詞》,《學術研究》,2008 年第 11 期。

125. 田同旭:《北宋學人對荆浩里籍誤記的清理辨證——兼求證於袁有根、馬增鴻二先生》,《太原師範學院學報》(社會科學版),2009 年第 1 期。

126. 羅火金:《五代時期盧價墓誌考》,《中國歷史文物》,2009 年第 2 期。

127. 王學斌:《解開千年之謎——柴窰》,《收藏界》,2009 年第 2 期。

128. 易立:《試論五代宋初耀州青瓷的類型與分期:以墓葬、塔基出土物爲中心》,《考古與文物》,2009 年第 2 期。

129. 趙興勤:《論魏晋至五代歌舞戲的基本形態(下)——中國古代戲曲傳播史論之十》,《徐州工程學院學報》(社會科學版),2009 年第 2 期。

130. 方愛龍:《後周·西方三聖造像題記》,《杭州師範大學學報》(社會科學版),2009 年第 3 期。

131. 田同旭:《考證荆浩生卒年代的新發現——兼與袁有根、馬增鴻二先生商榷》,《晋陽學刊》,2009 年第 4 期。

132. 何琨:《千年散樂動心弦——介紹五代王處直墓的散樂浮雕》,《大舞臺》,2009 年第 5 期。

133. 虞萬里:《〈石彦辭墓誌〉文句正讀和史事索隱》,《史林》,2009 年第 6 期。

134. 鄭以墨:《内與外,虛與實——五代、宋墓葬中仿木建築的空間表達》,《故宮博物院院刊》,2009 年第 6 期。

135. 樊昕:《論道教神仙傳記的文史價值——以杜光庭〈墉城集仙録〉爲中心》《蘇州大學報》(社會科學版),2010 年第 1 期。

136. 羅火金、張長傑:《唐代至後梁時期盧真啓墓誌考》,《中原文物》,2010 年第 1 期。

137. 王昇虎:《誰見柴窑色,雨過天青時——關於追尋"柴窑"歷程斷想》,《景德鎮陶瓷》,2010 年第 1 期。

138. 鄭以墨:《五代王處直墓壁畫的空間配置研究——兼論墓葬壁畫與地上繪畫的關係》,《美苑》,2010 年第 1 期。

139. 胡鶯、杜健:《五代時期的"鄴都"今址考》,《遼寧師專學報》(社會科學版),2010 年第 2 期。

140. 鄭以墨:《五代王處直墓壁畫形式、風格的來源分析》,《南京藝術學院學報》(美術與設計版),2010 年第 2 期。

141. 鄭以墨:《説説王處直墓的壁畫空間》,《中華文化畫報》,2010 年第 2 期。

142. 楊建敏:《"五代柴窑在新密"初探》,《河南科技大學學報》(社會科學版),2010 年第 4 期。

143. 趙敬平:《"柴窑"寶鑒》,《文物鑒定與鑒賞》,2010 年第 4 期。

144. 樊昕:《〈墉城集仙録〉版本考論》,《古典文獻研究》第十三輯,鳳凰出版社 2010 年。

145. 毛陽光、鄧盼:《洛陽新出五代〈牛存節墓誌〉考釋》,《洛陽師範學院學報》,2010 年第 6 期。

146. 王治國、王暉:《揭開柴窑千年的神秘面紗》,《文物鑒定與鑒賞》,2010 年第 6 期。

147. 趙敬平:《柴窑"古文記載"正解》,《文物鑒定與鑒賞》,2010 年第 7 期。

148. 賀祥:《柴窑真是"薄如紙"、"聲如磬"嗎?——五代天青釉鉢盂遐思》,《東方收藏》,2010 年第 8 期。

149. 趙敬平:《"柴窑"窑址探秘》,《文物鑒定與鑒賞》,2010 年第 9 期。

150. 周阿根:《五代墓誌俗字考辨》,《學術界》,2010 年第 9 期。

151. 高功:《探秘柴窑》,《收藏界》,2010 年第 11 期。

152. 吕成龍:《略談引用古代文獻研究柴窑應注意的幾個問題》,《收藏界》,2010 年第 11 期。

153. 王長啓:《從唐田君墓誌看柴窑出"北地"之地望》,《收藏界》,2010 年第 11 期。

154. 魏女:《明代之前爲何不見有關"柴窑"的文獻記載》,《收藏界》,2010 年第 11 期。

155. 趙磊:《再談顯德年制款印花碗與文獻記載中的柴窑》(上),《收藏家》,2010 年第 12 期。

156. 楊寶玉、吳麗娛:《跨越河西與五代中原世界的梯航——敦煌文書 P. 3931 校注與研究》,《中國社會科學院歷史研究所學刊》,第 6 輯,商務印書館,2010 年。

157. 趙磊:《再談顯德年制款印花碗與文獻記載中的柴窑》(下),《收藏家》,2011 年第 1 期。

158. 鄭以墨:《縮微的空間——五代、宋墓葬中仿木建築構件的比例與觀看視角》,《美術研究》,2011 年第 1 期。

159. 崔世平:《從文獻記載論五代帝陵玄宫問題》,《華夏考古》,2011 年第 2 期。

160. 馬松翠:《五代宋初北派山水畫與元四家山水畫的比較研究》,《天津美術學院學報》,2011 年第 2 期。

161. 馬松翠:《論五代宋初山水畫的寫實精神》,《青島職業技術學院學報》,2011 年第 3 期。

162. 趙敬平:《〈香祖筆記〉中的柴窑碗》,《文物鑒定與鑒賞》,2011 年第 3 期。

163. 周阿根:《任景述墓誌録文校補》,《安徽史學》,2011 年第 4 期。

164. 陳晶:《五代十國漆器淺識》,(臺北)《故宫文物月刊》,第 337 期,2011 年 4 月。

165. 王玲珍、李德方:《洛陽五代帝陵的調查與研究》,《黄河科技大學學報》,2011 年第 5 期。

166. 盧慧紋:《從神機到人文:盛唐到北宋的草書之變》,(臺北)

《故宮學術季刊》，第 28 卷第 4 期，2011 年 6 月。

167．周阿根：《五代墓誌詞語考釋》，《揚州大學學報》（人文社會科學版），2011 年第 6 期。

168．童文娥：《五代綉三星圖》，《故宮文物月刊》，第 340 期，2011 年 7 月。

169．童文娥：《福禄壽，絲絲入扣的三顆星——錦綉呈輝：〈五代綉三星圖〉》，《典藏古美術》，第 227 期，2011 年 8 月。

170．陳珊珊：《五代宮廷音樂略考》，《大舞臺》，2011 年第 10 期。

171．劉伯元：《"中國古陶瓷學的哥德巴赫猜想"——柴窑的鑒賞與研究》，《長江文化論叢》，第 7 輯，内蒙古人民出版社，2011 年。

172．張學鋒：《五代十國帝王陵墓通叙》，南京博物院編《南京博物院集刊》，第 12 輯，文物出版社，2011 年。

173．黄劍波：《五代後周馮暉墓中"竹竿子"人物圖像考證》，《南京藝術學院學報》（美術與設計版），2012 年第 1 期。

174．梁瑞强：《平順大雲院五代壁畫略述》，《山西檔案》，2012 年第 2 期。

175．馬新廣：《〈益州名畫録〉四處"天福年"辨正》，《四川圖書館學報》，2012 年第 2 期。

176．馬新廣：《唐五代佛寺壁畫畫家的輯録統計分析》，《宗教學研究》，2012 年第 2 期。

177．周偉洲：《五代馮暉墓出土文物考釋》，《中華文史論叢》，2012 年第 2 期。

178．錢光勝：《晚唐五代的墓葬神煞與冥界神靈——以上博本〈清泰四年曹元深祭神文〉爲例》，《山西師大學報》（社會科學版），2012 年第 5 期。

179．徐聲：《〈聖朝名畫評〉及〈五代名畫補遺〉的寫作時代和文化背景》，《江蘇社會科學》，2012 年第 6 期。

180．姚煒曾：《失落的文明——柴窑》，《陶瓷科學與藝術》，2012 年第 6 期。

181. 趙敬平：《柴窑寶鑒——破解"中國瓷器收藏界的哥德巴赫猜想"》，《文物鑒定與鑒賞》，2012 年第 11 期。

182. 龔洪林：《董源〈瀟湘圖〉的意義》，《考試周刊》，2012 年第 76 期。

183. 仇鹿鳴：《新見五代崔協夫婦墓誌小考》，《唐史論叢》，第 14 輯，三秦出版社，2012 年。

184. 任福成：《論五代山水畫的藝術成就》，《遼寧經濟管理干部學院學報》，2013 年第 1 期。

185. 馬冬雅：《唐五代回族先民音樂生活的幾個影響因素》，《回族研究》，2013 年第 2 期。

186. 王鳳翔、萬海燕：《五代伶人文化的轉型與解讀》，《戲劇文學》，2013 年第 2 期。

187. 武貞：《神采奕奕，璀璨千年——五代王處直墓出土綵繪浮雕賞析》，《東方收藏》，2013 年第 2 期。

188. 張惠明：《〈匡廬圖〉與北方派山水畫樣式及其影響——兼談唐代水墨山水屏風畫在五代時期的發展》，《美術》，2013 年第 2 期。

189. 周阿根：《薛貽矩墓誌録文商補》，《學術界》，2013 年第 2 期。

190. 陳瑋：《後晉夏銀綏宥等州觀察支使何德璘墓誌銘考釋》，《中國國家博物館館刊》，2013 年第 3 期。

191. 朱關田：《五代楊凝式及其他書家》，《書法》，2013 年第 3 期。

192. 董治長：《柴窑及柴窑瓷器特徵的研究》，《浙江科技學院學報》，2013 年第 4 期。

193. 雷芸：《五代後梁畫家荆浩的山水畫成就》，《蘭臺世界》，2013 年第 4 期。

194. 趙敬平：《柴窑寶鑒——"柴窑"與"官窑"》（上），《文物鑒定與鑒賞》，2013 年第 4 期。

195. 郭茂育、楊慶興：《後梁〈雷景從墓誌銘〉》，《書法》，2013 年第 5 期。

196. 王志:《論唐末五代山水畫"墨法"的演變》,《書畫藝術》,2013 年第 5 期。

197. 李秀敏:《淺論荊浩〈筆法記〉中的"華"與"實"》,《青春歲月》,2013 年第 11 期。

198. 王軍校:《刍議唐末至宋初書法理論與書法風格的嬗變綫索》,《華中師範大學學報》(人文社會科學版),2013 年增刊。

199. 張勛燎《唐五代時期的金石學》,氏著《中國歷史考古學論文集》,科學出版社,2013 年。

200. 仇鹿鳴:《藥元福墓誌考——兼論藥氏的源流與沙陀化》,《敦煌學輯刊》,2014 年第 3 期。

201. 吳喆:《注子向執壺演變中的珍稀標本——談井陘尹家灣五代墓出土的白瓷注壺》,《文物春秋》,2014 年第 5 期。

202. 郭永淇:《新出土郭子儀五代孫郭在岩墓誌考》,《文博》,2014 年第 6 期。

203. 李東嶽:《從〈五代名畫補遺〉細節看五代中原繪畫——以〈廣梁朝名畫目〉爲切入點》,《國畫家》,2014 年第 6 期。

204. 劉新暉:《〈五代韓氏墓誌考〉釋文校正》,《成都師範學院學報》,2014 年第 12 期。

205. 張永強:《唐末五代宋初寫經書迹考察》,《中國書法》,2014 年第 17 期。

206. 崔世平:《新出後晉張奉林墓誌與後唐政治》,《蘇州文博論叢》,第 5 輯,文物出版社,2014 年。

207. 蘇醒:《五代、北宋雪景山水畫興盛的成因》,《藝術探索》,2015 年第 1 期。

208. 王小盾、李曉龍:《中國雅樂史上的周世宗——兼論雅樂的意義和功能》,《中國音樂學》,2015 年第 2 期。

209. 劉媛媛:《唐末五代宮廷音樂探微》,《藝術科技》,2015 年第 3 期。

210. 王明:《從敦煌五代牒狀寫本看五代書法的過渡特色》,《敦煌研究》,2015 年第 3 期。

211. 葛淑英:《涿州市文物保管所藏晚唐五代佛造像》,《文物春秋》,2015 年第 6 期。

212. 賈嫚:《承唐啓宋的五代燕樂——以馮暉墓樂舞圖像爲例》,《西北大學學報》(哲學社會科學版),2015 年第 6 期。

213. 潘煦源、劉北高、朱友山:《片瓷識真容,精巧奪天工——五代耀州窑天青釉模印六貼塑碟探秘》,《東方收藏》,2015 年第 12 期。

214. 尹娜、孫敬:《五代人物畫中"野逸"審美畫風探析》,《才智》,2015 年第 20 期。

215. 馬濤:《南京地區五代時期墓葬綜述》,《南唐歷史文化研究文集》,南京出版社,2015 年。

216. 張學鋒:《五代十國帝王陵墓通叙》,《南唐歷史文化研究文集》,南京出版社,2015 年。

217. 黄劍波:《五代十國洛陽地區壁畫墓設計樣式研究》,《創意與設計》,2016 年第 1 期。

218. 馬鳳磊:《後唐德妃伊氏墓誌銘釋考》,《草原文物》,2016 年第 2 期。

219. 王明、冀瑾:《唐末五代書法審美精神的轉變及過度特色》,《西安交通大學學報》(社會科學版),2016 年第 2 期。

220. 白洪麗:《後周李沼墓誌銘考釋》,《中原文物》,2016 年第 3 期。

221. 常欣:《談五代宋初山水畫的繪畫性表現》,《書畫世界》,2016 年第 3 期。

222. 王希:《五代繪畫中的樂舞構圖與配置——以馮暉墓綵繪磚雕樂舞圖爲例》,《陝西師範大學學報》(哲學社會科學版),2016 年第 3 期。

223. 張志雲:《五代渤海高公夫人王氏墓誌考辨》,《北方文物》,2016 年第 4 期。

224. 申珅:《五代馮暉墓磚雕上的"音樂會"》,《大衆考古》,2016 年第 9 期。

225. 任玲、吳繼剛:《〈五代墓誌彙考〉釋文校勘》,《樂山師範學院學報》,2016 年第 10 期。

226. 何學森:《五代書法史實與楊凝式地位問題闡繹》,《中國書法》,2016 年第 23 期。

227. 陳尚君:《正定巨碑考實》,氏著《貞石詮唐》,復旦大學出版社,2016 年。

228. 陳韵如:《八至十一世紀的花鳥畫之變》,《藝術史中的漢晋與唐宋之變》,北京大學出版社,2016 年。

229. 賴依縵:《一字佛頂輪王與熾盛光佛——佛教星宿信仰圖像的唐宋之變》,《藝術史中的漢晋與唐宋之變》,北京大學出版社,2016 年。

230. 李清泉:《墓主像與唐宋墓葬風氣之變——以五代十國時期的考古發現爲中心》,《藝術史中的漢晋與唐宋之變》,北京大學出版社,2016 年。

231. 石守謙:《"繪畫"的覺醒——唐宋間圖像呈現方式的新發展》,《藝術史中的漢晋與唐宋之變》,北京大學出版社,2016 年。

232. 崔世平:《河北因素與唐宋墓葬制度變革初論》,《兩個世界的徘徊——中古時期喪葬觀念風俗與禮儀制度學術研討會論文集》,科學出版社,2016 年。

233. 郭桂坤:《也談墓誌蓋上的"挽歌"——兼析中晚唐五代墓誌銘創制中的"澤潞模式"》,《兩個世界的徘徊——中古時期喪葬觀念風俗與禮儀制度學術研討會論文集》,科學出版社,2016 年。

234. 秦穎:《試析五代十國時期的十二辰形象》,《蘇州文博論叢》,第 7 輯,文物出版社,2016 年。

235. 高思穎:《洛陽五代壁畫墓初論》,《洛陽考古》,2017 年第 1 期。

236. 商春芳:《洛陽孟津新莊晚唐五代墓壁畫人物圖再解析》,《文物鑒定與鑒賞》,2017 年第 2 期。

237. 趙振宇:《五代畫家地理分布考述》,《西北美術》,2017 年第 2 期。

238. 陳相鋒:《論五代與北宋前期墨竹的發展流變》,《藝術工作》,2017 年第 4 期。

239. 王素:《五代後周符彦能墓誌略説》,《文史》,2017 年第 4 期。

240. 楊俊艷:《鑒識五代十國時期瓷器》,《收藏》,2017 年第 6 期。

241. 魏廣君:《水墨山水畫成型於五代考》,《中國國家博物館館刊》,2017 年第 7 期。

242. 張黄沛瑶:《南北朝—五代時期樂隊組合之"以胡入雅"》,《北方音樂》,2017 年第 12 期。

243. 劉遠:《略論晚唐五代山水畫屏與仕隱心態》,《城市學刊》,2018 年第 2 期。

244. 張志峰:《試析五代、北宋山水畫的寫實精神》,《書畫世界》,2018 年第 4 期。

245. 金艷麗、周阿根:《基於墓誌文獻的五代喪葬習俗研究》,《三峽論壇》,2018 年第 5 期。

246. 李亞輝:《〈韓令坤墓誌銘〉考釋》,《鄭州師範教育》,2018 年第 5 期。

247. 王芬等:《五代耀州窑天青瓷的研究》,《文物保護與考古科學》,2018 年第 5 期。

248. 李良:《"釋道"與"道釋"——〈五代名畫補遺〉畫題疏證一則》,《藝術工作》,2018 年第 6 期。

249. 胥孝平:《五代李茂貞夫人墓彩繪磚雕賞析》,《收藏》,2018 年第 8 期。

250. 黄鈺棠:《五代後唐〈毛璋妻李氏墓誌〉考釋》,《史原》,復刊第 9 期,2018 年 9 月。

251. 退之:《五代〈雷景從墓誌〉》,《書法》,2018 年第 11 期。

252. 杜文玉:《論唐五代的雕繪真容風氣及其原因》,《史學月刊》,2018 年第 12 期。

253. 劉喆:《新出〈大契丹國故後唐德妃伊氏玄堂誌并銘〉考

釋》,《寧夏大學學報》(人文社會科學版),2018 年增刊。

254. 羅亮:《五代張全義家族與政權更替——以張氏家族墓誌爲中心的考察》,《魏晋南北朝隋唐史資料》,第 37 輯,上海古籍出版社,2018 年。

255. 武文君、辛時代:《五代〈趙鳳墓誌〉考釋——兼議契丹南下與"南北朝"問題》,《宋史研究論叢》,第 23 輯,科學出版社,2018 年。

256. 樊珂:《論五代十國時期人物畫的題材和功能》,《吉林藝術學院學報》,2019 年第 3 期。

257. 孔群:《清水河五代墓壁畫》,《内蒙古藝術學院學報》,2019 年第 4 期。

258. 杜文玉、趙水静:《社會變革與五代十國時期繪畫的嬗變》,《江漢論壇》,2019 年第 5 期。

259. 李鑫:《隋唐五代時期白瓷制瓷技術的創新、流變與傳播》,《南方文物》,2019 年第 5 期。

260. 高源:《五代北宋山水畫的空間意象研究》,《湖南科技大學學報》(社會科學版),2019 年第 6 期。

261. 林思雨:《略談中原北方五代墓葬》,《華夏考古》,2019 年第 6 期。

262. 崔世平:《後唐德妃墓誌考釋——兼論遼墓的"中朝軌式"》,《考古》,2019 年第 12 期。

263. 于海壹:《從畫院看五代十國的社會變革》,《美術教育研究》,2019 年第 24 期。

264. 賈鴻源:《五代後唐洛陽宫城主要建築考》,《魏晋南北朝隋唐史資料》,第 40 輯,上海古籍出版社,2019 年。

265. 臨清市博物館:《山東臨清出土五代孔謙家族墓誌》,《海岱考古》,第 12 輯,科學出版社,2019 年。

266. 柳金福:《後唐宰相〈李愚墓誌〉考釋》,《乾陵文化研究》,第 13 輯,三秦出版社,2019 年。

267. 劉未:《德妃墓》,氏著《鷄冠壺:歷史考古札記》,上海古籍出版社,2019 年。

268. 徐蘋芳:《五代十國的墓葬》,氏著《考古剩語》,上海古籍出版社,2019年。

269. 張慶捷:《〈大晋故鷄田府部落長史何公墓誌銘〉發微》,《紀念岑仲勉先生誕辰130周年國際學術研討會論文集》,中山大學出版社,2019年。

4－5 思想・哲學・宗教

1. 朱文鑫:《五代日食考》,氏著《歷代日食考》,商務印書館,1933年。

2. 朱文鑫:《五代曆志略》,氏著《曆法通志》,上海書店,1934年。

3. 石萬壽:《五代的佛教》,《慧炬月刊》,第38期,1965年12月。

4. 王止峻:《復興文化談五代的梁朝》,《醒獅》,第9卷第1期,1971年1月。

5. 王止峻:《復興文化談五代的後唐》,《醒獅》,第9卷第3期,1971年3月。

6. 王止峻:《復興文化談五代時的後晋》,《醒獅》,第9卷第4期,1971年4月。

7. 王止峻:《復興文化談五代時的後漢》,《醒獅》,第9卷第5期,1971年5月。

8. 王止峻:《復興文化談五代時的後周》,《醒獅》,第9卷第6期,1971年6月。

9. 王止峻:《復興文化續談五代時的後周》,《醒獅》,第9卷第7期,1971年7月。

10. 牧田諦亮:《後周世宗的佛教政策》,《新覺生》,第9卷第7—8期,1971年8月。

11. 王止峻:《復興文化談後周與北宋》,《醒獅》,第9卷第8期,1971年8月。

12. 關德棟:《五代及宋代中印佛教僧侣的往來與譯經》,《現代佛教學術叢刊》,第38册《佛典翻譯史論》,大乘文化出版社,

1977 年。

13. 步近智:《唐末五代皮日休、無能子、譚峭的進步思想》,《歷史教學》,1980 年第 12 期。

14. 呂澂:《五代佛教》,中國佛教協會編《中國佛教》,第 1 輯,知識出版社,1980 年。

15. 丁煌:《唐及五代道教宗派之研究》(一),《成功大學歷史學報》,第 9 期,1982 年 9 月。

16. 呂品:《準敕不停廢記碑中的抑佛史料》,《中原文物》,1983 年第 3 期。

17. 李遠國:《陳摶落第後的行踪》,《中國史研究》,1984 年第 3 期。

18. 姚瀛艇:《論唐宋之際的天命思想與反天命思想》,《宋史研究論文集》(1982 年年會編刊),河南人民出版社,1984 年。

19. 杜文玉:《五代反佛制置及其原因初探》,《寧夏教育學院學報》,1988 年第 1 期。

20. 鄭炳林:《論〈諸山聖迹志〉的成書年代》,《中國歷史地理論叢》,1989 年第 1 期。

21. 黃運喜:《從〈舊五代史〉看五代北方佛教》,《獅子吼》,第 28 卷第 6 期,1989 年 6 月。

22. 程方平:《唐末五代的經學教育和儒家經典的流傳》,《教育評論》,1990 年第 2 期。

23. 郝春文:《隋唐五代宋初傳統私社與寺院的關係》,《中國史研究》,1991 年第 2 期。

24. 徐洪興:《論唐宋間的"孟子昇格"運動》,(臺北)《孔孟月刊》,第 32 卷第 3—4 期,1994 年。

25. 魏良弢:《忠節的歷史考察:秦漢至五代時期》,《南京大學學報》(哲學社會科學版),1995 年第 2 期。

26. 樊光春:《略論五代前華山道教的地位和特點》,《宗教哲學》,第 1 卷第 4 期,1995 年 10 月。

27. 李斌城:《五代十國佛教研究》,《唐研究》,第 1 卷,北京大學出版社,1995 年。

28. 王振良:《五代軍閥野心和暴行的自供》,《歷史教學》,1996
年第 1 期。

29. 羅宗濤:《唐五代詩僧之夢初探》,《政治大學學報》,第 37
期,1996 年 10 月。

30. 周翰光:《試論隋唐五代時期佛道二教的自然觀》,《學術月
刊》,1997 年第 12 期。

31. 李遠國:《陳搏易學思想探微》,《道家文化研究》,第 11 輯,
上海三聯書店,1997 年。

32. 劉保金:《略論隋唐五代佛典的發展》,《歷史文獻研究》,北
京新 8 輯,北京師範大學出版社,1997 年。

33. 張春燕:《從 S. 529〈諸山聖迹志〉看五代佛寺的分佈及其原
因》,《敦煌學輯刊》,1998 年第 2 期。

34. 李剛:《論南北朝隋唐五代道教生命哲學的分化發展》,《宗
教哲學》,第 4 卷第 2 期,1998 年 4 月。

35. 蔣海怒:《唐五代"禪教一致"思潮的深層結構變遷》,《中國
文化月刊》,第 233 期,1999 年 8 月。

36. 蔡榮婷:《唐五代禪宗牧牛喻探析——以青原法系爲考察中
心》,《中正大學學報》,第 10 卷第 1 期,1999 年 12 月。

37. 嚴耀中:《五代以降的密教寺院》,氏著《漢傳密教》,學林出
版社,1999 年。

38. 王錦慧:《晚唐五代佛典在語法史上的價值》,《語文學報》,
第 7 期,2001 年 1 月。

39. 張箭:《論後周世宗只限佛不崇道》,《中國文化月刊》,第
253 期,2001 年 4 月。

40. 王彥力:《譚峭的教育思想》,《雁北師範學院學報》,2002 年
第 1 期。

41. 張勇:《唐五代禪宗修習的典籍——以敦煌寫本〈六祖壇經〉
爲考察範圍》,《普門學報》,第 10 期,2002 年 7 月。

42. 陳進益:《五代十國經學試論》,《東吳中文研究集刊》,第 9

期,2002 年 9 月。

43. 賴錫三:《陳摶的内丹學與象數學——"後天象數"與"先天超象數"的統合》,《中國文哲研究集刊》21,2002 年 9 月。

44. 李小榮:《論隋唐五代至宋初的藥師信仰——以敦煌文獻爲中心》,《普門學報》,第 11 期,2002 年 9 月。

45. 馮曉庭:《五代十國的經學》,《經學研究論文選》,上海書店出版社,2002 年。

46. 程國賦:《論唐五代士子文化心態的嬗變及其在小説中的體現》,《學術研究》,2003 年第 3 期。

47. 董志翹:《敦煌寫本〈諸山聖迹志〉校理》,《敦煌研究》,2003 年第 3 期。

48. 張箭:《後周世宗文明限佛析論》,《文史哲》,2003 年第 4 期。

49. 金宗燮:《五代政局變化與文人出仕觀》,《唐研究》,第 9 卷,北京大學出版社,2003 年。

50. 郭健:《譚峭〈化書〉研究》,《華僑大學學報》(哲學社會科學版),2004 年第 4 期。

51. 張風雷:《五代宋初天台教籍復歸中土問題的再檢討》,《江西師範大學學報》(哲學社會科學版),2004 年第 6 期。

52. 鄭炳林、陳雙印:《敦煌寫本〈諸山聖迹志〉作者探微》,《敦煌研究》,2005 年第 1 期。

53. 房鋭:《從〈北夢瑣言〉看唐五代人的婚配觀》,氏編《晚唐五代巴蜀文學論稿》,巴蜀書社,2005 年。

54. 江湄:《從"大一統"到"正統"論——論唐宋文化轉型中的歷史觀嬗變》,《首都師範大學史學研究》,第 3 輯,北京燕山出版社,2005 年。

55. 鄭炳林、陳雙印:《敦煌寫本〈諸山聖迹志〉撰寫人與敦煌僧人的中原巡禮》,《敦煌歸義軍史專題研究三編》,甘肅文化出版社,2005 年。

56. 張箭:《後周廢寺汰僧數量考》,《中國社會科學院研究生院學報》,2006 年第 1 期。

57. 謝元魯:《論唐宋社會變遷中平等和效率的歷史轉換》,《四川師範大學學報》(社會科學版),2006 年第 2 期。

58. 邵燦園:《中國天台宗中興與高麗入學僧留華傳法》,《山西農業大學學報》(社會科學版),2006 年第 3 期。

59. 蕭婷:《王處直墓誌銘的再考察——關於五代節度使階級裏的一些道德及意識形態趨勢》,《中華文史論叢》,2006 年第 4 輯。

60. 陳清義:《聊城博物館藏後周佛頂尊勝陀羅尼經幢》,《中原文物》,2006 年第 5 期。

61. 賴亮郡:《唐五代的城隍信仰》,《興大歷史學報》,第 17 期,2006 年 6 月。

62. 霍明琨:《〈太平廣記〉唐五代神仙小説中所見的神與仙》,《歷史文獻研究》,總第 25 輯,華中師範大學出版社,2006 年。

63. 劉正平:《唐五代道教法術與道教小説》,《新國學》,第 6 卷,巴蜀書社,2006 年。

64. 石峻:《唐末至宋初之佛學》,氏著《石峻文存》,華夏出版社,2006 年。

65. 吳怡潔:《行病之灾——唐宋之際的行病鬼王信仰》,《唐研究》,第 12 卷,北京大學出版社,2006 年。

66. 陳雙印、張郁萍:《唐王朝及五代後梁、後唐時期太原佛教發展原因初探》,《敦煌研究》,2007 年第 1 期。

67. 王濤:《唐宋之際城市民衆的佛教信仰》,《山西師大學報》(社會科學版),2007 年第 1 期。

68. 張郁萍、陳雙印:《五代後梁、後唐時期河北地區佛教》,《敦煌學輯刊》,2007 年第 2 期。

69. 李裴:《從文本中的吕洞賓形象看唐末五代道教的審美追求》,《宗教學研究》,2007 年第 4 期。

70. 孟憲玉:《五代入宋文人對宋朝儒學振興及文化事業的發展所做的貢獻——以名儒楊徽之爲個案研究》,《河北大學學報》(哲學社會科學版),2007 年第 4 期。

71. 釋道昱:《唐末之後西方彌陀法門的轉變》,《成大宗教與文化學報》,第 9 期,2007 年 12 月。

72. 馬新廣:《唐五代佛寺考補》,《西北大學學報》(哲學社會科學版),2008 年第 1 期。

73. 鄭阿財:《唐五代道教俗講管窺》,《敦煌學》,第 27 期,2008 年 2 月。

74. 黄東陽:《歲月易遷,常恐奄謝——唐五代仙境傳説中時間母題之傳承與其命題》,《新世紀宗教研究》,第 6 卷第 4 期,2008 年 6 月。

75. 曾國富:《儒家忠義思想對唐末五代軍人的影響》,《廣西社會科學》,2008 年第 10 期。

76. 陳毓文:《淺談五代時期儒學面臨的困境與新變》,《福建論壇》(社科教育版),2008 年增刊。

77. 余英時:《唐宋轉型中的思想突破》,氏著《人文與理性的中國》,聯經出版事業公司,2008 年。

78. 曾國富:《五代時期統治者對忠義思想的倡導》,《船山學刊》,2009 年第 1 期。

79. 羅時憲:《唐五代之法難與中國佛教》,《普門學報》,第 50 期,2009 年 3 月。

80. 殷憲:《從〈趙睿宗墓誌〉看唐末五代下層墓誌的民間化和寫實性》,《碑林集刊》,第 15 輯,陝西人民美術出版社,2009 年。

81. 齋藤智寬:《五代宋初佛教史書閱讀札記:以雅俗概念爲中心》,《中國俗文化研究》,第 15 輯,四川大學出版社,2018 年。

82. 張邦建:《陳摶思想述論》,《皖北文化研究集刊》,第 4 輯,黄山書社,2009 年。

83. 孫華:《試析唐末五代時期道教内丹學發展的時代特徵》,《宗教學研究》,2010 年第 1 期。

84. 周運中:《唐宋江淮三夷教新證》,《宗教學研究》,2010 年第 1 期。

85. 譚敏:《唐末五代道教神話述要》,《北京化工大學學報》(社會科學版），2010 年第 4 期。

86. 曾國富：《論儒士在五代歷史上的作用》，《湛江師範學院學報》，2010 年第 4 期。

87. 譚敏：《唐末五代道教小説中的隱仙》，《四川師範大學學報》（社會科學版），2010 年第 5 期。

88. 張國清：《五代武人忠孝觀念探析——以後唐周德威爲例》，《安徽文學》（下半月），2010 年第 5 期。

89. 譚敏：《唐末五代的隱逸現象與道教徒的回應》，《北京化工大學學報》（社會科學版），2011 年第 3 期。

90. 曾國富：《五代時期僧侣的政治與公益文化活動》，《五臺山研究》，2011 年第 3 期。

91. 趙娜、楊富學：《晚唐五代禪僧行脚問題考析》，《中南民族大學學報》（人文社會科學版），2011 年第 3 期。

92. 賈晉華：《晚唐五代禪宗發展新探》，《華文文學》，2011 年第 4 期。

93. 王明前：《五代武人的精神追求與文士的處世權謀》，《青海民族大學學報》（教育科學版），2011 年第 4 期。

94. 趙娜：《唐末五代時期禪宗僧人行脚現象探析》，《社會科學家》，2011 年第 5 期。

95. 金權、蓋建民：《唐末宋初運氣學説與道教關係考論》，《中國哲學史》，2012 年第 1 期。

96. 鈕衛星：《唐宋之際道教十一曜星神崇拜的起源和流行》，《世界宗教研究》，2012 年第 1 期。

97. 王明蓀：《五代時期的"中國"觀》，《史學集刊》，2012 年第 1 期。

98. 曾國富：《儒學對唐末五代北方民族將帥的影響》，《武陵學刊》，2012 年第 1 期。

99. 陳家紅、曹旭、姜蘊菡：《論晚唐五代士人之"情隱"觀》，《天津師範大學學報》（社會科學版），2012 年第 2 期。

100. 林悟殊、王媛媛：《五代陳州毋乙之徒非"末尼黨類"辨》，

《中國史研究》,2012 年第 2 期。

101. 陳毓文:《唐宋之際文人心態與角色之衍變》,《長江大學學報》(社會科學版),2012 年第 6 期。

102. 符海朝:《五代宋遼時期异質文化交流中的誤解剖析》,《宋史研究論叢》,第 13 輯,河北大學出版社,2012 年。

103. 鄭阿財:《唐五代帝王誕節寺院活動與宮廷講經之管窺》,《項楚先生欣開八秩頌壽文集》,中華書局,2012 年。

104. 吳天墀:《中國學術文化繫年・五代時期(公元 907—959 年)》,《四川大學學報》(哲學社會科學版),2013 年第 2 期。

105. 高東海、陳彦堂:《關於五代後漢〈隴西公奉宣祭瀆記〉碑的幾個問題》,《華夏考古》,2013 年第 3 期。

106. 倪亮:《唐、五代禪宗燈録概述》,《宜春學院學報》,2013 年第 4 期。

107. 張文浩、沈文凡:《晚唐五代儒學頽勢與文學審美轉向》,《吉首大學學報》(社會科學版),2013 年第 6 期。

108. 錢敏:《以〈歷世真仙體道通鑒〉考中唐至五代傳記神仙之新變》,《求索》,2013 年第 11 期。

109. 雷聞:《新見〈程紫霄墓誌〉與唐末五代的道教》,《隋唐遼宋金元史論叢》,第 3 輯,上海古籍出版社,2013 年。

110. 徐樂軍:《從昭宗謚號被駁看唐末文官操守》,《廣東技術師範學院學報》,2014 年第 2 期。

111. 王國堯:《中唐儒學復興運動與晚唐五代儒學》,《明大アジア史論集》,第 18 號,2014 年 3 月。

112. 楊維中:《唐末五代華嚴宗的賡續新考》,《宗教學研究》,2014 年第 3 期。

113. 葉平:《墓誌所見五代十國時期儒道佛信仰》,《中國哲學史》,2014 年第 3 期。

114. 付金才:《唐末五代禪僧出家考——以〈禪林僧寶傳〉爲例》,《石家莊學院學報》,2014 年第 5 期。

115. 王貴祥:《五代十國時期的佛教寺院》,《中國古代佛教建築研究論集》,清華大學出版社,2014 年。

116. 任乃宏:《武安禪果寺五代"透影碑"考》,《中原文物》,2015 年第 3 期。

117. 譚敏:《唐末五代道教小説中的醉仙》,《北京化工大學學報》(社會科學版),2015 年第 3 期。

118. 馮兵:《依附抑或借用:隋唐五代都市道教與政治互動》,《雲南社會科學》,2015 年第 5 期。

119. 惠冬:《"真主"觀念與五代政局嬗變》,《河南科技大學學報》(社會科學版),2015 年第 6 期。

120. 謝一峰:《唐宋間國家投龍儀之變遷》,《宋史研究論叢》,第16 輯,河北大學出版社,2015 年。

121. 張琴:《五代時期〈俱舍論〉流傳情況考察》,《五臺山研究》,2016 年第 3 期。

122. 葛洲子:《政局·法席·法脉——唐末至宋初曹洞宗的興衰》,《早期中國史研究》,第 8 卷第 2 期,2016 年 12 月。

123. 劉闖:《空間置換:後周開封限佛原因探析》,《五臺山研究》,2017 年第 1 期。

124. 葛洲子:《五代北宋時期禪宗的特殊嗣法——以〈禪林僧寶傳〉爲中心》,《佛學研究》,2017 年第 2 期。

125. 葉平:《唐末五代十國時期儒學道統譜系的衍變》,《中州學刊》,2017 年第 5 期。

126. 楊玉鋒:《〈唐五代佛寺輯考〉"待考佛寺"補考 35 則》,《漢語言文學研究》,2018 年第 1 期。

127. 駱志方:《晚唐五代詩僧齊己的詩禪思想考論》,《山西檔案》,2018 年第 3 期。

128. 戴曉雲:《水陸法會的功能在唐五代的嬗變》,《敦煌學輯刊》,2019 年第 2 期。

129. 劉林魁:《唐五代皇帝誕節三教講論道士考》,《宗教學研究》,2019 年第 2 期。

130. 易素梅:《家事與廟事——9—14 世紀二仙信仰中的女性活

動》,《紀念岑仲勉先生誕辰 130 周年國際學術研討會論文集》,中山大學出版社,2019 年。

4‑6 經濟與社會

1. 何炳松:《五代時之文化》,《民鐸雜誌》,第 6 卷第 5 期,1925 年 5 月。

2. 嵇文甫:《朱梁的農村復興熱》,《食貨》,第 1 卷第 5 期,1935 年 2 月。

3. 陶希聖:《五代的都市與商業》,《食貨》,第 1 卷第 10 期,1935 年 4 月。

4. 陶希聖:《五代的莊園》,《食貨》,第 1 卷第 11 期,1935 年 5 月。

5. 戴振輝:《五代農村的殘破與恢復》,《食貨》半月刊,第 2 卷第 2 期,1935 年 6 月。

6. 蕭公權:《唐末及五代之民生論》,《民族》,第 4 卷第 1 期,1936 年 1 月。

7. 戴希震:《五季的軍閥官僚與商業土地》,《大學藝文》,第 1 卷第 1 期,1936 年 5 月。

8. 聶家裕:《五代人民的逃亡》,《食貨》半月刊,第 4 卷第 2 期,1936 年 6 月。

9. 聶家裕:《五季農村破壞之經過》,《歷史學報》,第 1 期,1936 年 10 月。

10. 戴振輝:《五代的游幕》,《大公報・史地周刊》,第 107 期,1936 年 10 月 16 日。

11. 盧逮曾:《讀〈五季農村破壞之經過〉》,(天津)《益世報・讀書周刊》,第 95 期,1937 年 4 月 5 日。

12. 戴希震:《五代軍閥官僚的財富及其享樂生活》,《食貨》半月刊,第 5 卷第 10 期,1937 年 5 月。

13. 劉永濟:《論五代任俠之風》,《思想與時代》,第 12 期,1942 年 7 月。

14. 吳雲端:《五代的商業與都市》,《中央日報》,1948 年 3 月 10 日。

15. 韓國磐:《關於魏博鎮影響唐末五代政權遞嬗的社會經濟分析》,《廈門大學學報》,1954 年第 5 期。

16. 尹湘豪:《五代時期黄河決口九次,這是中原地主經濟衰落的一大原因,這九次決口究竟發生於何時、何地? 情況怎樣?》,《新史學通訊》,1955 年第 11 期。

17. 杜君政:《唐末五代黄河水患及其影響》,《東北師範大學學生科學論文集》,1957 年第 1 期。

18. 卞孝萱:《五代十國的階級斗争》,《文史哲》,1957 年第 12 期。

19. 孫國棟:《唐宋之際社會門第之消融》,《新亞學報》,第 4 卷第 1 期,1959 年。

20. 李書華:《五代時期的印刷》,《大陸雜誌》,第 21 卷第 3 期,1960 年。

21. 胡如雷:《唐宋之際中國封建社會的巨大變革》,《史學月刊》,1960 年第 7 期。

22. 趙效宣:《五代兵災中士人之逃亡與隱居》,《新亞書院學術年刊》,第 5 期,1963 年。

23. 林瑞翰:《五代豪侈、暴虐、義養之風氣》(上),《大陸雜誌》,第 30 卷第 3 期,1965 年。

24. 林瑞翰:《五代豪侈、暴虐、義養之風氣》(下),《大陸雜誌》,第 30 卷第 4 期,1965 年。

25. 吳景宏:《五代兩宋時代中菲關係之探討》,《大陸雜誌》,第 32 卷第 2、3、4 期,1966 年。

26. 高明士:《五代的教育》,《大陸雜誌》,第 43 卷第 6 期,1971 年。

27. 吳蕤:《五代後唐鹽政略述》,《鹽務月刊》,第 60 期,1974 年 9 月。

28. 邱添生:《由田制與税法看唐宋間的歷史演變》,《"國立"臺灣師範大學歷史學報》，第 4 期，1976 年 4 月。

29. 邱添生：《由貨幣經濟看唐宋間的歷史演變》，《"國立"臺灣師範大學歷史學報》，第 5 期，1977 年 4 月。

30. 黃亨俊：《五代十國貨幣之發行》，(臺灣)《今日中國》，第 87 期，1978 年 7 月。

31. 程溯洛：《五代宋遼金時期新疆回鶻人民和祖國各地的經濟關係》，《中央民族學院學報》，1979 年第 3 期。

32. 楊靜賢：《唐代幣制五探——晚唐五代的幣值》，(中興大學)《法商學報》，第 14 期，1979 年 5 月。

33. 漢寶德：《唐宋之間的我國城市》，《明道文藝》，第 45 期，1979 年 12 月。

34. 師道剛：《水紋紙制成年代質疑》，《山西大學學報》，1981 年第 1 期。

35. 鄭學檬：《五代鹽法鈎沉》，《中國經濟史研究》，1982 年第 1 期。

36. 鄭學檬：《五代十國商品經濟的初步考察》，《中國經濟問題》，1982 年第 1 期。

37. 臧嶸：《關於五代十國時期北方和南方經濟發展估價的幾點看法》，《史學月刊》，1981 年第 2 期。

38. 黃崇岳：《試論周世宗柴榮的農業經濟政策》，《鄭州大學學報》，1981 年第 3 期。

39. 林幹：《唐及五代時期的回鶻族》，《歷史教學》，1981 年第 4 期。

40. 王連洲：《五代十國幣制種種》，《中國財貿報》，1981 年 8 月 22 日。

41. 傅衣凌：《晚唐五代義兒考——中國封建社會結構討論之一》，《廈門大學學報》，1981 年增刊。

42. 張弓：《唐五代時期的牙人》，《魏晋南北朝史論集》，第 1 輯，中國社會科學出版社，1981 年。

43. 陳晚玉：《兩漢至宋初寡婦再嫁之社會觀》，《史苑》，第 35

期,1982 年 6 月。

44. 谷川道雄:《關於北朝末期至五代的義兄弟結合》,《中國古代史論叢》,1982 年第 2 輯,福建人民出版社,1982 年。

45. 鮑世行:《我國古代一份改造舊城市的綱領性文件》,《城市問題》,1983 年第 1 期。

46. 葛金芳:《唐宋之際農民階級内部構成的變動》,《歷史研究》,1983 年第 1 期。

47. 楊明:《對〈唐宋之際農民階級内部構成的變動〉兩條材料的辨正》,《歷史研究》,1983 年第 3 期。

48. 嚴耕望:《五代十國篇》,石璋如等著《中國歷史地理》,中國文化大學出版部,1983 年。

49. 鄭學檬:《五代兩稅述論》,《中國社會經濟史研究》,1984 年第 4 期。

50. 鄭學檬:《五代十國雜稅》,《中國社會經濟史研究》,1984 年第 4 期。

51. 魏承思:《略論唐五代商人和割據勢力的關係》,《學術月刊》,1984 年第 5 期。

52. 孟廣耀:《五代時期鄂爾多斯的行政建置》,《鄂爾多斯史志研究文稿》,第 1 册,1984 年。

53. 李獻奇:《天福鎮寶不是五代後晋的錢》,《中原文物》,1985 年第 1 期。

54. 葛金芳:《唐宋之際土地所有制關係中的國家干預問題》,《中國史研究》,1985 年第 4 期。

55. 張澤咸:《論田畝税在唐五代兩稅法中的地位》,《中國經濟史研究》,1986 年第 1 期。

56. 董恩林:《五代中央財政體制考述》,《湖北大學學報》,1986 年第 2 期。

57. 郭媛:《從商品經濟的發展看五代十國的歷史地位》,《學術研究》,1986 年第 5 期。

58. 杜文玉:《五代制瓷業的發展及其藝術特色》,《寧夏教育學院學報》,1987 年第 1 期。

59. 杜文玉:《我國五代時期雕版印刷業的發展》,《渭南師專學報》,1987 年第 1 期。

60. 鄭學檬:《論唐五代長江中游經濟發展的動向》,《廈門大學學報》,1987 年第 1 期。

61. 鄭學檬:《五代十國的若干土地政策述論》,《中國社會經濟史研究》,1987 年第 3 期。

62. 陶懋炳:《論我國古代文化重心南移成於五代》,《湖南師範大學社會科學學報》,1987 年第 4 期。

63. 王奕:《五代十國時期的田賦制度》,《北京財會》,1987 年第 6 期。

64. 林榮貴:《五代十國時期契丹、沙陀、漢族的政治、經濟和文化交流》,《遼金史論集》,第 3 輯,書目文獻出版社,1987 年。

65. 朱瑞熙:《唐宋之際社會階級關係的變動與農民戰爭》,《中國農民戰爭史論叢》,第 5 輯,中國社會科學出版社,1987 年。

66. 于學義:《五代時期山東的行政沿革與社會經濟》,《東嶽論叢》,1988 年第 1 期。

67. 杜文玉:《論五代貨幣經濟的幾個問題》,《中國錢幣》,1988 年第 2 期。

68. 林立平:《唐宋之際城市租賃業初探》,《中國史研究》,1988 年第 3 期。

69. 林立平:《六至十世紀中國都城東漸的經濟考察》,《北京師範大學學報》,1988 年第 3 期。

70. 郭正忠:《五代蠶鹽考》,《中國社會經濟史研究》,1988 年第 4 期。

71. 吳濤:《唐"安史之亂"至五代時期的洛陽》,《鄭州大學學報》,1988 年第 5 期。

72. 杜文玉:《五代茶葉生產與貿易》,《渭南師專學報》,1989 年第 1 期。

73. 羅勇、杜文玉:《五代時期手工業發展水平初探》,《贛南師範學院學報》,1989 年第 1 期。

74. 吳慧:《五代鹽政述略》,《鹽業史研究》,1989 年第 1 期。

75. 杜文玉:《唐朝與五代奴婢問題比較研究》,《寧夏教育學院學報》,1989 年第 2 期。

76. 杜文玉、高長天:《五代人口的數量與分布》,《延安大學學報》,1989 年第 2 期。

77. 林立平:《唐宋之際城市分布重心的南移》,《暨南學報》,1989 年第 2 期。

78. 孫修身:《五代時期甘州回鶻和中原王朝的交通》,《敦煌研究》,1989 年第 3 期。

79. 沈世培:《兩稅向田畝的轉變及其原因初探》,《中國社會經濟史研究》,1990 年第 1 期。

80. 李孝聰:《公元十至十二世紀華北平原北部亞區交通與城市地理的研究》,《歷史地理》,第 9 輯,上海人民出版社,1990 年 10 月。

81. 葛金芳:《10—13 世紀我國經濟運動的時代特徵》,《江漢論壇》,1991 年第 6 期。

82. 杜文玉:《五代刑法殘酷說質疑》,《渭南師專學報》,1992 年第 1 期。

83. 張星久:《關於五代土地兼并問題的考察》,《中國史研究》,1992 年第 2 期。

84. 芮傳明:《五代時期中原地區粟特人活動探討》,《史林》,1992 年第 3 期。

85. 包偉民:《中國九到十三世紀社會識字率提高的幾個問題》,《杭州大學學報》(哲學社會科學版),1992 年第 4 期。

86. 陳明光:《唐五代"關市之徵"試探》,《中國經濟史研究》,1992 年第 4 期。

87. 孫繼民:《後周世宗柴榮出身商人考》,《河北師範學院學報》,1992 年第 4 期。

88. 戴顯群:《唐五代優伶的社會地位及其相關的問題》,《福建師範大學學報》,1993 年第 2 期。

89. 林立平：《唐宋之際城市旅店業初探》，《暨南學報》，1993 年第 2 期。

90. 余恕誠：《晚唐五代詞與商品經濟》，《安徽教育學院學報》，1993 年第 2 期。

91. 蔣致潔：《唐宋之際絲路貿易與海路貿易的消長變化》，《社會科學戰綫》，1993 年第 5 期。

92. 趙炳煥：《論周元通寶與世宗毀佛》，《陝西金融》，1993 年第 10 期。

93. 黃約瑟：《仕高麗朝的後周商人雙冀》，《韓國學報》，第 12 期，1993 年 11 月。

94. 吳麗娛：《五代的屋稅蠶鹽》，《中國唐史學會論文集·1993》，三秦出版社，1993 年。

95. 劉屹華：《"左讀"天福元寶不是後晋法定貨幣》，《西安金融》，1994 年第 8 期。

96. 賈峨：《唐宋間馬球運動考略》，(臺北)《故宮學術季刊》，第 12 卷第 2 期，1994 年冬。

97. 吳麗娛：《略論大中兩池新法及其對五代鹽政之影響》，《唐研究》，第 1 卷，北京大學出版社，1995 年。

98. 李清凌：《安史之亂至五代動亂時期的西北社會經濟》，《甘肅民族研究》，1996 年第 1 期。

99. 吳麗娛：《從張平叔的官銷之議試論唐五代鹽專賣方式的變遷》，《中國史研究》，1996 年第 1 期。

100. 武建國：《論五代十國的封建土地國有制》，《中國經濟史研究》，1996 年第 1 期。

101. 尤中：《隋、唐、五代、宋王朝對西南民族地區的經營》，《雲南社會科學》，1996 年第 1 期。

102. 武建國：《五代十國大土地所有制發展的途徑和特點》，《學術月刊》，1996 年第 2 期。

103. 楊鎧：《後周皇帝郭威的奇怪婚姻》，《粵海同心》，1996 年第 2 期。

104. 武建國：《五代十國營田與官莊述論》，《思想戰綫》，1996年第3期。

105. 吕婉如：《試論五代土地政策及土地所有制關係的發展及意義》，《史苑》，第57期，1996年12月。

106. 葛金芳：《中國封建租佃經濟主導地位確立的前提——兼論唐宋之際地權關係和階級構成的變化》，《趙儷生先生八十壽辰紀念論文集》，山東大學出版社，1996年。

107. 榮新江：《五代洛陽民間印刷業一瞥》，《文物天地》，1997年第5期。

108. 劉進寶：《晚唐五代"地子"考釋》，《唐代的歷史與社會》，武漢大學出版社，1997年。

109. 趙永東：《五代時期雕版印刷事業的發展》，《文史》，第44輯，中華書局，1998年。

110. 吕維新：《中唐五代時期茶葉商品經濟的繁榮》（上），《茶訊》，第88卷第12期，1999年12月。

111. 王曉麗：《唐五代擬制血親研究》，《中國社會歷史評論》，第1卷，天津古籍出版社，1999年。

112. 吕維新：《中唐五代時期茶葉商品經濟的繁榮》（下），《茶訊》，第89卷第1期，2000年1月。

113. 吕維新：《五代十國時期茶史考略》，《茶葉機械雜誌》，2000年第1期。

114. 漆俠：《唐宋之際社會經濟關係的變革及其對文化思想領域所産生的影響》，《中國經濟史研究》，2000年第1期。

115. 戴顯群：《唐五代假子制度的類型及其相關的問題》，《福建師範大學學報》（哲學社會科學版），2000年第2期。

116. 王文成：《唐宋之際白銀使用的發展》，《雲南社會科學》，2000年第2期。

117. 吳福文：《唐末至北宋的客家遷徙》，《東南學術》，2000年第4期。

118. 吳美鳳：《十世紀初期以前的人舁乘具略考》，《歷史文物》，第 82 期,2000 年 5 月。

119. 吳麗娛:《唐後期五代財務勾檢制探微》,《唐研究》,第 6
卷,北京大學出版社,2000 年。

120. 李華瑞:《唐末五代宋初的食人現象——兼説中國古代食
人現象與文化陋俗的關係》,《西北師大學報》(社會科學版),2001 年
第 1 期。

121. 曾國富:《論五代時期對契丹的民族政策》,《内蒙古社會科
學》(漢文版),2001 年第 2 期。

122. 吳保華:《論五代十國制錢與幣制紊亂成因》,《安徽錢幣》,
2001 年第 4 期。

123. 毛陽光:《唐代藩鎮養子述論》,《商丘師範學院學報》,2001
年第 5 期。

124. 潘祥福:《五代十國的貨幣》,(香港)《能仁學報》,第 8 期,
2001 年 11 月。

125. 王雙懷:《五代時期關中生態環境的變遷》,《中國歷史地理
論叢》,2001 年增刊。

126. 張箭:《後周北宋之際的户數》,《中國史研究》,2002 年第
1 期。

127. 劉連香:《張全義與五代洛陽城》,《洛陽工學院學報》(社
會科學版),2002 年第 2 期。

128. 黄清連:《唐末五代的黥卒》,《軍事組織與戰争——第三届
國際漢學會議論文集·歷史組》,"中央研究院"近代史研究所,
2002 年。

129. 王鳳翔:《唐五代賜姓研究》,《渭南師範學院學報》,2003
年第 6 期。

130. 文多斌:《兩漢三國至隋唐五代時期的投壺》,《臺東師院學
報》,第 14 期,2003 年 6 月。

131. 林文勛:《商品經濟與唐宋社會變革》,《中國經濟史研究》,
2004 年第 1 期。

132. 薛平拴:《五代宋元時期古都長安商業的興衰演變》,《中國

歷史地理論叢》,2004 年第 1 期。

133. 陳習剛:《五代遼宋西夏金時期的葡萄和葡萄酒》,《南通師範學院學報》(哲學社會科學版),2004 年第 2 期。

134. 吉成名:《五代十國食鹽産地研究》,《鹽業史研究》,2004 年第 3 期。

135. 張衛東:《略論唐五代河南人才的地理分布》,《鄭州大學學報》,2004 年第 4 期。

136. 彭鶴白:《唐末五代食人考》,《中國歷史學會史學集刊》,第 36 期,2004 年 7 月。

137. 程民生:《唐後期及五代北方經濟狀况》,氏著《中國北方經濟史》,人民出版社,2004 年。

138. 張静、張劍光:《略論五代北方農業生産的復興措施》,《人文研究與探索》,學林出版社,2004 年。

139. 楊際平:《中晚唐五代北宋地權的集中與分散》,《中國社會經濟史研究》,2005 年第 3 期。

140. 鄧小南:《論五代宋初"胡/漢"語境的消解》,《文史哲》,2005 年第 5 期。

141. 郭琳:《五代十國的流民問題》,《安徽大學學報》(哲學社會科學版),2005 年第 5 期。

142. 劉菊湘:《五代旅游研究》,《寧夏社會科學》,2005 年第 6 期。

143. 肖茂盛:《五代十國的貨幣及歷史演變》,《杭州金融研修學院學報》,2005 年第 10 期。

144. 李軍:《九—十世紀中國財政制度的變遷》,《燕京學術》,2006 年第 1 期。

145. 任崇岳:《試論五代十國時期中原地區的民族融合及其措施》,《鄭州大學學報》(哲學社會科學版),2006 年第 1 期。

146. 陳雙印:《唐後期及五代後梁、後唐時期襄州經濟發展原因淺析》,《中國經濟史研究》,2006 年第 2 期。

147. 杜文玉、周加勝:《五代十國時期商業貿易的特點及其局限性》，《中國歷史地理論叢》，2006 年第 3 期。

148. 黃艷：《五代錢幣考》，《長春師範學院學報》（人文社會科學版），2006 年第 3 期。

149. 盛險峰：《錢荒與五代商品經濟》，《中國經濟史研究》，2006 年第 4 期。

150. 劉洋：《淺析唐、五代時期水患與蝗災的關係》，《中國水利》，2006 年第 18 期。

151. 杜文玉：《五代十國時期水利的發展成就及局限性》，《唐史論叢》，第 8 輯，三秦出版社，2006 年。

152. 丁貞權：《五代時期江淮經濟發展論要》，《邊疆經濟與文化》，2007 年第 2 期。

153. 何和義、邵德琴：《淺論唐宋之際我國經濟重心南移的原因》，《廣東農工商職業技術學院學報》，2007 年第 2 期。

154. 杜文玉、王鳳翔：《唐五代時期茶葉產區分佈考述》，《陝西師範大學學報》（哲學社會科學版），2007 年第 3 期。

155. 霍小敏：《試論唐五代租庸使》，《樂山師範學院學報》，2007 年第 4 期。

156. 蕭永明：《唐宋之際的社會文化環境與書院的興起》，《人文雜誌》，2007 年第 6 期。

157. 董志恒、王玉群：《試論晚唐五代的勞役和地子稅率——兼與劉進寶先生商榷》，《文教資料》，2007 年第 18 期。

158. 大澤正昭：《唐宋變革期的家庭規模與結構——依據小說史料進行分析》，《中國社會歷史評論》，第 5 卷，商務印書館，2007 年。

159. 杜文玉、王蕾：《五代十國時期茶法考述》，《唐史論叢》，第 9 輯，三秦出版社，2007 年。

160. 黃艷：《五代貨幣制度考》，《五代典制考》，中華書局，2007 年。

161. 曾國富：《略論五代後唐"小康"之局》，《唐都學刊》，2008 年第 1 期。

162. 曾國富:《五代時期後宮女性的來源及其命運》,《中華女子學院學報》,2008 年第 1 期。

163. 陳麗華:《唐宋之際登州港的繁榮與福建海上交通的發展》,《青島大學師範學院學報》,2008 年第 2 期。

164. 梁建國:《唐宋之際里正的變遷》,《南都學壇》,2008 年第 2 期。

165. 吳樹國:《試論唐宋之際土地管理的强化》,《文化學刊》,2008 年第 2 期。

166. 李三謀:《五代時期的解鹽管理》,《鹽業史研究》,2008 年第 3 期。

167. 王顔、杜文玉:《五代十國時期南北水路交通研究》,《中國歷史地理論叢》,2008 年第 3 期。

168. 曾國富:《五代時期北方民族關係略論》,《黑龍江民族叢刊》,2008 年第 3 期。

169. 鄭偉佳:《唐末五代初期北遷漢人對契丹立國的影響》,《遼寧工程技術大學學報》(社會科學版),2008 年第 3 期。

170. 陳洪英:《新"四民"論——試論唐五代文人對"士農工商"的新認識》,《柳州師專學報》,2008 年第 4 期。

171. 耿元驪:《"土地兼并"與唐宋間地權的流變》,《遼寧大學學報》(哲學社會科學版),2008 年第 4 期。

172. 楊蕤、王潤虎:《略論五代以來陸上絲綢之路的幾點變化》,《寧夏社會科學》,2008 年第 6 期。

173. 王永超、校元明:《五代十國形成原因再認識——以移民與社會互動爲視角的初步考察》,《哈爾濱學院學報》,2008 年第 8 期。

174. 張奇峰:《淺評周世宗經濟改革政策》,《傳承》(學術理論版),2008 年第 8 期。

175. 陳學英:《制度變遷與唐五代鹽商的歷史命運》,《歷史月刊》,第 249 期,2008 年 10 月。

176. 杜文玉:《五代十國時期的陸路交通路綫》,《中日文化交流的歷史記憶及其展望》,陝西師範大學出版社,2008 年。

177. 杜文玉、梁麗:《五代時期畜牧業發展狀況初探》,《唐史論叢》,第 10 輯,三秦出版社,2008 年。

178. 陶德臣:《論茶葉對唐五代軍事國防事業的重要貢獻》,《第十屆國際茶文化研討會暨浙江湖州(長興)首屆陸羽茶文化節論文集》,中國國際茶文化研究會,2008 年。

179. 陳磊:《從〈太平廣記〉的記載看唐後期五代的商人》,《史林》,2009 年第 1 期。

180. 陳習剛:《論唐五代時期的固始》,《信仰師範學院學報》(哲學社會科學版),2009 年第 1 期。

181. 郭曉燕:《從灾荒文獻看五代灾害的類型及其後果》,《跨世紀》(學術版),2009 年第 1 期。

182. 劉雲:《先秦至五代時期財産繼承訴訟制度述略》,《漳州師範學院學報》(哲學社會科學版),2009 年第 1 期。

183. 曾國富:《五代"盗賊"簡論》,《湛江師範學院學報》,2009 年第 1 期。

184. 趙貞:《晚唐五代朔方韓氏事迹略説》,《青海民族學院學報》(社會科學版),2009 年第 1 期。

185. 張建:《變化的天際綫:唐宋都城商業樓閣演化歷史探究》,《安順學院學報》,2009 年第 2 期。

186. 曹凛:《五代十國時期的船舶督造》,《中國船檢》,2009 年第 3 期。

187. 陳明光:《"檢田定税"與"税輸辦集"——五代時期中央與地方的財權關係論稿之一》,《中國社會經濟史研究》,2009 年第 3 期。

188. 曾國富:《五代賄賂問題初探》,《廣東社會科學》,2009 年第 3 期。

189. 杜文玉:《論五代十國時期農業經濟作物的發展趨勢》,《陝西師範大學學報》(哲學社會科學版),2009 年第 4 期。

190. 吴樹國:《税制變遷與唐宋之際户籍管理的調整》,《唐都學刊》,2009 年第 4 期。

191. 曾國富:《五代時期統治者奢侈生活述論》,《學術研究》, 2009 年第 4 期。

192. 曾國富:《唐末五代將帥身後的女性》,《中華女子學院學報》,2009 年第 4 期。

193. 徐樂軍:《從高鷄泊之禍看晚唐太原王氏子孫之命途》,《唐都學刊》,2009 年第 5 期。

194. 戴顯群、祁開龍:《唐末五代北方士人南遷及其對南方士風的影響》,《福建論壇》,2009 年第 11 期。

195. 杜文玉:《從文化産業的發展看五代十國文明的演進與變化——以相關手工業的發展爲中心》,《中國中古史研究》,第 9 期, 2009 年 12 月。

196. 陳明光:《從"兩稅外加率——錢以枉法論"到兩稅"沿徵錢物"——唐五代兩稅法演變續論》,《魏晉南北朝隋唐史資料》,第 25 輯,武漢大學文科學報編輯部,2009 年。

197. 杜文玉:《五代時期畜牧業發展狀況初探》,《唐史論叢》,第 11 輯,三秦出版社,2009 年。

198. 嚴耕望:《五代十國人文地理》,氏著《嚴耕望史學論文集》, 上海古籍出版社,2009 年。

199. 穆静:《論五代軍閥的養子之風——從軍政與時局角度談起》,《華南理工大學學報》(社會科學版),2010 年第 2 期。

200. 穆静:《五代軍人的地位與處境及其影響》,《杭州師範大學學報》(社會科學版),2010 年第 2 期。

201. 杜文玉、馬維斌:《論五代十國收養假子風氣的社會環境與歷史根源》,《陝西師範大學學報》(哲學社會科學版),2010 年第 3 期。

202. 穆静:《論五代軍將女眷對軍政與時局的影響》,《浙江學刊》,2010 年第 3 期。

203. 劉鳳鳴:《押新羅渤海兩蕃使與東方海上絲綢之路的繁榮》,《魯東大學學報》(哲學社會科學版),2010 年第 5 期。

204. 汪錫鵬:《周元通寶——後周永遠的豐碑》,《中國城市金融》,2010 年第 5 期。

205. 陳洪英:《唐五代商賈小説中的女性形象》,《時代文學》,2010 年第 6 期。

206. 陳洪英:《儒家道德審判視野下的唐五代商賈小説》,《時代文學》,2010 年第 7 期。

207. 陳洪英:《〈太平廣記〉與唐五代商業都市生活》,《作家》,2010 年第 12 期。

208. 陳洪英:《〈太平廣記〉中唐五代商人經營策略探析》,《小説評論》,2010 年增刊。

209. 陶德臣:《五代茶業經濟述論》,《第十一屆國際茶文化研討會暨第四屆中國重慶(永川)國際茶文化旅游節論文集》,中央文獻出版社,2010 年。

210. 孫昉:《細論五代武力集團義親關係》,《北方論叢》,2011 年第 2 期。

211. 夷風:《周元通寶的鑄造背景》,《安徽錢幣》,2011 年第 2 期。

212. 吳樹國:《“僞朝”與“僞國”語境下的五代十國雜税》,《社會科學輯刊》,2011 年第 5 期。

213. 馮莎莎:《略論唐宋之際商業牙人的演變與政府管理》,《宋代文化研究》,第 19 輯,2011 年。

214. 俞兆鵬:《五代十國貨幣史初探》,《南昌大學學報》(人文社會科學版),2012 年第 1 期。

215. 王明前:《五代財政體系與貨幣政策初探》,《長春金融高等專科學校學報》,2012 年第 3 期。

216. 陶德臣:《五代時期的貢茶》,《陸羽茶文化研究》,第 23 期,2012 年 4 月。

217. 陳明光:《論五代時期臣屬“貢獻”與財政性》,《唐史論叢》,第 14 輯,三秦出版社,2012 年。

218. 秦大樹:《試論早期階段海上貿易的模式——9—10 世紀的文獻記載及沉船資料》,《徐蘋芳先生紀念文集》,上海古籍出版社,

2012 年。

219. 胡安徽:《張全義農業思想初探》,《農業考古》,2013 年第1 期。

220. 潘付生:《洛陽五代墓出土開元通寶錢初析》,《中國錢幣》,2013 年第1 期。

221. 吳名崗:《棣州因盛產鹽於後周割置濱州》,《濱州學院學報》,2013 年第2 期。

222. 陳昊:《被遮蔽的"再造"——晚唐至北宋初醫學群體的嬗變和醫官身份的重構》,《中華文史論叢》,2013 年第4 期。

223. 韓香:《五代十國時期中亞胡人在内地的活動》,《青海民族大學學報》(社會科學版),2013 年第4 期。

224. 姜密:《唐五代國有土地産權的合法和非法轉化》,《西北師大學報》(社會科學版),2013 年第4 期。

225. 楊成光:《五代十國、宋代榷鹽研究》,《黑龍江史志》,2013 年第9 期。

226. 崔世平:《唐五代時期的凶肆與喪葬行業組織》,《暨南史學》,第8 輯,廣西師範大學出版社,2013 年。

227. 楊文春:《唐宋時期蔡州的社會與文化變遷——以民風風俗爲中心》,《宋史研究論叢》,第14 輯,河北大學出版社,2013 年。

228. 李明瑶:《五代兩税徵收對象考》,《吉林廣播電視大學學報》,2014 年第1 期。

229. 章麗:《唐五代時期茶葉貿易中的走私問題探究》,《古今農業》,2014 年第3 期。

230. 盛險峰:《五代徵耗考論》,《中國經濟史研究》,2014 年第4 期。

231. 蔡昌:《隋唐五代十國時期賦税——中國税史之三》,《財會學習》,2014 年第5 期。

232. 葉平:《五代墓誌所見士族大姓仕宦與婚姻的變遷》,《河南師範大學學報》(哲學社會科學版),2014 年第5 期。

233. 張榮波:《略論幽州人才向後唐的轉移》,《東嶽論叢》,2014

年第 5 期。

234. 張金銑、范香立：《梁太祖朱温“養子”考述》，《安徽史學》，2014 年第 6 期。

235. 徐世康：《論五代時期的俳優及其活動》，《哈爾濱學院學報》，2014 年第 8 期。

236. 劉鐵男、趙輝：《周世宗柴榮的經濟改革策略考證》，《蘭臺世界》，2014 年第 36 期。

237. 陳明光：《從唐朝後期的“省司錢物”到五代的“係省錢物”——五代財政管理體制演變探微》，《魏晋南北朝隋唐史資料》，第 30 輯，上海古籍出版社，2014 年。

238. 宋英傑、王鳳翔：《唐末五代黄河下游頻繁決溢原因及影響》，《濱州學院學報》，2015 年第 1 期。

239. 陶德臣：《唐五代時期茶葉市場價格》，《中國茶葉》，2015 年第 2 期。

240. 杜文玉：《“婚姻不問閥閲”應始自五代十國時期——對學術界“宋代説”的糾正》，《南國學術》，2015 年第 4 期。

241. 黄兆宏、拓天梅：《唐五代藩鎮割據政權中的養父子關係及其影響》，《河北北方學院學報》（社會科學版），2015 年第 5 期。

242. 譚璐、譚耀炬：《〈五代史平話〉財經詞語選釋》，《台州學院學報》，2015 年第 5 期。

243. 姚軼、曾琛、朱衛衛：《影響周世宗柴榮的經濟改革策略考證》，《蘭臺世界》，2015 年第 30 期。

244. 杜文玉：《從手工業的發展看唐末五代物質文化的演進與特點》，《唐代文史新視野——以物質文化爲主》，聯經出版事業公司，2015 年。

245. 孫競：《從所有權到定價權：唐宋之際市民運動的演進路徑》，《中國史全國博士生論壇論文集》，重慶出版社，2015 年。

246. 楊蕤：《五代時期的陸上絲路》，氏著《回鶻時代：10—13 世紀陸上絲綢之路貿易研究》，中國社會科學出版社，2015 年。

247. 劉玉峰：《唐後期五代諸軍州鎮屯田營田的若干變化——

土地私有與國家基層政治體制的重建》,《文史哲》,2016 年第 3 期。

248. 吳鳳霞:《五代遼初平州人口的北奔南遷》,《北方文物》,2016 年第 4 期。

249. 馮兵:《隋唐五代時期城市供水系統初探》,《貴州社會科學》,2016 年第 5 期。

250. 胡梧挺:《金瘡與酪:後唐莊宗李存勖之死的醫療史考察》,《黑龍江社會科學》,2016 年第 6 期。

251. 徐世康:《契丹早期軍功世家的考察——以王郁家族爲例》,《歷史教學問題》,2016 年第 6 期。

252. 岳東:《後周河朔集團的誕生——唐五代時期黃河下游區域居民主體變化側記》,《黃河科技大學學報》,2016 年第 6 期。

253. 張俊:《敦煌占卜文書與傳世典籍中的五代十國占卜與農業》,《農業考古》,2016 年第 6 期。

254. 趙大旺:《也談“不辦承料”——兼論唐五代時期有主荒田的請佃》,《文獻》,2016 年第 6 期。

255. 羅嬋玉、金壽賢、孫雲:《五代十國時期的南北茶飲文化特徵》,《福建茶葉》,2016 年第 11 期。

256. 蔡靜波:《論唐五代筆記小說中的官吏形象》,《揚葩振藻集:陝西師範大學中國古代文學博士點建立三十周年畢業博士代表論文集》,陝西師範大學出版社,2016 年。

257. 崔世平:《唐五代時期的球場與城市空間》,《敦煌吐魯番文書與中古史研究:朱雷先生八秩榮誕祝壽集》,上海古籍出版社,2016 年。

258. 森部豐:《河北定州發現宋代石函初釋——兼論五代宋初華北的吐谷渾與粟特人》,《粟特人在中國:考古發現與出土文獻的新印證》,科學出版社,2016 年。

259. 孫繼民:《唐五代時期的魏州城》,氏著《中古史研究匯纂》,天津古籍出版社,2016 年。

260. 孫繼民:《王處直其人其事》,氏著《中古史研究匯纂》,天津古籍出版社,2016 年。

261. 吳曉亮、王浩禹:《10—13 世紀中國與西歐城市稅的初步研究》,《中國城市史研究論文集》,杭州出版社,2016 年。

262. 張廣達:《從隋唐到宋元時期的胡漢互動兼及名分問題》,《唐宋時期的名分秩序》,政大出版社,2016 年。

263. 孟凡港:《屏盜碑與五代地方賊患治理》,《齊魯學刊》,2017 年第 2 期。

264. 謝智飛:《北宋筆記中晚唐五代年間的茶事》,《農業考古》,2017 年第 2 期。

265. 史俊超:《猜忌與反目——以五代十國三養子爲中心的考察》,《江蘇第二師範學院學報》,2017 年第 3 期。

266. 陳璽:《五代十國錢法淵源發微》,《新西部》(下旬刊),2017 年第 4 期。

267. 胡鵬:《五代時期的食人原因及方法探微》,《安康學院學報》,2017 年第 4 期。

268. 李道新:《遼朝名門——王處直家族》,《遼寧省博物館館刊》,2017 年。

269. 陳小平:《中國古代糧倉史話(六)——五代十國時期的糧倉》,《糧油倉儲科技通訊》,2018 年第 2 期。

270. 丁君濤:《唐五代馬匹價格考》,《東北農業大學學報》(社會科學版),2018 年第 3 期。

271. 羅亮:《姓甚名誰:後唐"同姓集團"考論》,《中華文史論叢》,2018 年第 3 期。

272. 楊際平:《論唐、五代所見的"一田二主"與永佃權》,《中國經濟史研究》,2018 年第 3 期。

273. 馮兵、楊兵:《五代十國時期南北城市發展趨勢與基本面貌》,《南都學壇》,2018 年第 4 期。

274. 吳樹國:《中央與地方關係視野下的五代十國禁榷制度》,《陝西師範大學學報》(哲學社會科學版),2018 年第 4 期。

275. 張艷玉:《唐五代時期内徙吐谷渾人與粟特人關係考述》,《天水師範學院學報》,2018 年第 5 期。

276. 柳立言:《五代治亂皆武人——基於宋代文人對"武人"的批評和贊美》,《"中央研究院"歷史語言研究所集刊》,第 89 本第 2 分,2018 年 6 月。

277. 胡耀飛:《唐五代貢茶與賜茶史料考》,《周秦漢唐文化研究》,第 10 輯,三秦出版社,2018 年。

278. 朱雷:《五代後周〈劉光贊墓誌銘〉所見之"渦口都商税使"考》,《廣州文博》,第 12 輯,文物出版社,2018 年。

279. 李華瑞:《唐宋之際陸路與海路東西交通比較》,《王曾瑜先生八秩祝壽文集》,科學出版社,2018 年。

280. 陳璽:《隋唐五代銅法之構建與運作》,《社會科學輯刊》,2019 年第 1 期。

281. 馮兵、黄俊棚:《隋唐五代坊市制與城市社會管理》,《上海師範大學學報》(哲學社會科學版),2019 年第 1 期。

282. 馮兵、黄俊棚:《隋唐五代時期人口變遷與城市發展》,《學習與實踐》,2019 年第 1 期。

283. 胡耀飛:《唐五代茶産地綜考》,《黑龍江社會科學》,2019 年第 1 期。

284. 鄧文睿:《隋唐五代時期都市民族融合與城市發展》,《傳媒論壇》,2019 年第 2 期。

285. 蔣猷龍:《隋唐五代時期的蠶業》,《蠶桑通報》,2019 年第 2 期。

286. 刁培俊:《政局演進與唐宋士族轉型的經濟元素——淺議唐宋士族研究的問題與方法》,《史學月刊》,2019 年第 3 期。

287. 丁君濤:《唐五代漁獵户的生産活動》,《古今農業》,2019 年第 4 期。

288. 丁海斌、李秋鴿:《隋唐五代時期的商業文書》,《檔案》,2019 年第 5 期。

289. 么振華、孫小燕:《五代十國災害救治特徵略論》,《平頂山學院學報》,2019 年第 6 期。

290. 鄧文睿:《隋唐五代城市居民的節日及娱樂生活淺談》,《中國地名》,2019 年第 9 期。

291. 鄧文睿:《隋唐五代城市社會等級與社會結構變遷》,《北京印刷學院學報》,2019 年第 10 期。

292. 蔡偉瀚:《晚唐五代中央與地方關係研究——以買宴爲例》,《江西社會科學》,2019 年第 12 期。

293. 陳弱水:《唐五代女性的意義世界——兼顧基層與菁英的考察》,《中國史學》,第 29 卷,2019 年。

294. 李昀:《公元 7—11 世紀胡藥碙砂輸入中原考》,《敦煌吐魯番研究》,第 18 輯,上海古籍出版社,2019 年。

295. 岳東:《唐、五代城郭的水門》,《乾陵文化研究》,第 13 輯,三秦出版社,2019 年。

4-7 文獻整理

1. 温廷敬:《〈舊五代史校補〉序》,《中山大學文史學研究所月刊》,第 1 卷第 2 期,1933 年。

2. 馮家昇:《〈遼史〉與〈金史〉、新舊〈五代史〉互證舉例》,《史學年報》,第 2 卷第 1 期,1934 年。

3. 李埏(幼舟):《歐史徐注糾謬》,《民意日報》,1948 年 4 月 13 日。

4. 陳垣:《〈舊五代史〉輯本引書卷數多誤例》,《文史》,第 3 輯,1963 年。

5. 昌彼得:《跋宋十二行本〈五代史記〉》,(臺北)《故宮季刊》,第 1 卷第 2 期,1966 年。

6. 林瑞翰:《資治通鑒五代紀補注》(上),《幼獅學志》,第 11 卷第 1 期,1973 年 3 月。

7. 林瑞翰:《資治通鑒五代紀補注》(下),《幼獅學志》,第 11 卷第 2 期,1973 年 6 月。

8. 梁太濟:《薛史"輯本因避諱而改動的文字",爲什麼"一般不再改回"?——對〈舊五代史〉點校本的一點意見》,《内蒙古大學學報》,1977 年第 5 期。

9. 劉凱鳴:《〈舊五代史〉標點商榷》,《杭州大學學報》,1980 年第 2 期。

10. 胡文楷:《薛史〈王仁裕傳〉輯補》,《中華文史論叢》,1980 年第 8 輯。

11. 蘇乾英:《〈舊五代史·党項傳〉族姓考》,《中華文史論叢》,1980 年第 8 輯。

12. 周征松:《〈通歷〉續篇和〈舊五代史〉的校補》,《山西師範學院學報》,1982 年第 1 期。

13. 程弘:《讀〈舊五代史〉札記》,《文史》,第 16 輯,1982 年。

14. 陳垣:《以〈册府〉校〈薛史〉計劃》,《陳垣史學論文集》,第 2 集,中華書局,1982 年。

15. 張凡:《〈舊五代史〉輯補——輯自〈永樂大典〉》,《歷史研究》,1983 年第 4 期。

16. 樊一:《點校本〈舊五代史〉"王衍傳"斷句質疑一則》,《文史》,第 19 輯,1983 年。

17. 梁太濟:《〈續資治通鑑長編〉前八十卷標點和校勘中的一些問題》,《宋史研究通訊》,1984 年第 2 期。

18. 陳春嘯:《〈伶官傳序〉内容考實和分析》,《北京師範大學學報》,1984 年第 4 期。

19. 邢大華:《〈伶官傳序〉中的有關史實》,《教學通訊》,1984 年第 10 期。

20. 蘇乾英:《〈舊五代史·党項傳〉族姓蕃名考》,《復旦學報》(社會科學版),1985 年第 1 期。

21. 湯開建:《〈〈舊五代史·党項傳〉族姓考〉質疑》,《寧夏社會科學》,1985 年第 2 期。

22. 張其凡:《校點本〈舊五代史〉獻疑(九則)》,《安徽史學》,1985 年第 3 期。

23. 賈敬顔:《〈晋出帝北遷記〉疏證稿》,《北方文物》,1986 年第 1 期。

24. 胡可先:《〈北夢瑣言〉志疑》,《徐州師範學院學報》,1987 年第 1 期。

25. 張其凡:《三史(通鑒、舊五代史、宋史)點校本獻疑》,《古籍整理與研究》,1987 年第 1 期。

26. 婁雨亭:《〈新五代史·四夷附録〉標點辨誤一則》,《中國歷史地理論叢》,1989 年第 2 期。

27. 朱玉龍:《中華版〈舊五代史〉考證》,《安徽史學》,1989 年第 2 期。

28. 朱玉龍:《中華版〈舊五代史〉考證》(2),《安徽史學》,1989 年第 4 期。

29. 朱玉龍:《中華版〈舊五代史〉考證》(3),《安徽史學》,1990 年第 2 期。

30. 朱玉龍:《中華版〈舊五代史〉考證》(4),《安徽史學》,1990 年第 3 期。

31. 婁雨亭:《後晋〈于闐國行程記〉作者訂訛》,《中國歷史地理論叢》,1990 年第 4 期。

32. 齊勇鋒:《標點本新、舊〈五代史〉校勘拾零》(一、二),《文史》,第 33 輯,1990 年。

33. 于學義:《〈舊五代史〉〈資治通鑒〉證誤各一則》,《史學月刊》,1991 年第 2 期。

34. 余和祥:《〈舊五代史·外國列傳〉考實》,《中南民族學院學報》(哲學社會科學版),1991 年第 5 期。

35. 宋玉昆:《〈册府元龜·舊五代史〉補校掇瑣》,《江蘇圖書館學報》,1992 年第 5 期。

36. 潘學忠:《〈舊五代史〉質疑一則》,《中國史研究》,1993 年第 4 期。

37. 張金銑:《〈新五代史〉勘誤一則》,《中國史研究》,1993 年第 4 期。

38. 陳尚君:《〈永樂大典〉殘卷校〈舊五代史〉札記》,《書品》,1994 年第 3 期。

39. 鄭傑文:《〈舊五代史〉〈新五代史〉點校獻疑》,《歷史教學》,

1994 年第 3 期。

40. 李勃:《〈新五代史・職方考〉補正一則》,《中國歷史地理論叢》,1995 年第 2 期。

41. 陳尚君:《〈舊五代史〉補傳十六篇》,《文獻》,1995 年第 3 期。

42. 楊光華:《〈新五代史〉、〈十國春秋〉正誤各一則》,《文獻》,1995 年第 4 期。

43. 宋玉昆:《〈册府元龜〉中的〈舊五代史〉補校議》,《江蘇圖書館學報》,1995 年第 5 期。

44. 陳智超:《〈舊五代史〉輯本的得失》,《慶祝鄧廣銘教授九十華誕論文集》,河北教育出版社,1997 年。

45. 葉恭綽:《〈五代十國文〉序》,氏著《遐庵小品》,北京出版社,1998 年。

46. 陳智超:《〈舊五代史〉輯本之檢討與重新整理之構想》,《史學史研究》,1999 年第 4 期。

47. 陳尚君:《清輯〈舊五代史〉評議》,《學術月刊》,1999 年第 9 期。

48. 徐時儀:《讀〈舊五代史〉札記一則》,《古籍整理研究學刊》,2001 年第 1 期。

49. 董恩林:《〈舊五代史〉校讀札記》,《古籍整理研究學刊》,2001 年第 6 期。

50. 張興武:《顧櫰三〈補五代史藝文志〉誤收唐、宋藝文考略》,《文獻》,2002 年第 4 期。

51. 董恩林:《〈舊五代史〉考證》,《文史》,第 58 輯,2002 年。

52. 李全德:《點校本〈舊五代史〉校誤》,《中國史研究》,2003 年第 1 期。

53. 房鋭:《〈北夢瑣言〉輯佚》,《四川師範大學學報》,2004 年第 6 期。

54. 房鋭:《〈北夢瑣言〉結集時間再認識》,《晚唐五代巴蜀文學論稿》,巴蜀書社,2005 年。

55. 詹緒左：《〈祖堂集〉校讀記》，《安徽師範大學學報》（人文社科版），2006 年第 1 期。

56. 房銳：《〈北夢瑣言〉的文獻校勘價值》，《四川師範大學學報》（社會科學版），2006 年第 2 期。

57. 劉雁翔：《王仁裕〈玉堂閑話·麥積山〉注解》，《敦煌學輯刊》，2006 年第 2 期。

58. 陳尚君：《〈舊五代史〉重輯的回顧與思考》，《中國文化》，第 25—26 期合刊，2007 年第 2 期。

59. 屈直敏：《後唐李延範〈敦煌新錄〉輯考》，《敦煌學輯刊》，2007 年第 3 期。

60. 蒲向明：《校訂和注疏〈玉堂閑話〉的幾個問題》，《前沿》，2008 年第 1 期。

61. 張明華：《新舊〈五代史〉地名勘誤一則》，《中國歷史地理論叢》，2008 年第 1 期。

62. 陳智超：《輯補〈舊五代史·梁太祖本紀〉導言》，《隋唐遼宋金元史論叢》，第 1 輯，上海古籍出版社，2011 年。

63. 陳智超、鄭慶寰：《〈舊五代史〉諸志標準本的論證》，《江西社會科學》，2012 年第 8 期。

64. 陳智超：《輯補〈舊五代史〉列傳導言》（上），《隋唐遼宋金元史論叢》，第 2 輯，上海古籍出版社，2012 年。

65. 周阿根：《〈舊五代史·薛貽矩傳〉校補》，《江海學刊》，2013 年第 1 期。

66. 陳智超、張龍：《輯補〈舊五代史·梁太祖本紀〉導言》（續），《史學集刊》，2013 年第 5 期。

67. 陳智超：《輯補〈舊五代史〉列傳導言》（中），《隋唐遼宋金元史論叢》，第 3 輯，上海古籍出版社，2013 年。

68. 陳智超：《輯補〈舊五代史〉列傳導言》（下），《隋唐遼宋金元史論叢》，第 4 輯，上海古籍出版社，2014 年。

69. 陳俊達：《〈新五代史〉校正一則》，《黑河學院學報》，2016 年第 6 期。

70. 任玲、吳繼剛:《〈五代墓誌彙考〉釋文校勘》,《樂山師範學院學報》,2016 年第 10 期。

71. 仇鹿鳴:《"規範"與"馬脚"——對〈舊五代史〉影庫本粘簽、批校的若干認識》,《隋唐遼宋金元史論叢》,第 6 輯,上海古籍出版社,2016 年。

72. 鄭慶寰:《〈舊五代史·地理志〉所收"十道"内容辨析》,《唐史論叢》,第 23 輯,三秦出版社,2016 年。

73. 孫先文:《〈舊五代史·楊凝式傳〉勘誤一則》,《蘭臺世界》,2017 年第 16 期。

74. 龍坡濤:《〈新五代史〉與〈舊五代史〉疑誤辨析》,《圖書館研究與工作》,2018 年第 1 期。

75. 郭玉春:《〈舊五代史〉卷一九勘誤》,《中國史研究》,2018 年第 3 期。

76. 郭玉春:《修訂本〈舊五代史〉校補十三則》,《古籍整理研究學刊》,2018 年第 6 期。

77. 吳繼剛:《新、舊〈五代史〉勘誤四則》,《唐史論叢》,第 27 輯,三秦出版社,2018 年。

78. 魯明:《點校本〈舊五代史〉修訂本初稿刍議》,《中國典籍與文化》,2019 年第 2 期。

79. 葉曉芬、李玉婧:《兩〈五代史〉俗語詞考釋》,《惠州學院學報》,2019 年第 2 期。

80. 于宏偉:《〈舊五代史〉勘誤一則》,《蘭臺世界》,2019 年第 8 期。

4-8 史學與史學史

1. 夏承燾:《〈五代史記〉題解》,《民鐸雜誌》,第 9 卷第 4 期,1928 年。

2. 陳登原:《薛氏〈舊五代史〉之冥求》,《東方雜誌》,第 27 卷第 14 期,1930 年。

3. 夏定域:《五代史書目》,《"國立"第一中山大學語言歷史學研究所周刊》,第 120 期,1930 年。

4. 班書閣:《〈五代史記〉纂誤釋例》,《女師學院期刊》,第 1 卷第 1 期,1933 年。

5. 班書閣:《〈五代史記〉注引書檢目》,《女師學院期刊》,第 2 卷第 2 期,1933 年。

6. 柳詒征:《陸放翁之修史》,《國史館館刊》,第 1 卷第 2 期,龍門書店,1948 年 8 月。

7. 王季思:《劉知遠故事的演化》,《國文月刊》,第 79 期,1949 年。

8. 傅衣凌:《關於朱溫的評價》,《廈門大學學報》,1959 年第 1 期。

9. 粘尚友:《〈關於對朱溫評價〉的一些看法》,《廈門大學學報》,1959 年第 2 期。

10. 胡如雷:《關於朱溫的評價問題》,《光明日報》,1959 年 9 月 17 日。

11. 鄭逸梅:《薛居正〈舊五代史〉之謎》,《文匯報》,1961 年 6 月 23 日。

12. 柴德賡:《論歐陽修的〈新五代史〉》,《人民日報》,1965 年 7 月 2 日。

13. 小川環樹:《歐陽修〈新五代史〉的文體特色》,《書和人》,第 51 期,1967 年 2 月。

14. 呂謙舉:《五代暨兩宋的史學》,《人生月刊》,第 32 卷第 12 期,1968 年 4 月。

15. 周梁楷:《從〈新五代史〉談中國正史》,《史苑》,第 10 期,1968 年 6 月。

16. 錢穆:《歐陽修〈新五代史〉與〈新唐書〉》,《文藝復興》,第 25 期,1972 年 1 月。

17. 林瑞翰:《歐陽修〈五代史記〉之研究》,《臺大文史哲學報》,第 23 期,1974 年 10 月。

18. 魏子雲:《關於歐陽修〈五代史·一行傳序〉》,(臺北)《中華日報》,1976 年 2 月 11 日。

19. 陳伯岩:《評朱溫》,《中國古代史論文集》,1979 年第 1 輯。

20. 邱添生:《論唐宋變革期的歷史意義——以政治、社會、經濟之演變爲中心》,《臺灣師範大學歷史學報》,第 7 期,1979 年。

21. 姚瀛艇:《歐陽修的史論》,《河南師大學報》,1980 年第 2 期。

22. 姚瀛艇:《論〈新五代史〉的人物評價》,《中國古代史論叢》,1981 年第 1 輯。

23. 林艾園:《〈北夢瑣言〉的史料價值》,《華東師範大學學報》,1982 年第 5 期。

24. 孔憲易《“霍四究說〈三分〉,尹常賣〈五代史〉”質疑》,《文史》,第 14 輯,1982 年。

25. 彭久松:《〈資治通鑒〉五代長編分修人考》,《四川師範大學學報》,1983 年第 1 期。

26. 嚴明:《深邃的思想,精湛的技巧——讀歐陽修〈五代史·伶官傳序〉》,《自修大學》(文史哲經專業),1983 年第 1 期。

27. 鄭學檬:《關於石敬瑭評價的幾個問題》,《廈門大學學報》(哲學社會科學版),1983 年第 1 期。

28. 鄧元煊:《〈伶官傳序〉淺析》,《四川師範學院學報》(社會科學版),1983 年第 4 期。

29. 黄建宏:《〈伶官傳序〉結構藝術談》,《語文教學與研究》,1983 年第 4 期。

30. 朱仲玉:《陸游的史學成就》,《浙江學刊》,1983 年第 4 期。

31. 吳小如:《讀〈五代史·伶官傳序〉》,《文史知識》,1983 年第 9 期。

32. 徐明德:《應該怎樣評價朱溫?》,《杭州大學校刊》,第 74 期,1983 年 10 月 15 日。

33. 朱仲玉:《學習五代十國歷史的重要參考書》,《文史知識》,1983 年第 11 期。

34. 傅經順:《憂勞興國,逸豫亡身——歐陽修〈新五代史·伶官傳序〉》,《河北師範學院學報》,1984 年第 1 期。

35. 季三:《〈五代史·伶官傳序〉淺説》,《寧夏大學學報》,1984 年第 1 期。

36. 李培根:《讀〈伶官傳序〉》,《寧夏教育學院學刊》,1984 年第 1 期。

37. 王天順:《歐陽修的〈五代史記〉和他的"春秋學"》,《南開史學》,1984 年第 1 期。

38. 潘民中:《〈舊五代史〉究竟始修和成書於何時?》,《歷史教學》,1984 年第 2 期。

39. 王立:《草木爲之含悲,風雲因而變色——談〈伶官傳序〉與〈黄花崗烈士事略序〉的悲劇美》,《語言文學》,1984 年第 3 期。

40. 鄭振鐸:《〈劉知遠諸宫調〉跋》,《鄭振鐸古典文學論文集》,上海古籍出版社,1984 年。

41. 朱仲玉:《吴任臣和〈十國春秋〉》,《中國歷史文獻研究集刊》,第 4 輯,岳麓書社,1984 年。

42. 倉修良、陳仰光:《〈新五代史〉編修獻疑》,《山西大學學報》,1985 年第 3 期。

43. 黄敬欽:《劉知遠故事遞變始末》,《逢甲學報》,第 18 期,1985 年 11 月。

44. 鄭學檬:《薛居正》,《中國史學家評傳》中册,中州古籍出版社,1985 年。

45. 裘漢康:《試論歐陽修〈新五代史〉的寫作特色》,《中山大學學報》,1986 年第 2 期。

46. 王天順:《歐陽修〈五代史記〉的修撰與〈史通〉理論》,《寧夏大學學報》(社會科學版),1986 年第 3 期。

47. 陶懋炳:《新舊〈五代史〉平議》,《史學史研究》,1987 年第 2 期。

48. 孫祚民:《石敬瑭的評價及有關民族關係的幾個理論問題》,《北方論叢》,1987 年第 4 期。

49. 鄭滋斌:《清代學人研究五代史事之著作述評》,《中國文化研究所學報》,第 18 期,1987 年。

50. 黄啓昌:《〈通鑒〉五代史的特點》,《華中師範大學研究生學報》,1988 年第 3 期。

51. 李曼華:《他山之石,可以攻玉——歐陽修〈伶官傳序〉賞析》,《撫順教育學院學報》,1988 年第 3 期。

52. 曉天:《北宋史學家陶岳其人其書考略》,《求索》,1988 年第 6 期。

53. 林家驪:《試論歐陽修〈新五代史〉序和論的寫作技巧》,《殷都學刊》,1989 年第 1 期。

54. 曾國富:《八十年代以來五代十國史研究述議》,《中國史研究動態》,1989 年第 4 期。

55. 劉兆祐:《宋代霸史類史籍考》,《"國立"中央圖書館館刊》,第 22 卷第 1 期,1989 年 6 月。

56. 蔣復璁:《宋歐陽修撰〈五代史記〉的意義》,《"中央研究院"第二屆國際漢學會議論文集》,1989 年。

57. 李則芬:《〈舊五代史〉二三事》,氏著《隋唐五代歷史論文集》,臺灣商務印書館,1989 年。

58. 莊學君:《〈北夢瑣言〉研究》,《西南師範大學學報》(哲學社會科學版),1990 年第 1 期。

59. 單遠慕:《薛居正和他的〈舊五代史〉》,《河南師範大學學報》(哲學社會科學版),1990 年第 2 期。

60. 謝保成:《談五代十國的史學發展》,《河南大學學報》(哲學社會科學版),1990 年第 4 期。

61. 宋衍申:《〈舊五代史〉》,《中國史學名著評介》,第 1 卷,山東教育出版社,1990 年。

62. 宋衍申:《〈新五代史〉》,同上。

63. 雷近芳:《陸放翁治史考》,《信陽師範學院學報》(哲學社會科學版),1991 年第 1 期。

64. 陳光崇:《尹洙與〈新五代史〉小議》,《遼寧大學學報》,1991 年第 2 期。

65. 劉仁亮：《薛居正與〈舊五代史〉述論》，《河北師院學報》，1991 年第 2 期。

66. 曾貽芬：《五代時期在歷史文獻學上的重要成就》，《史學史研究》，1991 年第 2 期。

67. 趙叔鍵：《論歐陽修作〈新五代史〉之意義》，《光武學報》，第 16 期，1991 年 6 月。

68. 雷近芳：《論陸游的史鑒思想》，《信陽師範學院學報》，1992 年第 1 期。

69. 張樹霞：《從〈新五代史〉看歐陽修社會歷史觀》，《牡丹江師範學院學報》，1992 年第 2 期。

70. 韓兆琦、吳鶯：《歐陽修〈新五代史〉簡論》，《北京師範大學學報》（社會科學版），1992 年第 3 期。

71. 雷近芳：《論陸游的史識與史才》，《史學月刊》，1992 年第 4 期。

72. 彭小平：《路振史學著作述略》，《湘潭大學學報》（社會科學版），1992 年第 4 期。

73. 杜文玉、羅勇：《〈新五代史〉與歐陽修的史學思想》，《贛南師範學院學報》，1993 年第 1 期。

74. 拜根興：《〈北夢瑣言〉結集時間辨析》，《文獻》，1993 年第 3 期。

75. 党天正：《一篇名副其實的"過唐論"——歐陽修〈五代史・伶官傳序〉淺說》，《寶雞文理學院學報》，1993 年第 4 期。

76. 俞梓華：《試論〈史記〉與〈新五代史〉的文章》，《浙江師大學報》（社會科學版），1993 年第 6 期。

77. 李俊清：《王溥評傳》，《三晉歷史人物》，第 2 冊，書目文獻出版社，1993 年。

78. 王文清：《〈伶官傳序〉藝術談》，《泰安師專學報》，1994 年第 4 期。

79. 李烈輝：《薛居正與檔案》，《檔案管理》，1995 年第 2 期。

80. 周建新：《試從〈新五代史〉史論看歐陽修的資治觀》，《萍鄉高等專科學校學報》(社會科學版),1995 年第 2 期。

81. 何宛英:《"兩五代史"比較研究》,《東北師大學報》(哲學社會科學版),1995 年第 3 期。

82. 拜根興:《〈北夢瑣言〉及其作者生平》,《唐史論叢》,第 6 輯,陝西人民出版社,1995 年。

83. 曾海龍:《〈新五代史〉問世的啓迪》,《唐都學刊》,1996 年第 3 期。

84. 梁超然:《重讀〈新五代史・伶官傳序〉》,《作品與争鳴》,1996 年第 6 期。

85. 李家欣:《李煜研究的歷史回顧與思考》,《江漢論壇》,1997 年第 12 期。

86. 林煌達:《歐陽修〈五代史記〉的君臣秩序觀——以對周世宗的評價爲例》,《中正歷史學刊》,第 1 期,1998 年 3 月。

87. 楊昶、姚偉鈞:《歐陽修〈新五代史〉有關問題探討》,《湖北民族學院學報》,1998 年第 2 期。

88. 張子俠:《建國以來朱温研究述評》,《安徽史學》,1998 年第 3 期。

89. 鄭志敏:《略論民國以來臺灣與大陸隋唐五代醫學史的研究》,《新史學》,第 9 卷第 1 期,1998 年 3 月。

90. 曹家齊:《歐陽修私撰〈新五代史〉新論》,《漳州師範學院學報》,1998 年第 4 期。

91. 余敏輝:《聚訟九百年"吳縝公案"之真相》,《商丘師專學報》,1999 年第 1 期。

92. 黃春貴:《〈新五代史・伶官傳序〉賞析》(上),《國文天地》,第 14 卷第 8 期,1999 年 1 月。

93. 黃春貴:《〈新五代史・伶官傳序〉賞析》(下),《國文天地》,第 14 卷第 9 期,1999 年 2 月。

94. 許蓓苓:《〈新編五代史平話〉探析》,《中國文化月刊》,第 228 期,1999 年 3 月。

95. 潘麗琳:《五代孫光憲〈北夢瑣言〉初探》,《東吳中文研究集刊》,第 6 期,1999 年 5 月。

96. 楊昶、姚偉鈞、王玉德:《歐陽修的文史成就——兼論〈新五代史〉的有關問題》,《廬陵文章耀千古——全國首屆歐陽修學術討論會論文集》,百花洲文藝出版社,1999 年。

97. 嚴傑:《贊"〈春秋〉筆法"而非論詩——梅堯臣〈寄滁州歐陽永叔〉詩意辨》,《井岡山師範學院學報》(哲學社會科學版),2000 年第 3 期。

98. 余和祥、陳青偉、金前文:《有關五代十國論著文獻舉要》,余和祥《〈舊五代史〉考實》,廣西民族出版社,2000 年。

99. 張其凡:《關於"唐宋變革期"學說的介紹與思考》,《暨南學報》(哲學社會科學版),2001 年第 1 期。

100. 張承宗、方南波:《〈新五代史〉徐無黨注述評》,《文獻》,2001 年第 3 期。

101. 周流溪:《五代十國紀年與史書》,《史學史研究》,2001 年第 4 期。

102. 李玉梅:《思想和藝術頗豐的史論名篇——淺析歐陽修的〈五代史·伶官傳序〉》,《河北建築科技學院學報》(社會科學版),2002 年第 2 期。

103. 康建強、余敏輝:《徐無黨生平學術考略》,《淮北煤炭師範學院學報》(哲學社會科學版),2002 年第 4 期。

104. 趙維平:《薛居正、歐陽修論史之比較》,《河南教育學院學報》,2002 年第 4 期。

105. 劉静貞:《書寫與事實之間——〈五代史記〉中的女性像》,《中國史學》12,2002 年。

106. 房鋭:《〈北夢瑣言〉與唐五代史籍》,《四川師範大學學報》(社會科學版),2003 年第 4 期。

107. 李華瑞:《20 世紀中日"唐宋變革"觀研究述評》,《史學理論研究》,2003 年第 4 期。

108. 葛金芳、曾育榮:《20 世紀以來唐宋之際經濟格局變遷研究綜述》,《湖北大學學報》(哲學社會科學版),2003 年第 6 期。

109. 羅褘楠：《模式及其變遷——史學史視野中的唐宋變革問題》，《中國文化研究》，2003 年夏之卷。

110. 張守連：《俗文學中石敬瑭故事的由來及演變》，《中國學研究》，第 6 輯，濟南出版社，2003 年。

111. 宋馥香、王海燕：《論歐陽修〈新五代史〉的編纂特點》，《吉林師範大學學報》（人文社會科學版），2004 年第 1 期。

112. 張金銑：《趙翼論新、舊〈五代史〉的文獻價值與史學價值》，《安徽大學學報》（哲學社會科學版），2004 年第 2 期。

113. 楊緒敏：《論邵晉涵古籍整理研究之成就》，《古籍整理研究學刊》，2004 年第 5 期。

114. 党天正：《“過秦”與“過唐”——〈新五代史·伶官傳序〉與〈過秦論〉對讀》，《商丘師範學院學報》，2004 年第 6 期。

115. 曾瑞龍、趙雨樂：《唐宋軍政變革史研究述評》，《宋代制度史研究百年（1900—2000）》，商務印書館，2004 年。

116. 宋馥香、王海燕：《〈新五代史〉對“不沒其實”原則的具體應用》，《河北職業技術學院學報》，2005 年第 2 期。

117. 房銳：《〈續通歷〉考辨》，《史學史研究》，2005 年第 4 期。

118. 樓含松：《李存孝形象與五代史故事的傳播——兼論古代通俗小説的文人化》，《浙江大學學報》（人文社會科學版），2005 年第 4 期。

119. 劉浦江：《正統論下的五代史觀》，《唐研究》，第 11 卷，北京大學出版社，2005 年。

120. 張廣達：《内藤湖南的唐宋變革説及其影響》，《唐研究》，第 11 卷，北京大學出版社，2005 年。

121. 戴仁柱：《〈新五代史〉英文版序言》，《安徽師範大學學報》（人文社會科學版），2006 年第 3 期。

122. 張明華：《理論、現實與修史實踐——歐陽修的排佛理論及在〈新五代史〉撰寫中的應用》，《贛南師範學院學報》，2006 年第 4 期。

123. 李華瑞：《關於唐宋變革論的兩點思考》，《唐宋變革論》，黃山書社,2006 年。

124. 李致忠:《五代版印實録與文獻記録》,《文獻》,2007 年第 1 期。

125. 張明華:《張昭遠與五代史籍》,《史學史研究》,2007 年第 2 期。

126. 房鋭:《〈北夢瑣言〉與五代實録》,《史學史研究》,2007 年第 3 期。

127. 張明華:《徐無黨辯誣與〈新五代史〉的重新定位研究初探》,《贛南師範學院學報》,2007 年第 5 期。

128. 祁龍威:《讀〈新五代史〉興感》,《揚州文學》,2007 年第 6 期。

129. 黄東陽:《"歷史詮釋"禁制的容讓——〈新編五代史平話〉對朝代興替詮解的方法及其影響》,《漢學研究集刊》,第 5 期,2007 年 12 月。

130. 謝貴安:《〈五代實録〉修纂考》,《人文論叢·2005 年卷》,武漢大學出版社,2007 年。

131. 謝貴安:《唐五代實録修纂機構考述》,《歷史文獻研究》,第 26 輯,華中師範大學出版社,2007 年。

132. 辛德勇:《談傳言所説晚近存世金刻本〈舊五代史〉乃絶無其事》,《中華文史論叢》,2008 年第 3 輯。

133. 東英壽:《從虚詞的使用看歐陽修〈五代史記〉的文體特色》,《江西師範大學學報》(哲學社會科學版),2008 年第 4 期。

134. 王德毅:《宋代史家的五代史學》,《鄧廣銘教授百年誕辰紀念論文集》,中華書局,2008 年。

135. 向燕南、石静:《20 世紀新舊〈唐書〉與新舊〈五代史〉研究述評》,《史學理論與史學史學刊》,第 6 輯,社會科學文獻出版社,2008 年。

136. 顧宏義:《〈新五代史〉未爲韓通立傳原因試探》,《史學史研究》,2009 年第 3 期。

137. 劉文英:《吴任臣生年及事迹考》,《史學史研究》,2009 年第 3 期。

138. 張明華:《論〈新五代史〉的文學藝術功能》,《淮北煤炭師範學院學報》(哲學社會科學版),2009 年第 4 期。

139. 鄧鋭:《尹洙〈五代春秋〉對〈春秋〉書法的繼承》,《淮北煤炭師範學院學報》(哲學社會科學版),2009 年第 6 期。

140. 羅炳良:《張其凡先生與五代兩宋軍事史研究》,《張其凡教授榮開六秩紀念文集》,上海人民出版社,2009 年。

141. 鄭滋斌:《從〈孟子〉"舜竊父負而逃"與〈新五代史·周世宗家人傳論〉——論儒家的"權"説與覺醒精神》,《儒學的當代使命——紀念孔子誕辰 2560 周年國際學術研討會論文集》,九州出版社,2009 年。

142. 吳業國:《歐陽修〈新五代史〉與北宋忠節禮義的重建》,《河南大學學報》(社會科學版),2010 年第 3 期。

143. 盛險峰:《論〈新五代史〉的廉恥觀》,《北方論叢》,2010 年第 4 期。

144. 莊興亮:《五代史臣對於後宮問題的立場——以〈舊唐書〉"永徽六年事件"爲探討中心》,《亞洲研究》,第 10 輯,2010 年 8 月。

145. 盛險峰:《論〈新五代史〉的士人觀》,《史林》,2011 年第 1 期。

146. 楊蕤:《五代、宋時期陸上絲綢之路研究述評》,《西域研究》,2011 年第 3 期。

147. 王立:《羅貫中〈殘唐五代史演義傳〉的佛經及印度淵源》,《東疆學刊》,2011 年第 4 期。

148. 盛險峰:《〈新五代史〉的理性與價值》,《北方論叢》,2011 年第 6 期。

149. 王耀明、施建雄:《民族交融的五代遼金元時期歷史編纂的文化取向》,《陝西師範大學學報》(社會科學版),2011 年第 6 期。

150. 洪子惠:《歐陽修〈新五代史〉列傳的人物品評標準與藝術特色》,《臺南應用科大學報》,第 30 期,2011 年 10 月。

151. 楊超、張固也:《五代藝文補志述評》,《圖書情報工作》,

2011 年第 23 期。

152. 商娜娜、張志强、萬晋、王怡然、王瑩:《近十年（2000—2009）來隋唐五代史研究綜述》,《中國唐史學會會刊》,第 30 期,2011 年。

153. 張明華:《〈新五代史〉注文内容研究》,《裴汝誠教授八秩壽慶論文集》,中華書局,2011 年。

154. 張新科、任競澤:《褒貶祖〈春秋〉,叙述祖〈史記〉——歐陽修〈新五代史〉傳記風格探微》,《陝西師範大學學報》(哲學社會科學版),2012 年第 2 期。

155. 周春江:《趙翼論唐五代藩鎮問題》,《合肥學院學報》(社會科學版),2012 年第 5 期。

156. 胡耀飛整理:《五代十國研究中文論著目録》(上),《中國唐史學會會刊》,第 31 期,2012 年。

157. 熊鳴琴:《論宋太祖推服桑維翰:兼談宋代"民族主義"之特質》,《江西社會科學》,2012 年第 12 期。

158. 許慶江:《歐陽修與尹洙合撰〈五代史〉本末考》,《蘭臺世界》,2012 年第 18 期。

159. 牟發松:《"唐宋變革説"三題——值此説創立一百周年而作》,《思勉論叢》,第 1 輯,上海人民出版社,2012 年。

160. 牟發松:《文化接受視野中的唐宋變革述論》,《歷史教學問題》,2013 年第 1 期。

161. 付燕:《黑水城文獻〈劉知遠諸宮調〉創作時間及作者考辨》,《西夏學》,2013 年第 2 期。

162. 刁培俊:《"唐宋社會變革"假説的反思與區域視野下的"歷史中國"》,《學術月刊》,2013 年第 2 期。

163. 胡耀飛整理:《五代十國研究中文論著目録》(中),《中國唐史學會會刊》,第 32 期,2013 年。

164. 謝貴安:《五代十國實録研究》,氏著《中國已佚實録研究》,上海古籍出版社,2013 年。

165. 郭桂坤:《賈緯及其〈唐年補録〉》,《史學史研究》,2014 年第 1 期。

166. 吴樹航、顧乃武:《論宋人的唐五代藩鎮觀》,《鷄西大學學報》,2014 年第 7 期。

167. 趙法山:《〈柴德賡點校新五代史〉編輯感言》,《博覽群書》,2014 年第 11 期。

168. 胡耀飛整理:《五代十國研究中文論著目録》(下),《中國唐史學會會刊》,第 33 期,2014 年。

169. 張峰:《五代時期歷史編纂優良傳統經受的考驗》,《人文雜誌》,2014 年第 12 期。

170. 曾育榮:《〈五代史闕文〉管窺》,《張其凡教授榮休紀念文集》,華中師範大學出版社,2014 年。

171. 張恒怡:《静嘉堂所藏〈舊五代史〉鈔本述略》,《文史》,2015 年第 3 期。

172. 胡耀飛:《五代十國史研究的主要史料與論著》,《文匯報》"文匯學人"周刊,2015 年 6 月 26 日。

173. 胡耀飛整理:《唐末五代宋初日人論著綜合目録(初稿)》,《宋史研究通訊》,第 65 期,2015 年。

174. 鄭淑婷:《近五十年來臺灣、香港司空圖研究史論》,《中國文化研究》,2015 年夏之卷。

175. 胡耀飛:《小議〈新五代史〉對〈史記〉體例的繼承和變更——〈新五代史〉讀書札記一則》,《史記論叢》,第 12 集,中國文史出版社,2015 年。

176. 張劍光:《宋人筆記的史料價值——基於唐五代社會資料爲核心的考察》,《山西大學學報》(哲學社會科學版),2016 年第 4 期。

177. 李卓穎:《北宋前期改作五代史之研究》,《中國史學》,第 26 卷,2016 年 10 月。

178. 謝勵斌:《近三十年五代十國時期人文歷史地理研究綜述》,《現代交際》,2016 年第 22 期。

179. 羅亮:《五代正統性與司空圖形象的重塑——〈舊五代史〉

原文有無〈司空圖傳〉問題再探討》,《魏晋南北朝隋唐史資料》,第 32
輯,上海古籍出版社,2016 年。

180. 伍純初:《國史修撰與後唐"中興者"身份的構建》,《傳統
中國研究集刊》,第 15 輯,2016 年。

181. 辛德勇:《關於所謂"新五代史"的書名問題》,氏著《那些
書和那些人》,浙江大學出版社,2016 年。

182. 辛德勇:《由所謂〈新五代史〉的名稱論及新印〈二十四史〉
的題名形式問題》,氏著《那些書和那些人》,浙江大學出版社,
2016 年。

183. 辛德勇:《從〈四庫全書總目〉的著録看清人對〈歐史〉本名
的隔膜》,氏著《那些書和那些人》,浙江大學出版社,2016 年。

184. 張邦煒:《"唐宋變革"論的首倡者及其他》,《程應鏐先生
百年誕辰紀念文集》,上海古籍出版社,2016 年。

185. 唐雯:《〈新五代史〉宋元本溯源》,《文史》,2017 年第 2 輯。

186. 梁祥鳳:《五代王溥著述考述》,《安徽工業大學學報》(社
會科學版),2017 年第 6 期。

187. 李兵:《九種五代藝文補志述略》,《大衆文藝》,2017 年第
15 期。

188. 胡耀飛:《民國以來心理史學在隋唐五代史研究中的運
用》,《乾陵文化研究》,第 11 輯,三秦出版社,2017 年。

189. 胡耀飛:《試論繆荃孫的五代史研究:以〈補五代史方鎮表〉
爲中心》,《史學理論與史學史學刊》,2017 年上卷(總第 16 卷),社會
科學文獻出版社,2017 年。

190. 胡耀飛:《五代十國考古發現與研究學術研討會綜述》,《中
國唐史學會會刊》,第 36 期,中國唐史學會,2017 年。

191. 梁祥鳳、李玉紅:《〈五代會要〉的史學價值研究》,《巢湖學
院學報》,2018 年第 1 期。

192. 劉後濱:《改革開放 40 年來的隋唐五代史研究》,《中國史
研究動態》,2018 年第 1 期。

193. 屈寧:《〈新五代史〉編纂思想考論》,《求是學刊》,2018 年

第 5 期。

194. 紀植元:《小議"十八騎取長安"與"五王困彦章"——從〈殘唐五代史演義〉看五代故事在宋元之演化》,《曲藝》,2018 年第 8 期。

195. 鄭朝彬:《〈五代春秋〉的著録情況及版本流傳考述——以〈宋元明清書目題跋叢刊〉爲中心》,《安順學院學報》,2019 年第 1 期。

196. 崔壯:《陳鱣〈續唐書〉編纂述議》,《魏晋南北朝隋唐史資料》,第 40 輯,上海古籍出版社,2019 年。

197. 胡耀飛:《唐宋之際諸家"幸蜀記"流傳考》,《唐史論叢》,第 29 輯,三秦出版社,2019 年。

4-9 馮道研究

1. 梁紹傑:《馮道——五代的一個大臣評價》,(香港)《友文》,第 6 期,1966 年 10 月。

2. 王賡武:《馮道——論儒家的忠君思想》,《中國歷史人物論集》,正中書局,1973 年。

3. 雷家驥:《馮道評傳》,《鵝湖》,第 1 卷第 10 期,1976 年 4 月。

4. 李少軍:《馮道的做官之道》,《讀書》,1980 年第 1 期。

5. 李雙璧:《馮道其人》,《人物》,1982 年第 2 期。

6. 任崇岳:《略論馮道》,《史學月刊》,1985 年第 5 期。

7. 徐遜:《説馮道》,《文史知識》,1985 年第 7 期。

8. 陳忠信:《論五代的馮道》,《歷史教學問題》,1986 年第 1 期。

9. 張傑:《歷仕四姓十一帝的馮道》,《遼寧大學學報》,1989 年第 5 期。

10. 安夫:《動蕩的年代,幸運的文人:五代時的"不倒翁"馮道》,《文史知識》,1991 年第 5 期。

11. 郭宗益:《〈舊五代史·馮道傳〉與〈新五代史·馮道傳〉之比較》,《史繹》,第 23 期,1992 年 5 月。

12. 鄒勁風:《馮道雜談:兼談歷史人物評價》,《南京大學學報》,

1993 年第 3 期。

13. 葛劍雄:《亂世的兩難選擇:馮道其人其事》,《讀書》,1995 年第 2 期。

14. 秦新林:《馮道新論》,《殷都學刊》,1996 年第 2 期。

15. 武鳳洲:《馮道事迹考》(上),《渤海學刊》,1996 年第 2 期。

16. 郝兆矩:《論馮道》,《浙江學刊》,1996 年第 4 期。

17. 王世英、金榮國:《佞臣馮道》,《延邊大學學報》,1996 年第 4 期。

18. 武鳳洲:《馮道事迹考》(下),《渤海學刊》,1996 年增刊。

19. 李模:《略論馮道——兼與王世英、金榮國先生商榷》,《延邊大學學報》(社會科學版),1998 年第 2 期。

20. 吕喜林:《論五代時期的"不倒翁"馮道》,《陰山學刊》,1999 年第 1 期。

21. 葉隽:《塔列朗與馮道之比較》,《法國研究》,1999 年第 1 期。

22. 王景山:《作詩爲馮道辯解的枝巢老人》,《博覽群書》,1999 年第 10 期。

23. 方聞:《從張獻忠、錢謙益、馮道説到"第三條道路"和"史識"問題》,《文藝理論與批評》,2002 年第 1 期。

24. 戴顯群:《論四朝宰相馮道》,《長沙電力學院學報》(社會科學版),2003 年第 2 期。

25. 張冰:《評司馬光、歐陽修論馮道》,《成都理工大學學報》(社會科學版),2003 年第 2 期。

26. 傅金才:《馮道的人生之道》,《石家莊師範專科學校學報》,2004 年第 1 期。

27. 路育松:《從對馮道的評價看宋代氣節觀念的嬗變》,《中國史研究》,2004 年第 1 期。

28. 房銳:《虎狼叢中也立身——從〈北夢瑣言〉所載史事論馮道》,《晋陽學刊》,2004 年第 2 期。

29. 陳紹炎:《替馮道辯護》,《畢節師範高等專科學校學報》(綜合版），2004 年第 4 期。

30. 李忠智：《五代四朝的宰相——馮道》，《滄州師範專科學校學報》，2005 年第 1 期。

31. 嚴修：《重新審視馮道》，《復旦學報》（社會科學版），2006 年第 1 期。

32. 傅金才：《論馮道的業績》，《石家莊學院學報》，2006 年第 2 期。

33. 韓鍇：《馮道：一個"狼虎叢中也立身"的清官——兼論廉政的爲民本質》，《探索與争鳴》，2006 年第 2 期。

34. 陳毓文：《從馮道看五代仕宦文人的"守道"意識》，《福建論壇》（社科教育版），2006 年增刊。

35. 魏登雲：《亂世不倒翁馮道"私德圓滿"、"大節缺失"辨正》，《黔南民族師範學院學報》，2007 年第 2 期。

36. 李富麗：《論政治不倒翁馮道爲官之精髓》，《遵義師範學院學報》，2007 年第 3 期。

37. 張家清：《〈馮道傳〉與新舊〈五代史〉的命運》，《書屋》，2007 年第 3 期。

38. 陳毓文：《從李建勛、馮道看五代儒學的新變》，《湖州師範學院學報》，2007 年第 5 期。

39. 柴立金：《馮道現象與中央政權的衰落》，《社科縱橫》（新理論版），2008 年第 4 期。

40. 馬軍：《從馮道看五代士人的從仕心理》，《黑龍江史志》，2008 年第 22 期。

41. 趙望秦、張焕玲：《因陋就簡結碩果、澤被後世名不朽——馮道倡議開雕〈九經〉的動機與效果》，《唐史論叢》，第 10 輯，三秦出版社，2008 年。

42. 黃權才、崔蕾：《論馮道對圖書文化事業的歷史貢獻》，《圖書館界》，2009 年第 1 期。

43. 楊居讓：《傳揚文化——改朝換代時仕宦文人的另一種選擇》，《唐都學刊》，2009 年第 1 期。

44. 柳夏雲：《小議馮道積極諫政的爲政品質》，《南昌師範專科學校學報》,2010 年第 1 期。

45. 陳曉瑩:《歷史與符號之間——試論兩宋對馮道的研究》,《史學集刊》,2010 年第 2 期。

46. 關健英:《馮道現象與五代之亂的道德傷痛》,《學術交流》,2011 年第 6 期。

47. 陳隆予:《馮道刻印九經及其重要意義》,《蘭臺世界》,2011 年第 16 期。

48. 高宏竹:《氣節與廉恥背後的高尚人格——對馮道其人的重新解讀》,《長春師範學院學報》,2012 年第 5 期。

49. 員德政:《淺談馮道的人生哲學》,《山西師大學報》(社會科學版),2012 年增刊。

50. 陸揚:《論馮道的生涯:兼談唐末五代政治文化中的邊緣與核心》,《唐研究》,第 19 卷,北京大學出版社,2013 年。

51. 張明華:《論馮道"不知廉恥"歷史形象的塑造與傳播》,《古史新探》,人民出版社,2013 年。

52. 楊守濤:《亂世也恒臣:五代馮道的爲官特質與藝術》,《領導科學》,2016 年第 13 期。

53. 凌俊峰:《我從馮道熱中嗅到別的味道》,《博覽群書》,2017 年第 2 期。

54. 楊守濤、李萍:《營造清清爽爽的同志關係——唐末五代馮道事迹啓示》,《中國領導科學》,2017 年第 3 期。

55. 張振鐸、陳曉玉:《五代時期馮道的公關思維》,《公關世界》,2017 年第 19 期。

56. 何静:《"大節有虧"的馮道緣何成爲五代"政壇常青樹"》,《領導科學》,2017 年第 25 期。

57. 歐陽敏、范軍:《論五代至北宋中期士大夫對雕版印刷術所持的心態——以馮道、毋昭裔、歐陽修及王安石爲中心》,《中國出版史研究》,2019 年第 2 期。

58. 鄒賀:《馮道年譜略編》,《周秦漢唐文化研究》,第 11 輯,三秦出版社,2019 年。

5. 十國分論

5-1　十國總論

1. 卞孝萱：《五代時期南方諸國與契丹的關係》，《山西師範學院學報》，1957 年第 3 期。

2. 韓國磐：《五代時期南中國經濟發展及其限度》，《廈門大學學報》（社會科學版），1958 年第 1 期。

3. 臧嶸：《關於五代十國時期北方和南方經濟發展估計的幾點看法》，《史學月刊》，1981 年第 2 期。

4. 朱仲玉：《吳任臣和〈十國春秋〉》，《中國歷史文獻研究集刊》，第 4 集，岳麓書社，1984 年。

5. 李紹平：《路振與〈九國志〉》，《史學史研究》，1984 年第 3 期。

6. 鄭學檬：《五代時期長江流域及江南地區的農業經濟》，《歷史研究》，1985 年第 4 期。

7. 鄭學檬：《論唐五代長江中游經濟發展的動向》，《廈門大學學報》，1987 年第 1 期。

8. 張友臣：《〈十國紀年〉存亡略考》，《齊魯學刊》，1987 年第 5 期。

9. 王炎平：《從政治與經濟的關係看三國至五代南方經濟的發展》，《古代長江中游的經濟開發》，武漢出版社，1988 年。

10. 郭武雄：《〈九國志〉纂輯探討與清輯本補遺》，《輔仁歷史學報》，第 1 期，1989 年 7 月。

11. 朱玉龍：《〈十國春秋〉引書考》，《中華文史論叢》，第 54 輯，1995 年 6 月。

12. 吳松弟：《唐後期五代江南地區的北方移民》，《中國歷史地理論叢》，1996 年第 3 期。

13. 莊華峰:《五代時期東南諸國的政策與經濟開發》,《中國史研究》,1998 年第 4 期。

14. 喬治忠:《清初史家吳任臣及其〈十國春秋〉》,《南開大學歷史系建系七十五周年紀念文集》,南開大學出版社,1998 年。

15. 岳毅平:《〈九國志〉叢考》,《文獻》,1999 年第 2 期。

16. 陳志堅:《唐末南方割據中北人武力的作用》,《北京大學研究生學志》,1999 年第 3 期。

17. 劉復生:《五代十國政權與西南少數民族的關係》,《四川大學學報》(哲學社會科學版),2001 年第 2 期。

18. 高新生:《十國吏治與行政法初探》,《長春師範學院學報》,2001 年第 4 期。

19. 王美華:《禮樂制度與十國政治》,《東北師大學報》(哲學社會科學版),2001 年第 5 期。

20. 張劍光:《唐五代江南水上交通路綫的建設》,《歷史教學問題》,2002 年第 2 期。

21. 王美華:《禮樂制度與十國時期的南方文化》,《史學集刊》,2002 年第 3 期。

22. 吳樹國:《論錢米并徵與十國田稅的變遷》,《長春師範學院學報》,2002 年第 3 期。

23. 張美蘭:《〈十國春秋〉禪僧列傳校讀記》,《古籍整理研究學刊》,2002 年第 3 期。

24. 陳秀宏:《十國科舉制度考略》,《文史》,2002 年第 4 輯。

25. 何燦浩:《試論五代十國時期南方諸國宗室內爭的發生原因》,《浙江師範大學學報》(社會科學版),2003 年第 1 期。

26. 梅玫:《〈十國春秋〉標點糾謬一則》,《中國史研究》,2003 年第 3 期。

27. 陳秀宏:《科舉制度與十國士階層》,《求是學刊》,2003 年第 4 期。

28. 何燦浩:《五代十國南方諸國的宗室內爭》,《中國中古史論集》,天津古籍出版社,2003 年。

29. 林煌達:《宋初政權與南方諸降國臣子的互動關係》,《東吳歷史學報》,第 12 期,2004 年 12 月。

30. 陳秀宏:《十國科舉制度考》,《十國典制考》,中華書局,2004 年。

31. 高新生:《十國法律制度考》,《十國典制考》,中華書局,2004 年。

32. 李全德:《十國學校制度考》,《十國典制考》,中華書局,2004 年。

33. 石光韜:《十國貨幣制度考》,《十國典制考》,中華書局,2004 年。

34. 宋靖:《十國地方行政考》,《十國典制考》,中華書局,2004 年。

35. 王美華:《十國禮儀制度考》,《十國典制考》,中華書局,2004 年。

36. 吳樹國:《十國賦役制度考》,《十國典制考》,中華書局,2004 年。

37. 吳樹國:《十國商税考論》,《長春師範學院學報》(人文社會科學版),2005 年第 3 期。

38. 吳樹國:《賦役制度與十國財政》,《黑龍江社會科學》,2005 年第 3 期。

39. 王美華:《禮制演變與十國時期的南方社會:以個體家庭意識爲研究中心》,《遼寧大學學報》,2006 年第 1 期。

40. 王美華:《禮制與十國時期南方的社會、政治和文化》,《唐宋變革論》,黃山書社,2006 年。

41. 羅威:《路振〈九國志〉述評》,《長沙師範專科學校學報》,2007 年第 1 期。

42. 田玉英:《略論十國的翰林學士的職能》,《浙江旅游職業學院學報》,2007 年第 3 期。

43. 羅威:《〈九國志〉的版本及學術價值》,《長沙大學學報》,2007 年第 4 期。

44. 孟二冬:《南唐登科考——附考:吳、蜀、南漢、吳越、北漢、契丹》,《國學研究》,第19卷,北京大學出版社,2007年。

45. 黃義軍:《唐宋之際南方的白瓷生產與青白瓷的產生》,《華夏考古》,2008年第1期。

46. 田玉英:《十國翰林學士的政治文化職能探析》,《忻州師範學院學報》,2008年第1期。

47. 曾國富:《五代時期割據政權中道士受寵現象探因》,《蘭州學刊》,2008年第1期。

48. 高學欽:《五代時期十國與中原王朝的關係特徵分析》,《重慶科技學院學報》(社會科學版),2008年第8期。

49. 王鳳翔:《"十國"之說的由來》,《史學月刊》,2008年第11期。

50. 張靜:《〈九國志〉史學研究》,《安徽文學》(下半月),2009年第3期。

51. 戴顯群、祁開龍:《唐末五代北方士人南遷及其對南方士風的影響》,《福建論壇》(人文社會科學版),2009年第11期。

52. 李全德:《略論唐代樞密院制度在十國時期的發展》,《漢唐盛世的歷史解讀:漢唐盛世學術研討會論文集》,中國人民大學出版社,2009年。

53. 蘇勇强:《五代南方造紙業與北宋"開寶藏"雕印》,《深圳大學學報》(人文社會科學版),2010年第2期。

54. 楊俊峰:《五代南方王國的封神運動》,《漢學研究》,第28卷第2期,2010年6月。

55. 曾國富:《五代時期南方九國的保境安民政策》,《湛江師範學院學報》,2011年第1期。

56. 王明前:《五代時期十國割據政權財政體系與貨幣政策初探》,《浙江工貿職業技術學院學報》,2012年第1期。

57. 王明前:《五代時期中南華南四國及北漢的政治體制與重商經濟》,《湖北大學成人教育學院學報》,2012年第3期。

58. 王明前:《五代時期江南三國的政治體制與財政經濟》,《鹽城工學院學報》(社會科學版),2012 年第 3 期。

59. 岳東:《唐後期與五代時南方城市的改造論略》,《天水師範學院學報》,2012 年第 3 期。

60. 曾國富:《五代時期南方高僧輩出探因》,《五臺山研究》,2012 年第 4 期。

61. 王恩涌、張寶秀:《十國的分立與興衰》,《中學地理教學參考》,2012 年第 11 期。

62. 陳永革:《論五代時期江南佛教的發展:以法眼禪系爲中心》,《中國禪學研究》,中州古籍出版社,2012 年。

63. 張明華:《遷徙、滲透、本土化——10 世紀前期中原文化對南部中國地區的衝擊和影響》,《徽音永著:徐規教授紀念文集》,華東師範大學出版社,2012 年。

64. 周炫宇:《五代及兩宋長江上下游地區繪畫創作的地域研究》,《樂山師範學院學報》,2013 年第 6 期。

65. 鄭學檬:《唐五代江南社會經濟進步的科技因素》,《歷史教學月刊》,2014 年第 1 期。

66. 祁開龍:《論唐末五代南方士人群體的奢侈之風》,《龍岩學院學報》,2014 年第 3 期。

67. 陳曉瑩:《〈舊五代史〉史臣對十國史的研究》,《淮陰師範學院學報》(哲學社會科學版),2015 年第 1 期。

68. 張劍光、鄒國慰:《城墙修築與隋唐五代江南城市的發展》,《文史哲》,2015 年第 5 期。

69. 李雲根、曹鵬程:《五代時期南方諸國殿閣學士制度探析》,《綏化學院學報》,2015 年第 12 期。

70. 莊林麗、祁開龍:《堅守與背離:唐末五代南方士人群體的政治心態》,《人民論壇》,2016 年第 29 期。

71. 魯西奇:《隋唐五代江南沿海港口與近海航路》,《中國城市史研究論文集》,杭州出版社,2016 年。

72. 鄭學檬:《唐五代江南經濟研究述評》,氏著《點濤齋史論集:以唐五代經濟史爲中心》,廈門大學出版社,2016 年。

73. 李志鴻：《十世紀中國南方佛教政治論述的建構與宣傳》，《中國文哲研究通訊》，第 27 卷第 4 期，2017 年 12 月。

74. 張劍光：《唐五代江南史研究的若干問題》，《都市文化研究》，2018 年第 2 期。

75. 耿元驪：《五代十國時期南方沿海五城的海上絲綢之路貿易》，《陝西師範大學學報》(哲學社會科學版)，2018 年第 4 期。

76. 汪聖鐸：《千奇百怪的十國錢》，《金融理論探索》，2018 年第 5 期。

77. 劉喆：《政治選擇與歷史記憶："十國"形成史考》，《唐史論叢》，第 29 輯，三秦出版社，2019 年。

5-2 吴·南唐

1. 衣虹：《南唐後主李煜年譜》，《新文化》創刊號，1931 年 8 月。

2. 郭德浩：《李後主評傳》，《文學年報》，第 1 期，燕京大學國文學會，1932 年 7 月。

3. 趙彥俖：《〈南唐書〉校文》，《金陵學報》，第 2 卷第 2 期，1932 年。

4. 唐圭璋：《李後主評傳》，《讀書顧問》創刊號，1934 年 3 月。

5. 弓英德：《南唐族氏考略》，《勵學》，第 3 期，1935 年 4 月。

6. 顧學頡：《李後主傳論》，《學術季刊》，第 2 期，1946 年 1 月。

7. 唐圭璋：《李後主之天性》，《中央日報》，1947 年 6 月。

8. 唐圭璋：《李後主之豪侈》，《中央日報》，1947 年 9 月。

9. 孟乙：《李後主之書法》，《新生報》第 8 版，1948 年 9 月。

10. 曾昭燏、張彬：《南京牛首山南唐二陵發掘記》，《科學通報》，1951 年第 5 期。

11. 曾昭燏、張彬：《南唐二陵發掘簡略報告》，《文物參考資料》，1951 年第 7 期。

12. 朱錦江：《略論南唐二陵文物》，《新中華》，1951 年第 12 期。

13. 紀思等：《南唐二陵裝飾藝術》，《古建通訊》，第 1 期，

1956 年。

14. 阮廷卓：《李後主之死》，《大陸雜誌》，第 14 卷第 1 期，1957 年 1 月。

15. 卞孝萱：《五代時期南唐代吳的研究——兼評李煜詞討論集中的一個有關的歷史論點》，《學術論壇》，1957 年第 3 期。

16. 石谷風、馬人權：《合肥西郊南唐墓清理簡報》，《文物參考資料》，1958 年第 3 期。

17. 梁濟海：《〈韓熙載夜宴圖〉的現實意義》，《文物》，1958 年第 6 期。

18. 馮漢驥：《論南唐二陵中的玉册》，《考古通訊》，1958 年第 9 期。

19. 董家遵：《十世紀中葉粵贛地區“赤軍子”的起義》，《中山大學學報》，1959 年第 1、2 期合刊。

20. 左海：《談談周文矩的太真上馬圖》，《中國畫》，1959 年第 8 期。

21. 王以坤：《董源〈瀟湘圖〉》，《文物》，1960 年第 1 期。

22. 林瑞翰：《南唐之經濟與文化》，《大陸雜誌》，第 29 卷第 6 期，1964 年 9 月。

23. 黎忠義：《江蘇寶應縣涇河出土南唐木屋》，《文物》，1965 年第 8 期。

24. 王吉林：《契丹與南唐外交關係之探討》，《幼獅學志》，第 5 卷第 2 期，1966 年 12 月。

25. 陳菊圃：《南唐澄清堂帖考》（上），《暢流》，第 50 卷第 10 期，1975 年 1 月。

26. 陳菊圃：《南唐澄清堂帖考》（下），《暢流》，第 50 卷第 11 期，1975 年 1 月。

27. 臺靜農：《書宋人畫〈南唐耿先生煉雪圖〉之所見》，《中外文學》，第 3 卷第 8 期，1975 年 1 月。

28. 穆烜：《南通縣出土南唐東海徐夫人墓誌》，《文博通訊》1977 年第 6 期。

29. 曹淑娟:《金劍已沉埋——李後主的人間行》,《鵝湖》,第 3 卷第 8 期,1978 年 2 月。

30. 穆烜:《對〈唐東海徐夫人墓誌〉的一點研究》,《文博通訊》1979 年第 2 期。

31. 王仲章:《南唐後主李煜》,《自由談》,第 30 卷第 7 期,臺北,1979 年 7 月。

32. 詞客:《李後主的書法》,《書畫家》,第 4 卷第 1 期,臺北,1979 年 8 月。

33. 蘇州市文管會、蘇州博物館:《蘇州市瑞光寺塔發現一批五代、北宋文物》,《文物》,1979 年第 11 期。

34. 單國強:《周文矩〈重屏會棋圖〉卷》,《文物》,1980 年第 1 期。

35. 李慕如:《學仕官名類釋(7)——五代:李煜》,《今日中國》,第 114 期,1980 年 10 月。

36. 黃懺華:《法眼宗》,《中國佛教》,第 1 輯,知識出版社,1980 年。

37. 季續:《關於馮延巳的考證》,《寧波師專學報》,1981 年第 2 期。

38. 鄭世剛:《〈默記〉中有關"滁州之戰"記載的辨析》,《上海師範大學學報》,1982 年第 1 期。

39. 韓國磐:《唐代江西道的經濟人文活動一瞥》,《江西社會科學》,1982 年第 2 期。

40. 李才棟:《唐至北宋的江西書院——江西書院史略稿之一》,《江西教育學院學刊》,1982 年第 2 期。

41. 李久海:《揚州東風磚瓦廠發現九座南唐小墓》,《文博通訊》,1982 年第 3 期。

42. 盧葦菁:《〈新修南唐書〉作者考辨》,《史學月刊》,1982 年第 4 期。

43. 黃裳:《南唐二陵》,氏著《金陵五記》,金陵書畫社,1982 年。

44. 盧冀寧:《論譚峭〈化書〉》,《江海學刊》,1983 年第 1 期。

45. 王引：《南唐二陵》，《文博通訊》，1983 年第 1 期。

46. 鄒聯群：《〈重展築泰州子城記〉淺識》，《文博通訊》，1983 年第 3 期。

47. 陳維新、胥吉祥：《崇仁縣發現宋代地理學家樂史墓》，《南方文物》，1983 年第 4 期。

48. 諸葛計：《南唐先主李昪行事述略》，《學術月刊》，1983 年第 12 期。

49. 顧吉辰：《清流關兵數考證》，《安徽史學》，1984 年第 1 期。

50. 黃頤壽：《南唐太平觀碑》，《江西歷史文物》，1984 年第 1 期。

51. 陳光崇：《論陸游〈南唐書〉——兼評〈《新修南唐書》作者考辨〉》，《中國史研究》，1984 年第 2 期。

52. 孫仲匯：《南唐開元大錢》，《中國錢幣》，1984 年第 4 期。

53. 徐淵：《南唐開元對錢試析》，《中國錢幣》，1985 年第 1 期。

54. 管玉春：《南唐建都江寧考》，《南京史志》，1985 年第 3 期。

55. 任爽：《南唐黨爭試探》，《求是學刊》，1985 年第 5 期。

56. 朱仲玉：《論馬令〈南唐書〉》，《中國歷史文獻研究》，1986 年第 1 期。

57. 房日晰：《關於樂史本〈李翰林集〉》，《天府新論》，1986 年第 2 期。

58. 陳光崇：《第一部〈南唐書〉的作者胡恢其人》，《史學史研究》，1986 年第 3 期。

59. 許懷林：《宋元以前鄱陽湖地區經濟發展優勢的探討》，《江西師範大學學報》，1986 年第 3 期。

60. 任爽：《吳唐禪代發微》，《求是學刊》，1986 年第 4 期。

61. 雪松：《淡水漁業史的重要階段——南唐李煜〈漁夫〉詞釋探》，《中國水產》，1986 年第 4 期。

62. 鄭學檬：《論李昪》，《古代歷史人物論評》，福建人民出版社，1986 年。

63. 任爽：《南唐時期江西的經濟與文化》，《求是學刊》，1987 年第 2 期。

　　64. 任爽:《唐宋之際統治集團內部矛盾的地域特徵》,《歷史研究》,1987 年第 2 期。

　　65. 陳兆善:《南京發現五代南唐宮遺址》,《東南文化》,1987 年第 3 期。

　　66. 李勤印:《南唐後主李煜的悲劇人生》,《文史知識》,1987 年第 4 期。

　　67. 曹月堂:《由皇帝到囚徒的南唐後主李煜》,《中國歷代名君》,河南人民出版社,1987 年。

　　68. 秦方瑜:《五代南方藝苑的奇葩——王建墓石刻伎樂與南唐顧閎中〈韓熙載夜宴圖〉的比較研究》,《成都大學學報》(社會科學版),1988 年第 1 期。

　　69. 王永平:《略論南唐烈祖李昪》,《揚州師院學報》,1988 年第 2 期。

　　70. 杜文玉、羅勇:《論宋齊丘》,《贛南師院學報》,1988 年第 3 期。

　　71. 呂朋:《唐寅與〈韓熙載夜宴圖〉》,《美苑》,1988 年第 4 期。

　　72. 謝稚柳:《徐熙落墨兼論〈雪竹圖〉》,《上海博物館藏寶録》,上海文藝出版社,1988 年。

　　73. 盛文彬:《從沙彌到皇帝:李昪是怎樣取代吳國的》,《南京史志》,1989 年第 1 期。

　　74. 趙洪章:《浦城發現南唐范韜墓誌銘》,《福建文博》,1989 年第 1、2 期合刊。

　　75. 李紹唐:《李煜囚汴述略》,《開封教育學院學報》,1989 年第 2 期。

　　76. 劉曉祥:《九江縣南唐水利計工題刻》,《江西文物》,1989 年第 2 期。

　　77. 盛文彬:《南唐中宗李璟》,《南京史志》,1989 年第 3 期。

　　78. 杜文玉:《唐五代時期江西地區社會經濟的發展》,《江西社會科學》,1989 年第 4 期。

79. 孫永如：《略論楊吳開國的客觀條件》，《揚州師範學院學報》，1989 年第 4 期。

80. 楊琳：《馮延巳還是馮延己？》，《文獻》，1989 年第 4 期。

81. 周軍：《徐鉉其人與宋初"貳臣"》，《歷史研究》，1989 年第 4 期。

82. 劉光亮：《試論宋齊丘》，《吉安師專學報》（哲學社會科學版），1989 年第 8 期。

83. 黄廷海：《董源》，《十大畫家》，上海古籍出版社，1989 年。

84. 吳煒、徐心然、湯傑：《新發現之楊吳尋陽長公主墓考辨》，《東南文化》，1989 年增刊。

85. 杜文玉：《論後周與南唐的淮南戰爭》，《渭南師專學報》，1990 年第 1 期。

86. 李文澤：《〈徐鉉行狀〉撰人考》，《古籍整理研究學刊》，1990 年第 2 期。

87. 雷近芳：《召齊丘之使者考——〈資治通鑑〉勘誤一則》，《信陽師範學院學報》（哲學社會科學版），1990 年第 2 期。

88. 秦子卿：《揚州建都與南京的關係——李吳、楊吳建都史述略》，《揚州師院學報》，1990 年第 3 期。

89. 姜澄清：《論孟昶、李煜、趙佶》，《貴州大學學報》（社會科學版），1990 年第 4 期。

90. 蔡玫芬：《墨雲室裏的李廷珪墨》，《故宮文物月刊》，第 92 期，1990 年。

91. 曹開華：《試論南唐江西經濟文化的初步發展》，《江西師範大學學報》，1991 年第 1 期。

92. 杜文玉：《南唐黨爭評述——與任爽同志商榷》，《渭南師專學報》，1991 年第 1 期。

93. 方積六：《論周世宗三征南唐之戰》，《軍事歷史研究》，1991 年第 1 期。

94. 蕭霜：《陸游〈南唐書〉簡論》，《長沙理工大學學報》（社會科學版），1991 年第 1 期。

95. 譚怡令:《五代南唐徐熙玉堂富貴》,《中央月刊》,第 24 卷第 1 期,1991 年 1 月。

96. 張躍進:《南唐畫院畫家考略》,《南京藝術學院學報》(美術與設計版),1991 年第 1 期。

97. 王永平:《關於南唐的統一方略及流産》,《揚州師院學報》,1991 年第 2 期。

98. 薛翹:《唐百勝軍節度使江王乳母尚書杏氏墓銘》,《江西文物》,1991 年第 2 期。

99. 譚怡令:《五代南唐巨然層岩叢樹》,《中央月刊》,第 24 卷第 3 期,1991 年 3 月。

100. 劉曉祥:《九江縣五代南唐周一娘墓》,《江西文物》,1991 年第 3 期。

101. 盧紅:《批校本〈南唐書〉述略》,《江蘇圖書館學報》,1991 年第 4 期。

102. 齊治平:《南唐王齊翰〈羅漢渡海圖〉尋獲紀略》,《今日中國》(中文版),1991 年第 4 期。

103. 何泉達:《五代揚州植蔗説獻疑》,《史林》,1992 年第 2 期。

104. 胡昌健:《傳唐寅臨〈韓熙載夜宴圖〉考辨》,《四川文物》,1992 年第 2 期。

105. 鄭宜忠:《南唐開元辨》,《中國錢幣》,1992 年第 3 期。

106. 施沁:《李煜與南唐文獻》,《杭州師範學院學報》,1992 年第 5 期。

107. 吳新哲:《李昇建金陵城始末》,《城市研究》,1992 年第 5 期。

108. 蕭高洪:《唐五代北人遷贛及其社會效果》,《江西社會科學》,1992 年第 6 期。

109. 吳在慶:《查文徽任侍御史而非監察御史辨》,《文史》,第 34 輯,1992 年。

110. 謝稚柳:《再論徐熙落墨——答徐邦達先生〈徐熙落墨花試探〉》,《中國繪畫研究論文集》,上海書畫出版社,1992 年。

111. 徐邦達：《徐熙"落墨花"畫法試探》，《中國繪畫研究論文集》，上海書畫出版社，1992 年。

112. 朱慶之：《"金蓮"語事考源》，《文史》，第 35 輯，1992 年。

113. 李瀾：《南唐畫院初探》，《藝苑》，1993 年第 2 期。

114. 張國慶：《南唐、契丹之聘使及其目的》，《江海學刊》，1993 年第 2 期。

115. 朱玉龍：《五代時期今安徽地區建置統屬考》，《安徽史學》，1993 年第 2 期。

116. 余輝：《〈韓熙載夜宴圖〉卷年代考——兼探早期人物畫的鑒定方法》，《故宮博物院院刊》，1993 年第 4 期。

117. 李瀾：《論南唐畫院》，《東南文化》，1993 年第 5 期。

118. 郭正忠：《吳畝、浙尺、湖步——唐宋之際太湖流域的特殊步畝與尺度》，《浙江學刊》，1993 年第 6 期。

119. 常州市博物館：《江蘇常州半月島五代墓》，《考古》，1993 年第 9 期。

120. 李文澤：《徐鉉行年事迹考》，《宋代文化研究》，第 3 輯，四川大學出版社，1993 年。

121. 馬冰麗：《陸游〈南唐書〉簡論》，《陸游論集》，杭州大學出版社，1993 年。

122. 吳楓、任爽：《五代分合與南唐的歷史地位》，《中國史研究》，1994 年第 3 期。

123. 張歷憑、雷近芳：《〈四庫全書〉所收南唐史著比較研究》，《信陽師範學院學報》（哲學社會科學版），1994 年第 3 期。

124. 余輝：《史彌遠與〈韓熙載夜宴圖〉》，《收藏家》，1994 年第 4 期。

125. 燕永成：《龍袞和他的〈江南野史〉》，《贛南師範學院學報》，1994 年第 4 期。

126. 沈以正：《試探中國工筆花鳥之發展（1）：没骨花卉與徐黃異體》，《美育》，第 47 期，1994 年 5 月。

127. 霍華：《南唐二陵出土瓷器窑口考》，《東南文化》，1994 年增刊。

128. 任爽:《五代分合與南唐的軍事外交》,《東師史學》,第 1 輯,東北師範大學出版社,1994 年。

129. 李之龍:《南唐姚嗣騈墓誌初考》,《東南文化》,1995 年第 1 期。

130. 葛紹歐:《試析論中古六位後主(劉禪、高緯、陳叔寶、王衍、孟昶、李煜)》,(臺灣)《中等教育》,第 46 卷第 1 期,1995 年 2 月。

131. 雷近芳、郭建淮:《今存南唐史著論略》,《佛山大學學報》,1995 年第 2 期。

132. 任爽:《五代分合與南唐的經濟文化》,《史學集刊》,1995 年第 2 期。

133. 魏良弢:《南唐士人》,《江蘇社會科學》,1995 年第 2 期。

134. 許懷林:《李璟廬山讀書堂質疑》,《南方文物》,1995 年第 2 期。

135. 眭達明:《"文雖堪尚,義無可則"——記南唐秘書馮延巳》,《秘書》,1995 年第 3 期。

136. 吳煒:《揚州唐、五代墓誌概述》,《東南文化》,1995 年第 4 期。

137. 陳葆真:《南唐烈祖的個性與文藝活動》,《臺灣大學美術史研究集刊》,第 2 期,1995 年 5 月。

138. 吳煒:《揚州近年發現的兩方五代墓誌》,《文物》,1995 年第 7 期。

139. 關立勛:《論李煜其人》,《國際關係學院學報》,1996 年第 1 期。

140. 周蓉:《簡論南唐繪畫成就》,《江蘇文史研究》,1996 年第 1 期。

141. 鄒勁風:《楊行密述略》,《安徽史學》,1996 年第 1 期。

142. 李松:《顧閎中(約南唐北宋初)》,《中國巨匠美術周刊》,1996 年 2 月 17 日。

143. 陳葆真:《南唐中主的政績與文化建設》,《臺灣大學美術史研究集刊》，第 3 期，1996 年 3 月。

144. 傅長青：《南唐篆書開元的幾種版式》，《安徽錢幣》，1996 年第 3 期。

145. 吳煒：《對李之龍先生〈南唐姚嗣駢墓誌初考〉一文的幾點補充》，《東南文化》，1996 年第 3 期。

146. 顧蘇寧：《南唐宮護龍河重見天日》，《南京史志》，1996 年第 4 期。

147. 鄒勁風：《1945 年以後國內南唐史研究狀況及考古發現》，《中國史研究動態》，1996 年第 5 期。

148. 吳家俊：《李昪的治稅策略》，《草原稅務》，1996 年第 11 期。

149. 吳新哲：《南唐畫院院外畫家考略》，《南京史志》，1997 年第 1 期。

150. 陳葆真：《藝術帝王李後主》(1)，《臺灣大學美術史研究集刊》，第 4 期，1997 年 3 月。

151. 杜文玉：《南唐六軍與侍衛諸軍考略》，《學術界》，1997 年第 4 期。

152. 趙夢昭：《文德君王——李後主新評》，《湖南大學學報》，1997 年第 4 期。

153. 梁勵：《李昪與南唐王朝》，《淮海文匯》，1997 年第 5 期。

154. 何永成：《楊行密傳位研究》，《第三屆中國唐代文化學術研討會論文集》，臺灣中國唐代學會，1997 年 6 月。

155. 彭昌輝：《李煜與佛教》，《中國語文》，第 81 卷第 1 期，1997 年 7 月。

156. 梁勵：《南唐建國史略》，《歷史教學》，1997 年第 9 期。

157. 段振離：《南唐後主李煜之死》，(臺北)《健康世界》，第 143 期，1997 年 11 月。

158. 李家欣：《李煜研究的歷史回顧與思考》，《江漢論壇》，1997 年第 12 期。

159. 伍伯常：《南唐進士科考述》，《漢學研究》，第 15 卷第 1 期，

1997 年。

160. 許懷林:《唐末五代的北人南遷及其對江西地區的影響》,
《慶祝鄧廣銘教授九十華誕論文集》,河北教育出版社,1997 年。

161. 張躍進:《勻言徐熙與南唐二陵建築裝飾彩畫之關係》,《東
南文化》,1998 年第 2 期。

162. 張躍進:《南唐重臣韓熙載行事考略》,《江蘇文史研究》,
1998 年第 2 期。

163. 鄒勁風:《現存有關南唐的文字史籍研究》,《江海學刊》,
1998 年第 2 期。

164. 陳葆真:《藝術帝王李後主》(2),《臺灣大學美術史研究集
刊》,第 5 期,1998 年 3 月。

165. 蔣贊初:《我與南唐二陵》,《南京史志》,1998 年第 3 期。

166. 武漢市博物館:《閱馬場五代吳國墓》,《江漢考古》,1998
年第 3 期。

167. 潘金鈴:《韓熙載與〈夜宴圖〉》,《東南文化》,1998 年第
4 期。

168. 林湖:《漫話金陵三後主》,《南京史志》,1998 年第 5 期。

169. 張劍光:《略論唐五代三吳地區的宗教信仰》,《學術月刊》,
1998 年第 9 期。

170. 朱祖德:《唐末楊行密之據淮及其對政局的影響》,《淡江史
學》,第 9 期,1998 年 9 月。

171. 陳尚君:《〈釣矶立談〉作者考》,《文史》,第 44 輯,1998 年。

172. 丁曉雷:《五代十國時期的楊吳、南唐和吳越墓葬》,《青年
考古學家》,第 11 期,1998 年。

173. 吳婉真:《南唐對五代態度之探討》,(臺灣輔仁大學)《史
苑》,第 59 期,1999 年 1 月。

174. 周臘生:《南唐貢舉考》,《孝感教院學報》,1999 年第 1 期。

175. 趙振山:《〈韓熙載夜宴圖〉結構論析》,《泰安師專學報》,
1999 年第 2 期。

176. 張劍光、鄒國慰:《唐五代環太湖地區的水利建設》,《南京

大學學報》(哲學・人文・社會科學),1999 年第 3 期。

177. 陳葆真:《藝術帝王李後主》(3),《臺灣大學美術史研究集刊》,第 6 期,1999 年 3 月。

178. 黄忠學:《安徽青陽發現一座南唐磚室墓》,《考古》,1999 年第 6 期。

179. 林柏亭:《五代南唐巨然〈層岩叢樹〉》,《故宮文物月刊》,第 17 卷第 8 期,1999 年 11 月。

180. 張金銑:《唐末楊行密崛起江淮》,《安徽歷史事件叢書・政治風雲》,安徽人民出版社,1999 年。

181. 潘學忠:《李昇"息兵安民"政策探微》,《柳州師專學報》,2000 年第 1 期。

182. 熊偉:《南唐闊緣"開元通寶"錢僞品之識破》,《西安金融》,2000 年第 1 期。

183. 張金銑、趙建玲:《唐末清口之戰及其歷史地位》,《安徽大學學報》(哲學社會科學版),2000 年第 1 期。

184. 胡青:《唐與南唐時期江西教育概論》,《江西廣播電視大學學報》,2000 年第 2 期。

185. 李華山:《李煜與富陽》,《觀察與思考》,2000 年第 3 期。

186. 王秀林、劉尊明:《李煜與佛教》,《文史知識》,2000 年第 3 期。

187. 周臘生:《南唐貢舉考略(修訂稿)》,《孝感職業技術學院學報》,2000 年第 3 期。

188. 李寧:《論〈韓熙載夜宴圖〉的繪畫創作藝術》,《咸陽師範專科學校學報》,2000 年第 4 期。

189. 蔣義斌:《法眼文益的禪教思想》,《中華佛學學報》,第 13 期,2000 年 5 月。

190. 岳毅平:《德文并重,享譽於世——五代至宋廣陵二徐》,《文史知識》,2000 年第 7 期。

191. 朱玉龍:《南唐張原泌、張泌、張佖實爲一人考》,《安徽史學》,2001 年第 1 期。

192. 周臘生:《南唐貢舉考略》,《文獻》,2001 年第 2 期。

193. 李明:《後周與南唐淮南之戰述評》,《江西社會科學》,2001 年第 4 期。

194. 沈冬梅:《乾德二年江北榷場考》,《中國史研究》,2001 年第 4 期。

195. 王定璋:《南唐三主的人品及政治》,《天府新論》,2001 年第 5 期。

196. 俞允堯:《五代十國文化的典型代表──南唐二陵》,《歷史月刊》,第 160 期,2001 年 5 月。

197. 劉曉明:《龍君章考》,《廣州大學學報》(社會科學版),2001 年第 7 期。

198. 伍伯常:《北宋選任陪臣的原則──論猜防政策下的南唐陪臣》,《中國文化研究所學報》41,2001 年。

199. 王彥力《譚峭的教育思想》,《雁北師範學院學報》,2002 年第 1 期。

200. 魏良弢:《南唐先主李昇評說》,《南京大學學報》,2002 年第 1 期。

201. 張興武:《南唐黨爭:唐宋黨爭史發展的中介》,《漳州師範學院學報》(哲學社會科學版),2002 年第 1 期。

202. 周兆望:《青史憑誰定是非──評宋齊丘的歷史功過》,《南昌大學學報》(人文社會科學版),2002 年第 1 期。

203. 何劍明:《南唐經濟發展原因及其相對性探要》,《東南大學學報》(哲學社會科學版),2002 年第 2 期。

204. 劉曉明:《龍袞與〈江南野史〉》,《文史》,2002 年第 2 輯。

205. 靳青萬:《從〈韓熙載夜宴圖〉看我國青白瓷的始燒年代》,《漢中師範學院學報》,2002 年第 4 期。

206. 何劍明:《論南唐與吳越的戰爭及對南唐失國的影響》,《南京政治學院學報》,2002 年第 4 期。

207. 李源:《南唐後湖初探》,《江蘇地方志》,2002 年第 4 期。

208. 盛莉、徐安琪:《試論南唐詞的儒家文化意蘊》,《天中學刊》,2002 年第 4 期。

209. 霞光:《南唐畫院及繪畫成就》,《江蘇地方志》,2002 年第 5 期。

210. 徐千嵐:《細膩生動的人物畫——顧閎中的〈韓熙載夜宴圖〉》,《國文天地》,第 18 卷第 5 期,2002 年 10 月。

211. 劉偉冬:《歡宴的另一面——解析〈韓熙載夜宴圖〉》,《東南文化》,2002 年第 12 期。

212. 王定璋:《懦弱之君——李後主》,氏著《宿命錯位的悲劇:隋煬帝、李後主與宋徽宗放談》,濟南出版社,2002 年。

213. 王智勇:《陳彭年年譜》,《宋代文化研究》,第 11 輯,綫裝書局,2002 年。

214. 張保見:《樂史撰著考》,《宋代文化研究》,第 11 輯,綫裝書局,2002 年。

215. 李暉:《“九華四俊”之一的張蠙》,《池州師專學報》,2003 年第 1 期。

216. 漠及:《〈韓熙載夜宴圖〉新解》,《美術觀察》,2003 年第 1 期。

217. 張一雄:《南唐狀元張確籍貫仕歷考》,《孝感職業技術學院學報》,2003 年第 1 期。

218. 李全德:《廬山國學師生考》,《文獻》,2003 年第 2 期。

219. 任大慶:《〈《韓熙載夜宴圖》辨〉的疑辨——與方元先生商榷》,《榮寶齋》,2003 年第 2 期。

220. 趙榮蔚:《南唐登科記考》,《鹽城師範學院學報》,2003 年第 2 期。

221. 梁勵:《李昇與南唐政局述論》,《徐州師範大學學報》(哲學社會科學版),2003 年第 3 期。

222. 孫艷紅:《徐鍇卒年考》,《南京師範大學文學院學報》,2003 年第 3 期。

223. 吳樹國:《唐宋之際徽州重税考》,《求是學刊》,2003 年第 3 期。

224. 許懷林:《唐末五代時期江右豪傑的沉浮與影響》,《江西師範大學學報》(哲學社會科學版),2003 年第 4 期。

225. 鍾華英:《從廬山國學到白鹿洞書院》,《江西教育學院學報》(社會科學版),2003 年第 4 期。

226. 周臘生:《新發現的南唐狀元——郎粲》,《荆州師範學院學報》,2003 年第 4 期。

227. 周臘生(平川):《又發現一位南唐狀元——章文谷》,《湖北職業技術學院學報》,2003 年第 4 期。

228. 費成康:《李煜錢俶留下的歷史啓迪》,《光明日報》,2003 年 6 月 3 日。

229. 李源:《探尋南唐"北苑"》,《江蘇地方志》,2003 年第 6 期。

230. 吳麗娛:《唐宋之際南通地區的鹽業發展》,《文史知識》,2003 年第 8 期。

231. 何劍明:《南唐崇儒之風與江南社會的文化變遷》,《歷史教學》,2003 年第 10 期。

232. 阮鴻騫:《南唐李煜君臣對書藝的貢獻》,《中華書道》,第 42 期,2003 年 11 月。

233. 蒙珩:《契丹境內發現南唐錢幣——簡析兩國貢使往來及貿易》,《內蒙古金融研究》,2003 年增刊。

234. 周昆寧:《南唐、西夏與金代對錢》,《內蒙古金融研究》,2003 年增刊。

235. 李勃洋:《文益》,《浙籍文化名人評傳》,浙江大學出版社,2003 年。

236. 王智勇:《從〈宋史·陳彭年傳〉看北宋前期的南北士人之爭》,《宋代文化研究》,第 12 輯,綫裝書局,2003 年。

237. 李才棟:《江州訟詩,開知識産權訴訟之先河》,《江西教育學院學報》,2004 年第 1 期。

238. 孫先文、張金銑:《楊行密軍事思想初探》,《宿州教育學院學報》,2004 年第 1 期。

239. 吳樹國:《五代十國時期吳、南唐田税考辨》,《中國經濟史研究》,2004 年第 1 期。

240. 張勝珍:《何須待零落,然後始知空——法眼文益的一首禪偈》,《世界宗教文化》,2004 年第 1 期。

241. 周臘生:《狀元資料輯考二題》,《湖北職業技術學院學報》,2004 年第 1 期。

242. 穆烜:《五代十國時期的南通——古代南通簡史之三》,《博物苑》,2004 年第 2 期。

243. 何劍明:《南唐國伐楚之戰及其敗因探析》,《湖南師範大學社會科學學報》,2004 年第 3 期。

244. 何劍明:《南唐時期江蘇區域經濟與社會發展論要》,《江蘇行政學院學報》,2004 年第 3 期。

245. 顧吉辰:《南唐張原泌、張泌、張佖實爲一人考補》,《安徽史學》,2004 年第 4 期。

246. 郭健《譚峭〈化書〉研究》,《華僑大學學報》,2004 年第 4 期。

247. 洪霞:《顧閎中〈韓熙載夜宴圖〉與江蘇》,《南京藝術學院學報》(美術與設計版),2004 年第 4 期。

248. 趙曉蘭:《孫光憲江南、湖湘之行考述》,《四川師範大學學報》(社會科學版),2004 年第 4 期。

249. 何劍明:《論佛教法眼禪宗的興盛與南唐國的衰亡》,《學海》,2004 年第 5 期。

250. 馬珏玶:《社會性別叙事視野下的〈稽神録〉》,《思想戰綫》,2004 年第 5 期。

251. 吳憶蘭:《徐鍇生平事迹與著述探討》,《亞東學報》,第 24 期,2004 年 5 月。

252. 凍國棟:《跋武昌閱馬場五代吳墓所出之"買地券"》,《魏晋南北朝隋唐史資料》,第 21 輯,2004 年 12 月。

253. 郭立暄:《汲古閣刻陸游〈南唐書〉版本考》,《歷史文獻論叢》,上海社會科學院出版社,2004 年。

254. 何劍明:《南唐時期安徽區域經濟發展論要》,《揚州大學學報》,2005 年第 1 期。

255. 朱玉龍:《讀史札記四則》,《合肥學院學報》(社會科學版),2005 年第 1 期。

256. 李暉:《〈劇談錄〉及其作者史實考辨》,《安徽廣播電視大學學報》,2005 年第 2 期。

257. 陳葆真:《從南唐到北宋——期間江南和四川地區繪畫勢力的發展》,《臺灣大學美術史研究集刊》,第 18 期,2005 年 3 月。

258. 陳雙印:《五代時期的揚州城考》,《中國歷史地理論叢》,2005 年第 3 期。

259. 黃玉清:《父權制度下的特殊的"看"——〈韓熙載夜宴圖〉中男性對女性的凝視》,《藝術探索》,2005 年第 3 期。

260. 薛政超:《五代金陵宗教發展研究》,《長沙大學學報》,2005 年第 3 期。

261. 王綱懷:《閏七月銘南唐鏡紀年考》,《中國文物報》,2005 年 5 月 11 日。

262. 王玲:《西方音樂圖像研究者眼中的〈韓熙載夜宴圖〉》,《民族藝術研究》,2005 年第 5 期。

263. 何劍明:《南唐國黨爭與唐宋之交的社會轉型》,《蘇州大學學報》(哲學社會科學版),2005 年第 6 期。

264. 薛政超:《南唐金陵公私園林考》,《廣西社會科學》,2005 年第 7 期。

265. 趙飛鵬:《江正與李後主——一個佛教史與藏書史交涉案例的考察》,《知性與情感的交會——唐宋元明學術研討會論文集》,大安出版社,2005 年。

266. 韓剛:《南唐畫院有無考》,《美術觀察》,2006 年第 1 期。

267. 李學珍:《用精神分析法解讀李後主》,《天津職業院校聯合學報》,2006 年第 1 期。

268. 邵曉峰:《〈韓熙載夜宴圖〉斷代新解——中國繪畫斷代的視角轉換》,《南京藝術學院學報》(美術與設計版),2006 年第 1 期。

269. 張可輝:《敦煌寫本〈諸山聖迹志〉所載揚州城考補》,《敦煌學輯刊》,2006 年第 2 期。

270. 江建敏:《小考唐與南唐鑄的開元小錢》,《西安金融》,2006
年第 3 期。

271. 李裕民:《南唐畫院新考》,《藝術探索》,2006 年第 3 期。

272. 彭艷芬:《"吳主李昇獻猛火油"辨誤》,《保定師範專科學
校學報》,2006 年第 3 期。

273. 汪有民:《南唐隸書開元質疑》,《中國錢幣》,2006 年第
3 期。

274. 楊獻文、金戈:《南唐伏龜樓遺址及南唐城垣遺迹展覽館》,
《江蘇地方志》,2006 年第 3 期。

275. 韓剛:《南唐畫院有無再考辨》,《藝術探索》,2006 年第
4 期。

276. 楊娟娟:《南唐黨爭中的文人心態轉變論略》,《漳州師範學
院學報》(哲學社會科學版),2006 年第 4 期。

277. 何劍明:《論南唐國與中原政權之間的戰爭》,《江蘇教育學
院學報》(社會科學版),2006 年第 6 期。

278. 張憲華:《唐末五代徽州的北方移民與經濟開發》,《安徽師
範大學學報》(人文社會科學版),2006 年第 6 期。

279. 姚亦鋒:《南唐金陵城格局追溯》,《現代城市研究》,2006
年第 8 期。

280. 張國一:《法眼文益的心性思想》,《鵝湖》,第 32 卷第 2 期,
2006 年 8 月。

281. 蕭文真:《法眼文益的禪教合一思想與宗密》,《宗教哲學》,
第 37 期,2006 年 9 月。

282. 楊文娟:《馮延巳研究述評》,《廣州大學學報》(社會科學
版),2006 年第 11 期。

283. 凍國棟:《唐五代"練塘"資料中所見的"强家"與"百
姓"——隋唐五代江南地方社會個案研究之一》,《魏晉南北朝隋唐
史資料》,第 23 輯,武漢大學文科學報編輯部,2006 年。

284. 陳炅:《五代南通姚氏集團之姚存與姚制》,《博物苑》,2007

年第 1 期。

285. 彭艷芬:《契丹遼朝與南唐交聘中的關鍵節點》,《遼寧工程技術大學學報》(社會科學版),2007 年第 1 期。

286. 施建中:《南唐"畫院"考辨》,《當代中國畫》,2007 年第 1 期。

287. 曹新剛:《從顧閎中〈韓熙載夜宴圖〉到周文矩〈合樂圖〉》,《中國書畫》,2007 年第 2 期。

288. 丁貞權:《五代時期江淮經濟發展論要》,《邊疆經濟與文化》,2007 年第 2 期。

289. 何燦浩:《安定戰略與南唐方鎮體制的崩解》,《史學月刊》,2007 年第 2 期。

290. 金傳道:《徐鉉生卒年考補證》,《文獻》,2007 年第 2 期。

291. 張金銑:《廬州與楊吳政權》,《合肥學院學報》(社會科學版),2007 年第 2 期。

292. 張勝珍:《李煜與佛教》,《世界宗教文化》,2007 年第 2 期。

293. 陳毓文:《略論李建勛的仕宦心態及其詩歌》,《閩江學院學報》,2007 年第 3 期。

294. 高婧:《白居易與〈重屏會棋圖〉》,《文博》,2007 年第 3 期。

295. 蔣偉:《宗教神鬼觀念對〈稽神錄〉創作影響淺談》,《宜春學院學報》,2007 年第 3 期。

296. 金傳道:《徐鉉三次貶官考》,《重慶郵電大學學報》(社會科學版),2007 年第 3 期。

297. 彭艷芬:《契丹遼朝對南唐的交結和利用探析》,《北方文物》,2007 年第 3 期。

298. 賈春超:《由張洎入宋看宋初的用人方略》,《安陽師範學院學報》,2007 年第 4 期。

299. 楊立昌:《南京出土南唐"永通泉貨"篆書當十錢——淺談部分南唐錢幣》,《江蘇錢幣》,2007 年第 4 期。

300. 張立川:《從〈韓熙載夜宴圖〉看五代服飾》,《裝飾》,2007 年第 4 期。

301. 陳毓文:《從李建勛、馮道看五代儒學的新變》,《湖州師範學院學報》,2007 年第 5 期。

302. 金傳道:《徐鉉家世考》,《貴州教育學院學報》,2007 年第 5 期。

303. 楊恒平:《三家〈南唐書〉傳本考》,《古籍整理研究學刊》,2007 年第 6 期。

304. 莊桂英、張忠智:《陸游〈南唐書·宋齊丘列傳〉析論》,《遠東學報》,第 24 卷第 2 期,2007 年 6 月。

305. 于德山:《〈韓熙載夜宴圖〉的叙事傳播》,《江西社會科學》,2007 年第 9 期。

306. 張凡:《用"六法"的標準品評〈韓熙載夜宴圖〉》,《東南傳播》,2007 年第 9 期。

307. 蘇勇强:《五代時期南唐校勘人才及其印刷傳統》,《社會科學》,2007 年第 12 期。

308. 王麗梅:《南唐與前後蜀文化的比較研究》,《唐史論叢》,第 9 輯,三秦出版社,2007 年。

309. 何劍明:《南唐國道術與唐宋之交的道教衍變》,《江蘇教育學院學報》(社會科學版),2008 年第 1 期。

310. 何炎泉:《徐鉉及其〈私誠帖〉》,《中國書法》,2008 年第 1 期。

311. 羅伽禄:《樂史及其家世述略》,《東華理工大學學報》(社會科學版),2008 年第 1 期。

312. 田玉英:《南唐由盛轉衰原因探析——以李璟一朝樞密使活動爲切入點》,《學術探索》,2008 年第 1 期。

313. 徐紅:《李煜家族與開封》,《開封大學學報》,2008 年第 2 期。

314. 徐慎庠:《狼山題名坡二十七字及其他》,《南通今古》,2008 年第 2 期。

315. 張朋川:《中國古代山水畫構圖模式的發展演變——續議〈韓熙載夜宴圖〉製作年代》,《南京藝術學院》(美術與設計版),2008

年第 2 期。

316. 周臘生:《關於樂史狀元地位的確認》,《鹽城師範學院學報》(人文社會科學版),2008 年第 2 期。

317. 黃北祥、高學欽:《南唐的統一構想與實踐》,《寧德師專學報》(哲學社會科學版),2008 年第 3 期。

318. 邵曉峰:《〈韓熙載夜宴圖〉的南宋作者考》,《美術》,2008 年第 3 期。

319. 陳劍峰:《從山水之變考〈韓熙載夜宴圖〉年代》,《藝術探索》,2008 年第 4 期。

320. 徐建融:《徐熙考》,《上海大學學報》(社會科學版),2008 年第 4 期。

321. 楊明生:《南京砂珠巷出土南唐時期對子錢》,《江蘇錢幣》,2008 年第 4 期。

322. 朱寅:《後周南唐壽州之戰及其歷史地位》,《皖西學院學報》,2008 年第 4 期。

323. 陳雙印、張郁萍:《揚州城"四面十八門"再考辨》,《敦煌研究》,2008 年第 5 期。

324. 傅玉蘭:《南唐飲宴文化繁榮原因淺探》,《東南文化》,2008 年第 5 期。

325. 孫大志:《漫談李煜之死》,《安徽文學》(下半月),2008 年第 5 期。

326. 張劍光:《唐五代無錫商業的發展與原因探討》,《江南論壇》,2008 年第 6 期。

327. 張朋川:《中國古代花鳥畫構圖模式的發展演變——再議〈韓熙載夜宴圖〉製作年代》,《南京藝術學院學報》(美術與設計版),2008 年第 6 期。

328. 張劍光、陳巧鳳:《從唐至五代潤州經濟的發展與變化看區域經濟中心的轉移》,《江西社會科學》,2008 年第 9 期。

329. 朱祖德:《唐五代江西地區的經濟發展》,《淡江史學》,第 19 期,2008 年 9 月。

330. 李宏坤:《南唐陶俑之美》,《收藏家》,2008 年第 11 期。

331. 劉立紅:《試探李煜的悲劇人生》,《作家》,2008 年第 14 期。

332. 蔣高軍:《初探南唐繪畫盛況的成因》,《電影評介》,2008 年第 20 期。

333. 汪德生:《吳王楊行密與廬江金剛寺》,《巢湖日報》,2008 年 12 月 11 日。

334. 王達欽:《縉雲古代兩胡則》,氏著《縉雲文化研究》,浙江大學出版社,2008 年。

335. 俞揚:《徐鉉貶謫泰州年月考》,《揚州文化研究論叢》,第 2 輯,廣陵書社,2008 年。

336. 張金銑:《簡論楊吳丞相徐溫》,《淮河文化縱論——"第四屆淮河文化研討會"論文選編》,合肥工業大學出版社,2008 年。

337. 丁貞權:《楊吳與中原王朝及周邊割據政權關係述略》,《合肥學院學報》(社會科學版),2009 年第 1 期。

338. 田玉英:《南唐樞密使考論》,《江蘇科技大學學報》(社會科學版),2009 年第 1 期。

339. 徐小兵、溫建嬌:《〈韓熙載夜宴圖〉中衣冠服飾考》,《美苑》,2009 年第 1 期。

340. 白笑天:《李煜新論》,《西北民族大學學報》(哲學社會科學版),2009 年第 2 期。

341. 陳雙印、張郁萍:《〈稽神錄〉糾誤一則》,《中國典籍與文化》,2009 年第 2 期。

342. 邢東昇:《宋初淮南之戰地理新解》,《歷史教學》,2009 年第 2 期。

343. 張朋川:《晋唐粉本宋人妝——四議〈韓熙載夜宴圖〉圖像》,《南京藝術學院學報》(美術與設計版),2009 年第 2 期。

344. 周安慶:《承前啓後的南唐繪畫風格》,《收藏界》,2009 年第 2 期。

345. 陳雙印、張郁萍:《廬州張崇事迹考——兼談 S. 529v〈諸山聖迹志〉寫作的絕對時間問題》,《敦煌學輯刊》,2009年第3期。

346. 楊立昌:《南唐瑰寶"唐國通寶"金幣》,《江蘇錢幣》,2009年第3期。

347. 李合民:《傳神寫真之傑作——淺談〈韓熙載夜宴圖〉的藝術特色》,《美術大觀》,2009年第4期。

348. 劉婧:《〈稽神錄〉校勘拾遺》,《邢台學院學報》,2009年第4期。

349. 張剛、孫萬潔:《馬令〈南唐書〉述評》,《今日南國》(理論創新版),2009年第4期。

350. 田俐力:《〈韓熙載夜宴圖〉中舞者王屋山服式考》,《藝術探索》,2009年第5期。

351. 王芳芳:《〈韓熙載夜宴圖〉的位置經略》,《美術大觀》,2009年第6期。

352. 祝熹:《南唐的幾杯毒酒》,《文史天地》,2009年第8期。

353. 王斌:《南唐中第士人的地域分布及其特點》,《今日南國》(理論創新版),2009年第9期。

354. 段煒:《肆情坦率,傷時憂國——由〈韓熙載夜宴圖〉引發的對韓熙載個人命運的分析》,《科技信息》,2009年第17期。

355. 陳榮波:《法眼文益大師的華嚴禪探微》,《新世紀宗教研究》,第8卷第2期,2009年12月。

356. 釋依空:《從宗密和會華嚴與禪看法眼文益六相圓融思想的成立與應用》,《世界宗教學刊》,第14期,2009年12月。

357. 宋莉莉:《從服飾角度鑒定〈韓熙載夜宴圖〉》,《大衆文藝》(理論),2009年第13期。

358. 胡耀飛:《從揚州到金陵——三十年間吳唐禪代歷程》,《史林學步》,第13期,中央民族大學歷史文化學院,2009年。

359. 巫鴻:《韓熙載夜宴圖》,氏著《重屏:中國繪畫中的媒材與再現》,上海人民出版社,2009年。

360. 曾昭燏:《南唐二陵發掘日記》,氏著《曾昭燏文集·考古卷》,文物出版社,2009年。

361. 曾昭燏:《論南唐二陵陵墓本身的制度及其裝飾藝術》,《曾昭燏文集・考古卷》,文物出版社,2009 年。

362. 曾昭燏、蔣贊初:《南唐二陵出土的玉哀册及石哀册》,《曾昭燏文集・考古卷》,文物出版社,2009 年。

363. 盧燕新:《〈群書麗藻〉考論》,《古籍整理研究學刊》,2010 年第 1 期。

364. 秦琴、王偉:《論李煜的書法藝術風格》,《安徽文學》(下半月),2010 年第 1 期。

365. 楊偉立:《德光册立李璟爲中原主述論──讀徐鉉〈送謝仲宣員外使北蕃序〉》,《天府新論》,2010 年第 1 期。

366. 周運中:《港口體系變遷與唐宋揚州盛衰》,《中國社會經濟史研究》,2010 年第 1 期。

367. 周運中:《唐宋江淮三夷教新證》,《宗教學研究》,2010 年第 1 期。

368. 胡捷:《春花秋月何時了──試析南唐後主李煜悲劇人生的性格致因》,《安徽文學》(下半月),2010 年第 2 期。

369. 胡耀飛:《出入楊吳政權之"空間轉移":以沙陀武將爲例》,(韓)《亞洲研究》,第 8 輯,2010 年 2 月。

370. 胡玉梅:《南唐爲何棄用前朝皇宮》,《科學大觀園》,2010 年第 2 期。

371. 郭炳利:《〈韓熙載夜宴圖〉構圖論析》,《河南教育學院學報》(哲學社會科學版),2010 年第 3 期。

372. 彭文峰:《五代末期遼與後周清風驛之變考論》,《船山學刊》,2010 年第 3 期。

373. 曾嚴奭:《五代時期吳國徐温的死因之謎:兼論徐知誥與徐温的關係》,《修平人文社會學報》,第 14 期,2010 年 3 月。

374. 張朋川《〈韓熙載夜宴圖〉系列圖本的圖像比較──五議〈韓熙載夜宴圖〉圖像》,《南京藝術學院學報》(美術與設計),2010 年第 3 期。

375. 高峰:《南唐黨争與文人心態》,《南京師範大學文學院學報》,2010 年第 4 期。

376. 何劍明:《李璟政考》,《蘇州大學學報》(哲學社會科學版),2010 年第 5 期。

377. 梁爽:《論〈韓熙載夜宴圖〉對時間的展開和凝聚》,《青年文學家》,2010 年第 5 期。

378. 秦琴:《李煜書學思想研究》,《科教文匯》(上旬刊),2010 年第 5 期。

379. 胡耀飛:《讀〈五代十國方鎮年表〉札記——以吳、南唐政權相關内容爲中心》,《書品》,2010 年第 6 輯。

380. 潘耀:《淺識南唐〈泰州重展築子城記〉》,《江蘇地方志》,2010 年第 6 期。

381. 薛政超:《從揚州到金陵:五代楊吳政治中心轉移述論》,《邵陽學院學報》,2010 年第 6 期。

382. 張朋川:《〈韓熙載夜宴圖〉反映的室内陳設的發展變化》,《南京藝術學院學報》(美術與設計),2010 年第 6 期。

383. 鄭廣南、鄭碧玉:《福州龍峰鄭氏與南唐李後主——讀〈龍峰鄭氏族譜〉札記》,《炎黃縱橫》,2010 年第 6 期。

384. 涂繼文:《亡國之君的"智"與"愚"——試評李煜、劉鋹爲政和處世哲學》,《江西文獻》,第 221 期,2010 年 11 月。

385. 梵獅子:《韓熙載:南唐國祚的人格投影》,《國學》,2010 年第 12 期。

386. 周華鋒:《南唐政治和"文人集團"的興起》,《文學界》(理論版),2010 年第 12 期。

387. 白榮金、白雲燕:《揚州出土五代時期鐵甲》,《揚州城——1987—1988 年考古發掘報告》,文物出版社,2010 年。

388. 胡耀飛:《南昌鐵香爐與五代十國楊吳政治》,《長江文明》,第 4 輯,河南人民出版社,2010 年。

389. 胡耀飛:《"誰當立者?"——十世紀初楊吳政權延續危機》,《揚州文化研究論叢》,第 5 輯,廣陵書社,2010 年。

390. 張雲江:《五代宋初法眼宗成立之原因初探》,《禪和之聲——2009 年廣東禪宗六祖文化節論文集》，宗教文化出版社，2010 年。

391. 鄧治凡:《論南唐李後主的人生定位》,《恩施職業技術學院學報》,2011 年第 1 期。

392. 范學輝:《皖口之戰與宋太祖朝軍事裝備的革新》,《史學集刊》,2011 年第 1 期。

393. 陸貝林:《由〈質論〉淺析徐鉉的政治思想》,《文教資料》,2011 年第 1 期。

394. 王福梅:《元代〈徐仙翰藻〉考析》,《莆田學院學報》,2011 年第 1 期。

395. 薛政超、夏黎暉:《南唐金陵宮城及其護龍河新探》,《邵陽學院學報》(社會科學版),2011 年第 1 期。

396. 吳德明:《吳、南唐之際的幕僚文人——汪台符》,《安徽文學》,2011 年第 3 期。

397. 董良義:《試說南唐開元通寶錢》,《中國錢幣》,2011 年第 4 期。

398. 李福順:《中國書法史上應有李煜一席之地》,《藝術百家》,2011 年第 4 期。

399. 施建中:《近百年來南唐繪畫研究狀況述略》,《南京藝術學院學報》(美術與設計版),2011 年第 4 期。

400. 施建中:《南唐繪畫的文人化傾向及文人畫“五代萌生說”初探》,《東南文化》,2011 年第 4 期。

401. 張朋川:《漢晋唐宋美術作品中人物造型的演變——兼談〈韓熙載夜宴圖〉的人物造型》,《南京藝術學院學報》(美術與設計版),2011 年第 4 期。

402. 盛亞軍:《淺評〈韓熙載夜宴圖〉》,《青年文學家》,2011 年第 14 期。

403. 馬震:《〈韓熙載夜宴圖〉中屏風的多重價值初探》,《才智》,2011 年第 17 期。

404. 黄東陽:《生命的檢證——從〈稽神録〉考述五代民間信仰

中自我與神明之詮解及分際》,《東吳中文學報》,第 22 期,2011 年
11 月。

405. 簡彥姈:《陸游〈南唐書〉褒貶義例舉隅》,《中國語文》,第
109 卷第 6 期,2011 年 12 月。

406. 孫承娟:《舊事風流說南唐:吳梅村〈秣陵春〉的歷史隱喻與
古玩懷舊》,《中正大學中文學術年刊》,第 18 期,2011 年 12 月。

407. 胡小麗:《〈十國春秋・南唐〉徵引書目考——兼論〈十國春
秋〉的史料價值》,《圖書情報工作》,2011 年第 19 期。

408. 張勝珍:《南唐金陵佛寺考辨——兼論南唐崇佛之弊病》,
《經濟研究導刊》,2011 年第 35 期。

409. 胡耀飛:《世系・命運・信仰:唐末五代東海徐氏家族三
題》,《唐史論叢》,第 13 輯,三秦出版社,2011 年。

410. 胡耀飛:《"爲國去賊,爲民除害"——918 年楊吳政權朱瑾
政變事件剖析》,《揚州文化研究論叢》,第 6 輯,廣陵書社,2011 年。

411. 胡耀飛:《宋人陳舜俞〈廬山記〉所見吳・南唐史料考論》,
《長江文明》,第 7 輯,河南人民出版社,2011 年。

412. 李士娟:《〈南唐書合訂〉一書辨析》,《版本目錄學研究》,
第 2 輯,國家圖書館出版社,2011 年。

413. 余國江:《唐末五代時期的揚州述略》,《江淮文化論叢》,文
物出版社,2011 年。

414. 周運中:《楊吳、南唐行政地理考》,《唐史論叢》,第 13 輯,
三秦出版社,2011 年。

415. 簡彥姈:《陸游〈南唐書〉"論曰"探述》,《中國語文》,第 110
卷第 1 期,2012 年 1 月。

416. 南京市博物館、南唐二陵文物保護管理所:《南京祖堂山南
唐 3 號墓考古發掘的主要收穫及認識》,《東南文化》,2012 年第
1 期。

417. 簡彥姈:《陸游入蜀途中對南唐史事之考察》,《國文天地》,
第 27 卷第 9 期,2012 年 2 月。

418. 李偉:《〈韓熙載夜宴圖〉繪製年代研究綜述》,《藝術探

索》,2012 年第 3 期。

419. 徐同華:《千年疑謎永寧宮》,《泰州晚報》,2012 年 3 月 25 日。

420. 李成富:《也談〈韓熙載夜宴圖〉的斷代問題——兼與余輝先生商榷》,《唐山學院學報》,2012 年第 4 期。

421. 李暉:《以苦節自勵精神,創南唐狀元殊榮——唐才子伍喬研究》,《巢湖學院學報》,2012 年第 4 期。

422. 李琳:《有關〈韓熙載夜宴圖〉的鑒定問題》,《文物世界》,2012 年第 4 期。

423. 劉心:《論韓熙載的形象演繹——從〈江北行止〉談起》,《常州大學學報》(社會科學版),2012 年第 4 期。

424. 山本孝子:《應之〈五杉練若新學備用〉卷中所收書儀文獻初探——以其與敦煌寫本書儀比較爲中心》,《敦煌學輯刊》2012 年第 4 期。

425. 陳馳、程幸:《論南唐崇儒之風與南方白瓷、青白瓷的興起》,《中國陶瓷工業》,2012 年第 5 期。

426. 何劍明:《楊行密論》,《江蘇教育學院學報》(社會科學版),2012 年第 5 期。

427. 張茂林等:《景德鎮五代瓷器組成配方的 EDXRF 分析》,《光譜學與光譜分析》,2012 年第 5 期。

428. 邵磊、賀雲翔:《南京鐵心橋楊吳宣懿皇后墓的考古發掘與初步認識》,《東南文化》,2012 年第 6 期。

429. 張勝珍:《南唐帝王與南唐禪宗的傳播》,《歷史教學》(下半月刊),2012 年第 7 期。

430. 張治彬:《中國古代繪畫中的"蒙太奇"思維——以〈韓熙載夜宴圖〉爲例》,《現代裝飾》(理論),2012 年第 9 期。

431. 李立華、萬傳菲、趙菲:《千載寂寥,披圖可鑒——從結構主義解讀〈韓熙載夜宴圖〉的繪畫成就》,《美術界》,2012 年第 11 期。

432. 朱志偉:《陸游〈南唐書〉版本流傳》,《華章》,2012 年第 13 期。

433. 朱志偉:《淺論陸游〈南唐書〉的幾點缺憾》,《黑龍江史志》,2012 年第 15 期。

434. 侯妍妍、石翠仙:《南唐後主李煜的書法成就述考》,《蘭臺世界》,2012 年第 21 期。

435. 孫敬:《〈韓熙載夜宴圖〉創作年代考》,《作家》,2012 年第 22 期。

436. 胡耀飛:《吳、南唐政權境內沙陀人考》,《唐史論叢》,第 14 輯,三秦出版社,2012 年。

437. 劉剛:《〈韓熙載夜宴圖〉中所見家具考》,《上海博物館集刊》,第 12 期,上海書畫出版社,2012 年。

438. 穆儒鵬:《徐溫——從海州走出的南唐開國義祖》,《連雲港人文》,2013 年第 1 期。

439. 王爲剛:《南唐〈泰州重展築子城記〉淺釋》,《東南文化》,2013 年第 1 期。

440. 王兆鵬、邵大爲:《宋前黄鶴樓興廢考》,《江漢論壇》,2013 年第 1 期。

441. 陳勝:《唐末五代著名道士譚峭所處文化背景考略》,《興義民族師範學院學報》,2013 年第 2 期。

442. 李倍雷:《〈重屏會棋圖〉的圖像空間——一個可比較的案例》,《民族藝術研究》,2013 年第 2 期。

443. 李耀:《譚峭〈化書〉的社會政治批判思想》,《科教文匯》(上旬刊),2013 年第 3 期。

444. 肖文瓊:《淺析〈韓熙載夜宴圖〉的藝術特色及臨摹技法》,《青年文學家》,2013 年第 3 期。

445. 曾國富:《唐末五代廬州人氏事迹述論》,《合肥學院學報》(社會科學版),2013 年第 5 期。

446. 李傳興:《從〈韓熙載夜宴圖〉看我國古代文人的音樂修養》,《綏化學院學報》,2013 年第 6 期。

447. 彭飛:《顧閎中〈韓熙載夜宴圖〉小考》,《新美術》,2013 年第 7 期。

448. 辛德勇:《題周啓晋先生皮藏舊鈔本〈釣磯立談〉》,《藏書家》,第 17 輯,齊魯書社,2013 年 8 月。

449. 路瑶:《叙事性人物畫的節奏美——淺析〈韓熙載夜宴圖〉》,《大衆文藝》,2013 年第 9 期。

450. 李含飛:《中國傳世名畫〈重屏會棋圖〉中的室内設計研究》,《青年文學家》,2013 年第 23 期。

451. 車麗梅:《論〈二下南唐〉鼓詞小説創作的歷史真實》,《名作欣賞》,2013 年第 33 期。

452. 陸敏明、孫旭紅:《陸游〈南唐書〉的史學思想》,《邊疆經濟與文化》,2014 年第 1 期。

453. 陳曉瑩:《〈江南録〉:先天不足的“千古信書”》,《史學集刊》,2014 年第 2 期。

454. 梁艶:《基於〈韓熙載夜宴圖〉的漢晋唐宋美術作品中的人物造型演變研究》,《開封教育學院學報》,2014 年第 2 期。

455. 王佳:《淺談中西方繪畫美學和哲學的異同——以〈最後的晚餐〉〈韓熙載夜宴圖〉爲例》,《藝術科技》,2014 年第 2 期。

456. 趙永平:《論陸游〈南唐書〉的文學成就》,《湖北社會科學》,2014 年第 3 期。

457. 董錚:《從〈韓熙載夜宴圖〉看五代時期的傢具》,《美術大觀》,2014 年第 5 期。

458. 韓剛:《也談〈江行初雪圖〉製作時代——三論南唐畫院有無》,《美術學報》,2014 年第 5 期。

459. 周蓉:《南唐私學的興盛及其詩文傳授》,《西北師大學報》(社會科學版),2014 年第 5 期。

460. 梁躍:《探析〈韓熙載夜宴圖〉的色彩與構圖》,《短篇小説》(原創版),2014 年第 8 期。

461. 周安慶:《南唐董源〈龍宿郊民圖〉的來龍去脉之謎》,《文物鑒定與鑒賞》,2014 年第 8 期。

462. 劉晶:《從顧閎中〈韓熙載夜宴圖〉看歷史人物刻畫及貢獻》,《蘭臺世界》,2014 年第 9 期。

463. 李浩然：《便是屏風樣——從〈韓熙載夜宴圖〉中探究屏風的作用和喻義》，《美術教育研究》，2014 年第 11 期。

464. 田麗：《〈韓熙載夜宴圖〉的圖像學考證與解析》，《大衆文藝》，2014 年第 14 期。

465. 劉暘：《評〈從《韓熙載夜宴圖》看我國青白瓷的始燒年代〉一文——兼從瓷器的角度論證畫作年代》，《中外企業家》，2014 年第 17 期。

466. 崔世平：《制度淵源與國家正統——南唐二陵的地下空間》，《唐代江南社會暨中國唐史學會會議論文集》，江蘇人民出版社，2014 年。

467. 晉文、馬莉雅：《略論隋唐五代泰州的文化成就》，《唐代江南社會暨中國唐史學會會議論文集》，江蘇人民出版社，2014 年。

468. 邵磊：《宋杜鎬妻鍾氏墓誌及其相關問題》，《碑林集刊》，第 19 輯，三秦出版社，2014 年。

469. 王志高：《南京祖堂山南唐陵區考古勘探、試掘的主要收穫及初步認識》，《唐代江南社會暨中國唐史學會會議論文集》，江蘇人民出版社，2014 年。

470. 元志立：《南唐士人黨爭研究》，《文史博覽》，2015 年第 1 期。

471. 王三慶：《病釋應之與〈五杉練若新學備用集〉的相關研究》，《成大中文學報》，第 48 期，2015 年 3 月。

472. 王志高：《試論南京祖堂山南唐陵園布局及相關問題》，《文物》，2015 年第 3 期。

473. 王志高、夏仁琴：《南京祖堂山南唐陵園考古勘探與試掘簡報》，《文物》，2015 年第 3 期。

474. 趙洪軍：《南唐書法藝術試探》，《書法叢刊》，2015 年第 3 期。

475. 周安慶：《南唐畫家趙幹〈江行初雪圖〉鑒析》，《文物鑒定與鑒賞》，2015 年第 4 期。

476. 張學鋒：《“近世都城”的出發——以南唐金陵城爲例》，

《南京曉莊學院學報》,2015 年第 5 期。

477. 王偉、賀雪平:《略述南唐藏書》,《河北科技圖苑》,2015 年第 6 期。

478. 馬偉明、王元林:《南唐章僚〈海外使程廣記〉考》,《求索》,2015 年第 12 期。

479. 郭鵬、李玉虎、邢惠萍:《南唐二陵墓室彩畫冷凝水治理研究》,《文物保護與考古科學》,2015 年增刊。

480. 胡耀飛:《據上流而制根本:南唐遷都南昌府考》,《中國古都研究》,第 28 輯,三秦出版社,2015 年。

481. 胡耀飛:《五代楊吳洪州大安寺鐵香爐及其銘文彙考》,《文津學誌》,第 8 輯,國家圖書館出版社,2015 年。

482. 胡耀飛:《世系與婚宦:揚州出土〈姚嗣駢墓誌〉所見楊吳·南唐晋陵姚氏家族》,《流星王朝的遺輝:"隋煬帝與揚州"國際學術研討會論文集》,蘇州大學出版社,2015 年。

483. 鄧瑋光:《南唐姚嗣駢墓誌小考》,《南唐歷史文化研究文集》,南京出版社,2015 年。

484. 何劍明:《李璟政考》,《南唐歷史文化研究文集》,南京出版社,2015 年。

485. 胡曉明:《論南唐崇佛及其對佛教發展之意義》,《南唐歷史文化研究文集》,南京出版社,2015 年。

486. 蔣贊初:《南唐二陵發掘 60 周年的回顧》,《南唐歷史文化研究文集》,南京出版社,2015 年。

487. 李天石:《試論南唐時期墓葬中的人首鳥身俑》,《南唐歷史文化研究文集》,南京出版社,2015 年。

488. 梁白泉:《懷念南博首任院長徐平羽同志——從南唐二陵發掘談起》,《南唐歷史文化研究文集》,南京出版社,2015 年。

489. 劉剛、束家平:《揚州地區楊吳、南唐墓葬考古概述》,《南唐歷史文化研究文集》,南京出版社,2015 年。

490. 劉叙傑:《南唐二陵的建築特點與意義》,《南唐歷史文化研究文集》,南京出版社,2015 年。

491. 潘谷西:《對李昪陵墓建築彩畫的一點認識——紀念南唐二陵發掘 60 周年》,《南唐歷史文化研究文集》,南京出版社,2015 年。

492. 邵磊、賀雲翔:《南京鐵心橋楊吳宣懿皇后墓地考古發掘與初步認識》,《南唐歷史文化研究文集》,南京出版社,2015 年。

493. 王元、李德方:《南唐後主李煜葬地推測》,《南唐歷史文化研究文集》,南京出版社,2015 年。

494. 王志高:《試論南京祖堂山南唐陵園布局及其相關問題》,《南唐歷史文化研究文集》,南京出版社,2015 年。

495. 王志高、夏仁琴:《南京祖堂山南唐陵園考古勘探、試掘簡報》,《南唐歷史文化研究文集》,南京出版社,2015 年。

496. 王志高、夏仁琴、許志強:《南京祖堂山南唐 3 號墓考古發掘的主要收穫及認識》,《南唐歷史文化研究文集》,南京出版社,2015 年。

497. 吳桂兵:《“藕斷絲連”:唐宋變革視野下的南唐二陵與南漢三陵比較研究(提綱)》,《南唐歷史文化研究文集》,南京出版社,2015 年。

498. 吳桂兵:《〈天聖令〉與南唐二陵研究初識》,《南唐歷史文化研究文集》,南京出版社,2015 年。

499. 夏仁琴、蔡俣:《南唐二陵保護與管理工作的回顧與展望》,《南唐歷史文化研究文集》,南京出版社,2015 年。

500. 許長生:《南唐范陽王盧文進家族墓地的發現及初步認識》,《南唐歷史文化研究文集》,南京出版社,2015 年。

501. 楊曉春:《再論南唐二陵對唐代陵寢制度的承襲問題》,《南唐歷史文化研究文集》,南京出版社,2015 年。

502. 張彬:《南唐二陵與前蜀永陵及後蜀和陵的比較》,《南唐歷史文化研究文集》,南京出版社,2015 年。

503. 張學鋒:《“近世都城”的出發——以南唐金陵城爲例》,《南唐歷史文化研究文集》,南京出版社,2015 年。

504. 趙洪軍:《南唐書法藝術試探》,《南唐歷史文化研究文集》,

南京出版社,2015 年。

505. 朱光亞:《南唐二陵保護設施的修建回顧與今後的保護任務探討》,《南唐歷史文化研究文集》,南京出版社,2015 年。

506. 朱明:《南京現存的南唐遺迹和文物》,《南唐歷史文化研究文集》,南京出版社,2015 年。

507. 鄒勁風:《論楊吳政權的歷史地位》,《南唐歷史文化研究文集》,南京出版社,2015 年。

508. 鄒勁風:《論南唐的歷史地位》,《南唐歷史文化研究文集》,南京出版社,2015 年。

509. 左駿:《温故而知新——祖堂山南唐陵區出土玉册的再觀察》,《南唐歷史文化研究文集》,南京出版社,2015 年。

510. 邵張彬:《略論南唐皇位繼承制度》,《玉林師範學院學報》,2016 年第 1 期。

511. 劉康瑞:《南唐"西昌縣"爲太和縣考》,《中國歷史地理論叢》,2016 年第 2 期。

512. 姚亦鋒:《南唐時期的南京城市景觀》,《中國名城》,2016 年第 2 期。

513. 劉剛、池軍、薛炳宏:《江蘇揚州楊吳李娥墓的考古發掘及出土墓誌研究——兼及徐鉉撰〈故泰州刺史陶公墓誌銘〉》,《東南文化》,2016 年第 3 期。

514. 李昭:《〈新唐書·楊行密傳〉所記魯陽五堰地理位置考證》,《中國歷史地理論叢》,2016 年第 3 期。

515. 張可輝:《歷史上的南唐金陵:研究概況與趨勢》,《三江高教》,2016 年第 3 期。

516. 何韵瀟:《論南唐後主李煜的藝術集藏》,《藝術百家》,2016 年第 4 期。

517. 楊飛飛、馮冠:《南京南唐二陵白蟻危害綜合治理》,《中華衛生殺蟲藥械》,2016 年第 6 期。

518. 張金銑:《唐廬州刺史蔡儔史事鈎沉》,《合肥學院學報》,2016 年第 6 期。

519. 張維玲:《宋初南北文士的互動與南方文士的崛起——聚焦於徐鉉及其後學的考察》,《臺大文史哲學報》,第 85 期,2016 年 11 月。

520. 陳英傑:《五代宋初篆書名家徐鉉》,《中國書法》,2016 年第 23 期。

521. 黃穎波:《五代時期士子入宋對宋初公文文風的影響——以徐鉉爲例》,《文教資料》,2016 年第 34 期。

522. 胡耀飛:《東都與南都:南唐陪都人事考》,《嵩山文明與中國早期王都——2014 中國古都學會(鄭州)年會論文集》,科學出版社,2016 年。

523. 胡耀飛:《南唐陳致雍〈晋安海物異名記〉佚文輯證》,《中華歷史與傳統文化研究論叢》,第 2 輯,中國社會科學出版社,2016 年。

524. 李漫:《何處是"罳油":契丹—南唐茶葉之路及其起點的考訂》,《國家航海》,第 15 輯,上海古籍出版社,2016 年。

525. 汪勃:《晚唐楊吴兩宋時期揚州城城門之發掘與研究》,《東亞都城和帝陵考古與契丹遼文化國際學術研討會論文集》,科學出版社,2016 年。

526. 周運中:《南唐北通契丹之罳油港考》,《國家航海》,第 17 輯,上海古籍出版社,2016 年。

527. 張敏:《揚州四季金輝南唐墓和宋墓考古發掘簡報》,《江漢考古》,2017 年第 1 期。

528. 王聿誠:《南唐伏龜樓遺址考》,《江蘇地方志》,2017 年第 3 期。

529. 張敏、朱超龍、牛志遠:《江蘇揚州市秋實路五代至宋代墓葬的發掘》,《考古》,2017 年第 4 期。

530. 張朋川:《中國古代人物畫構圖模式的發展演變——兼議〈韓熙載夜宴圖〉的製作年代》,《南京藝術學院學報》(美術與設計版),2007 年第 4 期。

531. 祁海洋:《陸游〈南唐書〉的著史理念與文學特色》,《西華大學學報》(哲學社會科學版),2017 年第 6 期。

532. 魏睿林:《楊吳、南唐墓葬棺下小坑爲"冢心"考》,《中國文物報》,2017 年 6 月 7 日。

533. 康耀仁:《南唐花鳥〈野鶑梅竹圖〉》,《東方收藏》,2017 年第 8 期。

534. 王三慶:《釋應之〈五杉練若新學備用〉上卷與敦煌文獻等"法數"編輯之比較研究》,《敦煌學》,第 33 輯,2017 年 8 月。

535. 何劍明:《繁昌窰制瓷藝術與南唐的社會發展——兼論繁昌窰南唐官窰説》,《江蘇第二師範學院學報》,2017 年第 10 期。

536. 王琦:《陸游〈南唐書〉近五十年研究綜述》,《邊疆經濟與文化》,2017 年第 10 期。

537. 李琛琪:《周文矩"戰筆"考》,《收藏》,2017 年第 12 期。

538. 余輝:《〈重屏會棋圖〉背後的政治博弈——兼析其藝術特性》,《宋畫國際學術會議論文集》,浙江大學出版社,2017 年。

539. 胡耀飛:《楊吳政權代北家族的本土化——以〈李娀墓誌〉所見雁門李氏爲例》,《敦煌學輯刊》,2018 年第 1 期。

540. 王衛波:《徐鉉〈稽神録〉中的民間信仰探論》,《河南科技學院學報》,2018 年第 1 期。

541. 陳雪飛:《唐末至北宋揚州經濟發展歷程》,《鎮江高專學報》,2018 年第 2 期。

542. 黎華:《南唐的白鹿國學》,《九江學院學報》(社會科學版),2018 年第 3 期。

543. 任群、嚴寅春:《歐陽修〈試筆·南唐硯〉繫年獻芹》,《文獻》,2018 年第 4 期。

544. 王瀟瀟、劉剛、束家平:《五代北宋高郵秦氏家族世系研究——以江蘇揚州發現秦咏夫婦墓誌爲綫索》,《東南文化》,2018 年第 4 期。

545. 徐良:《南京新見南唐内門承旨姚承鈞墓誌考略》,《江蘇第二師範學院學報》,2018 年第 5 期。

546. 賴以儒:《南唐三主書法考述》,《中國書法》,2018 年第

18 期。

547. 胡耀飛:《揚州城信仰空間與楊吴政治》,《西安唐代歷史文化研究》,陝西人民出版社,2018 年。

548. 李文才:《楊吴尋陽公主墓誌銘考略》,《中華歷史與傳統文化論叢》,第 4 輯,中國社會科學出版社,2018 年。

549. 伍伯常:《南唐文房用品及其當代意義》,《九州學林》,第 39 期,香港城市大學中國文化中心,2018 年。

550. 周子陽:《關於唐朝五代景德鎮藍田青瓷的研究》,《藝術科技》,2019 年第 1 期。

551. 安北江:《南唐士人籍貫及所涉州縣之考辨——以周彬、顏詡爲例》,《史志學刊》,2019 年第 2 期。

552. 吴遠鵬:《〈祖堂集〉與禪宗話頭"吃茶去"》,《農業考古》,2019 年第 2 期。

553. 楊小霞、周晶純:《南唐烈祖李昪投龍玉璧相關史實考據及銘文釋讀》,《中國道教》,2019 年第 3 期。

554. 胡鵬:《歷史記憶與歷史書寫——論入宋文士南唐歷史筆記的撰作》,《南京曉莊學院學報》,2019 年第 4 期。

555. 濮思喆:《南唐宰相制度考論》,《皖西學院學報》,2019 年第 4 期。

556. 濮思喆:《萬斯同〈南唐將相大臣年表〉宰相部分考訂》,《廣西科技師範學院學報》,2019 年第 5 期。

557. 秦宗林、韓成龍、羅録會、周贇、魏旭:《江蘇揚州南唐田氏紀年墓發掘簡報》,《文物》,2019 年第 5 期。

558. 李卓穎:《身分認同之轉變與歷史書寫:以南唐舊臣鄭文寶爲例》,《新史學》,第 30 卷第 2 期,2019 年 6 月。

559. 李文才:《論清人整理研究揚州隋唐五代石刻文獻的成就與局限》,《揚州大學學報》(人文社會科學版),2019 年第 6 期。

560. 歐陽鎮:《譚峭的生態思想》,《中國道教》,2019 年第 6 期。

561. 汪常明、陳彪:《南唐澄心堂紙考》,《中國書法》,2019 年第 10 期。

562. 李聞茹:《南唐趙幹〈江行初雪圖〉新議》,《北京印刷學院學報》,2019 年第 11 期。

563. 景旭:《論後晉、南唐對後唐政治遺産的繼承》,《文物鑒定與鑒賞》,2019 年第 13 期。

564. 程少軒、劉剛:《揚州新出土五代解除木人研究》,《簡帛》,第 19 輯,上海古籍出版社,2019 年。

565. 傅紹磊、鄭興華:《釋"東海鯉魚飛上天"》,氏著《唐宋江南歷史文化與文學研究》,浙江大學出版社,2019 年。

566. 錢汝平:《唐末五代危全諷、危仔昌兄弟家世補證——新見〈宋故危先生墓誌銘〉考釋》,《文津學誌》,第 12 輯,國家圖書館出版社,2019 年。

567. 邵磊:《空山遺甓在的南唐三陵》,氏著《南京歷代陵墓》,南京出版社,2019 年。

568. 楊偉立:《宋齊丘與南唐朋黨》,《國學》,第 7 集,巴蜀書社,2019 年。

5-3　南唐文學

1. 鄭振鐸(西諦):《李後主詞》,《小説月報》,第 14 卷第 1 期,1923 年 1 月。

2. 豫戡:《論南唐後主李重光詞》,《北平益世報》,1926 年 6 月 10—11 日。

3. 曹雨群:《李後主的著述及其版本》,《浙江圖書館報》,第 2 卷第 1 期,1927 年 12 月。

4. 張希録:《王貽上之詩與李重光之詞》,《河北大學周刊》,第 1 期,1930 年 9 月。

5. 弓英德:《李後主亡國詩詞辯證》,《勵學》,第 2 期,1934 年 6 月。

6. 鄒嘯:《馮韋詞相似之點》,《青年界》,第 6 卷第 1 期,1934 年 6 月。

7. 王延傑:《關於李後主的詞》,《正中半月刊》,第 2 卷第 1、5

期,1935 年 6—8 月。

8. 葉德榮:《亡國詞人李後主論》,《廈大周刊》,第 15 卷第 12、13 期,1935 年 12 月。

9. 龍榆生:《南唐二主詞叙論》,《詞學季刊》,第 3 卷第 2 期,1936 年 6 月。

10. 王信之:《馮延巳的詞》,《北平晨報·學園》,1936 年 7 月 13 日。

11. 史奇生:《詞聖李煜研究》,《江蘇學生》,第 7 卷第 2 期,1936 年。

12. 史奇生:《詞聖李煜研究》(續),《江蘇學生》,第 7 卷第 3 期,1936 年。

13. 俞陛雲(階青):《南唐二主詞輯述》,《同聲月刊》,第 1 卷第 10—11 號,1941 年 9—10 月。

14. 唐圭璋:《李後主之〈臨江仙〉》,《中國文學》,第 1 卷第 2 期,重慶,1944 年。

15. 唐圭璋:《李後主與曹勛》,《中國文學》,第 1 卷第 2 期,重慶,1944 年。

16. 詹幼馨:《李後主絕命詞考證》,《中央日報》,上海,1946 年 10 月。

17. 詹幼馨:《李煜清平樂詞之産生時期》,《中央日報》,上海,1946 年 10 月。

18. 蕭滌非:《談李後主的〈破陣子〉》,《新生報》副刊"語言與文學"第 6 期,1946 年 11 月 25 日。

19. 詹幼馨:《李後主〈臨江仙〉詞校勘記》,《中央日報》,上海,1946 年 11 月 30 日。

20. 胡念貽:《李後主"搗練子"辨》,《中央日報》7 版,上海,1947 年 5 月。

21. 唐圭璋:《李後主知音》,《中央日報》6 版,上海,1947 年 6 月。

22. 劉永濟:《李後主破陣子詞》,《東南日報·文史周刊》,第 49

期,上海,1947 年 7 月。

23. 唐圭璋:《南唐二主詞釋》(一、二、三),《中央日報》7 版,上海,1948 年 1 月。

24. 劉兆熊:《詞家三李》,《新生報》8 版,臺北,1948 年 11 月。

25. 蔣勵材:《詞王李後主——天教心願與身違》,《暢流》,第 8 卷第 3 期,臺北,1953 年 9 月。

26. 萬傑卿:《一代詞宗——南唐後主李煜》,《廣播雜誌》,第 6 卷第 11 期,1954 年 5 月。

27. 陳培治:《對詹安泰先生關於李煜的〈虞美人〉看法的意見》,《光明日報》,1955 年 8 月 28 日。

28. 詹安泰:《答陳培治同志》,《光明日報》,1955 年 8 月 28 日。

29. 褚斌傑(楚子):《李後主及其作品評價》,《光明日報》,1955 年 10 月 9 日。

30. 夏兆億:《對李煜〈虞美人〉一詞的看法》,《光明日報》,1955 年 10 月 9 日。

31. 吳穎:《關於李煜詞評價的幾個問題》,《光明日報》,1955 年 10 月 16 日。

32. 譚丕模:《我對於李煜詞討論的一些意見》,《光明日報》,1955 年 12 月 11 日。

33. 牛仰山:《關於李煜及其作品的評價》,《光明日報》,1955 年 12 月 18 日。

34. 周作人(頑石):《也談李後主詞》,《光明日報》,1955 年 12 月 25 日。

35. 陳賡平:《我對詞人李煜的看法》,《光明日報》,1956 年 1 月 1 日。

36. 褚斌傑:《關於李後主及其作品評價問題》,《光明日報》,1956 年 1 月 22 日。

37. 游國恩:《關於李後主及其作品評價問題》,《光明日報》,1956 年 1 月 22 日。

38. 游國恩:《略談李後主詞的人民性》,《光明日報》,1956 年 1

月 29 日。

39. 鄧魁英、聶石樵:《關於李煜在文學史上的評價問題》,《光明日報》,1956 年 1 月 29 日。

40. 蔣勵材:《詞王李後主——鳳笙吹斷水雲間》,《民主憲政》,第 9 卷第 11 期,1956 年 2 月。

41. 蔣勵材:《詞王李後主——樓上春水寒四面之一》,《民主憲政》,第 10 卷第 1 期,1956 年 3 月。

42. 毛星:《評關於李煜詞的討論》,《光明日報》,1956 年 3 月 11 日。

43. 蔣勵材:《詞王李後主——樓上春水寒四面之二》,《民主憲政》,第 10 卷第 2 期,1956 年 4 月。

44. 蔣勵材:《詞王李後主——櫻桃落盡春歸去》,《民主憲政》,第 10 卷第 3 期,1956 年 4 月。

45. 北京大學文學研究所古代文學組:《如何評價李煜的詞》,《光明日報》,1956 年 5 月 13、20 日。

46. 蔣勵材:《詞王李後主——雨打歸舟泪萬行之一》,《民主憲政》,第 10 卷第 4 期,1956 年 5 月。

47. 蔣勵材:《詞王李後主——雨打歸舟泪萬行之二》,《民主憲政》,第 10 卷第 5 期,1956 年 6 月。

48. 蔣勵材:《詞王李後主——一江春水向東流之一》,《民主憲政》,第 10 卷第 6 期,1956 年 6 月。

49. 蔣勵材:《詞王李後主——一江春水向東流之二》,《民主憲政》,第 10 卷第 7 期,1956 年 7 月。

50. 王仲聞:《關於李煜詞的考證問題》,《光明日報》,1956 年 7 月 22 日。

51. 許可(焉邑):《關於李煜作品的討論》,《文藝學習》,1956 年第 7 期。

52. 中山大學中文系中國文學史教研組:《關於李煜及其作品的評價問題》,《光明日報》,1956 年 8 月 5 日。

53. 毛星:《關於李煜的詞》,《文學研究集刊》,第 3 冊,人民文出版社,1956 年。

54. 雷石榆:《評李煜詞的基本問題》,《天津師範學院科學論文集刊》(人文科學版),1957 年第 1 期。

55. 詹安泰:《李煜和他的詞》,《中山大學學報》(社會科學版),1957 年第 1 期。

56. 寇效信:《從李煜詞的討論談起》,《延河》,1957 年第 3 期。

57. 楊繢蓀:《詞宗三李》,《暢流》,第 15 卷第 7 期,臺北,1957 年5 月。

58. 鄭騫:《論温韋馮三家詞》,《教育與文化》,第 17 卷第 4 期,1957 年 8 月。

59. 莊嚴:《李煜》,《中國文學史論集》(二),臺北:中華文化出版事業社,1958 年 4 月。

60. 胡雲翼:《詞聖李煜》,《中國詞史》第七章,臺北:啓明書局,1958 年。

61. 姜尚賢:《詞國帝王——李煜》,氏著《詞曲欣賞》第四章,臺南,1958 年。

62. 陳寂:《馮正中之"堂廡"》,《羊城晚報》,1962 年 1 月 4 日。

63. 唐圭璋:《論李煜的後期詞》,《江海學刊》,1962 年第 3 期。

64. 夏承燾:《南唐詞》,《文匯報》,1962 年 4 月 11—12 日。

65. 夏承燾:《馮延巳和歐陽修》,《文匯報》,1962 年 5 月 19 日。

66. 吳兆源:《延己、延已、延巳》,《文匯報》,1962 年 6 月 29 日。

67. 謝世涯:《李煜詞研究——論佘雪曼與劉大傑對李煜詞愛國思想的分析》,《南大中文學報》,第 1 期,新加坡南洋大學,1962 年6 月。

68. 于凌波:《李後主的生平及其作品》,《暢流》,第 29 卷第 2 期,臺北,1964 年 3 月。

69. 黎淦林:《李後主的戀愛故事》,《文學世界》,第 8 卷第 2 期,1964 年 6 月。

70. 林尹:《〈説文二徐异訓辨〉序》,《學粹》,第 6 卷第 4 期,1964 年 6 月。

71. 林瑞翰:《南唐之經濟文化》,《大陸雜誌》,第 29 卷第 6 期,1964 年 9 月。

72. 相菊潭:《〈説文二徐异訓辨〉自序》,《學粹》,第 7 卷第 3 期,1965 年 4 月。

73. 胡品清:《論李後主的詞》,《文壇》,第 70 卷,臺北,1966 年 4 月。

74. 何勇仁:《南唐李煜其人其藝》,《新天地》,第 5 卷第 3 期,臺北,1966 年 5 月。

75. 韋金滿:《李後主詞欣賞》,《中國文學系年刊》,第 4 期,香港新亞書院,1966 年 6 月。

76. 王吉林:《契丹與南唐外交關係之探討》,《幼獅學志》,第 5 卷第 2 期,1966 年 12 月。

77. 周祖謨:《徐鍇的説文學》,氏著《問學集》,中華書局,1966 年。

78. 柯慶明:《馮正中論》,《大學論壇》,第 19 期,1967 年 4 月。

79. 周何:《大徐〈説文〉版本源流考》,《慶祝高郵高仲華先生六秩誕辰論文集》,臺灣師範大學國文研究所,1968 年 3 月。

80. 鍾應梅:《李煜詞》,氏著《藥園説詞》,香港中文大學崇基學院,1968 年 9 月。

81. 劉兆熊:《五代詞觀(南唐詞人)》,《臺灣省立博物館科學年刊》,第 11 期,1968 年 12 月。

82. 何雪冰:《李後主詞作之分析》,《新亞生活》,1969 年 1 月 24 日。

83. 陳恒昇:《詞及詞人的評介(續)》,《暢流》,第 39 卷第 3 期,1969 年 3 月。

84. 陸侃如(衍廬):《詞人李後主》,《李後主和他的詞》下册,學生書局,1971 年。

85. 陸嶺生:《李後主和他的詞》,《李後主和他的詞》上册,學生書局,1971 年。

86. 任泰:《李後主詞》,《中山學術文化集刊》,第 9 卷,臺北,

1972 年 3 月。

87. 霖:《"詞國"的帝王——李後主》,《勵進》,第 320 期,臺北,1972 年 10 月。

88. 羅悅玲:《讀李後主晚期的詞》,《中國語文》,第 33 卷第 2 期,臺北,1973 年 8 月。

89. 菊韵:《南唐二主詞評介》,《今日中國》,第 31 期,1973 年 11 月。

90. 杜若:《神秀詞人李後主》,(臺北)《臺肥月刊》,第 14 卷第 12 期,1973 年 12 月。

91. 菊韵:《馮延巳的詞》,《今日中國》,第 40 期,1974 年 8 月。

92. 世喬:《評析李後主的詞》,(臺北)《暢流》,第 50 卷第 7 期,1974 年 11 月。

93. 孟瑶:《李煜》,《中國文學史》第四章,大中國圖書公司,1974 年。

94. 黄立懋:《南唐李中詩選評》,《中國詩季刊》,第 6 卷第 1 期,1975 年 3 月。

95. 王家棫(朴人):《李後主與兩周后》,《詩人生活》,學生書局,1975 年 3 月。

96. 莫雲漢:《概談李煜與納蘭性德》,(香港珠海書院)《文史學報》,第 11 期,1975 年 5 月。

97. 蔡義忠:《詞聖——南唐後主李煜》,《中國六大詞人》,清流出版社,1976 年。

98. 周宗盛:《詞中之王李後主》,《詞林探勝》,水牛出版社,1976 年。

99. 施蟄存:《讀馮延巳詞札記》,《上海師範大學學報》(哲學社會科學版),1979 年第 3 期。

100. 唐圭璋:《南唐藝文志》,《中華文史論叢》,1979 年第 3 輯。

101. 張弘治:《唐五代詞的發展趨勢——兼談温、韋、馮、李詞的内容與風格》,《中華文化復興月刊》,第 12 卷第 4 期,臺北,1979 年 4 月。

102. 張健:《九、十世紀的三位中國大詩人——杜牧、李商隱、李煜》,《書評書目》,第 73 期,臺北,1979 年 5 月。

103. 姜伯純:《南唐二主與馮延巳》,《中國文學名著欣賞》,莊嚴出版社,1979 年。

104. 鄭惠文:《深宮詞人——李煜》,《中國文學家故事》,莊嚴出版社,1979 年。

105. 林敬文:《李後主(李煜)的文藝生涯》,《自由談》,第 31 卷第 4 期,1980 年 4 月。

106. 方建新:《花間詞人張泌與南唐張悦、張泌事迹作品考辨》,《文史》,第 8 輯,中華書局,1980 年。

107. 詹安泰:《馮延巳詞的藝術風格》,氏著《宋詞散論》,廣東人民出版社,1980 年。

108. 季續:《關於馮延巳的考證》,《寧波師專學報》(社會科學版),1981 年第 2 期。

109. 勞季:《巳己之亂何時了》,《社會科學戰綫》,1981 年第 2 期。

110. 秦惠民:《陽春集校箋(選載上)》,《黃石師院學報》(哲學社會科學版),1981 年第 4 期。

111. 魯弓長:《帝王俘虜,詞國帝王——談南唐李後主之詞》,《暢流》,第 63 卷第 10 期,1981 年 7 月。

112. 李希躍:《論李煜對詞發展的貢獻》,《廣西大學學報》,1982 年第 1 期。

113. 秦惠民:《陽春集校箋(選載下)》,《黃石師院學報》(哲學社會科學版),1982 年第 1 期。

114. 葉嘉瑩:《馮正中詞的成就及其承前啓後的地位》,《北京師範學院學報》(社會科學版),1982 年第 4 期。

115. 蔡厚示:《李璟李煜詞賞析》,《江海學刊》,1982 年第 6 期。

116. 方延豪:《南唐二主詞評析》,《中華文化復興月刊》,第 15 卷第 8 期,1982 年 8 月。

117. 葉嘉瑩:《論馮延巳詞》,《四川大學學報叢刊》第 15 輯《古典文學論叢》,1982 年。

118. 葉嘉瑩:《靈谿詞説(續五)——論南唐中主李璟詞》,《四川大學學報》(哲學社會科學版),1983 年第 3 期。

119. 許金枝:《悲劇帝王李後主及其詞》,《中正嶺學術研究集刊》,第 2 期,1983 年 6 月。

120. 李漢超:《李煜〈一斛珠〉詞中的“沉檀”》,《社會科學輯刊》,1984 年第 2 期。

121. 于德馨:《李煜詞的分期問題及其抒情特色》,《文史哲》,1984 年第 6 期。

122. 賀中復:《李煜詞的藝術成就》,《中國古典文學論叢》,第 1 輯,人民文學出版社,1984 年。

123. 蕭延恕:《李煜〈菩薩蠻〉三首非爲小周后而作》,《中國文學研究》,1985 年第 1 期。

124. 吳穎:《重新論定李煜詞在中國文學史上的地位》,《汕頭大學學報》,1985 年第 2 期。

125. 楊海明:《論馮延巳詞》,《文史哲》,1985 年第 2 期。

126. 顧漢松:《評〈説文〉大徐注》,《上海師範大學學報》,1985 年第 4 期。

127. 黃進德:《李煜詞論略》,《鎮江師專學報》,1985 年第 4 期。

128. 徐萄:《説李煜與兩周后及其詞》,《社會科學》,1985 年第 5 期。

129. 曹汛:《〈全唐詩〉拆分徐鉉與他人唱和篇什之竄亂》,《文史》,第 25 輯,1985 年。

130. 曹汛:《徐鉉集内所收〈貢院鎖宿聞吕員外使高麗贈送〉一詩作者考辨》,同上。

131. 孔憲富:《李煜及南唐其他詞人的詞》,《錦州師院學報》(哲學社會科學版),1986 年第 2 期。

132. 李慕如:《詞中帝王李後主》,《屏東師專學報》,第 4 期,1986 年 3 月。

133. 范進軍:《大徐本切音勘誤》,《雲夢學刊》,1986 年增刊。

134. 葉嘉瑩:《論溫庭筠、韋莊、馮延巳、李煜四家詞》,《國文天地》,第 2 卷第 7 期,1986 年 12 月。

135. 倪文傑:《徐鉉詩韵考》,《廣西大學學報》(哲學社會科學版),1987 年第 2 期。

136. 姜超:《西蜀詞風和南唐詩意》,《語文學刊》,1987 年第 3 期。

137. 楊寶林:《試論李煜變"伶工詞"爲"士大夫詞"》,《遼寧大學學報》(哲學社會科學版),1987 年第 3 期。

138. 曾昭岷:《手校馮延巳詞札記》,《湖北大學學報》(哲學社會科學版),1987 年第 3 期。

139. 葉嘉瑩:《論南唐中主李璟詞》,《國文天地》,第 2 卷第 11 期,1987 年 4 月。

140. 范進軍:《大徐本切音致誤原因初探》,《湘潭師範學院社會科學學報》,1988 年第 2 期。

141. 姜海峰:《李璟與南唐及其詞》,《許昌學院學報》,1988 年第 3 期。

142. 姜海峰:《關於李煜及其詞評價中的問題》,《河南大學學報》(哲學社會科學版),1988 年第 5 期。

143. 李文澤:《徐鉉文集版本簡述》,《四川古籍整理出版通訊》,第 7 期,1988 年 12 月。

144. 沈治宏:《徐鉉著述考——附現存〈徐公文集〉版本目録》,《四川古籍整理出版通訊》,第 7 期,1988 年 12 月。

145. 唐文:《〈説文〉大徐本反切考——聲類考》,《鐵道師院學報》,1988 年增刊。

146. 張自文:《開宋詞風氣之先的關鍵人物——馮延巳》,《湘潭大學學報》(社會科學版),1989 年第 2 期。

147. 郭子直:《王筠、許瀚兩家校批祁刻〈説文解字繫傳〉讀後記》,《陝西師範大學學報》(哲學社會科學版),1989 年第 3 期。

148. 鋭聲:《徐鍇〈説文解字繫傳〉的學術成就》,《天津師大學報》(社會科學版),1989 年第 5 期。

149. 張自文:《馮延巳詞的審美價值》,《文學遺産》,1989 年第 5 期。

150. 曾昭岷:《馮延巳詞考辨》,《詞學》,第 7 輯,華東師範大學出版社,1989 年。

151. 鄧革夫:《借春恨悲秋的主題抒國運衰微的哀思——讀李璟詞》,《雲夢學刊》,1990 年第 1 期。

152. 佳雨:《李璟的政治悲劇與文學成就》,《中國民航學院學報》,1990 年第 1 期。

153. 李奇瑞:《徐鉉兄弟〈校定説文序〉評析》,《九江師專學報》,1990 年第 1 期。

154. 張標:《大徐本〈説文〉小篆或體初探》,《河北師範大學學報》,1990 年第 1 期。

155. 王醒:《李煜詞分期和主體流向的再認識》,《山西大學師範學院學報》(文理綜合版),1990 年增刊。

156. 李法信:《〈説文解字繫傳·通釋〉初探》,《山東師範大學學報》(社會科學版),1991 年第 1 期。

157. 范進軍:《大徐本重文初探》,《湘潭師範學院學報》,1991 年第 2 期。

158. 孫康宜:《李煜與小令的全盛期》,《中外文學》,第 19 卷第 11 期,1991 年 4 月。

159. 方德珠:《李煜詞的動態比喻》,《語文月刊》,1991 年第 6 期。

160. 宇野直人:《李後主詞境》,《日本學者中國詞學論文集》,上海古籍出版社,1991 年。

161. 米萬鎖:《試論〈説文繫傳〉對段〈注〉的影響》,《語文研究》,1992 年第 1 期。

162. 張慶綿:《略述徐鍇〈説文解字繫傳〉》,《遼寧大學學報》(哲學社會科學版),1992 年第 1 期。

163. 賈晋華:《五代廬山詩人群考論》,《鐵道師院學報》(社會科學版),1992 年第 2 期。

164. 閆增山、鍾鼎:《李煜夢詞簡論》,《社會科學輯刊》,1992 年第 2 期。

165. 楊清澄:《徐鍇〈説文繫傳〉的虛字見解》,《古漢語研究》,1992 年第 3 期。

166. 趙治中:《要實事求是地評價李煜的詞——與王同書同志商榷》,《麗水師專學報》,1992 年第 4 期。

167. 王初慶:《試由〈説文繫傳·祛妄〉蠡測李陽冰之説文刊本》,《輔仁國文學報》,第 8 期,1992 年 6 月。

168. 陳如江:《馮延巳詞論》,氏著《唐宋五十名家詞論》,華東師範大學出版社,1992 年。

169. 陳如江:《李璟詞論》,氏著《唐宋五十名家詞論》。

170. 陳如江:《李煜詞論》,氏著《唐宋五十名家詞論》。

171. 陳祖美:《李璟李煜詞新繹》,《唐代文學研究》,第 3 輯,廣西師範大學出版社,1992 年。

172. 趙治中:《也談李煜及其詞作的評價問題——與王同書同志商榷》,《漢中師院學報》(哲學社會科學版),1993 年第 2 期。

173. 周信炎:《論〈説文繫傳〉中的因聲求義》,《貴州大學學報》(社會科學版),1993 年第 2 期。

174. 成松柳:《銷魂獨我情何限——試論李煜詞的宗教感》,《長沙水電師院學報》(社會科學學報),1993 年第 3 期。

175. 郭康松:《〈全宋文〉徐鉉文點校問題》,《古籍整理研究學刊》,1993 年第 3 期。

176. 唐國瑞:《低徊沉郁,遲暮悲涼——談李璟的詞》,《南通師專學報》(社會科學版),1993 年第 3 期。

177. 玉貴福:《也談李煜詞的"愛國思想"》,《廣西民族學院學報》(哲學社會科學版),1993 年第 3 期。

178. 楊清澄:《徐鍇〈説文繫傳〉的六書見解》,《懷化師專學報》,1993 年第 4 期。

179. 張國儒:《馮延巳詞悲劇意識初探》,《保山師專學報》,1994 年第 2 期。

180. 古敬恒:《徐鍇對〈説文〉釋義的闡發與補正》,《徐州師範學院學報》,1994 年第 3 期。

181. 曹涌:《論李煜後期詞作有無愛國主義思想》,《濟南大學學報》(綜合版),1994 年第 4 期。

182. 常興華、常耀華:《大徐本〈説文・系部〉失校證詁》,《平頂山師專學報》(社會科學版),1994 年第 4 期。

183. 鄭福田:《和泪試嚴妝——馮延巳詞風格説略》,《語文學刊》,1994 年第 6 期。

184. 吳在慶、趙瑩:《情由景觀,既是傷春更自傷——馮延巳〈采桑子〉詞賞析》,《文史知識》,1994 年第 8 期。

185. 古敬恒:《徐鍇〈繫傳〉對詞的本義的再闡釋》,《古漢語研究》,1995 年第 1 期。

186. 侯尤峰:《〈説文解字〉徐鉉所注"俗字"淺析》,《古漢語研究》,1995 年第 2 期。

187. 楊傑:《一棵纏綿藤,兩朵凄婉花——談李煜和納蘭容若詞作的親緣關係》,《雲南教育學院學報》,1995 年第 4 期。

188. 喬力:《主體意識的建立:論南唐詞的審美特徵與範型意義》,《東嶽論叢》,1995 年第 5 期。

189. 古敬恒:《〈説文繫傳〉闡釋引申義條例》,《辭書研究》,1995 年第 6 期。

190. 唐文德:《馮延巳〈謁金門〉的寫作藝術》,《國語文教育通訊》,第 10 期,1995 年 6 月。

191. 黃進德:《馮延巳及其詞考辨》,《中華詞學》,第 2 輯,1995 年 12 月。

192. 宋裕:《帝王詞人李後主》,《明道文藝》,第 237 期,1995 年 12 月。

193. 張興武:《南唐隱逸詩人陳陶考》,《中國典籍與文化論叢》,第 3 輯,中華書局,1995 年。

194. 姚晶華:《論李璟詞的思婦形象及寄託》,《北京廣播電視大學學報》,1996 年第 1 期。

195. 古敬恒:《試論徐鍇對辭書釋義所作的貢獻》,《中州大學學報》,1996 年第 2 期。

196. 王基:《光華千秋李煜詞——兼與趙治中先生討論李詞價值》,《漢中師範學院學報》(社會科學版),1996 年第 2 期。

197. 卜務正:《試論李煜詞的審美價值》,《福建師範大學學報》(哲學社會科學版),1996 年第 4 期。

198. 戴螢:《徐鉉的失敗——略論徐鉉詩及五代詩風》,《北京大學研究生學志》,1996 年第 4 期。

199. 王力堅:《痛定思痛的懺悔——李煜後期詞〈浪淘沙〉解析》,《中國語文》,第 78 卷第 4 期,1996 年 4 月。

200. 唐文德:《馮延巳兩首小詞的欣賞》,《國語文教育通訊》,第 12 期,1996 年 6 月。

201. 吳儀鳳:《論李陽冰刊定〈説文〉之是非——以大、小徐本中所見引者爲對象》,《輔大中研所學刊》,第 6 期,1996 年 6 月。

202. 王力堅:《亡國之君的淒惶——試析李煜詞〈虞美人〉》,《中國語文》,第 79 卷第 2 期,1996 年 8 月。

203. 向以鮮:《殘照悲歌:南唐文學論略——從晚唐到宋初不可忽略的文學歷程》,《宋代文化研究》,第 6 輯,四川大學出版社,1996 年。

204. 王力堅:《李煜詞中"春"的表現特徵及涵義》,《學術論壇》,1997 年第 2 期。

205. 張毅:《馮延巳詞對花間詞的發展》,《龍岩師專學報》,1997 年第 2 期。

206. 周健自:《從"伶工之詞"到"士大夫之詞"——簡論李煜詞與唐宋詞發展軌迹之關係》,《黔南民族師專學報》,1997 年第 2 期。

207. 郭素霞:《論馮延巳詞的歷史地位》,《鐵道師院學報》,1997 年第 3 期。

208. 楊新民:《花間南唐詞風臆説》,《内蒙古社會科學》(文史哲版),1997 年第 3 期。

209. 趙治中:《再談李煜及其詞作的評價問題——與王基先生

商榷》,《麗水師專學報》,1997 年第 4 期。

210. 周先慎:《説馮延巳〈鵲踏枝〉》,《文史知識》,1997 年第 4 期。

211. 馮艷紅:《李煜與晏幾道詞之比較》,《齊齊哈爾社會科學》,1997 年第 5 期。

212. 何敏華:《李煜詞風的探討》,《中國語文》,第 81 卷第 3 期,1997 年 9 月。

213. 吴銘如:《南唐詞人馮延巳詞之特色》,《嘉南學報》,第 23 期,1997 年 11 月。

214. 陳滿銘:《馮延巳的〈蝶戀花〉》(2),《國文天地》,第 13 卷第 9 期,1998 年 2 月。

215. 李小梅:《清詞麗句"畫"幽情——談馮延巳的一首詞》,《唐都學刊》,1998 年第 2 期。

216. 劉澤江、王立新:《淺析李煜詞的修辭藝術與意境》,《江漢大學學報》,1998 年第 2 期。

217. 陳滿銘:《李璟的〈攤破浣溪沙〉》(1),《國文天地》,第 13 卷第 10 期,1998 年 3 月。

218. 黎烈南:《亡國之音哀以思——馮延巳詞的風格及其成因》,《首都師範大學學報》(社會科學版),1998 年第 3 期。

219. 楊海明:《試論南唐中主李璟的詞》,《蘇州大學學報》,1998 年第 3 期。

220. 綦維:《闊大境界中的陰柔特色——論李煜對詞的貢獻及其局限》,《臨沂師專學報》,1998 年第 4 期。

221. 陳滿銘:《李煜的〈相見歡〉》(1),《國文天地》,第 13 卷第 12 期,1998 年 5 月。

222. 陳滿銘:《李煜〈清平樂〉詞賞析》,《國文天地》,第 14 卷第 1 期,1998 年 6 月。

223. 沈謙:《李煜前期的詞》,《中國語文》,第 82 卷第 6 期,1998 年 6 月。

224. 陳滿銘:《李璟的〈攤破浣溪沙〉》(2),《國文天地》,第 14

卷第 2 期,1998 年 7 月。

225. 沈謙:《李煜後期的詞》,《中國語文》,第 83 卷第 1 期,1998
年 7 月。

226. 楊昌年:《詞國君王李後主》,(臺北)《歷史月刊》,第 130
期,1998 年 11 月。

227. 陳滿銘:《李煜的〈相見歡〉》(2),《國文天地》,第 14 卷第 8
期,1999 年 1 月。

228. 潘慎:《馮延巳〈謁金門〉中的"引"和"斗鴨"究竟是什麼意
思?》,《太原師範專科學校學報》,1999 年第 1 期。

229. 張汝山:《李煜詞的美學力量——兼論李煜詞前後期審美
本質的一致性》,《濱州師專學報》,1999 年第 1 期。

230. 成松柳:《縱有笙歌亦斷腸——讀馮延巳詞的斷想》,《長沙
電力學院學報》(社會科學版),1999 年第 2 期。

231. 程樹榛:《春花秋月寄"閑"愁——讀南唐二主詞》,《幼獅
文藝》,第 543 期,1999 年 3 月。

232. 馮慶凌:《〈人間詞話〉中的李煜論》,《佳木斯大學社會科
學學報》,1999 年第 3 期。

233. 陳滿銘:《李煜的〈浪淘沙〉》,《國文天地》,第 14 卷第 11
期,1999 年 4 月。

234. 王力堅:《李煜思婦詞探討——兼論李煜的中期創作》,《學
習與探索》,1999 年第 4 期。

235. 吳惠娟:《試論西蜀詞與南唐詞風格的异同》,《上海大學學
報》(社會科學版),1999 年第 4 期。

236. 張意霞:《徐鍇〈說文繫傳〉訓詁術語析例》,《復興學報》,
1999 年 12 月。

237. 劉尊明:《南唐宰相詞人:馮延巳》,《古典文學知識》,2000
年第 1 期。

238. 呂維新:《愛甚真成癖——讀徐鉉頌茶詩》,《茶葉》,2000
年第 1 期。

239. 曹章慶:《論馮延巳詞的焦慮情緒和臣妾心態》,《中國韵文

學刊》,2000 年第 2 期。

240. 成松柳、耿蕊:《李煜詞夢意象探析》,《湘潭大學學報》(社會科學版),2000 年第 2 期。

241. 馮方:《〈原本玉篇殘卷〉引〈説文〉與二徐所异考》,《古籍整理研究學刊》,2000 年第 2 期。

242. 曹章慶:《馮延巳比興寄托詞辨析》,《學術論壇》,2000 年第 3 期。

243. 陳明:《馮延巳對詞的抒情模式的建構及其影響》,《西南師範大學學報》(哲學社會科學版),2000 年第 3 期。

244. 李紅霞:《西蜀詞與南唐詞辨异》,《渭南師範學院學報》,2000 年第 3 期。

245. 王秀林:《試論李煜詩詞中的佛教文化意蘊》,《湖北大學學報》(哲學社會科學版),2000 年第 3 期。

246. 王秀林、劉尊明:《李煜與佛教》,《文史知識》,2000 年第 3 期。

247. 余恕誠:《南唐詞人的創作及其在詞史中演進的地位》,《安徽師範大學學報》(人文社會科學版),2000 年第 3 期。

248. 張秋娥:《徐鉉的語言文字觀》,《殷都學刊》,2000 年第 4 期。

249. 黄雅莉:《論李煜詞的精神内涵及開拓表現》,《“國立”編譯館館刊》,第 29 卷第 1 期,2000 年 6 月。

250. 杜鵑:《佛教與李煜詞》,《商丘師範學院學報》,2001 年第 1 期。

251. 張興武:《亂世江南著雅音——南唐妓樂與南唐詞》,《西北師大學報》(社會科學版),2001 年第 1 期。

252. 趙慧慧:《“情中有思”的李璟詞——談李璟詞中的女性形象》,《名作欣賞》,2001 年第 2 期。

253. 陳志斌、蘇玲:《异曲同題不同工——馮延巳與温庭筠兩首小詞之比較論析》,《南華大學學報》(社會科學版),2001 年第 3 期。

254. 陳利娟:《貌離神合,殊途同歸——論周濟、王國維對温庭筠、韋莊、李煜詞的評價》,《新鄉師範高等專科學校學報》,2001 年第 4 期。

255. 桑紹龍:《"五鬼"之一,豈有"匡救"之志——關於馮延巳〈鵲踏枝〉主題的再認識》,《閱讀與寫作》,2001 年第 4 期。

256. 王平:《唐寫本〈説文・木部〉殘卷與大徐本小篆比較研究》,《古籍整理研究學刊》,2001 年第 4 期。

257. 張秋娥:《徐鍇的語言文字觀》,《殷都學刊》,2001 年第 4 期。

258. 蘇玉霞:《詞的本色探究及李煜前期詞内容評析》,《甘肅教育學院學報》(社會科學版),2002 年第 1 期。

259. 孫維城:《論李煜詞近於太白七絶風調》,《中國韵文學刊》,2002 年第 1 期。

260. 許春在:《爲李後主一辯》,《南京曉莊學院學報》,2002 年第 1 期。

261. 曹章慶:《論馮延巳詞的感情境界及其建構方式》,《廣西大學學報》(哲學社會科學版),2002 年第 2 期。

262. 李璐:《論李煜前期詞與南唐亡國之關係》,《黄石教育學院學報》,2002 年第 2 期。

263. 柏秀娟:《〈人間詞話〉中一條注釋的質疑——兼及李煜、温庭筠、韋莊詞語言風格評析》,《江淮論壇》,2002 年第 4 期。

264. 李静:《南唐詞抒情模式的位移》,《北方論叢》,2002 年第 4 期。

265. 盛莉、徐安琪:《試論南唐詞的儒家文化意藴》,《天中學刊》,2002 年第 4 期。

266. 嚴艷:《傷逝:對李煜詞時間模式的解讀》,《三峽大學學報》(人文社會科學版),2002 年第 4 期。

267. 鄒華:《源於"花間",超越"花間"——論馮延巳詞的悲劇美感》,《雲南民族學院學報》(哲學社會科學版),2002 年第 4 期。

268. 馮玉濤:《〈史記〉三家注引〈説文〉校補"大徐"》,《寧夏大學學報》(人文社會科學版),2002 年第 5 期。

269. 李李:《後主〈菩薩蠻〉賞析》,《中國語文》,第 90 卷第 5 期,
2002 年 5 月。

270. 蕭相愷:《徐鉉及其小説〈稽神録〉》,《揚州大學學報》(人
文社會科學版),2002 年第 5 期。

271. 張豐乾:《原道尋德——以徐鍇的訓釋爲綫索》,《尋根》,
2002 年第 5 期。

272. 李學勇:《説"楓"和"槭"——注釋〈説文〉的兩位奇葩王筠
和徐鍇及他們的影響》,(香港)《語文建設通訊》,第 71 期,2002 年
8 月。

273. 陳福昇:《南唐詞之感傷與時代之衰亡》,《内蒙古社會科
學》(漢文版),2002 年增刊。

274. 肖瑜:《徐鍇的"詞"理論及其影響淺探》,《廣西師範大學
學報》(哲學社會科學版),2002 年增刊。

275. 趙曉蘭:《論花間詞的傳播及南唐詞對花間詞的接受》,《四
川師範大學學報》(社會科學版),2003 年第 1 期。

276. 蔣曉城:《悲劇生命的心靈之音——李煜、晏几道、秦觀詞
詞心比較》,《中國文學研究》,2003 年第 3 期。

277. 戚毅:《南唐二主的政治悲劇與詞人情懷》,《德州學院學
報》,2003 年第 3 期。

278. 田泉:《五種陳刻大徐本〈説文〉文字互异同舉例》,《古籍
整理研究學刊》,2003 年第 3 期。

279. 張娟:《自我的迷失與尋找——馮延巳其人其詞》,《荆州師
範學院學報》(社會科學版),2003 年第 3 期。

280. 王晋建:《試論西蜀、南唐詞的异同》,《連雲港職業技術學
院學報》(綜合版),2003 年第 4 期。

281. 張曉寧:《試談李煜前期詞中的悲劇意識》,《株洲師範高等
專科學校學報》,2003 年第 4 期。

282. 林斌:《曹植與李煜後期作品的共同特徵及其意義》,《紹興
文理學院學報》(哲學社會科學版),2003 年第 5 期。

283. 曾柏勛:《閉鎖與延續——李煜詞的文學現象學考察》,《文

學前瞻》,第 4 期,2003 年 7 月。

284. 周育如:《論〈人間詞話〉對李後主的評價》,《興大文苑》,第 33 期,2003 年。

285. 金傳道:《論徐鉉的文學觀》,《江蘇廣播電視大學學報》,2004 年第 1 期。

286. 趙錚:《〈說文解字繫傳〉在〈說文〉研究中的開創性意義》,《襄樊職業技術學院學報》,2004 年第 1 期。

287. 周乾隆:《淺議馮延巳詞的結句》,《隴東學院學報》(社會科學版),2004 年第 2 期。

288. 楊娟娟:《試論徐鉉入宋前的詩歌創作》,《漳州師範學院學報》(哲學社會科學版),2004 年第 3 期。

289. 張咏梅:《祁刻本〈說文繫傳〉反切校勘記》,《湖北大學學報》(哲學社會科學版),2004 年第 3 期。

290. 趙雪沛:《縱有笙歌亦斷腸——論正中詞的寄託》,《遼寧師範大學學報》,2004 年第 3 期。

291. 周建華:《囿於花間又出於花間的馮延巳詞》,《昭烏達蒙族師專學報》(漢文哲學社會科學版),2004 年第 3 期。

292. 韓偉:《徐鍇〈說文解字繫傳〉及其字形文化研究》,《海南師範學院學報》(社會科學版),2004 年第 4 期。

293. 王秀林、劉尊明:《"亡國之音"穿越歷史時空:李煜詞的接受史探賾》,《江海學刊》,2004 年第 4 期。

294. 嚴正道、劉光生:《試論李璟詞的感傷情調》,《黔東南民族師範高等專科學校學報》,2004 年第 4 期。

295. 趙雪沛、劉立傑:《正中詞的寫境與寫情——兼談其"堂廡特大"》,《黑龍江社會科學》,2004 年第 4 期。

296. 周曄梅:《論李煜悲傷愁情的心理內涵》,《語文學刊》,2004 年第 12 期。

297. 竺岳兵:《李中與舟山》,氏著《唐詩之路唐代詩人行迹考》,中國文史出版社,2004 年。

298. 姜鵬峰:《李煜詞廣泛流傳原因之研究》,《泰安教育學院學報岱宗學刊》,2005 年第 1 期。

 299. 蔣曉城:《南唐及北宋前期艷情詞新質素》,《常熟理工學院學報》,2005 年第 1 期。

 300. 裘文意:《李煜"愛國思想"辨析》,《湖州職業技術學院學報》,2005 年第 1 期。

 301. 許程明:《李煜詞與佛教信仰》,《韓山師範學院學報》(社會科學版),2005 年第 1 期。

 302. 周彩虹:《淺論南唐、北宋詞家的憂患意識》,《佛山科學技術學院學報》(社會科學版),2005 年第 1 期。

 303. 李建國:《論馮延巳詞"深美閎約"藝術風格的構成》,《三峽大學學報》(人文社會科學版),2005 年第 2 期。

 304. 馬麒、唐小麗:《亡國之音哀以思——論李煜詞中的悲苦與憂患、懺悔與痛悼》,《德宏教育學院學報》,2005 年第 2 期。

 305. 彭金蓮:《李煜詞中夢境解析》,《濮陽職業技術學院學報》,2005 年第 2 期。

 306. 張鄂增:《"話到滄桑語始工"——李煜詞的藝術價值評析》,《無錫南洋學院學報》,2005 年第 2 期。

 307. 張秋霞、劉黎:《論徐鍇〈説文解字繫傳〉中的引文》,《河南紡織高等專科學校學報》,2005 年第 2 期。

 308. 鍾祥:《南唐詩人心態及詩風》,《河南大學學報》(社會科學版),2005 年第 2 期。

 309. 丁琳:《由〈説文〉"舳、軸、妯、笛"四字二徐注引發的思考》,《樂山師範學院學報》,2005 年第 3 期。

 310. 方孝玲:《南唐安徽廬江詩人伍喬其人其詩》,《古籍整理研究學刊》,2005 年第 3 期。

 311. 何樹環:《〈説文解字〉"省體會意字"初探——以大徐本爲主的討論》,《先秦兩漢學術》,第 3 輯,2005 年 3 月。

 312. 胡淑慧:《馮延巳、晏殊詞异同辨》,《北京理工大學學報》(社會科學版),2005 年第 3 期。

 313. 錢曉麗:《從〈人間詞話〉的角度談李煜詞》,《湖州師範學院學報》,2005 年第 3 期。

314. 徐安琪:《試論南唐詞學思想——從花間到北宋詞學思想的過渡》,《華中科技大學學報》(社會科學版),2005 年第 3 期。

315. 陳桂娟:《南唐後主詞意象淺探》,《承德民族師專學報》,2005 年第 4 期。

316. 韓瑜:《和淚試嚴妝——略論馮延巳詞的悲劇精神》,《阜陽師範學院學報》(社會科學版),2005 年第 4 期。

317. 李計偉:《徐鍇古音觀考論》,《古籍整理研究學刊》,2005 年第 4 期。

318. 李計偉:《〈說文解字繫傳〉解說語詞語拾零》,《河南科技大學學報》(社會科學版),2005 年第 4 期。

319. 李計偉、王芳:《徐鍇語法意識考論》,《周口師範學院學報》,2005 年第 4 期。

320. 張曉寧:《爲問新愁,何事年年有——晏幾道與馮延巳詞比較》,《陝西師範大學繼續教育學報》,2005 年第 4 期。

321. 黃致遠:《李煜——詞與人生析論》,《新亞論叢》,第 7 期,2005 年 6 月。

322. 劉立傑、趙雪沛:《論正中詞對溫韋詞的繼承》,《黑龍江社會科學》,2005 年第 6 期。

323. 倪春軍:《後主李煜與七弟從善之關係及其他——試論李煜〈清平樂〉的複雜情感》,《中文自學指導》,2005 年第 6 期。

324. 王輝斌:《略論南唐的貴族詞》,《菏澤學院學報》,2005 年第 6 期。

325. 王建平:《李煜詞創作的心理過程尋繹》,《河南大學學報》(社會科學版),2005 年第 6 期。

326. 曾昭聰:《徐鍇〈說文解字繫傳〉中的詞源探討述評》,《綿陽師範學院學報》,2005 年第 6 期。

327. 鍾祥:《南唐詩研究述評》,《周口師範學院學報》,2005 年第 6 期。

328. 黃光:《李煜和花間詞》,《成都教育學院學報》,2005 年第

8 期。

329. 高峰:《馮延巳的人品與詞境》,《南陽師範學院學報》(社會科學版),2005 年第 10 期。

330. 王少紅:《淺析馮延巳詞"承前啓後"的樞紐意義》,《語文學刊》,2005 年第 18 期。

331. 曹章慶:《論馮延巳詞對屈宋辭賦和韓偓詩歌的受容性》,《中山大學學報論叢》,2006 年第 1 期。

332. 木齋:《論正中體——兼論〈陽春集〉之真僞》,《天中學刊》,2006 年第 1 期。

333. 姜磊:《玄應〈一切經音義〉校勘"大徐本"例説》,《寧夏大學學報》(人文社會科學版),2006 年第 2 期。

334. 李仁安:《〈説文解字〉大徐本俗別字初探》,《寧夏大學學報》(人文社會科學版),2006 年第 2 期。

335. 楊恒平:《〈説文解字繫傳〉引書考》,《古籍整理研究學刊》,2006 年第 2 期。

336. 英子:《唐代文人親屬關係考》,《南都學壇》(人文社會科學學報),2006 年第 2 期。

337. 張鴻雁:《李商隱、李煜、晏幾道詩詞意象淺説》,《科教文匯》,2006 年第 2 期。

338. 熊開發:《"十字架"上的李煜——關於李後主悲劇宗教意義的比較研究》,《中國比較文學》,2006 年第 3 期。

339. 楊希玲:《南唐"二徐"的文學觀及其創作實踐》,《杭州師範學院學報》(社會科學版),2006 年第 3 期。

340. 鄒華:《試析李煜詞的社會文化根源》,《學術探索》,2006 年第 3 期。

341. 高穎:《論徐鉉送別詩中的歸鄉意象》,《桂林師範高等專科學校學報》(綜合版),2006 年第 4 期。

342. 孫振田:《〈説文解字繫傳校勘記〉撰者訂誤》,《山東圖書館季刊》,2006 年第 4 期。

343. 劉鋒燾:《從李煜到蘇軾——"士大夫詞"的承繼與自覺》,

《文史哲》,2006 年第 5 期。

344. 王曉楓:《論李煜詩》,《太原師範學院學報》(社會科學版),2006 年第 6 期。

345. 張崇禮:《〈説文解字〉大徐本俗別字研究》,《漢字文化》,2006 年第 6 期。

346. 高峰:《徐鉉詩文中的精神世界》,《南陽師範學院學報》(社會科學版),2006 年第 7 期。

347. 安敏:《論馮延巳詞的"堂廡特大"》,《現代語文》,2006 年第 9 期。

348. 徐伯鴻:《略談李煜詞的叙事性特徵》,《社科縱橫》,2006 年第 9 期。

349. 趙榮蔚:《南唐十家詩文別集提要》,《圖書館雜誌》,2006 年第 9 期。

350. 楊文娟:《馮延巳研究述評》,《廣州大學學報》(社會科學版),2006 年第 11 期。

351. 楊希玲:《淺論徐鉉前期詩歌的清雅之風》,《江西金融職工大學學報》,2006 年增刊。

352. 蔡夢麒:《〈説文解字〉徐鉉注音質疑録》,《古漢語研究》,2007 年第 1 期。

353. 金傳道:《讀〈全宋詩〉札記四則》,《古籍整理研究學刊》,2007 年第 1 期。

354. 李梅:《淺論馮延巳詞中的憂患意識》,《漳州師範學院學報》(哲學社會科學版),2007 年第 1 期。

355. 李喜榮:《大徐本〈説文·日部〉"日"、"昱"二字考》,《語文學刊》(高教版),2007 年第 1 期。

356. 張文霞:《〈文選〉李善注所引〈説文〉釋義情況與大徐本之比較研究》,《宜賓學院學報》,2007 年第 1 期。

357. 朱逸寧:《南唐詞人與江南都市文化的審美氣質》,《洛陽師範學院學報》,2007 年第 1 期。

358. 高峰:《南唐詞的審美特質》,《江蘇社會科學》,2007 年第

2 期。

359. 高穎:《論徐鉉送別詩中的思鄉情懷》,《遼寧行政學院學報》,2007 年第 2 期。

360. 王建平:《李煜詞創作的個性心理闡釋》,《河南師範大學學報》(哲學社會科學版),2007 年第 2 期。

361. 張錦瑤:《論李煜〈相見歡〉》,《中國語文》,第 100 卷第 2 期,2007 年 2 月。

362. 陳毓文:《略論李建勛的仕宦心態及其詩歌》,《閩江學院學報》,2007 年第 3 期。

363. 成松柳、王峰:《試論李煜詞的現代研究》,《長沙理工大學學報》(社會科學版),2007 年第 3 期。

364. 李艷婷:《略論南唐唱和與宋初詩風》,《許昌學院學報》,2007 年第 3 期。

365. 廖育菁:《李煜詞中色彩之變化與情感之表現》,(臺灣科技大學)《人文社會學報》,第 3 期,2007 年 3 月。

366. 郭劍英:《論徐鍇對詞義引申的貢獻》,《株洲師範高等專科學校學報》,2007 年第 4 期。

367. 侯文華:《孤獨者的耽溺與沉醉——讀馮延巳〈鵲踏枝·誰道閑情〉》,《古典文學知識》,2007 年第 4 期。

368. 李筱茜:《試論南唐三主文》,《佳木斯大學社會科學學報》,2007 年第 4 期。

369. 劉禮堂、王兆鵬:《〈陽春集序〉作者陳世修小考》,《文學遺產》,2007 年第 4 期。

370. 楊恒平:《試論〈説文解字繫傳〉的文獻學價值》,《圖書館論壇》,2007 年第 4 期。

371. 張穎:《宋代文人對李煜詞的接受》,《唐山師範學院學報》,2007 年第 4 期。

372. 蔡夢麒:《〈説文解字〉徐鉉反切中的音義錯位》,《華東師範大學學報》(哲學社會科學版),2007 年第 5 期。

373. 韓括、盛崟:《〈陽春集序〉之解讀》,《和田師範專科學校學報》,2007 年第 5 期。

374. 徐志華:《佛教意識對李煜詩詞的影響》,《內蒙古電大學刊》,2007 年第 5 期。

375. 鄭麗鑫:《試論李煜詞與晏幾道詞的共同特徵》,《梧州學院學報》,2007 年第 5 期。

376. 蔡夢麒:《大徐本〈説文〉切語校訂拾零》,《古籍整理研究學刊》,2007 年第 6 期。

377. 邵敏:《徐鍇〈説文解字繫傳〉版本考》,《信陽師範學院學報》(哲學社會科學版),2007 年第 6 期。

378. 盛汝真:《淺議南唐後主李煜的詞》,《文教資料》,2007 年第 8 期。

379. 鍾祥:《南唐詩在五代十國詩壇的地位》,《名作欣賞》(文學研究版),2007 年第 9 期。

380. 張福慶:《讀馮延巳詞隨筆》,《名作欣賞》,2007 年第 13 期。

381. 譚淑紅:《淺析李煜詞的宗教色彩》,《今日科苑》,2007 年第 14 期。

382. 張家君:《李煜詩詞風格比較研究》,《語文教學與研究》,2007 年第 20 期。

383. 沈鯤:《李煜詞創作的心理分析》,《江蘇社會科學》,2007 年增刊。

384. 龔賢:《同是樓頭悲風雨,雪冬霜秋寒不同——李煜詞與王國維詞悲情特色異同論》,《2006 詞學國際學術研討會論文集》,百花洲文藝出版社,2007 年。

385. 陳宜政:《從〈人間詞話〉論李煜"擔荷人類罪惡"之意涵》,(臺灣)《實踐博雅學報》,第 9 期,2008 年 1 月。

386. 曾淑珍:《風乍起,吹皺一池春水——馮延巳詞的"風"格》,《和田師範專科學校學報》,2008 年第 1 期。

387. 李馨:《〈説文解字繫傳〉中同源詞的表現形式》,《常州工學院學報》(社會科學版),2008 年第 1—2 期合刊。

388. 孫中雲:《試論馮延巳詞"閑"之内涵》,《和田師範專科學校學報》,2008 年第 2 期。

389. 李星:《難得帝王亦情真——解析李煜的情感世界》,《安陽師範學院學報》,2008 年第 3 期。

390. 木齋:《馮延巳〈陽春集〉真僞論考——兼論〈陽春集〉與〈壽域詞〉之關係》,《社會科學研究》,2008 年第 3 期。

391. 王麗芳:《論李煜的夢詞》,《和田師範專科學校學報》,2008 年第 3 期。

392. 吳鵬:《"春"意盎然的〈陽春集〉:論馮延巳詞的悲劇精神》,《内蒙古農業大學學報》(社會科學版),2008 年第 4 期。

393. 謝健、馮建國:《李煜詞中的女性審美意象和藝術自叙性》,《合肥師範學院學報》,2008 年第 4 期。

394. 楊夕:《徐鉉的詩歌分期探究》,《文教資料》,2008 年第 4 期。

395. 于淼:《李煜詞"花"意象探微》,《現代語文》(文學研究版),2008 年第 4 期。

396. 趙青:《以悲爲美,以境爲鑒——論王國維對李煜詞的評價》,《語文學刊》,2008 年第 4 期。

397. 鍾祥:《南唐的文化政策對其詩歌發展的影響》,《甘肅廣播電視大學學報》,2008 年第 4 期。

398. 孫江南:《試論李煜悼亡詩的藝術特色》,《安徽文學》(下半月),2008 年第 5 期。

399. 曾鵬:《怨悱・繆悠・深美閎約——試論馮延巳詞中女性形象載體》,《作家》,2008 年第 6 期。

400. 邵敏:《徐鉉、徐鍇整理〈説文解字〉之异同》,《吉林省教育學院學報》(學科版),2008 年第 7 期。

401. 張秋霞:《論徐鍇〈繫傳〉對六書的開創性研究及其影響》,《樂山師範學院學報》,2008 年第 7 期。

402. 周宏:《李煜涉夢詞淺析》,《今日南國》(理論創新版),2008 年第 8 期。

403. 趙洪義:《論南唐詞的雅化》,《遼寧教育行政學院學報》,2008 年第 9 期。

404. 余莉:《葉嘉瑩先生對馮延巳詞的評價》,《文學教育》(下),2008 年第 12 期。

405. 趙洪義:《論李煜"伶工之詞"向"士大夫之詞"的轉變》,《山東文學》,2008 年第 12 期。

406. 姜磊:《玄應〈一切經音義〉校補〈說文〉大徐本例說》,《科技信息》(科學教研版),2008 年第 14 期。

407. 蘇小華:《淺析李煜詩詞的意象處理》,《科技信息》(科學教研),2008 年第 15 期。

408. 陸平:《〈全宋詩〉徐鉉詩補校八則》,《文教資料》,2008 年第 28 期。

409. 衛燕紅:《試論徐鍇對李陽冰的批駁》,《文教資料》,2008 年第 28 期。

410. 許曉雲:《試論晏殊詞對馮延巳詞的繼承與發展》,《文教資料》,2008 年第 32 期。

411. 蔡夢麒:《從音義對應看徐鉉〈說文〉注音的失誤》,《語文研究》,2009 年第 1 期。

412. 歐陽麗花:《論李煜與柳永表達情感方式的异同》,《南昌高專學報》,2009 年第 1 期。

413. 謝健:《論李煜詞中的女性化意識及其成因》,《濰坊學院學報》,2009 年第 1 期。

414. 封傳兵:《蔣藏本〈唐韻〉所引〈說文〉校大徐本例釋》,《溫州大學學報》(社會科學版),2009 年第 2 期。

415. 歐陽俊傑:《論馮延巳對詞的雅化》,《中華文化論壇》,2009 年第 2 期。

416. 申明秀:《怎一個愁字了得——李煜詩詞道釋意蘊探析》,《德宏師範高等專科學校學報》,2009 年第 2 期。

417. 王迎吉:《試論南唐詩的重要地位》,《名作欣賞》,2009 年第 2 期。

418. 謝健:《李煜詞女性意象探微》,《重慶社會科學》,2009 年第 2 期。

419. 段雙喜:《孫魴生平及結詩社補考》,《合肥工業大學學報》(社會科學版),2009 年第 3 期。

420. 胡永鵬:《田吳炤〈說文二徐箋异〉平議》,《漢字文化》,2009 年第 3 期。

421. 萬燚、歐陽俊傑:《從憂患意識到哲理意蘊——論馮延巳詞抒情的哲理化傾向》,《中華文化論壇》,2009 年第 3 期。

422. 陳桂華:《從尼采的悲劇世界觀看李煜的審美人生》,《重慶教育學院學報》,2009 年第 4 期。

423. 景旭鋒、周龍:《抒情主人公的出現——李煜對詞體的貢獻》,《瓊州學院學報》,2009 年第 4 期。

424. 劉偉安:《召喚結構與李煜後期詞的魅力》,《阜陽師範學院學報》(社會科學版),2009 年第 4 期。

425. 曲岳嶠:《在理想與現實之間徘徊——解讀李煜詞中的"夢"和"落花"意象》,《魅力中國》,2009 年第 4 期。

426. 許曉燕:《淺析李煜詞中意象的運用及特點》,《時代文學》(上半月),2009 年第 4 期。

427. 宋静:《淺談李煜詞的宗教色彩》,《安徽文學》(下半月),2009 年第 5 期。

428. 安朝輝:《〈人間詞話〉推重李煜詞的一個原因——從王國維及其詞論的"悲劇性"探討》,《河池學院學報》,2009 年第 6 期。

429. 張秋霞:《論徐鍇〈繫傳〉改訂〈說文〉形聲字及對徐鉉的影響》,《南陽師範學院學報》,2009 年第 7 期。

430. 歐陽俊傑:《論馮延巳詞的用典》,《時代文學》(下半月),2009 年第 10 期。

431. 吳舜華:《馮延巳詞裏的追憶與空幻情結》,《現代語文》(文學研究版),2009 年第 11 期。

432. 王萌:《試析王國維對李煜過高評價的原因》,《新西部》(下半月),2009 年第 12 期。

433. 趙静:《赤子之至情,任真之夢詞——李煜夢詞初探》,《現代語文》(文學研究版),2009 年第 12 期。

434. 歐陽俊傑:《論馮延巳詞中的"富貴氣象"》,《作家》,2009年第 18 期。

435. 李貴:《論徐鉉對宋詩的先導作用》,《第五届宋代文學國際研討會論文集》,暨南大學出版社,2009 年。

436. 何嬋娟:《南唐詩歌初探》,《廣西教育學院學報》,2010 年第 1 期。

437. 黎千駒:《證明、闡釋、補充、訂正——論徐鍇〈說文解字繫傳〉對〈説文解字〉詞義的研究》,《辭書研究》,2010 年第 1 期。

438. 李定廣:《從點化唐詩看李煜詞對於北宋詞的範本意義》,《學術界》,2010 年第 1 期。

439. 張超:《李煜詞百年研究綜述》,《燕山大學學報》(哲學社會科學版),2010 年第 1 期。

440. 張洪海:《李煜、陳子龍、納蘭性德三家詞比較》,《濱州學院學報》,2010 年第 1 期。

441. 陳軍:《李煜、李清照詞"夢"意象淺論》,《時代文學》(上半月),2010 年第 2 期。

442. 冀秀美、盧萌:《馮延巳與李煜詞抒情之比較》,《名作欣賞》,2010 年第 2 期。

443. 李毅:《論李煜詞中夢境的虛與實》,《安徽文學》(下半月),2010 年第 3 期。

444. 劉芹:《〈集韵〉所引説文與徐鉉〈説文解字〉注音比對——補證〈集韵〉所據〈説文〉底本爲徐鉉〈説文〉注本》,《寧夏大學學報》(人文社會科學版),2010 年第 3 期。

445. 劉曉穎:《〈説文解字繫傳·部叙〉初探》,《吉林省教育學院學報》,2010 年第 3 期。

446. 周延松:《李煜詞中的春意象》,《忻州師範學院學報》,2010年第 3 期。

447. 范國棟:《李煜詞中情感隱喻的認知機制研究》,《長江大學學報》(社會科學版),2010年第4期。

448. 雷雅蕾:《認知視角下品李煜的意象王國》,《南昌高專學報》,2010年第4期。

449. 李星:《南唐宮廷文化對李煜前期詞創作的影響》,《求索》,2010年第5期。

450. 劉曉穎:《〈説文解字繫傳·部叙〉探究》,《中國科教創新導刊》,2010年第5期。

451. 秦翠翠:《論"知音"理論與"接受"理論中的接受觀——兼談李煜詞的意境之美》,《延邊教育學院學報》,2010年第5期。

452. 仲紅衛:《人生·情思·詩境——析李煜〈相見歡〉》,《文史知識》,2010年第5期。

453. 程少峰:《大徐本〈説文〉聲符辨正十則》,《漢字文化》,2010年第6期。

454. 胡永鵬:《田潛對〈説文〉的校勘》,《漢字文化》,2010年第6期。

455. 施懿超:《沿溯燕、許,風氣初開:徐鉉駢文研究》,《浙江理工大學學報》,2010年第6期。

456. 王慧:《論馮延巳人品與詞品的矛盾性》,《大舞臺》,2010年第6期。

457. 王小蘭:《南唐名相李建勛及其詩作——唐宋詩藝術轉型的過程性例案》,《杭州師範大學學報》(社會科學版),2010年第6期。

458. 蕭霞、劉可可:《馮延巳詞用韵考》,《延邊教育學院學報》,2010年第6期。

459. 張建霞:《〈陽春集〉詞常用意象分析》,《安徽文學》(下半月),2010年第7期。

460. 張雲:《試論李煜詞中的佛教意識》,《現代交際》,2010年第9期。

461. 李瑩:《馮延巳與晏殊的"閑情"詞》,《現代語文》(文學研究版),2010年第10期。

462. 傅偉:《風發自然,意境深遠——李璟詞藝術論》,《現代語文》(文學研究版),2010 年第 12 期。

463. 楊美芬:《審美主客體轉換的詩意表達——評李璟、卞之琳詩境》,《大家》,2010 年第 18 期。

464. 蘇燕平:《以人心觀人心:李煜前期詞細節中的男女衷情——讀李煜的三首愛情詞》,《名作欣賞》,2010 年第 27 期。

465. 蔡夢麒:《徐鉉反切與〈唐韵〉反切的差异》,《湖南師範大學社會科學學報》,2011 年第 1 期。

466. 李志遠、李斯慧:《李煜後期詞作中隱喻的解讀》,《鷄西大學學報》,2011 年第 1 期。

467. 王岩、劉藝虹:《"南唐詞人"李煜詞的藝術特色——李煜詞的情感與意象》,《白城師範學院學報》,2011 年第 1 期。

468. 關偉:《論李煜以物喻愁詞在北宋詞家中的回響》,《貴陽學院學報》(社會科學版),2011 年第 2 期。

469. 姜英超:《論馮延巳的政治意志悲劇》,《濮陽職業技術學院學報》,2011 年第 2 期。

470. 馬玉霞:《詞中之帝與帝王之詞——李煜與趙佶詞之比較》,《鷄西大學學報》,2011 年第 2 期。

471. 徐擁軍:《〈陽春集〉辨偽獻疑——與木齋先生商榷》,《廣西社會科學》,2011 年第 2 期。

472. 白舉:《徐鍇〈説文解字繫傳〉對六書研究的貢獻》,《牡丹江教育學院學報》,2011 年第 3 期。

473. 魏瑋:《馮延巳詞意象淺論》,《柳州師專學報》,2011 年第 3 期。

474. 高峰:《南唐宗教與文學》,《南陽師範學院學報》,2011 年第 4 期。

475. 李青春:《論李煜詞在接受過程中的藝術價值》,《華章》,2011 年第 4 期。

476. 李群:《論禪宗美學對李煜詞的影響》,《滄州師範專科學校學報》,2011 年第 4 期。

477. 劉剛:《論馮延巳詞中流露出來的永不言棄的精神》,《文學界》(理論版),2011 年第 4 期。

478. 聶俊亮:《李煜詞作中的夢意象分析》,《時代文學》(下半月),2011 年第 4 期。

479. 王健:《試論李煜詞的抒情性特點——從時間、空間、人物説開去》,《南陽師範學院學報》,2011 年第 4 期。

480. 魏清源:《大徐本〈説文〉未釋之亦聲字》,《中州學刊》,2011 年第 4 期。

481. 吳華雯:《馮延巳詞與晏殊詞的异同》,《兒童發展研究》,2011 年第 4 期。

482. 張娟:《淺析李煜的夢詞》,《劍南文學》(經典教苑),2011 年第 4 期。

483. 朱青:《人約黄昏後——李煜〈菩薩蠻〉、羅伯特·布朗寧〈深夜幽會〉之賞析對比》,《時代文學》(下半月),2011 年第 4 期。

484. 汪運渠:《開元通寶——李斯小篆的薪火傳人徐鉉》,《唐都學刊》,2011 年第 5 期。

485. 陳源源:《大徐本〈説文解字〉水部訛誤舉隅》,《温州大學學報》(社會科學版),2011 年第 6 期。

486. 浮偉忠:《論李煜詞的避世傾向》,《寶鷄文理學院學報》(社會科學版),2011 年第 6 期。

487. 顧偉列、吳昊:《馮延巳詞中的色彩美學文化》,《大連大學學報》,2011 年第 6 期。

488. 邱仕冠:《由"漁父"形象之形成看兩位帝王〈漁父〉詞的創作心境與内藴》,《人文與應用科學期刊》,第 1 期,2011 年 6 月。

489. 吕桂萍:《從中國傳統審美心理看李煜詞的特色》,《甘肅高師學報》,2011 年第 6 期。

490. 施建中:《李煜的"款題書畫"與文人畫的五代初興》,《數位時尚》(新視覺藝術),2011 年第 6 期。

491. 魏瑋:《論徐鉉入宋後文章——兼與高教版〈中國文學史〉商榷》,《唐山師範學院學報》,2011 年第 6 期。

492. 趙盛國：《相同的人生際遇，不同的創作風格——曹植、李煜詩詞創作之比較》，《鄖陽師範高等專科學校學報》，2011 年第 6 期。

493. 孫盼晴：《往事只堪哀——論李煜讎恨詞》，《北方文學》（下半月），2011 年第 7 期。

494. 張澤琳：《千古寂寞赤子心——試論蘇軾詞與李煜詞的相通之處》，《現代語文》（文學研究版），2011 年第 7 期。

495. 高翔宇：《從意象圖式視角賞析李煜詞兩首》，《邊疆經濟與文化》，2011 年第 8 期。

496. 胡淑芳、桑紹龍：《論馮延巳詞中悲涼情感的寄託指向》，《時代文學》（下半月），2011 年第 8 期。

497. 許育龍：《大徐本〈説文〉“非聲字”試探》，《書目季刊》，第 45 卷第 2 期，2011 年 9 月。

498. 陳寧寧：《生命的圖示——李煜詞的符號學解讀》，《時代文學》（上半月），2011 年第 10 期。

499. 藍嬂：《淺論李煜詞的宗教意蘊》，《現代語文》（學術綜合版），2011 年第 11 期。

500. 石瑛：《〈説文〉大徐本俗別字體現的價值意義》，《作家》，2011 年第 12 期。

501. 張運平：《馮延巳詞藝術手法試探》，《青年文學家》，2011 年第 24 期。

502. 姜延達：《馮延巳詞中“夢”的多重解析》，《華章》，2011 年第 25 期。

503. 潘玉坤：《徐鍇的〈説文〉虛詞研究檢討》，《中國文字研究》，第 14 輯，大象出版社，2011 年。

504. 楊静懿：《聖與俗：李煜後期詞作中“夢意象”的二重性》，《古典文獻學術論叢》，第 2 輯，黄山書社，2011 年。

505. 程少峰：《徐鉉校改〈説文解字〉聲符例考辨五則》，《信陽師範學院學報》（哲學社會科學版），2012 年第 1 期。

506. 段雙喜：《唐末五代袁州詩歌考論——基於交通形勢和及

第進士數量變化的考量》,《江淮論壇》,2012 年第 1 期。

507. 魏瑋:《李煜詞意象研究》,《榆林學院學報》,2012 年第 1 期。

508. 王丹:《近代詞學家對李煜被俘後的詞的不同看法》,《遵義師範學院學報》,2012 年第 1 期。

509. 王志華:《以“沈腰潘鬢”而“擔荷罪惡”——王國維如何把李煜推高至“釋迦”、“基督”的地位》,《柳州師專學報》,2012 年第 1 期。

510. 陳爽:《論李煜詞幾類常見意象的審美意蘊》,《大慶師範學院學報》,2012 年第 2 期。

511. 李茜茜:《論馮延巳詞之“堂廡特大”》,《東南學術》,2012 年第 3 期。

512. 王娜娜:《李煜詞意象簡論》,《內江師範學院學報》,2012 年第 3 期。

513. 張麗:《江南文化審美品格對南唐詞人的影響》,《洛陽師範學院學報》,2012 年第 3 期。

514. 陳咏紅、李詩茵:《花間、南唐詞叙事視角選擇的差異與地域審美心理》,《廣州大學學報》(社會科學版),2012 年第 4 期。

515. 杜道明、張麗:《南唐詞中的吳歌元素》,《中州學刊》,2012 年第 4 期。

516. 張衛忠:《徐鉉〈貢院鎖宿聞吕員外使高麗贈送〉考辨》,《文獻》,2012 年第 4 期。

517. 鍾祥:《南唐三主對詩壇的影響》,《新聞愛好者》,2012 年第 5 期。

518. 李志遠:《認知詩學視閾的李煜後期詞作解讀》,《重慶科技學院學報》(社會科學版),2012 年第 7 期。

519. 唐姆嘉:《李煜的人生寫照——“春、花、風、月”》,《青年文學家》,2012 年第 8 期。

520. 趙芳媛:《淺談〈説文〉〈説文繫傳〉〈説文解字注〉示部字同源詞研究》,《青年文學家》,2012 年第 9 期。

521. 孟艷:《李煜筆下的女性形象賞析》,《考試周刊》,2012 年第 10 期。

522. 程琴:《試論李煜詞中"愁"的種類》,《名作欣賞》,2012 年第 14 期。

523. 徐海月:《歷歷前歡——馮延巳的人生、詩詞與南唐》,《文教資料》,2012 年第 14 期。

524. 宋蔚蘭:《從〈人間詞話〉看李煜詞》,《安徽廣播電視大學學報》,2013 年第 1 期。

525. 郭倩:《從孤介之氣到平和之心——論晚唐至南唐隱逸詩的新變》,《集美大學學報》(哲學社會科學版),2013 年第 4 期。

526. 王衛星:《詞學辨體與審美的風向標——評王世貞"南唐二主爲正始,溫韋爲變體"的論斷及影響》,《廣西民族大學學報》(哲學社會科學版),2013 年第 6 期。

527. 任翔宇:《南唐二主詩詞文用韵及金陵方音演進》,《重慶社會科學》,2013 年第 11 期。

528. 白界軍:《南唐後主李煜其人其詞》,《現代閱讀》(教育版),2013 年第 22 期。

529. 李振中:《南唐元宗君臣元日唱和之年考辨》,《蘭臺世界》,2013 年第 33 期。

530. 羅芳芳、方勝:《唐五代皖南本土文人及其創作述論》,《安慶師範學院學報》(社會科學版),2014 年第 1 期。

531. 陳明霞:《論歐陽修對南唐詞的接受及其文化審美心態》,《安康學院學報》,2014 年第 5 期。

532. 周蓉:《南唐私學的興盛及其詩文傳授》,《西北師大學報》(社會科學版),2014 年第 5 期。

533. 葛鵬:《論南唐詞與西蜀詞之藝術特色》,《青年文學家》,2014 年第 6 期。

534. 王雪琪:《淺析南唐後主李煜詞藝術性之"真"》,《牡丹江大學學報》,2014 年第 7 期。

535. 金傳道:《〈徐公文集〉校讀札記二題》,《商丘師範學院學報》,2014 年第 8 期。

536. 趙睿才:《〈人間詞話〉論李煜詞之辨析》,氏著《唐代文學隅論》,上海古籍出版社,2014 年。

537. 郭鵬:《五代時期孫魴、沈彬、李建勳的詩社活動考述》,《黄岡師範學院學報》,2015 年第 1 期。

538. 李海潔:《南唐“四六”藝術的傳承與新變》,《浙江學刊》,2015 年第 6 期。

539. 金傳道:《南唐元宗君臣元日唱和之年再考辨》,《蘭臺世界》,2015 年第 36 期。

540. 王同樂:《南唐後主詞創作的文化氛圍及歷程》,《才智》,2015 年第 36 期。

541. 時麗瓊:《試析西蜀詞與南唐詞之异同》,《滇西科技師範學院學報》,2016 年第 1 期。

542. 王猛:《淺論南唐士子入宋對宋初文壇的影響》,《牡丹江大學學報》,2016 年第 7 期。

543. 孫振濤:《論南唐詞人對西蜀“花間詞”的審美接受》,《中國韵文學刊》,2017 年第 1 期。

544. 朱紹雨、范嘉晨:《論南唐後主詞之自然與悲慨》,《唐都學刊》,2017 年第 2 期。

545. 朱生玉:《〈説文解字〉大小徐所注“俗字”研究》,《語言研究》,2017 年第 2 期。

546. 楊亞林:《瓊窗春斷雙蛾皺,九曲寒波不溯流——南唐後主李煜的詞風人生》,《開封教育學院學報》,2017 年第 3 期。

547. 李偉:《中晚唐五代江西古文的地域特徵及其成因》,《陝西師範大學學報》(哲學社會科學版),2017 年第 5 期。

548. 徐保民:《由歷代書家評論看徐鉉的書學傳承》,《大衆文藝》,2017 年第 11 期。

549. 謝健:《五代江南山水畫空間意識與南唐“士大夫之詞”藝術風格的形成》,《蘭臺世界》,2017 年第 22 期。

550. 劉和平:《挽舟人色:徐鉉、郭忠恕、王禹偁、蘇軾流放視角下的〈江行初雪〉與〈雪霽江行〉》,《宋畫國際學術會議論文集》,浙江大學出版社,2017年。

551. 薛莉:《李煜、李清照詞的審美意象比較研究》,《國學季刊》,第5期,山東人民出版社,2017年。

552. 熊天怡:《佛教文化對李煜詩詞的影響》,《文學教育》(下),2018年第1期。

553. 王衛星:《詞壇"三李"説考論》,《文藝研究》,2018年第2期。

554. 汪國林:《論徐鉉順時保身中的儒教堅守及其詩學思想》,《西南科技大學學報》(哲學社會科學版),2018年第3期。

555. 王兆鵬、胡玉尺:《論唐宋詞的"南唐範式"》,《湖南大學學報》(社會科學版),2018年第4期。

556. 魏朝霞:《20世紀日本的唐五代詞研究——以〈花間集〉與南唐二主詞作爲例》,《佳木斯職業學院學報》,2018年第8期。

557. 尹悦琦:《南唐後主李煜悲凄審美風格的形成》,《文化學刊》,2019年第2期。

558. 尹悦琦:《南唐後主李煜詞對後世的審美啓示》,《漢字文化》,2019年第2期。

559. 張帥:《徐鍇〈説文解字繫傳〉的假借觀》,《滄州師範學院學報》,2019年第2期。

560. 黃文翰:《揚州籍名臣徐鉉佛禪詩譾論》,《揚州職業大學學報》,2019年第3期。

561. 梁思詩:《論馮延巳詞的"南唐範式"》,《重慶第二師範學院學報》,2019年第3期。

562. 孫克强、張鵬:《論李後主詞在詞學史上的地位和意義》,《中州學刊》,2019年第3期。

563. 丁放:《論宋代筆記對詞學理論批評的建構——以對李煜、柳永、蘇軾的評價爲中心》,《文學遺產》,2019年第4期。

564. 王佩:《李煜詞中的生命感發意識》,《河北廣播電視大學學報》,2019年第5期。

565. 何慧:《馮延巳詞的江南地理空間建構》,《安康學院學報》,2019 年第 6 期。

566. 李小山:《試論南唐詞的雅化及其表現》,《鄭州大學學報》(哲學社會科學版),2019 年第 6 期。

5－4　前蜀·後蜀

1. 王伊同:《前蜀疆域考》,《史學年報》,第 2 卷第 4 期,1937 年12 月。

2. 楊有潤:《王建墓石刻》,《文物參考資料》,1955 年第 3 期。

3. 徐鵬章等:《成都北郊站東鄉高暉墓清理簡報》,《考古通訊》,1955 年第 6 期。

4. 馮漢驥:《前蜀王建墓内石刻伎樂考》,《四川大學學報》,1957年第 1 期。

5. 馮漢鏞:《〈海藥本草〉作者李珣考》,《醫學史與保健組織》,1957 年第 2 期。

6. 楊有潤:《王建墓漆器的幾片銀飾件》,《文物參考資料》,1957年第 7 期。

7. 范行準:《李珣及其〈海藥本草〉的研究》,《廣東中醫》,1958年第 7—8 期。

8. 四川省博物館文物工作隊:《四川彭山後蜀宋琳墓清理簡報》,《考古通訊》,1958 年第 8 期。

9. 馮漢驥:《王建墓内出土"大帶"考》,《考古》,1959 年第 8 期。

10. 馮漢驥:《前蜀王建墓出土的平脱漆器及銀鉛胎漆器》,《文物》,1961 年第 11 期。

11. 羅香林:《係出波斯之李珣及其〈海藥本草〉》,《唐元二代之景教》,中國學社,1966 年。

12. 蘇瑞屏:《五代後蜀丘文播〈文會圖〉》,《雄獅美術》,第 51期,1975 年 5 月。

13. 唐光沛:《王建與前蜀》,《歷史知識》,1980 年第 4 期。

14. 李志嘉:《王建墓》,《文物》,1980 年第 6 期。

15. 王旨富:《李珣〈海藥本草〉拾遺(一)》,《成都中醫學院學報》,1981 年第 4 期。

16. 鄧運佳:《隋唐五代的四川戲劇初探》,《四川大學學報》(哲學社會科學版),1982 年第 1 期。

17. 成都市文物管理處:《成都市東郊後蜀張虔釗墓》,《文物》,1982 年第 3 期。

18. 成都市文物管理處(鍾大全撰文):《後蜀孟知祥墓與福慶長公主墓誌銘》,《文物》,1982 年第 3 期。

19. 尚志鈞:《李珣及其〈海藥本草〉小考》,《江蘇中醫雜誌》,1982 年第 5 期。

20. 馮漢鏞:《唐五代時劍南道的交通路綫考》,《文史》,第 14 輯,1982 年。

21. 李顯文:《孟知祥墓門的建築特點》,《成都文物》,1983 年第 1 期。

22. 武建國:《試論前後蜀經濟發展及其原因》,《四川大學學報》,1983 年第 1 期。

23. 曾中懋:《孟知祥墓石屋瓦的粘接修復》,《成都文物》,1983 年第 1 期。

24. 沈仲常:《四川出土的五代陶棺》,《文物》,1983 年第 2 期。

25. 王旨富:《李珣〈海藥本草〉拾遺(二)第一部玉石十一種》,《成都中醫學院學報》,1983 年第 2 期。

26. 胡文和:《前後蜀的擊球遊戲》,《歷史知識》,1983 年第 3 期。

27. 馬福月:《海藥本草》,《文獻》,1983 年第 3 期。

28. 王旨富:《〈海藥本草〉第二卷草部四十種》,《成都中醫學院學報》,1983 年第 3 期。

29. 莫錦江:《論前蜀的興亡》,《四川大學學報》,1983 年第 4 期。

30. 樊一:《〈海藥本草〉成書年代及作者之疑》,《中醫雜誌》,1983 年第 9 期。

31. 四川省文管會：《前蜀晉暉墓清理簡報》，《考古》，1983 年第 10 期。

32. 獻依：《宋太祖討伐後蜀始末及檢討》，《中華文化復興月刊》，第 16 卷第 10 期，1983 年 10 月。

33. 樊一：《點校本〈舊五代史〉"王衍傳"斷句質疑一則》，《文史》，第 19 輯，1983 年。

34. 潘民中：《宋將劉光義拔夔州日期》，《中國史研究》，1984 年第 3 期。

35. 秦方瑜：《王建墓石刻伎樂與霓裳羽衣舞》，《四川音樂學院學報》，1984 年第 3 期。

36. 羅開玉：《王建是怎樣走上割據道路的?》，《四川師院學報》，1984 年第 4 期。

37. 謝元魯：《唐宋之際成都繪畫藝術的興復》，《朵雲》，1984 年第 7 期。

38. 殷吉泉：《重用知識分子的王建》，《歷史知識》，1985 年第 2 期。

39. 樊一：《〈海藥本草〉與〈南海藥譜〉之异同》，《新中醫》，1985 年第 3 期。

40. 秦方瑜：《參差橫鳳翼，遺聲落西秦——王建墓内石刻排簫樂器探源》，《四川文物》，1985 年第 4 期。

41. 謝元魯：《唐宋之際成都繪畫藝術的興衰》，《朵雲》，1985 年第 7 期。

42. 段玉明：《略論五代時期的西蜀畫派》，《四川文物》，1986 年第 4 期。

43. 楊偉立、胡文和：《前後蜀宮廷中的音樂歌舞初探》，《四川師範大學學報》，1986 年第 4 期。

44. 曾智中：《前後蜀之敗亡》，《文史雜誌》，1986 年第 4 期。

45. 陳紹乾：《王建在五代史上的地位》，《天府新論》，1986 年第 6 期。

46. 武建國：《略論孟昶》，《歷史教學》，1986 年第 6 期。

47. 秦方瑜:《千年唐音鼓樂,民族文化和融——王建墓石刻伎樂群鼓源釋》,《成都大學學報》(社會科學版),1987 年第 1 期。

48. 馮漢鏞:《〈十國春秋·馮涓傳〉考補》,《成都大學學報》(社會科學版),1987 年第 3 期。

49. 賈大泉:《唐和五代時期四川的茶葉》,《天府新論》,1987 年第 4 期。

50. 謝元魯:《唐五代移民入蜀考》,《中國社會經濟史研究》,1987 年第 4 期。

51. 干樹德:《"偏霸之主"孟昶的興與亡》,《歷史知識》,1987 年第 5 期。

52. 王援朝:《王建墓十二武士辨——兼談十二神》,《史學月刊》,1987 年第 6 期。

53. 謝元魯:《晚唐至宋初蜀中繪畫藝術的興衰》,《唐史論叢》,第 2 輯,陝西人民出版社,1987 年。

54. 秦方瑜:《五代南方藝苑的奇葩——王建墓石刻伎樂與南唐顧閎中〈韓熙載夜宴圖〉的比較研究》,《成都大學學報》(社會科學版),1988 年第 1 期。

55. 田旭中:《兩蜀時期成都的繪畫藝術》,《成都文物》,1988 年第 2 期。

56. 岸邊成雄、樊一:《王建墓棺床石刻二十四樂妓》,《四川文物》,1988 年第 4 期。

57. 江甸潮、徐式文、敖天照:《後蜀孟昶暨花蕊夫人墓的調查》,《四川文物》,1988 年第 4 期。

58. 李之勤:《後蜀"利州都督府皇澤寺唐則天皇后武氏新廟記"碑和廣元皇澤寺的武則天像》,《考古與文物》,1988 年第 4 期。

59. 張勛燎:《略論杜光庭〈錄異記〉的史料價值》,氏著《古文獻論叢》,巴蜀書社,1988 年。

60. 李志嘉、樊一:《蜀石經述略》,《文獻》,1989 年第 2 期。

61. 張執讓:《後蜀孟昶死因試探》,《成都大學學報》,1989 年第 2 期。

62. 秦方瑜:《王建墓後室石像像主質疑》,《成都大學學報》(社會科學版),1989 年第 4 期。

63. 袁曙光:《前蜀晋暉墓誌考釋》,《四川文物》,1989 年第 6 期。

64. 鄧輝:《田行皋生卒事迹鉤沉》,《湖北民族學院學報》(社會科學版),1990 年第 1 期。

65. 賈大泉、周原孫:《前後蜀的樞密使》,《社會科學研究》,1990 年第 1 期。

66. 龍晦:《敦煌與五代兩蜀文化》,《敦煌研究》,1990 年第 2 期。

67. 楊正業:《杜光庭是伊斯蘭教徒嗎? 與馬紹雄、馬守先同志商榷》,《甘肅民族研究》,1990 年第 2 期。

68. 徐學正:《前後蜀西部疆域初探》,《成都文物》,1990 年第 3 期。

69. 姜澄清:《論孟昶、李煜、趙佶》,《貴州大學學報》(社會科學版),1990 年第 4 期。

70. 樊一:《前蜀永陵雜考》,《成都文物》,1991 年第 1 期。

71. 彭起耀:《前後蜀時期南北戰爭中的糧道》,《成都大學學報》(社會科學版),1991 年第 1 期。

72. 王炎平:《略論前後蜀的國情和國運》,《四川大學學報》(哲學社會科學版),1991 年第 1 期。

73. 陳汝寬:《韋君靖名諱辨證》,《四川文物》,1991 年第 2 期。

74. 丁祖春:《讀前蜀晋暉墓誌銘札記》,《成都文物》,1991 年第 2 期。

75. 樊一:《永慶院考》,《四川大學學報》(哲學社會科學版),1991 年第 2 期。

76. 易然:《前後蜀歷史與文化學術討論會綜述》,《社會科學研究》,1991 年第 2 期。

77. 成都市博物館考古隊:《成都無縫鋼管廠發現五代後蜀墓》,《四川文物》,1991 年第 3 期。

78. 王棣:《唐代海外藥物的傳入與李珣〈海藥本草〉》,《成都大學學報》(社會科學版),1991 年第 4 期。

79. 成都市博物館考古隊:《五代後蜀孫漢韶墓》,《文物》,1991 年第 5 期。

80. 樊一、方法林:《張唐英與〈蜀檮杌〉》,《成都大學學報》(社會科學版),1992 年第 1 期。

81. 欽白:《首屆前後蜀歷史與文化討論會綜述》,《文史雜誌》,1992 年第 1 期。

82. 秦方瑜:《王建墓後室石像像主再質疑》,《成都大學學報》(社會科學版),1992 年第 1 期。

83. 尹建華:《前後蜀歷史與文化討論會綜述》,《四川文物》,1992 年第 1 期。

84. 李成渝:《王建墓浮雕——樂器研究》,《四川音樂學院學報》,1992 年第 4 期。

85. 程郁綴:《五代詞人李珣生平及其詞初探》,《北京大學學報》(哲學社會科學版),1992 年第 5 期。

86. 王瑛:《前後蜀歷史與文化研究述略》,《社會科學研究》,1992 年第 6 期。

87. 王炎:《〈蜀檮杌〉之版本流傳與後蜀廣政十八年佚文問題》,《中國文化月刊》,第 153 期,1992 年 7 月。

88. 王瑛:《杜光庭事迹考辨》,《宗教學研究》,1992 年第 Z1 期。

89. 劉琳:《唐宋之際北人遷蜀與四川文化的發展》,《宋代文化研究》,第 2 集,四川大學出版社,1992 年。

90. 秦方瑜:《王建墓葬新探》,《成都大學學報》(社會科學版),1993 年第 2 期。

91. 楊光華:《前蜀與荊南疆界辯誤》,《西南師範大學學報》(哲學社會科學版),1993 年第 4 期。

92. 劉雨茂:《試論王建墓的考古新發現》,《前蜀王王建》,政協舞陽縣·舞鋼市委員會文史資料研究委員會,1993 年。

93. 林文勛:《前蜀後蜀商業的發展》,《前蜀王王建》,政協舞陽縣·舞鋼市委員會文史資料研究委員會,1993年。

94. 馬文彬:《前蜀樂舞之風盛行的成因》,《前蜀王王建》,政協舞陽縣·舞鋼市委員會文史資料研究委員會,1993年。

95. 王建墓博物館:《王建墓維修工程綜述》,《前蜀王王建》,政協舞陽縣·舞鋼市委員會文史資料研究委員會,1993年。

96. 章星:《人才與前蜀政權的建立》,《前蜀王王建》,政協舞陽縣·舞鋼市委員會文史資料研究委員會,1993年。

97. 周聲遠:《前蜀王王建故鄉覓踪》,《前蜀王王建》,政協舞陽縣·舞鋼市委員會文史資料研究委員會,1993年。

98. 劉敏:《五代時期的前後蜀鑄幣》,《四川文物》,1994年第1期。

99. 秦方瑜、朱舟:《試論王建墓樂舞石刻的藝術史價值》,《社會科學研究》,1994年第2期。

100. 史占揚:《匠心獨具的王建大帶玉飾——五代十國玉器之最》,《典藏藝術》,第17期,1994年2月。

101. 秦方瑜:《王建墓石刻樂舞伎演示內容初探》,《中華文化論壇》,1994年第3期。

102. 高文、寧志奇:《前蜀永平元寶淺議》,《前後蜀的歷史與文化》,巴蜀書社,1994年。

103. 胡文和:《安岳、大足"柳本尊十煉圖"題刻和宋立〈唐柳居士傳〉碑的研究》,《前後蜀的歷史與文化》,巴蜀書社,1994年。

104. 黃承宗:《從文物考古材料看前蜀、後蜀與南詔、大理的經濟文化關係》,《前後蜀的歷史與文化》,巴蜀書社,1994年。

105. 黃劍華:《黃筌的繪畫藝術》,《前後蜀的歷史與文化》,巴蜀書社,1994年。

106. 秦方瑜、朱舟:《試論王建墓樂舞石刻的史學價值》,《前後蜀的歷史與文化》,巴蜀書社,1994年。

107. 秦方瑜、朱舟:《王建墓樂舞石刻演示內容初探》,《前後蜀的歷史與文化》,巴蜀書社,1994年。

108. 尚蘭芳:《平民意識中的平民皇帝王建》,《前後蜀的歷史與文化》,巴蜀書社,1994 年。

109. 沈仲常:《王建、孟知祥墓的棺床爲佛座説試證》,《前後蜀的歷史與文化》,巴蜀書社,1994 年。

110. 史占揚:《兩蜀墓室壁畫初探》,《前後蜀的歷史與文化》,巴蜀書社,1994 年。

111. 陶喻之:《孫位的繪畫藝術成就刍論》,《前後蜀的歷史與文化》,巴蜀書社,1994 年。

112. 翁善良:《後蜀張虔釗、孫漢韶墓棺床石刻内容初探》,《前後蜀的歷史與文化》,巴蜀書社,1994 年。

113. 謝元魯:《論唐五代宋蜀中的奢侈之風》,《前後蜀的歷史與文化》,巴蜀書社,1994 年。

114. 楊光華:《論前蜀的障礙與其滅亡的關係》,《前後蜀的歷史與文化》,巴蜀書社,1994 年。

115. 尹建華、曾如實:《四川五代石刻考察記》,《前後蜀的歷史與文化》,巴蜀書社,1994 年。

116. 袁國騰:《試談前後蜀文化在中國戲曲發展史上的地位》,《前後蜀的歷史與文化》,巴蜀書社,1994 年。

117. 袁曙光:《略論〈大唐福慶長公主墓誌〉的幾個問題》,《前後蜀的歷史與文化》,巴蜀書社,1994 年。

118. 曾中懋:《簡論王建墓墓室結構和穩定性》,《前後蜀的歷史與文化》,巴蜀書社,1994 年。

119. 張興哲:《略論王建識才用人與創業的關係》,《前後蜀的歷史與文化》,巴蜀書社,1994 年。

120. 張亞平:《前後蜀道家著述總録》,《前後蜀的歷史與文化》,巴蜀書社,1994 年。

121. 趙知聞:《永陵讀書筆記三則》,《前後蜀的歷史與文化》,巴蜀書社,1994 年。

122. 鄒重華、胡昭曦:《前蜀後蜀與中原政權的關係》,《前後蜀的歷史與文化》,巴蜀書社,1994 年。

123. 秦方瑜:《王建墓石刻樂舞伎三題》,《唐文化研究論文集》,

上海人民出版社,1994 年。

124. 唐淑之:《王建墓特色與蜀永樓構思》,《四川建築》,1995 年第 1 期。

125. 楊訥:《廉政的言與行——讀孟昶〈令箴〉》,《法制日報》,1995 年 1 月 19 日。

126. 王瑛:《杜光庭入蜀時間小考》,《宗教學研究》,1995 年第 1—2 期合刊。

127. 葛紹歐:《試析論中古六位後主(劉禪、高緯、陳叔寶、王衍、孟昶、李煜)》,(臺北)《中等教育》,第 46 卷第 1 期,1995 年 2 月。

128. 陳尚君:《毛文錫〈茶譜〉輯考》,《農業考古》,1995 年第 4 期。

129. 龍騰:《大足唐代韋君靖摩崖碑探討》,《四川文物》,1996 年第 3 期。

130. 宿白:《關於河北四處古墓的札記》,《文物》,1996 年第 9 期。

131. 趙漢國:《漢中發現廣政通寶鉛錢》,《西安金融》,1996 年第 9 期。

132. 張勛燎:《試説前蜀王建永陵發掘材料中的道教遺迹》,《四川考古論文集》,文物出版社,1996 年。

133. 唐淑元:《王建墓建築特色與蜀永樓構思》,《規劃師》,1997 年第 1 期。

134. 遲乃鵬:《王建墓棺床石刻樂舞伎弄佛曲説探證》,《四川文物》,1997 年第 3 期。

135. 黃正建:《隋朝銅鏡與前蜀史迹》,《文物天地》,1997 年第 6 期。

136. 杜國禄、董秉義:《赤峰發現前蜀永平元寶》,《中國錢幣》,1998 年第 1 期。

137. 楊榮新:《王建墓及其棺床樂伎石刻》,《文史雜誌》,1998 年第 3 期。

138. 李均惠:《孟蜀石經與蜀文化》,《文史雜誌》,1998 年第

6 期。

139. 蒙文通:《前後蜀州縣及十節度考》,氏著《古地甄微》,巴蜀書社,1998 年。

140. 曾國富:《後唐對蜀戰争淺析》,《湛江師範學院學報》,1999年第 1 期。

141. 陳灼:《北山石刻〈韋君靖碑〉"潁川"辨》,《四川文物》,1999 年第 2 期。

142. 成都市文物考古工作隊:《成都五代墓出土尊勝陀羅尼石刻》,《四川文物》,1999 年第 3 期。

143. 朱章義:《試論成都化成村五代墓出土的尊勝陀羅尼石刻》,《四川文物》,1999 年第 3 期。

144. 何永成:《孟蜀創業集團研究》,《第四届唐代文化學術研討會論文集》,成功大學教務處出版組,1999 年。

145. 樊一:《〈蜀檮杌〉的史料價值與版本源流》,《四川文物》,2000 年第 3 期。

146. 樊一:《永陵被盜年代小考》,《四川文物》,2000 年第 3 期。

147. 馬文彬:《前後蜀苑囿刍議》,《四川文物》,2000 年第 3 期。

148. 徐學書:《前蜀王建青少年時代身世、德行考辨》,《四川文物》,2000 年第 3 期。

149. 徐學書:《論王建及前蜀政權的歷史地位》,《四川文物》,2000 年第 3 期。

150. 張亞平:《前蜀永陵石刻的藝術史價值》,《四川文物》,2000 年第 3 期。

151. 曾國富:《孟知祥爲什麼能割據兩川?》,《天府新論》,2000 年第 3 期。

152. 周臘生:《後蜀貢舉鈎沉》,《孝感職業技術學院學報》,2000 年第 4 期。

153. 龍騰:《大足北山石刻〈韋君靖碑〉"潁川"、"河内"辯》,《四川文物》,2000 年第 5 期。

154. 傅飛嵐:《蜀——杜光庭〈録异記〉裏的"聖地"》,《遺迹崇拜與聖者崇拜》,允晨文化實業股份有限公司,2000 年。

155. 鄒重華:《唐僖宗時遷蜀士族及其入宋後的境况考析》,《宋代歷史文化研究》,人民出版社,2000 年。

156. 樊一:《千年前的"廉政公告"》,《文史雜誌》,2001 年第 1 期。

157. 汪悦:《李珣與〈海藥本草〉》,《南京中醫藥大學學報》(社會科學版),2001 年第 1 期。

158. 劉蔚、金易:《論杜光庭的道德教育思想》,《船山學刊》,2002 年第 1 期。

159. 羅爭鳴:《杜光庭兩度入蜀考》,《宗教學研究》,2002 年第 1 期。

160. 王道敏:《毀譽參半的亡國之君孟昶》,《檔案天地》,2002 年第 3 期。

161. 凍國棟:《唐代道士羅公遠及其靈驗傳說——讀〈道教靈驗記〉札記之一》,《魏晉南北朝隋唐史資料》,第 19 輯,武漢大學文科學報編輯部,2002 年。

162. 孫華:《唐末五代的成都城》,《宿白先生八秩華誕紀念文集》,文物出版社,2002 年。

163. 王興伊、史紅:《〈海藥本草〉中所載西域藥物初探》,《中國民族民間醫藥雜誌》,2003 年第 1 期。

164. 曾咏霞:《四川新都五代十國窖藏會昌開元背"永"和天成元寶錢》,《中國錢幣》,2003 年第 1 期。

165. 韓剛:《西蜀畫院有無考辨》,《貴州大學學報》(藝術版),2003 年第 2 期。

166. 馬文彬:《五代前蜀李氏墓誌銘考釋》,《四川文物》,2003 年第 3 期。

167. 黄瑞欣:《五代時期西蜀繪畫的發展與演變》,《鄭州大學學報》(社會科學版),2003 年第 4 期。

168. 孫亦平:《杜光庭的重玄思想初探》,《南京大學學報》(哲學・人文科學・社會科學版),2003 年第 4 期。

169. 羅爭鳴:《關於杜光庭生平的幾個問題的考證》,《文學遺產》,2003 年第 5 期。

170. 王家祐、徐學書:《大足〈韋君靖碑〉與韋君靖史事考辯》,《四川文物》,2003 年第 5 期。

171. 陳大維:《春聯始祖孟昶墓址在通許發現》,《對聯·民間對聯故事》,2003 年第 9 期。

172. 黃瑞欣:《五代西蜀繪畫管窺》,《美術》,2003 年第 9 期。

173. 董恩林、董美春:《簡論杜光庭〈道德真經廣聖義〉的詮釋宗旨》,《歷史文獻研究》,總第 22 輯,華中師範大學出版社,2003 年。

174. 閔定慶:《趙崇祚家世考述》,《歷史文獻研究》,總第 22 輯,華中師範大學出版社,2003 年。

175. 王剛:《淺談前蜀錢對遼代中晚期鑄幣的影響》,《內蒙古金融研究·錢幣文集》,第 5 輯,2003 年。

176. 武建國:《論前後蜀社會經濟的發展》,《李埏教授九十華誕紀念文集》,雲南大學出版社,2003 年。

177. 楊波:《杜光庭》,《浙籍文化名人評傳》,浙江大學出版社,2003 年。

178. 杜文玉:《前後蜀兵制初探》,《江漢論壇》,2004 年第 11 期。

179. 成都文物考古研究所、雙流縣文物管理所:《成都雙流籍田竹林村五代後蜀雙室合葬墓》,《2004 成都考古發現》,科學出版社,2004 年。

180. 楊莉:《〈墉城集仙錄〉版本之考證與輯佚》,《中國文化研究所學報》44,2004 年。

181. 成都市博物館、新都區文管所:《新都五代十國錢幣窖藏清理報告》,《四川文物》,2005 年第 3 期。

182. 曾咏霞:《新都五代十國錢幣窖藏清理報告》,《四川文物》,2005 年第 3 期。

183. 鄭國權:《泉州南音界崇奉後蜀主孟昶爲樂神之謎》,《音樂探索》,2005 年第 3 期。

184. 馬良雲:《王建墓維修保護工程中的考古新發現》,《中華文化論壇》,2005 年第 4 期。

185. 陳章:《始作聯者非孟昶》,《咬文嚼字》,2005 年第 6 期。

186. 唐志工、盛濤:《試析廣元五代、宋、元時期與錢幣相關的石刻資料》,《四川文物》,2005 年第 6 期。

187. 張澤洪:《杜光庭與雲南道教》,《西南民族大學學報》,2005 年第 10 期。

188. 張海:《前後蜀著作考略》,《晚唐五代巴蜀文學論稿》,巴蜀書社,2005 年。

189. 蔣斌:《試論杜光庭的修道階次思想》,《中國道教》,2006 年第 1 期。

190. 王滔韜、雷娟:《大足石刻〈韋君靖碑〉題名研究》,《重慶交通學院學報》(社科版),2006 年第 1 期。

191. 趙治中:《"道門領袖"、"山中宰相"和傳奇作家杜光庭》,《麗水學院學報》,2006 年第 1 期。

192. 孫亦平:《論道教宇宙論中的兩條發展綫索:以杜光庭〈道德真經廣聖義〉爲例》,《世界宗教研究》,2006 年第 2 期。

193. 孫亦平:《試論杜光庭的三教融合思想及其影響》,《中國哲學史》,2006 年第 4 期。

194. 湯洪:《蜀石經産生原因試探》,《四川師範大學學報》(社會科學版),2006 年第 4 期。

195. 姜楊德:《中國晚唐、五代時期敦煌與四川地區"毗沙門天王"之研究》,《藝術論壇》,第 4 期,2006 年 5 月。

196. 賈紅丁:《"廣政通寶"錫母鉛錢賞析》,《收藏界》,2006 年第 9 期。

197. 羅寧:《文谷及其〈備忘小鈔〉考論》,《唐五代文化論稿》,巴蜀書社,2006 年。

198. 譚敏:《杜光庭〈道教靈驗記〉研究》,《唐五代文化論稿》,巴蜀書社,2006 年。

199. 王伊同:《前蜀考略》,氏著《王伊同學術論文集》,中華書局,2006 年。

200. 洪時中:《成都市區及近郊五代時期古墓變形的初步研究》,《四川地震》,2007 年第 1 期。

201. 王瑛:《論前後蜀文化的發展及影響》,《中華文化論壇》,2007 年第 1 期。

202. 陳明光:《唐韋君靖"節度使"辨正——與〈大足石刻《韋君靖碑》題名研究〉作者商討》,《重慶交通大學學報》(社會科學版),2007 年第 3 期。

203. 馮漢鏞:《唐五代時來巴蜀的外國人》,《文史雜誌》,2007 年第 3 期。

204. 王麗梅:《南唐與前後蜀文化的比較研究》,《唐史論叢》,第 9 輯,三秦出版社,2007 年。

205. 李文珠、任學亮:《唐五代巴蜀地區神祇的地域分布》,《中華文化論壇》,2008 年第 1 期。

206. 田玉英:《翰林學士和兩蜀中樞政治》,《西南交通大學學報》(社會科學版),2008 年第 1 期。

207. 吳真:《從杜光庭六篇羅天醮詞看早期羅天大醮》,《中國道教》,2008 年第 2 期。

208. 曾育榮:《五代十國時期歸、峽二州歸屬考辨》,《湖北大學學報》(哲學社會科學版),2008 年第 3 期。

209. 陳福亮:《中國武俠神仙小説鼻祖、詩人、學者、道教宗師——杜光庭》,《杜光庭學術研究論文集》,縉雲,2008 年 4 月。

210. 樊有富:《中國偉人榜上的杜光庭》,《杜光庭學術研究論文集》,縉雲,2008 年 4 月。

211. 樊有富:《杜光庭哲學思想與和諧觀》,《杜光庭學術研究論文集》,縉雲,2008 年 4 月。

212. 麻松亘:《杜光庭鄉貫考正》,《杜光庭學術研究論文集》,縉雲,2008 年 4 月。

213. 王純五:《道門領袖——杜光庭》,《杜光庭學術研究論文集》,縉雲,2008 年 4 月。

214. 王達欽:《唐代道教理論的集大成者——杜光庭》,《杜光庭學術研究論文集》,縉雲,2008年4月。

215. 王達欽:《杜光庭年譜(青少年時代)》,《杜光庭學術研究論文集》,縉雲,2008年4月。

216. 王滔韜、雷娟:《再論韋君靖并非"静南軍節度使"——與大足石刻研究會陳明光先生商榷》,《重慶交通大學學報》(社會科學版),2008年第6期。

217. 劉平中:《孟蜀石經雜考》,《宋代文化研究》,第15輯,四川大學出版社,2008年。

218. 舒大剛:《試論"蜀石經"的鐫刻與〈十三經〉的結集》,《宋代文化研究》,第15輯,四川大學出版社,2008年。

219. 周阿根:《〈五代前蜀李氏墓誌銘〉再考》,《碑林集刊》,第13輯,陝西人民美術出版社,2008年。

220. 李楊偉、吳慶光:《〈海藥本草〉對嶺南醫藥的貢獻》,《中醫藥導報》,2009年第1期。

221. 張邦煒:《昏君乎?明君乎?——孟昶形象問題的史源學思考》,《四川師範大學學報》(社會科學版),2009年第1期。

222. 田玉英:《論王建的假子在前蜀建立中的軍事作用》,《重慶工商大學學報》(社會科學版),2009年第2期。

223. 周阿根:《李茂貞墓誌録文校補》,《文物春秋》,2009年第3期。

224. 田玉英:《再論王建假子在前蜀政權(907—925)中的作用》,《重慶工商大學學報》(社會科學版),2009年第4期。

225. 田玉英:《關於王建假子的情況及王建與假子的關係蠡測——兼論前蜀宦官干政的緣起》,《學術探索》,2009年第5期。

226. 蔡堂根:《杜光庭賜紫時間考辨》,《宗教學研究》,2010年第1期。

227. 詹子林:《宋元成都地方文獻的歷史地理學價值——以〈蜀檮杌〉〈錦里耆舊傳〉〈歲華紀麗譜〉爲例》,《學理論》,2010年第3期。

228. 田玉英:《晚唐五代入蜀士人及其在前蜀立國中的作用》,《江蘇科技大學學報》(社會科學版),2010 年第 4 期。

229. 陳尚君:《何光遠的生平和著作——以〈賓仙傳〉爲中心》,《江西師範大學學報》(哲學社會科學版),2010 年第 5 期。

230. 解洪旺:《後蜀榷鐵考辯》,《黑龍江科技信息》,2010 年第 23 期。

231. 黃東陽:《神聖的屈從——杜光庭道教小説〈録异記〉之聖俗分判及其世俗化傾向》,《新世紀宗教研究》,第 9 卷第 2 期,2010 年 12 月。

232. 唐志工:《韋君靖碑反映的晚唐地方行政機構與職官》,《唐史論叢》,第 12 輯,三秦出版社,2010 年。

233. 金素安、郭忻:《〈海藥本草〉蜜香、木香、沉香之考辯》,《上海中醫藥雜誌》,2011 年第 2 期。

234. 劉健平:《偶覓廣政通寶》,《江蘇錢幣》,2011 年第 2 期。

235. 馬劍:《羊馬城考——兼考成都羊馬城》,《中國歷史地理論叢》,2011 年第 2 輯。

236. 曾咏霞:《成都新繁前蜀窖藏錢幣清理簡報》,《中國錢幣》,2011 年第 3 期。

237. 劉雨茂、薛登、毛求學、朱章義:《成都市龍泉驛五代前蜀王宗侃夫婦墓》,《考古》,2011 年第 6 期。

238. 靳萱、高如宏、喬建榮、楊森:《淺析〈海藥本草〉記載的七味回族常用香藥》,《寧夏醫科大學學報》,2011 年第 8 期。

239. 天雨:《五代十國古錢珍品——"廣政通寶"》,《收藏界》,2011 年第 9 期。

240. 楊强强:《前蜀上層人事構成與政權穩定性的關係》,《綿陽師範學院學報》,2011 年第 10 期。

241. 宋廷位:《後蜀的石質圖書館——〈孟蜀石經〉》,《蘭臺世界》,2011 年第 31 期。

242. 李東峰:《後蜀儒家經籍雕印的幾個問題》,《蜀學》,第 6 輯,巴蜀書社,2011 年。

243. 馬新廣《〈益州名畫録〉四處"天福年"辨正》,《四川圖書館學報》,2012 年第 2 期。

244. 陳隆予:《略論後蜀毋昭裔的刻經活動》,《蘭臺世界》,2012 年第 3 期。

245. 譚敏:《從〈墉城集仙録〉中女仙的神性品格看道教獨有的平等女性觀》,《北京化工大學學報》(社會科學版),2012 年第 4 期。

246. 田玉英:《孟知祥之顧命大臣的政治命運及後主前期的政爭》,《湖南工業大學學報》(社會科學版),2012 年第 4 期。

247. 田玉英:《試論孟昶加强皇權的斗争及對後蜀失國的影響》,《江蘇科技大學學報》(社會科學版),2012 年第 4 期。

248. 王明前:《五代時期前後二蜀的集權政治與區域經濟》,《阿壩師範高等專科學校學報》,2012 年第 4 期。

249. 陳雲:《唐五代時期巴蜀重玄之風——以李榮、杜光庭爲例》,《中華文化論壇》,2012 年第 5 期。

250. 鄭以墨:《往生净土——前蜀王建墓棺床雕刻與十二半身像研究》,《四川文物》,2012 年第 6 期。

251. 錢光勝:《晚唐五代敦煌十王會與蜀地十王造像初探》,《蘭臺世界》,2012 年第 24 期。

252. 胡耀飛:《五代蜀地粟特係沙陀人考》,《燕園史學》,第 21 期,北京大學歷史系,2012 年。

253. 李勇先:《試論五代兩宋時期成都游樂之風的極盛及其原因》,《徽音永著:徐規教授紀念文集》,華東師範大學出版社,2012 年。

254. 吴羽:《杜光庭〈廣成集〉所載表、醮詞寫作年代叢考》,《魏晋南北朝隋唐史資料》,第 28 輯,武漢大學人文社會科學編輯部,2012 年。

255. 楊强强:《北宋"入川"的策略及"平川"後的政策調整》,《宋代巴蜀政治與社會研究》,巴蜀書社,2012 年。

256. 李鋼:《前蜀皇帝王建永陵的發現與保護》,《大衆考古》,2013 年第 1 期。

257. 幸曉峰、沈博:《錦城絲管日紛紛——唐至五代時期巴蜀樂舞述論》,《四川戲劇》,2013 年第 2 期。

258. 劉媌:《永陵墓棺座石雕伎樂剖析——兼談箏演奏技藝的發展》,《四川戲劇》,2013 年第 9 期。

259. 謝炳麟:《杜光庭養生思想探析》,《東方企業文化》,2013 年第 14 期。

260. 胡耀飛:《論唐宋之際邢州孟氏家族的地域遷徙與門風轉型》,《珞珈史苑·2012 年卷》,武漢大學出版社,2013 年。

261. 黎婉欣:《有關前蜀永陵之物質性的幾點思考》,《南方民族考古》,第 9 輯,科學出版社,2013 年。

262. 李最欣:《〈四庫全書總目·錦里耆舊傳〉提要辨正》,《泰山學院學報》,2014 年第 1 期。

263. 孫振濤:《論唐末五代時期西蜀地區崇道社會思潮》,《西華師範大學學報》(哲學社會科學版),2014 年第 1 期。

264. 慧繪:《前後蜀時期的蜀文化概貌》,《文史雜誌》,2014 年第 2 期。

265. 曾咏霞、方明、吳天文:《四川彭山出土唐會昌開元背“永”錢與前蜀永平元寶》,《中國國家博物館館刊》,2014 年第 8 期。

266. 羅家祥:《後蜀嘉州刺史歐陽彬考》,《樂山師範學院學報》,2014 年第 9 期。

267. 孫振濤:《論唐末五代時期西蜀社會的崇佛思潮》,《綏化學院學報》,2014 年第 9 期。

268. 胡耀飛:《後蜀孟氏婚姻研究——兼論家族史視野下的民族融合》,《民族史研究》,第 11 輯,中央民族大學出版社,2014 年。

269. 胡耀飛:《五代時期的利州及其“武則天記憶”》,《武則天與廣元》,文物出版社,2014 年。

270. 梁咏濤、唐志工:《〈皇澤寺唐則天皇后武氏新廟記〉碑校釋》,《武則天與廣元》,文物出版社,2014 年。

271. 韓莎:《前蜀永陵發掘 70 周年研究綜述》,《文史雜誌》,2015 年第 1 期。

272. 劉桂海:《自然灾害與後蜀時期的政治》,《文史雜誌》,2015年第 6 期。

273. 李博昊:《毛文錫生平述略:五代前蜀動蕩政治局勢的個案考察》,《文學研究》,第 1 卷第 1 期,南京大學出版社,2015 年。

274. 楊辰鴻:《五代西蜀道釋畫興衰探析》,《老子學刊》,第 6 輯,巴蜀書社,2015 年。

275. 范犁、謝濤:《五代趙廷隱墓伎樂俑的藝術造型特徵》,《書畫藝術》,2016 年第 6 期。

276. 鄭以墨:《前蜀王建墓研究》,《兩個世界的徘徊——中古時期喪葬觀念風俗與禮儀制度學術研討會論文集》,科學出版社,2016 年。

277. 李龍:《軍事地理視野下的蜀道比較——立足於三國與五代時期》,《湖北文理學院學報》,2017 年第 1 期。

278. 徐雙:《論五代後唐征蜀之役》,《歷史教學》(下半月刊),2017 年第 2 期。

279. 李龍、蔡東洲:《軍事地理視野下的蜀道争奪之比較研究——三國與五代時期》,《西南石油大學學報》(社會科學版),2017 年第 3 期。

280. 閆琰:《後蜀趙廷隱墓出土花冠舞俑與柘枝舞》,《江漢考古》,2017 年第 4 期。

281. 吳紅兵:《宋朝平蜀後消弭孟氏政權影響措施刍議》,《四川師範大學學報》(社會科學版),2017 年第 6 期。

282. 吳羽:《晚唐前蜀王建的吉凶時間與道教介入——以杜光庭〈廣成集〉爲中心》,《社會科學戰綫》,2018 年第 2 期。

283. 李博昊:《前蜀太子元膺謀反事件考論》,《古籍整理研究學刊》,2018 年第 5 期。

284. 董華鋒、何先紅、朱寒冰:《川渝地區晚唐五代小型經幢及其反映的民間信仰》,《考古》,2018 年第 6 期。

285. 晁會元:《晁公武續刻蜀石經考——以隸古定本〈尚書〉經碑復原中心》,《七朝石經研究新論》,上海書店出版社,2018 年。

286. 劉體乾:《宋拓蜀石經跋》,《二十世紀七朝石經專論》,上海辭書出版社,2018 年。

287. 羅希成:《蜀石經殘石跋》,《二十世紀七朝石經專論》,上海辭書出版社,2018 年。

288. 羅振玉:《蜀石經〈春秋穀梁傳・文公〉第六殘葉跋》,《二十世紀七朝石經專論》,上海辭書出版社,2018 年。

289. 羅振玉:《蜀石經〈春秋穀梁傳〉殘石跋》,《二十世紀七朝石經專論》,上海辭書出版社,2018 年。

290. 王國維:《蜀石經殘拓本跋》,《二十世紀七朝石經專論》,上海辭書出版社,2018 年。

291. 王家祐、李復華:《孟蜀石經》,《二十世紀七朝石經專論》,上海辭書出版社,2018 年。

292. 吳檢齋:《蜀石經考异叙録》,《二十世紀七朝石經專論》,上海辭書出版社,2018 年。

293. 徐森玉:《蜀石經和北宋二體石經》,《二十世紀七朝石經專論》,上海辭書出版社,2018 年。

294. 袁曙光:《孟蜀石經殘石》,《二十世紀七朝石經專論》,上海辭書出版社,2018 年。

295. 周夢生:《近代出土的蜀石經殘石》,《二十世紀七朝石經專論》,上海辭書出版社,2018 年。

296. 王天然:《孟蜀石經性質初理》,《七朝石經研究新論》,上海書店出版社,2018 年。

297. 王天然:《上海圖書館藏蜀石經〈毛詩〉拓本綜理》,《七朝石經研究新論》,上海書店出版社,2018 年。

298. 韋兵:《唐宋四川孔雀明王信仰研究:兼論咸通以降嘉州地區佛教新風尚》,《中古中國研究》,第 2 卷,中西書局,2018 年。

299. 王天然:《蜀石經形制譾識》,《文史》,2019 年第 3 期。

300. 楊勤藝:《前蜀道教文化淺談》,《文史雜誌》,2019 年第 3 期。

301. 鄒志勇:《斗緑與争緋——〈王蜀宫妓圖〉中的仕女形象研

究》,《藝術品》,2019 年第 3 期。

302. 劉仕毅:《永陵棺牀鼓類石刻樂器刍議》,《四川文物》,2019年第 5 期。

303. 閆佳楠:《後蜀趙廷隱墓出土戴冠女樂伎俑與道教女冠文化》,《文物鑒定與鑒賞》,2019 年第 5 期。

304. 閆佳楠:《趙廷隱墓出土樂舞伎俑音樂文化研究》,《文博》,2019 年第 5 期。

305. 王方捷:《成都永陵(王建墓)考古年表(1937—1964 年)》,《四川文物》,2019 年第 6 期。

306. 成都文物考古研究院:《四川成都海濱村五代後蜀墓發掘簡報》,《文物》,2019 年第 7 期。

307. 王天然:《兩宋以來的蜀石經研究》,《中國史學》,第 29 卷,2019 年 10 月。

308. 吳丹、喬洪、毛藝壇:《後蜀趙廷隱墓伎樂俑服飾材質與色彩的還原推測》,《紡織科技進展》,2019 年第 10 期。

309. 何茜:《五代時期西蜀繪畫的發展與演變解讀》,《蘭臺内外》,2019 年第 13 期。

310. 陳瑋:《唐五代成都外來文明研究》,《唐史論叢》,第 28 輯,三秦出版社,2019 年。

311. 劉未:《乾德四年鏡》,氏著《鷄冠壺:歷史考古札記》,上海古籍出版社,2019 年。

5－5　西蜀文學

1. 鄒嘯:《論〈花間集〉不僅穠麗一體》,《青年界》,第 6 卷第 1 期,1934 年 6 月。

2. 鄒嘯:《論〈花間集〉確有五百首》,《青年界》,第 6 卷第 1 期,1934 年 6 月。

3. 傅賢:《五代時的兩位外國詞人——李珣、李存勖》,《中央日報》,1935 年 1 月 18 日。

4. 肇洛:《歐陽炯及其詞》,《北平晨報·學園》,第 956 期,1936

年 5 月 29 日。

5. 陳奇猷:《蜀主孟昶〈玉樓春〉偽託考》,《國文月刊》,第 50 期,1946 年 12 月 20 日。

6. 黃清士:《花間集詞人張泌》,《光明日報》,1957 年 4 月 7 日。

7. 祁懷美:《〈花間集〉之研究》,《臺灣省立師範大學國文研究所集刊》,第 4 期,1960 年 6 月。

8. 夏承燾:《花間詞體》,《文匯報》,1962 年 3 月 21 日。

9. 吳天墀:《僧可朋與〈耘田鼓〉》,《四川日報》,1962 年 9 月 5 日。

10. 劉兆熊:《花間派詞鼻祖溫庭筠》,《臺灣省立博物館科學年刊》,第 11 期,1968 年 12 月。

11. 劉兆熊:《〈花間集〉中的淡雅派詞人》,《臺灣省立博物館科學年刊》,第 12 期,1969 年 12 月。

12. 溫世喬:《詞與〈花間集〉》,《臺南師專學報》,第 10 期,1977 年 12 月。

13. 廖雪蘭:《〈評述《花間集》及其十八作家〉提要》,《華學月刊》,第 86 期,1979 年 2 月。

14. 關綠茵:《古代的名才女(班昭、李清照、蔡文姬、秦羅敷、孫道絢、花蕊夫人、吳藻)》,《中國國學》,第 8 期,1980 年 7 月。

15. 方建新:《花間詞人張泌與南唐張洩、張泌事迹作品考辨》,《文史》,第 8 輯,中華書局,1980 年。

16. 雷樹田:《論牛嶠的詞》,《唐代文學》,1981 年第 1 期。

17. 林水檺:《波斯詞人李珣》,《中外文學》,第 10 卷第 3 期,1981 年 8 月。

18. 繆志明:《小議花蕊夫人宮女詩》,《社會科學研究》,1982 年第 6 期。

19. 魏堯西:《雜談西蜀詞人李珣》,《重慶師院學報》(哲學社會科學版),1983 年第 3 期。

20. 沈祥源、傅生文:《試論花間詞派的表現手法和藝術風格》,《深圳大學學報》,1984 年第 1 期。

21. 沈祥源、傅生文：《評〈花間集〉》，《固原師專學報》(社會科學版)，1984 年第 1 期。

22. 羅宗强：《牛希濟的〈文章論〉與唐末五代倡教化的文學主張》，《天津社會科學》，1984 年第 5 期。

23. 包根弟：《談〈花間集〉中的"月"與"柳"》，《輔仁學志·文學院之部》，第 13 期，1984 年 6 月。

24. 羅樹凡：《也議花蕊夫人及其宮女詩》，《社會科學研究》，1985 年第 1 期。

25. 浦江清：《花蕊夫人宮詞考》，《開明書店二十周年紀念文集》，中華書局，1985 年。

26. 王志迅：《牛希濟〈生查子〉一解》，《晋陽學刊》，1986 年第 3 期。

27. 諸葛憶兵：《"花間詞"中的別調——毛文錫詞作初探》，《求是學刊》，1986 年第 3 期。

28. 沈祥源、傅生文：《兒女情多，風雲氣少——〈花間集〉内容新評》，《武漢大學學報》(社會科學版)，1986 年第 4 期。

29. 陳邦炎：《説李珣〈巫山一段雲〉詞》，《大公報》，1987 年 6 月 8 日。

30. 蔣寅、蔣欣：《淺析李珣幾首詞》，《名作欣賞》，1988 年第 1 期。

31. 蘇涵：《花間詞與宮體詩比較論》，《山西師大學報》(社會科學版)，1988 年第 2 期。

32. 張富華：《〈花間詞〉評價質疑》，《新疆大學學報》(哲學社會科學版)，1988 年第 4 期。

33. 林松：《域外詞人李波斯——五代詞人李珣及其作品漫議》，《中央民族學院學報》增刊《民族藝林》，1988 年。

34. 何尊沛：《從〈花間集〉看詞的離合藝術》，《四川師範學院學報》(哲學社會科學版)，1989 年第 4 期。

35. 程郁綴：《花間詞中的別調——毛文錫邊塞詞〈甘州遍〉賞析》，《文史知識》，1989 年第 6 期。

36. 呂明香:《〈花間集〉叙録》,臺灣輔仁大學《圖書館學刊》,第18 期,1989 年6 月。

37. 王熙元:《江南風光與故國情懷——試析李珣〈南鄉子〉與朱敦儒〈相見歡〉》,《國文天地》,第5 卷第4 期,1989 年9 月。

38. 何汝泉、鍾大群:《韋莊與前蜀政權》,《西南師範大學學報》,1990 年第2 期。

39. 王世達、陶亞舒:《花間詞意象運用特點的社會文化學分析》,《成都大學學報》(社會科學版),1991 年第2 期。

40. 王文才:《花蕊夫人氏籍辨》,《成都大學學報》(社科版),1991 年第2 期。

41. 張晶:《論花間派在詞史上的地位》,《遼寧師範大學學報》,1991 年第3 期。

42. 葉嘉瑩:《中國詞學的困惑與〈花間集〉之女性特質》,《中國文哲研究通訊》,第1 卷第2 期,1991 年6 月。

43. 張以仁:《〈花間〉詞人薛昭蘊》,《臺大中文學報》,第4 期,1991 年6 月。

44. 歐明俊:《花間詞風格新論》,《紹興師專學報》,1992 年第1 期。

45. 葉嘉瑩:《論詞學中之困惑與〈花間〉詞之女性叙寫及其影響》(上),《中外文學》,第20 卷第8 期,1992 年1 月。

46. 祝注先:《李珣和他的詞》,《西南民族學院學報》(哲學社會科學版),1992 年第1 期。

47. 劉尊明:《於"花間"香風中行"教化之道"——論"花間詞人"牛希濟的散文創作》,《南京師大學報》(社會科學版),1992 年第2 期。

48. 葉嘉瑩:《論詞學中之困惑與〈花間〉詞之女性叙寫及其影響》(下),《中外文學》,第20 卷第9 期,1992 年2 月。

49. 王利華:《"花間"詞爲何"側艷"》,《語文學刊》,1992 年第3 期。

50. 葉嘉瑩:《從女性主義文論看〈花間〉詞之特質》,《社會科學戰綫》,1992 年第4 期。

51. 程郁綴:《五代詞人李珣生平及其詞初探》,《北京大學學報》(哲學社會科學版),1992 年第 5 期。

52. 張以仁:《試釋薛昭蘊〈浣溪沙〉詞一首》,《臺大中文學報》,第 5 期,1992 年 6 月。

53. 陳如江:《李珣詞論》,氏著《唐宋五十名家詞論》,華東師範大學出版社,1992 年。

54. 陳如江:《花間詞》,氏著《唐宋五十名家詞論》。

55. 張以仁:《從鹿虔扆的〈臨江仙〉談到他的一首〈女冠子〉》,《中國文哲研究集刊》,第 3 期,1993 年 3 月。

56. 陳咏紅:《重新認識花間詞》,《學術研究》,1993 年第 4 期。

57. 葉嘉瑩:《從〈花間〉詞之特質看後世的詞與詞學》,《文學遺產》,1993 年第 4 期。

58. 孫立:《花間詞審美感知的表現特徵》,《青海社會科學》,1994 年第 1 期。

59. 趙穎君:《論趙崇祚〈花間集〉的編輯經驗》,《許昌師專學報》,1994 年第 1 期。

60. 李星奎:《前蜀詞人李珣及其創作》,《四川師範大學學報》(社會科學版),1994 年第 3 期。

61. 賀中復:《〈花間集序〉的詞學觀點及〈花間集〉詞》,《文學遺產》,1994 年第 5 期。

62. 遲乃鵬:《論西蜀詞在詞史上的地位》,《前後蜀的歷史與文化》,巴蜀書社,1994 年。

63. 馮正爐:《百首宮詞千金價》,《前後蜀的歷史與文化》,巴蜀書社,1994 年。

64. 劉蓉英:《別有歌詩寫昇平——從韋莊蜀中詩看前蜀社會和作者晚年思想》,《前後蜀的歷史與文化》,巴蜀書社,1994 年。

65. 濮新:《韋莊詩述評》,《前後蜀的歷史與文化》,巴蜀書社,1994 年。

66. 陶亞舒:《略論花間詞的宗教文化傾向》,《前後蜀的歷史與文化》,巴蜀書社,1994 年。

67. 王定璋:《骨氣渾成,境意卓异——論貫休和他的詩歌》,《前後蜀的歷史與文化》,巴蜀書社,1994 年。

68. 謝桃坊:《花蕊夫人宮詞試評》,《前後蜀的歷史與文化》,巴蜀書社,1994 年。

69. 楊偉立:《從韋莊的蜀中詩詞看他的兩次思想巨變》,《前後蜀的歷史與文化》,巴蜀書社,1994 年。

70. 岳珍:《〈花間集序〉在傳統詞體觀念形成過程中的意義》,《前後蜀的歷史與文化》,巴蜀書社,1994 年。

71. 張志烈:《秋花玓瓅艷岷峨——簡説前後蜀詩歌》,《前後蜀的歷史與文化》,巴蜀書社,1994 年。

72. 何正太:《孟昶與花蕊夫人》,《都江堰市文史資料》第 10 輯《後蜀·花蕊夫人宮詞》,1994 年。

73. 羅樹凡:《後蜀·花蕊夫人宮詞校注》,《都江堰市文史資料》第 10 輯《後蜀·花蕊夫人宮詞》,1994 年。

74. 羊村:《花蕊夫人宮詞新考》,《都江堰市文史資料》第 10 輯《後蜀·花蕊夫人宮詞》,1994 年。

75. 羊村:《花蕊夫人之死及其他》,《都江堰市文史資料》第 10 輯《後蜀·花蕊夫人宮詞》,1994 年。

76. 羊村:《宮詞作者姓氏考》,《都江堰市文史資料》第 10 輯《後蜀·花蕊夫人宮詞》,1994 年。

77. 楊紀:《花蕊夫人》,《都江堰市文史資料》第 10 輯《後蜀·花蕊夫人宮詞》,1994 年。

78. 楊瑞文:《花蕊夫人與她的宮詞》,《都江堰市文史資料》第 10 輯《後蜀·花蕊夫人宮詞》,1994 年。

79. 楊瑞文:《名重千秋的都江才女——花蕊夫人》,《都江堰市文史資料》第 10 輯《後蜀·花蕊夫人宮詞》,1994 年。

80. 孫孟明:《花間詞中的"盡頭語"》,《修辭學習》,1995 年第 2 期。

81. 何尊沛:《論"花間詞"的題材類型》,《四川師範學院學報》(哲學社會科學版),1995 年第 5 期。

82. 涂昊:《〈花間集〉中的月亮意象》,《衡陽師專學報》(社會科學版),1995 年第 5 期。

83. 張以仁:《〈花間〉詞舊説商榷》,《漢學研究》,第 13 卷第 1 期,1995 年 6 月。

84. 朱恒夫:《論花間詞的藝術》,《江蘇教育學院學報》(社會科學版),1996 年第 1 期。

85. 賀中復:《薛昭蘊考》,《文獻》,1996 年第 3 期。

86. 歐明俊:《花間詞與晚唐五代社會風氣及文人心態》,《福建師範大學學報》(哲學社會科學版),1996 年第 3 期。

87. 趙瑾:《〈樂章集〉中的人性意識——兼與〈花間集〉比較》,《開封大學學報》,1996 年第 3 期。

88. 喬力:《肇發傳統:論花間詞的審美理想與功能取向》,《遼寧大學學報》(哲學社會科學版),1996 年第 4 期。

89. 周建國:《論花間詞中的鳥類意象》,《杭州師範學院學報》,1996 年第 5 期。

90. 段莉芬:《〈花間集〉中婦女的頭面裝飾及其在修辭上的效果》,《建國學報》,第 15 期,1996 年 6 月。

91. 郭祝崧:《滿堤紅艷立春風——花蕊夫人詩咏前蜀宮女生活》,《文史雜誌》,1996 年第 4 期。

92. 岳繼東:《小議〈花間集〉的"詩客曲子詞"特性》,《四川師範學院學報》(哲學社會科學版),1996 年第 4 期。

93. 徐信義:《論〈花間集〉詞的格律現象》,《中山人文學報》,第 5 期,1997 年 1 月。

94. 馮慶凌:《花間詞抒寫閨怨模式例説》,《東北師大學報》,1997 年第 2 期。

95. 張毅:《馮延巳詞對花間詞的發展》,《龍岩師專學報》,1997 年第 2 期。

96. 王曉驪:《奇花初胎,生氣遠出——論〈花間集〉的藝術魅力》,《淮陰師專學報》,1997 年第 3 期。

97. 蕭友群:《〈花間集〉與〈雲謡集〉》,《文史知識》,1997 年第

3 期。

98. 楊新民:《花間南唐詞風臆説》,《内蒙古社會科學》(文史哲版),1997 年第 3 期。

99. 韓雲波:《五代西蜀詞題材處理的地域文化論析》,《西南師範大學學報》(哲學社會版),1997 年第 4 期。

100. 劉果:《抒花間哀樂,啓婉約風範——論花間詞》,《求索》,1997 年第 4 期。

101. 閔定慶:《〈花間集〉的采輯策略與編集體例》,《九江師專學報》,1997 年第 4 期。

102. 路成文、劉尊明:《花間詞人李珣詞風的文化闡釋》,《湖北大學學報》(哲學社會科學版),1997 年第 5 期。

103. 岳繼東:《花間詞對"詞爲艷科"觀念的影響及其意義》,《河南師範大學學報》(哲學社會科學版),1997 年第 6 期。

104. 洪華穗:《從温庭筠、韋莊、李珣三人詞作試探花間詞三派風格——以主題意象、感覺方式爲主》,《"國立"編譯館館刊》,第 26 卷第 2 期,1997 年 12 月。

105. 高鋒:《花間詞:詩與樂的再度結合》,《鎮江師專學報》(社會科學版),1998 年第 1 期。

106. 李法惠:《花蕊夫人宫詞的獨特價值》,《南都學壇》,1998 年第 1 期。

107. 閔定慶:《艷、艷歌、艷詞及其它——〈花間集〉叢考之一》,《中文自學指導》,1998 年第 1 期。

108. 孫亞慧:《蜀中女兒多志氣——談花蕊夫人和她的半闕詞、一首詩》,《牡丹江師範學院學報》,1998 年第 1 期。

109. 褚媛:《從〈花間集序〉看花間詞之於六朝詩的理論認同》,《新余高專學報》,1998 年第 2 期。

110. 王新霞:《論〈花間集〉的特徵及意義》,《北京圖書館館刊》,1998 年第 2 期。

111. 楊培森:《〈花間集序〉與〈玉臺新咏序〉比較談》,《中文自學指導》,1998 年第 2 期。

112. 蔡義江:《從花間尊前到慷慨悲歌——詞的特點及發展》,《文史知識》,1998 年第 3 期。

113. 張以仁:《〈花間集〉中的非情詞》(上),《臺大文史哲學報》,第 48 期,1998 年 6 月。

114. 張以仁:《〈花間集〉中的非情詞》(下),《臺大文史哲學報》,第 49 期,1998 年 12 月。

115. 劉古卓:《五代花間詞題材另説》,《邵陽師範高等專科學校學報》,1999 年第 1 期。

116. 許金華:《小山詞借"花間之身"還"南唐之魂"》,《古典文學知識》,1999 年第 1 期。

117. 李斌:《波斯裔花間詞人李珣生平考》,《烏魯木齊成人教育學院學報》,1999 年第 2 期。

118. 羅爭鳴:《〈花間集〉編纂背景及編纂原則探析》,《天津大學學報》(社會科學版),1999 年第 2 期。

119. 歐明俊:《論花間詞在宋金元時的傳播》,《福建師範大學學報》(哲學社會科學版),1999 年第 2 期。

120. 高鋒:《論花間二牛詞》,《懷化師專學報》,1999 年第 3 期。

121. 關寧:《五代世風與花間詞》,《桂林教育學院學報》(綜合版),1999 年第 4 期。

122. 張雁:《從〈花間集〉到〈花外集〉——從詞集名稱看宋人詞學觀念的演進》,《文學遺産》,1999 年第 4 期。

123. 王怡芬:《〈花間集〉女性之身體部位叙寫初探》,《雲漢學刊》,第 6 期,1999 年 6 月。

124. 曹治邦:《〈花間集〉内容新探》,《蘭州大學學報》,2000 年第 1 期。

125. 曹治邦、魏潔瑛:《簡論花間詞派的藝術成就》,《甘肅社會科學》,2000 年第 1 期。

126. 閔定慶:《論花間詞人的咏史懷古詞》,《中國韵文學刊》,2000 年第 1 期。

127. 閔定慶:《論〈花間集〉裏的邊塞詞》,《深圳教育學院學報》

（綜合版），2000 年第 1 期。

128. 王開桃：《從〈花間集〉看晚唐五代婦女的首服》，《湛江師
範學院學報》，2000 年第 1 期。

129. 王瑛：《花蕊夫人事迹辨述》，《四川文物》，2000 年第 3 期。

130. 吳文丁：《湯顯祖評〈花間集〉及其它》，《撫州師專學報》，
2000 年第 3 期。

131. 楊子江：《論花間詞的道教文化意蘊》，《上海大學學報》
（社會科學版），2000 年第 3 期。

132. 陳正平：《李珣詞研究》，《建國學報》，第 19 卷第 1 期，2000
年 6 月。

133. 劉尊明：《論五代西蜀的"花間詞風"與"花間別調"》，《社
會科學研究》，2000 年第 6 期。

134. 王曉驪：《女性形象的本色化和主體化——論花間詞對"美
人"意象的重塑及其意義》，《貴州社會科學》，2000 年第 6 期。

135. 房開江：《試論花間詞中男女相思情有別》，《唐代文學研
究》，第 8 輯，廣西師範大學出版社，2000 年。

136. 王曉驪：《自南朝之宮體，扇北里之倡風——論花間詞對宮
體詩的揚棄及其文化基礎》，《海南師範學院學報》（人文社會科學
版），2001 年第 1 期。

137. 郭祝崧：《吟咏宮女生活，堪補史籍缺載——談花蕊夫人
〈宮詞〉的史料價值》，《成都大學學報》（社會科學版），2001 年第
2 期。

138. 葉幫義：《元白"小碎篇章"與"花間"詞風》，《安徽師範大
學學報》（人文社會科學版），2001 年第 2 期。

139. 余傳棚：《花間詞派評辨》，《武漢大學學報》（人文科學
版），2001 年第 2 期。

140. 高鋒：《花間詞簡論》，《文學評論》，2001 年第 3 期。

141. 羅爭鳴：《毛本〈花間集〉來源續證》，《文獻》，2001 年第
3 期。

142. 艾春明：《由"遠觀"到"褻玩"——〈玉臺新咏〉與〈花間集〉

的兩性距離》,《錦州師範學院學報》(哲學社會科學版),2001 年第 4 期。

143. 羅爭鳴:《毛本〈花間集〉來源補證》,《天津大學學報》(社會科學版),2001 年第 4 期。

144. 黄艷紅:《遺世獨立,風趣瀟然——析李珣漁隱詞》,《黔東南民族師專學報》,2001 年第 5 期。

145. 羅爭鳴:《毛本〈花間集〉來源管見》,《古籍整理研究學刊》,2001 年第 5 期。

146. 彭國忠:《〈花間集序〉:一篇被深度誤解的詞論》,《學術研究》,2001 年第 7 期。

147. 閔定慶:《〈花間集〉采輯策略的文化闡釋》,《中國文化研究》,2002 年第 1 期。

148. 王鵾:《温柔的叛逆——〈花間集〉艷風新論》,《蘇州大學學報》,2002 年第 1 期。

149. 張帆:《別具一格的婉約詞風——論牛嶠詞中的勁氣》,《成都師專學報》,2002 年第 1 期。

150. 鄧建:《花間詞人事迹考辨三題》,《湖北大學成人教育學院學報》,2002 年第 1 期。

151. 許興寶、李增林:《略論回族先民李珣詞作成就》,《中南民族學院學報》(人文社會科學版),2002 年第 2 期。

152. 戴紹敏、齊雪冰:《普希金愛情詩與〈花間集〉——與許宗元先生商榷》,《大同職業技術學院學報》,2002 年第 3 期。

153. 楊雨:《論〈花間集〉對宋詞女性意識的奠定》,《吉首大學學報》(社會科學版),2002 年第 3 期。

154. 趙楠:《泪滴黄金縷——論花間詞的意旨模式》,《南陽師範學院學報》(社會科學版),2002 年第 3 期。

155. 鞠泓:《詞之爲體如美人——從〈花間集〉看詞的女性化特質》,《連雲港師範高等專科學校學報》,2002 年第 4 期。

156. 白静:《欲説還休的痴情心曲——歐陽炯〈定風波〉詞賞析》,《古典文學知識》,2002 年第 5 期。

157. 白静、劉尊明:《論花間詞人歐陽炯的詞論及其詞》,《湖北大學學報》(哲學社會科學版),2002 年第 6 期。

158. 譚廣旭:《試論"花間詞"女性化特徵之成因》,《湖南社會科學》,2002 年第 6 期。

159. 王偉:《王建與花蕊夫人宮詞之比較》,《聊城大學學報》,2002 年第 6 期。

160. 閔定慶:《花間詞創作的情景模式》,《學術研究》,2002 年第 7 期。

161. 涂茂齡、方文慧、費臻懿:《從〈花間集〉看韋莊詞的風格》,《建國學報》,第 21 期,2002 年 7 月。

162. 郭楊波、周嘯天:《論楊慎對花間詞的沿襲與突破》,《西南民族學院學報》(哲學社會科學版),2002 年第 11 期。

163. 房開江:《論花間詞的語言特色》,《唐代文學研究》,第 9 輯,廣西師範大學出版社,2002 年。

164. 周西波:《論杜光庭青詞作品之文學價值》,《中國典籍與文化論叢》,第 7 輯,北京大學出版社,2002 年。

165. 劉俊偉:《〈十國春秋〉歐陽炯生平考异》,《文獻》,2003 年第 1 期。

166. 閔定慶:《論花間意象的圖案化特徵》,《南陽師範學院學報》(社會科學版),2003 年第 1 期。

167. 吳夏平:《"人間無路相逢"的悲哀——兼談牛希濟的七首〈臨江仙〉詞》,《貴州教育學院學報》(社會科學版),2003 年第 1 期。

168. 趙曉蘭:《論花間詞的傳播及南唐詞對花間詞的接受》,《四川師範大學學報》(社會科學版),2003 年第 1 期。

169. 李冬紅:《〈花間集〉的雅俗之辨》,《新疆大學學報》(哲學社會科學版),2003 年第 2 期。

170. 張巍:《論花間詞的文化生成》,《中國韵文學刊》,2003 年第 2 期。

171. 高文利:《〈花間集〉與宋詞女性意識之論説》,《齊齊哈爾大學學報》(哲學社會科學版),2003 年第 3 期。

172. 郭莉:《花蕊夫人詩歌用韵考》,《四川師範學院學報》(哲學社會科學版),2003 年第 3 期。

173. 曾曉夢:《試論花蕊夫人的宫詞創作》,《西安聯合大學學報》,2003 年第 3 期。

174. 陳雲芊:《花間詞文化淺析》,《瀋陽農業大學學報》(社會科學版),2003 年第 4 期。

175. 李定廣:《也論〈花間集序〉的主旨——兼與賀中復、彭國忠先生商榷》,《學術研究》,2003 年第 4 期。

176. 王晋建:《試論西蜀、南唐詞的异同》,《連雲港職業技術學院學報》(綜合版),2003 年第 4 期。

177. 高人雄、楊富學:《波斯遺民李珣及其詞風考析》,《寧夏社會科學》,2003 年第 5 期。

178. 朱巧雲:《論葉嘉瑩對花間詞美學特質成因之探討》,《江蘇社會科學》,2003 年第 5 期。

179. 李寶玲:《王建、花蕊夫人"宫詞百首"之比較》,《逢甲人文社會學報》,第 6 期,2003 年 5 月。

180. 何尊沛:《論五代前後蜀詞風》,《西華師範學院學報》(社會科學版),2003 年第 6 期。

181. 李冬紅:《〈花間集〉的文化闡釋》,《齊魯學刊》,2003 年第 6 期。

182. 徐秀燕:《試論花間詞對晏殊的影響》,《濟南教育學院學報》,2003 年第 6 期。

183. 謝旻琪:《湯顯祖評點〈花間集〉的原因及其特色》,《東吴中文研究集刊》,第 10 期,2003 年 9 月。

184. 閔定慶:《趙崇祚家世考述》,《歷史文獻研究》,第 22 輯,2003 年。

185. 董艷秋:《〈全唐詩〉中花蕊夫人〈宫詞〉數量辨》,《西南民族大學學報》(人文社科版),2004 年第 1 期。

186. 曲向紅:《〈花間集序〉的詞學觀》,《棗莊師範專科學校學報》,2004 年第 1 期。

187. 曹渝揚:《花間詠史亦自雄——論〈花間集〉咏史詞》,《重慶工商大學學報》(社會科學版),2004 年第 2 期。

188. 鄧建:《"花間詞評"研究》,《湛江海洋大學學報》,2004 年第 2 期。

189. 張帆:《論李珣詞的價值取向》,《西華大學學報》(哲學社會科學版),2004 年第 2 期。

190. 黃全彥:《淺笑含雙靨,低聲唱小詞——〈花間集〉與五代四川唱詞之風》,《文史雜誌》,2004 年第 3 期。

191. 鄒祖堯:《〈花間集〉瑣議》,《合肥學院學報》(社會科學版),2004 年第 3 期。

192. 范松義、劉揚忠:《明代〈花間集〉接受史論》,《中國社會科學院研究生院學報》,2004 年第 4 期。

193. 周濤:《從花蕊夫人〈宮詞〉透視蜀地宮廷文化》,《四川戲劇》,2004 年第 4 期。

194. 羅瑩:《湯顯祖與〈花間集〉及其詞學思想》,《遼寧廣播電視大學學報》,2004 年第 4 期。

195. 李亞峰:《〈花間集〉評議》,《瀋陽師範大學學報》(社會科學版),2004 年第 5 期。

196. 牛曉風:《李珣的漁父詞和〈南鄉子〉組詞》,《忻州師範學院學報》,2004 年第 5 期。

197. 楊柳:《論花間詞對身體和欲望的書寫》,《青海社會科學》,2004 年第 5 期。

198. 顏智英:《韋莊〈菩薩蠻〉聯章五首篇章結構探析》,《中國學術年刊》,第 26 期,2004 年 9 月。

199. 洪若蘭:《花間詞人填詞環境變化初探——兼論晚唐五代曲子詞性質之轉變》,《淡江人文社會學刊》,第 21 期,2004 年 12 月。

200. 孫廣華:《〈花間集〉與〈玉臺新咏〉》,《文教資料》,2004 年增刊。

201. 鄧經武:《一位現代派詩人對巴蜀文化的皈依——何其芳與"花間詞"》,《現代中國文化與文學》,2005 年第 1 期。

202. 李冬紅:《祖述〈花間〉的〈淮海詞〉》,《贛南師範學院學報》,2005 年第 1 期。

203. 王小蘭:《從〈香奩〉到〈花間〉——晚唐五代詞體文學發展演變的藝術軌迹》,《甘肅社會科學》,2005 年第 1 期。

204. 馮曉莉:《也談〈花間集序〉的詞學觀》,《陝西教育學院學報》,2005 年第 2 期。

205. 劉佳宏、吳侃民:《從〈花間集〉中女性形象的塑造看男性本位意識》,《長春工程學院學報》(社會科學版),2005 年第 2 期。

206. 張海:《前後蜀諷諭詩初探》,《社會科學研究》,2005 年第 2 期。

207. 白静:《〈花間集〉在明代的傳播與接受》,《陝西師範大學學報》(哲學社會科學版),2005 年第 3 期。

208. 戴文梅:《論〈花間集〉中的花、月、鳥意象》,《四川戲劇》,2005 年第 3 期。

209. 張燕玲:《對花間詞審美特性的再認識》,《鄭州大學學報》(哲學社會科學版),2005 年第 3 期。

210. 郭祝崧:《"花蕊夫人"考》,《文史雜誌》,2005 年第 4 期。

211. 厚實、郭彤:《宮體詩與花間詞文本生成背景比較解析》,《阿壩師範高等專科學校學報》,2005 年第 4 期。

212. 蒲曾亮、周玉華:《蒙塵之珠久被忘,獨處幽閨人未識——重新評價李珣的歷史地位》,《湖南科技學院學報》,2005 年第 4 期。

213. 張帆:《論孫光憲對花間詞題材的開拓》,《涪陵師範學院學報》,2005 年第 5 期。

214. 劉尊明、白静:《20 世紀〈花間集〉研究的回顧與反思》,《南開學報》,2005 年第 6 期。

215. 范松義:《論清人對〈花間集〉的接受》,《南陽師範學院學報》(社會科學版),2005 年第 7 期。

216. 黃光:《李煜和花間詞》,《成都教育學院學報》,2005 年第 8 期。

217. 張帆:《從西蜀艷情詞看男性主體意識的演變》,《西南民族大學學報》（人文社會科學版），2005 年第 12 期。

218. 顧玉文：《唐末五代的"才調"觀與〈才調集〉的選旨》，《三江學院學報》，2005 年增刊。

219. 湯涒：《敦煌曲子詞與〈花間集〉》，《晚唐五代巴蜀文學論稿》，巴蜀書社，2005 年。

220. 湯涒：《試論〈花間集〉在詞史上的意義》，《晚唐五代巴蜀文學論稿》，巴蜀書社，2005 年。

221. 張海：《前後蜀作家考略》，《晚唐五代巴蜀文學論稿》，巴蜀書社，2005 年。

222. 韓瑜：《西蜀詞人李珣及其花間別調研究》，《長沙理工大學學報》（社會科學版），2006 年第 1 期。

223. 余穎：《論蘇軾詞對"花間"以來文人詞的繼承》，《華僑大學學報》（哲學社會科學版），2006 年第 1 期。

224. 張帆：《論牛嶠詞的"勁氣暗轉"》，《西華大學學報》（哲學社會科學版），2006 年第 1 期。

225. 陳如靜：《論花間"別調"與"以詩爲詞"的源頭》，《延安大學學報》（社會科學版），2006 年第 2 期。

226. 高人雄：《相同的歌咏，异樣的韵致——李珣的艷詞與温韋詞之比較》，《民族文學研究》，2006 年第 2 期。

227. 李冬紅：《〈花間集〉版本變化與接受態度》，《中國韵文學刊》，2006 年第 2 期。

228. 李冬紅：《〈花間集〉的内部模仿》，《上饒師範學院學報》（社會科學版），2006 年第 2 期。

229. 李冬紅：《詞譜中的〈花間〉詞》，《安慶師範學院學報》（社會科學版），2006 年第 2 期。

230. 鄭順婷：《論〈花間集〉中"花"意象的成因》，《南京林業大學學報》（人文社會科學版），2006 年第 2 期。

231. 周睿：《五代西蜀詩詞中的成都游樂文化》，《文史雜誌》，2006 年第 2 期。

232. 陳如靜：《末路奇葩，香飄後世——論花間詞的風貌特徵及在詞史上的意義》,《牡丹江師範學院學報》(哲學社會科學版),2006年第 3 期。

233. 郭鋒:《花間詞人鹿虔扆考辨》,《學術論壇》,2006 年第 3 期。

234. 王彦永:《歐陽炯〈花間集叙〉之詞學審美標準探源》,《安陽工學院學報》,2006 年第 3 期。

235. 李冬紅:《〈花間集〉批評與詞體的比興寄託》,《中國文學研究》,2006 年第 4 期。

236. 苗菁:《論〈花間集〉的結構、視點與創作意旨》,《聊城大學學報》(社會科學版),2006 年第 4 期。

237. 王輝斌:《長安爲花間詞始地探論》,《太原師範學院學報》(社會科學版),2006 年第 4 期。

238. 王輝斌:《西蜀花間詞派論略》,《伊犁師範學院學報》,2006 年第 4 期。

239. 丁建東:《〈花間集〉批評與詞的體性論的深化》,《德州學院學報》,2006 年第 5 期。

240. 郭鋒:《從〈花間集〉編纂標準看〈花間集序〉"清雅"的詞學思想》,《廣東社會科學》,2006 年第 5 期。

241. 梁姿茵:《〈花間集〉的心理叙寫探析》,《國文天地》,第 21 卷第 12 期,2006 年 5 月。

242. 劉真真:《花做情,情如花——論王衍、孟昶對花間詞人的影響》,《宿州教育學院學報》,2006 年第 5 期。

243. 張福洲:《論〈花間集〉獨特的藝術特徵》,《濟南職業學院學報》,2006 年第 5 期。

244. 陳如静:《論花間詞的娛樂功能》,《齊齊哈爾大學學報》(哲學社會科學版),2006 年第 6 期。

245. 丁建東:《〈花間集〉批評與詞史觀的構建》,《湖北廣播電視大學學報》,2006 年第 6 期。

246. 彭國忠、賈樂園:《再論〈花間集序〉——兼答李定廣先生》,《中文自學指導》,2006 年第 6 期。

247. 趙曉蘭：《〈成都文類〉花蕊夫人〈宮詞〉考辨》，《四川師範大學學報》（社會科學版），2006 年第 6 期。

248. 張帆：《論五代西蜀詞人"擬作閨音"的心理成因》，《名作欣賞》（下半月刊），2006 年第 7 期。

249. 徐玲：《論花間詞的色彩藝術》，《語文學刊》，2006 年第 8 期。

250. 謝海林：《韋莊仕蜀原因蠡測》，《哈爾濱學院學報》，2006 年第 9 期。

251. 王玫：《論元代散曲對花間詞的接受》，《現代語文》，2006 年第 10 期。

252. 涂育珍：《論湯顯祖的戲曲思想及其花間詞評點》，《戲劇文學》，2006 年第 11 期。

253. 王世達、陶亞舒：《爲娛樂的藝術——花間詞意象審美特點及其文化社會學解析》，《西南民族大學學報》（人文社科版），2006 年第 11 期。

254. 房開江：《花間叢裏懷古聲——簡論〈花間集〉中咏史詞》，《唐代文學研究》，第 11 輯，廣西師範大學出版社，2006 年。

255. 張帆：《信船歸去卧看書——論李珣詞的漁隱情懷與水鄉風情》，氏著《唐宋蜀詞人論叢》，巴蜀書社，2006 年。

256. 曹國榮：《〈樂章集〉中人性意識之體現——兼與〈花間集〉比較》，《開封大學學報》，2007 年第 1 期。

257. 趙曉蘭：《關於花蕊夫人〈宮詞〉作者的再探討：與曾大興先生商榷》，《清華大學學報》（哲學社會版），2007 年第 1 期。

258. 陳毓文：《淺析溫庭筠在晚唐五代的轉型意義》，《漳州師範學院學報》（哲學社會科學版），2007 年第 2 期。

259. 李其霞：《是側艷，還是清絶——淺評〈花間集序〉的詞學觀》，《焦作師範高等專科學校學報》，2007 年第 2 期。

260. 余意：《〈花間集〉與詞學之"寄託"理論》，《文藝理論研究》，2007 年第 2 期。

261. 馬里揚：《〈花間〉詞中的屏風與屏內世界——唐宋詞境原

生態解讀之一》,《南昌大學學報》(人文社會科學版),2007 年第 3 期。

262. 喻芳:《"淡妝濃抹總相宜"——論花間詞的色彩美》,《成都理工大學學報》(社會科學版),2007 年第 3 期。

263. 張英:《也談〈花間集序〉的主旨》,《中國韵文學刊》,2007 年第 3 期。

264. 陳未鵬:《〈花間集〉與地域文化》,《瀋陽大學學報》,2007 年第 4 期。

265. 劉志華、劉榮平:《二十世紀以來〈花間集序〉研究綜述》,《閩西職業技術學院學報》,2007 年第 4 期。

266. 汪紅艷:《景情皆從异中來——論〈花間集〉中的語言超常組合》,《東方叢刊》,2007 年第 4 期。

267. 趙麗:《〈花間集〉中的玉意象及其文化意蘊》,《齊齊哈爾大學學報》(哲學社會科學版),2007 年第 4 期。

268. 朱逸寧:《花間詞人與晚唐五代江南的城市文化》,《河南大學學報》(社會科學版),2007 年第 5 期。

269. 梅國宏:《從版本體例的發展流變看後世對〈花間集〉的接受》,《綏化學院學報》,2007 年第 6 期。

270. 汪洪生:《五代後西蜀詞衰亡原因探析》,《滄桑》,2007 年第 6 期。

271. 張以仁:《詞學札記》,《世新中文研究集刊》,第 3 期,2007 年 6 月。

272. 管文敏:《從温庭筠、韋莊詞看〈花間集〉中的花意象》,《文教資料》,2007 年第 7 期。

273. 郭慶、程敬業:《淺議〈花間集〉的女性化寫作》,《文學教育》(上),2007 年第 11 期。

274. 劉斌:《試論五代西蜀詞的道教因素》,《名作欣賞》,2007 年第 16 期。

275. 陳湘琳:《閨思詞的兩種類型:以〈花間集〉和〈陽春集〉爲例》,《2006 詞學國際學術研討會論文集》,百花洲文藝出版社,

2007 年。

276. 葉幫義:《花間詞與唐詩》,《2006 詞學國際學術研討會論文集》,百花洲文藝出版社,2007 年。

277. 郭仕超:《花間詞對儒家文化的突破與悖離》,《湖南醫科大學學報》(社會科學版),2008 年第 1 期。

278. 何玲霞:《簡論花間別調的韋莊詞》,《文學教育》(上),2008 年第 2 期。

279. 石英:《論宋人對〈花間集〉的認識》,《聊城大學學報》(社會科學版),2008 年第 2 期。

280. 温吉弟:《淺論花間詞風的形成》,《和田師範專科學校學報》,2008 年第 2 期。

281. 趙麗:《〈花間集〉的題材取向及其道教文化意蘊》,《黑龍江社會科學》,2008 年第 2 期。

282. 何秋瑛:《理想的期盼——〈花間集〉男性視野中的女性形象分析》,《貴州工業大學學報》(社會科學版),2008 年第 4 期。

283. 黎修良:《另類花間詞人李珣詞創作解讀》,《中南林業科技大學學報》(社會科學版),2008 年第 4 期。

284. 劉桂華、劉茜茜:《"〈花間〉範式"及其批評》,《黃石理工學院學報》(人文社會科學版),2008 年第 4 期。

285. 余意:《"六朝"風調與"花間"詞統——論〈花間集〉與詞體文學特徵的歷史形成》,《文藝理論研究》,2008 年第 4 期。

286. 趙麗:《論道教音樂對花間詞風格的影響》,《北方論叢》,2008 年第 4 期。

287. 趙麗、鄧福舜:《花間詞人的道教情懷》,《世界宗教文化》,2008 年第 4 期。

288. 蔣濤:《〈漢語大詞典〉失收〈花間集〉中名物詞舉例》,《安徽文學》(下半月),2008 年第 5 期。

289. 鍾樹梁:《情滿宮詞、恨深家國的花蕊夫人》,《成都大學學報》(社會科學版),2008 年第 5 期。

290. 王建疆、魏學宏:《唐、西蜀景物地位的提升與花間詞境的生成》,《甘肅社會科學》,2008 年第 6 期。

291. 徐安琪:《花間詞學本色論新探》,《文藝研究》,2008 年第 6 期。

292. 趙文君:《淺論女性主義文學批評觀照下的花間詞和明清女性的作品》,《今日南國》(理論創新版),2008 年第 6 期。

293. 余倩:《試論〈花間集序〉的"側艷"理論》,《安徽文學》(下半月),2008 年第 7 期。

294. 龐涵穎:《唐五代歌妓與〈花間〉婉約詞風之形成》,《東吳中文綫上學術論文》,第 3 期,2008 年 9 月。

295. 傅偉:《有句無篇亦風流——牛嶠詞藝術探微》,《現代語文》(文學研究版),2008 年第 10 期。

296. 高燦仙、何永福:《〈花間集叙〉與詞體側艷品格的確立》,《大理學院學報》,2008 年第 11 期。

297. 孫慧玲:《也論〈花間集序〉兼及花間詞作》,《名作欣賞》,2008 年第 12 期。

298. 王育紅:《瞬間繁華的歷史再現——論花蕊夫人〈宮詞〉的史料價值》,《蘭臺世界》,2008 年第 18 期。

299. 楊世宇:《談花間詞人的藝術精神》,《科技信息》(科學教研版),2008 年第 20 期。

300. 房開江:《〈花間集〉中咏物詞刍議》,《唐代文學研究》,第 12 輯,廣西師範大學出版社,2008 年。

301. 郭鋒:《論〈花間集〉的編選標準》,《唐代文學與西北民族文化研究》,民族出版社,2008 年。

302. 高法成:《五代詞人李珣〈瓊瑶集〉及其生平新探》,《今日南國》(理論創新版),2009 年第 1 期。

303. 蘇中:《略論花間詞之審美趣味》,《青海師範大學學報》(哲學社會科學版),2009 年第 1 期。

304. 趙洪義:《論花間詞的人性凸顯》,《文學教育》(下),2009 年第 1 期。

305. 黄坤堯:《質艷清音:歐陽炯詞的藝術風格》,《江西師範大學學報》(哲學社會科學版),2009 年第 2 期。

306. 彭玉平:《〈花間集序〉與詞體清豔觀念之確立》,《江海學刊》,2009 年第 2 期。

307. 左其福、談寶麗:《論花間詞的色彩與情感》,《中國韵文學刊》,2009 年第 2 期。

308. 邸宏香、馬麗:《〈花間集〉體貌詞淺析》,《長春師範學院學報》(人文社會科學版),2009 年第 3 期。

309. 歐明俊、莊偉華:《從花間詞看晚唐五代女性閨中生活》,《文史知識》,2009 年第 3 期。

310. 宋彩鳳:《論回族先民李珣詞的形象塑造及其文化訴求》,《銅仁學院學報》,2009 年第 3 期。

311. 高芸:《從〈花間集〉看詞人的江南情結》,《貴陽學院學報》(社會科學版),2009 年第 4 期。

312. 郭楊波:《淺談五代西蜀帝王之詞作》,《四川經濟管理學院學報》,2009 年第 4 期。

313. 張春華:《女性主義觀照下花間詞的美學特質》,《求索》,2009 年第 4 期。

314. 周蘭:《剛柔相濟的"花間別調"——論〈花間集〉中的邊塞詞》,《遼寧工程技術大學學報》(社會科學版),2009 年第 4 期。

315. 陳慷玲:《〈花間集〉的女性化書寫》,《東吳中文學報》,第 17 期,2009 年 5 月。

316. 余群:《論〈花間集〉中"背"的文化蘊含》,《襄樊職業技術學院學報》,2009 年第 5 期。

317. 韋蝶青:《風花雪月异樣情——西蜀花間詞人的黍離之悲》,《重慶科技學院學報》(社會科學版),2009 年第 6 期。

318. 楊明:《解讀〈花間集序〉》,《博覽群書》,2009 年第 6 期。

319. 張慧:《召喚結構與闡釋空間——略談宋明時期對〈花間集〉的認識》,《淮北職業技術學院學報》,2009 年第 6 期。

320. 邸宏香、馬麗:《〈花間集〉體貌短語淺析》,《長春師範學院學報》(人文社會科學版),2009 年第 7 期。

321. 顧玉蘭：《〈花間集〉中的仙道詞》，《新西部》（下半月），2009 年第 9 期。

322. 李碧華：《從朱彝尊對〈花間集〉、〈草堂詩餘〉的接受看期詞學觀》，《學術論壇》，2009 年第 9 期。

323. 高銘銘：《淺議唐五代西蜀的浮艷詩風》，《陝西教育》（高教），2009 年第 11 期。

324. 董靈超：《論〈花間集〉女性意緒抒寫的精細化》，《長城》，2009 年第 12 期。

325. 高銘銘：《淺論五代西蜀詩歌中的特殊意象群》，《學理論》，2009 年第 12 期。

326. 黄莉莉：《一計相思爲誰愁——論花間詞中思婦形象的心理描寫》，《作家》，2009 年第 12 期。

327. 薛勇强：《簡論〈花間集〉中的毛文錫詞作格律》，《世紀橋》，2009 年第 13 期。

328. 賴筱倩：《飄金墮翠堪惆悵——小議〈花間集〉中的花鈿意象》，《語文學刊》，2009 年第 21 期。

329. 陳尚君：《〈才調集〉編選者韋縠家世考》，《羅宗强先生八十壽辰紀念文集》，中華書局，2009 年。

330. 成松柳、陳穎：《文體和語言的綜合——試論美籍學者孫康宜的花間詞研究》，《長沙理工大學學報》（社會科學版），2010 年第 1 期。

331. 曾文俊：《淺析宮體詩與花間詞的人性關照》，《文學教育》（上），2010 年第 1 期。

332. 鄭曉明：《細膩與雅致并重——花間詞意象選擇的趣味探析》，《新鄉學院學報》（社會科學版），2010 年第 1 期。

333. 段煉：《略論〈花間集〉之咏史懷古詞》，《貴陽學院學報》（社會科學版），2010 年第 2 期。

334. 鄭曉明：《審美旨趣的嬗變——從宮體詩到花間詞》，《鷄西大學學報》，2010 年第 2 期。

335. 黄海：《南宋詞"尊體"的兩面：以〈花間集〉的接受爲中

心》,《畢節學院學報》,2010 年第 3 期。

336. 高林清:《花間詞叙事性特徵探微》,《安徽工業大學學報》(社會科學版),2010 年第 3 期。

337. 鄭曉明:《花間詞對宮體詩語言風格的繼承》,《湖南科技學院學報》,2010 年第 3 期。

338. 傅偉:《文筆清俊韵味長——牛希濟詞藝術平議》,《現代語文》(文學研究版),2010 年第 4 期。

339. 劉瀏:《唐末五代温李詩風的唯美内涵:以〈才調集〉選詩爲例》,《北方文學》,2010 年第 4 期。

340. 王偉:《自然天真,清婉可喜——試論花蕊夫人宮詞之美》,《時代文學》(下半月),2010 年第 4 期。

341. 鄭曉明:《宮體詩與花間詞意象陳列比較》,《牡丹江師範學院學報》(哲學社會科學版),2010 年第 4 期。

342. 林潔:《花間詞的道教題材及其文化意蘊》,《遵義師範學院學報》,2010 年第 5 期。

343. 蘇中:《試論"詞爲艷科"及其"女性化心情的表達"——〈花間集〉創作心理淺析》,《青海師範大學學報》(哲學社會科學版),2010 年第 6 期。

344. 張以仁:《詞學札記五則》,《世新中文研究集刊》,第 6 期,2010 年 6 月。

345. 鄭曉明:《宮體詩與花間詞中女性形象比較研究》,《重慶科技學院學報》(社會科學版),2010 年第 9 期。

346. 蔣濤:《〈花間集〉聯綿詞簡議(上)》,《魅力中國》,2010 年第 10 期。

347. 鄭虹霓:《論花間詞與宮體詩審美趣味的趨同性》,《江西社會科學》,2010 年第 11 期。

348. 范松義:《宋代〈花間集〉接受史論》,《東岳論叢》,2010 年第 12 期。

349. 尚艷:《試論〈花間集〉之男女情愛題材》,《安徽文學》(下半月),2010 年第 12 期。

350. 劉風:《論牛嶠詞的藝術特色》,《語文學刊》,2010 年第 15 期。

351. 李華:《從宮體詩到花間詞——論艷情題材在詩詞發展中的嬗變》,《西安社會科學》,2011 年第 1 期。

352. 孫剛:《淺論花間詞作者的孤寂和落寞》,《當代小說》(下),2011 年第 1 期。

353. 袁天芬:《一重簾的世界——淺析〈花間集〉中的 "簾" 意象》,《西昌學院學報》(社會科學版),2011 年第 1 期。

354. 王鸝:《從傳統詩學觀論〈花間集叙〉的意義》,《學理論》,2011 年第 2 期。

355. 趙莉:《人生境界的轉化——淺析回族詞人李珣作爲審美主體的自我超越》,《文學界》(理論版),2011 年第 2 期。

356. 陳毓文:《花間詞:傳統的碰撞與交融》,《九江學院學報》(社會科學版),2011 年第 3 期。

357. 潘程環:《別具魅力的花蕊夫人》,《長沙鐵道學院學報》(社會科學版),2011 年第 3 期。

358. 蘇中:《略論〈花間詞〉的審美心理特質及其成因》,《青海社會科學》,2011 年第 3 期。

359. 譚帶珍:《淺探〈花間集〉中閨怨詞的情感表達方式》,《佳木斯教育學院學報》,2011 年第 3 期。

360. 徐禎苓:《〈花間集〉中性別跨界書寫》,《國文天地》,第 26 卷第 10 期,2011 年 3 月。

361. 趙春蓉:《試論〈花間集〉的娛樂性》,《四川民族學院學報》,2011 年第 3 期。

362. 鄭曉明:《吟咏情性與世俗娛樂——論花間詞對宮體詩文學功用的承襲》,《安徽商貿職業技術學院學報》(社會科學版),2011 年第 3 期。

363. 鄭福田:《毛文錫詞説》,《陰山學刊》,2011 年第 6 期。

364. 石娟:《新歷史主義批評視閾下重讀〈花間集〉》,《山花》,2011 年第 8 期。

365. 李儒俊、李菁:《〈花間詞〉傳播的社會環境透析》,《東南傳播》,2011 年第 11 期。

366. 榮小措:《論〈花間集〉中的風意象》,《語文學刊》,2011 年第 11 期。

367. 武錦輝:《淺論〈花間集〉與明代的詞學》,《青年文學家》,2011 年第 11 期。

368. 張帆:《論五代西蜀詞人"擬作閨音"的時代元素》,《地方文化研究輯刊》,第 4 輯,巴蜀書社,2011 年。

369. 李儒俊、陳凌:《基於互動儀式鏈理論的"花間詞"的流行研究》,《東華理工大學學報》(社會科學版),2012 年第 1 期。

370. 趙山林:《試論湯顯祖的〈花間集〉評點》,《東南大學學報》(哲學社會科學版),2012 年第 1 期。

371. 成松柳、余靈芳:《五代西蜀詞人的藝術追求》,《湖南科技學院學報》,2012 年第 2 期。

372. 郭麗:《〈花間集序〉研究述論》,《古籍整理研究學刊》,2012 年第 2 期。

373. 歐蕾、徐開良、李紅梅:《近十年〈花間集序〉研究述評》,《時代文學》(上半月),2012 年第 2 期。

374. 孫振濤:《論唐末西蜀文人群體的内斂心態與苦吟作風》,《集寧師範學院學報》,2012 年第 2 期。

375. 魏瑋、劉鋒燾:《花間詞意象特色論》,《齊魯學刊》,2012 年第 2 期。

376. 陳毓文:《論花間別調》,《西南石油大學學報》(社會科學版),2012 年第 3 期。

377. 李多進:《淺析〈花間集序〉的詞學觀》,《湖南工業職業技術學院學報》,2012 年第 3 期。

378. 李飛躍:《〈花間集〉的編輯傳播與新詞體的建構》,《中州學刊》,2012 年第 3 期。

379. 司真真:《論〈花間集〉中的綫條美》,《海南師範大學學報》(社會科學版),2012 年第 3 期。

380. 趙麗玲、蔡夢姣:《偎紅倚翠,淺吟低唱中的憤世抗争——試論花間詞人與歌妓酒女的觀照》,《湖北工業大學學報》,2012 年第 3 期。

381. 張玲:《五代入蜀貳臣詩人大量出現的原因探析——以王仁裕、韋莊、盧延讓等 10 位詩人爲例》,《湖北職業技術學院學報》,2012 年第 4 期。

382. 黄學敏:《略論花間詞的情緒記憶》,《湖州師範學院學報》,2012 年第 5 期。

383. 趙麗:《李珣詞的道教文化意蘊解讀》,《古籍整理研究學刊》,2012 年第 5 期。

384. 林潔:《論〈花間集〉中的道教巫山意象》,《貴州大學學報》(社會科學版),2012 年第 6 期。

385. 田文青:《析〈花間集〉中“花”意象》,《語文學刊》,2012 年第 7 期。

386. 李博昊:《〈金荃集〉〈花間集〉所録温庭筠詞作研考》,《蘭臺世界》,2012 年第 12 期。

387. 王娜娜:《李煜詞與花間詞及馮延巳詞意象比較》,《重慶科技學院學報》(社會科學版),2012 年第 15 期。

388. 吳銀紅:《〈花間集〉中的屏風》,《青年文學家》,2013 年第 2 期。

389. 張明强:《唐五代詞中的南方描寫及其詞史意義——以〈花間集〉和〈尊前集〉爲中心》,《江南大學學報》(人文社會科學版),2013 年第 2 期。

390. 李珺平:《〈花間集叙〉思想内容與歐陽炯作叙動機》,《湖南城市學院學報》,2013 年第 3 期。

391. 孫振濤:《略論前蜀文人群體的生成聚合態勢》,《内江師範學院學報》,2013 年第 3 期。

392. 鮑震培:《俗曲流雲謡,雅詞漾花間——唐五代〈雲謡集〉與〈花間集〉之比較》,《文學與文化》,2013 年第 4 期。

393. 梅向東:《張惠言的〈花間〉詞學接受及其意義》,《安慶師範學院學報》(社會科學版),2013 年第 5 期。

394. 孫振濤:《論唐末西蜀文人復古崇雅思想與創作審美主張》,《重慶三峽學院學報》,2013 年第 5 期。

395. 陶嶒玲:《論花間詞的色彩對比藝術及其蘊含的情感內涵》,《湖南科技學院學報》,2013 年第 7 期。

396. 陳尚君:《"更無一個是男兒"考辨》,《東方早報・上海書評》,2013 年 8 月 25 日。

397. 孫振濤:《簡論前蜀文人群體的人格裂變》,《重慶科技學院學報》(社會科學版),2013 年第 9 期。

398. 虞雲國:《也爲"更無一個是男兒"進一解》,《東方早報・上海書評》,2013 年 9 月 22 日。

399. 羅家祥:《風月主人,嘉州刺史——歐陽彬》(上),《三江都市報》,2013 年 9 月 28 日。

400. 羅家祥:《風月主人,嘉州刺史——歐陽彬》(下),《三江都市報》,2013 年 10 月 12 日。

401. 張春燕:《晚唐五代時期士人的生活審美——以〈花間集〉爲中心》,《理論界》,2013 年第 10 期。

402. 李博昊:《花間詞人與詞體文學的演進》,《湖北社會科學》,2013 年第 11 期。

403. 孫振濤:《後蜀文人的聚合生態和群體人格》,《宜賓學院學報》,2013 年第 11 期。

404. 封立:《五代著名花間派詞人牛嶠》,《甘肅教育》,2013 年第 12 期。

405. 孫振濤、蘭繼華:《論唐末五代西蜀文人群體的禪悅創作思潮》,《集寧師範學院學報》,2014 年第 1 期。

406. 孫振濤:《論唐末西蜀文人的"崇杜"情結與感事寫實的創作審美傾向》,《文山學院學報》,2014 年第 1 期。

407. 孫振濤、蘭繼華:《論唐末五代西蜀文人群體的禪悅創作思潮》,《集寧師範學院學報》,2014 年第 1 期。

408. 魏紅翎:《五代時期西蜀宮廷飲食文化研究——以〈花蕊夫

人宮詞〉爲考察中心》,《四川烹飪高等專科學校學報》,2014 年第
1 期。

409. 陳文新:《論文學流派與總集的三種關係——以〈花間集〉
〈西崑酬唱集〉〈江湖集〉爲例》,《廈門廣播電視大學學報》,2014 年
第 2 期。

410. 王磊:《柳詞與花間詞的"救贖"》,《安慶師範學院學報》
(社會科學版),2014 年第 2 期。

411. 趙春蓉:《略論歷代對花間詞的評價》,《樂山師範學院學
報》,2014 年第 2 期。

412. 陳明霞:《論歐陽修對花間範式的接受及其影響》,《中國韵
文學刊》,2014 年第 3 期。

413. 程嬋、毛莎莎:《"花外"離"花間"到底有多遠?——從〈花
間集〉到〈花外集〉》,《濮陽職業技術學院學報》,2014 年第 3 期。

414. 宋先梅:《〈花間集〉:性別視角下的女性審美》,《成都工業
學院學報》,2014 年第 3 期。

415. 閆一飛:《〈花間集〉傳播的社會意義》,《瀋陽師範大學學
報》(社會科學版),2014 年第 3 期。

416. 李鶴男:《簡析花間詞派與婉約詞派的异同》,《遼寧廣播電
視大學學報》,2014 年第 4 期。

417. 閆一飛:《依聲填詞之祖——〈花間集〉文學價值的再審
視》,《邊疆經濟與文化》,2014 年第 4 期。

418. 周春艷:《近十年〈花間集〉研究綜述》,《桂林師範高等專
科學校學報》,2014 年第 4 期。

419. 何萃、解玉峰:《〈花間集〉是最早的"詞集"麽?》,《古典文
學知識》,2014 年第 5 期。

420. 葛鵬:《論南唐詞與西蜀詞之藝術特色》,《青年文學家》,
2014 年第 6 期。

421. 鄧經武:《花間麗詞:巴蜀文化美學的一次聚焦狂歡》,《中
華文化論壇》,2014 年第 7 期。

422. 宋瑩婷:《〈花間集〉風格論》,《名作欣賞》,2014 年第

30 期。

423. 魏瑋:《〈花間集〉意象淺論》,《2010 年詞學會國際學術研討會論文集》,西安出版社,2014 年。

424. 鄭虹霓:《論〈花間集序〉對宮體詩的態度——兼評各家對〈花間集序〉之爭議》,《2010 年詞學會國際學術研討會論文集》,西安出版社,2014 年。

425. 鄧經武:《一位現代派詩人對巴蜀文化的皈依——何其芳與"花間詞"》,《現代中國文化與文學》,2005 年第 1 期。

426. 賀威麗:《唐末五代中原樂制之衰與蜀地文人詞之興起》,《南陽師範學院學報》,2015 年第 1 期。

427. 張一南:《從〈才調集〉復古詩體的功能結構看晚唐五代詩學思潮》,《文藝理論研究》,2015 年第 1 期。

428. 周春艷:《〈玉茗堂評《花間集》〉研究述評》,《濮陽職業技術學院學報》,2015 年第 1 期。

429. 房銳:《〈花間集〉編者趙崇祚考略》,《中華文化論壇》,2015 年第 2 期。

430. 李博昊:《花間詞人鹿虔扆生平及創作稽考》,《古籍整理研究學刊》,2015 年第 3 期。

431. 李博昊:《晁跋本〈花間集〉源流遞變考述》,《湖南科技學院學報》,2015 年第 3 期。

432. 顧農:《〈花間集〉的意義》,《天中學刊》,2015 年第 4 期。

433. 孫振濤:《論地域文化視角下五代巴蜀文人的分布態勢》,《寧波大學學報》(人文科學版),2015 年第 5 期。

434. 黃雅莉:《文體規範下的艷情文學觀——〈玉臺新咏序〉和〈花間集序〉的選本批評》,《武陵學刊》,2015 年第 6 期。

435. 孫振濤:《論唐末西蜀文人韋莊的詩學思想》,《鹽城師範學院學報》(人文社會科學版),2015 年第 6 期。

436. 孫振濤:《論五代後蜀文人韋轂〈才調集〉的詩學思想》,《牡丹江大學學報》,2015 年第 8 期。

437. 趙麗:《論花間詞的夢幻色彩》,《文藝評論》,2015 年第

9 期。

438. 劉眹屏:《花間詞中的"春意象"研究》,《赤峰學院學報》(漢文哲學社會科學版),2015 年第 10 期。

439. 青萍:《重人文的後蜀國君孟昶》,《文史雜誌》,2016 年第 1 期。

440. 楊景龍:《〈花間集〉題材内容再認識》,《殷都學刊》,2016 年第 1 期。

441. 趙惠俊:《〈花間集〉的地理意象》,《中國韵文學刊》,2016 年第 2 期。

442. 朱美霞:《"花間詞"俗艷風格形成的音樂藝術因素》,《淮南師範學院學報》,2016 年第 2 期。

443. 陳柏橋、李惠玲:《從〈花間集〉歷代序跋看其經典化進程及意義》,《燕山大學學報》(哲學社會科學版),2016 年第 3 期。

444. 管晶晶:《試論〈花間集〉中的聯章詞》,《河池學院學報》,2016 年第 4 期。

445. 閏卿:《〈花間集〉中的"簾"意象》,《商丘職業技術學院學報》,2016 年第 4 期。

446. 楊景龍:《〈花間〉詞的文本解讀問題》,《中國韵文學刊》,2016 年第 4 期。

447. 葉曄:《湯顯祖評點〈花間集〉辨僞》,《文獻》,2016 年第 4 期。

448. 何芳:《〈花間集〉題跋輯考》,《古籍整理研究學刊》,2016 年第 5 期。

449. 孫振濤:《論地域文化視角下的五代巴蜀文學》,《民族論壇》,2016 年第 5 期。

450. 高瑋、易帆:《試論〈花間集〉之"香"意象的類型及作用》,《三峽大學學報》(人文社會科學版),2016 年第 6 期。

451. 卞萃平:《〈花間集〉中的"窗"意象研究》,《鷄西大學學報》,2016 年第 8 期。

452. 鄧經武:《晚唐五代巴蜀文學與蜀中才女》,《晚霞》,2016

年第 13 期。

    453. 張雪梅：《略論花間詞男性形象》，《名作欣賞》，2016 年第 23 期。

    454. 俞士玲：《政治、性別與文本：論花蕊夫人百首〈宮詞〉的可能作者》，《古典文獻研究》，第 18 輯下卷，鳳凰出版社，2016 年。

    455. 漆娟：《〈花間詞〉中"巫山神女"意象的文化學意義》，《四川文理學院學報》，2017 年第 1 期。

    456. 王夢夢：《〈花間集〉"更漏"意象研究》，《齊齊哈爾師範高等專科學校學報》，2017 年第 1 期。

    457. 孫振濤：《地理交通視角下的五代巴蜀文學生態》，《重慶郵電大學學報》（社會科學版），2017 年第 2 期。

    458. 孫克強：《試論唐宋詞壇詞體觀的演進——以〈花間集叙〉〈詞論〉〈樂府指迷〉爲中心》，《文學遺産》，2017 年第 2 期。

    459. 安建軍：《花間之別調——李珣詞審美風格略論》，《青海師範大學學報》（哲學社會科學版），2017 年第 3 期。

    460. 汪曉雪：《花間詞中女性妝容的文化研究》，《忻州師範學院學報》，2017 年第 4 期。

    461. 于永妍：《〈花間集〉在日本的傳播與影響探析》，《文學教育》（下），2017 年第 4 期。

    462. 劉幗超：《〈花間集〉南方地名的艷情色彩》，《理論界》，2017 年第 6 期。

    463. 羅小娟、許楚君：《論花間詞的音樂性》，《成都師範學院學報》，2017 年第 8 期。

    464. 李定廣：《"花間別調"與晚唐五代蜀粤商貿活動》，《文學遺産》，2018 年第 3 期。

    465. 王慧剛：《論〈花間集〉中的色彩》，《關東學刊》，2018 年第 3 期。

    466. 陳尚君：《花蕊夫人的迷宮》，《古典文學知識》，2018 年第 4 期。

    467. 劉曉亮：《論〈花間集〉裏的邊塞詞》，《廣東開放大學學報》,2018 年第 4 期。

468. 李博昊:《論後蜀的文治政策與〈花間集〉的編纂原則》,《學術研究》,2018 年第 5 期。

469. 蔣昕宇:《從〈花間集〉中的"倚"動作看唐宋詞的發展演變——兼談古典文學中的動作描寫》,《三峽大學學報》(人文社會科學版),2018 年第 5 期。

470. 李博昊:《論蜀之地理形勢與〈花間集〉的詞調來源》,《湖北社會科學》,2018 年第 5 期。

471. 魏朝霞:《20 世紀日本的唐五代詞研究——以〈花間集〉與南唐二主詞作爲例》,《佳木斯職業學院學報》,2018 年第 8 期。

472. 鄧江濤:《花間詞派詞人的群落劃分及風格》,《白城師範學院學報》,2018 年第 11 期。

473. 馬里揚:《〈花間集〉校補》,《古籍研究》,第 67 卷,鳳凰出版社,2018 年。

474. 梅向東:《論常州詞派對〈花間集〉的詞學接受》,《集寧師範學院學報》,2019 年第 1 期。

475. 陳顯望:《論〈花間集〉的用詞特徵》,《重慶電子工程職業學院學報》,2019 年第 2 期。

476. 趙慧:《〈花間集〉所載顧夐詞研究》,《伊犁師範學院學報》(社會科學版),2019 年第 2 期。

477. 陳顯望:《論〈花間集〉中的"泪"意象》,《蘭州教育學院學報》,2019 年第 3 期。

478. 馬禹:《論〈花間集〉中的"香"》,《忻州師範學院學報》,2019 年第 3 期。

479. 汪超:《花間詞人的水景書寫與詞體體性呈現》,《國學學刊》,2019 年第 4 期。

480. 秦振煒:《晏幾道詞對花間詞的繼承與發展》,《寧波教育學院學報》,2019 年第 5 期。

481. 盧璐:《謝逸詞對花間詞的繼承與新變》,《四川職業技術學院學報》,2019 年第 6 期。

482. 楊夢雪:《淺析敦煌曲子詞與〈花間集〉的不同》,《蘭州教育學院學報》,2019 年第 6 期。

483. 鄧江濤:《花間詞體的文學意義》,《黑河學院學報》,2019 年第 10 期。

484. 王麗芳:《詞體叙事中的留白——以〈花間集〉爲例》,《江西社會科學》,2019 年第 10 期。

5–6 吴越

1. 孫詒讓:《唐靜海軍考》,《國粹學報》,第 5 卷第 9 號,1909 年。

2. 夏定域:《吴越錢氏之文化》,《文瀾學報》,第 1 集,浙江省立圖書館,1935 年 1 月。

3. 錢文選:《吴越紀事詩》,《文瀾學報》,第 3 卷第 2 期,1937 年 6 月。

4. 譚其驤:《杭州都市發展之經過》,杭州《東南日報》副刊《雲濤》,第 26 期,1948 年 3 月 6 日。

5. 史岩:《杭州南山區雕刻史迹初步調查》,《文物參考資料》,1956 年第 1 期。

6. 王伯敏:《西湖飛來峰的石窟藝術》,《文物參考資料》,1956 年第 1 期。

7. 王士倫:《崇德縣崇福寺拆卸東西兩塔塔頂部分時發現文物四十七件》,《文物參考資料》,1956 年第 1 期。

8. 黄涌泉、王士倫:《五代吴越文物——鐵券與投龍簡》,《文物參考資料》,1956 年第 12 期。

9. 俞劍華、羅尗子、于希寧:《杭州五代宋元石刻造像復勘後的一點意見》,《文物參考資料》,1956 年第 12 期。

10. 刁鴻翔:《關於錢鏐鐵券的流傳問題》,《文物參考資料》,1958 年第 12 期。

11. 浙江省文物管理委員會:《金華萬佛塔塔基出土文物概況》,氏編《金華萬佛塔出土文物》,文物出版社,1958 年。

12. 黃天鍾:《關於錢鏐鐵券的流傳問題的補充》,《文物》,1959 年第 4 期。

13. 王士倫:《五代吳越的兩件文書》,《文物》,1960 年第 1 期。

14. 浙江省文物管理委員會、杭州師範學院歷史系考古組:《杭州郊區施家山古墓發掘報告》,《杭州師範學院學報》,1960 年第 1 期。

15. 繆啓愉:《吳越錢氏在太湖地區的圩田制度和水利系統》,《農史研究集刊》,第 2 册,科學出版社,1960 年。

16. 汪濟英:《記吳越國的另一官窑——浙江上虞縣窑寺前窑址》,《文物》,1963 年第 1 期。

17. 周鈞源:《錢塘江潮與武肅王錢鏐》,《浙江月刊》,第 4 卷第 7 期,1972 年 7 月。

18. 伊世同:《最古的石刻星圖——杭州吳越墓石刻星圖評介》,《考古》,1975 年第 3 期。

19. 浙江省文物管理委員會:《杭州、臨安五代墓中的天文圖和秘色瓷》,《考古》,1975 年第 3 期。

20. 浙江省文物管理委員會:《浙江臨安板橋的五代墓》,《文物》,1975 年第 8 期。

21. 張秀民:《五代吳越國的印刷》,《文物》,1978 年第 12 期。

22. 徐規、林正秋:《五代十國時期的杭州》,《杭州師範學院學報》,1979 年第 1 期。

23. 劉杭民:《錢鏐唱吳歌》,《西湖》,1979 年第 2 期。

24. 馮先銘:《有關臨安錢寬墓出土"官"、"新官"款白瓷問題》,《文物》,1979 年第 12 期。

25. 伊世同:《臨安晚唐錢寬墓天文圖簡析》,《文物》,1979 年第 12 期。

26. 浙江省博物館、杭州市文管會:《浙江臨安晚唐錢寬墓出土天文圖及"官"字款白瓷》,《文物》,1979 年第 12 期。

27. 郭湖生:《喻皓》,《建築師》,1980 年第 3 期。

28. 趙雅書:《五代吳越國的創始者——錢鏐》,《臺大歷史學報》,第 7 期,1980 年。

29. 潘慧惠:《"抗争和激憤之談"——關於羅隱的〈讒書〉》,《杭州師範學院學報》,1981 年第 2 期。

30. 蘇州市文管會、吳縣文管會:《蘇州七子山五代墓發掘簡報》,《文物》,1981 年第 2 期。

31. 王士倫:《喻皓建梵天寺塔一事質疑》,《浙江學刊》,1981 年第 2 期。

32. 倪士毅、方如金:《論錢鏐》,《杭州大學學報》,1981 年第 3 期。

33. 林樹建:《唐五代浙江的海外貿易》,《浙江學刊》,1981 年第 4 期。

34. 明堂山考古隊:《臨安縣唐水邱氏墓發掘報告》,《浙江省文物考古所學刊》,文物出版社,1981 年。

35. 夏鼐:《〈夢溪筆談〉中的喻皓〈木經〉》,《考古》,1982 年第 1 期。

36. 桓進:《與五代吳越史有關的幾個問題》,《杭州師範學院學報》(社會科學版),1982 年第 2 期。

37. 朱子彦、許仲毅:《鐵券制略論》,《學術月刊》,1983 年第 1 期。

38. 鄭學檬:《唐五代太湖地區經濟試探》,《學術月刊》,1983 年第 2 期。

39. 柯毓賢:《〈轉天圖經〉考》,《食貨月刊》,第 13 卷第 5—6 期,1983 年 9 月。

40. 林華東:《杭州三臺山五代墓》,《考古》,1984 年第 1 期。

41. 李輝炳:《關於"官"、"新官"款白瓷産地問題的探討》,《文物》,1984 年第 12 期。

42. 呂以春:《試論五代吳越的基本國策與縣名更改》,《杭州大學學報》,1985 年第 2 期。

43. 王海明:《五代錢氏捍海塘發掘簡報》,《文物》,1985 年第 4 期。

44. 鄭學檬:《唐五代時期的台州歷史述略》,《台州史學》,1985年12月。

45. 朱更翎:《吳越錢氏的水利》,《中國科學院水利電力部水利水電科學研究院科學研究論文集》,第25集,水利電力出版社,1986年。

46. 朱子彦、許仲毅:《鐵券制度與中國封建社會》,上海市歷史學會編《中國史論集》,1986年。

47. 吕以春:《錢鏐與杭州》,《浙江學刊》,1987年第2期。

48. 胡國樞:《吳越國京都杭州繁榮的歷史啓示》,《杭州師範學院學報》(社會科學版),1987年第3期。

49. 柯毓賢:《〈轉天圖經〉續考:裴甫、董昌與巫覡道》,《食貨月刊》,第16卷第9—10期,1987年12月。

50. 方傑:《古都紹興拾零》,《中國古都研究》,第3輯,浙江人民出版社,1987年。

51. 彭劍青:《羅隱進錢府考》,《青海民族學院學報》(社會科學版),1988年第2期。

52. 喻松青:《〈轉天圖經〉新探》,《歷史研究》,1988年第2期。

53. 蔡涉:《東南重望,吳越福星——武肅王錢鏐傳略》,《吳越首府杭州》,浙江人民出版社,1988年。

54. 常耀星:《當年約略説杭州——吳越杭州地名》,《吳越首府杭州》,浙江人民出版社,1988年。

55. 痴翁、李華英:《“吳越國研究”書刊要目》,《吳越首府杭州》,浙江人民出版社,1988年。

56. 江天蔚:《千年風物依舊,閲盡人間滄桑——杭州的吳越文物真迹》,《吳越首府杭州》,浙江人民出版社,1988年。

57. 李之川:《陵園長在,芳草萋萋——臨安的吳越文物遺迹》,《吳越首府杭州》,浙江人民出版社,1988年。

58. 陸鑒三:《城凡三重,縱寬横仄——吳越杭州城》,《吳越首府杭州》,浙江人民出版社,1988年。

59. 倪連德:《一代明主,功及後世——水利建設和農業》,《吳越首府杭州》,浙江人民出版社,1988 年。

60. 倪連德:《轉閩粤舟艪,通商旅寶貨——商業和對外交往》,《吳越首府杭州》,浙江人民出版社,1988 年。

61. 倪士毅:《治杭八六載,有國七二年——吳越國始末》,《吳越首府杭州》,浙江人民出版社,1988 年。

62. 潘慧惠:《文采燦然,江東獨步——羅隱略傳》,《吳越首府杭州》,浙江人民出版社,1988 年。

63. 宋憲章:《匪私於錢,所以勸忠——錢王祠》,《吳越首府杭州》,浙江人民出版社,1988 年。

64. 王伯敏:《畫家畫事,瑣聞瑣録》,《吳越首府杭州》,浙江人民出版社,1988 年。

65. 王士倫:《超柴、汝、定,啓哥、弟、官——吳越秘色瓷》,《吳越首府杭州》,浙江人民出版社,1988 年。

66. 王士倫:《雕版印刷,稱譽當時》,同上。

67. 王士倫:《錢鏐鐵券》,同上。

68. 王士倫:《吳越浮屠,匠心獨具——兼談喻皓》,同上。

69. 王士倫:《繼承前人,技藝精湛——石窟造像藝術》,同上。

70. 徐冲:《烽火遍天下,平安獨此邦——吳越國西府杭州的行政區劃(附東府越州)》,《吳越首府杭州》,浙江人民出版社,1988 年。

71. 徐冲:《吳越國人物録》,同上。

72. 徐治中、倪德富:《五代吳越國大事記(公元 874 年—公元 988 年)》,《吳越首府杭州》,浙江人民出版社,1988 年。

73. 姚毓璆、鄭祺生:《留住西湖水,亭榭綴群山——西湖和園林》,《吳越首府杭州》,浙江人民出版社,1988 年。

74. 袁宣萍:《善誘黎元,八蠶桑柘——杭州絲綢》,《吳越首府杭州》,浙江人民出版社,1988 年。

75. 鍾嬰:《猶喜曾無封禪書——林逋評傳》,《吳越首府杭州》,浙江人民出版社,1988 年。

76. 徐映璞:《〈新五代史·吳越世家〉補正》,氏著《兩浙史事叢稿》,浙江古籍出版社,1988 年。

77. 王中河、盧惠來:《浙江黃岩縣靈石寺塔——吳越國的戲劇磚刻》,《藝術研究論叢》,同濟大學出版社,1989 年。

78. 鄭學檬:《關於唐五代太湖地區社會經濟發展問題的再認識》,《古代長江下游的經濟開發》,三秦出版社,1989 年。

79. 楊建華:《論五代吳越時期的浙江文化》,《浙江學刊》,1990年第 6 期。

80. 呂以春:《五代吳越的基本國策與都城杭州的開拓》,《中國古都研究》,第 5、6 合輯,北京古籍出版社,1991 年。

81. 卞初陽:《論錢鏐保境安民的基本國策》,《錢鏐研究》試刊號,1992 年 4 月。

82. 蔡涉:《開拓吳越,富甲東南》,《錢鏐研究》試刊號,1992 年 4 月。

83. 方犂:《"納土歸宋"刍議》,《錢鏐研究》試刊號,1992 年 4 月。

84. 龔劍峰:《吳越國王生平葬處考辨》,《錢鏐研究》試刊號,1992 年 4 月。

85. 洪建平:《淺談錢鏐》,《錢鏐研究》試刊號,1992 年 4 月。

86. 呂以春:《五代吳越國的縣名更改》,《錢鏐研究》試刊號,1992 年 4 月。

87. 錢平甫:《對〈錢氏鐵券〉銘文的考證》,《錢鏐研究》試刊號,1992 年 4 月。

88. 許揚本:《論錢鏐》,《錢鏐研究》試刊號,1992 年 4 月。

89. 歐煬:《浙江臨安開展錢鏐研究》,《東南文化》,1992 年第 6 期。

90. 王同軍:《浙江樂清縣發現五代土坑墓》,《考古》,1992 年第 8 期。

91. 李東華:《五代吳越國的金錢外交》,《歷史月刊》,第 9 期,1992 年 9 月。

92. 林士民:《唐、吳越時期浙東與朝鮮半島通商貿易和文化交流之研究》,《海交史研究》,1993 年第 1 期。

93. 歐煬:《英雄與富翁——吳越國王錢鏐的心態分析》,《東南文化》,1993 年第 2 期。

94. 梁志明:《"水府告文"考釋》,《東南文化》,1993 年第 3 期。

95. 金柏東、王同軍:《浙江温州五代、北宋瓷制明器》,《考古》,1993 年第 8 期。

96. 柯毓賢:《"明王"與"羅平王"——以〈轉天圖經〉爲中心之考察》,《東方宗教研究》,第 3 期,1993 年 10 月。

97. 陳春林:《淺論吳越國國王錢鏐的軍事思想》,《錢鏐研究》,第 3 輯,1993 年 11 月。

98. 胡愛軍:《試論吳越國的經濟建設措施和成就》,《錢鏐研究》,第 3 輯,1993 年 11 月。

99. 錢聽濤:《關於錢鏐先世、塋墓等的一些資料及其他》,《錢鏐研究》,第 3 輯,1993 年 11 月。

100. 朱馥生:《保境安民,造福兩浙——建都杭州的吳越國王錢鏐》,《錢鏐研究》,第 3 輯,1993 年 11 月。

101. 李東華:《五代吳越的對外關係》,《中國海洋發展史論文集》(第 5 輯),"中央研究院"中山社會科學研究所,1993 年。

102. 王士倫:《五代吳越國王投簡》,《浙江省文物考古研究所學刊》(建所十周年紀念專刊),科學出版社,1993 年。

103. 趙福蓮:《雜論羅隱的傳說故事》,《民間文學集成研究》,新華出版社,1993 年。

104. 林正秋:《五代吳越國時期的杭州火灾》,《浙江消防》,1994 年第 2 期。

105. 黎小瑶:《歐陽修成長於錢惟演手下的思考》,《湛江師範學院學報》,1994 年第 3 期。

106. 虞浩旭:《唐五代宋初上林湖瓷業發達原因探析》,《景德鎮陶瓷》,1994 年第 4 期。

107. 蔡涉:《吳越錢氏世家初考》,《錢鏐研究》,第 4 輯,1994 年 9 月。

108. 錢江潮:《武肅王錢鏐傳略》,《錢鏐研究》,第 4 輯,1994 年

9月。

109. 錢鎮國:《評錢鏐"計走黄巢"》,《錢鏐研究》,第 4 輯,1994
年 9 月。

110. 許揚本:《再談錢鏐》,《錢鏐研究》,第 4 輯,1994 年 9 月。

111. 楊一平:《關於史籍中對錢鏐不同記載的幾點看法》,《錢鏐
研究》,第 4 輯,1994 年 9 月。

112. 朱金大、錢平甫:《水丘氏墓銀質鍍金"開元通寶"錢考》,
《錢鏐研究》,第 4 輯,1994 年 9 月。

113. 洪建平:《錢鏐與杭州城》,杭州市歷史學會《歷史博覽》,第
12 期,1994 年。

114. 柳立言:《北宋吳越錢家婚宦論述》,《"中央研究院"歷史
語言研究所集刊》,第 65 本第 4 分,1994 年。

115. 李志庭:《"羅刹石"考》,《浙江學刊》(雙月刊),1995 年第
1 期。

116. 潘慧惠:《論羅隱及其詩文》,《文史哲》,1995 年第 1 期。

117. 吳鐵城、李希聖:《論吳越國王對兩浙地區開發和建設的歷
史貢獻》,《地域研究與開發》,1995 年第 2 期。

118. 趙一鶴、王士倫:《喻皓建梵天寺塔質疑》,《古建園林技
術》,1995 年第 3 期。

119. 朱金大、錢平甫:《臨安吳越王錢鏐母水邱氏墓出土開元通
寶銀鍍金錢》,《中國錢幣》,1995 年第 3 期。

120. 佐佐木秀憲:《關於晚唐五代越窰青瓷的若干考察》,《文
博》,1995 年第 6 期。

121. 盧仁江:《錢鏐對吳越國的積極貢獻》,《浙江檔案》,1995
年第 9 期。

122. 吳禮權:《觸景生情的語言機趣——陶穀與錢俶的外交語
言文本解構》,《古今藝文》,第 22 卷第 3 期,1995 年 11 月。

123. 丁榮觀:《錢鏐鐵券試探》,《錢鏐研究》,第 5 輯,1996 年
1 月。

124. 吕洪年:《論"錢王的先祖是彭祖"説》,《錢鏐研究》,第 5

輯,1996 年 1 月。

125. 王國林:《錢鏐獨霸浙江的努力》,《錢鏐研究》,第 5 輯,1996 年 1 月。

126. 朱金大:《吳越國貨幣之我見》,《錢鏐研究》,第 5 輯,1996 年 1 月。

127. 方祖猷、俞信芳:《五代宋明州市舶機構初建時間及演變考》,《海交史研究》,1996 年第 2 期。

128. 屠承先:《吳越國文化與日本》,《日本學刊》,1996 年第 3 期。

129. 李志庭:《略談唐末五代十國時期錢鏐的軍事思想》,《軍事歷史研究》,1996 年第 4 期。

130. 李志庭:《唐末杭州城垣界址之我見》,《杭州大學學報》,1996 年第 4 期。

131. 湯蓉嵐:《論錢氏吳越國的立國基礎和內外關係》,《台州師專學報》,1996 年第 5 期。

132. 楊渭生:《一劍霜寒十四州的江南雄藩錢鏐》,《文史知識》,1996 年第 10 期。

133. 趙雅書:《吳越國的第二代君主——錢傳瓘(887—941)》,《臺大歷史學報》,第 20 期,1996 年 11 月。

134. 董楚平:《〈新建風山靈德王廟記〉注釋》,氏著《防風氏的歷史與神話》,浙江古籍出版社,1996 年。

135. 張亦民:《吳越錢王與北宋統一》,《統一論壇》,1997 年第 1 期。

136. 朱馥生:《吳越國改元探索》,《杭州師範學院學報》,1997 年第 1 期。

137. 蔡鋼鐵:《唐五代溫州瓷業及外銷問題探討》,《南方文物》,1997 年第 2 期。

138. 虞浩旭:《五代吳越國錢氏家族與越窰的發展》,《陶瓷研究》,1997 年第 2 期。

139. 戴志强:《江南行隨筆三則——曹魏五銖、十國吳越鉛開元錢和早期青銅貨幣的考察》,《中國錢幣》,1997 年第 3 期。

140. 李志庭:《也談錢鏐"保境安民"國策》,《中國史研究》,1997 年第 3 期。

141. 唐劍平:《臨安"十錦"考》,《錢鏐研究》,第 6 輯,1997 年 8 月。

142. 姚禮群:《宋代錢氏家族人才簡述》,《錢鏐研究》,第 6 輯,1997 年 8 月。

143. 樓建龍、王芳:《福州發現五代越國墓葬》,《福州日報》,1997 年 9 月 11 日。

144. 凍國棟:《羅隱〈吳公約神道碑〉所見唐末之"杭州八都"》,《魏晉南北朝隋唐史資料》,第 15 輯,武漢大學出版社,1997 年。

145. 沙孟海:《吳越錢氏投水府銀簡》,氏著《沙孟海論書文集》,上海書畫出版社,1997 年。

146. 姚禮群、張偉:《宋代錢氏家族人才狀況初探》,《寧波大學學報》(人文科學版),1998 年第 1 期。

147. 虞浩旭:《論唐宋時期往來中日間的"明州商幫"》,《浙江學刊》,1998 年第 1 期。

148. 李獻奇:《北宋錢景訧、錢文楚墓誌撼談》,《中原文物》,1998 年第 2 期。

149. 吳建華:《吳越國王錢俶墓誌考釋》,《中原文物》,1998 年第 2 期。

150. 陳剩勇:《吳越國與海外諸國經濟文化交流述略》,《錢鏐研究》,第 7 輯,1998 年 3 月。

151. 何勇强:《吳越錢氏宗族發達探源》,《錢鏐研究》,第 7 輯,1998 年 3 月。

152. 藍春秀:《淺談秘色瓷》,《錢鏐研究》,第 7 輯,1998 年 3 月。

153. 潘慶平:《淺析五代史上的兩個臨安人》,《錢鏐研究》,第 7 輯,1998 年 3 月。

154. 屠樹勛:《錢鏐的基本國策與中國經濟文化重心之南移》,《錢鏐研究》,第 7 輯,1998 年 3 月。

155. 王國林:《淺析錢鏐孝道的重心》,《錢鏐研究》,第 7 輯,1998 年 3 月。

156. 王建華:《淺析關於五代吳越國王錢鏐的異象傳説》,《錢鏐研究》,第 7 輯,1998 年 3 月。

157. 趙雅書:《吳越國的第三代——守成時期的兩位君主錢宏佐(928—947)、錢弘倧(928—971)兩兄弟》,《史學:傳承與變遷學術研討會論文集》,臺灣大學歷史系,1998 年 6 月。

158. 張劍光:《略論唐五代三吳地區的宗教信仰》,《學術月刊》,1998 年第 9 期。

159. 丁曉雷:《五代十國時期的楊吳、南唐和吳越墓葬》,《青年考古學家》,第 11 期,1998 年。

160. 胡月耕:《〈資治通鑒〉有關錢鏐記載的評述》,《錢鏐研究》,第 8 輯,1998 年 12 月。

161. 藍春秀:《吳越錢氏王族墓葬文化保護與利用探析》,《錢鏐研究》,第 8 輯,1998 年 12 月。

162. 呂洪年:《錢王時代中日間的友好交往》,《錢鏐研究》,第 8 輯,1998 年 12 月。

163. 唐劍平:《試論錢鏐對杭州的歷史功績》,《錢鏐研究》,第 8 輯,1998 年 12 月。

164. 周少雄:《吳越國區域文學散論——兼説中古時期浙江區域文化主中心的西遷及其意義》,《錢鏐研究》,第 8 輯,1998 年 12 月。

165. 朱馥生:《錢鏐計退黃巢與"鎮壓義軍説"的起源小考》,《錢鏐研究》,第 8 輯,1998 年 12 月。

166. 藍春秀:《浙江臨安五代吳越國馬王後墓天文圖及其他四幅天文圖》,《中國科技史料》,1999 年第 1 期。

167. 盧胡彬:《吳越國的精緻文化》,《復興學報》,1999 年第 1 期。

168. 藍春秀:《晚唐水邱氏墓出土白瓷》,(臺北)《故宮文物月刊》,第 16 卷第 11 期,1999 年 2 月。

169. 張玉蘭:《康陵——五代吳越國藝術寶庫》,《浙江工藝美術》,1999 年第 2 期。

170. 何勇强:《唐末兩浙的武勇都與武勇都之亂》,《中國史研究》,1999 年第 3 期。

171. 張劍光、鄒國慰:《唐五代環太湖地區的水利建設》,《南京大學學報》(哲學・人文・社會科學),1999 年第 3 期。

172. 藍春秀:《五代吳越國王室墓葬出土——晚唐五代越窯青瓷淺議》,《藝術家》,第 49 卷第 4 期,1999 年 10 月。

173. 劉偉:《五代吳越王錢氏與越窯秘色青瓷》,《中國文物世界》,第 170 期,1999 年 10 月。

174. 竺家惠:《關於吳越國王投簡中的"射的"》,《東方博物》,第 4 輯,浙江大學出版社,1999 年。

175. 盧胡彬:《吳越錢氏政權》,《復興學報》,2000 年第 1 期。

176. 張玉蘭:《浙江臨安五代吳越國康陵發掘簡報》,《文物》,2000 年第 2 期。

177. 于天池:《題〈錫山錢武肅王祠志〉》,《北京師範大學學報》(人文社會科學版),2000 年第 3 期。

178. 高超雲:《五代鏨花銀渣斗》,《錢江晚報》,2000 年 5 月 9 日。

179. 何征:《五代吳越國錢鏐與浙江越窯》,《陶瓷研究》,2000 年第 5 期。

180. 陶福賢:《錢鏐與吳越國》,《今日浙江》,2000 年第 23 期。

181. 鮑翔麟、許懋漢:《錢鏐與澉浦》,《錢鏐研究》,第 9 輯,2001 年 2 月。

182. 鮑永軍:《錢鏐先祖考辨》,《錢鏐研究》,第 9 輯,2001 年 2 月。

183. 胡月耕:《〈資治通鑒〉中有關錢鏐記載輯錄》,《錢鏐研究》,第 9 輯,2001 年 2 月。

184. 錢大莘:《對〈對《錢氏鐵券》銘文考證〉的考證——與錢平甫先生商榷》,《錢鏐研究》,第 9 輯,2001 年 2 月。

185. 張宏明：《"寶正通寶"是假錢——對〈寶正通寶之謎〉一文匡正》，《錢鏐研究》，第 9 輯，2001 年 2 月。

186. 傅宏明：《杭州五代吳越文物遺迹賞析》，《文物天地》，2001 年第 3 期。

187. 何勇强：《論吳越國的海上外交》，《杭州師範學院學報》（人文社會科學版），2001 年第 3 期。

188. 張劍光：《略論唐五代江南城市的經濟功能》，《上海師範大學學報》（社會科學版），2001 年第 3 期。

189. 池澤滋子：《錢惟演年譜》，《宋人年譜叢刊》，四川大學出版社，2001 年。

190. 丁培仁：《錢鏐道教〈水府告文〉新釋——兼談龍簡與醮》，（香港）《弘道》，第 10 期，2001 年。

191. 徐立新：《丘光庭年代、著作考》，《台州師專學報》，2002 年第 1 期。

192. 趙幼强：《唐五代吳越國帝王投簡制度考》，《東南文化》，2002 年第 1 期。

193. 鮑永軍、何勇强：《錢鏐先祖考辨》，《浙江方志》，2002 年第 2 期。

194. 張劍光：《唐五代江南水上交通路綫的建設》，《歷史教學問題》，2002 年第 2 期。

195. 張劍光：《唐五代江南麻布紡織的地理分布》，《中國社會經濟史研究》，2002 年第 2 期。

196. 理明：《五代後梁擢授胡進思吳越兵部尚書誥命辨疑》，《浙江檔案》，2002 年第 3 期。

197. 陶福賢：《吳越思源話錢王》，《統一論壇》，2002 年第 3 期。

198. 何劍明：《論南唐與吳越的戰爭及對南唐失國的影響》，《南京政治學院學報》，2002 年第 4 期。

199. 王銘：《〈唐昭宗賜錢鏐鐵券〉研究》，《浙江檔案》，2002 年第 5 期。

200. 楊鴻勛：《杭州雷峰塔復原研究》，《中國歷史文物》，2002

年第 5 期。

201. 何勇强：《養子、内牙軍與吴越國中期政局》，《杭州師範學院學報》（社會科學版），2002 年第 6 期。

202. 袁林、和廣漢：《杭州雷峰塔出土錢幣——日本"饒益神寶"在中國首次出土》，《西安金融》，2002 年第 8 期。

203. 錢聽濤：《錢鏐鐵券千年播遷記》，《炎黄春秋》，2002 年第 12 期。

204. 池澤滋子：《略論北宋錢氏文人群體的文學成就》，《宋代文化研究》，第 11 輯，綫裝書局，2002 年。

205. 何勇强：《吴越國對外貿易機構考索》，《海交史研究》，2003 年第 1 期。

206. 錢四青：《吴越錢王更改浙江地名之内因》，《錢鏐研究》，第 11 輯，2003 年 2 月。

207. 王心喜：《錢氏吴越國與日本的交往及其在中日文化交流史上的地位》，《杭州師範學院學報》（社會科學版），2003 年第 2 期。

208. 楊渭生：《略論東南雄藩錢鏐》，《浙江萬里學院學報》，2003 年第 3 期。

209. 費成康：《李煜、錢俶留下的歷史啓迪》，《光明日報》，2003 年 6 月 3 日。

210. 李最欣：《〈吴越備史〉平質——吴越國文獻資料整理研究之一》，《杭州師範學院學報》，2003 年第 6 期。

211. 孫亦平：《杜光庭與天台山道教》，《浙江社會科學》，2003 年第 6 期。

212. 陶福賢：《"上有天堂，下有蘇杭"的奠基人》，《百姓》，2003 年第 12 期。

213. 盧燕平：《羅鄴》，《浙籍文化名人評傳》，浙江大學出版社，2003 年。

214. 盧燕平：《羅虬》，《浙籍文化名人評傳》，浙江大學出版社，2003 年。

215. 潘慧惠：《羅隱》，《浙籍文化名人評傳》，浙江大學出版社，

2003 年。

216. 鄒勁風:《錢儼》,《浙籍文化名人評傳》,浙江大學出版社,
2003 年。

217. 錢偉疆:《武肅王〈錢氏大宗譜〉源流考》,《錢鏐研究》,第
12 輯,2003 年。

218. 李洪華:《淺談錢鏐的治國方略及歷史功績》,《浙江檔案》,
2004 年第 1 期。

219. 鈕因莉、張珏:《杭州錢王祠變遷述略》,《浙江工貿職業技
術學院學報》,2004 年第 1 期。

220. 王心喜:《論五代吳越國與日本的交往》,《海交史研究》,
2004 年第 1 期。

221. 何燦浩:《吳越國方鎮體制的解體與集權政治》,《歷史研
究》,2004 年第 3 期。

222. 景迪雲:《五代吳越國時期的書法》,《東方博物》,2004 年
第 3 期。

223. 何燦浩:《吳越國宗室述論》,《南開學報》,2004 年第 5 期。

224. 鄒勁風:《錢儼和〈吳越備史〉》,《史學月刊》,2004 年第
11 期。

225. 卞初陽:《初論錢鏐與吳越精神》,《錢鏐研究》,第 13 輯,
2004 年。

226. 錢大莘:《賜錢鏐鐵券銘文考》,《錢鏐研究》,第 13 輯,
2004 年。

227. 錢杭園:《吳越文化與錢鏐》,《錢鏐研究》,第 13 輯,
2004 年。

228. 錢濟鄂:《宋以遼俗亂華對吳越多荒忽不軌》,《錢鏐研究》,
第 13 輯,2004 年。

229. 錢鎮國:《唐昭宗皇帝欽賜錢鏐金書鐵券銘文現狀考辨》,
《錢鏐研究》,第 13 輯,2004 年。

230. 楊一平:《"上有天堂,下有蘇杭"的由來和發展》,《錢鏐研
究》,第 13 輯,2004 年。

231. 楊一平:《錢鏐對保護杭州和浚深西湖的兩項重要歷史貢獻》,同上。

232. 朱金大:《水丘氏墓出土的錢幣對"開元通寶"分期歸類的意義》,《錢鏐研究》,第 13 輯,2004 年。

233. 朱金大:《吳越國鑄行唐制錢初探》,同上。

234. 朱金大:《漫談吳越國流通貨幣》,同上。

235. 朱子彥:《鐵券制略論》,《錢鏐研究》,第 13 輯,2004 年。

236. 錢大莘:《試論吳越文化》,《錢鏐研究》,第 14 輯,2004 年。

237. 錢昭進:《錢王武康足迹與錢氏文化》,《錢鏐研究》,第 14 輯,2004 年。

238. 李志庭:《吳越國的治國方略》,《浙江史學論叢》,第 1 輯,杭州出版社,2004 年。

239. 王雪玲:《鐵券制度考略》,《中國古典文獻論叢》,中國社會科學出版社,2004 年。

240. 邵群:《吳越錢氏郊壇初論》,《杭州文博》,2005 年第 1 期。

241. 李最欣:《〈中國古籍善本書目〉失誤舉隅:〈吳越備史〉館藏等情况的記載舛漏之正補》,《古籍整理研究學刊》,2005 年第 2 期。

242. 盧向前:《吳越國與後百濟關係略論》,《浙江學刊》,2005 年第 2 期。

243. 李最欣:《吳仁璧沉江事件考論》,《杭州師範學院學報》(社會科學版),2005 年第 3 期。

244. 錢志熙:《吳越王錢鏐先世考略——并論先世對其霸業的影響關係》,《中國典籍與文化》,2005 年第 3 期。

245. 李最欣:《〈吳越備史〉的成書、流傳及版本源流考》,《古籍整理研究學刊》,2005 年第 5 期。

246. 張玉蘭:《晚唐五代錢氏家族墓葬初步研究》,《東南文化》,2005 年第 5 期。

247. 張興武:《吳越藝文志》,《杭州師範學院學報》(社會科學版),2005 年第 6 期。

248. 周維强:《"度德量力而識時務"——錢鏐與唐末五代杭州及吳越國的治理》,《西湖》,2005 年第 6 期。

249. 朱祖德:《唐五代兩浙地區城市分布的變遷》,《史學匯刊》,第 20 期,2005 年 12 月。

250. 林耀椿:《蘇軾〈表忠觀碑〉考述》,《國際漢學論叢》,第 2 輯,樂學書局,2005 年。

251. 錢茂竹:《錢鏐與越州》,《錢鏐研究》,第 15 輯,2005 年。

252. 錢聿肇:《略論錢俶與李煜——兼淺析錢俶納土歸宋的原因》,《錢鏐研究》,第 15 輯,2005 年。

253. 錢鎮國:《蘇軾〈表忠觀碑〉考》,《錢鏐研究》,第 15 輯,2005 年。

254. 楊一平:《"八百里"錢鏐計退黃巢兵》,《錢鏐研究》,第 15 輯,2005 年。

255. 王心喜:《五代吳越國時期寧波與日本海外貿易年次及特點探討》,《寧波與"海上絲綢之路"國際學術研討會論文集》,寧波市文化廣電新聞出版局,2005 年。

256. 張劍光:《唐五代江南的外商》,《史林》,2006 年第 3 期。

257. 李最欣:《羅虬〈比紅兒詩〉考論》,《台州學院學報》,2006 年第 4 期。

258. 李最欣:《〈錢儼和《吳越備史》〉一文補正》,《史學月刊》,2006 年第 11 期。

259. 曾國富:《五代吳越國治國方針淺析》,《文史博覽》,2006 年第 24 期。

260. 池澤滋子:《錢惟演試論》,《宋代文化研究》,第 13、14 合輯,四川大學出版社,2006 年。

261. 池澤滋子:《錢惟演與〈西崑酬唱集〉》,《中國中世文學研究論集》,上海古籍出版社,2006 年。

262. 池澤滋子:《錢易年譜》,氏著《吳越錢氏文人群體研究》,上海人民出版社,2006 年。

263. 胡魯昌:《錢鏐是杭州城的締造者》,《杭州古都文化研究會論文集》,杭州古都文化研究會,2006 年。

264. 江夏:《吴越國珍寶,秘色瓷現身——記臨安吴越國錢氏王室珍寶展》,《典藏古美術》,第 163 期,2006 年。

265. 王力平:《從關中郡姓到吴越望宗——唐宋之際杜氏家族的南遷》,氏著《中古杜氏家族的變遷》,商務印書館,2006 年。

266. 金平:《蘇軾〈表忠觀碑〉歷史沿革考述》,《東方博物》,2007 年第 1 期。

267. 曾國富:《五代吴越國王錢鏐略論》,《廣西社會科學》,2007 年第 1 期。

268. 鄒小芄、鄒身城:《錢鏐創建吴越國 1100 年禮贊》,《杭州通訊》,2007 年第 1 期。

269. 王劍:《"錢俶"的名字該怎麽讀》,《中國典籍與文化》,2007 年第 2 期。

270. 曾國富:《吴越國統治者的重民思想及利民施政》,《唐都學刊》,2007 年第 2 期。

271. 林亦修:《温州唐末五代移民的社會背景述略》,《温州大學學報》(社會科學版),2007 年第 3 期。

272. 曾國富:《錢鏐與傳統宗教》,《船山學刊》,2007 年第 4 期。

273. 曾國富:《儒學對五代吴越國歷史的影響》,《孔子研究》,2007 年第 5 期。

274. 張劍光:《唐五代寧紹地區的紡織業》,《紹興文理學院學報》(哲學社會科學),2007 年第 6 期。

275. 陳維良:《評吴越十四州》,《錢鏐研究》,第 16 輯,2007 年。

276. 池澤滋子:《錢易論》,《錢鏐研究》,第 16 輯,2007 年。

277. 丁莉麗:《話説錢王》,《錢鏐研究》,第 16 輯,2007 年。

278. 何忠禮:《錢鏐和他的吴越國對兩浙地區的貢獻》,《錢鏐研究》,第 16 輯,2007 年。

279. 錢未波:《對吴越國王錢俶之死的商榷》,《錢鏐研究》,第 16 輯,2007 年。

280. 錢玉成:《蘇州虎丘塔是五代吴越國樹立的千年丰碑》,《錢鏐研究》,第 16 輯,2007 年。

281. 鈕智芳:《吳越國在杭嘉湖》,氏著《杭嘉湖風物》,黃山書社,2007 年。

282. 余嘉錫:《羅虬〈比紅兒〉詩》,《余嘉錫論學雜著》,中華書局,2007 年。

283. 俞清源:《吳越王錢鏐幸徑山》,《余杭史志》,2008 年第 1 期。

284. 李最欣:《後唐"安重誨事件"的真相和實質初探》,《贛南師範學院學報》,2008 年第 2 期。

285. 曾國富:《道教與五代吳越國歷史》,《宗教學研究》,2008 年第 2 期。

286. 鄭昌炎、肖亥:《試析五代史上的兩個臨安人——淺談董昌在錢氏立國中的特殊作用》,《古今談》,2008 年第 2 期。

287. 錢明鏘:《淺説"吳越錢氏"》,《杭州通訊》(下半月),2008 年第 3 期。

288. 鄒身城、劉勇、鄒小芃:《吳越錢氏家族文化特色研究》,《杭州研究》,2008 年第 3 期。

289. 胡平法:《台州傳世文物之最:錢鏐鐵券收藏考略》,《台州學院學報》,2008 年第 4 期。

290. 李最欣、李亞莉:《中國首屆吳越錢氏家族文化國際學術研討會綜述》,《文學遺産》,2008 年第 4 期。

291. 何燦浩:《控御與柔服:趙宋兼併吳越國的特殊方式》,《史學月刊》,2008 年第 9 期。

292. 劉静:《兩浙第一世家:吳越錢氏》,《觀察與思考》,2008 年第 21 期。

293. 山崎覺士:《吳越國王與"真王"含義——五代十國的中華秩序》,《宋代社會的空間與交流》,河南大學出版社,2008 年。

294. 陳鵬:《"不是金陵錢太尉,世間誰肯更容身"——論羅隱的悲劇人生和詩文創作》,《玉溪師範學院學報》,2009 年第 1 期。

295. 胡平法:《人間至寶——"錢氏二王手澤"流傳考略》,《台州學院學報》,2009 年第 1 期。

296. 劉恒武:《五代時期吳越國與日本之間的"信函外交"》,《社會科學戰綫》,2009 年第 1 期。

297. 獻璋:《吳漢月墓石刻》,《杭州通訊》(下半月),2009 年第 1 期。

298. 張劍光、陳巧鳳:《隋唐五代江南造船業的發展》,《江蘇技術師範學院學報》(職教通訊),2009 年第 1 期。

299. 鄒身城:《杭州錢氏家族》,《杭州通訊》(下半月),2009 年第 1 期。

300. 劉健平:《湖州儀鳳橋發現吳越國鉛鐵錢》,《安徽錢幣》,2009 年第 2 期。

301. 羅筱玉:《吳越錢氏皇室刺温考》,《温州職業技術學院學報》,2009 年第 2 期。

302. 吳國武:《錢惟演與宋初詩歌的嬗變》,《中國典籍與文化》,2009 年第 3 期。

303. 夷風:《雷峰塔地宫出土古錢分析》,《安徽錢幣》,2009 年第 4 期。

304. 方愛龍:《北宋・蘇軾表忠觀碑》,《杭州師範大學學報》(社會科學版),2009 年第 5 期。

305. 胡耀飛:《試論湖州在吳越國國防中的地位》,《湖州師範學院學報》,2009 年第 5 期。

306. 朱祖德:《五代時期吳越立國的經濟基礎》,《史學匯刊》,第 23 期,2009 年 6 月。

307. 池澤滋子:《吳越錢氏文人群體中之武肅王》,《吳越錢氏》,第 2 期,2009 年 8 月。

308. 錢定平:《文化是一種傳統的信仰:以吳越錢氏爲例談文化傳統的承續》,《吳越錢氏》,第 2 期,2009 年 8 月。

309. 錢宗保:《太祖武肅王年譜》,《吳越錢氏》,第 2 期,2009 年 8 月。

310. 楊渭生:《吳越國時期的杭城建設》,《杭州通訊》(下半月），2009 年第 8 期。

311. 巫海燕：《錢鏐的人水和諧觀初探》，《科教文匯》（下旬刊），2009 年第 9 期。

312. 錢文梓：《吳越國在上海的古迹》，《吳越錢氏》，第 3 期，2009 年 12 月。

313. 錢玉成、馬曉茵：《蘇州虎丘雲岩寺塔發現的古代錢幣》，《吳越錢氏》，第 3 期，2009 年 12 月。

314. 王煜：《陳子龍談錢鏐及錢謙益》，《吳越錢氏》，第 3 期，2009 年 12 月。

315. 何勇强：《歐陽修與吳越國重斂虐民的一段公案》，《經濟研究參考》，2009 年第 68 期。

316. 王心喜：《五代吳越國與日本交往通論》，《登州與海上絲綢之路——登州與海上絲綢之路國際學術研討會論文集》，人民出版社，2009 年。

317. 周揚波：《吳興沈氏在五代歷史上的表現》，氏著《從士族到紳族——唐以後吳興沈氏宗族的變遷》，浙江大學出版社，2009 年。

318. 周揚波：《〈百家姓〉新解》，同上。

319. 張劍光、鄒國慰：《唐五代時期江南農業生産商品化及其影響》，《學術月刊》，2010 年第 2 期。

320. 王建革：《唐末江南農田景觀的形成》，《史林》，2010 年第 4 期。

321. 鄭以墨：《五代吳越國墓葬制度研究》，《東南文化》，2010 年第 4 期。

322. 竇萍：《淺談運河對吳越國貢茶運輸的意義》，《農業考古》，2010 年第 5 期。

323. 池澤滋子：《錢鏐年譜》（上），《吳越錢氏》，第 4 期，2010 年 6 月。

324. 錢大莘：《關於唐昭宗賜錢鏐鐵券銘文之我見》，《吳越錢氏》，第 4 期，2010 年 6 月。

325. 馬天寶：《北宋降臣研究——以吳越錢氏後裔錢惟演爲

例》,《吉林畫報·新視界》,2010 年第 7 期。

326. 藍顏:《錢氏家族輝煌史》,《國學》,2010 年第 9 期。

327. 朱祖德:《試論唐五代太湖地區經濟的發展》,《淡江史學》,第 22 期,2010 年 9 月。

328. 池澤滋子:《錢緦年譜》(中),《吳越錢氏》,第 5 期,2010 年 12 月。

329. 褚定濟:《錢王在天台山的遺踪》,《吳越錢氏》,第 5 期,2010 年 12 月。

330. 黃正瑞:《松山錢王陵考探》,《吳越錢氏家族文化研究》,齊魯書社,2010 年。

331. 賴忠先:《杭州西湖保俶塔之"俶"讀音考》,《吳越錢氏家族文化研究》,齊魯書社,2010 年。

332. 李最欣:《羅虬〈比紅兒詩〉本事演變及真相新探》,《吳越錢氏家族文化研究》,齊魯書社,2010 年。

333. 劉正平:《讀史札記四則——關於吳越錢氏》,《吳越錢氏家族文化研究》,齊魯書社,2010 年。

334. 羅爭鳴:《吳越國錢鏐、錢俶崇道簡論》,《吳越錢氏家族文化研究》,齊魯書社,2010 年。

335. 錢明鏘:《吳越錢氏的歷史貢獻及其現實意義》,《吳越錢氏家族文化研究》,齊魯書社,2010 年。

336. 錢茂康:《吳地幸逢錢節度,人間無事看花嬉——從武肅遺訓看吳越錢氏的歷史貢獻》,《吳越錢氏家族文化研究》,齊魯書社,2010 年。

337. 錢鎮國:《吳越錢氏家族》,《吳越錢氏家族文化研究》,齊魯書社,2010 年。

338. 陶福賢:《錢鏐,"長三角"繁榮的奠基人》,《吳越錢氏家族文化研究》,齊魯書社,2010 年。

339. 王心喜、毛姝菁:《錢氏吳越國與日本交往通論》,《吳越錢氏家族文化研究》,齊魯書社,2010 年。

340. 錢征:《〈百家姓〉著者考》,《錢鏐研究》,第 18 輯,2010 年。

341. 錢志仁:《吳越文化與錢鏐》,《錢鏐研究》,第 18 輯, 2010 年。

342. 朱曉東、梁麗華、張惠敏:《臨安發現吳越國金紫光禄大夫墓》,《錢鏐研究》,第 18 輯,2010 年。

343. 鄭瑾:《錢鏐對錢塘江和西湖的治理》,氏著《杭州西湖治理史研究》,浙江大學出版社,2010 年。

344. 臨安市文物館:《錢鏐墓神道墓表、石像生與王陵葬制考》,《杭州文博》,2011 年第 1 期。

345. 李華:《從宮體詩到花間詞——論艷情題材在詩詞發展中的嬗變》,《西安社會科學》,2011 年第 1 期。

346. 錢征:《魯迅筆下的吳越錢王》,《錢鏐研究》,第 19 輯,2011 年 1 月。

347. 朱曉東:《錢鏐墓神道墓表、石像生和王陵葬制考》,《錢鏐研究》,第 19 輯,2011 年 1 月。

348. 朱曉東:《臨安發現吳越國金紫光禄大夫墓》,《杭州文博》,2011 年第 1 期。

349. 何秋雨:《浙江省博物館藏五代吳越國阿育王塔》,《收藏家》,2011 年第 3 期。

350. 池澤滋子:《錢俶年譜》(下),《吳越錢氏》,第 6 期,2011 年 6 月。

351. 錢吉虎:《錢王在楓橋的遺踪:讀〈楓橋史志〉札記》,《吳越錢氏》,第 6 期,2011 年 6 月。

352. 錢鵬:《錢易:北宋大才子與溧陽的千年情緣》,《吳越錢氏》,第 6 期,2011 年 6 月。

353. 錢萬勝、錢明海:《重修宋謚宣惠王錢惟濟墓》,《吳越錢氏》,第 6 期,2011 年 6 月。

354. 錢文輝:《錢武肅王像:常熟博物館藏吳越文化珍品》,《吳越錢氏》,第 6 期,2011 年 6 月。

355. 錢志仁:《錢武肅王:吳越繁榮的奠基人》,《吳越錢氏》,第 6 期,2011 年 6 月。

356. 錢治安:《錢景臻夫婦墓實地調研報告》,《吳越錢氏》,第 6 期,2011 年 6 月。

357. 馮曉庭:《丘光庭〈兼明書〉經説的意義與價值》,《文與哲》,第 19 期,2011 年 12 月。

358. 黎毓馨:《吳越勝覽:五代時期吳越國文物綜述》,《收藏家》,2011 年第 12 期。

359. 紀曉華:《五代吳越後主錢俶死因辨》,《才智》,2011 年第 32 期。

360. 陳邵龍:《從史志、遺存及考古發現看吳越國對福建(福州)的統治》,《吳越勝覽國際學術研討會論文集》,中國書店,2011 年。

361. 陳信雄:《臺灣、澎湖出水出土的吳越國越窑青瓷——開啓兩岸交通史的五千份證據》,《吳越勝覽國際學術研討會論文集》,中國書店,2011 年。

362. 黎淑儀:《吳越國越窑及其"吳越國風格"——兼論越窑青瓷上的龍紋與摩羯紋》,《吳越勝覽國際學術研討會論文集》,中國書店,2011 年。

363. 李軍:《論越窑青瓷與吳越國的發展》,《吳越勝覽國際學術研討會論文集》,中國書店,2011 年。

364. 李前橋:《江蘇常熟出土的六方吳越國墓誌》,《吳越勝覽國際學術研討會論文集》,中國書店,2011 年。

365. 李蜀蕾:《論吳越國錢元瓘墓、馬氏墓的越禮現象》,《吳越勝覽國際學術研討會論文集》,中國書店,2011 年。

366. 裴元博:《從近年出土文物看契丹與吳越國的交往》,《吳越勝覽國際學術研討會論文集》,中國書店,2011 年。

367. 山崎覺士:《吳越國對外政策的若干問題》,《吳越勝覽國際學術研討會論文集》,中國書店,2011 年。

368. 石超:《吳越國金銀器的初步研究》,《吳越勝覽國際學術研討會論文集》,中國書店,2011 年。

369. 王牧:《五代吳越國的綫刻銅鏡及相關問題》,《吳越勝覽國際學術研討會論文集》,中國書店,2011 年。

370. 揚之水:《吳越國康陵出土器物叢考》,《吳越勝覽國際學術研討會論文集》,中國書店,2011 年。

371. 袁宣萍:《從雷峰塔地宮出土絲織品看吳越國的絲綢業》,《吳越勝覽國際學術研討會論文集》,中國書店,2011 年。

372. 曾昭明:《錢氏吳越國史年代學札記》,《吳越勝覽國際學術研討會論文集》,中國書店,2011 年。

373. 鄭嘉勵:《吳越國末期的越窯單字款瓷器》,《吳越勝覽國際學術研討會論文集》,中國書店,2011 年。

374. 許懋漢、陶福賢:《讀張元濟〈勸歸順書〉識錢王》,《錢鏐研究》,第 19 輯,2011 年。

375. 錢漢東:《武肅王與他的吳越國》,《吳越錢氏》,第 7 期,2012 年 2 月。

376. 錢宗保、錢吉虎:《天台王陵考察記》,《吳越錢氏》,第 7 期,2012 年 2 月。

377. 王慶:《讀志隨筆·錢王置千秋》,《余杭史志》,2012 年第 2 期。

378. 錢東方:《永康武肅王生祠》,《吳越錢氏》,第 8 期,2012 年 8 月。

379. 錢吉虎、錢璟:《〈資治通鑒〉話錢鏐》,《吳越錢氏》,第 8 期,2012 年 8 月。

380. 孫健:《淺論吳越國的治國策略》,《華章》,2012 年第 21 期。

381. 陳志堅、梁太濟:《〈宋史·錢易傳〉箋證》,《徽音永著:徐規教授紀念文集》,華東師範大學出版社,2012 年。

382. 胡耀飛整理:《五代吳越國研究論著目錄》(上),《吳越錢氏》,第 9 期,上海錢鏐研究會,2012 年。

383. 梁天瑞:《吳越史實辨正》,《吳越書》,上海辭書出版社,2012 年。

384. 錢濟鄂:《二史貶損吳越糾謬》,《吳越書》,上海辭書出版社,2012 年。

385. 袁琳:《從吴越國治到北宋州治的布局變遷及制度初探》,《中國建築史論匯刊》,第 6 輯,建築工業出版社,2012 年。

386. 厲祖浩:《吴越時期"省瓷窑務"考》,《故宫博物院院刊》,2013 年第 3 期。

387. 薛正昌:《錢氏家族與吴越佛教文化》,《浙江社會科學》,2013 年第 3 期。

388. 陳元甫:《五代吴越王室貴族墓葬形制等級制度探析》,《東南文化》,2013 年第 4 期。

389. 劉艷萍:《唐宋洛陽分司長官對文人群體的影響——以裴度、錢惟演、文彦博、韓絳爲中心》,《河南科技大學學報》(社會科學版),2013 年第 4 期。

390. 費勝成:《〈新建風山靈德王廟記〉碑考析》,《鎸石印痕——環太湖歷史碑刻拓片精萃》,中國書店,2013 年。

391. 胡耀飛整理:《五代吴越國研究論著目録》(下),《吴越錢氏》,第 10 期,上海錢鏐研究會,2013 年。

392. 胡耀飛:《吴越國錢氏詩文留迹湖州考》,《西吴史學》,第 2 期,湖州師範學院歷史系,2013 年。

393. 胡耀飛:《唐宋之際蘇州軍政史研究》,《蘇州文博論叢》,第 4 輯,文物出版社,2013 年。

394. 李小霞:《宋代禮賢宅述略》,《開封大學學報》,2014 年第 1 期。

395. 李鑫:《唐宋時期明州港對外陶瓷貿易發展及貿易模式新觀察——爪哇海域沉船資料的新啓示》,《故宫博物院院刊》,2014 年第 2 期。

396. 劉凱:《唐末五代杭州天柱觀與江南道教發展論考——以錢鏐所撰〈天柱觀記〉爲中心》,《中山大學學報》(社會科學版),2014 年第 2 期。

397. 彭燕:《淺析吴越國時期紹興雕版印刷文化》,《圖書館工作與研究》,2014 年第 2 期。

398. 梁岩華:《温州發現五代子城譙門遺址》,《新民晚報》,2014

年 3 月 25 日。

399. 劉闖:《與潮水的抗爭——從錢鏐"射潮"看五代時期杭州地區居民的生存環境》,《原生態民族文化學刊》,2014 年第 4 期。

400. 丁雨:《晚唐至宋初明州城市的發展與對外陶瓷貿易刍議》,《故宮博物院院刊》,2014 年第 6 期。

401. 杭州市文物考古研究所、臨安文物館:《五代吳越國康陵》,《文物》,2014 年第 6 期。

402. 錢治安:《蘇軾"表忠觀碑"校勘》,《吳越錢氏》,第 12 期,2014 年 6 月。

403. 甘永有:《五代吳越幕僚詩歌初探》,《現代語文》(學術綜合版),2014 年第 7 期。

404. 胡耀飛:〈嘉興歷史上一篇重要文獻——錢鏐〈金山忠烈昭應廟祭獻文〉〉,《嘉興日報》,第 19 版"梅花洲",2014 年 9 月 25 日。

405. 張玉霖:《錢俶與福州華林寺》,《黑龍江史志》,2014 年第 9 期。

406. 武丹:《重苛乎? 慈愛乎? ——錢鏐治國小考》,《經濟研究參考》,2014 年第 40 期。

407. 陳志堅:《錢鏐的腰鼓城:吳越國的杭州大羅城》,氏著《州枕青山縣枕湖:杭州城址變遷史話》,杭州出版社,2014 年。

408. 龔玉和:《從〈水滸〉看古人對吳越國與宋代之褒貶》,《水滸爭鳴》,第 15 輯,萬卷出版公司,2014 年。

409. 胡耀飛:《晚唐五代浙東出土墓誌罐輯考》,《長江文明》,第 16 輯,重慶出版社,2014 年。

410. 李曉傑:《吳越國政區地理考述》,《歷史地理》,第 29 輯,復旦大學出版社,2014 年。

411. 錢杭:《錢鏐以下世系的幾個問題》,《水鄉江南:歷史與文化論集》,上海古籍出版社,2014 年。

412. 徐曉光:《"錢俶賂趙普"年代考》,《華中國學》,第 2 卷,華中科技大學出版社,2014 年。

413. 曾馥榆、應海芬、蔡玉婷、鮑沁星:《吳越國與南宋御花園

"排衙石"用典源流與造園影響考析》,《中國風景園林學會 2014 年會論文集》,中國建築工業出版社,2014 年。

414. 唐俊傑、郎旭峰:《杭州發現國內最早海塘遺址——五代吳越捍海塘》,《中國文物報》,2015 年 2 月 13 日。

415. 唐俊傑、郎旭峰:《浙江杭州五代吳越捍海塘遺址》,《大衆考古》,2015 年第 2 期。

416. 康聰會:《錢惟演詩歌研究現狀述論》,《現代語文》(學術綜合版),2015 年第 4 期。

417. 李翔:《吳越國元氏家族演進述論》,《寧波大學學報》(人文科學版),2015 年第 5 期。

418. 齊鳳楠:《錢鏐故事的文本演變與割據稱雄主題》,《天中學刊》,2015 年第 6 期。

419. 胡耀飛:《姓望與家庭:瓷墓誌所見晚唐至宋初上林湖地區中下層社會研究》,《珞珈史苑·2014 年卷》,武漢大學出版社,2015 年。

420. 胡耀飛:《武人的另一面:吳越武肅王錢鏐詩文繋年考》,《唐代江南社會暨中國唐史學會會議論文集》,江蘇人民出版社,2015 年。

421. 胡耀飛:《吳越錢氏忠遜王支成員及著述考》,《新宋學》,第 4 輯,上海人民出版社,2015 年。

422. 李蜀蕾:《吳越國"善事中國"之策實質考——從吳越國馬氏墓出土銘文石刻談起》,《慶祝魏存成先生七十歲論文集》,科學出版社,2015 年。

423. 邵群:《吳越錢氏郊壇遺址研究》,《杭州文史》,第 2 輯,杭州出版社,2015 年。

424. 張劍光:《唐五代溫台地區的海洋經濟》,《環東海研究》,第 1 輯,中國社會科學出版社,2015 年。

425. 趙雅書:《五代吳越國末代君王錢俶(928—988)的歷史地位》,《中國歷史的再思考:許倬雲院士八十五歲祝壽論文集》,聯經出版社,2015 年。

426. 張劍光:《唐五代時期杭州的飲食與娛樂活動》,《浙江學刊》,2016 年第 1 期。

427. 謝芳、陳華文:《論兩宋時期錢鏐傳說的流變》,《民俗研究》,2016 年第 2 期。

428. 黃修珠:《錢勰及其與蘇、黃、米》,《南京藝術學院學報》(美術與設計),2016 年第 3 期。

429. 倪亞清、張惠敏:《浙江臨安余村五代墓發掘報告》,《東南文化》,2016 年第 4 期。

430. 胡耀飛:《吳越國、兩宋時期吳越錢氏家族世系綜考》,《中國城市史研究論文集》,杭州出版社,2016 年。

431. 劉恒武:《唐宋明州港區變遷的考察》,《中國城市史研究論文集》,杭州出版社,2016 年。

432. 陳小輝:《〈全宋詩〉之錢惟演、楊傑、張商英詩重出考辨》,《華北電力大學學報》(社會科學版),2017 年第 1 期。

433. 徐玲:《吳越國錢氏王族文物的初步研究——以臨安市文物館藏品爲中心》,《杭州文博》,2017 年第 1 期。

434. 劉闖:《防禦與擴張:唐末五代吳越錢氏築城之時空解析》,《中國歷史地理論叢》,2017 年第 2 期。

435. 鄭建明:《浙江慈溪上林湖後司岙唐五代秘色瓷窰址》,《大衆考古》,2017 年第 3 期。

436. 何蕾:《羅隱詩的命運主題及在晚唐五代的接受》,《貴州大學學報》(社會科學版),2017 年第 4 期。

437. 歐佳:《白玉琢成九苞禽——五代吳越國康陵出土圓雕飛禽辨析》,《東方博物》,2017 年第 4 期。

438. 沈傑、張蕾:《五代及以前西湖空間格局的演變及其意義》,《建築學報》,2017 年增刊。

439. 胡耀飛:《五代的"通判"與"判"——從福州出土〈趙偓墓誌〉談起》,《唐史論叢》,第 25 輯,三秦出版社,2017 年。

440. 閆華芳:《論吳越、宋對日貿易》,《宋史研究論叢》,第 21 輯,科學出版社,2017 年。

441. 高正亮:《唐末淮南、兩浙鎮將地理分布補考》,《歷史地理》,2018 年第 1 期。

442. 劉闥:《唐末董昌研究三題》,《杭州電子科技大學學報》(社會科學版),2018 年第 1 期。

443. 陳引奭:《臨海市博物館藏〈錢王鐵券摹册〉初探》,《東方博物》,2018 年第 2 期。

444. 李彬森、郭璐莎:《五代北宋時期的越窑青瓷——以中心—邊緣關係切入》,《華夏考古》,2018 年第 3 期。

445. 苗夢穎:《新舊〈五代史〉關於吳越錢氏家族記載的异同》,《長江師範學院學報》,2018 年第 3 期。

446. 李湛棟:《北宋錢曖墓誌及相關考釋》,《安陽師範學院學報》,2018 年第 4 期。

447. 李最欣:《〈花間集〉爲"選本"之説獻疑》,《台州學院學報》,2018 年第 4 期。

448. 錢汝平:《新見吳越國宗室錢義光墓誌考釋》,《台州學院學報》,2018 年第 4 期。

449. 葉舟:《五代勝迹,紹興西園》,《浙江林業》,2018 年第 5 期。

450. 王牧:《五代吳越國的銅鏡類型及紋飾特點(上)——兼議五代時期的銅鏡及相關問題》,《收藏家》,2018 年第 6 期。

451. 王牧:《五代吳越國的銅鏡類型及紋飾特點(下)——兼議五代時期的銅鏡及相關問題》,《收藏家》,2018 年第 7 期。

452. 陳尚君:《從存世詩歌看吳越錢氏的文化轉型》,《文史知識》,2018 年第 10 期。

453. 吳容俣、吳新偉:《五代至北宋早期龍泉青瓷的工藝發展狀況及其紋飾研究》,《東方收藏》,2018 年第 10 期。

454. 孟國棟:《异質之美:上林湖新出瓷墓誌生成的地域因緣及其文化内涵》,《浙江社會科學》,2018 年第 12 期。

455. 錢漢東:《武肅王鐵券金書考略》,《東方收藏》,2018 年第 12 期。

456. 胡耀飛:《傳世與出土:吳越國、兩宋時期吳越錢氏家族碑誌整理》,《宋史研究論叢》,第 23 輯,科學出版社,2018 年。

457. 孫美娟:《加強吳越國歷史資料梳理辨證》,《中國社會科學報》,2019 年 1 月 16 日。

458. 李最欣:《論吳越國王室文人的文學成就》,《創意城市學刊》,2019 年第 1 期。

459. 劉旻雯、王欣:《五代錢鏐杭州風景園林營建研究》,《新建築》,2019 年第 3 期。

460. 王宣艷:《吳越國錢氏銀簡考釋》,《東方博物》,2019 年第 3 期。

461. 錢寧、錢可銘:《吳越國錢氏"和"文化的借鑒意義》,《文化產業》,2019 年第 4 期。

462. 錢銳、徐紅:《胡進思之變考》,《文教資料》,2019 年第 25 期。

463. 劉未:《吳越杭州城》,氏著《鷄冠壺:歷史考古札記》,上海古籍出版社,2019 年。

464. 陳瑩:《蘇州碑博館藏兩方吳越國墓誌銘考釋》,《吳越國史迹遺存發現與研究學術研討會論文集》,現代出版社,2019 年。

465. 陳元甫:《吳越國王室貴族墓葬形制等級研究》,《吳越國史迹遺存發現與研究學術研討會論文集》,現代出版社,2019 年。

466. 崔倩:《吳越國墓葬天文圖研究——兼及東亞視野》,《吳越國史迹遺存發現與研究學術研討會論文集》,現代出版社,2019 年。

467. 戴振宇:《晚唐五代吳越地區科舉士人研究》,《吳越國史迹遺存發現與研究學術研討會論文集》,現代出版社,2019 年。

468. 何勇強:《吳越國的科技成就》,《吳越國史迹遺存發現與研究學術研討會論文集》,現代出版社,2019 年。

469. 胡耀飛:《近二十年吳越國與吳越錢氏研究的現狀和展望》,《吳越國史迹遺存發現與研究學術研討會論文集》,現代出版社,2019 年。

470. 郎旭峰:《吳越國錢氏捍海塘的發現與研究》,《吳越國史迹遺存發現與研究學術研討會論文集》,現代出版社,2019 年。

471. 郎亞紅:《五代吳越厚大古窑址調查初探》,《吳越國史迹遺存發現與研究學術研討會論文集》,現代出版社,2019 年。

472. 李蜀蕾:《西府迷踪——漫談杭州考古所見吳越西府遺痕》,《吳越國史迹遺存發現與研究學術研討會論文集》,現代出版社,2019 年。

473. 厲祖浩:《新見吳越墓誌四種簡釋》,《吳越國史迹遺存發現與研究學術研討會論文集》,現代出版社,2019 年。

474. 劉闖:《與潮水的抗争——從錢鏐"射潮"看五代時期杭州地區居民的生存環境》,《吳越國史迹遺存發現與研究學術研討會論文集》,現代出版社,2019 年。

475. 劉芳芳:《蘇州地區吳越考古遺存》,《吳越國史迹遺存發現與研究學術研討會論文集》,現代出版社,2019 年。

476. 盧英振:《吳越國星像圖研究綜述》,《吳越國史迹遺存發現與研究學術研討會論文集》,現代出版社,2019 年。

477. 彭俊等:《吳越時期摺邊形古橋保護研究——以廣寧橋爲例》,《吳越國史迹遺存發現與研究學術研討會論文集》,現代出版社,2019 年。

478. 錢漢東:《吳越錢氏與江南文化》,《吳越國史迹遺存發現與研究學術研討會論文集》,現代出版社,2019 年。

479. 邵群:《吳越錢氏郊壇遺址研究》,《吳越國史迹遺存發現與研究學術研討會論文集》,現代出版社,2019 年。

480. 蘇勇强:《五代時期吳越國印刷文化傳統》,《吳越國史迹遺存發現與研究學術研討會論文集》,現代出版社,2019 年。

481. 陶初陽:《錢鏐成功縱橫談》,《吳越國史迹遺存發現與研究學術研討會論文集》,現代出版社,2019 年。

482. 王建華:《錢鏐〈天柱觀記〉和天柱觀遺址保護》,《吳越國史迹遺存發現與研究學術研討會論文集》,現代出版社,2019 年。

483. 王牧:《五代吳越國的銅鏡類型及紋飾特點——兼議五代時期的銅鏡及相關問題》,《吳越國史迹遺存發現與研究學術研討會論文集》,現代出版社,2019 年。

484. 王宣艷:《吳越國投龍銀簡初探》,《吳越國史迹遺存發現與研究學術研討會論文集》,現代出版社,2019 年。

485. 王徵宇、翁向明:《杭州市臨安區吳越國文化遺存的區位格局與價值》,《吳越國史迹遺存發現與研究學術研討會論文集》,現代出版社,2019 年。

486. 謝西營:《五代時期越窑青瓷流布及相關問題——以五代十國境内考古發現爲中心》,《吳越國史迹遺存發現與研究學術研討會論文集》,現代出版社,2019 年。

487. 姚晨辰:《新見〈故左軍討擊使管甲營田十將霍府君墓誌銘〉考釋》,《吳越國史迹遺存發現與研究學術研討會論文集》,現代出版社,2019 年。

488. 張謙:《吳越國秀州城格局初探》,《吳越國史迹遺存發現與研究學術研討會論文集》,現代出版社,2019 年。

489. 張玉蘭:《康陵的發現與研究》,《吳越國史迹遺存發現與研究學術研討會論文集》,現代出版社,2019 年。

490. 周新華:《〈吳越國二王手澤〉札記》,《吳越國史迹遺存發現與研究學術研討會論文集》,現代出版社,2019 年。

491. 周勇:《吳越國税賦和徭役史初考》,《吳越國史迹遺存發現與研究學術研討會論文集》,現代出版社,2019 年。

492. 朱曉東:《臨安吳越國文物遺存概述》,《吳越國史迹遺存發現與研究學術研討會論文集》,現代出版社,2019 年。

5-7 吴越佛教

1. 俞平伯:《雷峰塔考略》,氏著《雜拌兒》,開明書店,1928 年。

2. 何啓民:《永明延壽的禪净雙修説》,《海潮音》,第 45 卷第 12 期,1964 年 12 月。

3. 何啓民:《永明延壽的三種傳記》,《海潮音》,第 49 卷第 3 期,1968 年 3 月。

4. 牧田諦亮:《贊寧與其時代》,《新覺生》,第 9 卷第 10 期,1971

年 10 月。

5. 忽滑谷快天:《永明延壽的宗風與其細行》,《佛教人物史話》,大乘文化出版社,1978 年。

6. 釋宏一:《永明延壽禪師思想探源——與〈萬善同歸集〉之要義》,《佛教文化學報》,第 9 期,1980 年 11 月。

7. 釋印海:《永明延壽之禪净雙修論》,《現代佛教學術叢刊》,第 65 期,1980 年。

8. 釋巨贊:《延壽》,《中國佛教》,第 2 輯,知識出版社,1982 年。

9. 桓進:《保俶塔建於何時》,《浙江學刊》,1983 年第 1 期。

10. 孔維勤:《宋釋永明延壽論心王義至八識之展開》,《華岡佛學學報》,第 6 期,1983 年 7 月。

11. 孔維勤:《宋釋永明延壽思想之研究》,《華學月刊》,第 144 期,1983 年 12 月。

12. 孔維勤:《宋釋永明延壽之理事觀》,《華岡佛學學報》,第 8 期,1985 年 10 月。

13. 張靖龍:《延壽及其佚詩——唐五代佚詩輯考續》,《温州師專學報》(社會科學版),1986 年第 3 期。

14. 蔡惠明:《延壽大師與〈宗鏡録〉》,《内明》,第 175 期,1986 年。

15. 孔維勤:《宋釋永明延壽論"禪净合一"》,《東吴大學哲學係傳習録》,第 5 期,1986 年。

16. 聞人軍:《宋初博物名僧贊寧事迹著作考評》,《宋史研究集刊》,第 1 集,浙江古籍出版社,1986 年。

17. 林星兒:《湖州飛英塔建造歷史初探》,《湖州師專學報》,1988 年第 3 期。

18. 張乃翥:《龍門〈石道記〉碑與宋釋贊寧》,《文物》,1988 年第 4 期。

19. 聞人軍:《析贊寧〈括浙江潮候〉詩》,《宋史研究集刊》,第 2 集,浙江省社聯《探索》雜誌增刊,1988 年 12 月。

20. 李祖榮:《寺院林立,梵音不絶——東南佛國》,《吴越首府杭州》,浙江人民出版社,1988 年。

21. 桓進:《湖州飛英塔發現珍貴文物——吳越王太后經函》,《錢江晚報》,1989 年 1 月 4 日。

22. 倪士毅:《五代吳越國的佛教文化》,《東南文化》,1989 年第 6 期。

23. 賴建成:《五代吳越國之佛教情勢》(1),《獅子吼》,第 29 卷第 3 期,1990 年 3 月。

24. 賴建成:《五代吳越國之佛教情勢》(2),《獅子吼》,第 29 卷第 4 期,1990 年 4 月。

25. 賴建成:《五代吳越國之佛教情勢》(3),《獅子吼》,第 29 卷第 6 期,1990 年 6 月。

26. 賴建成:《五代吳越國之佛教情勢》(4),《獅子吼》,第 29 卷第 7 期,1990 年 7 月。

27. 冉雲華:《延壽的戒律思想初探》,《中華佛學學報》,第 4 期,1991 年 7 月。

28. 冉雲華:《延壽佛學思想的形成——文獻學上的研究》,《1991 年佛學研究論文集》,佛光出版社,1992 年。

29. 釋唯妙:《略述永明延壽的佛學思想》,《閩南佛學》,1993 年第 1 期。

30. 湖州市飛英塔文物保管所:《湖州飛英塔發現一批壁藏五代文物》,《文物》,1994 年第 2 期。

31. 潘桂明:《永明延壽的融合思想及其影響》,《佛學研究》,1994 年第 3 期。

32. 黃繹勛:《"觀心與成佛"——永明延壽〈觀心玄樞〉第二問的研究》,《法光》,第 60 期,1994 年。

33. 劉元春:《延壽"一心爲宗"的現實意蘊》,《佛學研究》,第 1 期,1995 年。

34. 蔡惠明:《延壽禪師與靈隱、净慈兩寺》,《浙江佛教》,1996 年第 1 期。

35. 何建明:《論永明延壽對近代中國禪佛教的影響》,(臺北)

《内明》,第 288 期,1996 年 3 月。

36. 施東穎:《永明延壽及其〈宗鏡録〉》,《宗教學研究》,1996 年第 3 期。

37. 麻天祥:《永明延壽與宋代禪宗的綜合》,《世界宗教研究》,1996 年第 4 期。

38. 張福金:《杭州五代法雨寺》,《杭州研究》,1997 年第 1 期。

39. 陳杏珍:《雷峰塔的名稱及其他》,《文物天地》,1997 年第 6 期。

40. 冉雲華:《〈宗鏡録〉中所見的華嚴宗思想》,《華嚴學論集》,大藏出版社,1997 年。

41. 楊笑天:《延壽的唯心净土與指方立相》,《佛學研究》,第 6 期,1997 年。

42. 丁榮觀:《吳越王朝與佛教文化》,《錢鏐研究》,第 8 輯,1998 年 12 月。

43. 楊笑天:《永明延壽的净土信仰之確立》,《佛學研究》,第 7 期,1998 年。

44. 葉恭綽:《五代〈金字法華經〉》,氏著《遐庵小品》,北京出版社,1998 年。

45. 呂有祥:《永明延壽禪師的念佛禪》,《1999 年第二屆兩岸禪學研討會論文集——念佛與禪》,慈光禪學研究所,1999 年。

46. 路秉傑:《雷峰塔創建記——關於吳越王錢俶所書雷峰塔跋記的解讀》,《同濟大學學報》(社會科學版),2000 年第 2 期。

47. 沈海波:《北宋初年天台教籍重歸中土的史實》,《中華佛學研究》,第 4 期,2000 年 3 月。

48. 楊曾文:《永明延壽的心性論》,《中華佛學學報》,第 13 期,2000 年 5 月。

49. 顧偉康:《關於永明延壽的"四料簡"》,《禪學研究》,第 4 輯,江蘇古籍出版社,2000 年。

50. 呂有祥:《永明延壽禪師的念佛論》,《佛藏》,第 16 期,2000 年。

51. 張劍光:《略論唐五代太湖地區佛教的發展》,《1998 法門寺唐文化國際學術討論會論文集》,陝西人民出版社,2000 年。

52. 王倩:《靈隱考古重大發現,五代法堂遺址出土》,《錢鏐研究》,第 9 輯,2001 年 2 月。

53. 謝彥卯:《一個保存完整的五代刻本——〈寶篋印陀羅尼經〉》,《華夏文化》,2001 年第 3 期。

54. 楊笑天:《永明延壽與僧伽教育》,《法音》,2001 年第 7 期。

55. 楊笑天:《舉一心爲宗,照萬法如鏡——〈宗鏡録〉"標宗章"之發現與淺釋》,《法音》,2001 年第 12 期。

56. 釋智學:《永明延壽傳記研究》,《法光學壇》,第 5 期,2001 年。

57. 何燦浩:《吳越佛教片論》,《寧波大學學報》(人文科學版),2002 年第 1 期。

58. 閆愛賓、路秉傑:《雷峰塔地宮出土金涂塔考證》,《同濟大學學報》(社會科學版),2002 年第 2 期。

59. 張松濤:《中國千年佛經翻譯的總結者——贊寧》,《外交學院學報》,2002 年第 2 期。

60. 周新華:《盛世重光——雷峰塔地宮秘藏文物出土記》,《文物世界》,2002 年第 2 期。

61. 祝煒平、黄世强、李江林:《杭州雷峰塔遺址地下遥感考古研究》,《地球信息科學》,2002 年第 2 期。

62. 田道英:《貫休與錢鏐交往考辨》,《樂山師範學院學報》,2002 年第 3 期。

63. 金申:《吳越國王造阿育王塔》,《東南文化》,2002 年第 4 期。

64. 金申:《雷峰塔地宮出土的金銅佛坐像》,《中國歷史文物》,2002 年第 5 期。

65. 黎毓馨:《杭州雷峰塔遺址考古發掘及意義》,《中國歷史文物》,2002 年第 5 期。

66. 王力:《"寶篋印經塔"與吳越國對日文化交流》,《浙江大學學報》(人文社會科學版),2002 年第 5 期。

67. 楊鴻勛:《杭州雷峰塔復原研究》,《中國歷史文物》,2002 年第 5 期。

68. 黎毓馨:《杭州雷峰塔地宫的清理》,《考古》,2002 年第 7 期。

69. 袁林、和廣漢:《杭州雷峰塔出土錢幣——日本"饒益神寶"在中國首次出土》,《西安金融》,2002 年第 8 期。

70. 王翠玲:《敦煌殘卷〈觀音證驗賦〉與永明延壽》,《成大中文學報》,第 10 期,2002 年 10 月。

71. 黎毓馨:《杭州雷峰塔地宫出土的金銀器》,《收藏家》,2002 年第 11 期。

72. 黎毓馨:《杭州雷峰塔地宫出土玉器綜述》,上海博物館編《中國隋唐至清代玉器學術研討會論文集》,上海古籍出版社,2002 年。

73. 聶士全:《贊寧〈大宋僧史略〉述評》,《戒幢佛學》,第 1 卷,岳麓書社,2002 年。

74. 貝逸文:《吳越時期舟山寺院文化與海外交流》,《浙江海洋學院學報》(人文科學版),2003 年第 1 期。

75. 何燦浩:《再論吳越佛教》,《寧波大學學報》(人文科學版),2003 年第 1 期。

76. 金申:《雷峰塔地宫出土的玉童子像不是善財童子》,《中國歷史文物》,2003 年第 1 期。

77. 黎毓馨:《杭州雷峰塔地宫出土的錢幣》,《中國錢幣》,2003 年第 1 期。

78. 李明芳:《〈肇論鈔〉初探——以〈宗鏡錄〉所見佚文爲主》,《東吳哲學學報》,第 8 期,2003 年 8 月。

79. 王翠玲:《〈宗鏡錄〉與輯佚——以典籍之校補、補闕爲中心》,《成大中文學報》,第 11 期,2003 年 11 月。

80. 黄琛傑:《永明延壽思想中的禪與净》,《現代佛教學會通訊》,第 15 期,2003 年。

81. 黃繹勛:《永明延壽之净土法門——以〈智覺禪師自行録〉爲中心》,《冉雲華先生八秩華誕壽慶論文集》,臺北法光出版社,2003 年。

82. 桑寶靖:《贊寧》,《浙籍文化名人評傳》,浙江大學出版社,2003 年。

83. 徐東來:《永明延壽對"真唯識量"的分析》,《閩南佛學》,第 2 輯,岳麓書社,2003 年。

84. 釋隆德:《贊寧三教思想初探》,《閩南佛學》,第 2 輯,岳麓書社,2003 年。

85. 楊笑天、羅時進:《延壽》,《浙籍文化名人評傳》,浙江大學出版社,2003 年。

86. 楊曾文:《延壽的禪、教會通思想》,《佛學研究》,第 12 期,2003 年。

87. 劉鶯:《雷峰塔地宮出土文物的清洗和保護》,《東方博物》,2004 年第 1 期。

88. 趙永東:《吳越國王錢俶三印〈寶篋印經〉與造金涂塔、雷峰塔的緣起》,《東南文化》,2004 年第 1 期。

89. 任光亮、沈津:《杭州雷峰塔及〈一切如來心秘密全身舍利寶篋印陀羅尼經〉》,《文獻》,2004 年第 2 期。

90. 黃公元:《"禪净四料簡"是否永明延壽之作的我見》,《浙江佛教》,2004 年第 3 期。

91. 黃公元:《慧日永明,智覺延壽——杭州净慈寺永明塔院楹聯賞析》,《佛教文化》,2004 年第 4 期。

92. 黃繹勛:《吳越諸王(893—978)與佛教》,《中華佛學學報》,第 17 卷,2004 年 7 月。

93. 陳榮富:《永明延壽與中國佛教新趨向的形成》,《普門學報》,第 24 期,2004 年 11 月。

94. 賴建成:《晚唐宋初天台宗在吳越地區的發展》,《圓光佛學學報》,第 9 期,2004 年 12 月。

95. 陳榮富:《永明延壽與中國佛教新結構的形成》,《吳越佛教學術研討會論文集》,宗教文化出版社,2004 年。

96. 高柏生:《永明大師絶待圓融的佛教思想文化與啓示》,《吴越佛教學術研討會論文集》,宗教文化出版社,2004 年。

97. 宋道發:《吴越王錢俶與宋代天台宗的復興》,《吴越佛教學術研討會論文集》,宗教文化出版社,2004 年。

98. 張風雷:《五代宋初天台教籍復歸中土問題的再檢討》,《吴越佛教學術研討會論文集》,宗教文化出版社,2004 年。

99. 楊笑天:《永明延壽〈四料揀〉的背景、意義及真僞問題》,《佛學研究》,第 13 期,2004 年。

100. 張志芳:《永明延壽的"一心"説評析》,《閩南佛學》,第 3 輯,宗教文化出版社,2004 年。

101. 朱封鰲:《延壽〈宗鏡録〉之天台修持思想》,氏著《天台宗修持與臺密探索》,宗教文化出版社,2004 年。

102. 黄繹勛:《永明延壽"觀心成佛"的思想初探——以"觀心玄樞"第二問爲中心》,(臺灣)《内明》,第 275 期,2005 年 2 月。

103. 楊笑天:《永明延壽的生因説》,《法音》,2005 年第 2 期。

104. 方立天:《永明延壽與禪教一致思潮》,《哲學研究》,2005 年第 3 期。

105. 王公偉:《永明延壽與中國净土宗的發展》,《烟臺師範學院學報》(哲學社會科學版),2005 年第 3 期。

106. 吴忠偉:《心爲文字之性——永明延壽判教原則的語言哲學分析》,《江蘇社會科學》,2005 年第 5 期。

107. 林保堯:《雷峰塔出土重要文物:五代吴越王錢宏俶造阿育王塔雜記》,(臺北)《藝術家》,第 60 卷第 6 期,2005 年 6 月。

108. 陳兵:《中國佛學的第二位集大成者——永明延壽》,《永明延壽大師研究》,宗教文化出版社,2005 年。

109. 陳永革:《永明延壽與晚明吴越佛教》,《永明延壽大師研究》,宗教文化出版社,2005 年。

110. 程群:《〈唯心訣〉解讀》,《永明延壽大師研究》,宗教文化出版社,2005 年。

111. 冲本克己:《〈宗鏡録〉的資料價值》,《永明延壽大師研究》,宗教文化出版社,2005 年。

112. 董群:《延壽對宗密禪教融合論思想的繼承和發展》,《永明延壽大師研究》,宗教文化出版社,2005 年。

113. 馮樹芳:《〈宗鏡録〉妙旨》,《永明延壽大師研究》,宗教文化出版社,2005 年。

114. 韓廷傑:《〈宗鏡録〉與唯識三境》,《永明延壽大師研究》,宗教文化出版社,2005 年。

115. 洪櫻娟(釋瑋定):《永明延壽"禪净雙修"之探討——以〈萬善同歸集〉爲主》,《永明延壽大師研究》,宗教文化出版社,2005 年。

116. 華方田:《永明延壽的禪净思想及其特點》,《永明延壽大師研究》,宗教文化出版社,2005 年。

117. 黃公元:《重温永明延壽大師的禪净融通思想》,《永明延壽大師研究》,宗教文化出版社,2005 年。

118. 吉田剛(釋睿禮):《永明延壽之華嚴思想》,《永明延壽大師研究》,宗教文化出版社,2005 年。

119. 江建昌:《〈宗鏡録〉指歸三主要道》,《永明延壽大師研究》,宗教文化出版社,2005 年。

120. 李尚全:《永明延壽禪師的生平及其佛學思想述論》,《永明延壽大師研究》,宗教文化出版社,2005 年。

121. 李向平:《信仰轉型:從大師型到儀式化——永明延壽的禪净合一思想及其歷史影響》,《永明延壽大師研究》,宗教文化出版社,2005 年。

122. 林克智:《學佛修行,萬善同歸——兼論延壽大師的〈四料簡〉》,《永明延壽大師研究》,宗教文化出版社,2005 年。

123. 劉元春:《延壽〈宗鏡録·標宗章〉讀解》,《永明延壽大師研究》,宗教文化出版社,2005 年。

124. 吕有祥:《永明延壽禪師論念佛與修禪》,《永明延壽大師研究》,宗教文化出版社,2005 年。

125. 聶士全：《永明延壽的問與答——以〈萬善同歸集〉爲中心》，《永明延壽大師研究》，宗教文化出版社，2005 年。

126. 邱環：《略論唐宋時期禪净關係涉及的幾個問題——兼論永明延壽融合禪净的作用》，《永明延壽大師研究》，宗教文化出版社，2005 年。

127. 釋澈性：《永明延壽思想的歷史影響及現代價值》，《永明延壽大師研究》，宗教文化出版社，2005 年。

128. 釋道堅：《永明延壽的萬善同歸論》，《永明延壽大師研究》，宗教文化出版社，2005 年。

129. 釋道榮：《永明延壽與〈宗鏡録〉》，《永明延壽大師研究》，宗教文化出版社，2005 年。

130. 釋大覺：《論永明延壽的禪净兼修觀》，《永明延壽大師研究》，宗教文化出社，2005 年。

131. 釋法緣：《永明延壽之禪净思想》，《永明延壽大師研究》，宗教文化出版社，2005 年。

132. 釋剛曉：《〈宗鏡録〉三量説》，《永明延壽大師研究》，宗教文化出版社，2005 年。

133. 釋慧仁：《中國化佛教性覺思想刍議——以〈宗鏡録〉爲考量》，《永明延壽大師研究》，宗教文化出版社，2005 年。

134. 釋覺明：《論禪净融會的現實意義——紀念永明延壽大師誕辰 1100 周年》，《永明延壽大師研究》，宗教文化出版社，2005 年。

135. 釋冷曉：《五代吴越國"信佛順天"的佛緣因果》，《永明延壽大師研究》，宗教文化出版社，2005 年。

136. 釋隆德：《永明延壽的懺法思想刍議》，《永明延壽大師研究》，宗教文化出版社，2005 年。

137. 釋心皓：《永明禪師以事功圓修理悟的思想——以〈萬善同歸集〉爲主的考察》，《永明延壽大師研究》，宗教文化出版社，2005 年。

138. 釋印旭：《永明延壽的〈宗鏡録〉及歸宗净土對後來的若干影響》，《永明延壽大師研究》，宗教文化出版社，2005 年。

139. 宋道發:《從宗密的禪教一致論到延壽的禪教融合論——禪教合一思想源流述略》,《永明延壽大師研究》,宗教文化出版社,2005 年。

140. 宋立道:《讀〈景德傳燈錄〉等書中的延壽本傳》,《永明延壽大師研究》,宗教文化出版社,2005 年。

141. 王公偉:《永明延壽的淨土信仰及其在中國淨土思想史上的地位》,《永明延壽大師研究》,宗教文化出版社,2005 年。

142. 王仲堯:《永明延壽易佛會通思想研究》,《永明延壽大師研究》,宗教文化出版社,2005 年。

143. 吳可爲:《〈宗鏡錄〉關於變帶與挾帶概念的分析》,《永明延壽大師研究》,宗教文化出版社,2005 年。

144. 吳正榮:《永明延壽禪修思想境界的詩證——試以〈永明山居詩〉爲中心》,《永明延壽大師研究》,宗教文化出版社,2005 年。

145. 蕭永明:《唯心與唯識關係論辯——從〈宗鏡錄〉説起》,《永明延壽大師研究》,宗教文化出版社,2005 年。

146. 小島岱山:《論〈宗鏡錄〉的根本思想在五臺山系華嚴思想——淵源於李通玄的一真法界思想》,《永明延壽大師研究》,宗教文化出版社,2005 年。

147. 徐東來:《從〈宗鏡錄〉看延壽法師的因明研究》,《永明延壽大師研究》,宗教文化出版社,2005 年。

148. 許抗生:《延壽〈萬善同歸集〉諸宗融通思想》,《永明延壽大師研究》,宗教文化出版社,2005 年。

149. 楊柳、張家成:《論永明延壽的"萬善觀"》,《永明延壽大師研究》,宗教文化出版社,2005 年。

150. 楊維中:《以〈宗鏡錄〉爲例論永明延壽對唯識思想的攝取》,《永明延壽大師研究》,宗教文化出版社,2005 年。

151. 楊曾文:《永明延壽及其著作》,《永明延壽大師研究》,宗教文化出版社,2005 年。

152. 俞朝卿:《由〈宗鏡錄〉看佛教應勢而進之必然與必要》,《永明延壽大師研究》,宗教文化出版社,2005 年。

153. 周貴華:《〈宗鏡録〉之圓融觀——圍繞"一心説"之三重唯心觀的一個簡單考察》,《永明延壽大師研究》,宗教文化出版社,2005年。

154. 黄夏年:《天台德韶與天台宗》,《浙江社會科學》,2006年第2期。

155. 王榮國:《吳越國割據時期的福州佛教》,《閩都文化研究》,2006年第2期。

156. 黄公元:《雍正皇帝與永明延壽禪師》,《杭州師範學院學報》(社會科學版),2006年第3期。

157. 邵燦園:《中國天台宗中興與高麗入學僧留華傳法》,《山西農業大學學報》,2006年第3期。

158. 揚之水:《雷峰塔地宮出土"光流素月"鏡綫刻畫考》,《東方博物》,2006年第4期。

159. 張家成:《永明延壽與吳越佛教》,《浙江大學學報》(人文社會科學版),2006年第5期。

160. 楊柳:《禪净合一、萬善同歸——永明延壽與宋代以後漢傳佛教的轉型》,《新世紀宗教研究》,第4卷第4期,2006年6月。

161. 黄敬家:《中國史傳論贊與贊寧〈宋高僧傳〉的系、通》,《中國學術年刊》,第28期,2006年9月。

162. 新驤:《吳越國的文化瑰寶——梵天寺經幢》,《杭州通訊》,2006年第9期。

163. 蔡日新:《法眼大師,禪宗巨匠——永明延壽禪師述禪》,《吳越佛教》,第1卷,宗教文化出版社,2006年。

164. 陳堅:《永明延壽論"名"》,《吳越佛教》,第1卷,宗教文化出版社,2006年。

165. 李明友:《太虛論永明延壽》,《吳越佛教》,第1卷,宗教文化出版社,2006年。

166. 黄公元:《永明大和尚與"和諧世界,從心開始"》,《首届世界佛教論壇論文集·獲獎徵文卷》,宗教文化出版社,2006年。

167. 田青青:《永明延壽"佛化儒道"思想漫議》,《佛教研究面面觀》,宗教文化出版社,2006 年。

168. 彭燕:《"五代"紹興雕版印刷探源》,《圖書館研究與工作》,2007 年第 1 期。

169. 黃公元:《〈臨終生西偈〉與延壽慧亨禪師——兼論〈臨終生西偈〉非永明延壽所作》,《台州佛教》,2007 年第 3 期。

170. 釋智學:《中國疑僞佛典研究(1)——永明延壽與疑僞佛典》,《正觀》,第 40 期,2007 年 3 月。

171. 曾國富:《五代吳越國崇佛的原因及其影響》,《宗教學研究》,2007 年第 3 期。

172. 張煜:《教内的融合:永明延壽佛學思想研究》,《社會科學研究》,2007 年第 4 期。

173. 釋智學:《永明延壽著作總論》,《正觀》,第 43 期,2007 年 12 月。

174. 唐思鵬:《〈宗鏡録〉的中觀思想》,《國學論衡》,第 4 輯,中國藏學出版社,2007 年。

175. 于應機、程春松:《北宋僧人贊寧的譯學思想》,《寧波大學學報》(人文科學版),2008 年第 1 期。

176. 金建鋒:《釋贊寧籍貫和生卒年考》,《湖州師範學院學報》,2008 年第 5 期。

177. 蘇勇强:《五代時期吳越國印刷文化傳統》,《深圳大學學報》(人文社會科學版),2008 年第 5 期。

178. 黃敬家:《僧史家贊寧對高僧遺身争議的詮釋》,《玄奘人文學報》,第 8 期,2008 年 7 月。

179. 林伯謙:《論〈宋高僧傳〉之闕録——自柳宗元釋教碑銘説起》,《東吳中文學報》,第 16 期,2008 年 11 月。

180. 黃公元:《此延壽,非彼延壽——由〈臨終生西偈〉的作者談起》,《吳越佛教》,第 3 卷,宗教文化出版社,2008 年。

181. 孫勁松:《延壽一心六度説述評》,《佛學研究》,第 17 期,2008 年。

182. 黃公元:《由〈智覺禪師自行録〉看永明延壽的僧範形象與

融合特色》,《浙江學刊》,2009 年第 1 期。

183. 別祖雲:《永明延壽戒律思想的心學特質分析》,《世界宗教研究》,2009 年第 2 期。

184. 黎毓馨:《阿育王塔實物的發現與初步整理》,《東方博物》,2009 年第 2 期。

185. 楊文斌:《延壽、宗密"禪教合一"論的差异》,《安徽大學學報》(哲學社會科學版),2009 年第 2 期。

186. 黃敬家:《中國僧傳對傳統史傳叙事方法的運用——以〈宋高僧傳〉爲例》,《臺北大學中文學報》,第 6 期,2009 年 3 月。

187. 黎毓馨:《雷峰塔地宮出土的純銀阿育王塔》,《東方博物》,2009 年第 3 期。

188. 釋智學:《中國佛教的懺悔觀——以永明延壽爲中心》,《正觀》,第 48 期,2009 年 3 月。

189. 孫勁松:《永明延壽的真心妄心説》,《宗教學研究》,2009 年第 3 期。

190. 釋心悟:《"第七届吴越佛教暨東南佛國學術研討會"會議報導》,《五臺山研究》,2009 年第 4 期。

191. 孫勁松:《唯識古今學對九識學説的不同解讀——兼論〈宗鏡録〉對此問題的態度》,《中山大學學報》(社會科學版),2009 年第 4 期。

192. 袁宏禹:《永明延壽對"三玄"的融通與料簡——從"體用"範疇談起》,《宗教學研究》,2009 年第 4 期。

193. 夷風:《雷峰塔地宮出土古錢分析》,《安徽錢幣》,2009 年第 4 期。

194. 田青青:《一心生萬善,萬善歸一心——永明延壽的心行實踐論》,《中國宗教》,2009 年第 6 期。

195. 蘇玲怡:《雷鋒夕照,因佛光更動人!——五代吴越錢氏及其東南佛國盛世》,《典藏古美術》,第 205 期,2009 年 10 月。

196. 華方田:《永明延壽與禪教會通》,《競争力》,2009 年第 12 期。

197. 金建鋒:《論釋贊寧〈宋高僧傳〉的史料價值》,《史學史研究》,2010 年第 1 期。

198. 金建鋒:《釋贊寧與士大夫交游考論》,《江西教育學院學報》,2010 年第 1 期。

199. 金建鋒:《釋贊寧著述考》,《古籍整理研究學刊》,2010 年第 3 期。

200. 孫旭:《吳越國杭州佛教發展的特點及原因》,《浙江社會科學》,2010 年第 3 期。

201. 郭延成:《“中道一心”抑或“一心中道”:論永明延壽的“一心”與中道思想的關係》,《遼寧大學學報》(哲學社會科學版),2010 年第 5 期。

202. 黃公元:《從明末四大高僧看永明延壽對晚明佛教的深刻影響》,《世界宗教研究》,2010 年第 5 期。

203. 黃敬家:《禪師形象的三種呈現方式:以〈宋高僧傳〉〈景德傳燈錄〉〈禪林僧寶傳〉爲例》,《成大宗教與文化學報》,第 14 期,2010 年 6 月。

204. 金建鋒:《宋僧釋贊寧生平事迹考》,《法音》,2010 年第 10 期。

205. 陳榮富:《永明延壽對禪净合一的重大貢獻》,《吳越佛教》,第 5 卷,宗教文化出版社,2010 年。

206. 釋界性:《永明大師净土思想研究》,《吳越佛教》,第 5 卷,宗教文化出版社,2010 年。

207. 孫勁松:《永明延壽的乘戒兼急觀》,《吳越佛教》,第 5 卷,宗教文化出版社,2010 年。

208. 王祥偉:《吳越諸王與沙州曹氏歸義軍節度使同佛教關係之比較》,《吳越佛教》,第 5 卷,宗教文化出版社,2010 年。

209. 郭延成:《論永明延壽對大乘空宗的判攝》,《五臺山研究》,2011 年第 1 期。

210. 金東淑:《小考〈宗鏡錄〉中的“禪教一致”思想》,《五臺山研究》,2011 年第 2 期。

211. 何秋雨:《浙江省博物館藏五代吳越國阿育王塔》,《收藏家》,2011 年第 3 期。

212. 金建鋒:《從釋贊寧身份看〈宋高僧傳〉的編撰性質》,《湖州師範學院學報》,2011 年第 3 期。

213. 陳全新:《論永明延壽〈觀心玄樞〉的"觀心"思想》,《邯鄲學院學報》,2011 年第 4 期。

214. 閆愛賓:《錢弘俶、漢傳密教與寶篋印塔流布》,《建築歷史與理論》,第 11 輯,《蘭州理工大學學報》,第 37 卷,2011 年 10 月。

215. 王翠玲:《永明延壽的修行析論:以有關朝暮二課的陀羅尼爲主》,《中正大學中文學術年刊》,第 18 期,2011 年 12 月。

216. 艾思仁:《公元 956 年陀羅尼經》,《吳越勝覽國際學術研討會論文集》,中國書店,2011 年。

217. 服部敦子:《有關阿育王塔建造之考察──以佛教圖像研究爲中心》,《吳越勝覽國際學術研討會論文集》,中國書店,2011 年。

218. 管菊芬:《杭州梵天寺經幢及其佛教造像》,《吳越勝覽國際學術研討會論文集》,中國書店,2011 年。

219. 何勇強:《吳越國杭州佛教寺院空間分布研究》,《吳越勝覽國際學術研討會論文集》,中國書店,2011 年。

220. 勞伯敏:《關於紹興柯山大佛成像年代的探討》,《吳越勝覽國際學術研討會論文集》,中國書店,2011 年。

221. 瀧朝子:《日本僧人奝然請來的釋迦如來像在吳越佛教上的意義》,《吳越勝覽國際學術研討會論文集》,中國書店,2011 年。

222. 柳向春:《雷峰塔藏經若干問題刍議》,《吳越勝覽國際學術研討會論文集》,中國書店,2011 年。

223. 橋村愛子:《收藏於吳越國佛塔裏的〈法華經〉與日本》,《吳越勝覽國際學術研討會論文集》,中國書店,2011 年。

224. 周炅美:《吳越國時代寧波阿育王塔及其影響》,《吳越勝覽國際學術研討會論文集》,中國書店,2011 年。

225. 郭延成:《永明延壽的中觀思想與天台宗佛學》,《中日韓天台學術對話》,人民出版社,2011 年。

226. 孫勁松:《永明延壽對五乘佛戒的比較探究》,《趙州禪研究:首屆河北趙州禪臨濟禪生活禪學術論壇論文集》,中州古籍出版社,2011 年。

227. 陳平:《錢(弘)俶造八萬四千〈寶篋印陀羅尼經〉(上)——兼談吳越〈寶篋印陀羅尼經〉與阿育王塔的關係》,《榮寶齋》,2012 年第 1 期。

228. 陳全新:《論永明延壽的"因果無差"觀》,《濮陽職業技術學院學報》,2012 年第 1 期。

229. 劉澤亮、林亞楨:《延壽觀心思想考論——以〈宗鏡錄〉、〈觀心玄樞〉爲中心》,《廈門大學學報》(哲學社會科學版),2012 年第 1 期。

230. 陳平:《錢(弘)俶造八萬四千〈寶篋印陀羅尼經〉(下)——兼談吳越〈寶篋印陀羅尼經〉與阿育王塔的關係》,《榮寶齋》,2012 年第 2 期。

231. 郭延成:《論永明延壽禪師對真心妄心之内涵及其關係的闡釋》,《中國佛學》,2012 年第 2 期。

232. 劉伶利:《論北宋僧人贊寧》,《華章》,2012 年第 2 期。

233. 張愛林:《永明延壽的因明現量論解析》,《世界宗教研究》,2012 年第 2 期。

234. 陳全新:《論永明延壽圓融觀的特色》,《南京航空航天大學學報》(社會科學版),2012 年第 4 期。

235. 陳全新:《論永明延壽圓融觀的現實意義》,《遼寧醫學院學報》(社會科學版),2012 年第 4 期。

236. 黄誠:《永明延壽禪師的著述及思想略論》,《貴州大學學報》(社會科學版),2012 年第 4 期。

237. 劉闖:《淺析高僧行修對彌勒佛在中國化過程中的塑造》,《五臺山研究》,2012 年第 4 期。

238. 楊志飛:《〈宋高僧傳〉成書考》,《山西財經大學學報》,2012 年增刊。

239. 郭延成:《禪宗法眼宗永明延壽祖師所建構的中國佛教之

"一心"思想及其當代意義》,《中國禪學研究》,中州古籍出版社,2012 年。

240. 胡建明:《論宗密對永明延壽禪師的佛學思想的影響》,《吳越佛教》,第 7 卷,九州出版社,2012 年。

241. 王心喜、胡雪花:《錢氏吳越國崇佛影響研究》,《吳越佛教》,第 7 卷,九州出版社,2012 年。

242. 黃公元:《虛雲老和尚對永明延壽思想的繼承與發揚》,《巍巍雲居,千年真如:虛雲禪師佛學國際研討會論文集》,中州古籍出版社,2012 年。

243. 林亞楨:《永明延壽首倡"唯識二觀"及其意義》,《東南學術》,2013 年第 1 期。

244. 李海濤:《高麗諦觀與吳越佛教天台宗》,《延邊大學學報》(社會科學版),2013 年第 2 期。

245. 王心喜:《吳越國王錢鏐與余杭徑山洪諲禪師的交往》,《余杭史志》,2013 年第 3 期。

246. 薛正昌:《錢氏家族與吳越佛教文化》,《浙江社會科學》,2013 年第 3 期。

247. 伊雷:《永明延壽形象净土化及其"阿彌陀佛"信仰研究》,《北京化工大學學報》(社會科學版),2013 年第 3 期。

248. 成蔭:《吳越國家與僧人杭州合作建寺考》,《文史雜誌》,2013 年第 5 期。

249. 陳全新、袁宏禹:《論永明延壽用一心説對八識説、九識説乃至諸識説的圓融》,《法音》,2013 年第 8 期。

250. 桑吉扎西:《第十一屆吳越佛教學術研討會在杭州舉行》,《法音》,2014 年第 1 期。

251. 釋可祥:《天台德韶及其禪法》,《中國佛學》,2014 年第 1 期。

252. 彭燕:《淺析吳越國時期紹興雕版印刷文化》,《圖書館工作與研究》,2014 年第 2 期。

253. 孫群:《從藝術到文化:泉州寶篋印經石塔與吳越國金涂塔

雕刻藝術的比較研究》，《福建師範大學學報》（哲學社會科學版），
2014 年第 2 期。

254. 伊雷：《永明延壽"性宗圓教"思想研究》，《北京化工大學
學報》（社會科學版），2014 年第 2 期。

255. 黎毓馨：《吳越國時期的佛教遺物——以阿育王塔、刻本
〈寶篋印經〉、金銅造像爲例》，《東方博物》，2014 年第 4 期。

256. 周意群：《安吉五代靈芝塔》，《東方博物》，2014 年第 4 期。

257. 孫同德：《蘇州瑞光塔雲岩寺塔碧紙金書唐五代宋初寫
經》，《中國書法》，2014 年第 17 期。

258. 秦瑜：《從天台到四明：五代宋初天台宗傳法中心的轉移》，
《廣州社會主義學院學報》，2015 年第 1 期。

259. 楊冰華：《"第十一屆吳越佛教學術研討會"會議論文綜
述》，《中國佛學》，2015 年第 1 期。

260. 伊雷：《永明延壽"禪教一致"思想研究》，《北京化工大學
學報》（社會科學版），2015 年第 1 期。

261. 郭延成：《論永明延壽禪師的中道思想》，《中國佛學》，2015
年第 2 期。

262. 施建平：《宋代圖書出版大繁榮的先聲——吳越國高僧永
明延壽的出版活動及對後世的影響》，《圖書館學刊》，2015 年第
4 期。

263. 周景崇：《杭州佛教石窟造像考》，《美術觀察》，2015 年第
5 期。

264. 仲威：《金石善本過眼錄——吳越國金涂塔拓本三種》，《藝
術品》，2015 年第 7 期。

265. 陳漢民、洪尚之：《論雷峰塔興衰的時代印記及其現實意
義》，《西湖文瀾——西湖文化研討會論文集萃》，杭州出版社，
2015 年。

266. 黎毓馨：《瑞相重明——雷峰塔文物陳列》，《藝術品》，2016
年第 2 期。

267. 釋聖圓：《贊寧儒律合一思想略窺》，《五臺山研究》，2016

年第 2 期。

268. 田豐:《龍泉高僧德韶生平及功績考》,《圖書館研究與工作》,2016 年第 2 期。

269. 張琴:《論永明延壽的理事無閡觀——以〈萬善同歸集〉爲中心》,《中國佛學》,2016 年第 2 期。

270. 金東淑:《初探〈宗鏡録〉中的真心修行觀及其意義》,《五臺山研究》,2016 年第 3 期。

271. 魏祝挺:《吳越國經幢初步研究》,《東方博物》,2016 年第 4 期。

272. 金建鋒:《論宋初釋贊寧〈笋譜〉的價值》,《宜春學院學報》,2016 年第 8 期。

273. 辛德勇:《元刻本〈宗鏡録〉零册漫記》,氏著《書者生也》,未來出版社,2016 年。

274. 玄忠赫、吳賢姬:《吳越佛教與高麗佛教及慧因高麗寺的相互影響》,《第十五屆中國韓國學國際研討會論文集·宗教文化卷》,民族出版社,2016 年。

275. 釋聖圓:《贊寧的生平及其所處時代的社會環境和思想背景》,《中國佛學》,2017 年第 1 期。

276. 孫勁松:《永明延壽的戒律思想研究》,《人文論叢》,2017 年第 2 期。

277. 吳天躍:《日本出土的吳越國錢倣造銅阿育王塔及相關問題研究》,《藝術設計研究》,2017 年第 2 期。

278. 魏祝挺:《閘口白塔原名及營造年代考》,《東方博物》,2017 年第 3 期。

279. 童賽玲:《五代吳越國杭州地區的佛教石窟造像藝術》,《大衆文藝》,2017 年第 4 期。

280. 吳天躍、李軍:《材質、形制、圖像與信仰——五代吳越國阿育王塔的綜合研究》,《美術研究》,2017 年第 4 期。

281. 王招國:《永明延壽傳記之新資料——中國國家圖書館藏〈永明智覺禪師方丈實録〉》,氏著《佛教文獻論稿》,廣西師範大學出版社,2017 年。

282. 張雲江:《義寂法師與宋初天台宗往高麗、日本求取教籍事略論》,《五臺山研究》,2018 年第 2 期。

283. 陳文慶:《〈宗鏡録〉成書新探》,《福建師範大學學報》(哲學社會科學版),2018 年第 3 期。

284. 魏祝挺:《唐五代鐵塔略考》,《東方博物》,2018 年第 3 期。

285. 湯恒亮:《吳越武丘山寺彌陀塔牡丹裝飾浮塑考——唐型文化與宋型文化下的牡丹範式》,《室内設計與裝修》,2018 年第 6 期。

286. 湯恒亮:《吳越武丘山寺彌陀塔如意裝飾浮塑考》,《建築與文化》,2018 年第 11 期。

287. 湯恒亮:《吳越文化遺産武丘山寺彌陀塔湖石浮塑研究》,《中國名城》,2018 年第 11 期。

288. 常青:《杭州石屋洞造像調查與資料輯録》,《石窟寺研究》,第 7 輯,科學出版社,2018 年。

289. 杜文玉:《吳越國杭州佛寺考——以〈咸淳臨安志〉爲中心》,《唐史論叢》,第 26 輯,三秦出版社,2018 年。

290. 韓劍英:《宋初慈光晤恩大師歷史地位考辨》,《首届天台佛教學術研討會:唐宋天台佛教論文集》,上海書店出版社,2018 年。

291. 黄公元:《〈宗鏡録〉與天台教及〈法華經〉——以〈宗鏡録〉對天台教根本經典〈法華經〉的引用爲重點》,《首届天台佛教學術研討會:唐宋天台佛教論文集》,上海書店出版社,2018 年。

292. 黄夏年:《天台德韶與高麗佛教》,《首届天台佛教學術研討會:唐宋天台佛教論文集》,上海書店出版社,2018 年。

293. 黎毓馨:《五代宋初吳越國時期佛教金銅造像概述》,《東方博物》,2019 年第 1 期。

294. 賴天兵:《靈隱寺吳越國經幢短柱造像與佛頂尊勝陀羅尼經變相》,《敦煌研究》,2019 年第 3 期。

295. 賴天兵:《杭州九曜山窟龕造像調查》,《文博》,2019 年第 3 期。

296. 賴天兵：《杭州梵天寺吳越國雙經幢短柱造像考》，《東方博物》，2019 年第 3 期。

297. 任平山：《吳越阿育王塔四本生圖辨》，《文物》，2019 年第 3 期。

298. 吳天躍：《韓國出土的吳越國錢俶造銅塔和石造阿育王塔研究》，《美術學報》，2019 年第 5 期。

299. 林成博：《寶塔望百裏，瑞獸鎮四方：浙江安吉靈芝塔"五代獨角陶脊獸"原型辨析》，《大衆考古》，2019 年第 6 期。

300. 賴天兵：《吳越國石刻佛教造像的造型及組合》，《石窟寺研究》，第 9 輯，科學出版社，2019 年。

301. 管菊芬：《杭州梵天寺經幢及其佛教造像》，《吳越國史迹遺存發現與研究學術研討會論文集》，現代出版社，2019 年。

302. 洪俊：《梵天寺經幢結構與營造初探》，《吳越國史迹遺存發現與研究學術研討會論文集》，現代出版社，2019 年。

303. 黎毓馨：《五代宋初吳越國時期佛教金銅造像概述》，《吳越國史迹遺存發現與研究學術研討會論文集》，現代出版社，2019 年。

304. 錢玉成：《吳越國治，虎丘塔出》，《吳越國史迹遺存發現與研究學術研討會論文集》，現代出版社，2019 年。

305. 沈芳漪：《喻皓所造佛塔考述》，《吳越國史迹遺存發現與研究學術研討會論文集》，現代出版社，2019 年。

306. 魏祝挺：《吳越國鐵塔略考》，《吳越國史迹遺存發現與研究學術研討會論文集》，現代出版社，2019 年。

307. 吳天躍：《日本出土的吳越國錢俶造銅塔及相關問題研究》，《吳越國史迹遺存發現與研究學術研討會論文集》，現代出版社，2019 年。

308. 楊渭生：《略談吳越國佛教文化》，《吳越國史迹遺存發現與研究學術研討會論文集》，現代出版社，2019 年。

309. 張小楊：《吳越國石窟造像遺存簡述》，《吳越國史迹遺存發現與研究學術研討會論文集》，現代出版社，2019 年。

310. 張玉霖：《錢弘俶與福州華林寺》，《吳越國史迹遺存發現與研究學術研討會論文集》,現代出版社,2019 年。

5－8　王閩

1. 魏應麒:《五代閩史稿之一》,《"國立"中山大學語言歷史學研究所專刊》,第 75 期,1929 年 4 月。

2. 吳國修、王垂樾:《五代閩史大事年表》,《福建師範學院學生科學論文集刊》,第 1 期,1957 年 12 月。

3. 福建省博物館:《五代閩國劉華墓發掘報告》,《文物》,1975年第 1 期。

4. 王秀南:《王氏開閩始祖王審知》,《華學月刊》,第 95 期,1979年 11 月。

5. 童家洲:《五代、宋、元泉州對外貿易的幾個特點》,《福建日報》,1980 年 3 月。

6. 林祥瑞、范兆琪:《王審知治閩》,《福建論壇》(社科教育版),1981 年第 3 期。

7. 聞之:《唐五代閩海上交通的特點》,《中國古代史論叢》,1982年第 1 輯。

8. 鄭學檬(聞之):《唐五代閩海上交通的特點》,《中國古代史論叢》,1982 年第 1 輯。

9. 李東華:《五代北宋以降泉州海外交通轉盛的原因》,《食貨月刊》,第 11 卷第 11—12 期,1982 年 3 月。

10. 王秀南:《五代閩國的興亡史》,《華學月刊》,第 124 期,1982年 4 月。

11. 李東華:《唐末泉州的興起及其背景》,《臺大歷史學報》,第9 期,1982 年 12 月。

12. 劉梅生:《唐末五代時期光州人的南徙入閩》,《信陽師範學院學報》(哲學社會科學版),1983 年第 2 期。

13. 王鐵藩:《唐末開闢的甘棠港址考》,《福建論壇》,1984 年第5 期。

14. 李東華:《五代北宋時期泉州海上交通之發展》,《臺大歷史學報》，第 10—11 期，1984 年 12 月。

15. 范兆琪：《王審知與福建的發展》，《中州今古》，1985 年第 3 期。

16. 何敦鏵：《王審知廣納賢才選任良吏治閩》，《福州論壇》，1985 年第 3 期。

17. 黃偉民：《留從效政績考》，《泉州師專學報》，1986 年第 1 期。

18. 鄭國珍：《福州出土的唐末五代白瓷及其窯屬》，《東南文化》，1986 年第 2 期。

19. 韓振華：《五代福建對外貿易》，《中國社會經濟史研究》，1986 年第 3 期。

20. 王秀南：《開閩王：王審知傳》，《書和人》，第 544 期，1986 年 5 月 24 日。

21. 林宗鴻：《泉州開元寺發現五代石經幢等重要文物》，《泉州文史》，1986 年第 9 期。

22. 黃炳元：《“永隆通寶”錢範與泉州早期社會經濟》，《中國錢幣》，1987 年第 4 期。

23. 蔣九如、林兆育、李瓊霖：《五代十國閩錢》，《中國錢幣》，1987 年第 4 期。

24. 劉敬揚、柴國宏：《開元通寶背“殷”鉛錢》，《中國錢幣》，1987 年第 4 期。

25. 廖大珂：《閩國“甘棠港”考》，《福建學刊》，1988 年第 5 期。

26. 官桂銓、官大樑：《閩王王審知夫婦墓誌》，《文史》，第 28 輯，1988 年。

27. 林汀水：《唐以來福建水利建設概況》，《中國社會經濟史研究》，1989 年第 2 期。

28. 方海洋：《閩政權與釋道》，《東南文化》，1990 年第 3 期。

29. 蔣九如、劉敬揚、柴國宏：《閩開元鉛錢的版別和鑄造者初探》，《福建金融》，1990 年第 9 期。

30. 阿倫：《閩王審知有德政》，《福州鄉土文化彙編》，福州晚報社,1990 年。

31. 徐曉望:《唐末五代福建茶業考》,《福建茶葉》,1991 年第
1 期。

32. 徐曉望:《王潮、王審知治閩策略初探》,《理論學習月刊》,
1991 年第 3 期。

33. 曾四清:《馬楚、王閩政權滅亡原因初探》,《湖湘論壇》,1991
年第 3 期。

34. 曾四清:《王閩政權與福建經濟文化的迅速發展》,《福建論
壇》,1991 年第 3 期。

35. 鄭國珍:《唐末五代閩王王審知夫婦墓清理簡報》,《文物》,
1991 年第 5 期。

36. 徐六符:《一部新發現的閩王王審知後裔族譜》,《福建論
壇》,1992 年第 1 期。

37. 徐曉望:《閩國田制考略》,《中國社會經濟史研究》,1992 年
第 2 期。

38. 向生榕:《從"南安之變"到閩國的建立》,《福建論壇》,1992
年第 5 期。

39. 唐大珂:《唐末五代福州海上交通的發展變化與甘棠港的興
衰》,《福建史志》,1993 年第 2 期。

40. 賈晉華:《五代泉州詩壇》,《廈門大學學報》(哲學社會科學
版),1993 年第 3 期。

41. 徐曉望:《多角度研究閩國史》,《東南學術》,1994 年第
4 期。

42. 周裕興:《略談新發現的五代閩國王氏族人墓誌》,《福建史
志》,1994 年第 5 期。

43. 鄭家駒:《閩王治稅》,《福建稅務》,1994 年第 8 期。

44. 徐六符:《閩王墓與閩王祠》,《文史知識》,1995 年第 4 期。

45. 鄧華祥、蕭忠生:《試論王審知對福建經濟建設的貢獻》,《福
州師專學報》(社會科學版),1996 年第 3 期。

46. 陳尚君:《〈舊五代史·王審知傳〉輯校》,《漳州師範學院學

報》,1995 年第 1 期。

47. 黃偉民:《唐末五代福建佛教的新發展及其原因》,《泉州師專學報》(社會科學版),1995 年第 1 期。

48. 王榮國:《唐末五代閩中的曹洞宗》,《福建史志》,1996 年第 2 期。

49. 林立群、林精華:《王審知入閩、治閩與崇佛》,《福建論壇》,1996 年第 3 期。

50. 黃新憲:《王審知的治閩方略考》,《教育評論》,1996 年第 5 期。

51. 何敦鏵:《唐五代福建科舉人才散論》,《福建文史》,1997 年第 2 期。

52. 何綿山:《五代時期閩國文學淺論》,《重慶電大學刊》,1997 年第 2 期。

53. 林嶺:《五代十國時期福建商品經濟的發展與地理基礎》,《福建地理》,1997 年第 2 期。

54. 徐曉望:《論對閩王王審知的評價》,《福建文史》,1997 年第 2 期。

55. 何綿山:《五代閩國文學探論》,《文史哲》,1997 年第 6 期。

56. 鄭壽岩:《五代時期福建的對外貿易》,《福建文史》,1998 年第 2 期。

57. 戴顯群、黃岩旺:《唐五代中原漢民入閩及其對福建經濟的影響》,《福建史志》,1998 年第 3 期。

58. 顏章炮:《晚唐至宋福建地區造神高潮》,《世界宗教研究》,1998 年第 3 期。

59. 方炳桂、方向紅:《福州歷史若干問題釋疑》,《福建論壇》(文史哲版),1998 年第 5 期。

60. 劉琳:《固始遷閩考》,《宋代文化研究》,第 7 輯,巴蜀書社,1998 年。

61. 朱雷:《唐末光州人入閩史實考》,《魏晋南北朝隋唐史資料》,第 16 輯,武漢大學出版社,1998 年。

62. 楊桂麗:《王審知與福建海外交通》,《福建論壇》,1999 年第 5 期。

63. 周裕興:《南京西善橋發現五代閩國王氏族人墓誌》,《考古》,1999 年第 7 期。

64. 劉敬揚:《開元通寶背殷、建鉛錢》,《福州晚報》,1999 年 9 月 17 日。

65. 何燦浩:《試論王閩政權的構成及其變化》,《福州大學學報》(哲學社會科學版),2000 年第 4 期。

66. 何敦鏵、林劍華:《略論唐五代福建人士登科及其特點》,《福建師範大學學報》(哲學社會科學版),2000 年第 4 期。

67. 高橋繼男:《對〈南京市西善橋發現五代閩國王氏族人墓誌〉一文的補充》,《考古》,2000 年第 9 期。

68. 陳延杭:《中世紀中原移民與泉州造船技術的發展》,《流徽八閩:紀念三王入閩 1115 周年五代閩國三王歷史學術研討會論文集》,泉州,2000 年 11 月。

69. 陳忠義:《略論五代閩國之文學》,《流徽八閩:紀念三王入閩 1115 周年五代閩國三王歷史學術研討會論文集》,泉州,2000 年 11 月。

70. 傅宗文、陳金蓮:《三王入閩與泉州崛起》,《流徽八閩:紀念三王入閩 1115 周年五代閩國三王歷史學術研討會論文集》,泉州,2000 年 11 月。

71. 黃昆成:《試論王審知的“立國方略”與佛教》,《流徽八閩:紀念三王入閩 1115 周年五代閩國三王歷史學術研討會論文集》,泉州,2000 年 11 月。

72. 柯其成、林宗德:《隨王入閩十八姓考》,《流徽八閩:紀念三王入閩 1115 周年五代閩國三王歷史學術研討會論文集》,泉州,2000 年 11 月。

73. 李天錫:《泉州招賢院與“海濱鄒魯”風氣的形成》,《流徽八閩:紀念三王入閩 1115 周年五代閩國三王歷史學術研討會論文集》,泉州,2000 年 11 月。

74. 林昌如：《五代閩國南安招賢院的歷史地位與作用》，《流徽八閩：紀念三王入閩1115周年五代閩國三王歷史學術研討會論文集》，泉州，2000年11月。

75. 林國清：《閩國興衰的經驗教訓》，《流徽八閩：紀念三王入閩1115周年五代閩國三王歷史學術研討會論文集》，泉州，2000年11月。

76. 林中和：《王審知治閩的歷史功績》，《流徽八閩：紀念三王入閩1115周年五代閩國三王歷史學術研討會論文集》，泉州，2000年11月。

77. 沈玉水：《五代閩國促進泉州港對外貿易的發展》，《流徽八閩：紀念三王入閩1115周年五代閩國三王歷史學術研討會論文集》，泉州，2000年11月。

78. 王大同：《略論五代閩國興衰的經驗教訓》，《流徽八閩：紀念三王入閩1115周年五代閩國三王歷史學術研討會論文集》，泉州，2000年11月。

79. 王寒楓：《五代閩國的佛教和南禪的流播》，《流徽八閩：紀念三王入閩1115周年五代閩國三王歷史學術研討會論文集》，泉州，2000年11月。

80. 王建設：《唐五代中原漢語與泉州方言》，《流徽八閩：紀念三王入閩1115周年五代閩國三王歷史學術研討會論文集》，泉州，2000年11月。

81. 王金城：《閩國治閩事迹二則》，《流徽八閩：紀念三王入閩1115周年五代閩國三王歷史學術研討會論文集》，泉州，2000年11月。

82. 王金城：《唐末隨"三王"入閩移民之探討》，《流徽八閩：紀念三王入閩1115周年五代閩國三王歷史學術研討會論文集》，泉州，2000年11月。

83. 王明元：《五代中原風俗對泉州民俗的影響》，《流徽八閩：紀念三王入閩1115周年五代閩國三王歷史學術研討會論文集》，泉州，2000年11月。

84. 王維宜:《開閩"三王"流徽八閩》,《流徽八閩:紀念三王入閩1115周年五代閩國三王歷史學術研討會論文集》,泉州,2000年11月。

85. 祖麟、王光輝:《福州地區五代時期北方姓氏隨王入閩考》,《流徽八閩:紀念三王入閩1115周年五代閩國三王歷史學術研討會論文集》,泉州,2000年11月。

86. 許在全:《"三王"與閩國》,《流徽八閩:紀念三王入閩1115周年五代閩國三王歷史學術研討會論文集》,泉州,2000年11月。

87. 楊清江:《淺談唐末五代閩國的造神運動》,《流徽八閩:紀念三王入閩1115周年五代閩國三王歷史學術研討會論文集》,泉州,2000年11月。

88. 楊清江:《五代閩國職官補》,《流徽八閩:紀念三王入閩1115周年五代閩國三王歷史學術研討會論文集》,泉州,2000年11月。

89. 張吉昌:《略論"三王"開閩治泉的功績》,《流徽八閩:紀念三王入閩1115周年五代閩國三王歷史學術研討會論文集》,泉州,2000年11月。

90. 張家瑜:《五代閩國的"保境息民"政策》,《流徽八閩:紀念三王入閩1115周年五代閩國三王歷史學術研討會論文集》,泉州,2000年11月。

91. 張省民:《迎王潮入泉州之張延魯》,《流徽八閩:紀念三王入閩1115周年五代閩國三王歷史學術研討會論文集》,泉州,2000年11月。

92. 莊炳章:《略述"三王"在泉州的史迹》,《流徽八閩:紀念三王入閩1115周年五代閩國三王歷史學術研討會論文集》,泉州,2000年11月。

93. 陳錦谷:《閩王國的兩代統治者——閩王國興亡之思考》,《王審知學術研討會論文集》,福州市社科院,2000年。

94. 陳名實、呂秋心:《古代福建與中原的交通及王審知兄弟入閩路綫》,《王審知學術研討會論文集》,福州市社科院,2000年。

95. 陳舍:《中原移民、地區開發和民族融合——紀念王審知治閩 1100 周年》,《王審知學術研討會論文集》,福州市社科院,2000 年。

96. 方炳桂:《王審知德政及其歷史局限》,《王審知學術研討會論文集》,福州市社科院,2000 年。

97. 官桂銓:《一部有關閩國的小説〈陳金鳳外傳〉》,《王審知學術研討會論文集》,福州市社科院,2000 年。

98. 胡慧玲:《王審知對發展福建文化教育事業的貢獻》,《王審知學術研討會論文集》,福州市社科院,2000 年。

99. 黄榮春:《王審知墓及其墓誌》,《王審知學術研討會論文集》,福州市社科院,2000 年。

100. 黄政:《閩國在福建教育發展史上的地位》,《王審知學術研討會論文集》,福州市社科院,2000 年。

101. 李鄉瀏:《試論王審知治閩在文化上的業績》,《王審知學術研討會論文集》,福州市社科院,2000 年。

102. 梁信明:《不做天子的王審知》,《王審知學術研討會論文集》,福州市社科院,2000 年。

103. 廖楚强:《王審知與閩文化》,《王審知學術研討會論文集》,福州市社科院,2000 年。

104. 林炳釗:《略談王審知業績》,《王審知學術研討會論文集》,福州市社科院,2000 年。

105. 林恩燕、林家鍾:《關於王審知治閩政策的評價》,《王審知學術研討會論文集》,福州市社科院,2000 年。

106. 林國清:《王審知造反思想和稱臣思想的統一》,《王審知學術研討會論文集》,福州市社科院,2000 年。

107. 林精華:《王審知入閩、治閩與"崇佛"》,《王審知學術研討會論文集》,福州市社科院,2000 年。

108. 林利本:《閩王王審知的幣制》,《王審知學術研討會論文集》,福州市社科院,2000 年。

109. 林瑞峰:《王審知開閩與惠安置縣》,《王審知學術研討會論文集》,福州市社科院,2000 年。

110. 林祥彩、林大協:《琅琊郡王王審知》,《王審知學術研討會論文集》,福州市社科院,2000 年。

111. 林萱治:《王審知及其閩國》,《王審知學術研討會論文集》,福州市社科院,2000 年。

112. 潘群:《淺説王審知重視文化教育事業》,《王審知學術研討會論文集》,福州市社科院,2000 年。

113. 唐岱蒙:《王審知與閩國鑄幣》,《王審知學術研討會論文集》,福州市社科院,2000 年。

114. 王植倫:《王審知的"開閩"五策》,《王審知學術研討會論文集》,福州市社科院,2000 年。

115. 王植倫:《試論閩國王審知的宗教政策》,《王審知學術研討會論文集》,福州市社科院,2000 年。

116. 吳卉:《善於籠絡人心的王審知》,《王審知學術研討會論文集》,福州市社科院,2000 年。

117. 蕭忠生:《王審知與福建》,《王審知學術研討會論文集》,福州市社科院,2000 年 4 月。

118. 蕭忠生:《王審知在福州大事記》,《王審知學術研討會論文集》,福州市社科院,2000 年。

119. 謝必震:《論王審知在福建對外關係史上的地位》,《王審知學術研討會論文集》,福州市社科院,2000 年。

120. 許伙努、楊清江:《隨"三王"入閩諸姓考》,《王審知學術研討會論文集》,福州市社科院,2000 年。

121. 楊秉綸:《王審知墓誌》,《王審知學術研討會論文集》,福州市社科院,2000 年。

122. 楊曉紅:《閩王王審知府第——慶城寺和閩王祠》,《王審知學術研討會論文集》,福州市社科院,2000 年。

123. 楊曉蕾:《華林寺與閩國史》,《王審知學術研討會論文集》,福州市社科院,2000 年。

124. 葉翔:《王妃黄厥的傳説和地方志資料》,《王審知學術研討會論文集》,福州市社科院,2000 年。

125. 張傳興:《王審知與張睦》,《王審知學術研討會論文集》,福州市社科院,2000 年。

126. 張振玉:《王審知在"育才"、"興學"方面的功績》,《王審知學術研討會論文集》,福州市社科院,2000 年。

127. 鄭金洪:《王審知與惠安》,《王審知學術研討會論文集》,福州市社科院,2000 年。

128. 鄭金洪:《王審知與鄭良士》,《王審知學術研討會論文集》,福州市社科院,2000 年。

129. 鄭壽岩:《王審知與福建對外貿易》,《王審知學術研討會論文集》,福州市社科院,2000 年。

130. 莊可庭:《王審知是發展福州海外貿易與交往的開拓者》,《王審知學術研討會論文集》,福州市社科院,2000 年。

131. 程宣本:《鉛質開元背"閩"字錢小議》,《西安金融》,2001 年第 1 期。

132. 何燦浩:《王閩三次福州兵變及其原因》,《福州大學學報》(哲學社會科學版),2001 年第 1 期。

133. 林拓:《從化外之地到兩個文化帶的相繼發育——宋以前福建文化地域格局的演變》,《中國歷史地理論叢》,2001 年第 1 輯。

134. 王榮國:《吴越國割據時期的福州佛教》,《福建宗教》,2001 年第 4 期。

135. 顏立水:《"閩祖光州,相傳之謬"——讀洪受〈光州固始辨〉》,《中州今古》,2001 年第 5 期。

136. 鄧景華:《沙縣出土閩"開元通寶"小平鉛錢版别初探》,《福建錢幣》,2001 年第 7 期。

137. 陳名實:《三王入閩路綫考》,《八閩之根》,石獅市王審知學術研究會,2001 年。

138. 陳弱水:《中晚唐五代福建士人階層興起的幾點觀察》,《中國社會歷史評論》,第 3 卷,天津古籍出版社,2001 年。

139. 謝志雄、王小塔:《泉州發現"開元通寶"銀質背閩小平錢》,《福建省錢幣學會成立十五周年紀念暨學術研討會論文集》,

2001 年。

140. 王榮國：《文益禪師在閩參桂琛的年代、因由、地點與卓庵處考辨》，《世界宗教研究》，2002 年第 1 期。

141. 王彥力：《譚峭的教育思想》，《雁北師範學院學報》，2002年第 1 期。

142. 欣士敏：《王審知富國便民鑄鉛錢》，《發展研究》，2002 年第 8 期。

143. 劉心：《試論韓偓入閩後的詩歌創作及其特色》，《福州大學學報》(哲學社會科學版)，2003 年第 1 期。

144. 吳雪灝：《張廷暉與恭利祠及其茶文化》，《福建茶葉》，2003年第 1 期。

145. 謝重光：《也談文益禪師參桂琛的地點和年代》，《世界宗教研究》，2003 年第 1 期。

146. 胡滄澤：《略論唐末五代王閩政權的職官制度》，《福建師範大學學報》(哲學社會科學版)，2003 年第 2 期。

147. 劉文波：《唐末五代泉州對外貿易的興起》，《泉州師範學院學報》(社會科學版)，2003 年第 3 期。

148. 徐曉望：《論隋唐五代福建的開發及其文化特徵的形成》，《東南學術》，2003 年第 5 期。

149. 曾國富：《五代閩國史幾個問題》，《湛江師範學院學報》，2003 年第 5 期。

150. 劉文波：《唐五代泉州社會經濟與對外貿易的興起》，《泉州港與海上絲綢之路》二，中國社會科學出版社，2003 年。

151. 王榮國：《青原行思禪系在晚唐五代前期閩中的傳衍》，《曹溪：禪研究》(三)，中國社會科學出版社，2003 年。

152. 胡滄澤：《唐宋社會變革與閩南文化的發展變化》，《閩都文化研究》，2004 年第 1 期。

153. 王榮國：《〈文益禪師在閩參桂琛的年代、因由、地點與卓庵處考辨〉續——對謝重光先生〈也談文益禪師參桂琛的地點和年代〉的回應》，《世界宗教研究》，2004 年第 1 期。

154. 齊東方：《閩國文明的崛起及其延續》，《吉林大學社會科學學報》，2004 年第 4 期。

155. 余奎元：《頗有史料價值的范輻墓誌銘》，《福建史志》，2004年第 4 期。

156. 王榮國：《晚唐五代福建禪宗與南岳禪宗互動》，《禪宗與中國佛教文化》，中國社會科學出版社，2004 年。

157. 張曉東：《閩國的宗教、方術對政治的影響》，《山東社會科學》，2005 年第 2 期。

158. 董亞巍、江建：《閩國"永隆通寶"錢範的製作工藝》，《中國錢幣》，2005 年第 3 期。

159. 劉文波：《唐五代泉州海外貿易管理芻議》，《泉州師範學院學報》，2005 年第 3 期。

160. 泉州市文物保護研究中心：《泉州北峰五代王福墓》，《福建文博》，2005 年第 3 期。

161. 周桂鈿：《從中國傳統價值觀看詹敦仁的思想境界》，《福建論壇》（人文社會科學版），2005 年第 3 期。

162. 徐曉望：《論閩國時期福州文化的發展》，《閩都文化研究》，2006 年第 1 期。

163. 徐曉望：《閩國時期的福州宗教》，《閩都文化研究》，2006年第 2 期。

164. 何燦浩：《王閩的宗教政策與政教關係》，《寧波大學學報》（人文科學版），2006 年第 6 期。

165. 李志堅：《漫漫豫閩路：唐末固始人移民福建的路綫選擇》，《尋根》，2006 年第 6 期。

166. 劉文波：《五代時期泉州的海外貿易》，《江蘇商論》，2006年第 8 期。

167. 李喬：《唐末五代固始入閩姓氏考》，《河洛文化與漢民族散論》，河南人民出版社，2006 年。

168. 葉真銘：《五代閩國鉛質開元通寶錢》，《安徽錢幣》，2007年第 1 期。

169. 曾嚴爽：《五代時期閩國與南漢關係初探——閩國兵襲南漢梅口鎮釋疑》，《東華人文學報》，第 10 期，2007 年 1 月。

170. 戴顯群：《福州開元寺鐵佛鑄造年代考》，《福建宗教》，2007 年第 5 期。

171. 曹永禄：《唐末五代福建地區韓國佛迹》，《中韓古代海上交流》，遼寧民族出版社，2007 年。

172. 陳麗華：《唐宋之際登州港的繁榮與福建海上交通的發展》，《青島大學師範學院學報》，2008 年第 2 期。

173. 楊秀明：《從〈祖堂集〉看唐末閩南方言"仔"綴語詞的發展》，《韶關學院學報》（社會科學版），2008 年第 11 期。

174. 戴顯群：《唐末五代福建商業貿易的發展與"閩商"的崛起》，氏著《唐五代社會政治史研究》，黑龍江人民出版社，2008 年。

175. 張海瀛：《福建開閩王源流考》，《慶祝寧可先生八十華誕論文集》，中國社會科學出版社，2008 年。

176. 李志堅：《王潮、王審知兄弟治閩與中原文化的南傳》，《信陽師範學院學報》（哲學社會科學版），2009 年第 1 期。

177. 張新斌：《"光州固始"的歷史文化解讀》，《尋根》，2009 年第 1 期。

178. 李喬：《"閩祖光州"現象形成原因探析》，《中州學刊》，2009 年第 2 期。

179. 胡志榮、劉錫濤：《試論王閩政權割據的條件》，《閩江學院學報》，2009 年第 3 期。

180. 黃潔瓊：《"首屆王審知學術研討會"綜述》，《閩臺文化交流》，2009 年第 3 期。

181. 劉錫濤、牛江紅：《關於王審知的幾個問題》，《臺灣源流》，第 48—49 期，2009 年 10 月。

182. 楊娟娟：《統合儒釋：王審知治閩方略探析》，《福建論壇》（人文社會科學版），2009 年第 11 期。

183. 楊炎財：《連城"河源十三坊"輪流供奉閩王王審知》，《黑龍江史志》，2009 年第 19 期。

184. 陳榕三:《王審知與閩臺關係的研究》,《固始與閩臺淵源關係研究》,人民出版社,2009年。

185. 陳學文:《歷史丰碑,根親紐帶——陳元光家族和王審知兄弟的偉大功績及歷史影響》,《固始與閩臺淵源關係研究》,人民出版社,2009年。

186. 何綿山:《王審知創建的福州鼓山涌泉寺與臺灣佛教》,《固始與閩臺淵源關係研究》,人民出版社,2009年。

187. 廖開順:《唐五代光州固始軍事移民對開發福建的歷史作用》,《固始與閩臺淵源關係研究》,人民出版社,2009年。

188. 林偉功:《唐末隨王由光州固始入閩各姓氏中的名門望族》,《固始與閩臺淵源關係研究》,人民出版社,2009年。

189. 穆朝慶:《隨王審知入閩固始將士姓氏補遺》,《固始與閩臺淵源關係研究》,人民出版社,2009年。

190. 孫繼民、陳艷:《唐末王審知與范暉福州之戰考》,《固始與閩臺淵源關係研究》,人民出版社,2009年。

191. 王大良:《王審知入閩與閩臺人光州固始之根》,《固始與閩臺淵源關係研究》,人民出版社,2009年。

192. 許競成:《移民萬衆與根著光州固始——述王審知入閩從衆屬籍》,《固始與閩臺淵源關係研究》,人民出版社,2009年。

193. 薛瑞澤:《閩國建立與河洛文化南傳》,《固始與閩臺淵源關係研究》,人民出版社,2009年。

194. 楊清江:《隨“三王”入閩諸姓考》,《固始與閩臺淵源關係研究》,人民出版社,2009年。

195. 王子平:《關於王審知卒年及其子嗣之考證》,《開閩三王》,廈門市王審知研究會,2009年。

196. 楊緒獅:《“開閩三王”的史料評説》,《開閩三王》,廈門市王審知研究會,2009年。

197. 楊緒獅:《楊肅與三王》,《開閩三王》,廈門市王審知研究會,2009年。

198. 楊緒獅:《翁承贊》,《開閩三王》,廈門市王審知研究會,

2009 年。

199. 李志堅:《近三十年來固始尋根研究綜述》,《信陽師範學院學報》(哲學社會科學版),2010 年第 1 期。

200. 祁開龍:《閩國士人的政治命運》,《福建省社會主義學院學報》,2010 年第 2 期。

201. 林桂枝:《福建福州外蘭尾山五代墓葬簡報》,《南方文物》,2010 年第 3 期。

202. 林敏:《淺談閩國官私學校制度的發展變化》,《海峽科學》,2010 年第 3 期。

203. 崔世平:《五代閩國劉華墓再探討》,《東南文化》,2010 年第 4 期。

204. 江鵬峰:《閩王王審知重教興學功績的探究》,《福建質量管理》,2010 年第 4 期。

205. 陳鴻鈞:《福建出土〈唐故燕國明惠夫人彭城劉氏墓誌〉考釋》,《寧波大學學報》(人文科學版),2010 年第 5 期。

206. 鳴鳳:《閩國第一位女詞人陳金鳳》,《炎黃縱橫》,2010 年第 5 期。

207. 金銀珍:《唐·五代時期福建書院述略》,《吉林工程技術師範學院學報》,2010 年第 8 期。

208. 葉純亮:《淺談固始王氏入閩》,《赤峰學院學報》(漢文哲學社會科學版),2010 年第 8 期。

209. 張雲江:《論雪峰義存禪師的禪宗教學方法》,《宗教哲學》,第 53 期,2010 年 9 月。

210. 李大鳴:《皇帝的綽號:白馬三郎、賊王八》,《紫禁城》,2010 年第 11 期。

211. 王舒乙:《開元通寶鉛質大錢》,《收藏》,2010 年第 12 期。

212. 黃潔瓊:《王審知及閩國史研究之回顧》,《福建論壇》(社科教育版),2010 年增刊。

213. 陳堅:《作爲“人性宗教”的禪宗——從雪峰義存的“俗人”說起》,《雪峰義存與中國禪宗文化》,中國社會科學出版社,2010 年。

214. 馮國棟：《〈雪峰語録〉編次考》，《雪峰義存與中國禪宗文化》，中國社會科學出版社，2010 年。

215. 黄夏年：《雪峰寺成立初期諸問題之我見》，《雪峰義存與中國禪宗文化》，中國社會科學出版社，2010 年。

216. 紀華傳：《神晏國師的生平、著述及禪法思想》，《雪峰義存與中國禪宗文化》，中國社會科學出版社，2010 年。

217. 劉元春：《雪峰義存及其禪法簡議》，《雪峰義存與中國禪宗文化》，中國社會科學出版社，2010 年。

218. 劉澤亮：《一門二宗：雪峰禪法思想與雲門、法眼宗風》，《雪峰義存與中國禪宗文化》，中國社會科學出版社，2010 年。

219. 吕有祥：《雪峰義存門下玄沙師備禪法略述》，《雪峰義存與中國禪宗文化》，中國社會科學出版社，2010 年。

220. 麻天祥：《雪峰義存心性哲學的解讀——讀〈大王請師與玄沙入内論佛心印録〉》，《雪峰義存與中國禪宗文化》，中國社會科學出版社，2010 年。

221. 邱高興：《雪峰義存禪法略析》，《雪峰義存與中國禪宗文化》，中國社會科學出版社，2010 年。

222. 釋法廣：《玄沙師備的生平及其歷史地位》，《雪峰義存與中國禪宗文化》，中國社會科學出版社，2010 年。

223. 釋法緣：《雪峰義存禪師的生平事迹》，《雪峰義存與中國禪宗文化》，中國社會科學出版社，2010 年。

224. 釋廣如：《雪峰義存禪師生平及其禪法思想略述》，《雪峰義存與中國禪宗文化》，中國社會科學出版社，2010 年。

225. 釋戒毓：《悲憤而後有"禪"——雪峰義存禪法之性格》，《雪峰義存與中國禪宗文化》，中國社會科學出版社，2010 年。

226. 釋向學：《雪峰義存禪師及其禪法——以般若思想爲探究内容》，《雪峰義存與中國禪宗文化》，中國社會科學出版社，2010 年。

227. 釋圜慈：《法語與禪境——品味〈雪峰義存禪師語録〉》，《雪峰義存與中國禪宗文化》，中國社會科學出版社，2010 年。

228. 王榮國：《雪峰義存生平考述》，《雪峰義存與中國禪宗文化》,中國社會科學出版社,2010 年。

229. 王孺童:《雪峰義存法嗣玄沙師備行録彙考》,《雪峰義存與中國禪宗文化》,中國社會科學出版社,2010 年。

230. 温金玉:《義存系雲門文偃禪法述評》,《雪峰義存與中國禪宗文化》,中國社會科學出版社,2010 年。

231. 伍先林:《略論雪峰及其弟子雲門文偃的禪風特色》,《雪峰義存與中國禪宗文化》,中國社會科學出版社,2010 年。

232. 謝重光:《雪峰義存一系禪密兼修僧人事迹考述》,《雪峰義存與中國禪宗文化》,中國社會科學出版社,2010 年。

233. 徐文明:《雪峰義存生平中的幾個問題》,《雪峰義存與中國禪宗文化》,中國社會科學出版社,2010 年。

234. 楊維中:《閩主王審知與雪峰義存的往來》,《雪峰義存與中國禪宗文化》,中國社會科學出版社,2010 年。

235. 楊曾文:《雪峰義存及其在中國佛教文化史上的地位》,《雪峰義存與中國禪宗文化》,中國社會科學出版社,2010 年。

236. 楊曾文:《雪峰義存、王審知資料附編》,《雪峰義存與中國禪宗文化》,中國社會科學出版社,2010 年。

237. 周書榮:《福建雪峰崇聖禪寺枯木庵唐代樹腹題刻淺釋》,《雪峰義存與中國禪宗文化》,中國社會科學出版社,2010 年。

238. 陳榕三:《"開疆閩王"王審知與中原密切關係研究》,《臺灣研究》,2011 年第 1 期。

239. 福建閩越王城博物館:《武夷山市城村後山五代墓發掘簡報》,《福建文博》,2011 年第 1 期。

240. 胡耀飛:《地理位置·政治勢力·國際環境:王閩政權滅亡後福建地區之分裂探因》,《中山大學研究生學刊》(社會科學版),2011 年第 1 期。

241. 劉英英:《"永隆通寶"錢與泉州的淵源》,《東方收藏》,2011 年第 1 期。

242. 王榮國:《雪峰義存生平再研究——兼與日本學者鈴木哲雄商權》,《世界宗教研究》,2011 年第 1 期。

243. 張清改:《歷史上信仰移民問題及其影響探析》,《山東省農業管理干部學院學報》,2011 年第 3 期。

244. 宋馥香:《唐宋時期福州之變化探略》,《閩江學院學報》,2011 年第 4 期。

245. 王建國:《"開元通寶"背"閩"月孤品大銅錢》,《收藏界》,2011 年第 8 期。

246. 劉錫濤:《談王審知"崇佛"》,《臺灣源流》,第 56—57 期合刊,2011 年 10 月。

247. 沈淦:《黄泉無旅店,今夜宿誰家》,《文史月刊》,2011 年第 10 期。

248. 戴顯群:《五代十國時期福建的科舉》,《魏晉南北朝隋唐史資料》,第 28 輯,武漢大學人文社會科學學報編輯部,2011 年 12 月。

249. 林思翔:《北辰山與王審知》,《安全與健康》,2011 年第 16 期。

250. 福州市文物考古工作隊:《2011 年福州市閩王祠唐五代遺址試掘簡報》,《福建文博》,2012 年第 4 期。

251. 鄭鑫:《"空白"的疑惑與解讀——宋代以前福建漆藝的發展狀況》,《福州大學學報》(哲學社會科學版),2012 年第 5 期。

252. 陳梓生:《略談劉華墓出土的孔雀藍釉瓶》,《福建文博》,2013 年第 3 期。

253. 原媛:《五代閩國佛教青銅器小考》,《福建文博》,2013 年第 3 期。

254. 張振玉:《王審知與福州海上絲綢之路》,《福建文博》,2013 年第 4 期。

255. 王大良:《唐朝末年江淮流域的人口遷移及其歷史意義——以王緒、王潮"悉舉光、壽兵五千人"入閩爲例》,《揚州大學學報》(人文社會科學版),2014 年第 2 期。

256. 黄邵輝:《唐末五代哲學家黄峭》,《福建鄉土》,2014 年第 4 期。

257. 張艷輝:《論五代時期閩國詩學的歷史地位》,《求索》,2014

年第 4 期。

258. 張玉霖:《錢俶與福州華林寺》,《黑龍江史志》,2014 年第 9 期。

259. 蘇佳:《"五代閩國劉華墓陪葬陶俑" 衣冠服飾小考》,《福建文博》,2015 年第 1 期。

260. 李最欣:《黃滔在閩國文壇地位之説獻疑》,《台州學院學報》,2015 年第 2 期。

261. 盧美松:《論甘棠港道的開闢與福州絲路的暢達》,《福建史志》,2015 年第 3 期。

262. 吳旭東:《略論五代時期閩國的國計使職》,《閩江學院學報》,2015 年第 3 期。

263. 葉真銘:《淺談五代閩國鑄幣》,《福建史志》,2015 年第 3 期。

264. 陳名實:《王審知接掌王潮權力之謎》,《福建史志》,2015 年第 6 期。

265. 賴少波:《"茶神" 張廷暉的千古傳奇》,《中國茶葉》,2015 年第 6 期。

266. 李最欣:《五代閩國詩人徐寅人品和文品之説糾謬》,《台州學院學報》,2016 年第 4 期。

267. 沈志:《章仔鈞家訓和家教故事》,《福建史志》,2016 年第 4 期。

268. 曾凌頌:《閩國王后劉華墓的考古發現》,《大衆考古》,2016 年第 5 期。

269. 吳少明、盧華東:《閩西客家祭祀閩王王審知的心理訴求》,《欽州學院學報》,2016 年第 8 期。

270. 陳毓文:《論唐末五代閩地儒學生態的形成與演變》,《懷化學院學報》,2016 年第 9 期。

271. 陳愷旻:《從〈恩賜琅琊郡王德政碑〉看海上絲綢之路中的福州》,《文化學刊》,2016 年第 11 期。

272. 黃潔瓊:《福建開閩王信仰初探》,《贛南師範大學學報》,

2017 年第 2 期。

273. 劉祖陛:《唐五代閩地茶葉生産初探》,《福建史志》,2017年第 5 期。

274. 陳毓文:《唐末五代閩地文學生態述論》,《樂山師範學院學報》,2017 年第 6 期。

275. 劉大可:《閩西客家地區的閩王信仰》,《福建論壇》(人文社會科學版),2017 年第 10 期。

276. 葛洲子:《與神爲親:地方神祇陳靖姑與五代閩國政治》,《中國中古史集刊》,第 3 輯,商務印書館,2017 年。

277. 陳孔壇:《五代十國時期閩鑄"開元通寶"鉛錢》,《收藏》,2018 年第 6 期。

278. 吴修安:《唐宋之際建州浦城的家族與社會》,《新史學》,第 29 卷第 4 期,2018 年 12 月。

279. 胡耀飛:《〈潁川郡陳府君墓誌〉所見陳岩家族對福建的統治(884—893)》,《紀念西安碑林 930 周年華誕學術研討會論文集》,三秦出版社,2018 年。

280. 張正田:《唐宋之際汀州轄區變動與汀江流域開發關係》,《唐史論叢》,第 26 輯,三秦出版社,2018 年。

281. 葛洲子:《唐宋間雪峰僧團的分化與"玄沙正宗"的確立》,《中國歷史地理論叢》,2019 年第 1 期。

282. 吴在慶:《韓偓〈此翁〉詩解讀》,《古典文學知識》,2019 年第 1 期。

283. 田玉英、姜桂芝:《王閩政權的宗室内争述論》,《江蘇科技大學學報》(社會科學版),2019 年第 2 期。

284. 鄭自芳:《淺析唐末五代中原移民對泉州經濟發展的影響》,《福建史志》,2019 年第 4 期。

285. 靳鳳華:《閩王祠文化與藝術裝飾審美探究》,《藝術與設計》,2019 年第 7 期。

286. 吴在慶:《韓偓與閩國王審知及其幕僚關係探賾——從劉後邨、全祖望之説談起》,《國學》,第 7 集,巴蜀書社,2019 年。

5-9 馬楚・荊南

1. 周世榮:《略談長沙的五代兩宋墓》,《文物》,1960 年第 3 期。

2. 詹安泰:《孫光憲詞的藝術特色》,氏著《宋詞散論》,廣東人民出版社,1980 年。

3. 李榮村:《金石萃編溪州銅柱記的兩個問題》,《"中央研究院"歷史語言研究所集刊》,第 52 本第 4 分,1981 年 12 月。

4. 練銘志:《彭士愁的族屬初辨》,《中山大學研究生學刊》,1982 年第 1 期。

5. 彭武一:《唐宋年間土家族先民的部屬問題》,《江漢論壇》,1983 年第 5 期。

6. 彭官章:《彭士愁并非漢人》,《土家族歷史討論會論文集》,1983 年 12 月。

7. 彭繼德:《溪州之戰的歷史功績》,《土家族歷史討論會論文集》,1983 年 12 月。

8. 彭繼清:《彭士愁來自江西考》,《土家族歷史討論會論文集》,1983 年 12 月。

9. 彭秀樞:《溪州彭土司來自江西考——兼與譚其驤教授商榷》,《土家族歷史討論會論文集》,1983 年 12 月。

10. 向澤新:《湘西土家族來源於江西》,《土家族歷史討論會論文集》,1983 年 12 月。

11. 高至喜:《長沙出土唐五代白瓷的研究》,《文物》,1984 年第 1 期。

12. 唐啓淮:《略論馬殷和馬楚政權的建立》,《湘潭大學社會科學學報》,1984 年第 1 期。

13. 吳金夫:《關於孫光憲的詞及其生平的幾個問題》,《韶關師專學報》,1984 年第 2 期。

14. 練銘志:《彭士愁族屬辨析》,《廣西民族研究》,1985 年第 1 期。

15. 丁中炎:《飛山蠻初探》,《民族論壇》,1985 年第 2 期。

16. 劉敬揚:《試談廣西桂林新發現鉛開元錢》,《中國錢幣》, 1985 年第 2 期。

17. 唐啓淮:《唐五代時期湖南地區社會經濟的發展》,《中國社會經濟史研究》,1985 年第 4 期。

18. 于翠玲:《孫光憲詞初探》,《人文雜誌》,1985 年第 4 期。

19. 李榮村:《溪州彭氏蠻部的興起及其轄地範圍——土家早期歷史的研究》,《"中央研究院"歷史語言研究所集刊》,第 56 本第 4 分,1985 年。

20. 蔡中民:《孫光憲及其詞》,《西華大學學報》(哲學社會科學版),1986 年第 1 期。

21. 吴德貴:《孫光憲詞簡論》,《文史雜誌》,1986 年第 1 期。

22. 顧吉辰:《北宋溪州彭氏政權考》,《吉首大學校報》(社會科學版),1986 年第 2 期。

23. 石若屏:《"飛山蠻"淺談》,《廣西民族研究》,1986 年第 3 期。

24. 莊學君:《孫光憲生平及其著述》,《四川師範大學學報》(社會科學版),1986 年第 4 期。

25. 胡可先:《〈北夢瑣言〉志疑》,《徐州師範學院學報》,1987 年第 1 期。

26. 羅維慶:《〈復溪州銅柱記〉校釋》,《吉首大學學報》(社會科學版),1987 年第 1 期。

27. 吴萬源:《試論"飛山蠻"與侗族》,《貴州民族研究》,1987 年第 2 期。

28. 朱巨亞:《淺析荆南政權存在的原因》,《鐵道師院學報》, 1987 年第 5 期。

29. 朱德慈:《別异温韋另一家——試論孫光憲的詞》,《社會科學研究》,1987 年第 6 期。

30. 彭武文:《〈復溪州銅柱記〉辨正》,《民族論壇》,1988 年第 3 期。

31. 袁乘風:《五代吕師周所破"飛山"不在徽州而在靖州——駁

丁中炎〈飛山蠻初探〉》,《貴州民族研究》,1990 年第 1 期。

32. 宋嗣軍:《五代時期南平立國原因淺釋》,《湖北師範學院學報》,1990 年第 3 期。

33. 彭武一:《五代馬楚羈縻政策剖析》,《中央民族學院學報》,1991 年第 2 期。

34. 曾四清:《馬楚、王閩政權滅亡原因初探》,《湖湘論壇》,1991 年第 3 期。

35. 龍海清:《湘西溪州銅柱與盤瓠文化》,《中央民族學院學報》,1991 年第 4 期。

36. 李紹平:《馬楚史事編年》(下),《湖南師範大學社會科學學報》,1992 年第 5 期。

37. 陳如江:《孫光憲詞論》,氏著《唐宋五十名家詞論》,華東師範大學出版社,1992 年。

38. 拜根興:《〈北夢瑣言〉結集時間辨析》,《文獻》,1993 年第 3 期。

39. 楊光華:《前蜀與荊南疆界辯誤》,《西南師範大學學報》(哲學社會科學版),1993 年第 4 期。

40. 劉尊明:《來自"花間",超出"花間"——論荊南詞人孫光憲的創作成就》,《華中師範大學學報》(哲學社會科學版),1993 年第 5 期。

41. 張以仁:《試論孫光憲的四首〈楊柳枝〉》,《中國文哲研究集刊》4,1994 年 3 月。

42. 周寅賓:《五代楚國詩人沈彬考辨》,《唐代文學研究》,第 5 輯,廣西師範大學出版社,1994 年。

43. 陳致遠:《隋唐五代時期的常德》,《武陵學刊》,1995 年第 4 期。

44. 陳致遠:《隋唐五代時期常德的文化及歷史人物》,《武陵學刊》,1995 年第 5 期。

45. 曾國富:《五代南平史三題》,《中國史研究》,1996 年第 1 期。

46. 鄭福田:《片帆煙際閃孤光——孫光憲詞風格説略》,《内蒙古民族師院學報》(哲學社會科學漢文版),1996 年第 1 期。

47. 彭秀海、李文君:《溪州土司彭士愁來自江西考》,《中南民族學院學報》(哲學社會科學版),1996 年第 2 期。

48. 庾光蓉:《孫光憲詞論》,《四川師範大學學報》(哲學社會科學版),1996 年第 4 期。

49. 陶敏:《試論馬楚時期的湖湘文學》,《求索》,1996 年第 6 期。

50. 譚勇:《湖南長沙發現乾元重寶背“桂”鉛錢》,《中國錢幣》,1997 年第 1 期。

51. 朱瑞熙、徐建華:《十至十三世紀湖南地區的經濟開發》,《慶祝鄧廣銘教授九十華誕論文集》,河北教育出版社,1997 年。

52. 拜根興:《孫光憲生年考斷》,《中國史研究》,1998 年第 1 期。

53. 陳先樞:《馬楚政權的重商政策》,《經貿導刊》,1998 年第 2 期。

54. 少石:《湖南衡陽出土窖藏楚馬殷錢》,《安徽錢幣》,1998 年第 3 期。

55. 張光明、康樹林:《湖南衡陽窖藏出土楚·馬殷(父子)鐵錢》,《西安金融》,1998 年第 4 期。

56. 陳致遠:《論周行逢及其治楚》,《求索》,1998 年第 6 期。

57. 羅慶康:《馬楚政權的經濟發展對湖南開發的意義》,《湖南教育學院學報》,1998 年第 6 期。

58. 楊果:《唐、五代至北宋江陵長江堤防考》,《中國歷史地理論叢》,1999 年第 2 期。

59. 羅慶康:《馬殷述評》,《株洲師範高等專科學校學報》,1999 年第 3 期。

60. 羅威:《馬楚政權的精神文化消費》,《衡陽師範學院學報》,1999 年第 5 期。

61. 潘麗琳:《五代孫光憲〈北夢瑣言〉初探》,《東吳中文研究集刊》,第 6 期,1999 年 5 月。

62. 羅威:《馬希范主楚述論》,《湖南教育學院學報》,1999 年第 6 期。

63. 羅慶康:《馬楚兵制與五代兵制比較研究》,《常德師範學院學報》,2000 年第 1 期。

64. 何燦浩:《唐末五代湖南地區的蠻族活動及其他》,《寧波大學學報》(人文科學版),2000 年第 3 期。

65. 羅慶康:《試析馬楚政權對五溪“蠻”的統治措施》,《湖南教育學院學報》,2000 年第 3 期。

66. 何永成:《論荆南高氏父子縱橫之術(公元 906—948 年)》,《中華民國史專題論文集第五屆討論會》,國史館,2000 年。

67. 羅慶康:《馬楚商業淺析》,《長沙大學學報》,2001 年第 1 期。

68. 羅慶康:《馬楚犁耕農業蠡測》,《益陽師專學報》,2001 年第 1 期。

69. 張美麗:《以詞見志,有爲而作——試論五代詞人孫光憲詞的“詩性”特徵》,《延安教育學院學報》,2001 年第 1 期。

70. 羅慶康:《馬楚治國方略的探討》,《湖南師範大學社會科學學報》,2001 年第 4 期。

71. 張興武:《馬楚政權下的文人群體》,《首都師範大學學報》(社會科學版),2001 年第 4 期。

72. 羅慶康:《馬楚手工業管窺》,《求索》,2001 年第 6 期。

73. 孔凡禮:《孫光憲及其〈北夢瑣言〉瑣考》,《文史》,第 54 輯,2001 年。

74. 文漢宇:《乾封泉寶大鐵錢奇品現世記》,《西安金融》,2002 年第 2 期。

75. 房銳:《孫光憲著述考》,《四川師範大學學報》(社會科學版),2002 年第 3 期。

76. 杜勁甫:《唐、五代長沙出土白瓷窰口探源》,《東南文化》,2003 年第 1 期。

77. 曹學群：《彭士愁的族屬及來源新探》，《貴州民族研究》，2003 年第 2 期。

78. 羅慶康：《論馬楚的歷史作用及地位》，《湖南師範大學社會科學學報》，2003 年第 2 期。

79. 房鋭：《孫光憲交游考》，《樂山師範學院學報》，2003 年第 8 期。

80. 楊柳：《論孫光憲詞的時空意識》，《湖南城市學院學報》，2004 年第 1 期。

81. 何燦浩：《五代十國時期馬楚内争中的三個集團及内争特徵》，《寧波大學學報》（人文科學版），2004 年第 2 期。

82. 何劍明：《南唐國伐楚之戰及其敗因探析》，《湖南師範大學社會科學學報》，2004 年第 3 期。

83. 趙曉蘭：《孫光憲江南、湖湘之行考述》，《四川師範大學學報》（社會科學版），2004 年第 4 期。

84. 曾代偉：《“溪州銅柱”銘文解讀——以民族法文化視角》，《現代法學》，2004 年第 6 期。

85. 房鋭、蘇欣：《梁震生平事迹考》，《西華大學學報》（哲學社會科學版），2005 年第 2 期。

86. 成松柳、嚴可：《略論孫光憲詞對北宋詞壇的影響》，《長沙理工大學學報》（社會科學版），2005 年第 3 期。

87. 張美麗：《氣骨遒勁——論五代詞人孫光憲詞的審美風格》，《大連大學學報》，2005 年第 3 期。

88. 房鋭：《〈續通歷〉考辨》，《史學史研究》，2005 年第 4 期。

89. 馮素閣：《五代岳州窰青釉刻蓮瓣紋瓶》，《收藏家》，2005 年第 4 期。

90. 張帆：《論孫光憲對花間詞題材的開拓》，《涪陵師範學院學報》，2005 年第 5 期。

91. 魯茜：《一只鳴髇雲外，曉鴻驚——孫光憲詞遒勁風格的量化分析》，《樂山師範學院學報》，2005 年第 7 期。

92. 房鋭：《〈“花間”詞人事輯〉“孫光憲”條補正》，氏編《晚唐五代巴蜀文學論稿》,巴蜀書社,2005 年。

93. 宋純:《別調中的別調:對"孫詞近韋"現象的反思》,《重慶教育學院學報》,2006 年第 2 期。

94. 周介民:《古代中國第一詩僧齊己》,《湖南城市學院學報》(人文社會科學版),2006 年第 2 期。

95. 羅慶康、周虎輝:《試析馬殷父子創修長沙開福寺的緣由》,《長沙大學學報》,2006 年第 3 期。

96. 苑慧香:《"風帆煙際閃孤光"——孫光憲詞論》,《牡丹江師範學院學報》(哲學社會科學版),2006 年第 3 期。

97. 曾育榮、張其凡:《談談高氏荊南國史研究》,《湖北大學學報》(哲學社會科學版),2006 年第 3 期。

98. 成松柳、嚴可:《試論孫光憲詞的藝術特色》,《湖南文理學院學報》(社會科學版),2006 年第 5 期。

99. 房銳:《〈孫光憲著述考〉補(一、二)》,《四川師範大學學報》(社會科學版),2006 年第 5 期。

100. 邵磊:《五代馬楚史料的一則重要發現——馬光贊墓誌考釋》,《南方文物》,2007 年第 3 期。

101. 吳丹:《別樣的花間詞人孫光憲——試論其迥异於尋常"花間"的特點》,《凱里學院學報》,2007 年第 5 期。

102. 孫賽珠:《"誰似儂家疏曠"——孫光憲風物詞析論》,《人文中國學報》,第 13 期,2007 年 9 月。

103. 蔡凌:《淺析孫光憲詞中的花間別調》,《西昌學院學報》(社會科學版),2008 年第 1 期。

104. 伍微微:《論孫光憲的花間別調詞》,《安順學院學報》,2008 年第 1 期。

105. 蔡廷偉:《孫光憲生平及著述考》,《南京廣播電視大學學報》,2008 年第 3 期。

106. 曾育榮:《五代十國時期歸、峽二州歸屬考辨》,《湖北大學學報》,2008 年第 3 期。

107. 彭文峰:《馬楚政權兄終弟及繼承制度述論》,《船山學刊》,

2008 年第 4 期。

108. 彭武文：《〈溪州銅柱銘文〉古奥難字解讀》，《吉首大學學報》（社會科學版），2009 年第 1 期。

109. 王連根、王權：《馬殷楚王鑄乾封泉寶大鐵錢》，《江蘇錢幣》，2009 年第 1 期。

110. 謝國先：《唐末至宋代的飛山蠻及其首領》，《懷化學院學報》，2009 年第 1 期。

111. 彭文峰：《馬楚政權統治集團本土化略論》，《湖南大學學報》（社會科學版），2009 年第 2 期。

112. 謝國先：《試論楊再思其人及其信仰的形成》，《民族研究》，2009 年第 2 期。

113. 薛政超：《唐末五代湖南割據勢力移民考論》，《歷史教學》，2009 年第 2 期。

114. 喻芳：《孫光憲文學思想初探》，《蜀學》，第 4 輯，巴蜀書社，2009 年。

115. 朱聖鍾：《五代至清末土家族地區的民族分布與變遷》，《西南史地》，第 1 輯，巴蜀書社，2009 年。

116. 馮明傑、馮馨郴：《一對未流通的楚國乾封泉寶大鐵錢》，《東方收藏》，2010 年第 1 期。

117. 張躍飛：《唐五代時期的江陵城》，《南都學壇》，2010 年第 2 期。

118. 李正明：《馬楚天策府十八學士考》，《船山學刊》，2010 年第 3 期。

119. 楊光華：《五代峽州復置巴山縣考》，《中國歷史地理論叢》，2010 年第 3 期。

120. 楊建宏：《馬楚國時代長沙詩學述略》，《長沙大學學報》，2010 年第 3 期。

121. 劉風：《論孫光憲詞風及其成因》，《文學教育》（上），2010 年第 5 期。

122. 成松柳、巢晶晶、陸群：《試論孫光憲詞的抒情方式》，《長沙理工大學學報》(社會科學版),2011年第3期。

123. 陳大爲:《唐五代湖北地區文人古體詩與韵文特殊韵例考》,《懷化學院學報》,2012年第7期。

124. 陳大爲:《唐五代湖北地區文人古體詩與韵文用韵系統考》,《湖北社會科學》,2012年第7期。

125. 陳大爲:《唐五代湖北地區詩人近體詩用韵特徵考》,《湖南科技學院學報》,2012年第7期。

126. 張躍飛:《五代十國時期的捍蔽與平衡——以荆南爲中心》,《唐史論叢》,第15輯,陝西師範大學出版社,2012年。

127. 張躍飛:《高氏荆南入宋縣數考》,《宋史研究論叢》,第13輯,河北大學出版社,2012年。

128. 黄正明:《"天策府寶"鉛質母錢淺析》,《收藏界》,2013年第1期。

129. 雷冬平、李高:《〈北夢瑣言〉詞語研究與〈漢語大詞典〉立目拾遺》,《文山學院學報》,2013年第1期。

130. 雷冬平、李高:《〈北夢瑣言〉詞語研究與〈漢語大詞典〉的修訂》,《保定學院學報》,2013年第1期。

131. 毛帥:《桃源不在世外:論三至十三世紀武陵地區"桃花源"實體景觀的建構過程》,《中國歷史地理論叢》,2013年第1期。

132. 趙炳林:《五代宋初瑶族將領秦再雄及相關問題考證》,《廣東技術師範學院學報》,2013年第1期。

133. 付艷麗:《"溪州銅柱"銘文補正及考釋》,《中山大學研究生學刊》(社會科學版),2013年第4期。

134. 王玫:《孟文詞之"江南情結"考論》,《文藝評論》,2013年第6期。

135. 邱東聯、張雪:《論唐五代時期長沙窑——以館藏長沙窑瓷器爲例》,《湖南省博物館館刊》,第9輯,岳麓書社,2013年。

136. 李翔:《五代楚國茶葉初析》,《農業考古》,2014年第2期。

137. 雷家森:《溪州銅柱樹立與遷徙考論》,《湖南省博物館館刊》,第10輯,岳麓書社,2014年。

138. 張躍飛：《五代荆南政權的佛教》，《中國社會歷史評論》，第15卷，天津古籍出版社，2014年。

139. 潘健：《略論馬楚的文化政策》，《才智》，2015年第12期。

140. 高萍萍：《馬楚國尋踪》，《創作與評論》，2015年第21期。

141. 張躍飛：《五代荆南政權割據原因再探》，《唐史論叢》，第21輯，三秦出版社，2015年。

142. 曾育榮、葛金芳：《高氏荆南疆域考述》，《中華文史論叢》，2016年第1期。

143. 曾育榮、張曉燕：《抗衡諸侯，或和或戰——五代荆南武信王高季興的縱橫之術》，《決策與信息》，2016年第3期。

144. 張雯：《馬楚文人交游考》，《文學教育》，2016年第10期。

145. 張雯：《五代南楚文考略》，《文教資料》，2016年第14期。

146. 劉桂仙、胡蓉：《五代馬楚政權經濟政策研究》，《長春師範大學學報》，2016年第5期。

147. 付艷麗：《溪州銅柱銘文加刻文字考辨》，《廣州文博》，第9輯，文物出版社，2016年。

148. 曹大明、陳沛照：《從衝突到融合：隋唐五代史期武陵地區土客關係研究》，《湖北民族學院學報》（哲學社會科學版），2017年第4期。

149. 胡鴻：《從馬援銅柱到溪州銅柱——文本與物質的交錯互動》，《唐研究》，第23卷，北京大學出版社，2017年。

150. 胡耀飛、謝宇榮：《唐末五代初朗州雷氏政權的興衰和意義》，《唐史論叢》，第24輯，三秦出版社，2017年。

151. 高鵬成：《淺論五代荆南政權的歷史作用》，《鄂州大學學報》，2018年第5期。

152. 王立新：《五代十國南楚王朝皇室“御窑”首次在醴陵被考古發現》，《陶瓷科學與藝術》，2018年第10期。

153. 安北江：《宋初戰略地緣政治研究——以平定荆湖爲中心》，《理論月刊》，2018年第11期。

154. 潘鈺：《從馬殷鐵錢看十國馬楚時期的區域經濟》，《東方收藏》,2018 年第 14 期。

155. 楊心珉:《咸通玄寶爲馬楚政權鑄造説》,氏著《錢貨可議:唐代貨幣史鈎沉》,商務印書館,2018 年。

156. 彭文璟:《高氏荆南研究綜述》,《淄博師專論叢》,2019 年第 3 期。

157. 龍仕平:《"溪州銅柱"所隱含的争論性問題評議》,《三峽大學學報》(人文社會科學版),2019 年第 4 期。

5－10　南漢·安南

1. 岑仲勉:《跋〈唐摭言〉》,《國立中央研究院歷史語言研究所集刊》,第 9 本,1937 年。

2. 陳荆和:《五代宋初之越南》,《中越文化論集》,中華文化出版事業委員會,1956 年 4 月。

3. 麥英豪:《廣州發現南漢鉛錢》,《考古通訊》,1958 年第 4 期。

4. 簡又文:《南漢馬廿四娘墓券考》,《大陸雜誌》,第 17 卷第 12 期,1958 年 12 月。

5. 董家遵:《十世紀中葉粤贛地區"赤軍子"的起義》,《中山大學學報》,1959 年第 1、2 期合刊。

6. 商承祚:《廣州石馬村南漢墓葬清理簡報》,《考古》,1964 年第 6 期。

7. 麥英豪:《關於廣州石馬村南漢墓的年代與墓主問題》,《考古》,1975 年第 1 期。

8. 黄懺華:《雲門宗》,《中國佛教》,第 1 輯,知識出版社,1980 年。

9. 黄慶來:《王定保和〈唐摭言〉》,《江西日報》,1982 年 1 月 27 日。

10. 王貴忱:《南漢的鉛錢——廣東最早的鑄鉛錢問題》,《廣東金融研究》,1982 年第 11 期。

11. 唐森:《媚川都釋補》,《東方文化》,第 21 卷第 2 期,1983 年。

12. 唐森:《古廣東野生象瑣議——兼叙唐宋間廣東的開發》,

《暨南學報》(哲學社會科學版),1984 年第 1 期。

13. 鄒堅:《南漢鑄幣淺談》,《廣東金融研究》,1984 年第 1 期。

14. 朱非素:《廣東陽春縣發現南漢錢範》,《考古》,1984 年第 4 期。

15. 阮應祺、劉鴻健:《廣東陽春縣發現南漢"乾亨重寶"錢範》,《文物》,1984 年第 12 期。

16. 梁元:《南漢地理考异》,《嶺南文史》,1985 年第 1 期。

17. 李松庵、劉峻:《南漢殘夢記》,《嶺南文史》,1985 年第 2 期。

18. 林天蔚:《唐宋時代"廣東"少數民族的分類及分家》,《政治大學國際中國邊疆學術會議論文集》,政治大學,1985 年。

19. 鄧炳權:《再論南漢》,《廣州文博》,1986 年第 1、2 期合刊。

20. 梁超然:《唐末五代廣西籍詩人考論》,《廣西社會科學》,1986 年第 3 期。

21. 陳偉明:《唐五代嶺南道交通路綫述略》,《學術研究》,1987 年第 1 期。

22. 李玉、李延夫、葉家春:《南漢廣西狀元梁嵩民族成分初探》,《廣西社會科學》,1987 年第 4 期。

23. 劉美嵩:《論南漢政權的漢化》,《中南民族學院學報》,1988 年第 4 期。

24. 王素、李方:《〈唐摭言〉作者王定保事迹辨正》,《文史》,第 25 輯,1988 年。

25. 劉美崧:《南漢主劉氏族屬爲俚僚》,《歷史研究》,1989 年第 5 期。

26. 顧吉辰:《論宋太祖統一嶺南》,《廣東社會科學》,1990 年第 2 期。

27. 許永璋(楚漢):《略論吳權與南漢白藤江之戰》,《東南亞縱橫》,1990 年第 4 期。

28. 曾昭璇:《南漢興王府的土木工程》,《中國古都研究》,第 7 輯,山西人民出版社,1991 年。

29. 陶懋炳:《清人梁廷楠與〈南漢書〉》,《湖南師範大學社會科學學報》,1992 年第 1 期。

30. 許永璋(楚漢):《五代宋初越南歷史三題》,《東南亞縱橫》,1992 年第 4 期。

31. 李慶新:《略論南漢時期的嶺南經濟》,《廣東社會科學》,1992 年第 6 期。

32. 唐森:《南漢劉氏族屬平議》,《暨南學報》(哲學社會科學版),1993 年第 1 期。

33. 張金銑:《略論五代廣州的中外經濟交流》,《嶺南文史》,1993 年第 1 期。

34. 曾昭璇:《南漢後海南省行政區劃史研究》,《中國邊疆史地研究》,1993 年第 4 期。

35. 張金銑:《本世紀以來南漢史研究概述》,《中國史研究動態》,1994 年第 2 期。

36. 若谷:《梧州南漢銅鐘及銅鐘歌碑》,《廣西地方志》,1994 年第 3 期。

37. 張金銑:《南漢宦官勢力初探》,《廣東社會科學》,1994 年第 3 期。

38. 曾國富:《南漢國主劉龑簡論》,《廣東史志》,1994 年第 3 期。

39. 程存潔:《新發現的後梁吳存鍔墓誌考釋》,《文物》,1994 年第 8 期。

40. 張金銑:《風流自詡,娛僭一方——南漢開國之君劉岩》,《文史知識》,1994 年第 10 期。

41. 曾國富:《士人的任廢與南漢王朝的興衰》,《嶺南文史》,1995 年第 2 期。

42. 楊鎧:《中國歷史上宦官最盛多王朝——南漢》,《中學歷史教學》,1995 年第 3 期。

43. 曾國富:《士人的任廢與南漢的興衰》,《廣東史志》,1995 年第 3 期。

44. 梁允麟:《南漢地理沿革》,《廣東史志》,1995 年第 4 期。

45. 曾國富:《論南漢宦官專政》,《廣東史志》,1995 年增刊。

46. 唐森:《話說南漢劉龑與宦禍》,《廣東史志》,1996 年第 1 期。

47. 張金銑:《封州與嶺南劉氏的興起》,《嶺南文史》,1996 年第 1 期。

48. 邱立誠:《廣東陽春縣發現南漢乾亨重寶石範》,《中國錢幣》,1996 年第 3 期。

49. 許桓:《南漢乾亨重寶鉛錢》,《陝西金融》,1996 年第 6 期。

50. 汪有民:《南漢貨幣説略》,《陝西金融》,1996 年第 10 期。

51. 張金銑:《南漢曆法初考》,《學術研究》,1996 年第 10 期。

52. 劉茂真:《南漢時邕州未改誠州》,《廣西地方志》,1997 年第 1 期。

53. 李東華:《五代南漢的對外關係》,《中國海洋發展史論文集》,第 6 輯,"中央研究院"中山社會科學研究所,1997 年 3 月。

54. 唐森:《南漢主劉氏族屬評議》,《中國古都研究》,第 10 輯,天津人民出版社,1997 年。

55. 楊豈:《南漢宦官何其多》,《羊城今古》,1998 年第 2 期。

56. 楊豈:《宦官奇多的南漢國》,《知識窗》,1998 年第 4 期。

57. 郭聲波:《試解岩州失踪之謎——唐五代嶺南道岩州、常樂州地理考》,《中國邊疆史地研究》,2000 年第 3 期。

58. 張金銑:《南漢士人及其政治命運》,《社會科學家》,2000 年第 5 期。

59. 吳海貴、楊廷强、陳子昂:《廣東和平縣晋至五代墓葬的清理》,《考古》,2000 年第 6 期。

60. 郭振鐸、張笑梅:《越南丁、黎朝的興亡》,《黃河科技大學學報》,2001 年第 1 期。

61. 郭聲波:《唐五代嶺南道岩州、常樂州鈎沉》,《中南民族學院學報》(人文社會科學版),2001 年第 3 期。

62. 曾國富:《略論南漢四主》,《廣東史志》,2001 年第 3 期。

63. 陳澤泓:《南漢興王府建設及其在嶺南建築史上的地位》,

《嶺南文史》,2001 年第 4 期。

64. 曾國富:《紙醉金迷興王府——南漢統治者的奢侈生活及其影響》,《湛江師範學院學報》,2001 年第 5 期。

65. 耿慧玲:《七至十四世紀越南國家意識的形成》,《第五屆唐代文化學術研討會論文集》,高雄:麗文文化,2001 年。

66. 趙建玲:《南漢與中原及周邊割據政權關係概述》,《安徽大學學報》(哲學社會科學版),2002 年第 3 期。

67. 崔勇:《南漢時期的廣東經濟》,《廣東經濟》,2003 年第 2 期。

68. 胡巧利:《南漢雲門宗崛起及緣由探析》,《廣東史志》,2003 年第 4 期。

69. 張金銑:《南漢史料史籍述評》,《安徽大學學報》(哲學社會科學版),2003 年第 5 期。

70. 張國一:《雲門文偃的心性思想》,《鵝湖》,第 28 卷第 12 期,2003 年 6 月。

71. 楊波:《文偃》,《浙籍文化名人評傳》,浙江大學出版社,2003 年。

72. 楊宏烈:《南漢宮苑殘粒的保護與展拓規劃》,《廣東園林》,2004 年第 1 期。

73. 張金銑:《南漢割據及其政治設施探析》,《合肥學院學報》(社會科學版),2004 年第 1 期。

74. 藍武:《五代十國時期嶺南科舉考試研究》,《社會科學家》,2004 年第 5 期。

75. 楊宏烈:《廣州南漢宮苑殘粒的保護與拓展》,《中國園林》,2004 年第 8 期。

76. 馮永驅、張強祿:《南漢開國皇帝之康陵》,《文物天地》,2005 年第 4 期。

77. 馮漢鏞:《蠟殼丸藥是古代廣州的發明》,《文史雜誌》,2005 年第 6 期。

78. 盧胡彬:《南漢國文化史述》,《白沙人文社會學報》,第 4 期,

2005 年 10 月。

79. 全洪:《探索神秘的帝王陵:廣州南漢二陵發掘記》,《中國科學探險》,2006 年第 2 期。

80. 廣州市文物考古研究所:《廣州南漢德陵、康陵發掘簡報》,《文物》,2006 年第 7 期。

81. 全洪:《南漢德陵考證》,《文物》,2006 年第 9 期。

82. 李慶新:《瀕海的國度:南漢對外關係與海外貿易》,《高敏先生八十華誕紀念文集》,綫裝書局,2006 年。

83. 曾嚴奭:《五代時期閩國與南漢關係初探——閩國兵襲南漢梅口鎮釋疑》,《東華人文學報》,第 10 期,2007 年 1 月。

84. 李發:《南漢〈康陵地宮哀册文碑〉釋文補正》,《文物》,2007 年第 8 期。

85. 吕蒙:《南漢〈康陵地宮哀册文碑〉釋文校正》,《宜賓學院學報》,2007 年第 8 期。

86. 耿慧玲:《擬血緣關係與古代越南的權力結構研究》,《朝陽學報》,第 12 期,2007 年 9 月。

87. 周慶忠:《南漢鑄行鉛錢補遺》,《廣西金融研究》,2007 年增刊。

88. 陳鴻鈞:《〈後梁吴存鍔墓誌銘〉補考》,《廣州文博》,第 1 輯,文物出版社,2007 年。

89. 程存潔:《廣州南漢康陵的發現與南漢國的哀册儀禮》,《廣州文博》,第 1 輯,文物出版社,2007 年。

90. 張强禄:《史料記載中的南漢德陵與康陵》,《廣州文博》,第 1 輯,文物出版社,2007 年。

91. 陳鴻鈞:《南漢興王府暨常康、咸寧二縣設置考》,《嶺南文史》,2008 年第 1 期。

92. 王繼東:《北宋對越南從"郡縣其地"到宗藩關係確立的轉變——從與丁、黎、李朝的關係看宋朝對越南政策》,《鄭州大學學報》(哲學社會科學版),2008 年第 2 期。

93. 周加勝:《南漢時期的海外貿易管理制度研究》,《求索》,

2008 年第 3 期。

94. 劉文鎖:《南漢〈高祖天皇大帝哀册文〉考釋——兼説劉氏先祖血統問題》,《漢學研究》,第 26 卷第 2 期,2008 年 6 月。

95. 陳鴻鈞、黄兆輝:《南漢〈高祖天皇大帝哀册文〉補考》,《廣州文博》,第 2 輯,文物出版社,2008 年。

96. 陳欣、張其凡:《南漢與安南交往考》,《東南亞研究》,2009 年第 1 期。

97. 雷學華、陳曉燕:《試論南漢、宋朝時期嶺南的開發》,《廣西民族研究》,2009 年第 1 期。

98. 陶紹清:《〈唐摭言〉的編纂思想》,《信陽師範學院學報》(哲學社會科學版),2009 年第 1 期。

99. 陶紹清:《〈唐摭言〉的科舉禮儀文獻價值》,《長春師範學院學報》(人文社會科學版),2009 年第 1 期。

100. 陳鴻鈞:《南漢三方銘文磚考》,《嶺南文史》,2009 年第 2 期。

101. 陶紹清:《〈唐摭言〉編纂體例析論》,《焦作大學學報》,2009 年第 2 期。

102. 張其凡、陳欣:《1949 年以來有關南漢的考古發現與研究成果》,《中國史研究動態》,2009 年第 2 期。

103. 張强禄:《南漢康陵的陵寝制度》,《四川文物》,2009 年第 2 期。

104. 廖幼華:《唐宋之際北部灣沿海交通發展》,《白沙歷史地理學報》,第 7 期,2009 年 4 月。

105. 陶紹清:《〈唐摭言〉的研究與利用》,《古典文學知識》,2009 年第 4 期。

106. 吴在慶、王寧:《〈南漢書〉及〈考异〉失誤考辨四則》,《作家》,2009 年第 16 期。

107. 陳鴻鈞:《南漢宫殿遺址遺物四題》,《廣州文博》,第 3 輯,文物出版社,2009 年。

108. 釋道恒:《雲門文偃及其禪法思想》,《閩南佛學》,第 6 輯,宗教文化出版社,2009 年。

109. 周加勝:《南漢時期廣州城市布局及建築研究》,《唐史論叢》,第 11 輯,三秦出版社,2009 年。

110. 陶紹清:《〈唐摭言〉清代抄刻本源流考——兼論“白頭”與“臼頭”本之爭》,《古籍整理研究學刊》,2010 年第 1 期。

111. 陳鴻鈞:《福建出土〈唐故燕國明惠夫人彭城劉氏墓誌〉考釋》,《寧波大學學報》(人文科學版),2010 年第 5 期。

112. 劉洋:《南漢時期的嶺南禪宗》,《禪和之聲——2009 年廣東禪宗六祖文化節論文集》,宗教文化出版社,2010 年。

113. 温建明:《東莞南漢大寶五年經幢(鎮象塔)歷史與文字考》,《百色學院學報》,2011 年第 5 期。

114. 陳鴻鈞:《廣州光孝寺南漢東西二鐵塔銘考釋》,《嶺南文史》,2012 年第 2 期。

115. 陶紹清、阮璐:《〈唐摭言〉本事嬗變考》,《井岡山大學學報》(社會科學版),2012 年第 3 期。

116. 楊曾文:《雲門宗在北宋的興盛和貢獻》,《韶關學院學報》,2012 年第 3 期。

117. 譚成富:《安徽鳳陽出土南漢“乾亨重寶”》,《江蘇錢幣》,2012 年第 4 期。

118. 何崚、陳海强:《五代至宋廣東茶産區考述》,《農業考古》,2012 年第 5 期。

119. 陶紹清:《〈唐摭言〉成書時間考》,《雲南大學學報》(社會科學版),2012 年第 5 期。

120. 陳鴻鈞:《廣州出土南漢〈高祖天皇大帝哀册文〉考釋》,《東南文化》,2012 年第 6 期。

121. 劉存忠:《五代十國時期的廣東名泉》,《收藏界》,2012 年第 6 期。

122. 李竈新:《南漢國宮苑園林試析》,《廣州文博》,第 6 輯,文物出版社,2012 年。

123. 李最欣:《關於南漢政權和文學地域特徵的考察》,《廣州大學學報》(社會科學版),2013 年第 3 期。

124. 易西兵:《五代南漢國遺存概述》,《嶺南文史》,2013 年第 3 期。

125. 安家瑤:《廣州南漢康陵出土琉璃器的解析》,《東方收藏》,2013 年第 4 期。

126. 賀戰武、蔣桂英、蘇勇:《廣西桂林發現南漢時期佛教摩崖造像》,《中國文物報》,2013 年 8 月 2 日。

127. 王承文:《論唐宋嶺南南部沿海的雷神崇拜及其影響:以唐人房千里所撰〈投荒雜録〉爲起點的考察》,《"中央研究院"歷史語言研究所集刊》,第 84 本第 3 分,2013 年 9 月。

128. 徐文明:《雲門文偃參禪遊方經歷》,《中國文化》,第 38 期,2013 年。

129. 吳宏岐、王榮、高寧:《南漢國都興王府城形態特徵初探》,《中國古都研究》,第 24 輯,三秦出版社,2013 年。

130. 陳欣:《南漢高祖劉龑生平考》,《文教資料》,2014 年第 6 期。

131. 王亞:《築器藏古,游園探遺——南漢二陵博物館建築設計》,《華中建築》,2014 年第 6 期。

132. 喬玉紅:《南漢國女官研究》,《中華文化論壇》,2014 年第 7 期。

133. 陳鴻鈞:《廣東東莞資福寺南漢經幢考》,《嶺南文史》,2015 年第 1 期。

134. 鄭洪:《五代南漢的宮廷醫藥文化》,《中醫藥文化》,2015 年第 2 期。

135. 喬嬌:《南漢國宮殿十六獅柱礎石》,《大衆考古》,2015 年第 5 期。

136. 吳朋格:《南漢中原戰略心態變遷考略》,《學理論》,2015 年第 30 期。

137. 陳欣:《官員選任與南漢政治變遷》,《河北師範大學學報》(哲學社會科學版),2016 年第 1 期。

138. 張强禄:《南漢劉氏統治的後世評説》,《嶺南文史》,2016年第 2 期。

139. 廣州市文物考古研究院:《廣州富力唐寧花園五代南漢大寶三年墓》,《東南文化》,2016 年第 3 期。

140. 易西兵:《廣州出土五代南漢劉氏二十四娘買地券考》,《東南文化》,2016 年第 3 期。

141. 易西兵:《文獻和考古材料所見五代南漢國的海外貿易》,《南方文物》,2016 年第 3 期。

142. 羅小霞:《南海禪鐘:銅鐘款文所見南漢國之史事》,《社會科學戰綫》,2016 年第 12 期。

143. 謝勵斌:《五代十國時期廣西政區變遷述論》,《現代交際》,2016 年第 12 期。

144. 胡耀飛:《越南丁黎時期帝后和宗室制度考》,《域外漢籍研究集刊》,第 14 輯,中華書局,2016 年。

145. 萬毅:《文偃與雲門宗的創立》,《敦煌吐魯番文書與中古史研究:朱雷先生八秩榮誕祝壽集》,上海古籍出版社,2016 年。

146. 耿慧玲:《越南南漢時代古鐘試析》,《中正漢學研究》,第 29 期,2017 年 6 月。

147. 胡耀飛:《唐末静海軍節度使人事考》,《中國與域外》,第 2號,韓國學術信息出版社,2017 年 12 月。

148. 陳鴻鈞:《廣州出土五代南漢國“馬氏二十四娘買地券”考》,《文博學刊》,2018 年第 1 期。

149. 郭謙、李騰:《場景與實物的原真性——廣州南漢宫苑藥洲遺址保護更新設計》,《華中建築》,2018 年第 1 期。

150. 牛沛:《南漢昭陵出土青瓷的特點及産地初步分析》,《文博學刊》,2018 年第 1 期。

151. 張應斌:《五代梅州史》,《嘉應學院學報》,2018 年第 1 期。

152. 陳鴻鈞:《考釋南漢——微考據裏的大歷史》,《中國社會科學報》,2018 年 2 月 2 日。

153. 王瑞東:《南漢乾亨重寶鉛錢的類型和鑄造工藝》,《中國錢幣》,2018 年第 2 期。

154. 趙磊:《〈大宋新修南海神廣利王廟之碑〉與宋滅南漢考釋》,《清遠職業技術學院學報》,2018 年第 2 期。

155. 王承文:《再論南漢王室的族屬和來源》,《歷史研究》,2018 年第 3 期。

156. 易西兵:《廣州市江燕路五代南漢乾亨九年墓》,《考古》2018 年第 5 期。

157. 趙曉濤:《第一部南漢專史〈南漢春秋〉之編纂及其文獻價值》,《圖書館論壇》,2018 年第 5 期。

158. 張浩:《南漢國的海外貿易》,《海南熱帶海洋學院學報》,2018 年第 6 期。

159. 王媛媛:《朱鬃白馬:大長和國求婚南漢聘禮考》,《廣州與海洋文明》,第 2 輯,中西書局,2018 年。

160. 葉少飛:《十世紀越南歷史中的"十二使君"問題考論》,《唐史論叢》,第 26 輯,三秦出版社,2018 年。

161. 李東、陽躍華:《桂林龍泉寺區域唐五代造像遺址調查》,《中國國家博物館館刊》,2019 年第 2 期。

162. 伍慶禄:《廣東碑銘十五品·南漢·象塔記銘》,《學術研究》,2019 年第 2 期。

163. 伍慶禄:《廣東碑銘十五品·南漢·漢韶州雲門山大覺禪寺大慈雲匡聖宏明大師碑》,《學術研究》,2019 年第 3 期。

164. 劉勇、陳曦:《唐五代嶺南西部粟特人踪迹考》,《中國邊疆史地研究》,2019 年第 4 期。

165. 易西兵:《五代南漢買地券初步研究》,《江漢考古》,2019 年第 6 期。

166. 張白露:《何以空過,枉負韶華——基於五代、宋、元廣東山水畫空窗期的思考》,《藝苑》,2019 年第 6 期。

167. 王承文:《南漢王朝與北方家族關係新證——以〈王涣墓誌〉和〈高祖天皇大帝哀册文碑〉爲綫索的考察》,《紀念岑仲勉先生誕辰 130 周年國際學術研討會論文集》,中山大學出版社,2019 年。

5-11　秦岐·晋·燕·北漢

1. 陳述:《阿保機與李克用結盟兄弟之年及其背盟相攻之推測》,《國立中央研究院歷史語言研究所集刊》,第 7 本第 1 分,1936年 12 月。

2. 蔣君章:《無敵將軍楊業》,《幼獅月刊》,第 3 期,1953 年 3 月。

3. 傅樂成:《沙陀之漢化》,《華岡學報》,第 2 期,1965 年 12 月。

4. 李安:《楊家將事迹(楊業、楊延昭、楊文廣、楊畋)》,《新時代》,第 14 卷第 2 期,1974 年 2 月。

5. 王止峻:《楊業的功勛與北宋》,《山西文獻》,第 19 期,1982年 1 月。

6. 李裕民:《宋太宗平北漢始末》,《山西大學學報》,1982 年第3 期。

7. 馮永謙:《金劉元德墓誌考——兼考五代劉仁恭一族世系》,《黑龍江文物叢刊》,1983 年第 1 期。

8. 臧嶸:《論五代初期的汴晋争衡》,《史學月刊》,1984 年第3 期。

9. 寧可、閻守誠:《唐末五代的山西》,《晋陽學刊》,1984 年第5 期。

10. 任崇岳:《契丹與五代山西割據政權》,《晋陽學刊》,1984 年第 5 期。

11. 李安:《宋代"楊家將"五世史事研究》,(臺灣)《中國歷史學會史學集刊》,第 16 期,1984 年。

12. 周偉洲:《八世紀中至十一世紀初吐谷渾在河東地區的分布與活動》,《晋秦豫訪古》,山西人民出版社,1986 年。

13. 徐庭雲:《晚唐五代時期的沙陀》,《中央民族學院學報》,1987 年第 1 期。

14. 張雲:《五代時期的散居党項》,《西北史地》,1988 年第4 期。

15. 杜文玉、高長天:《論唐末五代的夏州政權》,《延安大學學報》(社會科學版),1991 年第 2 期。

16. 李鴻賓:《沙陀貴族漢化問題》,《理論學刊》,1991 年第 3 期。

17. 王育濟、白鋼:《宋太祖遣使行刺北漢國主考》,《中國史研究》,1992 年第 4 期。

18. 曾國富:《後周高平之戰述論》,《湛江師範學院學報》(哲學社會科學版),1994 年第 2 期。

19. 李裕民:《梁晋太原之戰》,《城市研究》,1994 年第 3 期。

20. 張捷夫:《五代時期的山西》,《滄桑》,1994 年第 6 期。

21. 王義康:《沙陀漢化問題再評價》,《陝西師範大學學報》(哲學社會科學版),1995 年第 4 期。

22. 王義康:《後唐、後晋、後漢王朝的昭武九姓胡》,《西北民族研究》,1997 年第 2 期。

23. 蔣武雄:《遼與北漢興亡的關係——兼論遼與後漢、後周政權轉移的間接關係》,《東吳歷史學報》,第 3 期,1997 年 3 月。

24. 樊文禮:《關於沙陀内遷的幾個問題》,《烟臺師範學院學報》(哲學社會科學版),1997 年第 4 期。

25. 羅豐:《五代、宋初靈州與"絲綢之路"》,《西北民族研究》,1998 年第 1 期。

26. 張興武:《秦岐政權的興衰與關隴諸州歷史命運的變遷》,《西北民族學院學報》,1998 年第 1 期。

27. 樊文禮:《試析李克用在汴晋争霸中失利的原因》,《烟臺師範學院學報》(哲學社會科學版),1998 年第 4 期。

28. 黄淑雯:《李克用河東集團人物分析》,《淡江史學》,第 9 期,1998 年 9 月。

29. 陳宛瑜:《唐末梁盛晋衰原因之探討》,《史苑》,第 59 期,1999 年 1 月。

30. 李鋒敏:《唐五代時期的沙陀漢化》,《甘肅社會科學》,1999 年第 3 期。

31. 曾國富:《晋人在五代史上的貢獻》,《滄桑》,1999 年第 6 期。

32. 樊文禮:《李克用的盡忠唐室及其背景分析》,《烟臺師範學院學報》(哲學社會科學版),2000 年第 1 期。

33. 楊冬生、楊岸青:《李嗣昭爲李克用"元子"辨》,《山西教育學院學報》,2000 年第 1 期。

34. 張亞濤:《關於〈五代十國前期形勢〉圖中的"晋"》,《中學歷史教學參考》,2000 年第 7 期。

35. 劉惠琴、陳海濤:《唐末五代沙陀集團中的粟特人及其漢化》,《烟臺師範學院學報》(哲學社會科學版),2001 年第 2 期。

36. 蔣武雄:《遼與北漢外交幾個問題的探討》,《東吳歷史學報》,第 7 期,2001 年 3 月。

37. 曾國富:《北漢局促河東的原因及其割據的條件》,《湛江師範學院學報》,2002 年第 5 期。

38. 鄧輝、白慶元:《内蒙古烏審旗發現的五代至北宋夏州拓拔部李氏家族墓誌銘考釋》,《唐研究》,第 8 卷,北京大學出版社,2002 年。

39. 曾瑞龍:《以北漢問題爲核心的宋遼軍事衝突》,《暨南史學》,第 1 輯,2002 年。

40. 趙忠虎:《試論岐王李茂貞》,《陝西史志》,2003 年第 3 期。

41. 樊文禮:《唐末五代代北集團的形成和沙陀王朝的建立》,《中國中古史論集》,天津古籍出版社,2003 年。

42. 王小甫:《隋唐五代燕北地區的民族遷徙與分布》,《盛唐時代與東北亞政局》,上海辭書出版社,2003 年。

43. 樊文禮:《"華夷之辨"與唐末五代士人的華夷觀——士人群體對沙陀政權的認同》,《烟臺師範學院學報》(哲學社會科學版),2004 年第 3 期。

44. 陸寧:《論五代党項周邊地緣關係》,《西北第二民族學院學報》(哲學社會科學版),2004 年第 3 期。

45. 張珉:《火燒晋陽》,《山西檔案》,2004 年第 4 期。

46. 蔣武雄:《宋滅北漢之前與遼的交聘活動》,《東吴歷史學報》,第 11 期,2004 年 6 月。

47. 周偉洲:《陝北出土三方唐五代党項拓跋氏墓誌考釋》,《民族研究》,2004 年第 6 期。

48. 李永瑜:《沙陀李晋王及其後裔》,《中國土族》,2005 年第 2 期。

49. 王振華、郝福祥:《劉燕鑄幣與唐末"河北三鎮"割據下的政治經濟》,《文物春秋》,2005 年第 2 期。

50. 李崇新:《試論唐末五代晋梁争雄的政治策略博弈》,《南京理工大學學報》,2005 年第 6 期。

51. 王鳳翔:《新見唐秦王李茂貞墓誌淺釋》,《文物春秋》,2006 年第 6 期。

52. 李崇新:《唐末五代晋梁争霸的軍事得失》,《南京理工大學學報》(社會科學版),2007 年第 1 期。

53. 王麗敏、高曉静、吕興娟:《曲陽北岳廟唐李克用題名碑淺析》,《文物春秋》,2007 年第 4 期。

54. 王鳳翔:《唐秦王李茂貞之妻劉氏墓誌考釋》,《唐史論叢》,第 9 輯,三秦出版社,2007 年。

55. 吴毅:《秦王李茂貞與秦王陵》,《乾陵文化研究》,第 3 輯,三秦出版社,2007 年。

56. 余嘉錫:《楊家將故事考信録》,《余嘉錫論學雜著》,中華書局,2007 年。

57. 趙冬梅:《楊業後裔小考》,《北大史學》,第 12 輯,北京大學出版社,2007 年。

58. 李玉林:《一代豪酋李克用的漢化》,《忻州師範學院學報》,2008 年第 1 期。

59. 彭艷芬、于淼:《論阿保機與李克用的會盟》,《北方文物》,2008 年第 4 期。

60. 王鳳翔:《跋五代李從曮妻朱氏墓誌》,《文博》,2008 年第 5 期。

61. 耿麗娜：《大唐秦王陵和前蜀永陵之比較》，《文史雜誌》，2009 年第 3 期。

62. 吳毅：《岐秦政權興衰存亡管窺》，《人文雜誌》，2009 年第 3 期。

63. 周阿根：《〈李茂貞墓誌〉録文校補》，《文物春秋》，2009 年第 3 期。

64. 蔣五保：《大唐秦王李茂貞與西鳳酒》，《寶鷄社會科學》，2009 年第 4 期。

65. 王使臻：《晚唐五代宋初靈武路上的"河西雜虜"》，《寧夏師範學院學報》，2009 年第 4 期。

66. 成宗田：《李茂貞其人》，《寶鷄社會科學》，2009 年第 6 期。

67. 黃淑雯：《沙陀早期歷史與東遷代北考述》，《通識研究集刊》，第 15 期，2009 年 6 月。

68. 蔡元：《陵墓審美——大唐秦王陵造像藝術管窺》，《新西部》（下半月），2009 年第 10 期。

69. 楊春雷：《河東道與五代政局的嬗變》，《福建師範大學學報》，2009 年增刊。

70. 李有成：《代縣李克用墓發掘報告》，《李有成考古論文集》，中國文史出版社，2009 年。

71. 王鳳翔：《晚唐五代李茂貞假子考論》，《唐史論叢》，第 11 輯，三秦出版社，2009 年。

72. 王振芳：《沙陀梟雄，殘唐强藩》，氏著《大唐北都》，北岳文藝出版社，2009 年。

73. 王鳳翔、孫遠方：《論晚唐鳳翔劫遷》，《寶鷄文理學院學報》（社會科學版），2010 年第 3 期。

74. 王建國：《首見五代孤品"永安一五"鐵母錢》，《收藏界》，2010 年第 3 期。

75. 王使臻：《一件敦煌文獻反映的五代時期甘州、沙州與靈州間的政治關係》，《河西學院學報》，2010 年第 6 期。

76. 黃英士：《沙陀的族屬及其族史》，《德明學報》，第 34 卷第 2

期,2010 年 12 月。

77. 康保成:《"佘太君"與"折太君"考》,《中正大學中文學術年刊》,第 16 期,2010 年 12 月。

78. 李斌城:《〈大唐秦王重修法門寺塔廟記〉考釋》,《首屆長安佛教國際學術研討會論文集》,第 1 編,陝西師範大學出版社,2010 年。

79. 張國清、許文娟:《試論李克用河東幕府的建立及其人員構成》,《新余學院學報》,2011 年第 3 期。

80. 張金銑:《鳳翔之戰與唐末政治嬗變》,《安徽大學學報》(哲學社會科學版),2011 年第 5 期。

81. 王鳳翔:《晚唐五代李茂貞割據地域考述》,《蘭州學刊》,2011 年第 7 期。

82. 陳葆:《試論宋太祖未能攻滅北漢之原因——從"先南後北"戰略的角度進行思考》,《廣東農工商職業技術學院學報》,2012 年第 2 期。

83. 張麗:《北漢千佛樓碑》,《文物世界》,2012 年第 2 期。

84. 侯震:《論沙陀族北漢政權中原"正統觀"的變化》,《哈爾濱師範大學社會科學學報》,2012 年第 5 期。

85. 王恩涌、張寶秀:《五代與山西高原》,《中學地理教學參考》,2012 年第 10 期。

86. 王東:《五代宋初党項馬貿易與西北政治格局關係探析》,《絲綢之路》,2012 年第 20 期。

87. 杜建錄:《夏州拓跋部的幾個問題——新出土唐五代宋初夏州拓跋政權墓誌銘考釋》,《西夏研究》,2013 年第 1 期。

88. 李鵬:《大遼與北漢聯盟關係探析》,《內蒙古社會科學》(漢文版),2013 年第 1 期。

89. 崔星、王東:《晚唐五代党項與靈州道關係考述》,《西夏研究》,2013 年第 2 期。

90. 吳曉豐:《論北漢得以維持割據的原因》,《忻州師範學院學報》,2013 年第 5 期。

91. 黄英士:《史載沙陀三事辨析》,《德明學報》,第 37 卷第 1 期,2013 年 6 月。

92. 李裕民:《楊業是党項人還是漢人?》,《吳天墀教授百年誕辰紀念文集》,四川人民出版社,2013 年。

93. 湯開建:《五代遼宋時期党項部落的分布》,氏著《党項西夏史探微》,商務印書館,2013 年。

94. 湯開建:《隋唐五代宋初党項拓跋部世次嬗遞考》,氏著《唐宋元間西北史地叢稿》,商務印書館,2013 年。

95. 王鳳翔:《〈重修法門寺塔廟記〉補釋——兼論李茂貞崇佛》,《唐史論叢》,第 16 輯,陝西師範大學出版社,2013 年。

96. 王東、楊富學:《五代宋初西北政治格局之再思考——以北漢與党項關係爲中心的考察》,《蘭州學刊》,2014 年第 1 期。

97. 樊文禮:《再論唐末五代代北集團的成立》,《烟臺大學學報》(哲學社會科學版),2014 年第 3 期。

98. 李翔:《李克用義子問題考述》,《西南大學學報》(社會科學版),2014 年第 3 期。

99. 曾國富:《略論唐末沙陀將帥李克用》,《唐都學刊》,2014 年第 6 期。

100. 丁書雲:《三垂岡史事小考》,《黑龍江史志》,2014 年第 7 期。

101. 王東、崔星:《民族勢力崛起與晚唐五代西北政治格局重構之關係——以党項爲中心的考察》,《赤峰學院學報》(漢文哲學社會科學版),2014 年第 11 期。

102. 杜建録、鄧文韜、王富春:《後唐定難軍節度押衙白全周墓誌考釋》,《寧夏社會科學》,2015 年第 2 期。

103. 牛雨:《李克用墓誌新考——兼論李克用的官職和漢化》,《忻州師範學院學報》,2015 年第 3 期。

104. 馬坤:《宋太祖開寶二年親征北漢若干問題探究》,《華夏文化》,2015 年第 4 期。

105. 曾國富:《五代時期燕人事迹述略》,《唐都學刊》,2015 年第 4 期。

106. 王金花：《北漢〈新建天龍寺千佛樓碑銘并序〉賞析》，《文物世界》，2015 年第 5 期。

107. 張永紅：《〈大唐秦王諡曰忠敬墓誌銘〉探析》，《中國書法》，2015 年第 7 期。

108. 胥孝平：《五代李茂貞夫婦墓神道淺析》，《收藏》，2015 年第 21 期。

109. 胡耀飛：《從招撫到招討：晚唐代北行營的分期與作用》，《民族史研究》，第 12 輯，中央民族大學出版社，2015 年。

110. 李裕民：《論五代時期山西的歷史地位》，《史志學刊》，2016 年第 1 期。

111. 齊子通：《五代時期繼顒大師的身世、出家及與遼朝關係》，《五台山研究》，2016 年第 1 期。

112. 馬巍、張健：《宋與北漢交通道路研究》，《山西廣播電視大學學報》，2016 年第 3 期。

113. 王善軍、楊培艷：《五代北宋時期折家將作戰對象考》，《周秦漢唐文化研究》，第 9 輯，三秦出版社，2016 年。

114. 孫瑜：《巨變前的騷動：風勢論下的斗鷄臺事件》，《山西大學學報》（哲學社會科學版），2017 年第 4 期。

115. 魏帥朋：《論五代時期遼與北漢的軍事聯合》，《遼寧工程技術大學學報》（社會科學版），2017 年第 4 期。

116. 轍草：《唐末五代初幽州燕鑄“家國永安”花錢》，《收藏》，2017 年第 4 期。

117. 孫占：《試析周世宗親征北漢對周漢遼的影響》，《呼倫貝爾學院學報》，2017 年第 5 期。

118. 樊文禮：《晚唐五代的“沙陀三部落”研究》，《唐史論叢》，第 24 輯，三秦出版社，2017 年。

119. 段志凌：《新出五代〈李彥璋墓誌〉所見秦岐政權軍事史事——兼談與此志相關假子的本名問題》，《唐史論叢》，第 25 輯，三秦出版社，2017 年。

120. 高建國:《北宋府州折氏與党項族的關係——兼論唐末五代時期陝北地區的民族變遷》,《西北民族論叢》,第 16 輯,社會科學文獻出版社,2017 年。

121. 胡耀飛:《斗鷄臺事件再探討——從〈段文楚墓誌銘〉論唐末河東政局》,《中國中古史集刊》,第 3 輯,商務印書館,2017 年。

122. 林鵠:《遼漢交惡辨——兼論〈九國志·東漢世家〉之史料價值》,《隋唐遼宋金元史論叢》,第 7 輯,上海古籍出版社,2017 年。

123. 師瑞青:《北漢"使者被執事件"述論》,《運城學院學報》,2018 年第 2 期。

124. 張明:《李克用的發迹:"斗鷄臺事變"史實新考——〈支謨墓誌〉再解讀》,《中華文史論叢》,2018 年第 3 期。

125. 王顈:《五代李茂貞夫婦墓誌考釋》,《西部學刊》,2018 年第 4 期。

126. 郭曉濤:《晚唐五代李茂貞墓出土經幢研究》,《四川文物》,2018 年第 6 期。

127. 胥孝平:《五代李茂貞夫人墓彩繪磚雕賞析》,《收藏》,2018 年第 8 期。

128. 劉廣豐:《五代沙陀貴族婚姻探析》,《宋史研究論文集(2016)》,中山大學出版社,2018 年。

129. 劉麗影:《遼朝對北漢存亡的影響》,《赤峰學院學報》(漢文哲學社會科學版),2019 年第 1 期。

130. 王白潔、張焕君:《淺析唐末五代晉、汴對潞州的爭奪》,《山西大同大學學報》(社會科學版),2019 年第 2 期。

131. 張達志:《五代前夜:秦岐置州所見唐末"地緣政治"》,《學術月刊》,2019 年第 9 期。

132. 高賢棟:《正統之爭:張昭遠篡改段文楚事件發生時間的意圖》,《史學理論與史學史學刊》,第 20 卷,社會科學文獻出版社,2019 年。

133. 高賢棟:《李克用生平三事考釋》,《暨南史學》,第 18 輯,暨南大學出版社,2019 年。

134. 羅亮:《再論李克用之義兒》,《紀念岑仲勉先生誕辰130周年國際學術研討會論文集》,中山大學出版社,2019年。

135. 王彬:《沙陀李氏祖先記憶的重塑及其歷史背景》,《紀念岑仲勉先生誕辰130周年國際學術研討會論文集》,中山大學出版社,2019年。

136. 馬巍:《博弈太行:宋廷親征北漢陘口北移與糧食補給研究》,《宋史研究論叢》,第26輯,科學出版社,2019年。

137. 張凱悦:《"雲州叛亂前史"考——兼論晚唐沙陀史的編纂》,《唐研究》,第24卷,北京大學出版社,2019年。

6. 書評

1. 孫楷第:《評〈舊五代史輯本發覆(附薛史輯本避諱例)〉》,《圖書季刊》昆明版第 1 卷第 1 期,1939 年。

2. 宣非:《翁大草著的〈黃巢論〉》,(上海)《大公報》,1951 年 3 月 31 日。

3. 邢義田:《試評〈五代時期中國北部政權之權力結構〉》,《史原》,第 2 期,1971 年 10 月。

4. 魏汝霖:《〈宋太宗對遼戰争考〉(程光裕著)》,《華學月刊》,第 21 期,1973 年 9 月。

5. 黄啓江:《王著〈五代時期北中國的權力結構〉評介》,《食貨月刊》,第 8 卷第 1 期,1977 年 4 月。

6. 啓程:《"五代史"研究領域中的新成果》,《湖南師範大學社會科學學報》,1985 年第 3 期。

7. 張秀平:《拾遺補闕,責任第一:〈五代史略〉評介》,《人民日報》,1985 年 4 月 15 日。

8. 聶樂和:《讀陶懋炳著〈五代史略〉》,《史學史研究》,1986 年第 1 期。

9. 鄭學檬:《評陶懋炳著〈五代史略〉》,《中國史研究》,1987 年第 2 期。

10. 李必忠:《評〈前蜀後蜀史〉》,《成都大學學報》(社會科學版),1988 年第 1 期。

11. 董恩林:《新的嘗試,新的成果——讀卜孝萱、鄭學檬著〈五代史話〉》,《濟寧師專學報》,1989 年第 1 期。

12. 王朝中:《可敬的師長,成功的著作——陶懋炳〈五代史略〉讀後》,《中國唐史學會論文集·1991》,三秦出版社,1991 年。

13. 何冠環:《張其凡著〈趙普評傳〉》,《新史學》,第 3 卷第 1 期,

1992 年 3 月。

14. 劉静貞:《〈趙普評傳〉,張其凡著》,《東方文化》,第 30 卷第 1—2 期合訂,1992 年。

15. 邱勝威:《一本慰情益世的好書——詹幼馨著〈南唐二主詞研究〉評介》,《江漢大學學報》,1993 年第 1 期。

16. 張其凡:《五代史研究的深入與開拓——讀鄭學檬〈五代十國史研究〉》,《宋史研究通訊》,1993 年第 2 期。

17. 李裕民:《略評〈趙普評傳〉》,《暨南學報》,1993 年第 4 期。

18. 朱瑞熙:《讀〈趙普評傳〉》,《歷史研究》,1993 年第 4 期。

19. 任崇岳:《讀〈趙普評傳〉》,《中國史研究動態》,1994 年第 1 期。

20. 韓國磐:《〈五代十國帝王傳〉序》,《社會科學戰綫》,1994 年第 5 期。

21. 周生春:《對唐宋之交兵制演變的探索與思考——讀張其凡著〈五代禁軍初探〉》,《宋史研究通訊》,1995 年第 1 期。

22. 黄守君:《潛心釋疑,勇於創新——喜讀〈王建墓之謎〉》,《文史雜誌》,1995 年第 5 期。

23. 丁柏傳:《〈王建墓之謎〉簡評》,《中華文化論壇》,1996 年第 1 期。

24. 孟祥才:《唐末五代史研究的新成就:評李炳泉著〈朱温傳〉》,《安徽史學》,1996 年第 3 期。

25. 牟發松:《讀張其凡〈五代禁軍初探〉》,《歷史研究》,1996 年第 3 期。

26. 力量:《如斯人物還須妙筆寫——〈李煜傳〉評介》,《烟臺師範學院學報》(哲學社會科學版),1996 年第 4 期。

27. 秋水:《史筆文心,重現一代詞宗——〈李煜傳〉評介》,《出版發行研究》,1997 年第 1 期。

28. 葛金芳:《張其凡著〈宋初政治探研〉評介》,《中國史研究動態》,1997 年第 5 期。

29. 鄭銘德:《張其凡著〈宋初政治探研〉》,《新史學》,第 8 卷第

4 期,1997 年 12 月。

30. 王鑫義:《體例完備,考證精審——朱玉龍著〈五代十國方鎮年表〉簡評》,《安徽史學》,1998 年第 4 期。

31. 童慶炳:《同之與异,不屑古今——〈南唐李後主詞研究〉讀後》,《中國圖書評論》,1999 年第 10 期。

32. 王俊川:《隋唐五代史研究的一個新概念、新認識——〈唐末五代的代北集團〉評介》,《内蒙古大學學報》(人文社會科學版),2000 年第 5 期。

33. 李衡眉:《〈唐末五代的代北集團〉評價》,《中國史研究動態》,2000 年第 11 期。

34. 趙燦鵬:《王國維〈五代兩宋監本考〉校讀》,《書目季刊》,第 34 卷第 3 期,2000 年 12 月。

35. 王瑛:《〈花間集論稿〉評介》,《社會科學研究》,2001 年第 5 期。

36. 林鍾勇:《曾昭岷等新編〈全唐五代詞〉評介》,《書目季刊》,第 35 卷第 1 期,2001 年 6 月。

37. 李全德:《試評〈南唐國史〉》,《北大史學》,第 8 期,2001 年 12 月。

38. 薛平拴:《南唐史研究的新成果——評杜文玉新著〈南唐史略〉》,《渭南師範學院學報》,2002 年第 1 期。

39. 楊希義:《五代十國史研究的一部新著——評杜文玉撰〈南唐史略〉》,《陝西師範大學學報》(哲學社會科學版),2002 年第 1 期。

40. 梅尼爾、吕鵬志、常虹:《傅飛嵐著〈杜光庭(850—933)——中古中國末葉的皇家道士〉評介》,《宗教學研究》,2002 年第 2 期。

41. 孫華媛:《談談對五代作家的評價問題——兼評張興武著〈五代作家的人格與詩格〉》,《中國學研究》,第 5 輯,濟南出版社,2002 年。

42. 傅璇琮:《重視對五代文化的研究——〈五代藝文考〉序》,《常德師範學院學報》(社會科學版),2003 年第 4 期。

43. 郝春文:《堀敏一〈唐末五代變革期の政治と經濟〉》,《唐研究》,第 9 卷,北京大學出版社,2003 年。

44. 黃純艷:《土地制度史研究的新貢獻——評〈五代十國土地所有制研究〉》,《中國社會經濟史研究》,2004 年第 1 期。

45. 吳興南:《中國土地制度史研究的新成果:評〈五代十國土地所有制研究〉》,《思想戰綫》,2004 年第 2 期。

46. 邱燮友:《咏史詩與美學——賴玉樹〈晚唐五代咏史詩與美學意識〉序》,《中國語文》,第 95 卷第 6 期,2004 年 12 月。

47. 馬俊民:《何燦浩〈唐末政治變化研究〉》,《唐研究》,第 10 卷,北京大學出版社,2004 年。

48. 鄭學檬:《一項惠及學術界的史料基礎工程——簡評杭州出版社的〈五代史書彙編〉》,《古籍整理出版情況簡報》,2005 年第 1 期。

49. 李丹婕:《評介〈唐末五代的代北集團〉》,《中國邊疆史地研究》,2005 年第 3 期。

50. 王宏傑:《"文理宜然"——〈新五代史〉英譯本評介》,《國外社會科學》,2005 年第 3 期。

51. 吳文武:《讀〈馬楚史研究〉》,《中國史研究動態》,2005 年第 6 期。

52. 程薇:《〈唐五代文學編年史〉指瑕》,《湖南科技學院學報》,2006 年第 1 期。

53. 王永平:《中國古代史研究的一部力作——〈五代十國制度研究〉簡評》,《江漢論壇》,2006 年第 4 期。

54. 朱維錚:《天下幾人能及君——〈舊五代史新輯會證〉讀後》,《中華讀書報》,2006 年 4 月 19 日。

55. 雷晋豪:《評介:陳信雄,〈越窯在澎湖:五代十國時期大量越窯精品的發現〉》,《成大歷史學報》,第 31 期,2006 年 12 月。

56. 凍國棟:《略評〈中國古代經濟重心南移和唐宋江南經濟研究〉》,氏著《中國中古經濟與社會史論稿》,湖北教育出版社,2006 年。

57. 王運熙、陳允吉:《李定廣〈唐末五代亂世文學研究〉讀後感言》,《汕頭大學學報》(人文社會科學版),2007 年第 2 期。

58. 胡燕:《文化視野中的唐末五代文學研究:評李定廣先生〈唐末五代亂世文學研究〉》,《社會科學研究》,2007 年第 3 期。

59. 孫繼民、杜立暉:《〈五代十國制度研究〉讀後雜感》,《中國史研究動態》,2007 年第 3 期。

60. 李翰:《勝意紛紜,新創迭出的文學史著——評李定廣先生〈唐末五代亂世文學研究〉》,《汕頭大學學報》(人文社會科學版),2007 年第 6 期。

61. 蘇自勤、冉耀斌:《尋找古籍整理和地方文學遺產發掘的平衡點——蒲向明〈玉堂閑話評注〉評介》,《甘肅高師學報》,2007 年第 6 期。

62. 王鳳翔、朱紅梅:《地域文化與歷史研究的契合——評薛庚環〈周太祖郭威評傳〉〈周世宗柴榮評傳〉》,《衡水學院學報》,2008 年第 6 期。

63. 邢東昇:《〈五代十國方鎮年表〉辨誤——以唐、五代淮南節鎮轄區伸縮爲中心》,《書品》,2008 年第 6 期。

64. 孫克強、劉少坤:《〈花間集〉現代意義讀本的奠基之作——試論華鍾彥〈花間集注〉編撰特點及學術價值》,《湛江師範學院學報》,2010 年第 1 期。

65. 張秀平:《新版〈中國歷史·五代史〉編輯後記》,《民主》,2010 年第 2 期。

66. 胡耀飛:《讀〈五代十國方鎮年表〉札記:以吳、南唐政權相關內容爲中心》,《書品》,2010 年第 6 輯。

67. 温金玉:《永明延壽研究的成功探索》,《杭州師範大學學報》(社會科學版),2010 年第 6 期。

68. 王宏傑:《十國史研究的史料範圍——兼評杜文玉〈五代十國制度研究〉》,《中國唐史學會會刊》29,2010 年 11 月。

69. 盛思鑫:《大一統思想與意識形態結構——評〈分裂的中國:邁向統一的 883~947〉》,《中西文化研究》,第 18 期,2010 年 12 月。

70. 田曉忠、陳智丹:《五代金陵史研究的最新力作——評薛政超博士的〈五代金陵史研究〉》,《邵陽學院學報》(社會科學版),2011年第 4 期。

71. 胡耀飛:《王賡武先生的五代史研究小議:以對 *Structure of Power in North China during the Five Dynasties* 一書的評價爲中心》,《唐潮》,第 37 期,2011 年 5 月。

72. 胡耀飛:《地域政治史研究的新視野——讀王鳳翔〈晚唐五代秦岐政權研究〉》,《陝西歷史博物館館刊》,第 18 輯,三秦出版社,2011 年。

73. 賴亮郡:《戴建國〈唐宋變革時期的法律與社會〉》,《唐研究》,第 17 卷,北京大學出版社,2011 年。

74. 賈志剛:《問渠那得清如許,爲有源頭活水來——評杜文玉著〈五代十國經濟史〉》,《唐都學刊》,2012 年第 2 期。

75. 鄭學檬:《評杜文玉著〈五代十國經濟史〉——兼論該時期若干經濟問題》,《中國經濟史研究》,2012 年第 2 期。

76. 谷更有:《唐宋社會變革的新思考——〈唐宋社會變革論綱〉讀後》,《史學理論研究》,2012 年第 3 期。

77. 薛平拴:《杜文玉〈五代十國經濟史〉評介》,《中國史研究動態》,2012 年第 5 期。

78. 張其凡、曾育榮:《陶懋炳著〈五代史略〉引文正誤》,《徽音永著:徐規教授紀念文集》,華東師範大學出版社,2012 年 9 月。

79. 胡耀飛:《書評: Wang Hongjie, *Power and Politics in Tenth-Century China: The Former Shu Regime*》,《唐研究》,第 18 卷,北京大學出版社,2012 年。

80. 馬恕鳳、曾昭聰:《五代墓誌彙纂與研究的新成果——〈五代墓誌彙考〉學術價值評介》,《伊犁師範學院學報》(社會科學版),2013 年第 2 期。

81. 胡耀飛:《〈全唐文補編〉十國文章署名辨誤二則》,《書品》,2013 年第 3 輯。

82. 温虎林、楊桂琴:《篳路藍縷探詩窖,指耕隴南啓山林——蒲向明〈追尋"詩窖"遺珍:王仁裕文學創作研究〉評介》,《甘肅高師學報》,2013 年第 4 期。

83. 慶振軒:《五代十國圖籍目録研究的集大成之作——讀〈補五代史藝文志輯考〉》,《文化與傳播》,2016 年第 5 期。

84. 張培鋒:《評〈補五代史藝文志輯考〉》,《中華文史論叢》,2017 年第 1 輯。

85. 馮曉玉:《艷詞之盛,獨美於兹——評田安〈締造選本:《花間集》的文化語境與詩學實踐〉》,《中華文史論叢》,2017 年第 3 期。

86. 錢建狀、張經洪:《集五代藝文志研究之大成》,《中華讀書報》,2017 年 5 月 10 日。

87. 李丹婕:《後上官婉兒時代與馮道的歷史世界》,《讀書》,2017 年第 9 期。

88. 安北江:《〈中國行政區劃通史・五代十國卷〉評介》,《地理學報》,2018 年第 8 期。

89. 陳雪婧:《主體、性別與審美文化的合奏——趙麗教授〈花間集研究〉閱讀札記》,《大慶師範學院學報》,2019 年第 2 期。

90. 陶繼雙:《胡耀飛〈楊吳政權家族政治研究〉評介》,《中國史研究動態》,2019 年第 2 期。

二、日文部分

凡　例

一、是編整理唐末五代宋初日文論文,分專書和論文兩大類,皆以出版、發表時間排列。

二、是編以唐末五代宋初内容爲主體部分,然而日人文章標以"唐末"者或自安史之亂算起,標以"宋初"者或至元豐改制爲止,故此類文章各以内容爲準,不予强入。

三、是編時空範圍,不包括敦煌地方政權和遼朝、南詔‧大理,但安南地區、靈夏政權、燕雲十六州等處,皆予納入。

四、是編對於已經收入作者本人論文集之論文,在力所能及的情況下儘量予以標明。有中譯本者,亦附見中譯者和刊出信息。

五、是編對於日人姓名、日文論著題名和出版社、刊物名,皆以日本通行漢字爲準,以便讀者自行檢索核對原文。由於日本的出版社大多集中在東京、京都等大城市,故出版社不再標注地點。

六、是編爲便於讀者理解,凡表示書名和文章名的『』皆改爲《》,「」皆改爲〈〉,表示特殊含義的「」皆改爲"",副標題兩邊短杠,皆改爲破折號。

1. 專書

1. 加藤繁:《唐宋時代における金銀の研究》,東洋文庫,1926 年;中譯本題《唐宋時代金銀之研究》,中華書局,2006 年。

2. 中山久四郎:《五代及宋時代》,雄山閣,1939 年。

3. 宮崎市定:《五代宋初の通貨問題》,星野書店,1943 年;收入全集第九卷。

4. 小林太市郎:《禅月大師の生涯と芸術》,創元社,1946 年。

5. 多田晉:《司空図》,弘文堂,1948 年。

6. 小林太市郎:《禅月大師》,弘文堂,1948 年。

7. 小林健志:《李後主詞集(附小伝)》,志延舎,1956 年。

8. 小林太市郎:《唐宋の人物画》,平凡社,1957 年。

9. 村上哲見:《李煜》,岩波書店,1959 年。

10. 小林太市郎:《唐宋の白磁》,平凡社,1959 年。

11. 前田正名:《陝西横山の歴史地理学的研究:十世紀、十一世紀におけるオルドス沙漠南縁の白于山付近山地に関する歴史地理学的研究》,教育書籍,1962 年;中譯本題《陝西横山歷史地理學研究:10—11 世紀鄂爾多斯南緣白于山區的歷史地理學研究》,中國社會科學出版社,2018 年。

12. 青山定雄:《唐宋時代の交通と地誌地図の研究》,吉川弘文館,1963 年。

13. 前田正名:《河西の歴史地理学的研究》,吉川弘文館,1964 年;中譯本題《河西歷史地理學研究》,中國藏學出版社,1993 年。

14. 花崎采琰:《全訳〈花間集〉》,桜楓社,1971 年。

15. 牧田諦亮:《五代宗教史研究》,平楽寺書店,1971 年。(其中年表篇以《五代宗教史年表》爲題,收入《世界佛學名著譯叢》,第

45 册,華宇出版社,1985 年。)

16. 青山宏:《〈花間集〉索引》,東京大学東洋文化研究所附属東洋学文献センター刊行委員会,1974 年;汲古書院,1979 年影印。

17. 周藤吉之、中嶋敏:《五代・宋——官僚制国家の形成》,講談社,1974 年。

18. 入矢義高:《董源・巨然の周辺》,中央公論社,1976 年。

19. 山根幸夫編:《中国農民起義文献目録》,東京女子大学東洋史研究室,1976 年。

20. 加藤繁訳註:《〈旧唐書・食貨志〉、〈旧五代史・食貨志〉》,岩波書店,1977 年。

21. 谷川道雄、森正夫編:《中国民眾叛乱史》第 1 巻《秦～唐》,平凡社,1979 年。

22. 谷川道雄、森正夫編:《中国民眾叛乱史》第 2 巻《宋～明中期》,平凡社,1979 年。

23. 栗原益男:《乱世の皇帝——後周の世宗とその時代》,桃源社,1979 年。

24. 日野開三郎:《日野開三郎東洋史学論集》第 2 巻《五代史の基調》,三一書房,1980 年。

25. 柳田聖山:《〈祖堂集〉索引》全三册,京都大学人文科学研究所,1980—1984 年。

26. 日野開三郎:《唐・五代の貨幣と金融》,《日野開三郎東洋史学論集》,第 5 巻,三一書房,1982 年。

27. 鈴木哲雄:《唐五代の禅宗——湖南、江西篇》,大東出版社,1984 年。

28. 柳田聖山:《純禅の時代——〈祖堂集〉ものがたり》,禅文化研究所,1984 年。

29. 日野開三郎:《唐末五代初自衛義軍考・上篇》,著者自刊,1984 年。

30. 栗原益男:《五代宋初藩鎮年表》,東京堂出版,1988 年。

31. 鳥谷弘昭、吉田寅編：《五代史研究文献目録》,立正大学文学部東洋史研究室,1990 年。

32. 佐竹靖彦：《唐宋変革の地域的研究》,同朋舎,1990 年。

33. 宮崎市定：《宮崎市定全集》第 9 巻《五代宋初》,岩波書店,1992 年。

34. 岡崎文夫：《隋唐帝国五代史》,平凡社,1995 年。

35. 大沢正昭：《唐宋変革期農業社会史研究》,汲古書院,1996 年。

36. 日野開三郎：《唐末混乱史考》,《日野開三郎東洋史学論集》,第 19 巻,三一書房,1996 年。

37. 中田昭栄：《李煜——唐詩と宋詞の間に逝ったのロマンティシズム》,新風舎,1999 年。

38. 堀敏一,《唐末五代変革期の政治と経済》,汲古書院,2002 年。

39. 礪波護：《馮道——乱世の宰相》,中央公論新社,2003 年。

40. 周藤吉之、中嶋敏：《五代と宋の興亡》,講談社,2004 年。

41. 池沢滋子：《北宋銭氏文人群体研究》,上海人民出版社,2005 年。

42. 大沢正昭：《唐宋時代の家族・婚姻・女性——婦は強く》,明石書店,2005 年。

43. 鈴木哲雄：《雪峰——祖師禅を実践した教育者》,臨川書店,2009 年。

44. 山崎覚士：《中国五代国家論》,思文閣,2010 年。

45. 伊藤宏明編：《唐五代民衆叛乱史関係研究文献目録》(増訂版),斯文堂,2010 年。

46. 椎名宏雄：《洞山：臨済と并ぶ唐末の禅匠》,臨川書店,2010 年。

47. 礪波護：《唐宋の変革と官僚制》,中央公論新社,2011 年。

48. 浜田耕策：《古代東アジアの知識人崔致遠の人と作品》,九州大学出版会,2013 年。

49. 栗原益男:《唐宋変革期の国家と社会》汲古書院,2014 年。

50. 柳幹康:《永明延寿と〈宗鏡録〉の研究——一心による中国仏教の再編》,法蔵館,2015 年。

51. 西村陽子:《唐代沙陀突厥史の研究》,汲古書院,2018 年。

2. 論文

1. 石橋五郎:《唐宋時代の支那沿海貿易港に就いて(1)》,《史学雑誌》,第 12 卷第 8 号,1901 年 8 月。

2. 石橋五郎:《唐宋時代の支那沿海貿易港に就いて(2)》,《史学雑誌》,第 12 卷第 9 号,1901 年 9 月。

3. 石橋五郎:《唐宋時代の支那沿海貿易港に就いて(3)》,《史学雑誌》,第 12 卷第 11 号,1901 年 11 月。

4. 藤田豊八:《南漢劉氏の祖先について》,《東洋学報》,第 6 卷第 2 号,1916 年 5 月;收入氏著《東西交涉史の研究・南海篇》,荻原星文館,1943 年;中譯本題《南漢劉氏祖先考》,收入氏著《中國南海古代交通叢考》,何健民譯,山西人民出版社,2015 年。

5. 松井等:《五代の世に於ける契丹》,《滿鮮地理歷史研究報告》,第 3 冊,1916 年 12 月。

6. 那波利貞:《看過せられたる南唐文化の価値》,《歷史と地理》,第 4 卷第 2・3 号,1919 年。

7. 桑原騭蔵:《カンフウ問題殊にその陥落年代に就いて》,《史林》,第 4 卷,1919 年。

8. 土田麦僊:《徐熙と呂紀の花鳥画》,《美術写真画報》,第 1 卷第 6 号,1920 年 7 月。

9. 内藤湖南:《概括的唐宋時代観》,《歷史と地理》,第 9 卷第 1号,1922 年 1 月;收入氏著《内藤湖南全集》第八卷,筑摩書房,1969 年。

10. 西岡虎之助:《日本と呉越との交通》,《歷史地理》,第 42 卷 1 号,1923 年 7 月;收入《西岡虎之助著作集》第三卷,三一書房,1984 年 3 月。

11. 木宮泰彦:《五代に於けるの日支交通》,氏著《日支交通史》

上卷,金刺芳流堂,1926 年。

12. 杉本直治郎:《五代宋初に於ける安南の土豪呉氏に就いて》,《内藤博士還暦祝賀支那学論叢》,弘文堂,1926 年。

13. 内藤湖南:《五代の絵画——支那絵画史講話(5)》,《仏教美術》,第 14 号,1929 年 9 月。

14. 小林高四郎:《唐宋牙人考補正》,《史学》,第 8 巻第 3 号,1929 年 11 月。

15. 小林高四郎:《唐宋牙人考》,《史学》,第 8 巻第 1 号,1929 年。

16. 重松俊章:《唐宋時代の弥勒教匪——附更生仏教匪》,《史淵》,第 3 輯,1931 年 12 月。

17. 青山定雄:《唐宋汴河考》,《東方学報》,第 2 号,1931 年;改題《唐宋の汴河》,收入氏著《唐宋時代の交通と地志地図の研究》,吉川弘文館,1963 年。

18. 森住利直:《北宋初期の便糴に就いて》,《史淵》,第 3 輯,1931 年。

19. 浜口重国:《宋代衙前の起源に就いて》,1932 年 5 月 14 日史学会第 33 回大会・東洋史部会口頭發表,提要收入氏著《秦漢隋唐史研究》,東京大学出版会,1966 年。

20. 小野玄妙:《唐末五代趙宋時代の仏教画——特に我が藤原時代における新渡りの図像に就いて》,《国華》,第 513、514、516—519、522、524、528、529 号連載,1933—1934 年。

21. 矢代幸雄:《宋摩周文矩〈宮中図〉》,《美術研究》,第 25 号,1934 年 1 月。

22. 島田好:《唐末の遼東》,《滿洲学報》,第 3 号,1934 年。

23. 那波利貞:《五代の文化と書》,下中弥三郎等編《書道全集》,第 10 巻,平凡社,1935 年。

24. 滝精一:《宋初の画院》(上),《国華》,第 542 号,1936 年 1 月。

25. 滝精一:《宋初の画院》(下),《国華》,第 543 号,1936 年

2 月。

26. 重松俊章:《唐宋時代の末尼教と魔教問題》,《史淵》,第 12 輯,1936 年 3 月。

27. 青山定雄:《五代宋の蚕塩について》(講演要旨),《史学雑誌》,第 47 巻第 6 号,1936 年 6 月。

28. 日野開三郎:《五代の沿徴に就いて》,《史淵》,第 13 輯,1936 年 7 月。

29. 小川貫弌:《銭氏呉越国の仏教に就て》,《竜谷史壇》,第 18 号,1936 年 7 月。

30. 矢代幸雄:《宋摩周文矩〈宮中図〉の新断片》,《美術研究》,第 56 号,1936 年 8 月。

31. 水野梅曉:《銭武粛王画像に就いて》,《日華仏教研究会年報》,第 1 年,1936 年 8 月。

32. 橋本増吉:《〈旧五代史・契丹伝〉について》,《東洋史研究》,第 2 巻第 1 号,1936 年 10 月。

33. 中田勇次郎:《唐五代詞韻考》,《支那学》,第 8 巻第 4 号,1936 年 11 月;収入氏著《読詞叢考》,創文社,1998 年。

34. 宮崎市定:《読史札記・五代軍閥の系統》,《史林》,第 21 巻第 1 号,1936 年;収入氏著《宮崎市定全集》,第 17 巻《読史札記》,岩波書店,1992 年。

35. 宮崎市定:《読史札記・五代の国都》,《史林》,第 21 巻第 1 号,1936 年;収入氏著《宮崎市定全集》,第 17 巻《読史札記》,岩波書店,1992 年。

36. 末冨康二:《人倫諸関係より見たる五代史の考察——特に養子に就いて》,広島文理科大学東洋史学科卒業論文,1936 年。

37. 日野開三郎:《五代藩鎮の挙糸絹と北宋朝の預買絹——五代苛政の一面》,《史淵》,第 15 輯,1937 年 3 月。

38. 穂積文雄:《〈旧五代史・食貨志〉論稿》,《支那研究》,第 44 号,1937 年 3 月。

39. 日野開三郎:《五代藩鎮の挙糸絹と北宋朝の預買絹

（二·完）》，《史淵》，第 16 輯，1937 年 7 月。

40. 那波利貞：《五代の紛爭と宋の統一》，《世界文化史大系》，第 9 卷，1938 年 1 月。

41. 日野開三郎：《五代鎮將考》，《東洋学報》，第 25 卷第 2 号，1938 年 2 月；中譯本收入《日本學者研究中國史論著選譯》第五卷《五代宋元》，索介然譯，中華書局，1993 年。

42. 加藤一雄：《芸術家の凝視に就いて断章：徐熙、李迪、趙昌等》，《南画鑑賞》，第 7 卷第 3 号，1938 年 3 月。

43. 原勝己：《黄巣の入広州路に就いての一考察》，《山下（寅次郎）先生還暦記念東洋史論文集》，六盟館，1938 年 9 月。

44. 朴時亨：《契丹の燕雲十六州領有とその史的意義》，《京城帝国大学史学会誌》，第 13 号，1938 年。

45. 日野開三郎：《五代の監徵・軍將に就いて》，《歴史学研究》，第 8 卷第 3 号，1938 年。

46. 日野開三郎：《五代の耗に就いて》，《歴史学研究》，第 8 卷第 7 号，1938 年。

47. 日比野丈夫：《唐宋時代に於ける福建の開発》，《東洋史研究》，第 4 卷第 3 号，1939 年 3 月。

48. 岡崎俊夫：《洛陽才子他郷老——詞人韋莊のことども》，《中国文学月報》，第 49 号，1939 年 4 月；收入氏著《天上人間　岡崎俊夫文集》，岡崎俊夫文集刊行会，1961 年。

49. 北山康夫：《唐宋時代に於ける福建省の開発に関する一考察》，《史林》，第 24 卷第 3 号，1939 年 7 月。

50. 日野開三郎：《五代の庁直軍に就いて（上）》，《史学雑誌》，第 50 編第 7 号，1939 年 7 月。

51. 日野開三郎：《五代の庁直軍に就いて（下）》，《史学雑誌》，第 50 編第 8 号，1939 年 8 月。

52. 外山軍治：《燕雲十六州——解說》，《東洋史研究》，第 4 卷第 4・5 号，1939 年。

53. 青山定雄：《隋唐より宋代に至る総誌及び地方誌について

（上）》,《東洋学報》,第 28 卷第 1 号,1941 年 2 月。

54. 青山定雄:《隋唐より宋代に至る総誌及び地方誌について
（下）》,《東洋学報》,第 28 卷第 2 号,1941 年 6 月。

55. 日野開三郎:《五代の南北支那陸上交通道路に就いて》,
《歴史学研究》,第 11 卷第 6 号,1941 年 6 月。

56. 田中豊蔵:《石恪の二祖調心図》,《画説》,第 54 号,1941 年
6 月;收入氏著《中国美術の研究》,二玄社,1964 年。

57. 田中豊蔵:《南唐の落墨花》,《三田文学》,第 16 卷第 10 号,
1941 年 10 月;收入氏著《中国美術の研究》,二玄社,1964 年。

58. 日野開三郎:《五代閩国の對中原朝貢と貿易（上）》,《史
淵》,第 26 輯,1941 年 11 月。

59. 日野開三郎:《五代の馬政と當時の馬貿易(1)》,《東洋学
報》,第 29 卷第 1 号,1942 年 2 月。

60. 岸田勉:《支那絵画に於ける写実思想の開展:五代を中心
として》,《史淵》,第 27 輯,1942 年 3 月。

61. 日野開三郎:《五代閩国の對中原朝貢と貿易（下）》,《史
淵》,第 27 輯,1942 年 3 月。

62. 小林太市郎:《禅月大師の芸術》（上）,《思想》,第 239 号,
1942 年 4 月。

63. 日野開三郎:《五代の馬政と當時の馬貿易(2)》,《東洋学
報》,第 29 卷第 2 号,1942 年 5 月。

64. 小林太市郎:《禅月大師の芸術》（下）,《思想》,第 240 号,
1942 年 5 月。

65. 畑中淨園:《後周世宗の廃仏考》,《大谷学報》,第 23 卷第 4
号,1942 年 7 月。

66. 日野開三郎:《五代の馬政と當時の馬貿易(3)》,《東洋学
報》,第 30 卷第 2 号,1943 年 5 月。

67. 池田誠:《均産一揆の歴史的意義——九~十世紀における
変革の問題》,《歴史学研究》,第 152 号,1943 年 8 月。

68. 豊田穣:《〈新五代史〉の文章》,《史学雑誌》,第 54 編第 9

号,1943 年 9 月。

69. 原田尾山:《南唐董源筆〈溪山行旅図〉》,《南画鑑賞》,第 12 卷第 9 号,1943 年 9 月。

70. 山本達郎:《安南が独立国を形成したる過程の研究》,《東洋文化研究所紀要》,第 1 号,1943 年 12 月。

71. 田中豊蔵:《石恪二祖調心図(正法寺蔵・図版解説)》,《美術研究》,第 135 号,1944 年 3 月。

72. 日野開三郎:《五代の馬政と當時の馬貿易(4)》,《東洋学報》,第 30 卷第 4 号,1944 年 8 月。

73. 岡崎精郎:《後唐の明宗と旧習(上)》,《東洋史研究》,新第 1 卷第 4 号,1945 年 11 月。

74. 中田勇次郎:《蜀の詩人李珣の〈瓊瑶集〉より》,《学海》,第 3 卷第 3 号,1946 年 4 月;収入氏著《読詞叢考》,創文社,1998 年。

75. 中田勇次郎:《韋莊の浣花詞——唐宋詞選(その二)》,《世代》,第 1 卷第 2 号,1946 年 8 月;収入氏著《読詞叢考》,創文社,1998 年。

76. 中田勇次郎:《顧夐の詞——唐宋詞選(その三)》,《世代》,第 1 卷第 4 号,1946 年 10 月;収入氏著《読詞叢考》,創文社,1998 年。

77. 中田勇次郎:《〈花間集〉より——唐宋詞選(その四)》,《世代》,第 1 卷第 6 号,1946 年 12 月;収入氏著《読詞叢考》,創文社,1998 年。

78. 小林太市郎:《禅月大師の食物》,《支那学》,第 12 卷第 5 号,1947 年 8 月。

79. 中田勇次郎:《毛熙震の詞より》,《知慧》,第 2 卷第 6 号,1947 年 12 月;収入氏著《読詞叢考》,創文社,1998 年。

80. 岡崎俊夫:《天上人間——帝王詞家李重光のこと》,《中国文学》,第 103 号,1948 年 2 月。

81. 岡崎精郎:《後唐の明宗と旧習(下)》,《東洋史研究》,第 10 卷第 2 号,1948 年 5 月。

82. 河原正博:《南漢劉氏祖先考》,《東洋学報》,第 31 卷第 4 号,1948 年 6 月。

83. 宮崎市定:《五代史上の軍閥資本家——特に晋陽李氏の場合》,《人文科学》,第 2 卷第 4 号,1948 年 7 月;收入氏著《宮崎市定全集》,第 9 卷《五代宋初》,岩波書店,1992 年。

84. 中田勇次郎:《牛嶠の詞より》,《知慧》,第 3 卷第 6 号,1948 年 11 月;收入氏著《読詞叢考》,創文社,1998 年。

85. 岡崎精郎:《中国西北史研究・五代時代夏州李氏を中心に——昭和 21 年度人文科学研究費補助による研究報告(要旨)》,《人文》,第 3 卷第 1 号,1949 年 3 月。

86. 中田勇次郎:《唐五代詞の韻律について》,《大谷学報》,第 28 卷第 3・4 号合刊,1949 年 6 月;收入氏著《読詞叢考》,創文社,1998 年。

87. 陸川堆雲:《〈祖堂集〉及其の臨済の異伝に就て》,氏著《臨済及臨済録の研究》,喜久屋書店,1949 年。

88. 青山定雄:《唐・五代の関津と商税》,《横浜市立大学論叢》,第 2 卷第 3 号,1950 年 10 月。

89. 山本澄子:《五代宋初の党項民族及びその西夏建国との関係》,《東洋学報》,第 33 卷第 1 号,1950 年 12 月。

90. 河上光一:《宋初の衙前について》,《史学雑誌》,第 60 卷第 2 号,1951 年 2 月。

91. 周藤吉之:《五代節度使の牙軍に関する一考察——部曲との関聯において》,《東洋文化研究所紀要》,第 2 号,1951 年 9 月。

92. 牧田諦亮:《後周世宗の仏教政策》,《東洋史研究》,第 11 卷第 3 号,1951 年 10 月;收入氏著《中国近世仏教史研究》,平楽寺書店,1957 年;中譯本題《後周世宗的佛教政策》,如真譯,收入《中國佛教史論集・隋唐五代篇》,大乘文化出版社,1977 年。

93. 堀敏一:《唐末諸叛乱の性格:中国における貴族政治の没落について》,《東洋文化》,第 7 号,1951 年 11 月;收入氏著《唐末五代変革期の政治と経済》,汲古書院,2002 年。

94. 河原正博:《宋初の水戦演習に就いて》,《和田博士還暦記念東洋史論叢》,講談社,1951 年。

95. 青山定雄:《五代宋に於ける江西の新興官僚》,《和田博士還暦記念東洋史論叢》,講談社,1951 年。

96. 中村治兵衛:《五代江南の土地改革》,《和田博士還暦記念東洋史論叢》,講談社,1951 年。

97. 周藤吉之:《五代に於ける均税法》,《和田博士還暦記念東洋史論叢》,講談社,1951 年;収入氏著《中国土地制度史研究》,東京大学出版会,1965 年 9 月。

98. 石原道博:《中国における隣好的日本観の展開——唐・五代・宋時代の日本観》,《茨城大学文理学部紀要・人文科学》,第 2 号,1952 年 2 月。

99. 河上光一:《宋初の里正・戸長・耆長——宋初村落に関する一試論》,《東洋学報》,第 34 巻第 1—4 号合刊,1952 年 3 月。

100. 米内山庸夫:《唐宋南方古窯について》(上),《日本美術工芸》,第 161 号,1952 年 3 月。

101. 米内山庸夫:《唐宋南方古窯について》(中),《日本美術工芸》,第 162 号,1952 年 4 月。

102. 米内山庸夫:《唐宋南方古窯について》(下),《日本美術工芸》,第 163 号,1952 年 5 月。

103. 徳山正人:《馮道論と五代の世相》,《史潮》,第 45 号,1952 年 6 月。

104. 河原由郎:《宋初に於ける京西路の耕地の荒廃について》,《西日本史学》,第 11 号,1952 年 7 月。

105. 山本隆義:《唐宋時代に於ける翰林学士について》,《東方学》,第 4 輯,1952 年 7 月。

106. 牧田諦亮:《五代仏教の性格》,《宗教研究》,第 131 号,1952 年 8 月。

107. 日野開三郎:《銀絹の需給上より見た五代・北宋の歳準・歳賜(上)》,《東洋学報》,第 35 巻第 1 号,1952 年 9 月。

108. 日野開三郎:《銀絹の需給上より見た五代・北宋の歳準・歳賜(下)》,《東洋学報》,第 35 卷第 2 号,1952 年 11 月。

109. 日野開三郎:《五代北宋の歳幣・歳賜の推移——五代・北宋歳幣・歳賜考(1)》,《東洋史学》,第 5 期,1952 年。

110. 日野開三郎:《五代北宋の歳幣・歳賜の推移——五代・北宋歳幣・歳賜考(2)》,《東洋史学》,第 6 期,1952 年 12 月。

111. 堀敏一:《五代宋初における禁軍の発展》,《東洋文化研究所紀要》,第 4 冊,1953 年 3 月;中譯題《五代宋初禁軍之發展》,張其凡譯,收入《宋元文史研究》,廣東人民出版社,1998 年。

112. 矢代幸雄:《再說宋摩周文矩〈宮中図〉》,《美術研究》,第 169 号,1953 年 3 月。

113. 周藤吉之:《唐末五代の荘園制》,《東洋文化》,第 12 号,1953 年 3 月;收入氏著《中国土地制度史研究》,東京大学出版会,1965 年 9 月。

114. 阿部肇一:《呉越忠懿王の仏教策に関する一考察》,《駒沢史学》,第 2 号,1953 年 4 月。

115. 河上光一:《宋初の茶業・茶法》,《東方学》,第 6 輯,1953 年 6 月。

116. 宮崎市定:《宋代州県制度の由来とその特色——特に衙前の変遷について》,《史林》,第 36 卷第 2 号,1953 年 7 月;收入氏著《宮崎市定全集》,第 10 卷《宋》,岩波書店,1992 年。

117. 河原由郎:《宋初に於ける自作農育成過程にみる襄州水利田の開発について》,《史学研究》,第 51 号,1953 年 8 月。

118. 牧田諦亮:《僧史略の世界》,《印度学仏教学研究》,第 2 卷第 1 号,1953 年 9 月。

119. 日野開三郎:《五代・後唐の回図銭について》,《東洋史学》,第 8 号,1953 年 9 月。

120. 畑中淨園:《五代仏教の一動向——特に精舎と書院について》,《印度学仏教学研究》,第 2 卷第 1 号,1953 年 9 月。

121. 牧田諦亮:《君主独裁社会に於ける仏教教團の立場

（上）——宋僧賛寧を中心として》，《仏教文化研究》，第 3 号，1953年 11 月。

122. 塚本俊孝：《五代南唐の王室と仏教》，《仏教文化研究》，第 3 号，1953 年 11 月。

123. 河原由郎：《宋初に於ける陝西・涇原路特に鎮戎軍の弓箭手の興置について》，《福岡商大論叢》，第 4 巻第 3 号，1953 年 12 月。

124. 加藤大三：《〈花間集〉抄》，《東海》，第 4 号，1953 年 12 月。

125. 長部和雄：《北漢の経営と五台の僧継顒》，《神戸商科大学紀要》，第 1 号，1953 年。

126. 河原由郎：《宋初に於ける襄・唐二州営田務の興廃について》，《福岡商大論叢》，第 3 巻第 1 号，1953 年。

127. 吉田寅：《五代における経済政策の推移》，《東洋史学論集》，第 1 号，1953 年。

128. 栗原益男：《唐五代の仮父子的結合の性格——主として藩帥的支配権力との関連において》，《史学雑誌》，第 62 巻第 6 号，1953 年；収入氏著《唐宋変革期の国家と社会》，汲古書院，2014 年。

129. 柳田（横井）聖山：《〈祖堂集〉の資料価値（一）》，《禅学研究》，第 44 号，1953 年；収入氏著《柳田聖山集》，第 1 巻《禅仏教の研究》，法蔵館，1999 年。

130. 志賀義雄：《五代王朝の支配構造——主として五代藩鎮の成立過程について》，《桐蔭高等学校紀要》，第 1 号，1953 年。

131. 周藤吉之：《五代節度使の支配体制——特に宋代職役との関聯に於いて》，《史学雑誌》，第 61 編第 4，6 号，1953 年；収入《宋代経済史研究》，東京大学出版会，1962 年。

132. 日野開三郎：《宋初に於ける女真の山東来航（一）——定安国考第五章》，《史淵》，第 60 号，1954 年 2 月。

133. 柳田節子：《エドワード・クラッケ著「宋初の文官」》，《史学雑誌》，第 63 編第 4 号，1954 年 4 月。

134. 日野開三郎：《唐末混乱史稿》（一），《東洋史学》，第 10

号,1954 年 5 月。

135. 池田誠:《唐宋の変革をどう展開するが――農民問題を中心として》,《東洋史研究》,第 13 卷第 3 号,1954 年 8 月。

136. 菊池英夫:《五代禁軍の地方屯駐に就いて》,《東洋史学》,第 11 号,1954 年 9 月。

137. 日野開三郎:《唐末混乱史稿》(二),《東洋史学》,第 11 号,1954 年 9 月。

138. 岡崎精郎:《五代期における夏州政権の展開》,《東方学》,第 9 輯,1954 年 10 月。

139. 畑中淨園:《呉越の仏教――特に天台徳韶とその嗣永明延寿について》,《大谷大学研究年報》,第 7 集,1954 年 10 月。

140. 河原由郎:《宋初・弓箭手による陝西距の沿辺地の農地の開発について》,《福岡商大平和台論集》,第 1 卷第 1 号,1954 年 11 月。

141. 吉田寅:《五代中原王朝の私塩対策――塩禁を中心として》,《東洋史学論集》,第 4 号,1954 年。

142. 竹内理三:《〈入呉越僧日延伝〉釈》,《日本歴史》,第 82 号,1955 年 3 月。

143. 長部和雄:《五代における戦略物資統制の一つの場合》,《商大論集》,第 15 号,1955 年 4 月。

144. 村上哲見:《A・ホフマン〈李煜の詩〉〈春花秋月〉(書評)》,《中国文学報》(京都大学),第 2 号,1955 年 4 月。

145. 荒木敏一:《宋太祖酒癖考》,《史林》,第 38 卷第 5 号,1955 年 9 月。

146. 吉岡義信:《北宋初期における南人官僚の進出》,《鈴峰女子短大研究集報》,第 2 号,1955 年 9 月。

147. 河崎章夫:《五代端明殿学士に関する二つの問題》,《史泉》,第 3 号,1955 年 10 月。

148. 室永芳三:《五代端明殿学士的二問題》,《史泉》,第 3 号,1955 年 10 月。

149. 林友春:《唐末書院の発生とその教育》,《学習院大学文学部研究年報》,第 2 号,1955 年 12 月。

150. 宮川尚志:《唐五代の村落生活》,《岡山大学法文学部学術紀要》,第 5 号,1956 年 3 月。

151. 栗原益男:《唐末五代の仮父子的結合における姓名と年齢》,《東洋学報》,第 38 巻第 4 号,1956 年 3 月;収入氏著《唐宋変革期の国家と社会》,汲古書院,2014 年。

152. 善峰憲雄:《黄巣の乱》,《東洋史研究》,第 14 巻第 4 号,1956 年 3 月。

153. 栗原益男:《鉄券授受現象からみた君臣関係について》(一、二),《史学雑誌》,第 65 巻第 6、7 号,1956 年 6、7 月;収入氏著《唐宋変革期の国家と社会》,汲古書院,2014 年。

154. 藤井千之助:《唐末から宋代へ》,《歴史教育》,第 4 巻第 7 号,1956 年 7 月。

155. 佐伯冨:《宋初における茶の専賣制度》,《京都大学文学部研究紀要》,第 4 号,1956 年 11 月。

156. 長部和雄:《五代人の教養について》,《商大論集》,第 19 号,1956 年 12 月。

157. 岡田美智子:《中国に於ける胥吏について——主に唐宋を中心として》,《史窓》,第 9 号,1956 年。

158. 加藤大三:《南唐李後主の詞》,《東海》(東海高校文芸部),第 7 号,1956 年。

159. 菊池英夫:《五代禁軍における侍衛親軍司の成立》,《史淵》,第 70 号,1956 年。

160. 柳田聖山:《雪峰とその友人たち——〈祖堂集〉ノート》,《禅文化》,第 4 号,1956 年。

161. 松本栄一:《五代同光二年石仏》,《国華》,第 773 号,1956 年。

162. 相浦知男:《南唐官硯について》,《福岡学芸大学紀要》,第 6 号,1956 年。

163. 志賀義雄:《五代藩鎮構成の拡大過程について——五代王朝の支配構造(続)》,《桐蔭高等学校紀要》,第 2 号,1956 年。

164. 矢野主税:《唐末監軍使制について》,《社会科学論叢》,第 7 号,1957 年 3 月。

165. 岸田勉:《五代に於ける庶民画の性格とその意義》,《佐賀大学教育学部研究論文集》,第 7 号,1957 年 6 月。

166. 小宮進:《唐末より宋に至る中国社会の変化》,《歴史教育》,第 5 巻第 7 号,1957 年 7 月。

167. 堀敏一:《唐末の変革と農民層の分解》,《歴史評論》,第 88 号,1957 年 9 月;収入氏著《中国古代史の視点——私の中国史学》,汲古書院,1994 年。

168. 村上哲見:《李後主の詞に関する討論》,《中国文学報》,第 7 号,1957 年 10 月。

169. 前嶋信次:《黄巣の乱についてのアラビア語史料の価値》,《中東研究》,第 1 巻第 1 号,1957 年 10 月;収入氏著《東西文化交流の諸相》,本書刊行会,1971 年。

170. 堀敏一:《黄巣の叛乱——唐末変革の一考察》,《東洋文化研究所紀要》,第 13 冊,1957 年 11 月;収入氏著《唐末五代変革期の政治と経済》,汲古書院,2002 年。

171. 岸辺成雄:《前蜀始祖王建棺座石彫の二十四楽伎について》,《国際東方学者会議紀要》,第 1 号,1957 年;収入《唐代の楽器》,音楽之友社,1968 年;収入氏著《唐代音楽の歴史的研究》(続巻),和泉書院,2005 年。

172. 牧田諦亮:《賛寧とその時代》,氏著《中国近世仏教史研究》,平楽寺書店,1957 年;中譯本題《贊寧與其時代》,《新覺生》,第 9 巻第 10 期,1971 年 10 月;又収入《佛教人物史話》,大乘文化出版社,1978 年。

173. 前田正名:《五代及び宋初における西涼府について》,《史学雑誌》,第 66 巻第 12 号,1957 年。

174. 桑田六郎:《黄巣広州陥落と新旧唐書》,《神田博士還暦記念書誌学論集》,平凡社,1957 年。

175. 中村茂夫:《荊浩〈筆法記〉にみえる絵画思想》,《美術史》,第 27 号,1958 年 1 月;収入氏著《中国画論の展開・晋唐宋元篇》,中山文華堂,1965 年。

176. 竺沙雅章:《唐・五代における福建仏教の展開》,《仏教史学》,第 7 巻第 1 号,1958 年 2 月。

177. 菊池英夫:《五代後周に於ける禁軍改革の背景——世宗軍制改革前史》,《東方学》,第 16 輯,1958 年 6 月。

178. 堀敏一:《魏博天雄軍の歴史——唐五代武人勢力の一形態》,《歴史教育》,第 6 巻第 6 号,1958 年 6 月;収入氏著《中国古代史の視点——私の中国史学》,汲古書院,1994 年。

179. 中村茂夫:《〈荊浩〈筆法記〉にみえる絵画思想〉訂補》,《美術史》,第 29 号,1958 年 7 月;収入氏著《中国画論の展開・晋唐宋元篇》,中山文華堂,1965 年。

180. 飛永久:《五代枢密使の側近性について》,《長大史学》,第 1 号,1958 年。

181. 西川正夫:《呉・南唐兩王朝の国家権力の性格——宋代国制史研究序說のさぬに、其の一》,《法制史研究》,第 9 巻,1958 年。

182. 村上哲見:《李煜の詞におもうこと》,《中国詩人選集》,第 16 巻,岩波書店,1959 年 1 月。

183. 河原由郎:《宋初に於ける小作経営と商業資本との関連について》,《福岡大学経済学論叢》,第 3 巻第 3 号,1959 年 1 月。

184. 栗原益男:《五代宋初節鎮年表》,《史学雑誌》,第 68 巻第 1 号,1959 年 1 月。

185. 前田正名:《五代及び宋初における"六谷"の地域構造に関する論考——住民構成を中心として》,《東洋学報》,第 41 巻第 4 号,1959 年 3 月。

186. 吉川幸次郎:《人民と詞——李煜をめぐって》,《新潮》,1959 年 4 月;収入氏著《閑情の賦》,筑摩書房,1959 年。

187. 近藤光男:《〈花間集〉の提要をめぐって》,《支那学報》,第5号,1959年6月;收入氏著《清朝考証学の研究》,研文出版,1987年。

188. 岡崎精郎:《宋初における二三の禁令とタングート問題——李継遷の興起をめぐって》,《東洋史研究》,第18卷第1号,1959年7月。

189. 高橋善太郎:《10世紀四川地方に於ける花鳥画の盛行と山水画:五代四川絵画の発展》(上),《愛知県立女子大学・愛知県立女子短期大学紀要(人文・社会・自然)》,第10号,1959年10月。

190. 青山定雄:《五代宋における南方の新興官僚——とくに系譜を中心として》(講演要旨),東洋文庫秋期東洋学講座(第128回),1959年10月。

191. 松原三郎:《五代造像考》,《美術研究》,第207号,1959年11月。

192. 国枝稔:《李煜の生涯とその文学》,《岐阜大学学芸学部研究報告・人文科学》,第8卷第2号,1959年12月。

193. 長沢和俊:《唐末・五代・宋初の霊州》,《安田学園研究紀要》,第2号,1959年。

194. 渡辺道夫:《呉越国の建国過程》,《史観》,第56冊,1959年。

195. 宮崎市定:《馮道と汪兆銘》,《東亜時論》,第2卷第2号,1960年2月;收入氏著《宮崎市定全集》,第23卷《随筆上》,岩波書店,1992年。

196. 三田村泰助:《五代宋初の山水画の意味するもの》,《立命館文学》,第180号,1960年6月。

197. 栗原益男:《唐末の土豪的在地勢力について——四川の韋君靖の場合》,《歴史学研究》,第243号,1960年7月;收入氏著《唐宋変革期の国家と社会》,汲古書院,2014年。

198. 杉谷恵昭:《呉越仏教の一考察》,《北陸史学》,第9号,

1960 年 12 月。

199. 柳田聖山:《唐末五代の河北地方に於ける禅宗興起の歴史的社会的事情について》,《日仏年報》,第 25 号,1960 年。

200. 栗原益男:《朱玫の乱》,《和田博士古稀記念東洋史論叢》,講談社,1961 年 2 月;收入氏著《唐宋変革期の国家と社会》,汲古書院,2014 年。

201. 堀敏一:《朱全忠政権の性格》,《駿台史学》,第 11 号,1961 年 3 月;收入氏著《唐末五代変革期の政治と経済》,汲古書院,2002 年。

202. 米沢嘉圃:《伝董源筆〈寒林重汀図〉について》,《中国絵画史研究:山水画論》,東洋文化研究所,1961 年 3 月。

203. 室永芳三:《五代節度使府の糧料使について》,《東方学》,第 21 輯,1961 年 3 月。

204. 東北大学中国文学研究室:《校注劉知遠諸宮調》,《集刊東洋学》,第 5 号,1961 年 5 月。

205. 礪波護:《三司使の成立について——唐宋の変革と使職》,《史林》,第 44 卷第 4 号,1961 年 7 月;收入氏著《唐代政治社会史研究》,同朋舎,1986 年。

206. 中田勇次郎:《〈花間集〉》,《中国の名著　倉石博士還暦記念》,勁草書房,1961 年 10 月;收入氏著《読詞叢考》,創文社,1998 年。

207. 青山定雄:《五代宋における福建の新興官僚》,《中央大学文学部紀要》,第 24 号,1961 年 12 月。

208. 堀敏一:《朱全忠の庁子都》,《和田博士古稀記念東洋史論叢》,講談社,1961 年;收入氏著《唐末五代変革期の政治と経済》,汲古書院,2002 年。

209. 守屋美都雄:《唐・五代随時記資料の研究》,《大阪大学文学部紀要》,第 9 卷,1962 年 3 月。

210. 西川正夫:《華北五代王朝の文臣官僚》,《東洋文化研究所紀要》,第 27 冊,1962 年 3 月。

211. 小笠原宣秀:《唐末蜀地の淨土教について》,《印度学仏教学研究》,第 10 巻第 2 号,1962 年 3 月。

212. 周藤吉之,《南唐・北宋の沿徴》,《宋代経済史研究》,東京大学出版会,1962 年 3 月。

213. 東北大学中国文学研究室:《校注劉知遠諸宮調》(2),《集刊東洋学》,第 7 号,1962 年 5 月。

214. 栗原益男:《君臣間における鉄券誓約の内容について:唐朝・五代を中心として》,《史学雑誌》,第 71 巻第 7 号,1962 年 8 月;収入氏著《唐宋変革期の国家と社会》,汲古書院,2014 年。

215. 戸田禎佑:《五代・北宋の墨竹》,《美術史》,第 46 号,1962 年 9 月。

216. 阿部肇一:《唐宋転換期における禅宗史の諸問題》,《駒沢史学》,第 10 号,1962 年 11 月。

217. 日野開三郎:《唐・五代東亜諸国民の海上発展と仏教》,《佐賀竜谷学会紀要》,第 9・10 号合刊,1962 年 12 月。

218. 室永芳三:《五代の北面転運使について》,《史淵》,第 89 号,1962 年 12 月。

219. 高崎冨士彦:《禅月様羅漢図について》,《三彩》,第 161 号,1963 年 4 月。

220. 田中良昭:《唐末の伝灯資料に顕れた禅と密教との交渉》,《宗学研究》,第 5 号,1963 年 4 月。

221. 小川環樹:《新五代史の文体の特色》,《中国文学報》,第 18 号,1963 年 4 月。

222. 東北大学中国文学研究室:《校注劉知遠諸宮調》(3),《集刊東洋学》,第 9 号,1963 年 5 月。

223. 栗原益男:《"鉄券"補考》,《岩井博士古稀記念典籍論集》,岩井博士古稀記念事業会,1963 年 6 月,収入氏著《唐宋変革期の国家と社会》,汲古書院,2014 年。

224. 田中整治:《五代における前蜀および後蜀の文化について》,《北海道学芸大学紀要・社会科学編》,第 14 巻第 1 号,1963 年

7 月。

225. 中川学:《唐·宋の客戸に関する諸研究》,《東洋学報》,第 46 巻第 2 号,1963 年 9 月。

226. 田中整治:《五代における後蜀国の成立過程について》,《北海道学芸大学紀要·社会科学編》,第 14 巻第 2 号,1963 年 12 月。

227. 青山宏:《李煜の初期の詞三首》,《日本大学漢学研究》,第 2 号,1964 年 3 月。

228. 礪波護:《唐末五代の変革と官僚制》,《歴史教育》,第 12 巻第 5 号,1964 年 5 月;収入氏著《唐代政治社会史研究》,同朋舎,1986 年。

229. 栗原益男:《唐末五代の変革——その遡及的考察をふくめて》,《歴史教育》,第 12 巻第 5 号,1964 年 5 月。

230. 宇野春夫:《後唐の同姓集団》,《藤女子大学文学部紀要》,第 3 号,1964 年 7 月。

231. 田中整治:《唐末五代小史(Ⅰ):特に秦·成·階·鳳 4 州の争奪を中心として》,《北海道学芸大学紀要》Ⅰ-B,第 15 巻第 1 号,1964 年 8 月。

232. 日野開三郎:《宋初女真の山東来航の大勢とその由来》,《朝鮮学報》,第 33 号,1964 年 10 月。

233. 室永芳三:《五代三司軍将の名称と性格について》,《長大史学》,第 8 輯,1964 年 10 月。

234. 松原三郎:《五代·宋造像考——特に如来、菩薩の坐像形式に就いて》,《美術研究》,第 231 号,1964 年 10 月。

235. 諸井耕二:《三水小牘について》,《目加田誠博士還暦記念中国学論集》,大安,1964 年 11 月。

236. 吉村正一郎:《徐熙の鷺絵》,《淡交》,第 213 号,1964 年 12 月。

237. 日野開三郎:《唐·五代東亜諸国民の海上発展と仏教(承前·完)》,《佐賀竜谷学会紀要》,第 11 号,1964 年 12 月。

238. 田中整治:《唐末五代小史(Ⅱ):特に秦・成・階・鳳4州の争奪を中心として》,《北海道学芸大学紀要》Ⅰ-B,第15卷第2号,1964年12月。

239. 丹喬二:《宋初の荘園について——成都府・後蜀国節度使田欽全の所領を中心として》,《史潮》,第87号,1964年。

240. 高橋善太郎:《黄筌の絵画史上に於ける地位》,《鈴木俊教授還暦記念東洋史論叢》,鈴木俊教授還暦記念会,1964年。

241. 柳田聖山:《〈祖堂集〉の本文研究》,《禅学研究》,第54号,1964年。

242. 前田正名:《10世紀および11世紀における河西東部の地域構造に関する論考》,《史潮》,第86号,1964年。

243. 羽生健一:《五代の巡検使に就いて》,《東方学》,第29輯,1965年2月。

244. 柴田泰:《宋代淨土教の一断面——永明延寿について》,《印度学仏教学研究》,第13卷第2号,1965年3月。

245. 鎌田茂雄:《杜光庭〈太上老君説常清淨経註〉について——唐代宗教思想史研究の一資料》,《宗教研究》,第38卷第2輯,1965年3月。

246. 橋本堯:《残唐五代史演義論——英雄中心主義》,《中国文学報》,第20号,1965年4月。

247. 船越泰次:《五代節度使体制下に於ける末端支配の考察——所由・節級考》,《集刊東洋学》,第13号,1965年5月。

248. 杜希徳:《唐末の藩鎮と中央財政》,《史学雑誌》,第74卷第8号,1965年8月。

249. 田中整治:《唐末五代小史(Ⅲ):特に秦・成・階・鳳4州の争奪を中心として》,《北海道学芸大学紀要》Ⅰ-B,第16卷1号,1965年8月。

250. 加藤大三:《〈花間集〉(解題并訳)》,《東洋文化》,第12号,1965年10月。

251. 菊池英夫:《王賡武著〈五代北シナにおける権力の構

造〉》,《東洋学報》,第 48 卷第 1 号,1965 年 10 月。

252. 栗原益男:《五代宋初藩鎮年表——曹州藩鎮の場合》,《上智史学》,第 10 号,1965 年 10 月;收入氏著《五代宋初藩鎮年表》,東京堂,1988 年。

253. 室永芳三:《五代軍閥の刑獄機構と節度使裁判権》,《東洋史学》,第 28 号,1965 年。

254. 古原宏伸:《韓熙載夜宴図考》(上),《国華》,第 884 号,1966 年 1 月。

255. 日野開三郎:《宋初女真の山東来航と貿易》,《朝鮮学報》,第 37、38 号合刊,1966 年 1 月。

256. 服部英淳:《永明延寿の淨土思想》,《印度学仏教学研究》,第 14 卷第 2 号,1966 年 3 月。

257. 荒木敏一:《宋太祖科挙政策の一考察》,《東洋史研究》,第 24 卷第 4 号,1966 年 3 月。

258. 三崎良周:《唐末の密教と蘇悉地》,《印度学仏教学研究》,第 14 卷第 2 号,1966 年 3 月。

259. 室永芳三:《五代時代の軍巡院と馬歩院の裁判》,《東洋史研究》,第 24 卷第 4 号,1966 年 3 月。

260. 古原宏伸:《韓熙載夜宴図考》(下),《国華》,第 888 号,1966 年 6 月;與上篇合併收入氏著《中国画卷の研究》,中央公論美術出版,2005 年。

261. 栗原益男:《王廥武〈五代華北における権力構造〉1963》,《ソフィア》,第 15 卷第 2 号,1966 年 6 月。

262. 田中整治:《遼と北漢との関係》,《史流》,第号 7,1966 年 8 月。

263. 寺田剛:《五代教育史概説》,《亜細亜大学教養部紀要》,第 1 号,1966 年。

264. 矢代幸雄:《荊浩の筆法記を読む》,《大和文華》,第 46 号,1967 年 1 月。

265. 桜井ハル子:《五代十国の吳越について》,《寧楽史苑》,第

15 号,1967 年 2 月。

266. 井上徹:《唐末期の毛筆資料についての考察》,《美術史研究》,第 5 号,1967 年 3 月。

267. 竹内良雄:《李煜の詞——その一側面》,《犀の会》,第 1号,1967 年 5 月。

268. 家島彦一:《唐末期における中国・大食間のインド洋通商路》,《歴史教育》,第 15 卷第 5・6 号合刊,1967 年 6 月。

269. 岸辺成雄:《周文矩の唐代宮妓合楽図について》,《東京大学教養学部歴史学研究報告》,第 13 号,1967 年 8 月;收入《唐代の楽器》,音楽之友社,1968 年;收入氏著《唐代音楽の歴史的研究》(続巻),和泉書院,2005 年。

270. 渡辺道夫:《呉越国の支配構造》,《史観》,第 76 冊,1967年 10 月。

271. 栗原益男:《五代宋初藩鎮年表——澶州藩鎮の場合》,《上智史学》,第 12 号,1967 年 10 月;收入氏著《五代宋初藩鎮年表》,東京堂,1988 年。

272. 伊藤正彦:《唐末古代終末説をめぐって——均田制を中心に》,《史潮》,第 100 号,1967 年 10 月。

273. 岡崎精郎:《宋初における夏州政権の展開と貿易問題——西夏建国前史の一節として》,《追手門学院大学文学部紀要》,第 1 号,1967 年 12 月。

274. 青山宏:《唐宋詞における夢回の語について——李煜の〈喜遷鶯〉詞をめぐって》,《日本大学桜丘高等学校研究紀要》,第 1号,1967 年 12 月。

275. 室永芳三:《五代三司将軍の名称と性格について》,《有明工業高等専門学校紀要》,第 3 号,1967 年 12 月。

276. 中川学:《唐末梁初華南の客戸と客家盧氏》,《社会経済史学》,第 33 卷第 5 号,1967 年 12 月。

277. 西川正夫:《華北五代王朝の文臣と武臣》,《仁井田陞博士追悼論文集》第一卷《前近代アジアの法と社会》,勁草書房,

1967 年。

278. 前嶋信次:《波斯人李珣》,原爲《アラビア医学と中国医学:文化交流史から見て》一節,刊《東洋学術研究》,第 6 巻第 9 号,1968 年 1 月;収入氏著《東西文化交流の諸相》,本書刊行会,1971 年。

279. 岡村繁:《唐末における曲子詞文学の成立》,《文学研究》,第 65 号,1968 年 3 月。

280. 佐藤和弘:《王小波李順の乱と唐宋変革期の性格》,《中国農民戦争史研究》,第 1 号,1968 年 4 月。

281. 田中整治:《南漢の建国過程と劉龑の政治について》,《北海道学芸大学紀要》I -B,第 19 巻第 1 号,1968 年 9 月。

282. 栗原益男:《五代宋初藩鎮年表——貝州・陳州二藩鎮の場合——》,《上智史学》,第 13 号,1968 年 10 月;収入氏著《五代宋初藩鎮年表》,東京堂,1988 年。

283. 上尾竜介:《杜荀鶴の詩——その社会性について》,《日本中国学会報》,第 20 号,1968 年 10 月。

284. 神谷いを子:《李煜と春江》,《中国の文化と社会》,第 11 号,1968 年。

285. 田中整治:《楚と南漢との関係》,《田村博士頌寿東洋史論叢》,田村博士退官記念事業会,1968 年。

286. 石井修道:《〈宗鏡録〉におよぼした澄観の著作の影響について——永明延寿の教禅一致読成立過程の疑問》,《印度学仏教学研究》,第 17 巻第 2 号,1969 年 3 月。

287. 河原正博:《丁氏による安南独立の年代について》,《東南アジア史学会会報》,第 9 号,1969 年 4 月。

288. 山田勝美:《栗原益男著〈乱世の皇帝——後周の世宗とその時代〉》,《ソフィア》,第 18 巻第 1 号,1969 年 6 月。

289. 田中整治:《呉越と閩との関係——閩国の内乱を中心として》,《東洋史研究》,第 28 巻第 1 号,1969 年 6 月。

290. 栗原益男:《"五代"という時代》,《上智史学》,第 14 号,

1969 年 10 月。

291. 梅原郁:《両税制の展開——五代・宋の租税制をめぐって》,《歴史教育》,第 17 巻第 9 号,1969 年 10 月。

292. 室永芳三:《唐末内庫の存在形態について》,《史淵》,第 101 号,1969 年 11 月。

293. 河原正博:《丁部領の即位年代について——安南独立王朝の成立年代に関する一研究》,《法政大学文学部紀要》,第 15 号,1969 年。

294. 今井清:《全五代詩について》,《東方学報》,第 41 号,1970 年 3 月。

295. 竹内照夫:《南唐中主〈浣渓沙〉第二首の"細雨夢回鶏塞遠"の句意について》,《関西大学中国文学会紀要》,第 3 号,1970 年 3 月;中譯本題《論"細雨夢回雞塞遠"之句意》,張良澤譯,《大陸雜誌》,第 40 卷第 5 號,1970 年 3 月;收入《大陸雜誌語文叢書》第三輯第四冊《文學・詩詞・書畫》,大陸雜誌社,1975 年。

296. 滋野井恬:《五代の功徳使について》,《印度学仏教学研究》,第 18 巻第 2 号,1970 年 3 月。

297. 白鳥芳郎:《大理国の興亡:雲南山地に拠った小国家》,《日本と世界の歴史》第 7 巻《10 世紀》,学習研社,1970 年 4 月。

298. 島田正郎:《遼朝の成立:游牧民族による中央集権国家》,《日本と世界の歴史》第 7 巻《10 世紀》,学習研社,1970 年 4 月。

299. 河上光一:《北辺防備と宋朝:宋代経済の基調》,《日本と世界の歴史》第 7 巻《10 世紀》,学習研社,1970 年 4 月。

300. 和田久徳:《ヴェトナムの独立:民族国家の成長と発展》,《日本と世界の歴史》第 7 巻《10 世紀》,学習研社,1970 年 4 月。

301. 荒木敏一:《科挙:試験至上主義と文官優位の政治》,《日本と世界の歴史》第 7 巻《10 世紀》,学習研社,1970 年 4 月。

302. 栗原益男:《五代十国の乱離:貴族の没落と武人の天下》,《日本と世界の歴史》第 7 巻《10 世紀》,学習研社,1970 年 4 月。

303. 旗田巍:《高麗の朝鮮半島統一:官僚国家の建設》,《日本

と世界の歴史》第 7 卷《10 世紀》,学習研究社,1970 年 4 月。

304. 青山定雄:《新時代を開いた宋朝:独裁的新官僚国家の形成》,《日本と世界の歴史》第 7 卷《10 世紀》,学習研究社,1970 年 4 月。

305. 周藤吉之:《十世紀のアジア》,《日本と世界の歴史》第 7 卷《10 世紀》,学習研究社,1970 年 4 月。

306. 栗原益男:《五代宋初藩鎮年表——宋州藩鎮の場合》,《上智史学》,第 15 号,1970 年 10 月;收入氏著《五代宋初藩鎮年表》,東京堂,1988 年。

307. 福本雅一:《鶏寒遠の句意について——竹内説への疑問》,《帝塚山学院短期大学研究年報》,第 18 号,1970 年 12 月。

308. 安藤智信:《呉越武粛王銭鏐と仏教——神秘への傾向性と王侯への野望》,《大谷学報》,第 50 卷第 4 号,1971 年 3 月。

309. 安藤智信:《〈宋高僧伝〉と著者賛寧の立場》,《印度学仏教学研究》,第 19 卷第 2 号,1971 年 3 月。

310. 宮崎市定:《部曲より佃戸へ——唐宋間社会変革の一面》(上),《東洋史研究》,第 29 卷第 4 号,1971 年 3 月。

311. 室永芳三:《五代における租庸使の成立とその性格》,《東洋学報》,第 53 卷第 3・4 号合刊,1971 年 3 月。

312. 室永芳三:《唐代の代北の李氏について——沙陀部族考その三》,《有明工業高等専門学校紀要》,第 7 号,1971 年 3 月。

313. 宮崎市定:《部曲より佃戸へ——唐宋間社会変革の一面》(下),《東洋史研究》,第 30 卷第 1 号,1971 年 6 月;与上篇合并收入氏著《宮崎市定全集》,第 11 卷《宋元》,岩波書店,1992 年。

314. 竹内照夫:《南唐中主の詞句について(再説)》,《東京支那学報》,第 16 号,1971 年 6 月。

315. 日野開三郎:《楚の馬殷の通貨政策と五代時代の金融業者》(上),《東洋学報》,第 54 卷第 2 号,1971 年 9 月。

316. 日野開三郎:《楚の馬殷の通貨政策と五代時代の金融業者》(下),《東洋学報》,第 54 卷第 3 号,1971 年 12 月。

317. 室永芳三:《唐代における沙陀部族の成立——沙陀部族考　その一》,《有明工業高等専門学校紀要》,第 8 号,1971 年12 月。

318. 片倉穣:《ベトナムの養子について——18 世紀以前における養子の実態と養子政策を中心に》,《武庫川女子大学紀要・教育学編》,第 19 号,1971 年。

319. 松井秀一:《唐末の民衆叛乱と五代の形勢》,《岩波講座・世界歴史6》,岩波書店,1971 年。

320. 畑地正憲:《五代地方行政における軍について》,《東方学》,第 43 号,1972 年 1 月。

321. 青山宏:《〈花間集〉の詞(その2)——韋莊の詞》,《日本大学漢学研究》,第 9 号,1972 年 3 月;収入氏著《唐宋詞研究》,汲古書院,1991 年。

322. 片倉穣:《ベトナム・中国の初期外交関係に関する一問題——交趾郡王・南平王・安南国王等の称号をめぐって》,《東方学》,第 44 輯,1972 年 7 月。

323. 清木場東:《五代の商税に就いて——税場政策を廻って》,《鹿大史学》,第 20 号,1972 年 12 月。

324. 日野開三郎:《五代時代に於ける契丹と支那との海上貿易——契丹国内に於ける渤海遺民の海上活動》,《史学雑誌》,第 52編第 7・8・9 号,1972 年。

325. 溫水三男:《北宋政権樹立考:主に建国時の禁軍改編を中心として》,《待兼山論叢・史学篇》,第 5 号,1972 年。

326. 清木場東:《五代の知州に就いて》,《東方学》,第 45 輯,1973 年 1 月。

327. 畑地正憲:《五代・北宋における府州折氏について》,《史淵》,第 110 号,1973 年 2 月。

328. 大沢正昭:《唐末、五代政治史研究への一視点》,《東洋史研究》,第 31 巻第 4 号,1973 年 3 月。

329. 河原正博:《宋初における中越関係——太宗のベトナム

出兵を中心として》,《法政大学文学部紀要》,第 18 号,1973 年 3 月。

330. 金井徳幸:《唐末五代鎮州(正定)に於ける臨済禅——鎮将王鎔并びに五台山文殊信仰との関連を中心に》,《立正史学》,第 37 号,1973 年 3 月。

331. 青山宏:《〈花間集〉の詞(その3)——孫光憲の詞》,《日本大学漢学研究》,第 10 号,1973 年 3 月;収入氏著《唐宋詞研究》,汲古書院,1991 年。

332. 土井健司:《晩唐詩人曹松の生涯と詩》,《創価大学文学部論集》,第 2 巻第 2 号,1973 年 3 月。

333. 塚本善隆:《牧田諦亮編〈五代宗教史研究〉》,《鈴木学術財団研究年報》,第 9 号,1973 年 3 月。

334. 矢部良明:《五代宋初の"官"字銘白磁について——定州静志寺舎利塔塔基納入品に関連して》(上),《東京国立博物館研究誌》,第 267 号,1973 年 6 月。

335. 畑地正憲:《呉・南唐の制置使を論じて宋代の軍使兼知県事に及ぶ》,《九州大学東洋史論集》,第 1 号,1973 年 7 月。

336. 矢部良明:《五代宋初の"官"字銘白磁について——定州静志寺舎利塔塔基納入品に関連して》(下),《東京国立博物館研究誌》,第 270 号,1973 年 9 月。

337. 西川素治:《唐末五代の農民闘争——中国における唐末農民戦争の評価をめぐって》,《駿台史学》,第 33 号,1973 年 9 月。

338. 宮川尚志:《道教史上より見たる五代》,《東方宗教》,第 42 号,1973 年 10 月;収入氏著《中国宗教史研究・第一》,同朋舎,1983 年。

339. 栗原益男:《五代宋初藩鎮年表——安州・隨州二藩鎮の場合》,《上智史学》,第 18 号,1973 年 10 月;収入氏著《五代宋初藩鎮年表》,東京堂,1988 年。

340. 鈴木哲雄:《唐五代時代の福建における禅宗》,《愛知学院大学文学部紀要》,第 3 号,1973 年。

341. 室永芳三:《吐魯蕃発見朱邪部落文書について——沙陀部族考　その一(補遺)》,《有明工業高等専門学校紀要》,第 10 号,1974 年 1 月。

342. 青山宏:《〈花間集〉の詞(その4)——〈花間集〉詞の形式について》,《日本大学人文科学研究所研究紀要》,第 16 号,1974 年 3 月。

343. 愛宕元:《五代・宋初の新興官僚——臨淄の麻氏を中心として》,《史林》,第 57 巻第 4 号,1974 年 7 月;収入氏著《唐代地域社会史研究》,同朋舎出版,1997 年。

344. 金井徳幸:《唐末五代五台山仏教の神異的展開——海難救済信仰への推移と新羅の役割》,《社会文化史学》,第 11 号,1974 年 8 月。

345. 大沢正昭:《(大会抄録)朱全忠政権の成立》,《東洋史研究》,第 33 巻第 3 号,1974 年 12 月。

346. 鈴木哲雄:《戒律を重視した雪峰義存》,《印度学仏教学研究》,第 23 巻第 1 号,1974 年 12 月。

347. 宮川尚志(Miyakawa Hisayuki):“Legate Kao P'ien and a Taoist Magician Lü Yung-chih in the Time of Huang Ch'ao's Rebellion”,*Acta Asiatica*,vol. 27,1974,p. 75 - 99. 日文本題《唐末の節度使高駢と方士呂用之》,収入氏著《中国宗教史研究・第一》,同朋舎,1983 年。

348. 室永芳三:《唐代における沙陀部族の抬頭——沙陀部族考　その二》,《有明工業高等専門学校紀要》,第 11 号,1975 年 1 月。

349. 林伝芳:《契此以後の弥勒信仰について》,《印度学仏教学研究》,第 23 巻第 2 号,1975 年 3 月。

350. 清木場東:《呉・南唐の地方行政の変遷と特徴》,《東洋学報》,第 56 巻第 2・3・4 号合刊,1975 年 3 月。

351. 日置孝彦:《永明延寿の禅と念仏——萬善同帰集を中心として》,《印度学仏教学研究》,第 23 巻第 2 号,1975 年 3 月。

352. 森江俊孝:《延寿と天台徳韶の相見について》,《印度学仏教学研究》,第 23 巻第 2 号,1975 年 3 月。

353. 田中整治:《南唐と呉越との関係》,《史流》,第 16 号,1975 年 3 月。

354. 中村治兵衛:《五代における巫》,《東洋文化》,第 55 号,1975 年 3 月;改題《五代の巫》,収入氏著《中国シャーマニズムの研究》,刀水書房,1992 年。

355. 佐藤昭:《晚唐貫休詩の押韻上の一特色》,《中国語学》,第 221 号,1975 年 4 月。

356. 塩入良道:《唐末の廃仏と五代の仏教》,《漢民族の仏教——仏教伝来から隋・唐まで》,佼成出版社,1975 年 5 月。

357. 鈴木哲雄:《玄沙師備と福建の禅宗》,《宗教研究》,第 49 巻第 1 号,1975 年 7 月。

358. 森江俊孝:《永明延寿の人間観》,《駒沢大学仏教学部論集》,第 6 号,1975 年 10 月。

359. 大沢正昭:《唐末藩鎮の軍構成に関する一考察——地域差を手がかりとして》,《史林》,第 58 巻第 6 号,1975 年 11 月。

360. 栗原益男:《五代宋初藩鎮年表——晉州・金州・宿州三藩鎮の場合》,《上智史学》,第 20 号,1975 年 11 月;収入氏著《五代宋初藩鎮年表》,東京堂,1988 年。

361. 鈴木哲雄:《泉州における禅宗——五代時代を中心として》,《印度学仏教学研究》,第 24 巻第 1 号,1975 年 12 月。

362. 梅原郁:《宋初の寄禄官とその周辺——宋代官制の理解のために》,《東方学報》,第 48 冊,1975 年 12 月。

363. 坂野良吉:《唐宋"変革"と客戸制度——中国"地主"制研究序說》,《名古屋大学東洋史研究報告》,第 3 号,1975 年。

364. 長沢和俊:《五代・宋初における河西地方の中継交易》,松田寿男博士古稀記念出版委員会編《東西文化交流史》,雄山閣,1975 年。

365. 川北泰彦:《〈又玄集〉編纂時における韋荘》,《九州大学

文学研究》,第 72 号,1975 年。

366. 河原正博:《ベトナム独立王朝の成立と発展(905—1009)》,《ベトナム中国関係史:曲氏の抬頭から清仏戦争まで》,山川出版社,1975 年。

367. 鈴木哲雄:《浙江における唐末までの禅宗の推移——仏教における三昧思想》,《日本仏教学会年報》,第 41 号,1975 年。

368. 鈴木哲雄:《雪峰に関する資料の検討》,《禅研究所紀要》,第 4・5 号合刊,1975 年。

369. 鈴木哲雄:《浙江の禅宗に関する資料:唐・五代》,《愛知学院大学文学部紀要》,第 5 号,1975 年。

370. 佐藤武敏:《唐宋時代における飲料水の問題——杭州を中心に》,《中国水利史研究》,第 7 号,1975 年。

371. 矢部良明:《晩唐五代の陶磁にみる五輪花の流行》,《東京国立博物館研究誌》,第 300 号,1976 年 3 月。

372. 近藤光男:《書評:村上哲見著〈宋詞研究——唐五代北宋篇〉》,《創文》,第 154 号,1976 年 9 月。

373. 渡辺精一:《韋荘の悼亡詩》,《国学院大学漢文学会会報》,第 22 号,1976 年 11 月。

374. 栗原益男:《五代宋初藩鎮年表——鄧州藩鎮の場合》,《上智史学》,第 21 号,1976 年 11 月;收入氏著《五代宋初藩鎮年表》,東京堂,1988 年。

375. 鈴木哲雄:《浙江における禅宗の推移:五代時代について》,《禅研究所紀要》,第 6、7 号合刊,1976 年 12 月。

376. 鈴木哲雄:《法眼宗の形成》(一),《愛知学院大学文学部紀要》,第 6 号,1976 年。

377. 石井昌子:《〈真誥〉と〈墉城集仙録〉(1)》,《東洋学術研究》,第 15 巻第 3 号,1976 年。

378. 石井昌子:《〈真誥〉と〈墉城集仙録〉(2)》,《東洋学術研究》,第 16 巻第 4 号,1976 年。

379. 小川策之介:《北宋初期に於ける商税について——特に

国家財政と関連して》,《福岡大学大学院論集》,第 7 巻第 1 号,1976 年。

380. 伊藤宏明:《淮南藩鎮の成立過程——呉・南唐政権の前提》,《名古屋大学東洋史研究報告》,第 4 号,1976 年。

381. 曽我部静雄:《五代宋の牛皮税》,氏著《中国社会経済史の研究》,吉川弘文館,1976 年。

382. 曽布川寛:《五代北宋初期山水画の一考察——荊浩・関仝・郭忠恕・燕文貴》,《東方学報》,第 49 冊,1977 年 2 月。

383. 河原正博:《前黎朝と宋朝との関係——黎桓の諸子を中心として》,《法政史学》,第 29 号,1977 年 3 月。

384. 青山宏:《〈花間集〉の詞(その5)——李珣の詞について》,《日本大学人文科学研究所研究紀要》,第 19 号,1977 年 3 月;収入氏著《唐宋詞研究》,汲古書院,1991 年。

385. 栗原益男:《五代宋初藩鎮年表——兗州藩鎮の場合》,《江上波夫教授古稀記念論集・歴史篇》,山川出版社,1977 年 5 月;収入氏著《五代宋初藩鎮年表》,東京堂,1988 年。

386. 矢部良明:《晩唐五代の陶磁にみる中原と湖南との関係》,《東京国立博物館研究誌》,第 315 号,1977 年 6 月。

387. 石田肇:《〈新五代史〉の体例について》,《東方学》,第 54 輯,1977 年 7 月。

388. 水原渭江:《南唐後主詞の研究》(1),《大谷女子大学紀要》,第 12 巻第 1 号,1977 年 9 月。

389. 松浦友久:《村上哲見著〈宋詞研究——唐五代北宋篇〉》,《集刊東洋学》,第 37 号,1977 年 9 月。

390. 栗原益男:《五代宋初藩鎮年表——邢州藩鎮の場合》,《上智史学》,第 22 号,1977 年 11 月;収入氏著《五代宋初藩鎮年表》,東京堂,1988 年。

391. 黎波:《李煜の詞》,《中国語》,第 215 号,1977 年 12 月;収入氏著《中国文学館——〈詩経〉から巴金》,大修館書店,1984 年。

392. 佐竹靖彦:《(大会抄録)唐宋変革期における呉越国の位

置づけについて》,《東洋史研究》,第 36 卷第 3 号,1977 年 12 月。

393. 今枝二郎:《杜光庭小考》,《吉岡博士還暦記念道教研究論集》,国書刊行会,1977 年;收入氏著《道教——中国と日本をぷむす思想》,NHK 出版,2004 年。

394. 末広照純:《唐末・宋天台の系譜》,《天台学報》,第 20 号,1977 年。

395. 石田肇:《〈新五代史〉撰述の経緯》,《東洋文化(無窮会)》,復刊第 41・42 号,1977 年。

396. 増田清秀:《唐五代の"宫詞"の作者とその題意》,《学大国文(大阪教育大学)》,第 20 号,1977 年。

397. 佐竹靖彦:《唐宋変革期における四川成都府路地域社会の変貌について》,《東洋史研究》,第 35 卷第 2 号,1977 年。

398. 水原渭江:《南唐後主詞の研究》(2),《大谷女子大学紀要》,第 12 卷第 2 号,1978 年 3 月。

399. 友永植:《唐宋時代の宣徽院使について——主に五代の宣徽院使の活動に注目して》,《北大史学》,第 18 号,1978 年 8 月。

400. 栗原益男:《五代宋初藩鎮年表——青州藩鎮の場合》,《上智史学》,第 23 号,1978 年 11 月;收入氏著《五代宋初藩鎮年表》,東京堂,1988 年。

401. 稲畑耕一郎:《〈歴代賦彙〉作者別作品索引稿(唐・五代・南唐篇)》,《中国文学研究》,第 4 号,1978 年 12 月。

402. 忽滑谷快天:《永明延壽の宗風與其細行》,收入《佛教人物史話》,李平民譯,大乘文化出版社,1978 年。

403. 鈴木哲雄:《江西の禅宗に関する資料:唐・五代》,《愛知学院大学文学部紀要》,第 8 号,1978 年。

404. 清木場東:《唐末の初期楊行密勢力の社会体系》,《鹿大史学》,第 26 号,1978 年。

405. 清木場東:《唐末の初期楊行密集団について——集団成員と集団規範を廻つて》,《純真女子短期大学紀要》,第 19 号,1978 年。

406. 佐竹靖彦:《杭州八都から呉越王朝へ》,《東京都立大学人文学報》,第 127 号,1978 年;収入氏著《唐宋変革の地域的研究》,同朋舎,1990 年。

407. 鈴木哲雄:《唐・五代時代の江西関係禅宗年表》,《禅研究所紀要》,第 8 号,1979 年 3 月。

408. 森江俊孝:《〈宗鏡録〉と〈観心玄枢〉について》,《印度学仏教学研究》,第 27 巻第 2 号,1979 年 3 月。

409. 杤尾武:《類書の研究序説(2)——五代十国宋代類書略史》,《成城国文学論集》,第 11 号,1979 年 3 月。

410. 小尾郊一:《南唐の詞と自然》,《武庫川国文》,第 14・15 合併号,1979 年 3 月。

411. 西川素治:《皮日休試論——その伝記を中心として》,《中国農民戦争史研究》,第 5 号,1979 年 8 月。

412. 小林義広:《〈五代史記〉の士人観》,《東洋史研究》,第 38 巻第 2 号,1979 年 9 月。

413. 栗原益男:《五代宋初藩鎮年表——涇州藩鎮の場合》,《上智史学》,第 24 号,1979 年 11 月;収入氏著《五代宋初藩鎮年表》,東京堂,1988 年。

414. 清木場東:《唐末楊行密勢力の社会体系の変動——景福～天復年間の社会体系》,《純真紀要》,第 20 号,1979 年 12 月。

415. 矢部良明:《晩唐五代の三彩》,《考古学雑誌》,第 65 巻第 3 号,1979 年 12 月。

416. 三上次男:《唐末における貿易陶磁としての長沙銅官窯瓷》,《出光美術館館報》,第 28 号,1979 年。

417. 室永芳三:《唐末内侍省における鞫獄の性格と機能について》,《長崎大学教育学部社会科学論叢》,第 28 号,1979 年。

418. 増田清秀:《後蜀の花蘂夫人の"宮詞"》,《日本中国学会報》,第 31 号,1979 年。

419. 中田喜勝:《〈花間集〉と韋荘》,《長崎大学教養部紀要・人文科学篇》,第 20 巻第 2 号,1980 年 1 月。

420. 丹喬二:《宋初四川の王小波・李順の乱について——唐宋変革の一問題》,《東洋学報》,第 61 卷第 3・4 号合刊,1980 年 3 月。

421. 枋尾武:《類書の研究序説(3)——五代十国宋代類書略史(承前)》,《成城国文学論集》,第 12 号,1980 年 3 月。

422. 桜井由躬雄:《10 世紀紅河デルタ開拓試論》,《東南アジア研究》,第 17 卷第 4 号,1980 年 3 月。

423. 山岡泰造:《荊浩〈筆法記〉私解》,《関西大学文学論集》,第 29 卷第 4 号,1980 年 3 月;《関西大学哲学》9,1980 年 4 月。

424. 谷川道雄:《北朝末~五代の義兄弟結合について》,《東洋史研究》,第 39 卷第 2 号,1980 年 9 月。

425. 前川幸雄:《〈松陵集〉所收詩の和韻の形態》,《国学院大学漢文学会会報》,第 26 輯,1980 年 11 月。

426. 長谷川誠夫:《唐宋時代の胥吏をあらわす典について——典吏・典史と関連して》,《史学》,第 49 卷第 2・3 号,1980 年。

427. 大沢正昭:《唐宋変革期の歴史的意義》,《歴史評論》,第 357 号,1980 年。

428. 岡田宏二:《五代楚王国の性格》,《中嶋敏先生古稀記念論集》下卷,汲古書院,1980 年;中譯本收入氏著《中國華南民族社會史研究》,趙令志譯,民族出版社,2002 年。

429. 古垣光一:《宋代の官僚数について——特に太祖・太宗時代を中心として》,《中嶋敏先生古稀記念論集》下卷,汲古書院,1980 年。

430. 鈴木哲雄:《湖南の禅宗に関する資料——唐・五代》,《愛知学院大学文学部紀要》,第 10 号,1980 年。

431. 清木場東:《唐末の社会生活関係体の一考察——歙州の場合》,《純真女子短期大学紀要》,第 21 号,1980 年。

432. 清木場東:《唐末・五代の土豪集団の解体——呉の土豪集団の場合》,《鹿大史学》,第 28 号,1980 年。

433. 中川学:《八、九世紀中国の鄰保組織》,《一橋論叢》,第 83 卷第 3 号,1980 年。

434. 伊藤宏明:《五代楚政権の性格》,《名古屋大学文学部研究論集》,第 80 号,1981 年 3 月。

435. 金文京:《劉知遠の物語》,《東方学》,第 62 輯,1981 年 7 月。

436. 栗原益男:《五代宋初藩鎮年表——耀州(崇州)藩鎮の場合》,《上智史学》,第 26 号,1981 年 11 月;收入氏著《五代宋初藩鎮年表》,東京堂,1988 年。

437. 石田肇:《楊凝式小考》,《書論》,第 19 号,1981 年 11 月。

438. 船越泰次:《唐・五代の地子苗子——附:税子・租子》,《山形大学史学論集》,第 1 号,1981 年。

439. 岡田宏二:《五代楚王国の建国過程》,《大東文化大学紀要・人文科学》,第 19 号,1981 年;中譯本收入氏著《中國華南民族社會史研究》,趙令志譯,民族出版社,2002 年。

440. 戸田禎佑:《〈二祖調心図〉再考》,《鈴木敬先生還暦記念・中国絵画史論集》,吉川弘文館,1981 年。

441. 増田清秀:《唐五代人作の"宮詞"に見られる人間群像》,《学大国文(大阪教育大学)》,第 24 号,1981 年。

442. 芝木邦夫:《歐陽修の思想的基礎——〈五代史記〉論賛をめぐって》,《竹内照夫博士古稀記念中国学論文集》,北海道大学文学部中国哲学研究室,1981 年。

443. 栗原益男:《唐の衰亡》,《東アジア世界における日本古代史講座》第七卷《東アジアの変貌と日本律令国家》,学生社,1982 年 1 月;收入氏著《唐宋変革期の国家と社会》,汲古書院,2014 年。

444. 藤田純子:《永州における韋氏について:唐末華南辺境統治の一事例》,《鷹陵史学》,第 8 号,1982 年 2 月。

445. 荒木敏一:《唐宋時代の科挙の祝宴——特に五代より北宋後期への聞喜宴の在り方について》,《摂大学術・人文社会篇》,第 1 号,1982 年 3 月。

446. 吉原美根子:《黄巣の反乱における乱勢力の構造及び性格》,《大正史学》,第 12 期,1982 年 3 月。

447. 清木場東:《五代・宋初の販塩制について——河北販塩制をめぐって》,《鹿大史学》,第 30 号,1982 年 12 月。

448. 阿部肇一:《"宋高僧伝"と"禅林僧宝伝"——北宋の賛寧と徳洪の僧史観》,《歴史における民衆と文化——酒井忠夫先生古稀祝賀記念論集》,国書刊行会,1982 年。

449. 船越泰次:《唐末農民反乱と唐宋間社会変革に関する諸問題》,唐代史研究会編《中国歴史学界の新動向》,刀水書房,1982 年。

450. 鈴木哲雄:《江南の禅宗に関する資料——唐・五代》(上),《愛知学院大学文学部紀要》,第 12 号,1982 年。

451. 鳥谷弘昭:《呉・南唐の兵力基盤に関する一考察》,《歴史における民衆と文化——酒井忠夫先生古稀祝賀記年論集》,国書刊行会,1982 年。

452. 築山治三郎:《唐末の政治と民衆叛乱》,《歴史における民衆と文化——酒井忠夫先生古稀祝賀記念論集》,国書刊行会,1982 年。

453. 林田芳雄:《五代南漢の仏教》,《京都女子学園仏教文化研究所研究紀要》,第 13 号,1983 年 2 月;氏著《華南社会文化史の研究》,同朋舎 1993 年。

454. 栗原益男:《日野開三郎著,〈東洋史学論集 第二巻〉:五代史の基調》,《社会経済史学》,第 48 巻第 6 号,1983 年 3 月。

455. 奥崎裕司:《黄巣の乱》,原爲作者《中国民衆反乱史論》之一節,収入《続中国民衆反乱の世界》,汲古書院,1983 年 6 月。

456. 友永植:《唐・五代三班使臣考——宋朝武班官僚研究その(1)》,《宋代の社会と文化》,汲古書院,1983 年 6 月。

457. 池田魯参:《趙宋天台学の背景——延寿教学の再評価》,《駒沢大学仏教学部論集》,第 14 号,1983 年 10 月。

458. 栗原益男:《五代宋初藩鎮年表——鳳州藩鎮の場合》,《上智史学》,第 28 号,1983 年 11 月;收入氏著《五代宋初藩鎮年表》,東京堂,1988 年。

459. 池田魯参:《永明延寿の天台学》,《印度学仏教学研究》,第 32 卷第 1 号,1983 年 12 月。

460. 韓泰植:《延寿門下の高麗修学僧について》,《印度学仏教学研究》,第 32 卷第 1 号,1983 年 12 月。

461. 小黒浩司:《北宋初期における公的蔵書機関の研究——中国的近世の確立と図書館》,《図書館学会年報》,第 29 卷第 4 号,1983 年 12 月。

462. 本田済:《五代の風気とその文章》,《梅花女子大学文学部紀要・国語・国文学》,第 19 号,1983 年。

463. 磯部彰:《大唐三蔵西天取経伝説の形成——唐・五代における玄奘三蔵の神秘化をめぐって》,《宋代の社会と文化》,汲古書院,1983 年。

464. 吉田隆英:《唐宋拝月考》,《日本中国学会報》,第 34 号,1983 年。

465. 林伝芳:《五代南漢の仏教》,《京都女子学園仏教文化研究紀要》,第 13 号,1983 年。

466. 鈴木哲雄:《江南の禅宗に関する資料——唐・五代》(下),《愛知学院大学文学部紀要》,第 13 号,1983 年。

467. 石田勇作:《唐・五代における村落支配の変容》,《宋代の社会と文化》,汲古書院,1983 年。

468. 伊藤宏明:《唐末五代政治史に関する諸問題——とくに藩鎮研究をめぐって》,《名古屋大学文学部研究論集・史学》,第 29 号,1983 年。

469. 塚田誠之:《唐宋時代いおける華南少数民族の動向——左・右江流域を中心に》,《史学雑誌》,第 92 編第 3 号,1983 年。

470. 山本敏雄:《韋荘詞小考》,《愛知教育大学研究紀要・人文科学》,第 33 号,1984 年 1 月。

471. 愛宕元:《宋太祖弒害説と上清太平宮》,《史林》,第 67 卷第 2 号,1984 年 3 月。

472. 柴田泰:《永明延寿の唯心淨土説》,《印度学仏教学研究》,第 32 卷第 2 号,1984 年 3 月。

473. 岡田宏二:《五代楚王国の「渓州銅柱」について》,《大東文化大学紀要・人文科学》,第 22 号,1984 年 3 月;中譯本收入氏著《中國華南民族社會史研究》,趙令志譯,民族出版社,2002 年。

474. 岡田宏二:《唐末五代宋初湖南地域の民族問題——とくに彭氏の系譜と土家族との関係を中心として》,《東洋研究》,第 71 号,1984 年 3 月;中譯本收入氏著《中國華南民族社會史研究》,趙令志譯,民族出版社,2002 年。

475. 角井博:《〈二祖調心図〉(伝石恪画・重要文化財)に付属する虞集跋の問題》,《MUSEUM》,第 400 号,1984 年 7 月。

476. 清木場東:《五代宋初の塩銭について》,《東方学》,第 68 輯,1984 年 7 月。

477. 鈴木隆行:《五代の文官人事政策に関する一考察》,《北大史学》,第 24 号,1984 年 8 月。

478. 板橋真一:《宋初の三説法に就きて》,《集刊東洋学》,第 52 号,1984 年 11 月。

479. 鈴木哲雄:《雲門文偃と南漢》,《印度学仏教学研究》,第 33 卷第 1 号,1984 年 12 月。

480. 沢崎久和:《〈花間集〉における"昏・魂・痕"等について》,《高知大学国文》,第 15 号,1984 年 12 月。

481. 渡辺信一郎:《日本における唐宋変革期研究の現状と課題——特に農民的土地所有の形成を中心として》,《新しい歴史学のために》,第 176 号,1984 年。

482. 鈴木哲雄:《広東の禅宗に関する資料:唐・五代》,《愛知学院大学文学部紀要》,第 14 号,1984 年。

483. 鳥谷弘昭:《呉王朝の文人官僚について——幕僚を中心に》,《史正》,第 13 号,1984 年。

484. 松崎光久:《削去薛居正〈五代史〉攷》,《中国正史の基礎的研究》,早稲田大学出版部,1984 年。

485. 尾崎康:《宋元刊両〈唐書〉および〈五代史記〉について》,《慶応義塾大学斯道文庫論集》,第 21 号,1984 年。

486. 小林仁:《宋初の文臣官僚の差遣と昇進——知県から侍従まで》,《中央大学大学院論究・文学研究科》,第 16 巻第 1 号,1984 年。

487. 周藤吉之:《高麗朝の京邸・京主人とその諸関係——唐末・五代・宋の進奏院・邸吏および銀台司との関連において》,《朝鮮学報》,第 111 号,1984 年。

488. 吉原美根子:《唐代塩商人の出現と発展のなかにみる黄巣の位置》,《大正大学大学院研究論集》,第 9 期,1985 年 2 月。

489. 池田魯参:《永明延寿の起信論研究》,《駒沢大学仏教学部研究紀要》,第 43 号,1985 年 3 月。

490. 池田魯参:《永明延寿の教学と起信論》,《印度学仏教学研究》,第 33 巻第 2 号,1985 年 3 月。

491. 井上泰也:《短陌慣行の再検討——唐末五代時期における貨幣使用の動向と国家》,《立命館文学》,第 475—477 号,1985 年 3 月。

492. 周藤吉之:《高麗初期の功臣,特に三韓功臣の創設——唐末・五代・宋初の功臣との関連において》,《東洋学報》,第 66 巻第 1—4 号,1985 年 3 月。

493. 宇野直人:《李後主における詞境》,《中国詩文論叢》,第 4 号,1985 年 6 月;収入氏著《中国古典詩歌の手法と言語——柳永を中心として》,研文出版,1991 年。

494. 増田清秀:《黄巣の乱さ中の韋荘の詩》,《古田教授退官記念中国文学語学論集》,1985 年 7 月。

495. 近藤一成:《宋初の国子監・太学について》,《史観》,第 113 冊,1985 年 9 月。

496. 永井政之:《鈴木哲雄著〈唐五代の禅宗——湖南江西篇〉》,《駒沢大学仏教学部論集》,第 16 号,1985 年 10 月。

497. 栗原益男:《五代宋初藩鎮年表——相州藩鎮の場合》,《上智史学》,第 30 号,1985 年 11 月;收入氏著《五代宋初藩鎮年表》,東京堂,1988 年。

498. 砂山稔:《杜光庭の思想について——道徳・古今・寰瀛の中で》,《集刊東洋学》,第 54 号,1985 年 11 月;收入氏著《隋唐道教思想史研究》,平河出版社,1990 年 2 月。

499. 愛宕元:《五代・宋初における武人支配から文人支配へ》,《10 世紀以降 20 世紀初頭に至る中国社会像の権力構造に関する総合的研究》,昭和 59 年度科学研究費補助金総合研究(A)研究成果報告書,1985 年;改題《五代・宋初における長安とその周辺——広慈禅院莊地碑の分析を通して》,收入氏著《唐代地域社会史研究》,同朋舍出版,1997 年。

500. 本田済:《五代の風気とその文章・続》,《梅花女子大学文学部紀要・国語・国文学》(開学二十周年紀念論文集),1985 年;與前篇合併收入氏著《東洋思想研究》,創文社,1987 年。

501. 松田光次:《遼と南唐との関係について》,《東洋史苑》,第 24・25 号,1985 年。

502. 沢崎久和:《〈花間集〉における"沿襲"》,《高知大学学術研究報告・人文科学》,第 34 号,1985 年;中譯本題《〈花間集〉的沿襲》,馬歌東譯,《詞學》,第 9 輯,《海外詞學特輯》,華東師範大學出版社,1992 年。

503. 佐竹靖彦:《王蜀政権成立の前提について》,《東京大学東洋文化研究所紀要》,第 99 册,1986 年 2 月;收入氏著《唐宋変革の地域的研究》;同朋舍,1990 年。

504. 鳥谷弘昭:《南唐の文治主義について》,《立正史学》,第 59 号,1986 年 3 月。

505. 森山秀二:《李商隠文学評価の変遷—1—唐・五代》,《漢学研究》,第 24 期,1986 年 3 月。

506. 石井修道:《〔書評〕鈴木哲雄著〈唐五代禅宗史〉》,《駒沢大学仏教学部論集》,第 17 号,1986 年 10 月。

507. 冨田孔明:《五代の禁軍構成に関する一考察——李克用軍団の変遷について》,《東洋史苑》,第 26・27 合併号,1986 年。

508. 久保田量遠:《後周世宗の廃仏事件に就いて》,氏著《中国儒仏道三教史論》,国書刊行会,1986 年。

509. 鈴木哲雄:《湖北の禅宗に関する資料——唐・五代》,《愛知学院大学文学部紀要》,第 16 号,1986 年。

510. 中村裕一:《唐末藩鎮の墨敕除官に就いて》,《武庫川女子大学史学研究室報告》,第 5 号,1986 年;収入氏著《唐代制敕研究》,汲古書院,1991 年。

511. 中村裕一:《隋唐五代の"致書"文書について》,《武庫川女子大学史学研究室報告》,第 5 号,1986 年。

512. 周藤吉之:《高麗初期の中枢院,後の枢密院の成立とその構成——唐末・五代・宋初の枢密院との関連に於いて》,《朝鮮学報》,第 119・120 号合刊,1986 年。

513. 佐竹靖彦:《王蜀政権小史》,《都立大学人文学報》,第 185号,1986 年;中譯本收入《日本中青年學者論中國史・宋元明清卷》,魏常海、張希清譯,上海古籍出版社,1995 年。

514. 鳥谷弘昭:《宋,竜袞撰〈江南野史〉に関する覚書》,《立正史学》,第 61 号,1987 年 3 月。

515. 小林義広:《〈桑懌伝〉と〈五代史記〉士人論》,《道教と宗教文化》,平河出版社,1987 年 3 月。

516. 伊藤宏明:《唐末五代期における江西地域の在地勢力について》,《中国貴族制社会の研究》,京都大学人文科学研究所,1987 年 3 月。

517. 周藤吉之:《唐末淮南高駢の藩鎮体制と黄巣徒黨との関係について——新羅末の崔致遠の著〈桂苑筆耕集〉を中心として》,《東洋学報》,第 68 巻第 3・4 号合刊,1987 年 3 月。

518. 安蘇幹夫:《宋初における茶引の研究:その成果と課題》,《広島経済大学経済研究論集》,第 10 巻第 4 号,1987 年 12 月。

519. 古屋昭弘:《明・成化本〈劉知遠還郷白兔記〉の言語》,

《中国文学研究》,第 13 号,1987 年 12 月。

520. 冨田孔明:《五代侍衛親軍考——その始源を求めて》,《東洋史苑》,第 29 号,1987 年。

521. 岡崎精郎:《兩〈五代史・党項伝〉訳註》,《創立二十周年記念論集・追手門学院大学文学部篇》,1987 年。

522. 栗原益男:《五代宋初藩鎮年表——魏州藩鎮の場合》,《日野開三郎博士頌寿記念論集:中国社会・制度・文化史の諸問題》,中国書店,1987 年;収入氏著《五代宋初藩鎮年表》,東京堂,1988 年。

523. 清木場東:《五代の塩販売制について》,《日野開三郎博士頌寿記念論集:中国社会・制度・文化史の諸問題》,中国書店,1987 年。

524. 佐竹靖彦:《田欽全寄進正法院常住田記——碑文の作者楊天恵と田地の所在》,《中国社会・制度・文化史の諸問題》,1987 年。

525. 林田芳雄:《唐・五代における福建の仏教》,《京都女子大学宗教・文化研究所研究紀要》,創刊号,1988 年 3 月;氏著《華南社会文化史の研究》,同朋舎 1993 年。

526. 筒井紘一:《徐熙筆"鷺絵"考》,《淡交》,第 42 巻第 3 号,1988 年 3 月。

527. 伊藤宏明:《呉・南唐政権の諸問題》,《名古屋大学文学部研究論集》,第 101 号,1988 年 3 月。

528. 源豊宗:《徐熙:その人と評価》,《淡交》,第 42 巻第 3 号,1988 年 3 月。

529. 久保田和男:《五代国都新考》,《史観》,第 119 冊,1988 年 9 月。

530. 坂内栄夫:《王棲霞とその時代——五代道教初探》,《東方宗教》,第 72 号,1988 年 10 月。

531. 冨田孔明:《後梁侍衛親軍考——その構成に関する諸説の矛盾を解いて》,《竜谷史壇》,第 92 号,1988 年 10 月。

532. 栗原益男:《五代宋初藩鎮年表——楚州藩鎮の場合》,《上智史学》,第 33 号,1988 年 11 月。

533. 諸戸立雄:《唐・五代の童行と度牒制について》,《仏教史学研究》,第 31 巻第 2 号,1988 年 11 月。

534. 韓京洙:《永明延寿の禅浄融合思想》,《印度学仏教学研究》,第 37 巻第 1 号,1988 年 12 月。

535. 仙石景章:《〈宗鏡録〉の引用諸文献——〈肇論〉とその注釈書類について》,《印度学仏教学研究》,第 37 巻第 1 号,1988 年 12 月。

536. 渡辺孝:《唐五代における衙前の称について》,《東洋史論》,第 6 号,1988 年。

537. 海老名俊樹:《五代宋初における勅の刑罰体系に就いて》,《立命館史学》,第 9 号,1988 年。

538. 冨田孔明:《五代の枢密使——その沿革について新たな考察》,《竜谷史壇》,第 95 号,1989 年 10 月。

539. 伊藤宏明:《南漢政権の性格——地域公権力と私権化》,《名古屋大学東洋史研究報告》,第 14 号,1989 年 12 月。

540. 冨田孔明:《五代枢密使に関する二論考の論評》,《東洋史苑》,第 33 号,1989 年。

541. 伊藤宏明:《呉・南唐政権下における民兵制の階層構成》,昭和 61・62・63 年特定研究報告書〈日本・中国における近世の文化と社会〉,1989 年。

542. 佐伯冨:《五代における枢密使について》,《史窓》,第 46 号,1989 年。

543. 東英寿:《歐陽脩〈五代史記〉の徐無党注について》,九州大学大学院人文科学研究院《文学研究》,第 87 号,1990 年 3 月。

544. 川村康:《(書評)海老名俊樹著〈五代宋初における勅の刑罰体系に就いて〉》,《法制史研究》,第 40 号,1991 年 3 月。

545. 大沢正昭:《佐竹靖彦著〈唐宋変革の地域的研究〉》,《史学雑誌》,第 100 巻第 3 号,1991 年 3 月。

546. 鈴木哲雄:《陝西地方における禅宗の展開——唐・五

代》,《宗学研究》,第 33 号,1991 年 3 月。

547. 五代史研究会編:《五代史年表(稿)——後梁》,《立正大学東洋史論集》,第 4 号,1991 年 3 月。

548. 室永芳三:《唐末内侍省内養小論》,《長崎大学教育学部社会科学論叢》,第 43 号,1991 年 6 月。

549. 渡辺孝:《唐・五代の藩鎮における押衙について》(上),《社会文化史学》,第 28 号,1991 年 8 月。

550. 春日井明:《変動の時代に顕れた中国士大夫の人間観——顧炎武の"恥"論を中心に顔之推・韓退之及び馮道を論ず》,《清泉女子大学紀要》,第 39 号,1991 年 12 月。

551. 伊東徹夫:《銭寛墓出土の"官"字銘白磁について》,《美学》,第 42 巻第 2 号,1991 年 12 月。

552. 永井政之:《広東の仏教信仰——雲門文偃末後の事蹟》,《印度学仏教学研究》,第 40 巻第 1 号,1991 年 12 月。

553. 冨田孔明:《宋二府の沿革に関する考察——その起点と転換点を明確にして》,《東洋史苑》,第 37 号,1991 年。

554. 五代史研究会編:《五代史年表(稿)——後唐(Ⅰ)》,《立正大学東洋史論集》,第 5 号,1992 年 3 月。

555. 小川隆:《〈祖堂集〉柳田聖山訳註》,《花園大学研究紀要》,第 24 号,1992 年 3 月。

556. 伊藤宏明:《唐五代の都将に関する覚書》(上),《名古屋大学文学部研究論集》,第 113 号,1992 年 3 月。

557. 淺見洋二:《閨房のなかの山水,あるいは瀟湘について:晩唐五代詞における風景と絵画》,《集刊東洋学》,第 67 号,1992 年 5 月。

558. 愛宕元:《唐末五代期における城郭の大規模化——華中・華南の場合》,《東洋史研究》,第 51 巻第 1 号,1992 年 6 月;収入氏著《唐代地域社会史研究》,同朋舎出版,1997 年。

559. 高津孝:《宋初行卷考》,《人文学科論集》,第 36 号,1992 年 10 月。

560. 仙石景章：《〈宗鏡録〉に引用される大乗経典について》，《印度哲学仏教学》，第 7 号，1992 年 10 月。

561. 伊藤宏明：《唐五代の都将に関する覚書》（中），《鹿児島大法文学部紀要・人文学科論集》，第 36 号，1992 年 10 月。

562. 大沢正昭：《唐末・五代"土豪"論》，《上智史学》，第 37 号，1992 年 11 月。

563. 小川裕充：《黄筌六鶴図壁画とその系譜》（上），《国華》，第 1165 号，1992 年 12 月。

564. 川村康：《唐五代杖殺考》，《東洋文化研究所紀要》，第 117 号，1992 年。

565. 高橋徹：《宋初寄禄官淵源考》，《呴沫集》，第 7 号，1992 年。

566. 桃木至朗：《10—15 世紀ベトナム国家の「南」と「西」》，《東洋史研究》，第 51 巻第 3 号，1992 年。

567. 中村裕一：《五代〈鎮東軍牆隍廟記〉に引用された"勅"について》，《汲古》，第 21 号，1992 年。

568. 佐伯富：《五代における中門使について》，《宋より明清に至る科挙・官僚制とその社会的基盤の研究》，平成四年度科研費報告書，1992 年。

569. 佐竹靖彦：《朱温集團の特性と後梁王朝の形成》，《中国近世社会文化史論文集》，臺灣"中研院"史語所，1992 年。

570. 本田精一：《〈兔園策〉考：村書の研究》，《九州大学東洋史論集》，第 21 号，1993 年 1 月。

571. 渡辺孝：《唐・五代の藩鎮における押衙について》（下），《社会文化史学》，第 30 号，1993 年 2 月。

572. 伊藤宏明：《唐五代の都将に関する覚書》（下），《鹿児島大法文学部紀要・人文学科論集》，第 37 号，1993 年 2 月。

573. 中鉢雅量：《宋金説話の地域性——"五代史"、"説三分"語りを中心として》，《愛知教育大学研究報告・人文科学》，第 42 号，1993 年 2 月。

574. 山田俊:《〈化書〉について》,《科学研究費(一般研究 B)「東アジアの伝統社会における指導者像の比較研究」(代表吉田忠)報告書》,1993 年 3 月。

575. 五代史研究会編:《五代史年表(稿)——後唐(Ⅱ)》,《立正大学東洋史論集》,第 6 号,1993 年 3 月。

576. 高崎譲治:《唐末五代至両宋期の財政構造の考察:租庸調と両税法の崩壊期の歳入と歳出》,《いわき紀要》,第 19 号,1993 年 9 月。

577. 穴沢彰子:《唐末五代における在地編成——檢田制を中心として》,《大阪市立大学東洋史論叢》,第 11 号,1993 年 10 月。

578. 池田温:《〈新編全唐五代文〉の真価を窺わせる韓理洲著〈唐文考辨初編〉》,《東方》,第 153 号,1993 年 12 月。

579. 辻正博:《宋初の配流と配軍》,《東洋史研究》,第 52 巻第 3 号,1993 年 12 月。

580. 村越貴代美:《後蜀における〈花間集〉成立の背景》,《お茶の水女子大学中国文学会報》,第 12 号,1993 年。

581. 大沢正昭:《唐末・五代の在地有力者について》,《柳田節子先生古稀記念:中国の伝統社会と家族》,汲古書院,1993 年。

582. 鈴木哲雄:《唐・五代の禅関係論文分類摘要》,《愛知学院大学文学部紀要》,第 23 号,1993 年。

583. 畑純生:《唐五代の藩鎮とその国家体制への展開》,《竜谷大学大学院研究紀要人文科学》,第 14 号,1993 年。

584. 村上哲見:《南唐李後主と文房趣味》,《中華文人の生活》,平凡社,1994 年 1 月;收入氏著《中国文人論》,汲古書院,1994 年 3 月。

585. "中国近世の法制と社会"研究班:《旧五代史・遼史・金史刑法志訳注稿》,《東方学報》,第 66 冊,1994 年 1 月。

586. 鈴木哲雄:《〈祖堂集〉対照〈景徳伝燈録〉》,《禅研究所紀要》,第 22 号,1994 年 3 月。

587. 五代史研究会編:《五代史年表(稿)——後晋(Ⅰ)》,《立正大学東洋史論集》,第 7 号,1994 年 3 月。

588. 須江隆:《唐宋期における祠廟の廟額・封号の下賜について》,《中国:社会と文化》,第 9 号,1994 年 6 月。

589. 笠征、張少康:《司空図和晩唐五代的文学理論批評》,《福岡大学人文論叢》,第 26 巻第 2 号,1994 年 9 月。

590. 鎌田茂雄:《雲門文偃と大燈国師——その遺誡を中心として》,《禅と人間——正眼短期大学創立四十周年記念論集》,大東出版社,1994 年 10 月。

591. 仙石景章:《〈宗鏡録〉問答章について——一心成仏をめぐる問答を中心として》,《印度哲学仏教学》,第 9 号,1994 年 10 月。

592. 伊藤宏明:《呉・南唐政権の性格——その地域支配を中心として》,《鹿児島大学法文学部紀要・人文学科論集》,第 40 号,1994 年 11 月。

593. 中砂明徳:《中世人から近世人へ——唐宋時代の士人の位置》,《古代文化》,第 46 巻第 11 号,1994 年 11 月。

594. 中村茂夫:《川村康著「唐五代杖殺考」》,《法制史研究》,第 43 号,1994 年。

595. 西上勝:《〈五代史記〉の序論について》,《山形大学紀要・人文科学》,第 13 巻第 2 号,1995 年 1 月。

596. 五代史研究会編:《五代史年表(稿)——後晋(Ⅱ)》,《立正大学東洋史論集》,第 8 号,1995 年 3 月。

597. 高井康行:《遼の"燕雲十六州"支配と藩鎮体制——南京道の兵制を中心として》,《早稲田大学文学研究科紀要・哲学・史学編》,第 21 号,1995 年。

598. 伊藤宏明:《呉越杭州城考》,《鹿児島大学法文学部紀要・人文学科論集》,第 42 号,1995 年。

599. 川村康:《(書評)辻正博著〈宋初の配流と配軍〉〈北宋"配隷"芻議〉》,《法制史研究》,第 45 号,1996 年 3 月。

600. 鈴木正弘:《段公路撰〈北戸録〉について——唐末期の嶺

南に関する博物学的著述》,《立正史学》,第 79 号,1996 年 3 月。

601. 小林和夫:《徐鉉逸話考——江南官僚の意識変化をめぐって》,《史観》,第 134 冊,1996 年 3 月。

602. 岸田知子:《尹洙の正統論——歐陽修との関聯を中心として》,《高野山大学創立百十周年記念高野山大学論文集》,高野山大学,1996 年 9 月。

603. 李淑華:《永明延寿禅師の"宗鏡"について》,《天台学報》,第 38 号,1996 年 10 月。

604. 竺沙雅章:《趙普——趙匡胤を皇帝にした宋開国の功臣》,《歴史読本》,第 41 卷第 19 号,1996 年 11 月。

605. 小林和夫:《南唐官僚徐鉉と宋太宗朝——〈江南録〉と正統論をめぐって》,《早稲田大学大学院文学研究科紀要・第 4 分冊》,第 42 号,1996 年。

606. 小早川欣吾:《五代及び宋に於ける司法制度(1~4)》,《法学論叢》,第 42 卷第 4,6 号,第 43 卷第 4 号,第 44 卷第 3 号;収入氏著《小早川欣吾先生東洋法制史論集》,自刊,1996 年。

607. 友永植:《宋都監探原考(2)——五代の行營都監》,《別府大学アジア歴史文化研究所報》,第 14 号,1996 年。

608. 章輝玉:《東アジア仏教の相互交流——10・11 世紀の韓・中仏教の交流関係》,《東アジア社会と仏教文化》,春秋社,1996 年。

609. 川合安:《南唐の君主李昇の"税銭"制定》,《東方》,第 190 号,1997 年 1 月。

610. 広瀬智:《唐代戦乱詩考——杜甫・韋莊の戦乱詩》,《奈良教育大学国文:研究と教育》,第 20 号,1997 年 3 月。

611. 内河久平:《北宋初期に於ける御史台官》,《法史学研究会会報》,第 2 号,1997 年 3 月。

612. 五代史研究会編:《五代史年表(稿)——後漢・後周(Ⅰ)》,《立正大学東洋史論集》,第 10 号,1997 年 3 月。

613. 伊藤宏明:《唐末五代における都校について》,《名古屋大

学東洋史研究報告》,第 21 号,1997 年 3 月。

614. 佐伯富:《五代後周の王朴——世宗政治の背景》,《東方学会創立 50 周年記念東方学論集》,東方学会,1997 年 5 月。

615. 渡部武:《大沢正昭著〈唐宋変革期農業社会史研究〉》,《東洋史研究》,第 56 卷第 2 号,1997 年 9 月。

616. 兼田信一郎:《大沢正昭著〈唐宋変革期農業社会史研究〉》,《上智史学》,第 42 号,1997 年 11 月。

617. 鈴木哲雄:《諸本對照　金陵清涼院文益禅師語録》(上),《愛知学院大学文学部紀要》,第 27 号,1997 年。

618. 森博行:《詞における 構成——韋莊〈謁金門〉詞試釋》,《大谷女子大学国文》,第 27 号,1997 年;收入氏著《詩人と涙——唐宋詩詞論》,現代図書,2002 年。

619. 佐竹靖彦:《唐宋期福建の家族と社会——山洞と洞蠻》,《人文学報》,第 277 号,1997 年。

620. 王翠玲:《永明延寿の懺悔観について》,《印度学仏教学研究》,第 46 卷第 2 号,1998 年 3 月。

621. 氏岡真士:《〈五代史平話〉のゆくえ——講史の運命》,《中国文学報》,第 56 号,1998 年 4 月。

622. 久保田和男:《五代宋初の洛陽と国都問題》,《東方学》,第 96 号,1998 年 7 月;中譯本一題《五代宋初的洛陽和國都問題》,趙望秦、黃新華譯,刊《中國歷史地理論叢》,2001 年第 3 輯;作者增訂後的中譯本二加入《五代國都新考》一文內容,題《五代至宋初的首都問題》,收入氏著《宋代開封研究》,郭萬平譯,上海古籍出版社,2010 年。

623. 岡村真寿美:《〈五代史平話〉の成立:「講史書」との関係》,《中国文学論集》,第 27 号,1998 年 12 月。

624. 王翠玲:《永明延寿の禅宗観について——特に以心爲宗、和会諸宗を中心として》,《印度学仏教学研究》,第 47 卷第 1 号,1998 年 12 月。

625. 衣川賢次:《〈祖堂集〉札記》,《禅文化研究所紀要》,第 24

号,1998 年 12 月。

626. 鈴木哲雄:《諸本對照　金陵清涼院文益禅師語録》(下),《愛知学院大学文学部紀要》,第 28 号,1998 年。

627. 森博行:《韋莊〈清平楽〉詞について》,《大谷女子大学国文》,第 28 号,1998 年;收入氏著《詩人と涙——唐宋詩詞論》,現代図書,2002 年。

628. 田中久和:《李成と董源の評価をめぐる一考察》,《美術科研究》,第 16 号,1998 年。

629. 小川裕充:《五代の絵画》,《世界美術大全集東洋編》5《五代・北宋・遼・西夏》,小学館,1998 年。

630. 小川裕充:《五代・北宋の絵画:総論》,《世界美術大全集東洋編》5《五代・北宋・遼・西夏》小学館,1998 年。

631. 渡辺浩司:《〈新編五代史平話〉のことば:〈新編五代梁史平話〉篇》,《言語文化部紀要》,第 36 号,1999 年 3 月。

632. 渡辺浩司:《〈新編五代史平話〉のことば:〈新編五代唐史平話〉篇》,北海道大学《言語文化部研究報告叢書》,第 34 号,1999 年 3 月。

633. 斎藤智寛:《唐・五代宋初の禅思想における無情仏性・説法説》,《集刊東洋学》,第 81 号,1999 年 5 月。

634. 渡辺浩司:《〈新編五代史平話〉のことば:〈新編五代晋史平話〉篇》,北海道大学《言語文化部紀要》,第 37 号,1999 年 9 月。

635. 柴田泰:《蓮社列祖としての延寿と宗賾》,《印度学仏教学研究》,第 48 卷第 1 号,1999 年 12 月。

636. 王翠玲:《〈宗鏡録〉の成立》,《印度学仏教学研究》,第 48 卷第 1 号,1999 年 12 月。

637. 谷豊信:《中国古代の紀年磚:唐末までの銘文と出土地の考察》,《東京国立博物館紀要》,第 34 号,1999 年。

638. 王衛明:《五代における西蜀寺観壁画に関する一考察——成都大聖慈寺の絵画史料をめぐって》,《京都橘女子大学研究紀要》,第 26 号,1999 年。

639. 伊藤宏明:《唐五代に関する都頭について》,《唐代史研究》,第 2 号,1999 年。

640. 伊藤宏明:《唐五代期における都頭について》,《鹿児島大学法文学部紀要·人文学科論集》,第 50 号,1999 年。

641. 伊藤宏明:《宵娘:纏足の祖に擬せられた南唐の舞姫》,《月刊しにか》,第 10 巻第 12 号,1999 年。

642. 蛭田展充:《宋初河北の屯田政策》,《史観》,第 141 冊,1999 年。

643. 佐竹靖彦:《〈唐宋変革期農業社会史研究〉大沢正昭》,《歴史学研究》,第 724 号,1999 年 6 月。

644. 佐伯富:《中国近世における山西商人(五代時代)》(上),《問題と研究》,第 29 巻第 5 号,2000 年 2 月。

645. 広瀬智:《韋荘詩における"抒情性"──詩語"愁"を中心に》,《奈良教育大学国文:研究と教育》,第 23 号,2000 年 3 月。

646. 鎌田茂雄:《南唐国の華厳と禅》,《財団法人松ケ岡文庫研究年報》,第 14 号,2000 年 3 月。

647. 木田知生:《楊業と楊家將をめぐる諸問題》,《竜谷史壇》,第 114 号,2000 年 3 月。

648. 丘山新、衣川賢次、小川隆:《〈祖堂集〉牛頭法融章疏証──〈祖堂集〉研究会報告之一》,《東洋文化研究所紀要》,第 139 号,2000 年 3 月。

649. 小林義広:《北宋仁宗朝における女寵と後嗣問題──欧陽脩の〈五代史記〉との関連の下に》,《名古屋大学東洋史研究報告》,第 24 号,2000 年 3 月。

650. 佐伯富:《中国近世における山西商人(五代時代)》(下),《問題と研究》,第 29 巻第 6 号,2000 年 3 月。

651. 山根直生:《唐末における藩鎮体制の変容──淮南節度使を事例として》,《史学研究》,第 228 号,2000 年 6 月;中譯本題《唐朝軍政統治的終局與五代十國割據的開端》,《浙江大學學報》(人文社會科學版),2004 年第 3 期。

652. 荒木浩：《無住と円爾——〈宗鏡録〉と〈仏法大明録〉の周辺》,《説話文学研究》,第 35 号,2000 年 7 月。

653. 佐立治人：《〈大周刑統〉編纂にまつわる奇談》,《芸林》,第 49 卷第 3 号,2000 年 8 月。

654. 丸橋充拓：《黄巣——唐を滅亡に追い込んだ落第秀才》,《月刊しにか》,第 11 卷第 10 号,2000 年 10 月。

655. 松原朗、衣川賢次、小川隆：《〈祖堂集〉鳥窠和尚章と白居易——〈祖堂集〉研究会報告之二》,《東洋文化研究所紀要》,第 140 号,2000 年 12 月。

656. 東英寿：《歐陽脩散文の特色——〈五代史記〉と〈旧五代史〉の文章表現の比較を通して》,《鹿大史学》,第 48 号,2000 年。

657. 釜谷武志：《貫休の詩と宗教》,《唐代の宗教》,朋友書店,2000 年。

658. 高橋継男：《中国五代十国時期墓誌・墓碑綜合目録稿》,《東洋大学アジア・アフリカ文化研究所研究年報》,第 34 号,2000 年。

659. 麦谷邦夫：《〈太上老君說常清浄経〉考——杜光庭注との関連において》,《唐代の宗教》,朋友書店,2000 年。

660. 王衛明：《五代における西蜀寺観壁画に関する一考察（続篇）——范成大〈成都古寺名筆記〉訳註》,《京都橘女子大学研究紀要》,第 27 号,2000 年。

661. 鎌田茂雄：《唐末宋初の華厳と密教——安岳石窟を手がかりとして》,《国際仏教学大学院大学研究紀要》,第 4 号,2001 年 3 月。

662. 土屋昌明、衣川賢次、小川隆：《懶瓚和尚〈楽道歌〉攷——〈祖堂集〉研究会報告之三》,《東洋文化研究所紀要》,第 141 号,2001 年 3 月。

663. 王翠玲：《永明延寿の戒律観——戒律の相関用語から見る》,《印度学仏教学研究》,第 49 卷第 2 号,2001 年 3 月。

664. 桃木至朗：《唐宋変革とベトナム》,《岩波講座東南アジア史》2《東南アジア古代国家の成立と展開》,岩波書店,2001 年 7 月。

665. 森部豊:《後晋安萬金・何氏夫妻墓誌銘および何君政墓誌銘》,《内陸アジア言語の研究》,第 16 号,2001 年 9 月。

666. 丸橋充拓:《"唐宋変革"史の近況から》,《中国史学》,第 11 巻,2001 年 10 月。

667. 見城光威:《宋初の三司について——宋初政権の一側面》,《集刊東洋学》,第 86 号,2001 年。

668. 山崎覚士:《呉越国王と"真王"概念》,《歴史学研究》,第 752 号,2001 年;収入氏著《中国五代国家論》,思文閣,2010 年;中譯本題《吳越國王與"真王"含義——五代十國的中華秩序》,收入《宋代社會的空間與交流》,張正軍譯,河南大學出版社,2008 年。

669. 山崎覚士:《未完の海上国家:呉越国の試み》,《古代文化》,第 54 巻第 2 号,2001 年;収入氏著《中国五代国家論》,思文閣,2010 年。

670. 王賀英:《韋荘が前蜀の宰相になった理由を論ず》,《愛知論叢》,第 70 号,2001 年。

671. 山根直生:《唐末五代の徽州における地域発達と政治的再編》,《東方学》,第 103 輯,2002 年 1 月。

672. 広瀬智:《韋荘〈乞追賜李賀皇甫松等進士及第奏〉攷——〈又玄集〉編纂意識論補説》,《奈良教育大学国文:研究と教育》,第 25 号,第 2002 年 3 月。

673. 山崎覚士:《五代における"中国"と諸国の関係——国書、進奉・貢献・上供》,《大阪市立大学东洋史论丛》,第 12 号,2002 年 3 月;収入氏著《中国五代国家論》,思文閣,2010 年。

674. 畑地正憲:《唐末・五代における馬草の調達について》,《山口大学文学会志》,第 52 号,2002 年 3 月。

675. 穴沢彰子:《唐・五代における地域秩序の認識——郷望的秩序から父老的秩序への変化を中心として》,《唐代史研究》,第 5 号,2002 年 6 月。

676. 池沢滋子:《略論北宋銭氏文人群体的文学成就》,《宋代文化研究》,第 11 輯,2002 年 8 月。

677. 池沢滋子:《五代呉越国銭氏的文学成就》,《中央大学人文科学研究所紀要》,第 44 期,2002 年 9 月。

678. 鄭爲:《後梁趙岩〈調馬図巻〉について》,《福岡国際大学紀要》,第 8 号,2002 年 9 月。

679. 池沢滋子:《銭易試論:〈西崑酬唱集〉周辺の文人研究》,《橄欖》,第 11 号,2002 年 12 月。

680. 山田俊:《杜光庭の思想(上)——"道気"と"楽記"》,《熊本県立大学文学部紀要》,第 9 巻第 1 号,2002 年 12 月。

681. 王翠玲:《敦煌残巻〈観音証験賦〉について——永明延寿との関わりを中心として》,《印度学仏教学研究》,第 51 巻第 1 号,2002 年 12 月。

682. 川合康三:《馮道〈長楽老自敍〉と白居易〈酔吟先生伝〉——五代における白居易受容》,《白居易研究年報》,第 3 号,2002 年。

683. 谷口房男:《唐宋時代嶺南地方の州県に関する官印》,《アジア・アフリカ文化研究所研究年報》,第 37 号,2002 年。

684. 丸山裕美子:《唐宋節假制度の変遷——令と式と格・敕についての覚書》,《日中律令制の諸相》,東方書店,2002 年。

685. 王衛明:《五代王処直壁画墓に関する考察——その墓主の経歴と壁画様式の諸問題をめぐって》,《京都橘女子大学研究紀要》,第 29 号,2002 年。

686. 新城理恵:《唐宋期の皇后・皇太后——太廟制度と皇后》,《野口鉄郎先生古稀記念——中華世界の歴史的展開》,汲古書院,2002 年。

687. 岩崎力:《夏州定難軍節度使の建置と前後の事情——西夏建国前史の再檢討(2)》,《中央アジア史研究》,第 26 号,2002 年。

688. 須江隆:《唐宋期における社会構造の変質過程——祠廟制の推移を中心として》,《東北大学東洋史論集》,第 9 号,2003 年 1 月。

689. 塩卓悟:《中国宋史研究会第十届年会暨唐末五代宋初西北史研討会参加記》,《史泉》,第 97 号,2003 年 1 月。

690. 山田俊:《杜光庭の思想(下)——"虚心"と"無心"》,《熊本県立大学文学部紀要》,第 9 卷第 2 号,2003 年 3 月。

691. 丸橋充拓:《唐宋変革期の財政構造と役法》,《日本史研究》,第 487 号,2003 年 3 月。

692. 衣川賢次:《〈祖堂集〉の校理》,《東洋文化》,第 83 号,2003 年 3 月。

693. 遊佐昇:《唐・五代社会に見られる道教の身体観受容》,《東洋史研究》別冊《東洋思想における心身観》,2003 年 3 月。

694. 竹村則行:《新羅・崔致遠と晩唐・顧雲の交遊について》,《文学研究》,第 100 期,2003 年 3 月。

695. 川本芳昭:《崔致遠と阿倍仲麻呂——古代朝鮮・日本における"中国化"との関連から見た》,《九州大学東洋史論集》,第 31 号,2003 年 4 月;中譯本題《崔致遠與阿倍仲麻呂——從古代朝鮮、日本與"中國化"的關聯來看》,收入《儒家文明與中韓傳統關係》,山東大學出版社,2008 年。

696. 大沢正昭:《唐宋変革期における家族規模と構成——小説史料による分析》,《唐代史研究》,第 6 号,2003 年 8 月。中譯本題《唐宋變革期的家庭規模與結構——依據小說史料進行分析》,收入《中國社會歷史評論》,第 5 卷,商務印書館,2007 年。

697. 森部豊、石見清裕:《唐末沙陀〈李克用墓誌〉訳註・考察》,《内陸アジア言語の研究》,第 18 号,2003 年 8 月。

698. 伊藤宏明:《堀敏一著〈唐末五代変革期の政治と経済〉》,《唐代史研究》,第 6 号,2003 年 8 月。

699. 《北夢瑣言》訳註会:《〈北夢瑣言〉訳註(1)——序および卷一》,《大阪市立大学東洋史論叢》,第 13 号,2003 年 9 月。

700. 山崎覚士:《唐宋変革への新たな問い直し——訳注作成の目的》,《大阪市立大学東洋史論叢》,第 13 号,2003 年 9 月。

701. 山崎覚士:《港湾都市,杭州——9・10 世紀中国沿海の都

市変貌と東アジア海域》,《都市文化研究》,第 2 号,2003 年 9 月;收入氏著《中国五代国家論》,思文閣,2010 年。

702. 小川裕充:《黄筌六鶴図壁画とその系譜》(下),《国華》,第 1297 号,2003 年 11 月。

703. 山中馨:《五代財政史》(修士論文要旨),《竜谷大学大学院文学研究科紀要》,第 25 号,2003 年 12 月。

704. 王翠玲:《〈宗鏡録〉と輯佚:校補、補闕の資料として》,《印度学仏教学研究》,第 52 巻第 1 号,2003 年 12 月。

705. 白小薇:《李商隠と南唐二主》,《二松》,第 17 号,2003 年。

706. 鈴木正弘:《〈五代史記〉の一行伝について》,《立正史学》,第 94 号,2003 年。

707. 日名智:《燕雲十六州の割譲承認について》,《東海史学》,第 38 号,2003 年。

708. 三田村圭子:《杜光庭の道教経典注釈書とその後の展開》,《東方学の新視点》,五曜書房,2003 年。

709. 伊藤宏明:《岡崎文夫の藩鎮論》,《鹿大史学》,第 50 号,2003 年。

710. 斎藤智寛:《〈祖堂集〉仰山慧寂章の伝法思想》,《集刊東洋学》,第 89 号,2003 年。

711. 遊佐昇:《玉局観をめぐる社会と信仰》,《宮沢正順博士古稀記念東洋比較文化論集》,青史出版,2004 年 1 月。

712. 福井敏:《五代十国における詩僧の活動》,《文芸論叢》,第 62 号,2004 年 3 月;收入《中国文学論叢:河内昭圓教授退休記念》,大谷大学文芸学会,2004 年。

713. 毛利光俊彦:《古代中国の金属製容器(4)——唐代から五代・十国時代における変遷》,《奈良文化財研究所史料》,第 68 冊,2004 年 3 月。

714. 森部豊:《唐末五代の代北におけるソグド系突厥と沙陀》,《東洋史研究》,第 62 巻第 4 号,2004 年 3 月。

715. 山崎覚士:《五代の道制——後唐朝を中心に》,《東洋学

報》,第 85 卷第 4 号,2004 年 3 月;收入氏著《中国五代国家論》,思文閣,2010 年。

716. 友永植:《宋都監探原考(3)——五代の州県都監》,《史学論叢》,第 34 号,2004 年 3 月。

717. 森部豊:《8—10 世紀の華北における民族移動——突厥・ソグド・沙陀を事例として》,《唐代史研究》,第 7 号,2004 年 8 月。

718. 山内晉次:《10—13 世紀の東アジアにおける海域交流》,《唐代史研究》,第 7 号,2004 年 8 月。

719. 山根直生:《唐宋政治史研究に関する試論——政治過程論、国家統合の地理的様態から》,《中国史学》,第 14 期,2004 年 9 月。

720. 後藤基史:《欧陽脩史学再考:〈新五代史〉本紀を中心にして》,《紀尾井史学》,第 24 号,2004 年 12 月。

721. 久保有道:《呉と南唐政権の集團構成について》(修士論文要旨),《竜谷大学大学院文学研究科紀要》,第 26 号,2004 年 12 月。

722. 山﨑覚士:《呉越国の首都杭州——双面の都市変貌》,《アジア遊学》第 70 号《波騒ぐ東アジア》,勉誠出版,2004 年 12 月。

723. 王翠玲:《〈宗鏡録〉に保存された盧山慧遠の著作》,《印度学仏教学研究》,第 53 卷第 1 号,2004 年 12 月。

724. 佐藤厚:《〈宗鏡録〉巻二十八所引〈雑華厳経一乗修行者秘密義記〉について——房山石経刻経〈健拏標訶一乗修行者秘密義記〉との対照研究》,《東洋学研究》,第 41 号,2004 年。

725. 植松勇介:《唐末五代の鏡》,《古代文化》,第 57 卷 1 号,2005 年 1 月。

726. 福井信昭:《五代十国期の進奏院》,《大阪市立大学東洋史論叢》,第 14 号,2005 年 3 月。

727. 洪桜娟:《中国仏教における"禅淨双修"の再検討——特に〈萬善同帰集〉を中心として》,《印度学仏教学研究》,第 53 卷第 2 号,2005 年 3 月;中譯本題《永明延壽"禪淨雙修"之探討——以〈萬

善同歸集〉爲主》,收入《永明延壽大師研究》,宗教文化出版社,2005 年。

728. 芦立一郎:《唐末の艶情詩について》,《山形大学大学院社会文化システム研究科紀要》,第 1 号,2005 年 3 月。

729. 山崎覚士:《五代の天下:書評　渡辺信一郎〈中国古代の王権と天下秩序〉》,《大阪市立大学東洋史論叢》,第 14 号,2005 年 3 月。

730. 石見清裕:《沙陀研究史——日本・中国の学界における成果と課題》,《早稲田大学モンゴル研究所紀要》,第 2 号,2005 年 3 月。

731. 王凱:《董源と其の時代の絵画をめぐって》,《武蔵野美術大学研究紀要》,第 35 号,2005 年 3 月。

732. 友永植:《五代内官考》,《史学論叢》,第 35 号,2005 年 3 月。

733. 竹村則行:《〈開元天宝遺事〉の伝本について——日本伝存の王仁裕自序をめぐって》,《文学研究》,第 102 号,2005 年 3 月。

734. 中西朝美:《五代北宋における国書の形式について——"致書"文書の使用状況を中心に》,《九州大学東洋史論集》,第 33 号,2005 年 5 月。

735. 山根直生:《唐宋間の徽州における同族結合の諸形態》,《歴史学研究》,第 804 号,2005 年 8 月;中译本题《唐宋之间徽州同族结合的诸类型》,《徽学》,第 4 卷,安徽大学出版社,2006 年 8 月。

736. 谷川道雄:《内藤湖南の唐宋変革論とその継承》,《河合文化教育研究所研究論集》,第 1 号,2005 年 9 月。

737. 松永惠子:《中晩唐から北宋中後期に至る"狂草"評価の変遷》,《書学書道史研究》,第 15 号,2005 年 9 月。

738. 山根直生:《南通市出土、五代十国期墓誌紹介》,《福岡大学研究部論集・人文科学編》,第 5 卷第 2 号,2005 年 11 月。

739. 山崎覚士:《9・10 世紀における中国港湾都市と河口域の変貌:呉越国杭州域の開発》,《比較都市史研究》,第 24 卷第 2 号,

2005 年 12 月。

740. 水野正明:《五代十国時代における茶業と茶文化》,《東洋学報》,第 87 卷第 3 号,2005 年 12 月。

741. 丸橋充拓:《唐宋変革期の軍礼と秩序》,《東洋史研究》,第 64 卷第 3 号,2005 年 12 月。

742. 見城光威:《宋太宗政権考(上)——唐宋変革期政治史研究の一つの試み》,《東北大学文学研究科研究年報》,第 55 号,2005 年。

743. 森田憲司:《五代の文化》,氏著《宋元時代の社会と文化》,私家版非賣品,2005 年。

744. 愛甲弘志:《中晚唐五代の詩格の背景について》,《京都女子大学人文論叢》,第 54 号,2006 年 1 月。

745. 山崎覚士:《唐末五代における杭州と両浙地方——9—10 世紀中国港湾都市と河口域》,(韓)《中国史研究》,第 40 輯,2006 年 2 月。

746. 高橋芳郎:《大沢正昭著〈唐宋時代の家族・婚姻・女性——婦は強く〉》,《社会経済史学》,第 71 卷第 6 号,2006 年 3 月。

747. 山崎覚士:《唐末杭州における都市勢力の形成と地域編成》,《都市文化研究》,第 7 号,2006 年 3 月;收入氏著《中国五代国家論》,思文閣,2010 年。

748. 西野悠紀子:《書評 大沢正昭著〈唐宋時代の家族・婚姻・女性——婦は強く〉》,《人民の歴史学》,第 167 号,2006 年 3 月。

749. 劉靜貞:《文物・テキスト・コンテクスト——五代北宋期における墓誌資料の性質とその捉え方》,《大阪市立大学東洋史論叢》,別冊特集号《文献資料学の新たな可能性》,2006 年 5 月。

750. 毛利英介:《澶淵の盟の歴史的背景——雲中の会盟から澶淵の盟へ》,《史林》,第 89 卷第 3 号,2006 年 5 月。

751. 山内晉次:《9—13 世紀の日中貿易史をめぐる日本史料》,《大阪市立大学東洋史論叢》,別冊特集号《文献資料学の新たな可能》,2006 年 5 月。

752. 藤田伸也:《伝李成筆〈喬松平遠図〉》,《国華》,第 1329
号,2006 年 7 月。

753. 小川裕充:《五代・北宋の絵画——伝統中国の歴史的・文
化的アイデンティティーの淵源》,《国華》,第 111 巻第 12 号,2006
年 7 月。

754. 竹浪遠:《伝董源筆〈寒林重汀図〉》,《国華》,第 1329 号,
2006 年 7 月。

755. 大島立子:《書評　大沢正昭著〈唐宋時代の家族・婚姻・女
性——婦は強く〉》,《東洋史研究》,第 65 巻第 2 号,2006 年 9 月。

756. 山根直生:《文字をのこす人、みる人、語る人——南通市
狼山の磨崖文をたずねて》,《アジア遊学》,第 91 号,2006 年 9 月。

757. 仙石景章:《〈宗鏡録〉の引用文献について——〈楞伽経〉
と教禅一致思想》,《印度哲学仏教学》,第 21 号,2006 年 10 月。

758. 《北夢瑣言》訳註会:《〈北夢瑣言〉訳註(2)——巻二》,《大
阪市立大学東洋史論叢》,第 15 号,2006 年 11 月。

759. 谷川道雄:《唐宋变革的世界史意义——内藤湖南的中国
史构想》,李济沧译,《魏晋南北朝隋唐史资料》,第 23 辑,2006 年
12 月。

760. 鈴木哲雄、程正:《唐・五代の禅》,《禅学研究入門》,大東
出版社,2006 年 12 月。

761. 川村康:《大沢正昭著〈唐宋時代の家族と女性——新たな
視点の摸索〉》,《法制史研究》,第 56 号,2006 年。

762. 見城光威:《宋太宗政権考(中)——唐宋変革期政治史研
究の一つの試み》,《東北大学文学研究科研究年報》,第 56 号,
2006 年。

763. 京楽真帆子:《書評　大沢正昭〈唐宋時代の家族・婚姻・女
性——婦は強く〉》,《ジェンダー史学》,第 2 号,2006 年。

764. 木田知生、宮沢知之:《五代・宋》,《中国歴史研究入門》,
名古屋大学出版会,2006 年。

765. 山根直生:《静海・海門の姚氏——唐宋間、長江河口部の海上勢力》,《宋代の長江流域——社会経済史の視点から》,汲古書院,2006 年。

766. 斎木哲郎:《歐陽修〈新五代史〉の春秋学》,《鳴門教育大学研究紀要》,第 21 巻,2006 年。

767. 斎藤茂:《陳尚君輯校〈全唐文補編〉同輯纂〈旧五代史新修会証〉》,《中国学志》,第 21 号,2006 年。

768. 芦立一郎:《〈花間集〉の語彙について》,《山形大学紀要・人文科学》,第 16 巻第 2 号,2007 年 2 月。

769. 荒木猛:《〈残唐五代史演義〉における黄巣物語について》,《文学部論集》,第 91 号,2007 年 3 月。

770. 千葉正:《頼宝による〈宗鏡録〉の受容——頼宝撰〈釈摩訶衍論勘注〉考》,《宗学研究》,第 49 号,2007 年 4 月。

771. 藤田純子:《張広達氏の論文「内藤湖南の唐宋変革論とその影響」を呼んで》,《鷹陵史学》,第 33 号,2007 年 9 月。

772. 與座良一:《宋初における行政区分としての軍の設置とその背景》,《鷹陵史学》,第 33 号,2007 年 9 月。

773. 曹家斉:《唐宋時期の中国における交通中心の南移とその影響について》,《大阪市立大学東洋史論叢》別冊特集号《文献資料学の新たな可能性》,第 3 号,2007 年 12 月。

774. 大沢正昭:《唐宋時代社会史研究の現状と課題試論》,《メトロポリタン史学》,第 3 号,2007 年 12 月。

775. 東英寿;《虚詞の使用から見た歐陽脩〈五代史記〉の文体的特色》,《中国文学論集》,第 36 号,2007 年 12 月。

776. 渡辺仁之:《後周世宗の禁軍改革》(平成 18 年度文学研究科修士論文要旨),《愛知学院大学文学部紀要》,第 37 号,2007 年。

777. 久保田和男:《五代洛陽の治安制度と都市景観》,氏著《宋代開封の研究》,汲古書院,2007 年;中譯本題《五代洛陽的治安制度與城市景觀》,收入氏著《宋代開封研究》,郭萬平譯,上海古籍出版社,2010 年。

778. 伊藤宏明:《〈新五代史〉世家訳註稿》(一),《鹿児島大学法文学部紀要・人文学科論集》,第 65 号,2007 年。

779. 伊藤宏明:《〈新五代史〉世家訳註稿》(二),《鹿児島大学法文学部紀要・人文学科論集》,第 66 号,2007 年。

780. 伊藤宏明:《唐五代民衆叛乱史関係研究文献目録》,《鹿大史学》,第 55 号,2008 年 1 月。

781. 芦立一郎:《韋莊詞の語彙について》,《山形大学人文学部研究年報》,第 5 号,2008 年 2 月。

782. 加藤国安:《宋版「宗鏡録」「中阿含経」の発見——愛媛大学附属図書館蔵鈴鹿文庫の一宝典》,《地域創成研究年報》,第 3 号,2008 年 3 月。

783. 靜永健:《新羅文人崔致遠と唐末節度使高駢の前半生》,《文学研究》,第 105 号,2008 年 3 月。

784. 劉恆武:《五代呉越国の対日"書函外交"考》,《古代文化》,第 59 巻第 4 号,2008 年 3 月;中译本题《五代时期吴越国与日本之间的"信函外交"》,《社会科学战线》,2009 年第 1 期。

785. 片倉健博:《〈残唐五代史演義伝〉の構造について——李存孝故事を中心に》,《中国語中国文化》,第 5 号,2008 年 3 月。

786. 片岡一忠:《五代・宋時代の官印制度》,《歴史人類》,第 36 号,2008 年 3 月;收入氏著《中国官印制度研究》,東方書店,2008 年 11 月。

787. 西村陽子:《唐末五代の代北における沙陀集団の内部構造と代北水運使——〈契苾通墓誌銘〉の分析を中心として》,《内陸アジア史研究》,第 23 号,2008 年 3 月;中譯本題《唐末五代代北地區沙陀集團内部構造再探討——以〈契苾通墓誌銘〉爲中心》,《文史》,2005 年第 4 輯。

788. 森部豊:《ソグド系突厥の東遷と河朔三鎮の動静:特に魏博を中心として》,《関西大学東西学術研究所紀要》,第 41 号,2008 年 4 月。

789. 小野英二:《呉越国における鄞県阿育王塔信仰の諸相》,

《奈良美術研究》,第 7 号,2008 年 6 月。

790. 宮沢知之:《五代十国時代の通貨状況》,《鷹陵史学》,第 34 号,2008 年 9 月。

791. 《北夢瑣言》訳註会:《〈北夢瑣言〉訳註(3)——巻三》,《大阪市立大学東洋史論叢》,第 16 号,2008 年 12 月。

792. 永田真一:《〈五代史記〉の"春秋之法"について》,《国学院中国学会報》,第 54 号,2008 年 12 月。

793. 陳翀:《唐末五代における〈白氏文集〉の伝承——詩僧斉己の活動を中心に》,《中国文学論集》,第 37 号,2008 年。

794. 宮沢知之:《五代十国時期的貨幣圏》,《基調與変奏:七至二十世紀的中国》,第 2 冊,2008 年。

795. 気賀沢保規:《唐・五代の福建》,《東アジアの海とシルクロードの拠点福建:沉沒船、貿易都市、陶瓷器、茶文化》,愛知県陶磁資料館,2008 年。

796. 気賀沢保規:《閩国劉華墓とその出土文物》,《東アジアの海とシルクロードの拠点福建:沉沒船、貿易都市、陶瓷器、茶文化》,愛知県陶磁資料館,2008 年。

797. 気賀沢保規:《馬坑山五代墓の出土品》,《東アジアの海とシルクロードの拠点福建:沉沒船、貿易都市、陶瓷器、茶文化》,愛知県陶磁資料館,2008 年。

798. 岩崎力:《五代のタングートについて(上):西夏建国前史の再検討(3)》,《人文研紀要》,第 64 号,2008 年。

799. 衣川賢次:《〈祖堂集〉鳥窠章音韻考証》,《白居易研究年報》,第 9 号,2008 年。

800. 見城光威:《後晋出帝政権の性格——五代政治史研究(1)》,第 9 回遼金西夏史研究会大会,京都大学文学部,2009 年 3 月 14—15 日。

801. 芦立一郎:《"詞"の言葉:〈楽章集〉と〈花間集〉》,《山形大学人文学部研究年報》,第 6 号,2009 年 3 月。

802. 朴鎔辰:《応之の〈五杉練若新学備用〉編纂とその仏教史

的意義》,《印度学仏教学研究》,第 57 巻第 2 号,2009 年 3 月。

803. 岩崎力:《五代のタングートについて(下):西夏建国前史の再検討(4)》,《中央大学アジア史研究》,第 33 号,2009 年 3 月。

804. 小川裕充:《五代・北宋絵画の透視遠近法——伝統中国絵画の規範》,《美術史論叢》,第 25 号,2009 年 3 月。

805. 衣川賢次:《〈祖堂集〉异文校証》,《禅学研究》,第 87 号,2009 年 3 月。

806. 西村陽子:《唐末〈支謨墓誌銘〉と沙陀の動向:九世紀の代北地域》,《史学雑誌》,第 118 巻第 4 号,2009 年 4 月。

807. 大沢正昭:《唐宋時代の家族について》,《史海》,第 56 号,2009 年 5 月。

808. 広瀬憲雄:《唐後半期から北宋の外交儀礼——「対」の制度と関連して》,《史学雑誌》,第 118 編第 7 号,2009 年 7 月。

809. 山崎覚士:《五代の"中国"と平王》,《宋代史研究会研究報告》第九集《"宋代中国"の相対化》,汲古書院,2009 年 7 月。

810. 衣川賢次:《柳田先生の〈祖堂集〉研究(柳田禅学について)》,《禅文化研究所紀要》,第 30 号,2009 年 7 月。

811. 王瑞來:《宋趙匡胤——五代十国を終結させ文治時代を開く,武をもって短命な五代を継いだ宋が目指したものとは》,《歴史読本》,第 54 巻第 10 号,2009 年 10 月。

812. 竹浪遠:《(伝)李成〈喬松平遠図〉について——唐代樹石画との関係を中心に》,《国華》,第 1369 号,2009 年 11 月。

813. 福永美佳:《五代史故事における女たち:脈望館鈔本「哭存孝」を中心に》,《九州大学中国文学論集》,第 38 号,2009 年 12 月。

814. 滝朝子:《呉越国における貢磁としての越窯秘色瓷の役割》,《大和文華》,第 120 号,2009 年 9 月。

815. 森部豊:《唐末・五代・宋初の華北東部地域における吐谷渾とソグド系突厥》,《遼金西夏研究の現在》,第 2 号,2009 年。

816. 山寺三知:《五代王処直墓の"散楽浮彫"について》,《国

学院短期大学紀要》,第 26 号,2009 年。

817. 王沁:《晚唐五代期の吃茶と坐禅——詩僧貫休の詠茶詩を中心に》,《福岡教育大学国語科研究論集》,第 51 号,2010 年 2 月。

818. 傍島史奈:《査明昊著〈転型中的唐五代詩僧群体〉・王秀林著〈晚唐五代詩僧群体研究〉》,《未名》,第 28 号,2010 年 3 月。

819. 荒見泰史:《舜子変文類写本の書き換え状況から見た五代講唱文学の展開》,《アジア社会文化研究》,第 11 号,2010 年 3 月。

820. 山根直生:《程敏政の祖先史再編と明代の黄墩(篁墩)移住伝説》,《東洋史研究》,第 68 巻第 4 号,2010 年 3 月。

821. 衣川賢次:《泉州千仏新著諸祖師頌と〈祖堂集〉》,《禅学研究》,第 88 号,2010 年 3 月。

822. 衣川賢次:《〈祖堂集〉异文別字校証——〈祖堂集〉中の音韻資料》,《東洋文化研究所紀要》,第 157 号,2010 年 3 月。

823. 藤野月子:《五代十国北宋における和蕃公主の降嫁について》,《九州大学東洋史論集》,第 38 号,2010 年 4 月。

824. 西村陽子:《九～一 世紀の沙陀突厥の活動と唐王朝》,《歴史評論》,第 720 号,2010 年 4 月。

825. 高柳さつき:《達磨宗(能忍)から聖一派(円爾)に至る〈宗鏡録〉の一心思想の系譜》,《東アジア仏教研究》,第 8 号,2010 年 5 月。

826. 滝朝子:《十世紀の鏡の一様相——中国・呉越国の線刻鏡について》,《東アジアをめぐる金属工芸——中世・国際交流の新視点》,勉誠出版,2010 年 7 月。

827. 三笠景子:《唐宋時代の越窯と金銀器——線刻装飾を施した呉越国"秘色窯"の青磁》,《東アジアをめぐる金属工芸——中世・国際交流の新視点》,勉誠出版,2010 年 7 月。

828. 《北夢瑣言》訳註会:《〈北夢瑣言〉訳註稿——巻三(2)》,《大阪市立大学東洋史論叢》,第 17 号,2010 年 12 月。

829. 甲斐勝二、東英寿:《王運熙・楊明〈隋唐五代文学批評史〉第三編〈晚唐五代の文学批評・緒論〉訳注(上)》,《福岡大学人文論叢》,第 42 卷第 3 号,2010 年 12 月。

830. 坂内千里:《"書伝"考——南唐徐鍇の用法をめぐって》,《言語文化研究》,第 36 号,2010 年。

831. 崔応天:《中国阿育王塔舎利器の受容——東国大博物館所蔵の石造阿育王塔を中心に》,《東アジアをめぐる金属工芸——中世・国際交流の新視点》,勉誠出版,2010 年。

832. 服部敦子:《銭弘俶八萬四千塔をめぐる現状と課題》,《东アジアをめぐる金属工芸——中世・国際交流の新視点》,勉誠出版,2010 年。

833. 千葉正:《〈宗鏡録〉における雑密経典の受容》,《曹洞宗総合研究センター学術大会紀要》,第 11 号,2010 年。

834. 山崎覚士:《五代十国史研究》,《日本宋史研究の現状と課題——1980 年代以降を中心に》,汲古書院,2010 年。

835. 中尾健一郎:《唐末動乱期の洛陽と韋荘》,《日本文学研究》,第 46 号,2011 年 1 月。

836. 大沢正昭:《唐・五代の"影庇"問題とその周辺》,《唐宋変革研究通訊》,第 2 号,2011 年 3 月。

837. 宮沢知之:《唐宋変革と流通経済》,仏教大学《歴史学部論集》,創刊号,2011 年 3 月。

838. 佐藤成順:《五代末宋初の淨土教:台州・杭州・明州に再燃した淨土教》,《三康文化研究所年報》,第 42 号,2011 年 3 月。

839. 甲斐勝二、東英寿:《王運熙・楊明〈隋唐五代文学批評史〉第三編〈晚唐五代の文学批評・緒論〉訳注(下)》,《福岡大学人文論叢》,第 43 卷第 1 号,2011 年 6 月。

840. 山根直生:《書評　山崎覚士著〈中国五代国家論〉》,《古代文化》,第 63 卷第 1 号,2011 年 6 月。

841. 毛利英介:《書評:山崎覚士著〈中国五代国家論〉》,《東洋史研究》,第 70 卷第 3 号,2011 年 12 月。

842. 坂内千里:《"俗"考——南唐徐鍇の用法をめぐって》,《言語文化研究》,第 37 号,2011 年。

843. 服部敦子:《阿育王塔の造立に関する一考察——仏教図像の検討を中心に》,《吳越勝覽國際學術研討會論文集》,中國書店,2011 年;中譯本題《有關阿育王塔建造之考察——以佛教圖像研究爲中心》,收入同書。

844. 古瀬珠水:《金沢文庫蔵〈見性成仏論〉における〈宗鏡録〉の引用の意味》,《印度学仏教学研究》,第 60 卷第 1 号,2011 年。

845. 久保智康:《日宋の淨土教における〈鏡〉という装置》,《吳越勝覽國際學術研討會論文集》,中國書店,2011 年;中譯本題《日宋淨土教中關於鏡的裝置》,收入同書。

846. 滝朝子:《日本僧奝然請來の釈迦如來像の呉越仏教における意義について》,《吳越勝覽國際學術研討會論文集》,中國書店,2011 年;中譯本題《日本僧人奝然請來的釋迦如來像在吳越佛教上的意義》,收入同書。

847. 橋村愛子:《呉越国の仏塔に納められた法華経と日本》,《吳越勝覽國際學術研討會論文集》,中國書店,2011 年;中譯本題《收藏於吳越國佛塔裏的〈法華經〉與日本》,收入同書。

848. 山崎覚士:《呉越国対外政策の幾つかの問題》,《吳越勝覽國際學術研討會論文集》,中國書店,2011 年;中譯本題《吳越國對外政策的若干問題》,收入同書。

849. 伊藤宏明:《王朝交替の局面と基層社会——唐五代期における"逃げ城"について》,《民眾反乱と中華世界》,汲古書院,2012 年 3 月。

850. 大塚紀弘:《宝篋印塔源流考:図像の伝来と受容をめぐって》,《日本仏教綜合研究》,第 10 号,2012 年 5 月。

851. 伊藤宏明:《山崎覚士著〈中国五代国家論〉》,《唐代史研究》,第 15 号,2012 年 8 月。

852. 見城光威:《後晋政治史研究——出帝即位前史》,2012 年度東北史学会,岩手大学教育学部,2012 年 10 月 6—7 日。

853. 三田村圭子:《唐末五代における宗教活動と節度使——〈広成集〉を中心として》,《東方宗教》,第 120 号,2012 年 11 月。

854. 松浦晶子:《五代から北宋雅楽の楽隊編成》,《上智史学》,第 57 号,2012 年 11 月。

855. 大兼健寛:《〈蜀檮杌〉中における張唐英の?? 史観》,《大東文化大学中国学論集》,第 30 号,2012 年 12 月。

856. 千葉正:《〈宗鏡録〉における〈首楞厳経〉解釈について》,《曹洞宗総合研究センター学術大会紀要》,第 13 号,2012 年。

857. 橋村愛子:《平家納経とその経箱:呉越国、宋、契丹の仏塔に納められた法華経と日本より》,《美学美術史研究論集》,第 26 号,2012 年。

858. 蕭婷(アンゲラ・ショッテンハンマー):《埋葬された過去:王処直の墓誌銘と列伝》,河合佐知子訳,《碑と地方志のアーカイブズを探る》,汲古書院,2012 年。

859. 山崎覚士:《五代十国史と契丹》,《アジア遊学》,第 160 号,2013 年 1 月。

860. 氏岡真士:《両部平話與〈通鑑綱目〉》,信州大学人文学部《人文科学論集・文化コミュニケーション学科編》,第 47 号,2013 年 3 月。

861. 鈴木智大:《中国唐・五代十国の現存遺構における平面計画》,《一般社團法人日本建築学会学術講演梗概集・2013》,2013 年 8 月。

862. 大沢正昭:《唐末から宋初の基層社会と在地有力者——郷土防衛・復興とその後》,《上智史学》,第 58 号,2013 年 11 月。

863. 衣川賢次:《〈祖堂集〉の基礎方言》,《東洋文化研究所紀要》,第 164 冊,2013 年 12 月。

864. 千葉正:《〈宗鏡録〉における〈観心論〉及び〈観心論疏〉引用をめぐって》,《曹洞宗総合研究センター学術大会紀要》,第 14 号,2013 年。

865. 山本孝子:《応之〈五杉練若新学備用〉巻中における「十二

月節令往還書様」「四季搊敍」の位置付け——その製作年代と利用
對象者を中心として》,《桃の会論集六集——小南一郎先生古稀紀
念論集》,京都:桃の会,2013 年。

866. 中山大輔:《中国詩詩語 "欹枕" 用法変遷論——唐・五代
詩篇》,《人文》,第 12 号,2014 年 3 月。

867. 柳幹康:《永明延寿と中国仏教》,《東アジア仏教研究》,第
12 号,2014 年 5 月。

868. 大原嘉豊:《五代宋初に至る仏画における呉道玄様式の
展開》,《仏教がつなぐアジア——王権・信仰・美術》,勉誠出版,
2014 年 6 月。

869. 大兼健寛:《前蜀政権について:"唐の名臣世族" と養子假
子を中心に》,《大東文化大学中国学論集》,第 32 号,2014 年 12 月。

870. 柳幹康:《〈宗鏡録〉と〈楞伽経〉——永明延寿が一心を宗
とする "経証"》,《印度学仏教学研究》,第 63 巻第 1 号,2014 年
12 月。

871. 衣川賢次:《感興のことば——唐末五代転型期の禅宗に
おける悟道論の探究》,《東洋文化研究所紀要》,第 166 号,2014 年
12 月。

872. 荒井礼:《王漁洋の "南唐宮詞八首" について》,《中国文
化:研究と教育》,第 72 号,2014 年。

873. 妹尾達彦:《東アジア都城時代の形成と都市網の変
遷——四～十世紀》,《アフロ・ユーラシア大陸の都市と国家》,中
央大学出版部,2014 年。

874. 千葉正:《愚中周及〈稟明抄〉考:〈宗鏡録〉受容の一考
察》,《曹洞宗総合研究センター学術大会紀要》,第 15 号,2014 年。

875. 松本保宣:《唐末五代前半期の朝儀について——入閤・起
居・常朝を中心に》,《立命館東洋史学》,第 37 号,2014 年。

876. 中田美絵:《沙陀の唐中興と五台山》,《日本古代中世の仏
教と東アジア》,関西大学出版部,2014 年。

877. 浜田耕策:《〈東文選〉と崔致遠の遺文》,《史淵》,第 152

号,2015 年 3 月。

878. 柳幹康:《永明延寿と〈宗鏡録〉(上)——唐宋変革期における中国仏教の再編》,《春秋》,第 567 号,2015 年 4 月。

879. 柳幹康:《永明延寿と〈宗鏡録〉(下)——宋代以降の受容と評価》,《春秋》,第 568 号,2015 年 5 月。

880. 《碧岩録》研究会:《永明延寿を/から考える:柳幹康〈永明延寿と〈宗鏡録〉の研究:一心による中国仏教の再編〉合評会記録》,《駒沢大学禅研究所年報》,第 27 号,2015 年 12 月。

881. 大島幸代:《退敵の毘沙門天像と土地の霊験説話:唐末五代期の毘沙門天像の位置づけをめぐって》,《仏教文明と世俗秩序:国家・社会・聖地の形成》,勉誠出版,2015 年。

882. 劉海宇:《呉越国史跡調査記》,《平泉文化研究センター年報》,第 3 号,2015 年。

883. 池沢滋子:《〈銭氏家訓〉試訳——"呉越銭氏"の現代的意義について》,《中央大学論集》,第 37 号,2016 年 3 月。

884. 河上麻由子:《五代諸王朝の對外交渉と僧侶》,《東アジアの礼・儀式と支配構造》,吉川弘文館,2016 年 3 月。

885. 山本孝子:《凶儀における"短封"の使用——唐・五代期における書簡文の変遷》,《敦煌写本研究年報》,第 10 号,2016 年 3 月。

886. 松本保宣:《五代中原王朝の朝儀における謝恩儀礼について——正衙謝と中謝》,《東洋史研究》,第 74 巻第 4 号,2016 年 3 月。

887. 西村陽子:《唐後半期華北諸藩鎮の鉄勒集團——沙陀系王朝成立の背景》,《東洋史研究》,第 74 巻第 4 号,2016 年 3 月。

888. 竹浪遠:《〈全五代詩〉にみえる絵画関連資料 1》,《京都市立芸術大学美術学部研究紀要》,第 60 号,2016 年 3 月。

889. 大兼健寛:《後蜀政権研究序説》,《東洋文化》,復刊第 113 号,2016 年 4 月。

890. 新見まどか:《唐末の盧竜節度使における"大王"号の出

現》,《関西大学東西学術研究所紀要》,第 49 輯,2016 年 4 月。

891. 柳幹康:《栄西と〈宗鏡録〉——〈興禅護国論〉における〈宗鏡録〉援用》,《印度学仏教学研究》,第 65 巻第 1 号,2016 年 12 月。

892. 新見克彦:《鎌倉時代における禅宗理解と〈宗鏡録〉の影響》,《ヒストリア》,第 259 号,2016 年 12 月。

893. 朱曉東:《呉越国の功臣寺遺跡発掘研究》,《平泉文化研究センター年報》,第 4 号,2016 年。

894. 竹浪遠:《〈全五代詩〉にみえる絵画関連資料 2》,《京都市立芸術大学美術学部研究紀要》,第 61 号,2017 年 3 月。

895. 見城光威:《(自由論題報告要旨)後晋石敬瑭政権考略:宋王朝成立過程史》,《史潮》,第 81 号,2017 年 6 月。

896. 小林直樹:《無住と三学:律学から〈宗鏡録〉に及ぶ》,《説話文学研究》,第 52 号,2017 年 9 月。

897. 石井正敏:《十世紀の国際変動と日宋貿易》,《石井正敏著作集》第三巻《高麗・宋元と日本》,勉誠出版,2017 年 10 月。

898. 鍾東:《依詩読史:広州光孝寺題詠述論》,《中国文学論集》,第 46 号,2017 年 12 月。

899. 柳幹康:《夢窓疎石と〈宗鏡録〉》,《東アジア仏教学術論集》,第 6 号,2018 年 3 月。

900. 伊藤茂樹:《南都淨土教と永明延寿》,《印度学仏教学研究》,第 66 巻第 2 号,2018 年 3 月。

901. 竹浪遠:《廬山と江南山水画——董源・巨然山水画風の成立をめぐって》,《京都市立芸術大学美術学部研究紀要》,第 62 号,2018 年 3 月。

902. 山本孝子:《〈五杉練若新学備用〉巻中〈論書題高下〉小考——試釈と内容・表現に関する初歩的考察》,《関西大学東西学術研究所紀要》,第 51 巻,2018 年 4 月。

903. 黎毓馨:《五代・北宋時代初期にあたる呉越国時期の仏舎利容器について》,《大和文華》,第 133 号,2018 年 6 月。

904. 滝朝子:《東アジアにおける呉越国の文化》,《大和文華》,第 133 号,2018 年 6 月。

905. 王牧:《金華萬仏塔出土の仏像》,《大和文華》,第 133 号,2018 年 6 月。

906. 朱曉東:《臨安市文物館が所蔵する呉越国銭氏王族の文物研究》,《大和文華》,第 133 号,2018 年 6 月。

907. 速水大:《開封繁塔供養人題記與宋初的江南歸順》(中譯),《佛教史研究》,第 2 卷,新文豐出版公司,2018 年 8 月。

908. 柳幹康:《白隠慧鶴と〈宗鏡録〉》,《印度学仏教学研究》,第 67 卷第 1 号,2018 年。

909. 久保田和男:《「五代十國」と南郊儀禮——中原國家と南方列國における郊祀》,《東方學》,第 137 輯,2019 年 1 月。

910. 柳幹康:《仏教の多様性と『宗鏡録』》(上),《大法輪》,第 86 卷第 2 號,2019 年 2 月。

911. 柳幹康:《仏教の多様性と『宗鏡録』》(下),《大法輪》,第 86 卷第 3 號,2019 年 3 月。

912. 島居一康:《五代節度使の權力構造——唐宋時代の軍制と行政》,《唐宋變革研究通訊》,第 10 輯,2019 年 3 月。

913. 與座良一:《五代の募兵制に關する一試論》,《唐宋變革研究通訊》,第 10 輯,2019 年 3 月。

914. 稲本泰生:《ボードガヤー出土の10—11 世紀漢文石刻資料と訪天僧の奉獻品》,《東方學報》(京都),第 94 冊,2019 年 12 月。

三、英文部分

凡　例 Notes

1) Under each category entries are listed according to publication date, from earliest to most recent.

2) Works on the Five Dynasties in a specific field are put under relevant sub-categories in Part Ⅱ, "Studies on the Five Dynasties"; considering the scarcity of scholarship in Western languages on the Ten Kingdoms, all works in different fields on each of the Ten Kingdoms are listed under the category for that regime, under which no sub-categories are given.

3) Some works may be cross listed in different sections if they fit different categories.

4) For general comments and suggestions, or if you have new titles to be added, contact Hongjie Wang at HongjieWang@ georgiasouthern. edu

1. 晚唐研究 General Studies on Late Tang

1. Twitchett, Denis C. "Provincial Autonomy and Central Finance in Late T'ang." *Asia Major*, 11, No. 2 (1965): 211 – 232.

2. Miyakawa Hisayuki. "Legate Kao P'ien and a Taoist Magician Lü Yung-chih in the Time of Huang Ch'ao's Rebellion." *Acta Asiatica*, 27 (1974): 75 – 99.

3. Somers, Robert M. "The End of the T'ang." In *The Cambridge History of China*, Vol. 3: *Sui and T'ang China*, 589 – 906, part 1, edited by Denis Twitchett, 682 – 789. Cambridge: Cambridge University Press, 1979.

4. Twitchett, Denis. "Varied Patterns of Provincial Autonomy in the T'ang Dynasty." In *Essays on T'ang Society: the Interplay of Social, Political and Economic Forces*, edited by John Curtis Perry and Bardwell L. Smith, 90 – 109. Leiden: E. J. Brill, 1976.

5. Fong, Adam. "Ending an era: The Huang Chao Rebellion of the late Tang, 874 – 884." East-West Center working papers, No. 26. Honolulu, HI: East-West Center, 2006. https://scholarspace. manoa. hawaii. edu/handle/10125/3281

6. Graff, David A. "Provincial Autonomy and Frontier Defense in Late Tang: The Case of the Lulong Army." In *Battlefronts Real and Imagined: War, Border, and Identity in the Chinese Middle Period*, edited by Don J. Wyatt, 43 – 58. New York: Palgrave MacMillan, 2008.

7. Tackett, Nicolas. "Great Clansmen, Bureaucrats, and Local Magnates: The Structure and Circulation of the Elite in Late-Tang China." *Asia Major*, 3rd ser. 21. 2 (2008): 101 – 152.

8. Fong, Adam. "Flourishing on the Frontier: Trade and Urbaniza-

tion in Tang Dynasty Guangzhou, 618 – 907 C. E. " PhD diss. , University of Hawaii at Mānoa, 2009.

9. Berezkin, Rostislav. "The Transformation of Historical Material in Religious Storytelling: The Story of Huang Chao (d. 884) in the Baojuan of Mulian Rescuing his Mother in Three Rebirths. " *Late Imperial China*, 34, No. 2 (December 2013) : 83 – 133.

2. 五代研究 Studies on the Five Dynasties

2 - 1 五代通論 General Studies

1. Ch. Piton. "A Page in the History of China, a Sketch of the Period Commonly Called the 'Five Dynasties'," *China Review*, Vol. 10, 1881 - 1882:240 - 259.

2. Liu, James T. C. "The Neo-Traditional Period (ca. 800 - 1900) in Chinese History: A Note in Memory of the Late Professor Lei Hai-Tsung."*Journal of Asian Studies*, 24, No. 1 (1964):105 - 7.

3. Eberhard, Wolfram. *Conquerors and Rulers: Social Forces in Medieval China*. Second, revised edn. Leiden: E. J. Brill, 1970.

4. Mote, Frederick M. *Imperial China*, 900 - 1800. Cambridge: Harvard University Press, 1999.

5. Yamazaki Satoshi. "Topics and Results of the Studies of the Five Dynasties and Ten Kingdoms Period during the Past 25 Years," in "Bibliography of Song History Studies in Japan (2005). " *Journal of Song-Yuan Studies*, 36 (2006): 145 - 167.

6. Standen, Naomi. "The Five Dynasties. " In *The Cambridge History of China*, *Vol.* 5: *The Sung Dynasty and Its Precursors*, 907 - 1279, part Ⅰ, edited by Denis Twitchett and Paul Jakov Smith, 38 - 132. Cambridge: Cambridge University Press, 2009.

7. Lorge, Peter, ed. *Perspectives on the Five Dynasties and Ten Kingdoms*. Hong Kong: Chinese University of Hong Kong Press, 2011.

8. Dudbridge, Glen. *A Portrait of Five Dynasties China: from the memoirs of Wang Renyu* (880 - 956). Oxford: Oxford University Press, 2013.

9. Tackett, Nicolas. "A Tang-Song Turning Point," in *A Companion to Chinese History*, edited by Michael Szonyi, Wiley-Blackwell, 2016, pp. 118－128.

2－2　五代政治與軍事 Politics, Military and Law

1. Eberhard, Wolfram. "The Composition of the Leading Political Group during the Five Dynasties." *Asiatische Studien*, 1, No. 2 (1947): 19－28.

2. Yang Lien-sheng. "A 'Posthumous Letter' from the Chin Emperor to the Khitan Emperor in 942." *Harvard Journal of Asiatic Studies*, 10 (1947): 418－428.

3. Eberhard, wolfram. "Some Sociological Remarks on the System of Provincial Administration during the Period of the Five Dynasties." *Studia Serica*, No. 7 (1948): 1－18.

4. Eberhard, Wolfram. "Remarks on the Bureaucracy in North China during the Tenth Century." *Oriens*, No. 4 (1951): 280－299.

5. Wang Gungwu. "Feng Tao: An Essay on Confucian Loyalty." In *Confucian Personalities*, edited by Arthur F. Wright and Denis Twitchett, 123－45. Stanford: Stanford University Press, 1962. (Reprinted in Wang Gungwu, *The Chineseness of China: Selected Essays*, 41－63. Hong Kong: Oxford University Press, 1991.

6. Wang Gungwu. *The Structure of Power in North China during the Five Dynasties*. Kuala Lumpur: University of Malaya Press, 1963; Reprint, Stanford: Stanford University Press, 1967.

7. Peers, Chris J. *Imperial Chinese Armies*, 590－1260 *AD*. Oxford: Osprey Publishing, Limited, 1996.

8. Davis, Richard L. "Martial Men and Military Might in the Historical Writings of Ouyang Xiu." In *Kim Hua Paksa Cengnyen Kinyem Sahak Nonchong* 金燁博士停年紀念, series 21, 753－784. Chungbuk, Korea: Chungbuk Historical Society, 1998.

9. Hon, Tze-Ki. "Military Governance versus Civil Governance: A Comparison of the Old History and the New History of the Five Dynasties." In *Imagining Boundaries: Changing Confucian Doctrines, Texts, and Hermeneutics*, edited by Kai-wing Chow, On-cho Ng and John B Henderson, 85－105. Albany: State University of New York Press, 1999.

10. Davis, Richard L. "The Heroism of Chou Shih－tsung in the Eleventh Century: Perspectives from the Historical Records of the Five Dynasties." In *Song Xuxuan jiaoshou bazhi songqing lunwenji* 宋旭軒教授八秩嵩慶論文集, 1134－48. Taibei: Huatai gongsi, 2000.

11. Fang Cheng-hua. "Power Structures and Cultural identities in imperial China: Civil and Military Power from Late Tang to Early Song Dynasties (A. D. 875－1063)." Ph. D. diss., Brown University, 2001.

12. Graff, David A. *Medieval Chinese Warfare*, 300－900. London and New York: Routledge, 2002.

13. Fang Cheng-hua. "The Price of the Orthodoxy: Issues of Legitimacy in the Later Liang and Later Tang." *Taida lishi xuebao* 臺大歷史學報, 35 (June 2005): 55－84.

14. Lorge, Peter. War, *Politics and Society in Early Modern China*, 900－1795. London and New York: Routledge, 2005.

15. Wang Gungwu. *Building Central Power in China: Foundation for Reunification* (883－947 B. C.). Singapore: Marshall Cavendish International, 2006. (Revised edition of The Structure of Power in North China During the Five Dynasties, 1967)

16. Wang Gungwu. *Divided China: Preparing for Reunification*, 883－947. New Jersey: World Scientific Pub Co Inc, 2007. (Revised edition of *The Structure of Power in North China During the Five Dynasties*, 1967).

17. Fang Cheng-hua. *Power Structures and Cultural Identities in Imperial China: Civil and Military Power from Late Tang to Early Song Dynasties* (A. D. 875－1063). Saarbrücken: VDM Verlag Dr. Müller,

2009.

18. Dudbridge, Glen. "The rhetoric of loyalty and disloyalty in Five Dynasties China." *Journal of Chinese Studies Special Issue: Institute of Chinese Studies Visiting Professor Lecture Series* (II), 155 – 179. Hong Kong: Chinese University Press, 2009.

19. McKnight, Brian. "Chinese Laws and Legal Systems: Five Dynasties and Sung." In *The Cambridge History of China*, *Vol. 5: The Sung Dynasty and Its Precursors*, 907 – 1279, part 2, edited by Denis Twitchett and John W. Chaffee, 250 – 285. Cambridge: Cambridge University Press, 2015.

20. Barenghi, Maddalena. "Ancestral Sites and Lineages of the Later Tang (923 – 936) and the Later Jin (936 – 947) Dynasties according to the Song Sources." *Journal of Asian History*, 51, No. 1 (2017): 1 – 25.

21. Wang Hongjie. "Among Tigers and Wolves: Violence and Cruelty in the Five Dynasties." In *Behaving Badly in Early and Medieval China*, ed. N. Harry Rothschild and Leslie V. Wallace, 189 – 207. Hawaii: University of Hawaii Press, 2017.

2 – 3　五代文學 Literature

1. Chang, Kang-I Sun. *The Evolution of Chinese Tz'u Poetry: From Late Tang to Northern Sung*. Princeton: Princeton University Press, 1980.

2. Mair, Victor H. *Tunhuang Popular Narratives*. New York: Cambridge University Press, 1984.

3. Shields, Anna M. "Gathering the ' Flowers ' of Poetry and Song: An Analysis of Three Anthologies from the Late Tang and Shu." *T'ang Studies*, 15 – 16 (1997 – 8): 1 – 39.

4. Shields, Anna M. *Crafting a Collection: The Cultural Contexts and Poetic Practice of the Huajian ji (Collection from Among the Flowers)*. Cambridge: Harvard University Press, 2006.

5. Wong, Kwok-yiu. "Between Politics and Metaphysics: On the Changing Reception of Wang Tong in the Tang-Song Intellectual Transitions." *Monumenta Serica*, 55 (2007): 61 - 97.

6. Ong, Chang Woei. *Men of Letters within the Passes: Guanzhong Literati in Chinese History*, 907 - 1911. Cambridge, MA and London: Harvard University Asia Center, 2009.

7. Halperin, Mark. "Heroes, Rogues, and Religion in a Tenth-Century Chinese Miscellany." *Journal of the American Oriental Society*, 129, No. 3 (2009): 413 - 430.

8. Shields, Anna M. "Alternate Views of Literary History: A Study of the Yuanhe Reign Period in Tang and Five Dynasties Anecdotal Texts." In *Idle Talk: Anecdote and Gossip in Traditional China*, ed. Jack Chen and David Schaberg, 107 - 131. Berkeley: University of California Press, 2014.

2-4　五代藝術與考古 Art and Archeology

1. Shio Sakanishi, trans. *The Spirit of the Brush*, *Being the Outlook of Chinese Painters on Nature from Eastern Chin to Five Dynasties A. D. 317 - 960*. London: John Murray, 1939.

2. Keim, Jean A. *Chinese Art: The Five Dynasties and Northern Sung*. London: Methuen, 1962.

3. Hay, John. "Along the River during Winter's First Snow: A Tenth Century Handscroll and Early Chinese Narrative." *The Burlington Magazine*, 114 (1972): 294 - 303.

4. Cahill, James. "Some Aspects of Tenth Century Painting as seen in Three Recently Published Works." In *Proceedings of the International Conference on Sinology* "中央研究院"國際漢學會議論文集, 1 - 36. Taipei, Academia Sinica, 1982.

5. Ning Qiang. "Diplomatic Icons: Social and Political Meanings of Khotanese Images in Dunhuang Cave 220." *Oriental Art*, 44, 2 (Winter

1998）: 2 - 15.

6. Qi Gong. "On Paintings Attributed to Dong Yüan." In *Issues of Authenticity in Chinese Painting*, edited by Judith E. Smith and Wen C. Fong, 85 - 92. New York: The Metropolitan Museum of Art, 1999.

7. Whitfield, Roderick, Susan Whitfield, and Neville Agnew. *Cave Temples of Mogao: Art and History on the Silk Road*. Los Angeles: Getty Publications, 2001.

8. Schottenhammer, Angela. "Das Grab des Wang Chuzhi (863 - 923)" (The tomb of Wang Chuzhi). In *Auf den Spuren des Jenseits. Chinesische Grabkultur in den Facetten von Wirklichkeit, Geschichte und Totenkult*, edited by Angela Schottenhammer, 61 - 117. Frankfurt am Main: Peter Lang, 2003.

9. Fraser, Sarah. *Performing the Visual: The Practice of Buddhist Wall Painting in China and Central Asia*, 618 - 960. Stanford University Press, 2004.

10. Schottenhammer, Angela. "A Buried Past: The Tomb Inscription (muzhiming) and Official Biographies of Wang Chuzhi 王處直 (863 - 923). " *Journal of the Economic and Social History of the Orient*, 52, No. 1 (2009): 15 - 56.

11. *Kidanskii gorod Chintolgoi-balgas* [The Khitan City of Chintolgoi-balgas]. Pod. red. N. N. Kradin. Moskva: Izdatel'skaia firma "Vostochnaia literatura" RAN, 2011.

12. Hay, Jonathan. "Tenth-century Painting before Taizong's Reign: A Macrohistorical View." In *10th-Century China and Beyond: Art and Visual Culture in a Multi-centered Age*, ed. Wu Hung, 285 - 318. Chicago: The Center for the Art of East Asia, Chicago University, 2012.

2 - 5　五代宗教與哲學 Religion and Philosophy

1. Welter, Albert. *The Meaning of Myriad Good Deeds: A Study of Yung-ming Yen-shou and the Wan-shan t'ung-kuei chi*. New York: Peter

Lang Publishing, 1993.

  2. Verellen, Franciscus. "A Forgotten T'ang Restoration: The Taoist Dispensation after Huang Ch'ao." *Asia Major*, 3rd series 7, No. 1 (1994): 107 – 153.

  3. Teiser, Stephen F. *Scripture on the Ten Kings and the Making of Purgatory in Medieval Chinese Buddhism*. Hawaii: University of Hawaii Press, 1994.

  4. Didier, John C. *Way Transformation: Universal Unity in Warring States through Sung China. The "Book of Transformation" ("Hua Shu") and the Renewal of Metaphysics in the Tenth Century*. Ph. D. dissertation, Princeton University, 1998.

  5. Brose, Benjamin. "Crossing thousands of Li of waves: The Return of China's Lost Tiantai Texts." *Journal of the International Association of Buddhist Studies*, 29, No. 1 (2008): 21 – 42.

  6. Brose, Benjamin. "Buddhist Empires: Saṃgha-State Relations in Tenth-Century China." PhD diss. , Stanford University, 2009.

  7. Halperin, Mark. "Heroes, Rogues, and Religion in a Tenth-Century Chinese Miscellany." *Journal of the American Oriental Society*, 129, No. 3 (July-September 2009): 413 – 430.

  8. Shi Zhiru. "From Bodily Relic to Dharma Relic Stūpa: Chinese Materialization of the Aśoka Legend in the Wuyue Period." In *India in the Chinese Imagination: Myth, Religion, and Thought*, ed. John Kieschnick and Meir Shahar, 83 – 109. Philadelphia: University of Pennsylvania Press, 2013.

  9. Brose, Benjamin. "Credulous Kings and Immoral Monks: Critiques of Buddhists during the Five Dynasties and Ten Kingdoms," *Asia Major*, 27. 1 (2014): 73 – 98.

  10. Brose, Benjamin. "Disorienting Medicine: Fayan Wenyi's Ten Admonishments for the Lineage." *Journal of Chinese Buddhist Studies*, No. 28 (2015): 153 – 188.

11. Brose, Benjamin. *Patrons and Patriarchs: Regional Rulers and Chan Monks during the Five Dynasties and Ten Kingdoms*. University of Hawaii Press, 2015.

2-6 五代經濟與社會 Economy and Society

1. Hartwell, Robert M. "Demographic, Political and Social Transformation of China, 750 - 1550." *Harvard Journal of Asiatic Studies*, 42 (1982): 365 - 442.

2. Liu, James T. C. "Polo and Cultural Change: From T'ang to Sung China." *Harvard Journal of Asiatic Studies*, 45, No. 1 (1985): 203 - 224.

3. Davis, Richard L. "Chaste and Filial Women in the Historical Writings of Ouyang Xiu." *Journal of the American Oriental Society*, 121, no2 (April-June 2001): 204 - 218.

4. So, Billy K. L. "Space and Institutions in History: A Case from Maritime China, 10th to 14th Centuries." *Études chinoises*, 21, No. 1 - 2 (2002): 149 - 183.

5. Twitchett, Denis, and Janice Stargardt. "Chinese Silver Bullion in a Tenth-Century Indonesian Wreck." *Asia Major*, 3rd ser., XV: 1 (2002): 23 - 72.

6. Clark, Hugh. "Reinventing the Geneology: Innovation in Kinship Practice in the 10th - 11th Centuries." In *The New and the Multiple: Sung Senses of the Past*, edited by Thomas H. C. Lee, 237 - 286. Hong Kong: Chinese University Press, 2004.

7. Tackett, Nicolas. "The Transformation of Medieval Chinese Elites." PhD diss., Columbia University, 2006.

8. Wong, Kwok-Yiu, "The White Horse Massacre and Changing Literati Culture in Late-Tang and Five Dynasties China." *Asia Major*, 23, part 2 (2010): 32 - 75.

9. Han, Christina. "Cremation and Body Burning in Five Dynasties

China. " *Journal of Chinese Studies*, 55 (July 2012) : 1 – 21.

10. Li Man. "Tea, Fierce-Fire Oil and Maps: Northeastern China during the Tang – Song Transition. " *Crossroads*, 11 (April 2015) : 31 – 45.

2 – 7　五代史學 Historiography

1. Wang Gungwu. "The Chiu Wu-tai Shih and history-writing during the Five Dynasties. " *Asia Major*, 6, No. 1 (1957) : 1 – 22 (Reprinted in Wang Gungwu, The Chineseness of China, 22 – 40)

2. Yang Lien-sheng. "The Organisation of Chinese Official Historiography: Principles and Methods of the Standard Histories from the Tang through the Ming Dynasty. " In *Historians of China and Japan*, edited by W. G. Beasley and E. G. Pulleyblank, 44 – 59. London: Oxford University Press, 1961.

3. Wang Gungwu. "Some Comments on the Later Standard Histories. " In *Essays on the Sources for Chinese History*, edited by Donald D. Leslie, Collin Mackenas and Wang Gungwu, 11 – 21. Columbia: University of South Carolina Press, 1973.

4. Hartwell, Robert M. "A Guide to Documentary Sources of Middle Period Chinese History: Documentary Forms Contained in the Collected Papers (wen-chi) of Twenty-One T'ang and Song Writers. " *Bulletin of Sung-Yuan Studies*, 18 (1986) : 133 – 182.

5. Davis, Richard L. "Historical Critic or Cultural Mediator: Ouyang Xiu on Legitimate Rule. " In *Qingzhu Deng Guangming jiaoshou jiushi huadan lunwenji* 慶祝鄧廣銘教授九十華誕論文集, edited by Tian Yuqing 田余慶, 426 – 448. Shijiazhuang: Hebei jiaoyu chubanshe, 1997.

6. Davis, Richard L. "Images of the South in Ouyang Xiu's Historical Records of the Five Dynasties. " In *Shixue yu wenxian* 史學與文獻, edited by Dongwu daxue lishixi 東吳大學歷史係, Vol. 2, 97 – 157.

Taibei: Xuesheng shuju, 1998.

7. Davis, Richard L. "Martial Men and Military Might in the Historical Writing of Ouyang Xiu." In "Kim Hua Paksa Cengnyen Kinyem Sahak Nonchong" 金燁博士停年紀念, edited by Kyŏngbuk sahakhoe 慶北史學會. Special issue, *Kyŏngbuk sahak* 慶北史學, 21 (Aug. , 1998): 753 – 784.

8. Lee, John. "Recent Studies in English on the Tang-Song Transition: Issues and Trends." *Guoji Zhongguo xue yanjiu* 國際中國學研究, Vol. 2. , 365 – 383. Seoul: 韓國中國學會, 1999.

9. Davis, Richard L. "Chaste and Filial women in the Historical Writings of Ouyang Xiu." *Journal of the American Oriental Society*, 121, no2 (April – June 2001): 204 – 218.

10. So, Billy K. L. "Negotiating Chinese Identity in Five Dynasties Narratives: From the Old History to the New History [Jiu Wudai shi by Xue Juzheng and Xin Wudai shi by Ouyang Xiu]." In *Power and Identity in the Chinese World Order: Festschrift in honour of Professor Wang Gungwu*, edited by Billy L. K. So et al. , 223 – 238. Hong Kong: Hong Kong University Press, 2003.

11. Reed, Carrie E. *A Tang Miscellany: An Introduction of Youyang zazu*. New York: Peter Lang Publishing, Inc. 2003.

12. Kurz, Johannes L. "A Survey of the Historical Sources for the Five Dynasties and Ten States in Song Times." *Journal of Sung-Yuan Studies* 33 (2003): 187 – 224.

13. Davis, Richard L. trans. *Historical Records of the Five Dynasties*. New York: Columbia University Press, 2004.

14. Wong, Kwok-yiu. "Between Politics and Metaphysics: On the Changing Reception of Wang Tong in the Tang-Song Intellectual Transitions." *Monumenta Serica*, 55 (2007): 61 – 97.

15. Kurz, Johannes L. "Biographical Writing in Tenth Century China." In *Biographie als Weltliteratur* (Biography as World Litera-

ture), edited by Susanne Enderwitz and Wolfgang Schamoni. 135 – 151. Heidelberg, Mattes, 2009.

16. Dudbridge, Glen. "Towards a Genetics of the Shuo fu Blocks: A Study of Bodheian Sinica 933 and 939. " in *Books, Tales and Vernacular culture: selected papers on China*, 75 – 95. Brill Academic Publisher, 2005.

17. Woolley, Nathan. "From Restoration to Unification: Legitimacy and loyalty in the writings of Xu Xuan (917 – 992). " *Bulletin of the School of Oriental and African Studies*, 77. 3 (2014): 547 – 567.

18. Barenghi, Maddalena. "Historiography and Narratives of the Later Tang (923 – 936) and Later Jin (936 – 947) Dynasties in Tenth-to Eleventh-century Sources. " PhD diss. , LMU Munich, 2014.

3. 十國研究 Studies on the Ten Kingdoms

1. Clark, Hugh R. "Rural Tax Stations of the Late T'ang and Ten Kingdoms." *Asia Major* 5, part 1 (1992): 57－83.

2. Clark, Hugh R. "The Southern Kingdoms between the T'ang and the Sung, 907－979." In *The Cambridge History of China*, Vol. 5: *The Sung Dynasty and Its Precursors*, 907－1279, part Ⅰ, edited by Denis Twitchett and Paul Jakov Smith, 133－205. Cambridge: Cambridge University Press, 2009.

3. Clark, Hugh R. "Scoundrels, Rogues, and Refugees: The Founders of the Ten Kingdoms in the Late Ninth Century." In *Perspectives on the Five Dynasties and Ten Kingdoms*, edited by Peter Lorge, 47－77. Hong Kong: Chinese University of Hong Kong Press, 2011.

3－1 南唐 Southern Tang

1. Krompart, Robert. "The Southern Restoration of T'ang: Counsel, Policy, and Parahistory in the Stabilization of the Chiang-Huai Region, 887－945." PhD diss., University of California at Berkeley, 1973.

2. Bryant, Daniel. *Lyric Poets of the Southern T'ang: Feng Yen-ssu*, 903－960, *and Li Yü*, 937－978. Vancouver: University of British Columbia Press, 1982.

3. Kurz, Johannes L. "Sources for the History of the Southern Tang (937－975)." *Journal of Sung-Yuan Studies*, 24 (1994): 217－235.

4. Kurz, Johannes L. "Die 'Clique' in der Song-Geschichtsschreibung über die Südliche Tang" (The 'Faction' in Song Historical Writings on the Southern Tang), Ph. D. diss, Heidelberg, 1995.

5. Kurz, Johannes L. "The Yangzi in the Negotiations between the

Southern Tang and its Northern Neighbours (Mid-Tenth Century). " In *China and Her Neighbours*: *Borders*, *Visions of the Other*, *Foreign Policy 10th to 19th Century*, edited by Sabine Dabringhaus and Roderich Ptak, 29 – 48. Wiesbaden: Harrassowitz, 1997.

6. Kurz, Johannes L. "The Invention of a 'Faction' in Song historical writings on the Southern Tang. " *Journal of Sung-Yuan Studies* 28 (1998): 1 – 35.

7. Kurz, Johannes L. *China's Southern Tang Dynasty*, 937 – 976. London: Routledge, 2011.

8. Kurz, Johannes L. "Han Xizai (902 – 970): An Eccentric Life in Exciting Times?" In *Perspective on the Five Dynasties and Ten States*, edited by Peter Lorge, 79 – 99. Hong Kong, The Chinese University of Hong Kong Press, 2009.

9. Woolley, Nathan. "Religion and Politics in the Writings of Xu Xuan (917 – 92) " PhD diss. Australian National University, 2011.

10. Woolley, Nathan. "From Restoration to Unification: Legitimacy and loyalty in the writings of Xu Xuan (917 – 992). " *Bulletin of the School of Oriental and African Studies*, 77. 3 (2014): 547 – 567.

11. Lorge, Peter. "Fighting against Empire: Resistance to the Later Zhou and Song Conquest of China. " In *Debating War in Chinese History*, edited by Peter Lorge, 111 – 132. Leiden: Brill, 2013.

12. Kurz, Johannes L. "On the Southern Tang Imperial Genealogy. " *Journal of the American Oreintal Society*, 134, 4 (2014): 601 – 620.

13. Kurz, Johannes L. "The Rebellion of Zhang Yuxian (942 – 943). " *Bulletin of the School of Oriental and African Studies*, 77, No. 3 (2014): 523 – 545.

14. Kurz, Johannes L. "On the Unification Plans of the Southern Tang Dynasty. " *Journal of Asian History*, 50, 1 (2016): 23 – 45.

3 - 2 前蜀 Former Shu

1. Feng Hanji. "Discovery and Excavation of the Yung Ling. " *Archives of the Chinese Art Society of America*, 2 (1947): 11 - 20.

2. Cheng Te-k'un. "The Royal Tomb of Wang Chien. " *Sinologica*, 2 (1949): 1-11.

3. Tietze, Klaus-Peter. *Ssuch'uan vom 7. bis 10. Jahrhundert*: *Untersuchunsischen Provincz*. Munchener Ostasiatische Studien, Bd. 23. Wiesbaden: Franz Steiner Verlag GmbH, 1980.

4. Yates, Robin D. S. *Washing Silk*: *The Life and Selected Poetry of Wei Chuang*. Cambridge: Council on East Asian Studies, Harvard University Press, 1988.

5. Verellen, Franciscus. "Liturgy and Sovereignty: The Role of Taoist Ritual in the Foundation of the Shu Kingdom (907 - 925). " *Asia Major*, 3rd series 2, No. 1 (1989): 59 - 78.

6. Verellen, Franciscus. *Du Guangting (850 - 933)*: *taoïste de cour à la fin de la Chine médiévale*. Paris: Collège de France, Institut des hautes écoles [i. e. études] chinoises: En vente, De Boccard, 1989.

7. Verellen, Franciscus. "A Forgotten T'ang Restoration: The Taoist Dispensation after Huang Ch'ao. " *Asia Major*, 3rd series 7, No. 1 (1994): 107 - 153.

8. Verellen, Franciscus. "Shu as Hallowed Land: Du Guangting's Record of Marvels. " *Cahiers d'Extrême-Asie*, 10 (1998):213 - 54.

9. Cahill, Suzanne E. *Divine Traces of the Daoist Sisterhood*: *Records of the Assembled Transcendents of the Fortified Walled City*. Magdalena, NM: Three Pines Press, 2006.

10. Shields, Anna M. *Crafting a Collection*: *The Cultural Contexts and Poetic Practice of the Huajian ji (Collection from Among the Flowers)*. Cambridge: Harvard University Press, 2006.

11. Wang Hongjie. "The Civil Pursuits of a Military Man in Tenth-

Century China. " *Journal of Song-Yuan Studies*, 40 (2010): 7 - 37.

12. Wang Hongjie. "The Adulators and the Adulated: The Religious Patronage of a Regional Ruler in Early Tenth-Century China. " *Southeast Review of Asian Studies*, 32 (2010): 84 - 99.

13. Wang Hongjie. *Power and Politics of Tenth-Century China: The Former Shu Regime*. Amherst, MA: Cambria Press, 2011.

3 - 3 後蜀 Later Shu

1. Amthor, Brigitte. *Meng Chih-hsiang* (874 - 935), *Meng Chih-hsiang* (874 - 935), *der erste Kaiser von Hou-Shu: die Entstehung und Gruündung des Reiches Hou-Shu* 925 - 934. Frankfurt am Main; New York: Peter Lang, 1984.

2. Lorge, Peter. "From Warlord to Emperor: Song Taizu's Change of Heart during the Conquest of Shu. " *T'oung Pao*, 91, No. 4 - 5 (2005): 320 - 346.

3. Shields, Anna M. *Crafting a Collection: The Cultural Contexts and Poetic Practice of the Huajian ji* (*Collection from Among the Flowers*). Cambridge: Harvard University Press, 2006.

3 - 4 南漢 Southern Han

1. Bowra, E. H. "The Liu Family, or Canton during the period of the Five Dynasties. " *China Review*, (1873): 316 - 22.

2. Schafer, Edward H. "The Reign of Liu Ch'ang, Last Emperor of the Southern Han: A Critical Translation of the Text of Wu Tai shih, with Special Inquiries into Relevant Phases of Contemporary Chinese Civilization. " PhD diss, University of California at Berkeley, 1947.

3. Schafer, Edward H. Schafer. "The History of the Empire of the Southern Han according to Chapter 65 of the Wu-tai-shih of Ou-yang Xiu. " In *Soritsu Nijugoshunen kinen Ronbunshu* 創立廿五周年記念論文集. Silver Jubilee Volume of the *Zinbun kagabu kenkyusyo*, 339 -

369. Kyoto: Kyoto University Press, 1954.

4. Gardiner, Ken. "Vietnam and Southern Han." Pt. 1 – 2. *Papers on Far Eastern History* 23 (March 1981): 64 – 110 and 28 (Sep., 1983): 24 – 48.

5. Moore, J. Oliver. *Rituals of Recruitment in Tang China: Reading an Annual Programme in the Collected Statements by Wang Dingbao* (870 – 940). Leiden and Boston: Brill, 2004.

6. Miles, Steve. "Rewriting the Southern Han (917 – 971): The Production of Local Culture in Nineteenth-Century Guangzhou." *Harvard Journal of Asiatic Studies*, 62, No. 1 (June 2002): 39 – 75.

7. Kurz, Johannes L. "The Rebellion of Zhang Yuxian (942 – 943)." *Bulletin of the School of Oriental and African Studies*, (Sep 2014): 1 – 23.

8. Schottenhammer, Angela. "China's Gate to the South: Iranian and Arab Merchant Networks in Guangzhou during the Tang-Song Transition (c. 750 – 1050), PART Ⅱ: 900 – c. 1050." In *Austrian Academy of Sciences Working Papers in Social Anthropology*, Vol. 29 (2015): 1 – 28.

3 – 5 閩 Min

1. Schafer, Edward H. *The Empire of Min: A South China Kingdom of the Tenth Century*. Rutland, Vt and Tokyo: Charles E. Tuttle Co., 1954. Reprinted by Warren, Conn.: Floating World, 2006.

2. Clark, Hugh R. "Quanzhou (Fujian) During the Tang-Song Interregnum, 879 – 928." *T'oung Pao*, 68, No. 1 – 3 (1982): 132 – 49.

3. Clark, Hugh R. "Settlement, Trade and Economy in Fukien to the Thirteenth Century." In *Development and Decline in Fukien Province in the 17th and 18th Centuries*, edited by E. B. Vermeer, 35 – 62. Leiden: E. J. Brill, 1990.

4. Clark, Hugh R. *Community, Trade, and Networks: Southern*

Fujian from the 3rd *to the* 13th *Centuries*. Cambridge: Cambridge University Press, 1991.

5. Clark, Hugh R. "The Fu of Minnan: A Local Clan in the Late Tang and Song (9th – 13th Centuries). " *Journal of the Economic and Social History of the Orient*, 38, No. 1 (1995): 1 – 74.

6. Clark, Hugh R. "Muslims and Hindus in the Culture and Morphology of Quanzhou from the Tenth to the Thirteenth Century. " *Journal of World History*, 6, No. 1 (1995): 49 – 74.

7. So, Billy K. L. "Developments of Fukien under the T'ang and the Min. " *Journal of the American Oriental Society*, 115, No. 3 (1995): 443 – 451.

8. Schottenhammer, Angela. "The Maritime Trade of Quanzhou (Zaiton) from the Ninth through the Thirteenth Century. " In *Archaeology of Seafaring: The Indian Ocean in the Ancient Period*, Indian Council of Historical Research Monograph Series 1, edited by Himanshu Prabha Ray. 271 – 290. Delhi: Pragati Publications, 1999.

9. Schottenhammer, Angela. "Quanzhou's Early Overseas Trade: Local Politico-Economic Particulars During its Period of Independence. " *Journal of Song-Yuan Studies*, 29 (1999): 1 – 41.

10. So, Billy K. L. *Prosperity, Region and Institutions in Maritime China: The South Fukien Pattern*, 946 – 1368. Cambridge, MA: Harvard University Asia Center, 2000.

11. Schottenhammer, Angela, ed. *The Emporium of the World: Maritime Quanzhou*, 1000 – 1400. Leiden, Boston, Köln: E. J. Brill 2001.

12. Clark, Hugh R. " Overseas Trade and Social Change in Quanzhou through the Song. " In *Emporium of the World: Maritime Quanzhou*, 1000 – 1400, edited by Angela Schottenhammer, 47 – 94. Leiden: E. J. Brill, 2001.

13. So, Billy K. L, and Sufumi So. "Population Growth and Maritime Prosperity: The Case of Ch'üan-chou in a Comparative Perspective,

946 – 1368. " *Journal of Economic and Social History of the Orient*, 45, No. 1 (2002): 96 – 127.

14. Clark, Hugh R. "The Religious Culture in the Minnan Region of Southern Fujian through the Middle Period (750 – 1450): Preliminary Reflections on a Maritime Frontier. " *Asia Major*, 3rd series 19, No. 12 (2006): 211 – 240.

15. Clark, Hugh R. *Portrait of a Community: Society, Culture, and the Structures of Kinship in the Mulan River Valley (Fujian) from the Late Tang through the Song*. Hong Kong: The Chinese University Press, 2007.

3 – 6 吴越 Wu – Yue

1. Chavannes, Edouard. "Le royaume de Wou et de Yue. " *T'oung Pao*, 17 (1916): 129 – 264.

2. Worthy, Edmund H., Jr. "Diplomacy for Survival: Domestic and Foreign Relations of Wu Yüeh, 907 – 978. " In *China among Equals: the Middle Kingdom and Its Neighbors*, 10th – 14th Centuries, edited by Morris Rossabi, 17 – 44. Berkeley: University of California Press, 1983.

3. Brose, Benjamin. "Crossing Ten-Thousand Li of Waves: The Return of China's Lost Tiantai Texts. " *Journal of the International Association of Buddhist Studies*, 29, No. 1 (2006/2008): 21 – 62.

4. 契丹/遼 Kitan/Liao Studies

1. Yang Lien-sheng. "A 'Posthumous Letter' from the Chin Emperor to the Khitan Emperor in 942. " *Harvard Journal of Asiatic Studies*, 10 (1947): 418 – 428.

2. Wittfogel, Karl A. and Feng Chia-sheng. *History of Chinese Society: Liao* (907 – 1125). Philadelphia: American Philosophical society, 1949.

3. Holmgren, Jennifer. "Marriage, Kinship and Succession under the Ch'i-tan Rulers of the Liao Dynasty (907 – 1125). " *T'oung-Pao*, 72 (1986): 44 – 91.

4. Holmgren, Jennifer. "Yuh-lü, Yao-lien and Ta-ho: Views of the Hereditary Prerogative in Early Khitan Leadership. " *Papers in Far Eastern History*, 34 (1986): 37 – 81.

5. Twitchett, Denis, and Klaus-Peter Tietze. "The Liao. " In *The Cambridge History of China*, Vol. 6: *Alien Regimes and Border States*, 907 – 1368, edited by Herbert Franke and Denis Twitchett, 43 – 153. Cambridge: Cambridge University Press, 1994.

6. Standen, Naomi. "Frontier Crossings from North China to Liao, ca. 900 – 1005. " PhD diss. , University of Durham, 1994.

7. Twitchett. Denis. "The Liao's changing perception of its T'ang heritage. " In *The historian, his readers, and the passage of time: The Fu Ssu-nien Memorial Lectures*, 1996, 31 – 55. Taipei: Institute of History and Philology, Academia Sinica, 1997.

8. Standen, Naomi. "(Re)constructing the Frontier of Tenth-Century North China. " In *Frontiers in Question: Eurasian Borderlands*, 700 – 1700, edited by D. J. Power and Naomi Standen, 55 – 79.

Macmillan, 1999.

9. Louis, François. "Shaping Symbols of Privilege: Precious Metals and the Early Liao Aristocracy." *Journal of Song-Yuan Studies*, 33 (2003): 71 – 109.

10. Standen, Naomi. "Raiding and Frontier Society in the Five Dynasties." In *Political Frontiers, Ethnic Boundaries, and Human Geographies in Chinese History*, edited by Nicola Di Cosmo and Don J. Wyatt, 160 – 191. London and New York: Routledge, 2003.

11. Standen, Naomi. "What Nomads Want: Raids, Invasions, and the Liao Conquest of 947." In *Mongols, Turks and Others: Eurasian Nomads and the Outside World*, edited by Reuven Amitai and Michal Biran, 127 – 174. Leiden: Brill, 2004.

12. Standen, Naomi. *Unbounded Loyalty: Frontier Crossing in Liao China*. Honolulu: University of Hawai'i Press, 2007.

13. Standen, Naomi. "Historical and Archaeological Views of the Liao (10th to 12th Centuries) Borderlands in Northeast China." In *Places in Between: The Archaeology of Social, Cultural and Geographical Borders and Borderlands*, edited by David Mullin, D, 80 – 98. Oxford: Oxbow, 2011.

14. Standen, Naomi. "Who Wants to Be an Emperor? Zhao Dejun, Youzhou and the Liao." In *Perspectives on the Five Dynasties and Ten Kingdoms*, edited by Peter Lorge, 15 – 46. Hong Kong: Chinese University of Hong Kong Press, 2011.

15. Standen, Naomi. "Integration and Separation: The Framing of the Liao Dynasty (907 – 1125) in Chinese Sources." *Asia Major*, 3rd ser. , 24, No. 2 (2011): 147 – 198.

16. Lunkov, Andrei V. , Artur V. Kharinskii, Nikolai N. Kradin, and Evgenii V. Kovychev. "The Frontier Fortification of the Liao Empire in Eastern Transbaikalia." *The Silk Road*, 9 (2011): 104 – 121.

17. Johnson, Linda Cooke, *Women of the Conquest Dynasties: Gen-*

der and Identity in Liao and Jin China. Honolulu: University of Hawaii, 2011.

18. Hansen, Valerie, and Francois Louis. "Evolving Approaches to the Study of the Liao." *Journal of Song-Yuan Studies*, 43 (2013): 1 – 10.

19. Kane, Daniel. "Deciphering the Kitan Language and Scripts—An Update." *Journal of Song-Yuan Studies*, 43 (2013): 11 – 26.

20. Kane, Daniel. "The Great Central Liao Kitan State." *Journal of Song-Yuan Studies*, 43 (2013): 27 – 50.

21. Crossley, Pamela. "Outside In: Power, Identity, and the Han Lineage of Jizhou." *Journal of Song-Yuan Studies*, 43 (2013): 51 – 90.

22. Louis, Francois. "Iconic Ancestors: Wire Mesh, Metal Masks, and Kitan Image Worship." *Journal of Song-Yuan Studies*, 43 (2013): 91 – 116.

23. Kim, Youn-mi. "The Hidden Link: Tracing Liao Buddhism in Shingon Ritual." *Journal of Song-Yuan Studies* 43, (2013): 117 – 170.

24. Solonin, K. J. "Buddhist Connections betwcer1 the Liao and Xixia: Preliminary Considerations." *Journal of Song-Yuan Studies*, 43 (2013): 171 – 220.

25. Biran, Michal. "Unearthing the Liao Dynasty's Relations with the Muslim World: Migrations, Diplomacy, Commerce, and Mutual." *Journal of Song-Yuan Studies*, 43 (2013): 221 – 252.

26. King, Anya. "Early Islamic Sources on the Kitan Liao: The Role of Trade." *Journal of Song-Yuan Studies*, 43 (2013): 253 – 272.

27. Hansen, Valerie. "International Gifting and the Kitan World, 907-1125." *Journal of Song-Yuan Studies*, 43 (2013): 273 – 302.

28. Standen, Naomi, and Gwen Bennett. "Difficult Histories: Changing presentations of the Liao in regional museums in the People's Republic of China over three decades." *Modern Asian Studies*, 48, Issue 06 (November 2014): 1519 – 1565.

29. Waugh, Daniel C. "Light on the Liao." *The Silk Road*, 15

（2017）: 83 – 106.

30. Apatoczky, Ákos Bertalan, and Beela Kempf. "Recent Developments on the Decipherment of the Khitan Small Script." *Acta Orientalia Academiae Scientiarum Hung*, 70, No. 2 (2017): 109 – 133.

31. Sun Hao. "Studies on the Khitan Liao from the Perspective of Inner Asian History: Review Essay." *Eurasian Studies*, English edition VI (2018): 394 – 410.

32. Lin Hang. "Political Reality and Cultural Superiority: Song China's (960 – 1127) Attitudes towards the Khitan Liao (907 – 1125)." *Acta Orientalia Academiae Scientiarum Hung*, 71, No. 4 (2018): 385 – 406.

5. 其他政權
Other Regimes and Interstate Relations

1. Eberhard, Wolfram. "Some Cultural Traits of the Sha-t'o Turks." *Oriental Art*, 1, No. 2 (Autumn 1948): 50 – 55.

2. Mole, Gabriella. *The T'u-yu-hun from the Northern Wei to the Time of the Five Dynasties*. Roma: Instituto Italiano per il Medio ed Estremo Oriente, 1970.

3. Gardiner, Ken. "Vietnam and Southern Han." Pt. 1 – 2. *Papers on Far Eastern History*, 23 (March 1981): 64 – 110 and 28 (Sep., 1983): 24 – 48.

4. Wang Gungwu. "The Rhetoric of a Lesser Empire: Early Sung Relations with Its Neighbors." In *China among Equals: the Middle Kingdom and Its Neighbors*, 10*th* – 14*th Centuries*, edited by Morris Rossabi, 47 – 65. Berkeley: University of California Press, 1983.

5. Twitchett, Denis C. ed. *The Cambridge History of China: Alien Regimes and Border States*, 710 – 1368. New York: Cambridge University Press, 1994.

6. Standen, Naomi. "(Re) Constructing the Frontiers of Tenth-Century North China." In *Frontiers in Question: Eurasian Borderlands*, 700 – 1700, edited by Daniel Power and Naomi Standen, 55 – 79. New York: St. Martin's Press, 1999.

7. Mayo, Lewis. "Birds and the Hand of Power: A Political Geography of Avian Life in the Gansu Corridor, Ninth to Tenth Centuries." *East Asian History*, 24 (2002): 1 – 66.

8. Standen, Naomi. "Raiding and Frontier Society in the Five Dynasties." In *Political Frontiers, Ethnic Boundaries, and Human Geogra-*

phies in Chinese History, edited by Nicola Di Cosmo and Don J. Wyatt, 160 – 191. London and New York: Routledge Curzon, 2003.

9. Schottenhammer, Angela. "Kriege und Barbaren im China des späten 8. bis frühen 10. Jahrhunderts" (Wars and Barbarians in Late 8th to Early 10th Century China). In *Krieg und Akkulturation*, edited by Ilja Steffelbauer Thomas Kolnberger et al. 64 – 84. Wien: Mandelbaum Verlag 2004.

10. Atwood, Christopher P. "The Notion of Tribe in Medieval China: Ouyang Xiu and the Shatuo Dynastic Myth." In *Miscellanea Asiatica: Mélanges en l'honneur de Festschrift in Honour of Francoise Aubin*, edited by Denise Aigle, Isabelle Charleux, Vincent Goossaert and Roberte Hamayon, 593 – 621. Sankt Augustin: Nettetal 2010.

11. Barenghi, Maddalena. "Representations of Descent: Origin and Migration Stories of the Ninth- and Tenth-century Turkic Shatuo." *Asia Major*, 3d er. Vol. 32. 1 (2019): 53 – 86.

6. 宋初研究 Early Song Studies

1. Worthy, Jr. Edmund H. "The Founding of Sung China, 950 – 1000: Integrative Changes in Military and Political Institutions." PhD diss., Princeton, 1976.

2. Johnson, David G. "The Last Years of a Great Clan: The Li Family of Chao Chün in the Late T'ang and Early Song." *Harvard journal of Asiatic Studies*, 37, No. 1 (1977): 5 – 102.

3. Labadie, John R. "Rulers and Soldiers: Perception and Management of the Military in Northern Sung China (960 – 1060)." PhD diss., University of Washington, 1981.

4. Worthy, Jr. Edmund H. "Imperial Balance of the Military Power Equation in Early Sung China." In *Ryū Shiken hakase shōju kinen Sōshi kenkyū ronshū* 劉子健博士頌壽紀念宋史研究論集, edited by Kinugawa Tsuyoshi 衣川強 583 – 601. Tokyo: Dōhōsha 同朋社, 1989.

5. Lorge, Peter. "War and the Creation of the Northern Song State." PhD diss., University of Pennsylvania, 1996.

6. Tsang, Shui-lung. "War and Peace in Northern Sung China: Violence and Strategy in Flux, 960 – 1104." PhD diss., University of Arizona, 1997.

7. Brüggemeier, F. -J. and G. Hoffmann. *Menschen im Jahr 1000. Ein Lesebuch* (People Living in the Year 1000. A Reader). Freiburg, Basel, Wien: Herder Verlag 1999.

8. Kurz, Johannes L. "The Politics of Collecting Knowledge: Song Taizong's Compilation Project." *T'oung Pao*, 86, 4 – 5 (2001): 289 – 316.

9. Wyatt, Don J. "The Invention of the Northern Song." *Political*

Frontiers, *Ethnic Boundaries and Human Geographies in Chinese History*, edited by Don J. Wyatt, Nicola Di Cosmo, 220 – 44. London and New York: Routledge, 2003.

10. Kurz, Johannes L. *Das Kompilationsprojekt Song Taizongs* (*reg.* 976 – 996). Bern, Peter Lang, 2003.

11. Smith, Paul Jakov. "The Eurasian Transformation of the 10th to 13th centuries: The View from the Song." In Johann Arneson and Bjorn Wittrock, eds. , "Eurasian Transformations, Tenth to Thirteenth Centuries: Crystallizations, Divergences, Renaissances," a special edition of the *journal Medieval Encounters* (December 2004): 279 – 308.

12. Lau Nap-yin, and Huang K'uan-chung. "Founding and Consolidation of the Sung Dynasty under T'ai-tsu (960 – 976), T'ai-tsung (976 – 997), and Chen-tsung (997 – 1022)." In *The Cambridge History of China*, *Vol.* 5: *The Sung Dynasty and Its Precursors*, 907 – 1279, part I , edited by Denis Twitchett and Paul Jakov Smith, 206 – 278. Cambridge: Cambridge University Press, 2009.

13. Lorge, Peter. *The Reunification of China: Peace through War under the Song Dynasty*. Cambridge: Cambridge University Press, 2015.

14. Kurz, Johannes L. "Song Taizong, the 'Record of Jiangnan' ('Jiangnan lu'), and an Alternate Ending to the Tang", *Journal of Song Yuan Studies*, 46 (2016): 29 – 55.

15. Tackett, Nicolas. *The Origins of the Chinese Nation: Song China and the Forging of an East Asian World Order*. New York: Cambridge University Press, 2017.

《五代十國文獻叢書》總目

全五代十國文（全四冊）　　　杜文玉　編

五代十國史料輯存（全六冊）　　杜文玉　編

五代十國研究論著目録　　　　　杜文玉　胡耀飛　主編